1954年
宪法制定过程

（第二版）

韩大元　著

法律出版社 LAW PRESS·CHINA
北京

图书在版编目(CIP)数据

1954年宪法制定过程/韩大元著. --2版. --北京:法律出版社, 2022

ISBN 978-7-5197-4418-2

Ⅰ. ①1… Ⅱ. ①韩… Ⅲ. ①宪法-法制史-研究-中国-现代 Ⅳ. ①D921.02

中国版本图书馆CIP数据核字(2020)第272603号

1954年宪法制定过程(第二版)
1954 NIAN XIANFA ZHIDING GUOCHENG
(DI-ER BAN)

韩大元 著

策划编辑 沈小英
责任编辑 沈小英 毛镜澄
装帧设计 李 瞻

出版发行 法律出版社
编辑统筹 法治与经济出版分社
责任校对 杨锦华 王沁陶
责任印制 吕亚莉
经　　销 新华书店

开本 710毫米×1000毫米 1/16
印张 49.5 **字数** 663千
版本 2022年1月第2版
印次 2022年1月第1次印刷
印刷 中煤(北京)印务有限公司

地址:北京市丰台区莲花池西里7号(100073)
网址:www.lawpress.com.cn
投稿邮箱:info@lawpress.com.cn
举报盗版邮箱:jbwq@lawpress.com.cn
销售电话:010-83938349
客服电话:010-83938350
咨询电话:010-63939796

书号:ISBN 978-7-5197-4418-2
定价:298.00元
凡购买本社图书,如有印装错误,我社负责退换。电话:010-83938349

作者简介

韩大元

中国人民大学法学院教授、教育部“长江学者”特聘教授，全国人民代表大会常务委员会香港特别行政区基本法委员会委员。

兼任中国法学会宪法学研究会名誉会长、国际宪法学协会执行委员会委员、中国法学会法学教育研究会常务副会长、中国法学会检察法学研究会副会长等。

目　录

第一章　导　　论

刘少奇在《关于中华人民共和国宪法草案的报告》中指出："我们提出的宪法草案，是中国人民100年来英勇斗争的历史经验的总结，也是中国近代关于宪法问题和宪政运动的历史经验的总结。"离开历史背景与事实就无法说明当代宪法问题的时代意义。

中国立宪的历史已有百年之久，有过宝贵的经验，也有过沉痛的教训；有过成功的喜悦，也有过失败的悲壮；有过连续的发展，也有过断裂的曲折。正如现行宪法体系中流淌着1954年宪法的血液一样，1954年宪法中也包含着旧中国宪法的一些传统。不了解1954年宪法，就难以理解我们现行的宪法；不熟悉旧中国的宪法史，也难以感悟1954年宪法的来之不易。传统和经验，活生生地映射于1954年宪法，活生生地体现在我们身边。昨日的历史已经成为今天的经验，今天的追求亦将成为明日的历史。

一、近代中国立宪运动的简要回顾

鸦片战争之后，中国开始进入近代社会。近代化的过程很大程度上是一个向西方资本主义学习的过程，其根本宗旨在于"救亡图存"。这一过程大致包含了两个阶段：第一个阶段以洋务运动为代表,主要限于器物文明层面。当时,学习西方的指导思想就是“师夷长技以制夷”。这一指导思想为“向谁学”“学什么”“为什么学”等系列问题指明了方向,其目的性非常明显,且影响深远。随后的中法战争、中日甲午战争均以中国失败而告终,这一结局极大刺痛了当时的资产阶级先进分子。“师夷长技以制夷”“中学为体,西学为用”并没有取得当初设想的成效。痛定思痛,发觉非船不坚炮不利,只是因为制度不如人而已。于是转入了近代化的第二个阶段。第二个阶段以戊戌变法为代表,侧重于制度文明的学习,全国上下“咸与维新”。作为宪法学基础性概念的“宪法”一词于19世纪70年代出现在我国的书刊之中,如1870年王韬自欧洲归来,在次年撰写的《法国志略》中介绍法国于1791年“立一定宪法布行国中”。郑观应在1893年出版的《盛世危言》一书中首次要求清廷“立宪法”“开议会”,实行立宪政治。[1] 同时,有关议会制理论的介绍和研究也逐渐展开。戊戌变法在此背景下应运而生。

(一)清末立宪时期

应该说,中国近代宪政运动的帷幕是由戊戌变法拉开的。以康有为、梁启超为代表的知识分子认为,西方各国之所以富强,是因国家组织的完善,而近邻日本的昌盛,又是变法维新的结果。他们提出了变法改制应先于富国强兵,政治改革重于物质建设的口号。康有为认为,中国过去30年虽然也采西学设学堂、办矿务、制洋器,但收效不大。中国之所以积贫积弱,主要原因就是君权太尊,下情不能上达,君民不能合为一体。因此,要设议院、开国会,实行君主立宪,“行三权鼎立之制,则中国之治强,可计日也”。[2] 梁启超认为,“救亡图存”是变法维新的出发点,“变法维新”是救亡图存的必由之路。他

---

〔1〕 韦庆远等:《清末宪政史》,中国人民大学出版社1993年版,第15页。当然,其中的“宪法”含义与我们现今的解释是有差异的。

〔2〕 汪汉卿主编:《中国法律思想史》,中国科学技术大学出版社1993年版,第354页。

分析中国当时的状况，指出“非变法万无可以图存之理”。变法势在必行，“变亦变，不变亦变”，只有早变、自变，才“可以保国，可以保种，可以保教”。[1] 戊戌变法的首要目的在于通过改革实施宪治，抵抗外侮，保全中土，而不是限制王权、保障民权这一立宪的真正意旨。正是在这个意义上说，“立宪的重要纵已为当时极少数人所见，当时的‘变法’运动，究尚不能视为立宪运动”。[2]

戊戌变法对中国宪法思想的启蒙产生了深远的影响。此后，立宪浪潮波及全国，朝野上下普遍认为，要拯救时局，唯有立宪。[3] 此前极少数人的立宪思想，此时已成为多数人的要求。中国的立宪运动从此开始。[4] 对清政府而言，由朝廷颁布宪法，实行君主立宪政体，其目的在于据此来消弭内忧外患、安定皇室、巩固国本、维护主权。1905 年，清廷仿效日本实行宪治的经验，派遣五大臣出洋考察政治。次年，考察归来的五大臣上书建议进行“立宪之预备”，指出实行君主立宪“大意在于尊崇国体，巩固君权”，“凡国之内政外交，军备财政，赏罚黜陟，生杀予夺，以及操纵议会，君主皆有权以统治之”，并认为“立宪”有三大好处：“一曰皇位永固”，“一曰外患渐轻”，“一曰内乱可弭”。[5] 1906 年，清廷颁发《宣示预备立宪先行厘定官制

---

〔1〕 梁启超：《变法通议》，载梁启超：《饮冰室合集 1》，中华书局 1989 年版，第 8 页。

〔2〕 王世杰、钱端升：《比较宪法》，中国政法大学出版社 1997 年版，第 344 页。

〔3〕 故宫博物院明清档案部编：《清末筹备立宪档案史料》（上册），中华书局 1979 年版，第 25 页。

〔4〕 王世杰、钱端升认为，中国的立宪运动始于 1904～1905 年日俄战争。王世杰、钱端升认为，从宪法理论上看，宪法具有形式和实质两种意义。就形式而言，“第一，就是宪法的效力高于普通法律；第二，宪法的变更异于普通法律”。以此衡量，1904 年日俄战争以前，中国“尚无真正的立宪运动”；就实质而言，“近代宪法于规定国家根本组织之时，每于人民以直接或间接参政之权。因之，元首的权力须受人民或其代议机关的限制”。以此特点，严格地讲，中国之立宪运动，“亦仅始于日俄战争以后”。参见王世杰、钱端升：《比较宪法》，中国政法大学出版社 2004 年版，第 393 页。

〔5〕 参见《出使各国考察政治大臣载泽奏请宣布立宪密折》，载故宫博物院明清档案部编：《清末筹备立宪档案史料》（上册），中华书局 1979 年版，第 173～175 页。

谕》,进行预备立宪,改革官制。[1] 1907年,清廷将考察政治馆改为宪政编查馆,作为预备立宪的办事机构,并于同年下令筹设咨议局和资政院。

整个《钦定宪法大纲》的制定过程是在秘密状态下进行的。1908年8月27日,清廷颁布《钦定宪法大纲》,[2]以其为将来制定正式宪法的准则。这是中国历史上第一个以"宪法"来命名的宪法性文件。其内容仅有23条,且多系采自日本明治宪法,正文之中为"君上大权",在其附录中列有"臣民权利义务",并没有多少近代宪法的内涵。大纲规定:"大清皇帝统治大清帝国,万世一系,承永尊戴。君上神圣尊严,不可侵犯。"对君权毫无限制,而只是对君权的确认和宣示,其权力远远超过了日本天皇。《钦定宪法大纲》徒有"宪法"之名,而行巩固皇权之实。以康有为为首的改良派大多采取了拥护的立场,他们希望借此实现君主立宪政体,而以孙中山为首的革命派则采取了坚决反对的立场。[3]

1911年10月10日武昌起义爆发,辛亥革命风卷残云席卷了大半个中国。清廷为了收拾人心、挽救危局,于11月3日颁布了《宪法

---

〔1〕 相当一部分立宪派人士对此大失所望。其代表人物梁启超认为,"号称预备立宪改革官制,一若发愤以刷新前此之腐败。夷考其实,无一如其所言,而徒为权位之争,势力之倾轧。借权限之说以为挤排异己之具;借新缺之立以为位置私人之途。贿赂公行,朋党各树,而庶政不举,对外之不竟,视前此且更甚焉"。他认为,革命党生于政府腐败,这是政府"以积极的手段直接而制造革命党"。参见梁启超:《现政府与革命党》,载梁启超:《饮冰室合集3》,中华书局1989年版,第46~48页。

〔2〕 需要注意的是,正式公布的名称是《宪法大纲》,并没有"钦定"二字,因为是以光绪的名义颁布的。清政府在之后的行文中,也公开称为《钦定宪法大纲》,如1910年11月4日清朝宣布提前召开国会的上谕中提到"著迅速遵照《钦定宪法大纲》,编订宪法条款"。参见韩大元:《论日本明治宪法对钦定宪法大纲的影响》,载《政法论坛》2009年第3期。

〔3〕 作为中国历史上的第一个宪法性文件,《钦定宪法大纲》宣示了宪法的合法性地位,以法律文件的形式明确了权利义务,规定了皇帝也要受限于法律。《钦定宪法大纲》是西方立宪主义与中国传统政治哲学结合而成的,注重中国传统的文化。上谕中说,"夫宪法者国家之根本大法也,为君民所共守,自天子以至庶人,皆当率循,不容逾越"。在《钦定宪法大纲》制定前后,围绕立宪问题,学术界和民间进行了广泛的宪法问题的讨论,出现了比较活跃的宪法学研究的思潮和氛围,为早期中国宪法学的形成提供了良好的环境和基础。参见韩大元:《论日本明治宪法对钦定宪法大纲的影响》,载《政法论坛》2009年第3期。

重大信条十九条》(以下简称《十九信条》)。按照《十九信条》,内阁总理大臣须由国会公选,且皇族不得任总理大臣;皇权大为削减,而国会议决权的范围,则大有增加,体现了"虚君共和"的思想。[1] 11月8日,袁世凯当选为内阁总理大臣,组建内阁,实行责任内阁制。应该说,1911年11月至1912年2月12日,中国实际上存在一定时期的君主立宪制。但是,由于清政府很快被推翻,《十九信条》也没有发挥多大的作用。

所谓"预备立宪",以及其后颁布的《钦定宪法大纲》《十九信条》虽然在立宪过程中保持审慎性,引进了近代宪法概念并将其成文化等方面值得肯定,但其宗旨归纳起来无非是以宪法消弭国内各派纷争,维护其统治,其立宪的目的明确,工具主义的宪法观十分明显。这从根本上妨碍了将立宪推向纵深发展。应该说,在辛亥革命之前,清政府确有立宪的诚意,甚至实现了康、梁等人所未曾主张的一些改革,《钦定宪法大纲》《十九信条》也作出了一些限制皇权的实质性规定,但为时已晚。

(二)民国三权宪法时期

这一时期大致从1912年至1931年。这一时期的宪法,无论是《中华民国临时约法》(以下简称《临时约法》),还是"袁记约法""贿选宪法",在形式上都采用了三权宪法的制度,即立法、行政与司法分立制衡。虽然政权几经更迭,但宪法或宪法性文件的政权组织形式和原则都是效法欧美国家,采用三权分立。故而,从宪法的角度来看,这一时期可以称为"民国三权宪法时期"。

武昌起义之后,随着各省都督府的建立,湖北军政府和江浙方面先后通电倡议召开会议商组中央临时政府。1911年12月3日,各省都督府代表联合会在上海通过了《中华民国临时政府组织大纲》,据

---

[1] 有学者基于此认为,这是清代颁布的唯一宪法,且为中国历史上的第一部宪法。参见王世杰、钱端升:《比较宪法》,中国政法大学出版社1997年版,第351页。

此,成立了南京临时政府。1912 年 2 月 12 日,清帝宣布退位。[1] 1912 年 3 月 11 日,也就是袁世凯在北京宣誓就职临时大总统的次日,孙中山先生在南京以中华民国临时大总统的名义颁布了《临时约法》。所谓"约法",其本意在于约束袁世凯,但也恰好点明了宪法的最重要的内容——约束国家权力。《临时约法》是一个具有临时宪法性质的文件,共 56 条,分为 7 章,即总纲、人民、参议院、临时大总统、副总统、国务员、法院、附则。《临时约法》依照资产阶级三权分立的原则,规定了中华民国的政治制度,实行了责任内阁制,第一次将资产阶级共和国的方案具体付诸实践。《临时约法》以根本法的形式确认了"主权在民"的资产阶级民主共和制度,否定了统治中国 2000 多年之久的封建主义的专制制度,从而树立了"帝制非法"和"共和合法"的观念,促进了民主主义的发展。人们的是非观念由此发生了根本改变,昨日之皇权神圣则今日成为"帝制非法"。中国从帝制走向民治,正是以《临时约法》为一"分水岭"。

袁世凯于 1913 年 3 月 10 日在北京宣誓就职临时大总统,之后组建了民国北京临时政府。1913 年 4 月 8 日,国会在天坛召开,于 10 月 31 日通过了《中华民国宪法草案》,史称"天坛宪草"。对于"天坛宪草"的制定,北洋军阀与革命党人同床异梦,一者欲借修宪松解《临时约法》之束缚,一者欲以加重"法律限袁"的筹码。不掌握政权的革命党人自然无法成功,1913 年 11 月 4 日,袁世凯下令解散国民党,1914 年 1 月 10 日宣布解散国会。"天坛宪草"很快就变成了一张废纸。1914 年 5 月 1 日,袁世凯颁布了《中华民国约法》,史称"袁记约法"。"袁记约法"共 10 章,68 条,取消责任内阁制,实行总统

---

[1] 孙中山先生在 1912 年清帝退位之后便断然地认为,"今日满清退位,中华民国成立,民族、民权两主义俱达到,惟有民生主义尚未着手,今后吾人所当致力的,即在此事"。参见孙文:《孙中山选集》(上册),人民出版社 1956 年版,第 84 页。不仅孙中山先生这么想,当时"多数人的心理,以为推翻了满清,便算是革命成功"。参见孙文:《孙中山选集》(下册),人民出版社 1956 年版,第 575 页。

制,赋予总统以巨大权力,取消国会制,设立有名无实的立法院和纯属总统咨询机构的参政院,为袁世凯复辟帝制准备条件。“袁记约法”不过以约法之名拓展总统权力于皇权之实而已。它的出台,使辛亥革命的成果丧失殆尽,成为军阀专制全面确立的标志。在美国人古德诺,以及严复、杨度等人组成的筹安会等的鼓噪下,1915 年 12 月 12 日袁世凯公然恢复帝制,自封为“洪宪皇帝”。此举,实冒天下之大不韪,全国上下群起而攻之。[1] 1915 年 12 月 25 日,云南宣告独立,护国战争开始,各省纷纷响应。1916 年 3 月 22 日,袁世凯颁布《撤销帝制令》,被迫撤销帝制,6 月 6 日,袁世凯因病不治而亡。继袁世凯之后而窃夺国家权力的北洋军阀统治者们,再也没有步其后尘而称帝,其原因一者在于实力和能力远不如袁世凯,二者在于已有前车之覆,不得不作为后车之鉴。

1923 年,掌握实权的曹锟采用威逼利诱的手法当上“贿选总统”。之后,“猪仔国会”只用了几天时间就制定出《中华民国宪法》,并由曹锟于 10 月 10 日就职的同时公布,史称“贿选宪法”。这是中国近代史上正式颁布的第一部宪法。这部宪法形式上看似十分完备,共 13 章,141 条,其规模较其前的约法或宪法草案等都大,内容也更完整,从国体、主权、国土、国民到政权组织、中央与地方关系,以及法律、会计、宪法的修改与解释等无所不包。这些为后来的宪法多少还是提供了一定的借鉴。但“贿选宪法”本质上只是为“贿选总统”军阀曹锟寻求一个“合法”的外衣,只是掩饰军阀专制的工具而已。孙中山领导的国民党和刚刚成立的中国共产党都反对这个宪法,各地纷纷通电声讨。[2] 1924 年第二次直奉战争爆发,直系军阀被击

---

〔1〕 梁启超于 1915 年 8 月 31 日发表《异哉,所谓国体问题者》,反对变更共和政体,抨击袁世凯复辟帝制的企图。参见梁启超:《盾鼻集 · 异哉所谓国体问题者》,载梁启超:《饮冰室合集 8》,中华书局 1989 年版,第 85 ~ 98 页。

〔2〕 毛泽东后来曾批判道:“宪法,中国已有过了,曹锟不是颁布过宪法吗?但是民主自由在何处呢?”参见毛泽东:《毛泽东选集》(第 2 卷),人民出版社 1991 年版,第 736 页。

败,曹锟被拘禁,贿选宪法也随之告终。

可以看出,“袁记约法”和“贿选宪法”只是袁世凯和曹锟等人要么就以约法拓展自己的权力,要么就以宪法为自己的统治披上合法性的外套。这种宪法被当作了一种政治工具,其实际效果自然无益于推动中国宪法的发展,不利于人民树立真正的宪法意识。当然也不可否认,无论是袁世凯还是曹锟、段祺瑞,无论其实行怎样的统治,都对约法或者宪法有所顾忌。这从一个侧面也反映出宪法观念在一定程度上得到了社会的认同。

(三)民国五权宪法时期

这一时期从 1931 年至 1949 年。这一时期代表性的宪法是按照孙中山先生的五权宪法理论,在形式上采取国民大会制和五院制。故而从宪法意义上说,可以称为“五权宪法时期”。五权宪法是孙中山先生重要的独具特色的一种主张,也是中西宪法文化结合的产物。孙中山先生的五权宪法思想实际上标志着中国宪法学的初步形成。1905 年 10 月,孙中山系统提出了三民主义的建国方案,[1] 1906 年 12 月 2 日,孙中山演讲《三民主义与中国民族之前途》,正式提出三民主义和五权宪法的主张,将五权宪法思想第一次公之于世。[2] 其后在革命斗争实践之中不断丰富和发展五权宪法思想,在 1924 年最终发展成熟。在五权宪法中,首先要实行权能分立,实现“人民有权,政府有能”。国家的大权有两种:一为政权;二为治权。“讲到国家的政治,根本上要人民有权,至于管理政府的人,便要付之于有能的专家。”[3] 人民有四大直接民权,即选举权、罢免权、创制权和复决权。孙中山先生在吸收借鉴国外三权分立的基础上结合中国传统创造出五权分立的理论,即行政权、立法权、司法权、考试权和监

---

[1] 孙文:《孙中山选集》(上册),人民出版社 1956 年版,第 71 ~ 72 页。

[2] 同上书,第 79 ~ 81 页。

[3] 孙文:《孙中山选集》(下册),人民出版社 1956 年版,第 742 页。

察权五权分立。而这五权地位平等,“分立之中仍相联属,不致孤立,无伤于统一”。其间的关系却不是类似于三权之间的制衡,而是实行分工合作的原则。用人民的四个政权来管理政府的五个治权,才能形成一个完全的民权政治。要在四大政权与五大治权的内部及两者之间寻求平衡,达到九权平衡的状态,如此“民权问题才算是真解决,政治才算是有轨道”。[1] “有了这种政权和治权……造成万能政府,为人民谋幸福。”[2]

孙中山先生的新“三民主义”和五权宪法思想是在1931年《中华民国训政时期约法》中以根本法的形式确定下来的。1928年全国实现了形式上的统一,但战乱频仍,这就给蒋介石南京国民政府提出一个尖锐而复杂的问题:光靠武力镇压是不能奏效的,还必须借助于政治武器来维护其统治,而按照孙中山先生“建国三时期学说”(由军政而训政最终达致宪政),其时应进行训政。故而在“武力统一”的招牌下,树立起“召开国民会议”和“制定约法”的旗帜,以堵塞反对派口实,求得内部的一致,确立其法统。于是国民会议在1931年5月8日开会,5月12日通过了《中华民国训政时期约法》,6月1日国民政府公布施行。《中华民国训政时期约法》其立法意旨宣称奉行三民主义和谨遵总理遗嘱,确立了以党治国和五院体制,但其条文和精神实质均与之相悖。它确认了国民党在全国的统治权,实行一党专政。“正是由于舍弃了孙中山训政构想中的民主性、革命性的因素,从而才造成了一种与孙中山宪政构想貌合神离的体制,并且主要是由于国民党的一党专制,使其体制中含有的五院制等并未违背孙中山主张的部分,也失去了其应有的价值的意义。”[3]

1931年之后中国内忧外患,正处多事之秋。中国人民面对“亡

---

〔1〕 孙文:《孙中山选集》(下册),人民出版社1956年版,第761页。
〔2〕 同上书,第764页。
〔3〕 王永祥:《中国现代宪政运动史》,人民出版社1996年版,第109页。

国”的威胁,开展了声势浩大的抗日民主运动,要求“还政于民”。中国共产党领导下的广大人民群众主张是停止内战进行抗日民主运动。而以孙科为代表的资产阶级改良派则要求“召集国民大会,制定宪法”,提出所谓的“救国抗日纲领草案”,希望以法治巩固党治,用宪法来维护国民党的一党执政。[1] 面对种种压力,国民党于1933年年初成立宪法起草委员会,最后于1936年5月5日公布了《中华民国宪法草案》,史称“五五宪草”。该宪法草案以三民主义、建国大纲以及训政约法的精神为依据,确立了权能分别、五权分立的原则和体制,是对孙中山先生五权宪法思想贯彻得最好(虽然仍有一定的出入)的一部宪法草案。其起草的指导思想与理论,例如,起草宪法要以三民主义为依归;宪法要适合国情,适合时代的需要,与本国固有的历史传统、时势相适应;起草要广罗众议,务求与民众实际需要相契合,要总结实际政治经验,建立运用灵敏、能集中国力的制度;宪法条款不宜繁多,文字务求简明等。[2] 该草案对中国宪法文化的研究有较大的参考价值,但由于时局的变化并未付诸议决。《中华民国训政时期约法》一直到1946年年底都有效。

抗日战争胜利之后,中国面临着“向何处去”的严峻问题。国共两党展开谈判,国民党于1945年10月10日同意签订了《国共代表会议纪要》,即“双十协定”。1946年1月10日,政治协商会议在重庆召开,在共产党人和民主人士的努力下,通过了《宪法草案修改原则》12条,其要点包括实行国会制、内阁制、省自治和司法独立等,在原则上否定了《中华民国训政时期约法》规定的体制。11月15日,国民党在共产党、民主党派和无党派人士拒绝参加的情况下单独召开了“国民大会”。“国民大会”于1946年12月25日通过了《中华

〔1〕 蒋碧昆编著:《中国近代宪政宪法史略》,法律出版社1988年版,第236页。

〔2〕 谢振民编著:《中华民国立法史》,张知本校订,中国政法大学出版社2000年版,第276~277页、第335~339页。

民国宪法》，国民政府于 1947 年 1 月 1 日公布，1947 年 12 月 25 日施行。该宪法宣称，“中华民国国民大会受全体国民之付托，依据孙中山先生创立中华民国之遗教，为巩固国权，保障民权，奠定社会安宁，增进人民福利，制定本宪法，颁行全国，永矢咸遵”。“中华民国基于三民主义，为民有民治民享之民主共和国。”这表明，它在很大程度上是依据孙中山先生五权宪法思想制定的，采用了权能分立的国民大会制和五权分立的五院制。该宪法形式上比较完备，共 175 条，14 章，即总纲、人民之权利与义务、国民大会、总统、行政、立法、司法、考试、监察、中央与地方之权限、地方制度、选举罢免创制复决、基本国策、宪法之施行及修改。可以看出，其中存在部分孙中山先生的五权宪法思想的内容，但有“五五宪草”所规定的总统制的痕迹，也有政协宪法草案中的内阁制的成分，是多种政体模式的混合。总体来看，其制定程序及其精神实质均有违政协关于宪法协议的原则。1948 年 5 月 10 日，南京国民政府颁布了《动员戡乱时期临时条款》，在很大程度上把刚刚开始实施的《中华民国宪法》再次架空，规定在戡乱时期该条款优于宪法适用，赋予了总统以紧急处分权，削弱了人民各项民主自由权利。该宪法宣布实施仅一年多，便不再有效。

在这一时期，宪法学也有了较好的发展，宪法知识得到了一定的普及。研究五权宪法学说成为 20 世纪三四十年代宪法学研究的重要特点。这一时期对五权宪法及对孙中山先生宪法思想的研究，在一定程度上推动了宪法学本土化的进程。朝阳大学、东吴大学、清华大学、北京大学等学校在法学课程中专门设置了有关宪法的课程，由中国学者进行讲授，如程树德著的《比较宪法》，吕复著的《比较宪法论》，王世杰、钱端升合著的《比较宪法》等均被当时的大学作为宪法学教材来使用。尽管当时还没有统一的宪法学研究机构，但已经有一些处于分散状态的研究机构，如北京宪法学会、三民主义宪法研究会等。学会、教材、期刊、学说演讲等，都在一定程度上提高了人们的宪法意识。

这里需要提及的是,20 世纪 30 年代后,中国出现了新民主主义的宪法理论和实践,这虽然是在五权宪法之下的地方理论和实践,但其意义和影响却十分深远。1931 年 11 月 7 日在革命根据地江西瑞金召开了中华工农兵苏维埃第一次全国代表大会,宣告了中华苏维埃共和国的成立,并通过了《中华苏维埃共和国宪法大纲》。这是中国共产党领导武装革命的第一个宪法性文件。虽然只是一个在战争时期产生的纲要,但它总结了革命根据地的经验,对加强根据地政权建设、发挥劳动人民的积极性有着重要的意义。为了团结一切可以团结的阶级、阶层、党派和个人一致抗日,中国共产党提出了停止内战,组织千百万人民群众建立抗日民族统一战线,彻底打败日本侵略者的方针。为了贯彻这一方针,陕甘宁边区第二届参议会于 1941 年 5 月 1 日制定并颁布了《陕甘宁边区施政纲领》。它是团结抗战的纲领,是"三三制"原则下的民主建设纲领,同时也是一个人权保障的纲领。在解放战争时期,革命政权的性质是无产阶级领导的,以工农联盟为基础的,反对帝国主义、封建主义和官僚资本主义的人民民主专政。在政权组织形式上,也开始由参议会向人民代表会议转化。为了反映这些变化,陕甘宁边区第三届参议会于 1946 年 4 月 23 日又通过了《陕甘宁边区宪法原则》。该文件对人民权利、政权组织、法律制度、经济文化方面均有原则性的规定。后来由于战争,使将其细化为宪法草案的工作陷入停顿。但它不仅对巩固新民主主义政权、推动人民解放战争的胜利起到了积极作用,也为中华人民共和国成立后制定宪法性文件积累了有益的经验。在理论方面,1940 年 2 月 20 日在延安成立了延安各界宪政促进会,由吴玉章任理事长,发表了《延安各界宪政促进会宣言》,毛泽东在会上作了题为《新民主主义的宪政》的演说,阐述了新民主主义宪政概念与本质以及中国宪法的基本历史特点。在新民主主义宪政时期,苏联宪法学理论对中国宪法学的产生和发展起了重要作用,一些进步学者开始介绍和研究苏联宪法。一些学者,如张友渔和韩幽桐等教授还在极端艰苦的条件下,研究了宪法理论问题,为宪法学理论的体系化提供了有利条件。

二、近代中国立宪运动的学术传统

半个世纪的风风雨雨,中国的宪法历经艰辛坎坷而来,有过一定的成果,也有诸多的教训。从虚君共和到议会共和,从三权宪法到五权宪法,中国人在学习西方宪法的同时,探索着自己的宪法之路。近代中国立宪运动的遗产和传统,大致可以归纳如下几个方面:

1. 引入了近代宪法,初步体验宪法的价值

近代中国的宪法思想与宪法理论,主要来自西方。从某种意义上说,它是西方宪法文化通过不同的途径,在不同文化背景的国家中的衍生。在清末,《钦定宪法大纲》尽管没有近代宪法的实质,但在法文化上还是有价值的,毕竟是正式引入了宪法概念,在一定程度上普及了宪法价值。《十九信条》的颁布施行,让中国第一次试验了君主立宪制,虽然昙花一现转瞬即逝,但君权毕竟第一次真正受到了限制,算是在中国开了立宪的先河。在中华民国时期,应该说在立宪方面还是取得了一定的成就。仅就《临时约法》时期而言,袁世凯虽为大总统,但因《临时约法》实行责任内阁制,其权力在一定时期内亦受到很大的限制。《临时约法》不仅在约束袁世凯上取得一定的功效,还成为 1917 年旨在反对北洋军阀统治的"护法运动"的战斗旗帜。

2. 制宪技术日渐成熟,宪法典逐步完备

从宪法的条文上来看,条文数目呈逐渐增多的态势。《钦定宪法大纲》共 23 条,《十九信条》共 19 条,《临时约法》共 56 条,《中华民国约法》共 68 条,1923 年《中华民国宪法》共 141 条,《中华民国训政时期约法》共 89 条,1947 年《中华民国宪法》共 175 条。条文的多少

虽然不能说明实质问题,但条文的增多至少也说明了对宪法认识的复杂化或者深化。如果条文太少,所规定的内容自然较为原则,难以实施。条文过多,则不易区分宪法与法律,而容易损及宪法的稳定性。从内容和体系上看,从仅仅规定皇权而无民权,到否定皇权而肯定民权,再到主权与民权、中央与地方、重要的国家机构、宪法的修改与解释等宪法的基本制度都包括其中,这不能不说是一大进步。

3. 吸收西方宪法文化,同时继承中国传统

西方宪法文化扑面而来,无论是清政府还是民国政府都在力图吸纳新制度的同时,保存中国既有的传统。在中国传统文化与西方宪法文化发生冲突时,当时的统治者并没有采取盲目照搬西方宪法制度的做法,而是对不同的宪法体制进行了比较,试图在传统文化与西方宪法价值之间寻求平衡。在清末立宪时期,"兼采列邦之良规,无违中国之礼教"[1]是当时立宪的指导思想。在中华民国时期,成文的宪法几经更迭,从《临时约法》、"袁记约法"、"贿选宪法"、《中华民国训政时期约法》,到民国的最后一部宪法,形式逐渐完备,制度建设也逐渐完整,实现了从完全的效仿西方的三权宪法向结合文化传统的五权宪法的转变。五权宪法不论其实际运行的状况如何,都标志着中国人在宪法本土化方面作出了自己应有的贡献。曾任民国时期政府宪法顾问的庞德指出:"中国需要一种具有中国性格,合乎中国国情之中国宪法,不必抄袭外国。宪法制定时最应该注意之点乃使宪法之内容配合一国之历史与文化背景及社会环境。立宪政治并非可于短期内专凭理想制造之物。"[2]

4. 宪法意识逐渐提高,宪法研究出现本土化

不可否认,宪法意识在近代中国立宪运动中得到了一定的提高,

---

[1] 故宫博物院明清档案部编:《清末筹备立宪档案史料》(上册),中华书局1979年版,第67页。

[2] [美]庞德:《论中国宪法》,转引自杨兆龙:《杨兆龙法学文集》,法律出版社2005年版,第544页。

至少在知识分子中确实如此。晚清戊戌变法、清末新政为开启民智、吸纳西方制度文明、提高中国人的宪法意识具有重要作用。中华民国时期的护国战争为民国、为民主共和而战，护法战争为《临时约法》而战，以及孙中山先生在辞去临时大总统之后全国宣讲三民主义、五权宪法等均大大普及了宪法文化，提高了人民的宪法意识。西方的宪法理念和议会制度在梁启超等人的努力下得到了广泛的普及。宪法研究也取得了积极的成就，特别是在学术研究中并没有盲目采取照搬西方宪法学理论的做法，确立了一定程度的自主性，保持宪法学理论的本土性。

但是，不论成就如何，我们应该看到，近代中国人在谈论宪法时与西方有着不同的社会背景、历史传统与语境。面对政治多变、经济凋敝、社会动荡不安、主权岌岌可危等复杂而严峻的现实，中国的宪法实在难以承担起应有的使命。富国强兵毋庸置疑地成为国家的第一要务，即使是宪法也要围绕该要务而运行。在那动荡的岁月里，宪法往往不能正常地实施，常常被束之高阁。人民感受不到宪法给自己生活带来的好处，自然也不关心宪法的运行，宪法的价值自然难以为民众所认同，也难以实现。宪法的价值和社会现实常常处于尖锐的冲突与矛盾之中，宪法和宪法理论在很长一段时间里都成了“政治的婢女”。近代中国在引进西方宪法学说时，出现了明显的实用主义倾向，即不从整体上把握立宪主义实质，只热衷于实用性的宣传，忽略了对人权、平等、正义等与立宪主义直接相关观念的培养。宪法学的学术价值容易被政治现实的需要所侵犯或否定。[1] 悠悠半个世纪，政治环境的动荡不安，使宪法失去了真正发挥作用的空间。工具主义、功利色彩浓厚的宪法观也让宪法难以真正发挥其应有的功能。

---

〔1〕 韩大元：《中国宪法学：20 世纪的回顾与 21 世纪展望》，载张庆福主编：《宪政论丛》第 1 卷，法律出版社 1998 年版，第 84～85 页。

三、宪法史研究的基本范畴与方法

近代中国宪法的发展,给中国宪法史留下了值得反思的遗产与传统。在半个世纪的发展与演变过程中宪法史与政治史、经济史、思想史等学科形成了一种混合的制度体系与学术体系。可以说,在近代中国宪法发展中脱离宪法理性的制度所占的比重是比较大的。但从历史事实角度看,不同性质与形态的宪法制度构成了宪法史不可分割的一部分,给后人留下了具有不同价值的宪法经验与遗产。特别是,宪法学作为研究宪法现象的综合的知识体系,提倡知识与学术的传承,使宪法史成为连接知识与经验、现实与历史的纽带。

(一)宪法史在宪法学研究中的意义与功能

第一,体现在历史事实的客观描述与再现。我们知道,宪法是人类在社会共同体中寻求共识并建立共同体价值的最高规范。围绕宪法制定所发生的历史事实无疑是构成共同体历史的重要组成部分。因此,任何一个国家的历史都与宪法制定过程有着密切的关系。只有对制宪当时的历史背景、历史事实的准确把握,才能客观地认识历史,合理地解释历史发展过程中出现的各种事件,确立合理的历史方位。

第二,宪法史的研究有助于生活在现代社会的人们,以历史事实为基础分析自己国家的宪法体制。在法治社会中,人们生活在宪法统治下,而接受宪法统治的前提之一是认识自己国家的"正体性",即体制的历史基础与渊源。没有对自己历史的认识与把握,不可能产生维护国家正体性的信心与责任。在宪法史的丰富知识体系中,我们可以发现历史的真实,能够自觉地确立共同体与自我的合理关系,从历史与价值中体验宪法作为政治共同体的意义,不断扩大宪法存在的社会基础。

第三,以制宪、修宪为基础形成的宪法史,为不同学科和知识体系之间的对话与交流提供多元的平台与共同的话语。历史发展中发生的各种事件的性质与功能的评价,往往借助于宪法史所提供的知识与经验。因为,在政治史、经济史、社会史等领域发生的事实与知识的变化,与当时宪法史发展状况有着密切的关系。很多部门史研究中遇到的难题可以从特定环境下产生的宪法中得到答案。

第四,宪法史的研究有助于我们建立具有本土性的宪法学知识体系,使宪法学知识成为能够解释和解决本国宪法问题的知识,有助于改变宪法学领域中长期存在的"西方中心主义宪法学"倾向,确立宪法学的主体性。

第五,宪法史的研究有助于人们正确认识现实的宪法制度,培养人们的历史意识,以历史事实为基础思考宪法问题,不断完善宪法体制,预测未来发展方向。因此,以本国的宪法制定过程为中心,研究宪法史是正确认识宪法,发展宪法学理论的基本途径与基础。

(二)宪法史研究的对象与方法

以制宪史为中心进行的宪法史的研究以宪法的历史事实与价值分析为主要研究对象。宪法存在于历史过程之中,历史的事实是解读宪法价值的基本标准。尽管各国的宪法史有着不同的研究内容与对象,但基本内容包括宪法规范与宪法现实两个方面。宪法规范中我们可以发现制宪过程中发生的各种争论、特定宪法的性质与形态、社会共同体与社会成员之间的关系以及国家结构等。以规范或法典形式存在的宪法规范首先被纳入宪法史研究的视野之中。在这个领域中,各种文献的发掘与整理是十分重要的。同时,在宪法史的研究中,我们还需要对宪法现实进行比较与分析,并从规范与现实的相互关系中发现宪法事实。由于宪法是在各种利益与矛盾关系中存在和发展的,有时规范价值与现实价值呈现不同的形态,需要从两者的关系中进行判断与分析。

现代宪法史研究中方法的合理设定是十分重要的问题。我们研究宪法史的目的是还原宪法历史存在的事实,但还原的目的并不仅仅是简单地描述事实状况,而是按照一定的价值目的,对宪法的历史事实进行解释,吸取经验,明确未来的发展方向。可以说,挖掘宪法历史事实的目的,除了让人们感受制宪的过程,提高对宪法的认同之外,就是有助于合理地解释宪法。在这种意义上,宪法史实际上是宪法解释学的基础,赋予宪法以新的动力与价值。当然,解释宪法所需要的知识必须是真实的宪法事实,而获得真实宪法事实的主要途径是利用宪法史所提供的知识与经验。因此,宪法史的研究方法中首先要确立解释学体系,为宪法解释学的发展服务。另外,作为历史演变与事实问题的研究,宪法史的研究要借助于资料与文献的整理。特别是,制宪史档案资料的保存与整理是进行宪法史研究的重要基础。由于宪法本身的综合性与抽象性等特点,宪法史的研究必须采用多元化的研究方法,善于从其他学科的发展中获得必要的知识,在知识之间的相互交流中共同推动学科体系的发展。从这种意义上讲,宪法史应提倡综合化的研究方法,在学科之间的对话中寻求宪法发展的逻辑与基础。为了建立科学的研究方法体系,宪法史研究中需要不断更新传统的方法,使研究方法适应宪法史发展的内在需要。

(三)本书的学术脉络与思路

本书从宪法史的视角分析了中华人民共和国第一部社会主义宪法诞生的过程,其研究内容属于制宪史研究领域。由于 1954 年宪法是中华人民共和国第一部社会主义宪法,对其制宪过程的研究有助于我们从历史的角度考察中华人民共和国宪法发展过程的基本逻辑与经验。在 70 年的历史发展中,1954 年宪法对新中国社会结构与体制产生的影响是十分广泛的。尽管人们对 1954 年宪法的评价标准与方法不同,但有一点是不可否认的,即 1954 年宪法是中华人民共和国宪法史的起点,也是新中国宪法体制形成、发展与演变的起点。在纪念 1954 年宪法制定 67 周年之际,回顾其制定过程与发展逻辑是十分必要的。

本书以中国社会基本结构与历史发展为基础，利用已收集到的制宪档案，较系统地分析了 1954 年宪法产生背景、起草经过、制宪程序以及对新中国宪法发展产生的影响。本书的写作目的在于客观地展现 1954 年宪法诞生的历史事实，力求为人们在历史与现实中追求宪法正义提供背景、事实、经验与知识。

第二章　制定1954年宪法的理论背景

任何一个国家宪法秩序的形成与发展首先依赖于制宪权，即通过行使制宪权，制定宪法，由宪法具体规定和分配权力体系与公民的基本权利。在社会与国家的相互关系中，制宪权以其特殊的功能发挥着价值与制度的纽带作用，反映着特定的理念与原则。制宪权是宪法学的基础性概念，涉及宪法概念、公民的宪法地位、宪法修改权、宪法正当性等宪法学的基本理论问题。研究制宪权的理论，有助于从历史发展角度客观地分析宪法现象及宪法运行的过程。

一、制宪权的一般理论

（一）制宪权的概念

制宪权（constitution power，verfassunggebende Gewalt，pouvoir constituant）是制宪主体按照一定原则创造作为国家根本法的宪法的一种权力。制宪权是一种价值体系，既包括制宪的事实力量，也包括把宪法加以正当化的权威与价值。对制宪权的概念，各国宪法学者们有不同的表述。如有的学者认为，制宪权就是对固有的政治实体和形态作出根本判断的权力，具体表现为创造宪法、维护宪法及其废止宪法的一种权能，优越于国家权力是制宪权的固有性质。毛尔认为,制宪权是国民对政治存在所作出的根本性判断,基于这种判断,主体行使一定的权限。郑宗燮认为,宪法发生效力的基础是宪法的制定行为,不同于宪法形成行为。制宪权存在于宪法规范之前,是一种创造根本法的作用力或者能力。由此形成"制宪权—宪法—依据宪法形成的权力体系"。[1] 也有学者认为,制宪权是制定宪法,创造新秩序的权力,与宪法所创设的权力不同。[2] 经过社会的变迁,制宪权从特定的文化话语转化为具有普遍性的概念,成为建立国家与社会、社会与个人之间沟通与协商的内在来源。

制宪权是宪法制定行为的根据,而宪法制定不同于宪法成立。宪法成立是在社会政治、经济、文化等综合因素的影响下出现的,需要社会成员共同体意识与参与意识。宪法成立首先是一种政治社会学的现象,它本身不一定具有法的意义。为了使宪法成立的事实得到合法化,便需要提供制定宪法的合法性,使宪法的成立具有法的意义,成为一种法的现象。因此,在理解制宪权概念时,需要区分宪法成立与宪法制定的概念,强调分析制宪权概念所具有的法的意义。

制宪权、修宪权与立法权是属于不同层次的权力形态,修宪权是依据制宪权而产生的一种权力,可以理解为制度化的制宪权。从制宪权的性质看,制宪权是不能随意行使的,它是稳定的权力形态,否则对整个宪法秩序的稳定性产生负面影响。但是为了保证宪法与社会生活的相互协调性,制宪权价值又通过宪法修改权得到维护和发展,使宪法保持一定程度的弹性,适度地对宪法作必要调整。从权力的位阶关系看,宪法修改权属于宪法核心内容,是依宪法行使的权力,在某种意义上高于立法权、行政权与司法权的具体权力形态,其功能存在严格的界限。正如有学者指出的,"作为主权者的公民以制

〔1〕 [韩]郑宗燮:《宪法学原论》,博英社2007年版,第38页。

〔2〕 德国学者埃因斯特认为,从发生学的角度看,制宪权以宪法历史、政治起源、宪法成立及与此相关的"力"作为目标;从理论的角度看,制宪权问题与宪法效力有密切关系。[德]埃因斯特:《宪法·国家·自由》,法文社1992年版,第15页。

宪权的主体身份行使、实现其主权。因此,即使由一个机关同时行使制宪权与修宪权,但行使权力的性质与程序是不尽相同的,不应混淆两者的界限。当一个国家通过国民投票决定宪法修改时,这种国民投票权也是一种源于制宪权的修改宪法行为,不可能是原始性的制宪权。有时制宪权与修宪权行使主体相同,但其行为依据的权力属性与行为的性质则不同。立法权活动要从属于制宪权宗旨,不能脱离制宪目的与原则。

(二)制宪权的起源

制宪权概念是在社会变迁过程中逐步产生和发展的,标志着宪法制定行为的规范化与自我完善程度。在宪法学发展史上,最早系统地提出制宪权概念并初步建立理论体系的学者是法国大革命时期的著名学者埃马努埃尔·约瑟夫·西耶斯(1748~1836年)。他在《第三等级是什么?》一书中提出了制宪权主体、制宪权性质等理论。他指出:"在所有自由国家中——所有的国家均应当自由。结束有关宪法的种种分歧的方法只有一种,那就是要求助于国民自己,而不是求助于那些显贵。如果我们没有宪法,那就必须制定一部:惟有国民拥有制宪权。"[1]他在解释制宪权的概念时,强调国民意志的权威性,提出"国民不仅不受制于宪法,而且不能受制于宪法,也不应受制于宪法,这仍无异于说它不受制于宪法"。[2] 西耶斯的制宪权理论与他的宪法观有密切关系。

在他看来,宪法是既规定立法机构的组织与作用,又规定执行机构的组织与作用的根本法,从根本上说,宪法从属于国民,只有国民才有权改变宪法,判断由宪法引起的争端,国民意志永远是最高法律。西耶斯在论证制宪权概念合法性与正当性时,从概念上区分了制定宪法的权力和依据宪法而制定的权力。他认为,立法权、执行

〔1〕[法]西耶斯:《论特权,第三等级是什么?》,冯棠译,商务印书馆1990年版,第56页。
〔2〕同上书,第60页。

权、司法权是依据宪法而创造的权力(pouvoir constitué),受宪法的约束。西耶斯的制宪权理论对德国宪法学及其以后的宪法实践产生了重要影响。19世纪后期,在实证主义宪法学盛行的德国,G.拉班德(1838～1918年)和G.耶林内克(1851～1911年)等否认了制宪权概念本身的合理性。他们认为,宪法制定权、宪法修改权和立法权是同一概念,没有实质上的区别。这种宪法学说实质上否认了制宪权的权力性与宪法规范效力的最高性,在一定程度上导致了宪法理论与宪法实践的矛盾与冲突。

随着宪法实践的发展,人们普遍承认制宪权的价值,通过不同形式上解释制宪权概念的合理性。如C.施密特(1888～1985年)从决断主义宪法理论出发,进一步充实了制宪权理论内涵。他认为,宪法是一种政治的判断,可以从制宪权主体所具有的立宪意志中寻求宪法本身的正当性。制宪权的根据在于,对政治现实中独立的存在类型和形态的政治判断。制宪权是统一和不可分割的,是一切权力的总的依据。他的理论贡献在于,从宪法理论上区分了制宪权和修宪权的界限,论证了宪法与法律在效力上的位阶关系。第二次世界大战后,随着制宪高潮的兴起,制宪权从一般的理论形态变为具体性、可操作性的概念,由此获得进一步发展的社会基础。

(三)制宪权的理论基础

从宪法学说史的发展看,制宪权理论源于古代雅典、古罗马的法制及中世纪根本法思想,并与近代国民主权、立宪主义思想的结合中逐步形成为综合的权力性和价值性的概念。因此,制宪权概念的产生是近代社会权力世俗化的产物和标志。

首先,制宪权概念与根本法思想有着密切的关系,根本法观念的出现实际上为制宪权概念的产生提供了理论基础。日本芦部信喜教授认为,将制宪权与一般国家权力区分的思想之所以产生,有种种法思想及政治思想作为前提,当中扮演决定性角色的,系根本法(lex fundamentalis)思想与国民主权说,经由二者的结合、发展,制宪权理论获得稳固的基础。[1] 把根本法思想作为制宪权基础的重要意义在于,国家保障社会成员的固有的自然权,发挥宪法作为契约的功能。宪法作为根本法,体现人民的最高意志,是以契约为纽带建立的社会共同体的价值体系。因此,任何形式的立法权不能改变作为契约的宪法,不得与宪法相抵触。

其次,制宪权概念形成过程中国民主权说发挥了重要功能,成为制宪权思想的主流。实际上,西耶斯的制宪权理论中既包括卢梭等人的社会契约思想,同时又以制宪权价值为基础建立国民主权与权力分立相结合的体制。国民主权所反映的民意的最高性价值与制宪权所体现的对社会个体价值的尊重是制宪权正当性的基础。

最后,制宪权观念与立宪主义传统有着密切的关系。立宪主义作为一种依据宪法治理国家的思想与原理,其核心是对人的尊严的尊重和保障,它是充满人文主义哲学的原理,经历了古希腊立宪主义、古罗马时代的立宪主义、中世纪立宪主义、近代立宪主义与现代立宪主义概念的发展阶段。[2] 立宪主义经过不同的历史发展阶段,普及了制宪权思想,使制宪权获得更广泛的社会支持和伦理力量。立宪主义所具有的高于现实实定宪法的功能对各种形式的制宪活动产生了影响,构成制宪权存在的思想基础之一。

(四)制宪权的正当性

从立宪主义的价值看,制宪权首先要具备正当性,并由特殊主体运用正当性的制宪权创制宪法,建立实定宪法秩序。宪法是否具有正当性是宪法发挥功能的前提和基础,它与合法性范畴共同构成宪

---

〔1〕 [日]芦部信喜:《宪法制定权力》,东京大学出版会 1984 年版,第 4 页。

〔2〕 韩大元:《亚洲立宪主义研究》(第 2 版),中国人民公安大学出版社 2008 年版,第 4 ~ 6 页。

法存在的形式。宪法正当性体现在:宪法规范效力的最高性;社会成员对宪法的信任以及基于信任而形成的维护宪法的安全度;宪法正当性同时成为评价宪法解释的基础,即宪法制定后宪法解释之所以可能,根据在于宪法的正当性;同时宪法正当性是维护和完善宪法的内在要素。当然,制宪权的正当性与宪法秩序的合法性是既有联系,又有区别的概念,两者价值并非完全一致,有时两者之间还存在相互冲突与矛盾。合法性范畴在宪法上表现为具体性和明确性,对其功能和价值的认定有较客观的标准,而正当性的价值范畴是不确定的,有时带有一定的主观色彩,评价其功能有时还缺乏客观性。在特定的国家或特定的历史发展阶段,实定宪法秩序的存在是单一的、现实化的状态,而正当性的评价有可能是多样化的,有时难以准确地确定多数人的意志。尽管如此,正当性价值的分析是揭示制宪权价值的重要基础。

(五)制宪权的性质

制宪权作为一种创造宪法的力量或权限,它的产生一般需要一种合理基础与权威性。围绕制宪权的性质与来源问题,学者们提出了不同的学术主张。有的学者认为,制宪权是自然法中存在的一种“始原的创造性”权力,在国家和宪法存在以前,作为制宪权主体的国民就在特定的“自然状态”中已存在,即制宪权是不以国家权力或任何意义上的实定法的存在为其条件的。从这个意义上讲,制宪权是一种始原的、创造的权力(konsituierte gewalt),不同于国家权力,不以国家权力的存在作为条件,国家权力是依据制宪权而产生的“形成的权力”,制宪权是有组织的国家权力存在的前提。这种观点的主要理由是,制宪权是形成宪法秩序的原动力,不能设想会存在把制宪权给予合法化的上位的实定法规范,它只能实现自我的正当化。

有学者在解释制宪权性质时认为,制宪权是赋予宪法规范效力的实际的政治性的判断,在存在形态上它应早于宪法上的权力而存在,是制宪权的上位性概念。[1] 如果我们把制宪看作一个国家统治的最高决定权,制宪权本身不能成为游离于国家权力活动之外的权力,它实际上是最高决定权的具体表现,即有权决定国家统治形态的阶级运用制宪权具体创造宪法,以巩固统治关系。通过制宪权的运用反映主权者根本意志的同时,制宪权也可起到决定具体权力活动方式与界限的功能,有助于强化宪法规范的效力,建立以宪法为基础的权力制约机制。立法权、行政权与司法权三权的组织与活动原则由制宪权决定,它是一种制度化的权力形态。因此,在理解制宪权与国家权力相互关系时,应注意区分根源意义上的国家权力与具体组织化的国家权力,不能简单地把制宪权表述为始原性的权力,否则会导致制宪权与国家权力之间的相互冲突。

还有学者认为,制宪权是国家权力的基础,国家权力是由制宪权派生出来的。从制宪权产生过程与功能看,制宪权与国家权力的关系应作不同层面的分析,从不同的社会关系和背景下揭示制宪权与国家权力的相互关系。有一种观点认为,正确认识制宪权与国家权力的相互关系,关键在于不能混淆基于不同角度的国家权力。作为制宪权前提条件的国家权力是主权意义上的国家权力,而制宪权所创设的国家权力则是职权意义上的国家权力。[2] 从制宪权与国家权力关系的简单描述到区分不同意义上的国家权力是有一定意义的,有助于人们从不同的角度分析制宪权的来源和性质。但"主权意义上的国家权力"并不是明确的概念,对制宪权与主权的关系问题,学者们有不同的论述,如C. 施米特认为制宪权与主权是同一概念,也有一些学者认为,拥有主权者决定作为国家根本法的宪法,主权本身就是制宪权。从一般意义上讲,主权是一种国家统治形态的最高决

---

〔1〕 [德]埃因斯特:《宪法·国家·自由》,法文社1998年版,第17页。
〔2〕 杨海坤主编:《宪法学基本论》,中国人事出版社2003年版,第330页。

定权,制宪权作为最高的政治决断权,实际上包含在主权范畴之内,即制宪权转化为主权。[1] 在实际的制宪过程和制宪原则的确立过程中,不能一概排斥制宪权对主权的实质意义上的依赖性。完全脱离一定主体的政治意识形态或权威,脱离主权者的活动就不可能制定现实状态的宪法。制宪权的创造性与自律性并不完全排斥宪法制定过程中主权的意义与功能,它不是不受主权制约的纯自然法意义上的权力。通过制宪权而得到具体化的国家权力也不是独立的权力形态,它只不过是组织化的国家权力体系而已。因此,区分不同意义的国家权力在学理上是有一定意义的,但在具体实践过程中制宪前后的国家权力是无法具体区分的,需要从各国的实际情况和国家权力整体上理解制宪权的起源问题。在一个特定的国家,当人民还没有取得政权以前无法行使制宪权制定宪法,不能有效地实行宪法统治。有学者把这种现象解释为"人民在没有取得政权以前有制宪权,但只是没有条件行使"。[2] 这种解释的合理性在于试图区分政权与国家权力之间的界限,在一定程度上保持制宪权作为始原性权力的属性。但从宪法制度的结构与运作过程看,获得政权以前的制宪权只在有限的范围与程度上表现其价值,缺乏现实化的动力与正当性基础。在人类宪法的发展史上,实现宪法理想的斗争实际上是围绕政权而展开的,政权的力量是制宪权价值现实化的基本因素。

另外,规范层面的制宪权与事实层面的制宪权、社会意义上的制宪权与法律意义上的制宪权存在形式也是不尽相同的,应注意分析不同性质制宪权之间的相互关系。在实际的政治实践中,制宪权的行使是通过主体的活动得到实现的,而主体是在具体条件和环境下,

---

〔1〕 日本小林直树教授关于主权与制宪权关系的图表对理解这个问题有一定的帮助。他认为,制宪权内化为宪法典之中,以主权形态立于新宪法秩序的枢纽位置,成为全体法秩序的正当化及具体化基础,同时也受自己所创设的宪法秩序的制约。参见[日]小林直树:《宪法秩序的理论》,东京大学出版会1986年版,第93页。

〔2〕 杨海坤主编:《跨入新世纪的中国宪法学:中国宪法史研究现状与评价》(下册),中国人事出版社2002年版,第602页。

依靠一种政治力量对政治决策问题作出根本性的判断。哪些主体,通过什么程序、通过何种模式的宪法体制并不是由自然力量推动的,其背后实际上存在成熟的政治力量,是在一定政治背景和政治力量的推动下,完成制宪任务的。特别是,在广大的非西方国家,制宪权行使往往是在获得主权独立后,作为主权独立的象征制定一部宪法。因此,在这些国家,主权独立是本民族制定统一的、独立宪法的前提。当然,在分析制宪权性质时我们应当承认,从政治传统的权力归属的性质看,作为现实中存在的制宪权前提的主权并不是依宪法而产生的,它不同于通过宪法授权而组织起来的具体的权力体系。任何一个主权民族都有制定本国宪法的权利,但这种权利的行使受各种条件的限制,当一个民族现实状态下还没有成为主权的主体时,这种天然的制宪权只能存在于政治理念与原则之中,无法转化为现实的制宪权形态。因此,潜在的制宪权向现实的制宪权转化时,才有可能完整地体现制宪权价值。

与制宪权性质有关的另一个问题是制宪权存在形式问题。通过行使制宪权制定一部宪法后制宪权是否还存在,若存在它以何种形式表现其价值。关于制宪权存在形式,学者们提出了不同的学术主张。主要有 3 种观点:一是有的学者根本否认制宪权存在的意义,认为制宪权是法外的现象,是政治问题。二是一些学者认为宪法制定后制宪权应属于永久冻结的权力形态,不再发动,即永久冻结说。如日本樋口阳一教授认为,宪法一旦制定完成,只能遵循该宪法内在的规则进行变更和运用,制宪权观念的功能,除了宣示制宪权威之所在外,就是划定修宪权作用的界限。[1] 三是宪法的制定,实际上是国民对宪法的承认,而这种承认可能存在某种逻辑矛盾。其理由是:制宪权如果因宪法的制定而被吸收,转化为修宪权,则与修宪权概念严格区别的制宪权概念即无存在之必要;反之,制宪权如果未因宪法的制

---

〔1〕[日]樋口阳一:《近代立宪主义与现代国家》,东京劲草书房 1977 年版,第 181 页。

定而被吸收,平时仍存在于宪法外,可以介入法的世界,则对以宪法的客观性为前提的宪法学自然失去存在的意义。

笔者认为,制宪权并不是一次性“消费”的权力,它实际上存在于宪法运行的整个过程,影响、制约宪法的实践。制宪权的价值既通过制度化的修宪权来体现其价值,同时也表现在具体的宪法制度上。制宪权存在形式的变化不应成为否定制宪权概念的理由,应从宪法实践中维护与发展制宪权的价值与功能。

(六)制宪权的功能

制宪权作为一种创造宪法的力,在客观上产生多种功能,可归纳为以下几个方面。

(1)制宪权的正当性。尽管对制宪权的表述各异,但无论何种意义上的制宪权首先表明正当性的价值,属于超实定法的范畴,不同于合法性范畴。通过正当性价值的确立维护社会共同体的价值体系,建立对社会基本价值的共识。人们普遍认为,宪法的规定实际上表明国民的合意,而合意的确立是正当性的基础与标志。

(2)制宪权的公共性。在特定社会发展阶段,制宪权反映特定的政治意识形态,具有政治性。但更重要的是,制宪权体现了人类发展与进步的公共性要求,也可以说是人类治理国家经验的总结与升华,客观上反映了社会公共职能,具有公共性。

(3)制宪权的统一性。制宪权的存在形态具有完整性、统一性和不可分割性。

(4)制宪权的自律性。制宪权不仅成为制宪活动的基础,同时也是依宪法组织起来的国家权力体系的基础。它对国家权力的组织、程序及其权力之间的相互关系提供了统一的基础与标准。另外,通过国家权力的统一组织,建立权力分立的基本体制,为有效地控制国家权力滥用提供客观的依据。因此,制宪权是主权国家独立意志的体现,具体运用过程与制宪内容体现特定民族意志的自律性,不受除本民族自由意志以外其他意志的制约。从某种意义上说,制宪权的自律性是国家权力独立性价值的必然要求。

(5)制宪权的稳定性。制宪权是一种稳定的权力形态,不能频繁地运用。在通常情况下,一个国家的人民只能行使一次制宪权,或者通过制宪权的行使建立长期稳定的权力体系和宪法秩序,如有必要进行调整,可通过宪法解释权或修宪权予以解决。

(七)制宪权的界限

制宪权主体在运用制宪权时是否受到限制,制宪权形态中是否存在"绝对意志的自由",这是涉及制宪权界限的基本理论问题。

按照西耶斯等人的观点,制宪权作为创造宪法、决定国家权力的"始原的"力量,具有根本的性质。制宪权主体在制宪过程中,可不受任何原理或制度的约束。而在法实证主义者看来,宪法正当性是法学领域之外的问题,宪法学本身没有必要谈论制宪权问题。制宪权不受实证法的约束是大家普遍接受的理论命题,特别是旧的宪法程序无法约束制定新宪法的权力。但无视旧宪法秩序并不等于制宪权是自然状态下万能的力量,实际上存在原则、原理上的约束。否认制宪权界限的理论虽有当时的理论背景,但缺乏说服力,无法解释制宪过程中实际存在的原则或规范的约束。实际上,制宪权是一种受制约的权力,客观上存在一定的界限,主要表现为:

(1)受制宪目的的制约。从一般意义上讲,制宪目的是把社会共同体规定为政治的一元化,确定国家权力活动的组织体系与原则,确立公民的宪法地位,以形成社会的共同意志,使宪法获得正当性。从各国制宪过程看,制宪者本身有自己的制宪目的,不同的制宪目的产生不同性质的宪法。当然,制宪目的的合理性与制宪权的合法性并不一定是相统一的,具有合理性的制宪内容有时可能通过不合法的程序得到体现。同样,不合理的制宪内容有可能通过合法程序得到体现。

（2）受法的理念的制约。日本学者小林直树认为，制宪作业系高度目的性行为，应有明确的指导原理，才会为之；正视现实，制宪需以革命前的思想史为背景，基于一定的政治理念而运行。从单纯赤裸裸的力，不可能产生有意义的宪法规范。[1] 通过这种逻辑的分析，小林直树最后得出一个结论，即制宪权受某种规范的制约，不可能是绝对不受拘束、全能的力，他明确表示，不能接受"制宪者万能"的说法。[2] 尽管也有学者对此提出不同意见，但笔者认为，小林直树对制宪权受规范制约的理论是有一定合理性的。在实际的制宪过程中，制宪权不可能成为完全"中立性"的概念，制宪者的制宪思想、制宪过程受特定思想、理念的约束是不可避免的。制宪是一种法的现象，在法的领域内进行，其活动受法的原理的制约。如受法的理性、正义、法的稳定性及宪法的文化传统等因素的制约。制宪过程中存在的法的理念和制宪者头脑中形成的法的理念在实践中合为一体，成为指导制宪的一种原理。就特定国家制宪过程而言，都存在制宪原则与具体的立宪技术方面的要求。这些原则与要求实际上起着制约制宪活动的作用，构成制约制宪活动的作用。

（3）受自然法的制约。在分析制宪权界限时，有的学者认为，人权是超越国家的一种基本权利，制宪过程必须尊重人权不受侵犯的基本价值。因为不尊重人权的任何制宪活动会背离宪法正当性的价值，有可能失去其存在基础。从这种意义上说，以人权保障为核心的自然法实际上约束制宪权。

（4）受国际法的制约。在一定的条件下，制宪权受国际法的制约。这种制约主要表现在战败国制宪权受战胜国宪法的影响或国际条约的影响。如第二次世界大战后日本制定的新宪法的基本原则受

---

〔1〕［日］小林直树：《宪法秩序的理论》，东京大学出版会1986年版，第88页。
〔2〕同上。

1945 年《波茨坦宣言》的制约和美国宪法的影响。

上述 4 个方面的因素从不同程度上制约特定国家制宪权运用过程与程序,以保证制宪权与制宪目的的一致性。

(八)宪法制定机关

1. 制宪权主体

制宪权主体是制宪权得以运行的首要因素。西耶斯认为,只有国民才能构成制宪权主体,但从历史上看,君主、少数团体等也在一定条件下成了制宪权主体。近代以前,由于民主政治不发达,制宪权基本上由君主掌握,君主主权成为国家活动的基本原则。1791 年法国宪法虽规定了国民主权原理,但事实上,主权由国王和国民共同行使。从君主主权向人民主权转化过程中,只有国民中的一部分才有资格成为制宪权实际上的主体。国民成为制宪权主体是现代宪法发展的基本特点,表明政治社会中国民的宪法地位。现代各国宪法中普遍规定国民是制宪权主体,如在美国宪法、日本宪法、德国基本法序言中,都明确规定制宪权主体是国民,并规定了行使制宪权的方式。如德国基本法序言中规定,"……德国人民,意识到自己对上帝和人类的责任,为维护自己民族的政治的统一……凭借自己的制宪权为德意志联邦共和国制定本基本法"。美国宪法序言中规定,"我们美国人民,为了建立一个更完善的联邦,树立公平的司法制度,保障国内的治安……乃制定并确立了这一部美国宪法"。国民作为制宪权主体,表明制宪权来源与权力的享有主体,但它并不意味着全体国民都直接参与制宪过程,具体行使制宪权。实际参与制宪过程的只是一部分国民或者经选举产生的代表。因此,享有制宪权主体与具体行使制宪权是不同的概念。为了使国民有效地行使制宪权,各国成立了不同形式的制宪机关,赋予制宪机关相对独立的职权。

2. 制宪机关

为了使制宪权的实现过程具体化，各国通常根据制宪的需要，成立各种形式的制宪机关，如制宪会议、国民会议、立宪会议等。制宪机关根据民意行使制宪权，具体负责宪法的制定。实际行使制宪权的议会或代表机关是由国民经过选举而产生的。制宪议会不同于一般国会或民意机关，可不受旧宪法的约束，具有过渡议会的性质。如印度制宪议会根据1947年7月15日的独立法，自动获得最高权力机关的地位，并于1947年8月组织了由7名委员组成的宪法起草委员会，经审议后，宪法制定会议于1949年11月正式通过印度宪法。也有一些国家的宪法是由议会通过的，体现了制宪过程中的民主精神和方式。这种方式实际上是国民作为制宪权主体，把具体制宪权的行使委托给代表。另外一种行使制宪权的方式是通过国民投票，由国民直接行使制宪权，主要有3种形式：一是由国民提出宪法制定提案后进行的国民投票；二是对由其他机关起草的宪法草案进行的国民投票；三是对制宪会议通过的宪法草案进行国民投票。

制宪机关与宪法起草机关是不同的，主要区别在于：制宪机关是行使制宪权的国家机关，而宪法起草机关是具体工作机关，不能独立地行使制宪权；制宪机关一般是常设的，而宪法起草机关是临时性的机关，起草任务结束后便解散；制宪机关有权批准通过宪法，而宪法起草机关无权批准通过宪法；制宪机关由公民选举产生，具有广泛的民意基础，而宪法起草机关主要是通过任命等方式产生，注重来源的广泛性。

制宪机关在宪法典中的地位，各国宪法的规定不尽相同。有的国家宪法明确规定行使制宪权的制宪机关，并赋予其独立的地位。也有的国家宪法对制定机关不作具体规定，只规定修宪权主体。如我国宪法没有具体规定全国人民代表大会是制宪机关，只规定全国人民代表大会有权修改宪法。[1] 从宪法实践来看,全国人民代表大会作为制宪机关的地位是十分明确的,其根据在于:全国人民代表大会是最高国家权力机关,制宪权是国家权力存在的正当性的体现,自然由全国人大行使;全国人大行使组织国家权力的职权,国家具体权力的组织以制宪权为基础;从宪法实践看,在我国,制宪权和修宪权行使主体是统一的,第一部宪法的制定与几次修改是由全国人大通过的。这就说明,尽管在我国宪法文本中没有具体规定制宪机关,但从宪法原理与实践中可以认定全国人大是我国的制宪机关。这种理解并不导致宪法逻辑上的矛盾,全国人大作为最高权力机关,其组织与活动原则应根据宪法规定,受宪法的制约,制宪本身是最高权力的体现和组成部分,故宪法上制宪机关的地位与全国人大作为最高权力机关地位是相一致的,并不矛盾。

(九)宪法制定程序

宪法制定程序,是指制宪机关制定宪法时所经过的阶段和具体步骤。由于宪法是国家的根本法,其制定程序不同于普通法律,程序比较严格。在具体制定程序的设计上,各国宪法的规定不尽相同,形成了行使制宪权的不同方式。如国民通过国民投票方式直接行使制宪权,也可以通过国民选出的代议机关制定宪法。在有些国家,把代议机关的制宪权行使与国民投票方式结合起来,确定具体的制定程序。为了保证制宪工作的权威性与严肃性,制定宪法一般包括如下程序:

1. 制宪机构的设立

为了制定宪法,首先要成立专门的制宪机构,制宪机构的代表通常具有广泛性,代表各方面的利益。制宪机构产生是否民主以及制宪机构成员的素质直接影响制宪的社会效果。如制定南非宪法时,

---

[1] 在起草 1954 年宪法时,宪法起草委员会曾讨论过是否在宪法上规定制宪机关的问题,但当时起草委员会认为,全国人民代表大会作为代表民意的最高机关行使制宪权是必然的,没有必要专门对此作规定。

曾围绕制宪机构的组成问题，政府和国大党之间发生了严重的分歧。南非政府主张制宪机构为两院制议会，由各种族、地区和党派平摊席位的上院必须具有制宪、修宪和批准宪法的权力，并对大选产生的下院的议案具有否决权。其目的是在将来的议会中，在黑人占多数席位的情况下，也让少数白人仍能行使否决权。这一主张当然遭到非洲人国民大会（非国大）的反对，非国大党主张在制宪会议中得到66%的议员赞成的议案即可通过成为法律。作为国家独立"身份证"的宪法制定是国家主权独立性的标志。如在韩国，1945年获得国家独立后，制宪权由国民选举产生的制宪国会行使，由它起草、审议和通过了宪法，故韩国第一部宪法被称为"建国宪法"。

2. 宪法草案的提出

制宪机构产生后便进行草案的起草工作。草案的起草要遵循一定的指导思想或原则，以保证草案内容的合理性。制宪机构在宪法草案的起草之前，在基本宪法模式的选择、公民的宪法地位、基本政治和经济制度框架等方面，首先要确立一定的原则，要求具体起草机关在起草工作中加以贯彻。如我国1954年宪法的制定过程中，确立了领导意见和群众意见相结合的原则，使宪法草案具有较好的社会基础。

3. 宪法草案的通过

现代各国的宪法草案多由议会、代表机关决议通过。为了保证宪法的权威性与稳定性，大多数国家对宪法的通过程序作了严格的规定。一般的规定是，制定宪法要由国家立法机关成员2/3以上或3/4以上的多数表决通过才有效。美国宪法第7条规定，"经9个州制宪会议的批准，本宪法应即成立，在批准本宪法之各州内即发生效力。宪法在各批准州成立"。韩国1948年宪法曾通过了三读程序，最后由制宪国会通过。有的国家通过宪法时还需要全民公决、国民投票等形式。在通过宪法草案时，也有一些特殊情况。1990年德国统一时,在制定统一宪法的过程中遇到了一些特殊问题。1990 年 8 月 31 日《统一条约》,包括联邦德国基本法 6 个方面的修改内容,得到了联邦德国国会和联邦参事院 2/3 以上在籍议员的赞成。《统一条约》通过后,联邦德国基本法就成了两德统一后的统一宪法。

4. 宪法的公布

宪法草案经一定程序通过后,由国家元首或代表机关公布。如阿拉伯也门共和国永久宪法由共和国委员会主席公布,巴林国宪法由世系君主埃米尔以真主的名义公布等。在我国,通过和公布宪法的机关是全国人民代表大会。如 1954 年宪法是第一届全国人民代表大会第一次会议以中华人民共和国全国人民代表大会公告形式公布,自通过之日起生效。也有一些国家宪法对公布后宪法生效时间作了具体规定,如《日本宪法》第 100 条规定,"本宪法自公布之日起经 6 个月开始实行"。韩国宪法则具体规定了实施日,即"本宪法自 1988 年 2 月 25 日起实行"。意大利宪法规定,"本宪法由临时国家元首在制宪会议通过后 5 天内公布,并于 1948 年 1 月 1 日起生效"。

从制宪机构的设立到通过宪法草案的程序是具有内在联系的有序的整体,每一个环节在制宪过程中都有其重要作用。制宪程序的科学性与民主性是判断一部宪法价值的重要指标。制宪内容的合理性与制宪程序的科学性是相统一的,应高度重视制宪程序的功能和意义,并以此为基础探讨宪法运行机制。

二、制宪权理论在近代中国的萌芽[1]

随着中日战争和日俄战争,有关宪法的讨论成为清末政治社会舆论的焦点,具体体现在宪法的根本法地位,宪法的制定权主体,立宪法和开国会的关系,立宪、专制与革命的区别等方面。这为制宪权理论在近代中国的出现提供了必要的土壤。

---

〔1〕 感谢周威博士提供的资料与部分内容的整理。

(一)有关宪法根本法地位的讨论

清末有关宪法的讨论通常和国家联系在一起,从3个方面阐述宪法的根本法地位,如宪法是国家的根基,宪法是文明国家的标志,宪法在一国法律体系中居于最高的地位。

《立宪法议》一文发表于1901年,作者是梁启超,署名为"爱国者"。该文在中国宪法历史上具有重要地位。该文主张将"The Constitution"译为元气,"盖宪法者,一国之元气也"。[1]《中国国会议》断定"盖二十世纪之世界,未有不立宪而国家能存在者"。[2]《中国宪法之根本问题》也明确指出,"夫宪法为国家之根本法,其所关者直亘于国家之安危与民生之休戚。故中国前途其能转危为安转弱为强与否,首视此焉"。[3]

我们应当承认宪法文化的多样性,但宪法是人类最伟大的发明,为国家治理提供正当性依据。因此,宪法的存在成为文明国家的标志。《中国立宪要义》认为"夫文明之国,无不制定宪法";[4]《满洲政府之立宪问题》认为,"在野蛮专制之国,人民之生活也,幸福也,权利也,其程度必浅;在文明立宪之国,人民之生活也,幸福也,自由也,权利也,其程度必高"。[5]

宪法的最高效力是宪法作为根本法的最本质特征。对此,前述《立宪法议》有详细的阐述,"宪法者,何物也? 立万世不易之宪典。而一国之人,无论为君主,为官吏,为人民,皆共守之者也,为国家一切法度之根源。此后无论出何政令,更何法,百变而不许离其宗者也"。《约法问题片片》也明确主张"与宪法相冲突,则行为当然无效";[6]《中国国会议》坚信"中国之立宪政治,将来必以宪法为一国

---

〔1〕 梁启超:《立宪法议》,载《清议报》1901年第81期。

〔2〕 李庆芳:《中国国会议》,载《中国新报》1907年第1卷第19期、1908年第9期。

〔3〕 柳隅:《中国宪法之根本问题》,载《国风报》1910年第1卷第35期。

〔4〕 《中国立宪要义》,载《东方杂志》1904年第5期。

〔5〕 田桐:《满洲政府之立宪问题》,载《复报》1906年第1期。

〔6〕 章士钊:《约法问题片片》,载《民立报》1912年7月23日。

之根本法”。[1]

后来,万兆芝在《我对于制宪的意见》中全面表达了宪法作为根本法的意义。“国家根本大法一日不制定,国家的基础一日不稳固,国民的自由一日无保障,政策的施设一日无标准。政治势力没有到平衡的状态时,一切教育、实业、军制、财政、司法、外交等,都同漂萍断梗一般,浮在水面,随风摇荡的。”“相信救活这个将死的民国,只有从速制宪一个办法。”[2]

(二)有关宪法制定权主体的讨论

对于宪法制定权的归属,清末争论还是相当激烈的,并有一个曲折的发展过程。众所周知,清末立宪,主要模仿日本,而日本实行的是君主立宪,无论是官方文件,还是民间学者,最初谈立宪实际指的是君主立宪。康有为和梁启超的很多著作都认为应当实行君主立宪。前述《立宪法议》提道“是故君主立宪者,政体之最良者也”。[3]《论中国立宪之要义》认为,“中国不立宪则已,如立宪,必宜取立宪君主国之宪法,参观而仿效之”。[4]

然而,革命派以民族主义为武器,认为“为外人之奴隶与为满洲政府之奴隶无别”,[5]反对君主立宪,“吾独不愿中国言立宪,吾独不愿中国言君主立宪”,[6]主张国民享有立宪权,而此处的国民其实是民族主义意义上的国民,“吾愿我民族实行民族主义,以一民族为一国民”。[7]

针对革命派的民族主义主张,立宪派提出“五族大同”“君民一体满汉平权”,“于立宪之下,合汉满蒙诸民族皆有政治之权,建设东

---

[1] 李庆芳:《中国国会议》,载《中国新报》1907年第1卷第19期、1908年第9期。
[2] 万兆芝:《我对于制宪的意见》,载《新中国》1920年第2卷第5期。
[3] 梁启超:《立宪法议》,载《清议报》1901年第81期。
[4] 《中国立宪要义》,载《东方杂志》1904年第5期。
[5] 《为外人之奴隶与为满洲政府之奴隶无别》,载《童子世界》1903年第24期。
[6] 柳亚子:《中国立宪问题》,载《江苏》1903年第6期。
[7] 汪精卫:《民族的国民》,载《民报》1905年第1期、1906年第2期。

方一大民族之国家,以谋竞存于全地球列强之间”。[1] 甚至有学者主张,君主立宪实际上也是国民立宪,因为“君主之权力源之于天源之于民而非源于家族也,故自唐舜以降中国已为国民的国家而非复家族的国家”,“今之中国实为纯粹国民的国家”。[2]

至此,立宪派和革命派尽管在国民的含义上仍有分歧,但都认为应由国民来制定宪法。如《说国民》提道,“今试问一国之中,可以无君乎？曰可”,“又试问一国之中,可以无民乎？曰不可”,“国者民之国,天下之国即为天下之民之国”。[3] 《中国国会议》也明确表示,“余所主张之立宪,非政府的立宪,而国民的立宪”。[4] 《中国立宪之观察与欧洲国会之根据》详细阐述了国民、主权和宪法的关系。“凡各国立宪,其原动力皆发自人民。”“国家权力唯一之渊源实在于国民。”“国民实为国家之主体,以总握国家之主权。”“盖宪法即国民恢复主权,以规定为国家之常经,宪法即国民主权所创,而非宪法赐国民以权力也。是则由国民主权以孕育宪法,非由宪法以发生国民主权。”[5]

1912年1月1日孙中山发表《中华民国临时大总统宣言书》,首次提出“五族共和”。“国家之本,在于人民。合汉、满、蒙、回、藏诸地方为一国,即合汉、满、蒙、回、藏诸族为一人,是曰民族之统一。”“所谓独立,对于清廷为脱离,对于各省为联合,蒙古、西藏,意亦如此,行动既一,决无遽趋,枢机成于中央,斯经纬周于四至,是曰领土之统一。”钱端升后来评价孙中山的民族主义思想时说,“先生关于民权主义的思想,比较起来,究算是固定的,一贯的,不像先生的民族主义可因满清之已否推翻,而有狭窄与宽大的不同,也不像先生的民生

---

〔1〕 蒋智由:《变法后中国立国之大政策论》,载《政论》1907年第1期。
〔2〕 柳隅:《中国宪法之根本问题》,载《国风报》1910年第1卷第35期。
〔3〕 《说国民》,载《国民报》1901年6月10日。
〔4〕 李庆芳:《中国国会议》,载《中国新报》1907年第1卷第19期、1908年第9期。
〔5〕 雷昭性:《中国立宪之观察与欧洲国会之根据》,载《民声》1910年第1期、第2期。

主义可因社会经济的剧烈变化,而有缓和与激进的分别”。[1]

(三)有关立宪法和开国会关系的讨论

晚清时期,中国人了解西方宪法首先是从观察西方议会制度开始的,这在郭嵩焘、马建忠和载泽的日记中都有直接的记载。在讨论立宪过程中,鉴于地广人多,无论是保留君主,还是实行共和,代议制是可行的,而在中国实行直接民主不大现实。

郑观应在 1894 年编成的《盛世危言》中首次使用“宪法”一词,且正是用于要求清政府“立宪法、开议院”,希望清政府“上师尧舜三代,外采东西强国,立行宪法,大开国会”。1898 年康有为《请定立宪开国会折》认为,“东西各国之强,皆以立宪法开国会之故”。康有为在《官制原理篇》呼吁“宪法当用亟亟立,议院当亟亟开”。[2]《近时二大学说之评论》认为主张立宪者通常赞同,“民权弱者其国危,民权强者其国强。民权何在?曰议院,曰宪法”。[3]《二十世纪之中国》引证欧洲各国的情况,“于是荷兰王国由立宪政而议院政矣;丁抹国由专制政而立宪政矣;法、奥二国,本民主旨义,立宪法、开议院矣。由是而成今日民权之世界”。[4]《中国立宪要义》主张“议院宜先立也”。[5]

《国会与地方自治》认为,“今日救亡之道,首在改革政体”,“欲谋政体之改革也,不可不从根本上着手”。“夫所谓根本上着手者,何也?亦曰使政府之负责任焉耳。而责任政府之所以能产生者,实由有民选议院之故。”[6]《中国国会议》认为,“立宪国之利,利在多数政治”。“余所主张国民的立宪,而注意在开国会。”“扬我国威,洗我国耻,唤醒我国魂,增长我国力,以光大我中国国家,均在此立宪开国会

[1] 钱端升:《孙中山的宪法观念》,载《民族(上海)》1936 年第 4 卷第 1 期。
[2] 康有为:《官制原理篇》,载《新民丛报》1902 年第 9 期。
[3] 蒋百里:《近时二大学说之评论》,载《浙江潮》1903 年第 8 期、第 9 期。
[4] 薛锦江:《二十世纪之中国》,载《童子世界》1903 年第 25 期。
[5] 《中国立宪要义》,载《东方杂志》1904 年第 5 期。
[6] 熊范舆:《国会与地方自治》,载《中国新报》1907 年第 1 卷第 5 期。

之一举矣。"[1]《中国立宪之观察与欧洲国会之根据》认为,"盖立宪之特长,首在国会制度"。[2]

(四)有关立宪、革命与专制关系的讨论

晚清政府可谓内忧外患,立宪法的提出主要是针对专制制度。但清政府的顽固和无能,导致革命的呼声与日俱增。对于国家的前途,立宪派和革命派存在分歧而进行长期论战。

1904～1905年的日俄战争是清末立宪和专制之争的标志性事件。《立宪法议》区分立宪政体和专制政体,"立宪政体亦名为有限权之政体,专制政体亦名为无限权之政体","今日之世界,实专制立宪两政体新陈代谢之时也"。[3]《论日胜为宪政之兆》的结论是"横览全球,凡称为富强之国,非立宪即共和,无专制者"。"使日俄之胜负为吾国政体之从违法,则不为俄国之专制,必为日本之立宪。"[4]《论立宪为万事根本》认为,日胜俄败"乃专制国之败于立宪国也"。《中国国会议》认为,"专制国以倒皇帝为常,立宪国以倒内阁为常"。菊池学而所著《宪政论》1903年出版,其第9节标题即为"立宪专制区别之标准","所谓立宪,宜适乎共和国体,所谓专制,宜限乎君主之国"。[5]

梁启超引入种族革命的概念重新解释立宪、专制、共和、革命的关系。"中国今日万不能行共和立宪制之理由","中国今日尚未能行君主立宪制之理由","欲为种族革命者,宜主专制而勿主共和;欲为政治革命者,宜以要求而勿以暴动"。"政治革命者,革专制而成立宪之谓也";"种族革命者,民间以武力而颠覆异族的中央政府之谓也"。"吾所论种族革命之不可,及共和立宪之不可。""复仇则必出

[1] 李庆芳:《中国国会议》,载《中国新报》1907年第1卷第19期、1908年第9期。
[2] 雷昭性:《中国立宪之观察与欧洲国会之根据》,载《民声》1910年第1期、第2期。
[3] 梁启超:《立宪法议》,载《清议报》1901年第81期。
[4]《论日胜为宪政之兆》,载《东方杂志》1905年第2卷第6期。
[5] [日]菊池学而:《宪政论》,林棨译,商务印书馆1903年版,第49页。

于暴动革命,暴动革命则必继以不完全的共和,不完全的共和则必至于亡国。"[1]

有观点认为立宪不同于革命,如《论中国现在之党派及将来之政党》的判断是,"明知今日中国之时势,宜于立宪,而不宜于革命";"今日之革命与立宪党,其立于绝对对立之地位者"。[2]《变法后中国立国之大政策论》预言,"今后之政府,若不以政治之权予民,则革命不已"。康有为通过《法国革命史论》论证革命共和不如君主立宪,"夫当革命党之举事,而语之曰:救国而国将毙,救民而民殆屠尽"。[3]

革命派起初也是常常使用和赞成"立宪"的,但反对君主立宪,认为立宪必须以革命为前提。《清太后之宪政谈》断定,"满政府,必不能实行立宪也明矣,即能行之,亦必非真正立宪"。[4]《论满洲虽欲立宪而不能》认为,"汉人能革命始能为立宪,则欲以立宪对抗于革命者,可以废而返矣"。[5]《满洲政府之立宪问题》认为,"流血者,自由之母也;立宪者,革命之产儿也"。《立宪驳议》也主张,"欲自由,必自光复始;欲平等,必自屏虏始。夫吾亦知光复之难,难于立宪也,然天下事不经破坏,必不克底于和平"。[6]

三、制宪权概念在近代中国的出现

无论是法学理论,还是法律制度,都是以特定概念为基础的。特定概念可能不止一个,哪一个概念获得社会共识,还需要一定的社会条件。因此,考察某个法学理论的演变,应主要借助于相关概念的出现背景和使用情况。

---

〔1〕 梁启超:《开明专制论》,载《新民丛报》1906 年第 4 卷第 1 期。

〔2〕 与之:《论中国现在之党派及将来之政党》,载《新民丛报》1906 年第 4 卷第 20 期。

〔3〕 康有为:《法国革命史论》,载《新民丛报》1906 年第 4 卷第 13 期。

〔4〕 宋教仁:《清太后之宪政谈》,载《醒狮》1905 年第 1 期。

〔5〕 朱执信:《论满洲虽欲立宪而不能》,载《民报》1905 年第 1 期。

〔6〕 怀蘲:《立宪驳议》,载《复报》1906 年第 5 期。

(一)"立宪"一词和"制宪"一词的使用情况

对于"立宪"一词在1900～1926年的使用情况,笔者按照年份和题名检索超星数据库和晚清民国数据库,形成表1。两个数据库均显示,题名中首次出现"立宪"一词的都发生在1901年,"立宪"一词出现频率最高的都在1906～1907年,在1901～1907年"立宪"一词的使用频率逐年上升,而之后则逐年下降。超星数据库显示,1912年以后"立宪"一词基本绝迹;晚清民国数据库显示1913年以后,"立宪"一词的年度出现次数维持在1～5次,和1906年的273次相差悬殊。根据统一标准检索两个数据库,获得的数据数量虽有差别,但反映的"立宪"一词的使用情况的发展趋势基本一致。

表1　1900～1926年"立宪"一词的使用情况统计

单位:次

年份	1900	1901	1902	1903	1904	1905	1906	1907	1908
立宪,超星	0	1	0	10	12	28	94	59	46
立宪,晚清民国	0	3	5	39	25	99	273	184	174
年份	1909	1910	1911	1912	1913	1914	1915	1916	1917
立宪,超星	35	20	45	1	0	0	2	2	0
立宪,晚清民国	127	74	110	11	25	4	4	12	2
年份	1918	1919	1920	1921	1922	1923	1924	1925	1926
立宪,超星	0	0	0	0	0	0	0	0	1
立宪,晚清民国	2	5	4	2	4	1	2	1	4

对于"制宪"一词在1900～1950年的使用情况,笔者按照年份和题名检索超星数据库和晚清民国数据库,形成表2。超星数据库显示,题名中第一次出现"制宪"一词的时间是1916年,而晚清民国数据库显示是在1912年,这至少说明,"制宪"一词的出现是在辛亥革命之后。正如表1所示,辛亥革命后"立宪"一词减少很多,以至于绝迹。这表明,"制宪"和"立宪"两个词汇有很大程度的继承性。尽管可能有这种继承性,对比表1和表2可发现,"立宪"的使用频率总体

上高于"制宪"一词。表2还显示,1900～1950年"制宪"一词的使用频率忽高忽低,很多年份为零。该词使用频率较高的有3个时段,分别是1922～1923年、1933年间、1946～1947年,分别对应3个宪法性文件:1923年宪法、1936年"五五宪草"[1]和1946年宪法。

表2　1900～1950年"制宪"一词的使用情况统计

单位:次

年份	1900	1901	1902	1903	1904	1905	1906	1907	1908
制宪,超星	0	0	0	0	0	0	0	0	0
制宪,晚清民国	0	0	0	0	0	0	0	0	0
年份	1909	1910	1911	1912	1913	1914	1915	1916	1917
制宪,超星	0	0	0	0	0	0	0	1	1
制宪,晚清民国	0	0	0	1	3	2	0	3	5
年份	1918	1919	1920	1921	1922	1923	1924	1925	1926
制宪,超星	0	0	0	1	7	3	0	1	0
制宪,晚清民国	1	9	11	3	23	18	1	9	2
年份	1927	1928	1929	1930	1931	1932	1933	1934	1935
制宪,超星	0	0	0	0	3	1	12	3	2
制宪,晚清民国	1	1	1	0	6	8	40	11	1
年份	1936	1937	1938	1939	1940	1941	1942	1943	1944
制宪,超星	1	9	0	2	3	1	0	1	4
制宪,晚清民国	5	19	0	3	14	3	0	0	6
年份	1945	1946	1947	1948	1949	1950			
制宪,超星	2	51	20	6	2	0			
制宪,晚清民国	1	81	109	45	1	0			

[1] 1932年12月国民党召开第四届第三次中央执行委员会,会中提议起草宪法和召开国民大会,以结束党治,还政于民。最后决议以原则25条,交由立法院起草宪法。1933年立法院成立宪法起草委员会,《中华民国宪法草案》制定由此开始。1936年5月5日国民政府予以公布,称为"五五宪草"。

(二)章士钊试图用“造法”代替“立宪”

民国初年,章士钊对当时的制宪活动给予了持续的关注,并有多篇文章问世。章士钊观察到“立宪”一词基本停用,试图用“造法”一词取而代之。章士钊所著《告参议员》提道,“盖参议院之机关,为立法者 Legislative,而断断非造法者 Constituent 也”。“立法者,乃根据一定之原则而立为法;造法者,则立法以外并原则而自造之也。此在国会万能之英伦,其巴力门无此区别,而大陆政家颇重视之。”“立法之议会权力终有限,惟造法之议会始足当英文中万能之义。而万能之义之最易表现者,乃在制定宪法或改造宪法,或采除宪法与普通法之界限。”[1]

《约法问题片片》也反复使用“造法”一词。“法兰西人分议院为两种:一曰造法机关,一曰立法机关。造法机关,则具有万能之力,凡议院之所行,无他团体足以议之,宪法之解释乃诉之自身,不属之法庭也。立法机关则不然,彼之所为,不即具有法律之性质,如或与宪法相冲突,则行为当然无效,法庭可出而干涉之。”[2]

1914年章士钊发表的《造法机关》一文是前述《告参议员》的续文。该文认为,“造法”即“创造立国大法”,有主权者才能造法,造法机关具有“最高无上”的地位;还认为造法机关应另外专门设立,当时的政治会议不具备造法机关的资格,也批评民国初年的临时参议院缺少正当性。[3] 1920年章士钊还有一篇文章《裁兵与造法》。

王黻炜所著《比较宪法学》在“宪法之制定”一节中也曾使用“造法”一词,且和章士钊的用法是一致的。其中谈道,“主权之所在,即为制定权之所在,不论何时何国,除主权者外,无有制定宪法者也。学者尝谓法者主权者之意思表示而已。造法之人,未有无权力者。

[1] 章士钊:《告参议员》,载《民立报》1912年5月1日。
[2] 章士钊:《约法问题片片》,载《民立报》1912年7月23日。
[3] 章士钊:《造法机关》,载《甲寅杂志》1914年第1卷第1期。

服从权力之人,未有能造法者。普通法律且然,况于国家之根本大则乎”。[1] 另外,“造法”一词也曾出现于官方正式文件。1915年6月11日袁世凯大总统令的标题即为“立法院为国家立法机关国民会议为国家造法机关”。[2]

(三)其他相关概念的使用

除前述立宪、制宪和造法外,还有其他相关概念,如制定宪法、编制宪法、创制宪法、宪法之成立、制定权、制宪之权、国民制宪等。其中,“制定宪法”的使用频率最高。

如《中国立宪要义》(1904年)认为,“夫文明之国,无不制定宪法”。《告参议员》(章士钊,1912年)认为,“立法之议会权力终有限,惟造法之议会始足当英文中万能之义。而万能之义之最易表现者,乃在制定宪法”。《比较宪法学》(王黻炜,1912年)认为,“故其后普鲁士等国制定宪法时皆取模范”,“君主之制定宪法,虽许多国家机关之一部参与其事,然不得谓其代表人民与君主协约”。

使用“编制宪法”的《国体与政体之别》(章士钊,1912年)认为,“由国家编制宪法,宪法定而国家之形式生”,如《对于改组议会及编制宪法之意见》(力山,1914年)。《论创制宪法当先立目的》(寿文,1912年)题目本身即含有“创制宪法”,“夫宪法为现世纪立国最良之政制,而于共和政体尤所亟之。然创制不善适足以贻害吏民”。《联省自治与现在之中国》(唐德昌,1922年)曾使用“制定联省宪法之权”。《柔性宪法与刚性宪法》(潘公展,1922年)曾使用“制宪之权”。《宪法汎论》(觅克彦,1913年)第2章第1节的第4项即为“宪法之成立变更”,“宪法之成立变更者,则非国家之成立变更”。《甚么叫做国民制宪》(1919年)、《国民制宪倡导会之宣言书》

---

〔1〕 王黻炜:《比较宪法学》,中华印字馆1912年版,第10页。

〔2〕《大总统令(六月十一日令)》,载《四川旬报》1915年第1卷第9期。

(1919年)、《蔡元培王宠惠等组织国民制宪倡导会》(1919年)、《主张国民动议制宪之理由》(梁启超,1920年)等都曾使用"国民制宪"一词。

《比较宪法学》(王黻炜,1912年)使用的"制定权"非常接近"制宪权"含义。该书"宪法之制定修正及解释"一节中认为,"依据制定权以区别宪法,则有钦定宪法与民定宪法之称"。"凡国家主权以单一不可分为其本质,制定国家根本法之权,即其主权实现之一种,主权既不可分,则制定权亦不可分"。"主权之所在,即为制定权之所在,不论何时何国,除主权者外,无有制定宪法者也。"

(四)制宪权概念的出现

随着辛亥革命的爆发和中华民国的建立,"立宪"一词基本停用。为填补"立宪"一词留下的空间,若干相关概念相继出现,包括"制宪权"一词。

据文献记载,"制宪权"一词最早出现于1920年《在京旧议员之制宪主张》一文。因"府院之争"而"张勋复辟",黎元洪总统被迫解散旧国会;然后,段祺瑞、冯国璋声讨并平定复辟,新国会新总统次第产生。因此,当时存在两个国会,一是旧国会,二是新国会。由谁来制定宪法,存在争议。该文谈道,"吾国既不幸而有两国会,于是乎,制宪未成而制宪权之争已起,攻新国会之言,曰选举非法区域不全,攻旧国会之言,曰逮捕非法年限已愈"。[1]

"制宪权"一词再次出现于《与曹吴商榷国是书》(1922年9月)。作者赵恒惕虽武人出身,但对宪法很有研究。《与曹吴商榷国是书》以主权理论为基础探讨联邦制和单一国问题,倡导联省自治,主张建设一个"联邦化之单一国",对美国、加拿大、英国、德国和瑞士等国的宪法理论与实践了如指掌,同时结合中国实际情况,内容丰富,论证有力,堪称一篇优秀的宪法学论文。加上赵恒惕和曹锟、

---

〔1〕 M生:《在京旧议员之制宪主张》,载《时事旬刊》1920年第2卷第10期。

吴佩孚的特殊关系,可推知《与曹吴商榷国是书》可能对 1923 年宪法产生了直接的影响。该文倒数第二段谈道,“法统既复,制定国宪之权当然属之国会。盖国会制宪之权为约法所付与。吾人既一致护法,决不能不认国会制宪之权。英帝国之国会主权无上,坎拿大澳洲两联邦宪法,皆由英帝国之国会产出。吾国之国会以操制宪权一端而论与英帝国国会无异”。[1]

“制宪权”一词第三次出现于《宪法上民主政治种类之选择》(1922 年 11 月)一文,作者是李三无。该文作者和赵恒惕相比,应该是一个纯粹的学者,至少日文、法语和英语水平较高。该文和赵恒惕文相比,是一篇纯粹的学理探讨,认为“我国今日所亟应讨论解决者虽多,而莫急于宪法之制定”,而“制定宪法之始,对于民主政治种类之选择,至宜深加之意。苟非取各种民主政治,综合研究其是非得失,严慎其去取,则轻之于始,必悔之于终”。该文在介绍瑞士直接民主政治时提道,“无论制宪权(Pouvoir constituant)与组织权(Pouvoir constitué)俱发动于州民集会”,并认为瑞士的这种制度受到卢梭思想的影响。该文在比较代议民主政治和直接民主政治时也提道,“直接民主政治,‘Pouvoir constituant’与‘Pouvoir constitué’无不保留于自身,而在实行代议民主政治之国,关于宪法之改正,固亦有于宪法上明文规定,应依一般国民复决(Référendum)以定其去取者”。在介绍美国宪法历史时提道,“从此,宪法制定权与立法权析而为二,使宪法制定权属之人民,立法权则属之议院”。在别处,还两次提到“组织权”(Pouvoir constitué)。[2]

1923 年“制宪权”一词第五次[3]出现于《讨论北京新公布的宪法是否有效》。该文感叹 1923 年宪法的效力因受“贿选”的影响而备

---

〔1〕 赵恒惕:《与曹吴商榷国是书》,载《太平洋杂志》1922 年第 3 卷第 7 期。
〔2〕 李三无:《宪法上民主政治种类之选择》,载《东方杂志》1922 年第 19 卷第 22 期。
〔3〕 该文所引用孟心史有关制宪权的论述应为第四次,但未看到原文。

受质疑。该文题目左边有5项提示,其中第2项为"沪国会中有人主张还制宪权于国民"。正文第2部分开篇即谈道,"南下议员,固主张迁地自由制宪者,对于北京国会制宪,根本上不予承认。他们于北京仓促制宪时,即议将国会制宪权奉还国民,以完全取消北京国会制宪的权能。他们的理由是:国会议员已有三分之二以上附逆,国会应向国民交代。此义孟心史[1]君在申报民主国之宪法一文加以阐发。孟君说:'故君主国之宪法,或可由国会代定,以国会钳制君主,理或宜然;民主国之宪法万不宜由冒民之名因以为利之国会代定。以少数间接之民钳制直接多数之主,何可望其顺轨?近有倡议员奉还制宪权于国民之说,侧闻议员中颇有采是说者,苟能成会,必提议之案,此足知真理之不可终湮。但国民则亦不可静待其奉还,苟奉还之议不成,主人翁当自动收回之耳。'""章行严[2]君在昔固主张'公宪说'者,惟现在则以为时机已矣。他的公宪答难说:'公宪之议,愚倡之甚久,以为国会不胜制宪之责,灼灼明甚。及时而久假不归之议宪权奉还国民,所有误国酿乱不尽职责之罪犹得末减。不谓四年前愚倡此说,听者无一人焉;愚徒获除名之谴以去。近日重言以申明之,同人稍稍许为知言,而仍不敌其自搅宪纲之本意,以为时机尚早。前一月顷,愚与林宗孟锺伯毅宴约同僚二十余辈,聚议此事,意在以议员之名义有所表见,宗孟临宴为留京病妻连电促去,座客虽尠,愚与伯毅言,而终依远于所谓尚早一念之间,未能趋决,此襄事也。'"[3]

四、制宪权概念在近代中国的使用

制宪权概念出现后,经过学者们长期努力,不断得到体系化,其

---

〔1〕 孟森,号心史,《预备立宪公会报》主编,《东方杂志》主编,宪法学家,历史学家,著有《行政法》《宪政论》《法人论》《比较国会论》《地方自治与教育》《论中国今日有可以速开国会之理由》《论中国之国际私法》等。

〔2〕 章士钊,字行严,有不少宪法学论文署名行严或章行严。

〔3〕 《讨论北京新公布的宪法是否有效》,载《东方杂志》1923年第20卷第21期。

内涵和外延就会进一步清晰明确。

(一)王世杰《比较宪法》有关西耶斯制宪权理论的论述

众所周知,王世杰所著 1927 年初版并多次再版的《比较宪法》,是民国时期最有影响的宪法学著作。该书有关制宪权的论述,为当前研究制宪权理论的学者反复引用,被视为中国制宪权理论研究的源头。在 1933 年版本中,该书序言称为"民国二十二年七月国难后第一版"。《比较宪法》1933 年版本的"初版序"落款时间是"民国十六年七月","再版序"落款时间是"民国十七年十二月",没有其他序言,这就意味着该书的内容至少在 1928 年 12 月写成。而且"再版序言"中提到再版的原因有 3 个,"初版讹字颇多",补充"初版所举事实",回应"友人及读者给了我不少的评论"。因此本文假定《比较宪法》1933 年版本中有关制宪权的论述在 1927 年版本中已经存在。

《比较宪法》第 1 编第 1 章第 1 节宪法的特性讨论的大致内容是,"一形式上之特性"。"第一宪法的效力高于普通法律","一般学者彼此观点之互异,不在宪法之应否具有此种之最高性,而在此种最高性之应否具备一种有效的保障","第二宪法的修改异于普通法律"。"二实质上之特性"。"就理论而言,宪法既为规定国家根本组织之法律,则宪法之内容应以次之三项事件为其范围,第一个人之基本权利与义务","第二国家最重要机关之组织权及其相互关系"。

"第三宪法之修改,在十八世纪内,欧洲大陆学者间,对于宪法修改问题,颇有几种不甚切中事理之主张。其一,以为宪法之变更应永远取得人民全体一致之同意。此为瑞士十八世纪有名公法学者华特尔(Vattel)氏之主张,循此说而推论之,则宪法之修改,在原理上既有当然之手续,则宪法之给以规定与否殆无何许重要也。其二,以为宪法之修改尽可由人民随时自由决定其机关与方法,而不必有一定之手续,其所以然则因人民为主权主体之故。人民既为主权之主体,其意志自不受限制,由是宪法上便不应预定修改之手续,宪法之规定只在束缚议会,只在束缚根据宪法而产生之机关(是即法人之所谓Pouvoir constitué),而非束缚享有制宪权之人民或者所选出之制宪机关(是即法人之所谓Pouvoir constituant),此说为法国大革命时代政论家史鄢(Sieyès)之所主张。循此说而推论之,人民之制宪权既不受任何预定之限制,则宪法上殆不应有规定宪法修改手续之条文。"[1]

"(b)法兰西大革命时代之宪法观念,法国一七八九年大革命之爆发,距美国联邦宪法之成立,不过二年。当时法国人士,对于根本法之见解,一面固与美人同受十七八世纪以来一般思潮之影响,一面自亦深受美人之影响。美国既已成立一种成文宪法,则彼等于一七八九年'等级会议'(Etats-généraux)集会之后,立即从事于一种成文宪法之制定,盖属当然之事。至宪法制定之应异于普通法律,则代表法国当时思想之有名政论家史鄢(Siéyès)氏言之颇详晰。氏认为制宪权当与立法权分离,而前者应属于国民,其有因版图太广不能以制宪权属诸公民全体者,亦当以制宪及修宪之权,委诸特殊的制宪团体(见Duiguit前书第三卷第643~645页)。徵诸事实,法国大革命后之第一共和宪法(即一七九三年宪法)即曾交付公民表决。当时制宪团体并有'非经公民表决者不得称为宪法'之宣示。从知宪法须经人民同意,宪法之制定应异于普通法律,亦实为当时人士彻底的深切的信仰之一。复次,宪法效力之高于普通法律,亦极为当时人士所崇信。彼等于一七八九年所发表之'人权宣言',及一七八九年以后的宪法上所载之'人权宣言',其作用即在限制国家立法机关之权力。严格地讲,当时人士,不仅欲籍'人权宣言'以限制国家立法机关之权力。当时一般人士并认此种权利,为人民永远保有之权利,即国民制

[1] 王世杰:《比较宪法》,商务印书馆1933年版,第7~9页。

宪团体亦不能变更之。然美人对于宪法高于普通法律这个条件所设的一层新保障——法院有否认违宪的法律权——则因诸种原因始终未被法人所采纳。"[1]

(二)"制宪权"一词在 1932 ~ 1937 年 6 篇宪法学论文中的使用

晚清民国数据库和超星数据库显示,1928 ~ 1931 年有关制宪问题的讨论比较少,且未发现直接使用"制宪权"一词的宪法学论文。不过,目前发现 1932 ~ 1937 年有 6 篇宪法学论文使用"制宪权"一词,分别是 1932 年《苏俄法律之制宪权》、1933 年《宪法中之国际的趋势》、1933 年《吴氏宪法草案与五权宪法之特性》、1936 年《孙中山先生的宪法观念》、1937 年《制宪国民大会的特质与宪法实施》、1937 年《关于国民大会(问题与答案)》。还发现一篇宪法学论文虽然未使用"制宪权"一词,但提到了西耶斯及其制宪权理论。

《苏俄法律之制宪权》一文作者为章渊若,曾留学法国,是民国时期著名宪法学家。该文是目前发现的民国时期唯一的一篇以制宪权为题的宪法学论文。章渊若以西耶斯制宪权理论为基础批判苏俄宪法,其中谈道,"历来欧洲学者,对于制宪权与立法权问题之讨论,颇为重视。如瑞士公法学者华得尔 Vattel 氏,曾谓宪法之修改与变更,有一当然一定之手续,全须取得全体人民之同意,故宪法修改之手续,在宪文上无须设有明文之规定。法国宪政论者史爱咸 Sieyes 氏,则反是,以为宪法之修改,不必有一定之手续,可由人民随时自由决定其机关与方法,在宪法上,亦无须设有明文之规定。史氏之意,以为人民即为主权之主体,其意志之不受任何法律之限制,方宪法不能预定修改之手续;宪法之规定,只在束缚议会,只在束缚根据宪法而产生之机关 Pouvoir constitué,而非所以束缚有制宪权之人民,或其所选出之制宪机关 Pouvoir constituant。二氏学说,虽各不同,然其重视宪法修改之意见,则相一致。""总之,苏俄宪法,与欧美宪法大不相

[1] 王世杰:《比较宪法》,商务印书馆 1933 年版,第 42 ~ 43 页。

同；苏俄党人，对于宪法之修改，并无一定之手续，仅图专政之方便而已。举凡一切宪法之修改，恒出诸寻常立法之手续；各国之所谓‘制宪权’，在俄尽无有也。”[1]该文结论部分还两次使用“制宪权”一词，[2]强调制宪权不同于立法权。我们会发现，前述所引第一段的表述方式和王世杰《比较宪法》相关部分如出一辙，有可能引自王世杰《比较宪法》。不过，该文并未标明相关部分的出处，且所有引注均为法文原著。所不同的是，王世杰仅仅是在介绍西耶斯的制宪权理论，并不意味着他一定赞成西耶斯的观点，而章渊若显然赞同该观点，并直接以之为根据对苏俄宪法进行批判。

《宪法中之国际的趋势》是周鲠生的一篇长文。周鲠生和王世杰，籍贯同为湖南，同时在1920年毕业于巴黎大学并获得法学博士学位，博士论文同属宪法领域。[3] 周鲠生主要研究国际法，但在宪法研究方面也很有建树。该文两次使用“制宪权”一词。不同的是，周鲠生将“制宪权”理解为“le Pouvoir constituant”，并且认为制宪权应当受到限制。该文相关部分内容如下：“少数民族保护制度，更是极端的代表国际的趋势，而证示公法的统一，因为在这个场合，国际协定不但拘束国内通常立法部，并且对于制宪机关授以若干必须承认的条款。这个制度在公法上引起了一个新问题，即制宪权（le Pouvoir constituant）本身的限制问题。缔约国既然事先承诺在本国宪法内列入若干合于条约义务的条款，则似乎国家的制宪权即受了一种国际的限制，因而关于少数民族保护条款，将来修正的自由受了约束。在

[1] 章渊若：《苏俄法律之制宪权》，载《法学杂志》1932年第5卷第5期。

[2] 相关部分表述如下：“苏俄法家，犹复比拟其制度于西洋学理曰：（一）照柔性宪法的精神，制宪权与立法权，本无任何特殊之区别；（二）不依宪法之条文，而更改政府之组织与权限，并非苏俄所独制，欧美宪政发达之国家，亦有其例。”“无论各国宪法之精神柔性至何种程度，制宪权与立法权，究仍有分际，不能绝对相同。诚以国家之基，定于一尊，法律制度，必有主从。倘使各自为政，任意更张，则国体政制，必致紊乱。”“宪法者，一国之根本法也，一国之最高法也，一方面为一国法制之基础，一方面为一国无上之权威。”

[3] 王世杰博士论文：《联邦宪法中权限之分配》；周鲠生博士论文：《英国、法国、美国对于外国政治的议会控制》。

这一点,维也纳学派所谓'国际法优势'(la primauté du droit international)说,实得到一个有力的成法的论据。"[1]

钱端升希望通过《孙中山先生的宪法观念》梳理孙中山的宪法著述,以便指出"先生关于宪法的主张的前后不同之处,而断定何者为最后的主张"。对于制宪权问题,钱端升认为,"制宪权与立法权之有分别,制宪机关与立法机关之不宜相混,是先生所熟知的理论"。同时指出,"建国大纲但又犯着将立法权与制宪权,立法机关与制宪机关,相混的嫌疑","至于制宪的机关,则先生主张以国民大会充任"。钱端升还认为,孙中山先生一贯"主张我国采用成文宪法"。[2]

茹春浦 1937 年发表的《制宪国民大会的特质与宪法实施》一文具有明显的意识形态色彩,核心观点是国民大会拥有制宪权具有正当性,但其论证过程确实借助于制宪权理论。其中提道,"宪法是运用政权的唯一工具。因为政权是在三民主义下,合于法定条件的公民,在取得革命民权——宣誓登记——的权利同时取得的,不是另有一种高于他的权力者所给予他的。因此宪法就应当由有政权的公民来制定。因此制宪权就是政权第一步的行使,是和政权同样的为原始权利,不是受某种权力支配的权利"。"国民大会的制宪权,是根据三民主义的民权原理,由人民经过选举的方式给予的。他的权原在听人民直接的委托,不是根据宪法条文取得的。这是在宪法没有制定以前,国民大会取得制宪权的当然结论。换句话说,就是创造根本大法的机关的权利,不是在法律上规定的,而是从人民的意思中,反映出革命力量和事实的反射作用。基于这一点认识,要知道制宪的国民大会,和一般民主政治下,有独立的制宪权,或者,只有形式上的通过宪法的议会制宪,有所不同。""此次在制宪国民大会选举法中,

---

〔1〕 周鲠生:《宪法中之国际的趋势》,载《国立武汉大学社会科学季刊》1933 年第 3 卷第 3 期。

〔2〕 钱端升:《孙中山先生的宪法观念》,载《民族》1936 年第 4 卷第 1 ~6 期。

取消政府圈定候选人的办法，区域和职业代表人，由人民完全本于普通平等的原则自由选举，与其说是政府尊重人民的制宪权，毋庸谓为作为召集宪法公布后国民大会的准备，减少将来选举的种种困难。"[1]

此外，金鸣盛1933年发表的《吴氏宪法草案与五权宪法之特性》和严士蔓1937年发表的《关于国民大会（问题与答案）》，也曾提到"制宪权"一词；[2]陈吾衰1936年发表的《对王著比较宪法作一总巡礼：制宪年的新礼物》曾提到西耶斯及其制宪权理论，使用的是"西页斯（Sièyes）"，[3]但未直接使用"制宪权"一词。此处"王著比较宪法"，即是王世杰《比较宪法》。该文认为，"王著不但是国内宪法著述的空前宏制，就是较之欧美宪法的皇皇巨著，亦无逊色！"

（三）"制宪权"一词在1934年3部宪法学著作中的使用

根据目前查阅的资料，在1927年王世杰《比较宪法》出版后若干年内，"制宪权"一词未出现于宪法学著作。程树德1931年出版的《比较宪法》和1933年出版的《宪法历史及比较研究》，使用的是"宪法之制定权"，[4]未使用"制宪权"一词。但1934年出版的3部宪法

---

〔1〕 茹春浦：《制宪国民大会的特质与宪法实施》，载《前途》1937年第5卷第5期。

〔2〕 金鸣盛，"代表机关既操有一切政治决策大权（包括制宪权在内）"；严士蔓，"为什么要以国民大会来作制宪的机关呢？这里有两层原因：第一，一国主权属于人民全体，所以只有人民享有制宪权，如果全体人民因为事实上的种种困难不能参加制宪，最低限度要选出他们的代表来专负制宪的责任。第二，制宪与立法分离主义，因为宪法之制定是与普通立法不同的，普通立法是议会的职权，议会的代议士固然也是由于人民选举代表，而其最重要的任务也是制定法律，但是普通立法是以宪法为准则的，违反宪法的普通法律根本无效。并且修改普通法律其手续亦较容易"；"因之各国宪法的制定和修改常常特设制宪机关以专其任"；"我们这里所讲的国民大会，就是专为制定宪法的特殊制宪机关"。

〔3〕 相关内容如下："根据法国西页斯（Sieyes）的定义：'所谓宪法，它的一部分乃是规定立法机关组织权，另外一部，却是在于确定政治机关组织合职权。宪法之被称为一国的基本法，并不是暗示它是独立于民族的意识之外，而是确然地认定国家各种机关是不能违反宪法而得存在，而得活动！'"参见陈吾衰：《对王著比较宪法作一总巡礼：制宪年的新礼物》，载《华年》1936年第5卷第26期。

〔4〕 程树德1931年著作在介绍"近世立宪制度之发达"时，提道"宪法之制定权置诸议会议决权以外，为美国一般之原则，以现今各州宪法改正之程序言之，全部改正必由特别宪法会议议决之"。其与1933年的著作表述基本一致。

学著作都比较详细地论述了制宪权理论。

第1部是1934年3月出版的《比较宪法》,作者为费巩。该书第1编第5章第3节的标题即为"制宪权与立法权",在宪法学著作章节标题中出现"制宪权"一词,这是目前发现的唯一的一次。其中提道,"制宪权为决定政府性质组织及职权之法律上最高无上之权,行使制宪权者是主人,由制宪权而产生者为其仆人,为其委托人。制宪权为行使国家主权者最明显之表征,其权无限。立法权为制宪者所赋予某种立法机关制定普通法律以补充宪法之权,出诸他人之所付给,受其限制,必须按照宪法所规定之程序而行使,并不得与宪法相抵触,否则无效"。"人民之欲保留制宪权者,逢修宪之时,可特举代表以组成制宪机关代其行使之,而不假手于寻常之立法机关。其信任立法机关不必另托他人者,可以此权并立法权付之,而加以明确之限制,及严厉之监督。"该章第5节修改宪法之各种方式中也使用了"制宪权"一词,"特别召集之制宪会议与修宪之立法机关不同。立法机关寻常只有普通立法之权,遵守特种方式特种程序,始能暂时转变为制宪机关,例如两院开联席会议,较大法定人数之出席与赞同,以及经过解散改选后之议会均是也。立法机关之存在永久,令其修宪不过因利乘便,事毕继续存在,惟在平时,只有立法权而无制宪权者也。制宪会议之存在暂时,因须修改宪法故加召集,事毕即行解散,惟当其集会之时,拥有至高无上之权,为非寻常之立法机关所能及"。[1] 可以看出,费巩对于制宪权的地位、主体与立法权的关系、与国家主权的关系、与修宪的关系,以及宪法与普通法律的关系,修宪的条件与程序等都有明确且系统的判断。

第2部是1934年6月出版的《现代法制概论》,作者为章渊若。"制宪权"一词出现于该书下编第14章"苏俄之制宪机关",和1932年所发表论文《苏俄法律之制宪权》的表述基本一致,不同的是两者

---

〔1〕 费巩:《比较宪法》,世界书局1934年版,第74页、第82页。

的标题。[1]

第3部是1934年9月出版的《比较宪法纲要》，作者为汪馥炎，宪法学家，著述颇丰。[2] 该书第1编宪法第4章“宪法之制定”，反复使用“制宪权”一词。其中谈道，“一七八九年之法国人权与公民权宣言则出于拉斐夷特 Lafayette 之手笔，一七九一年之法国宪法则充满史鄢 Sieyes 一人之理想抱负”。“宪法表决之机关及其手续必使其大异于普通法之表决者，非谨昭郑重于观瞻，亦正显示根本法之性质，有以使之不得不然耳。”“盖制宪权高于一切，制宪机关又立于国家一切机关之上。”“吾人可以发见一大原则，此原则为何？即制宪权与立法权分离主义是也。制宪与立法应有区别之思想，实与成文宪法主义连带发生，时间亦同其悠久，然而，运用此思想于实际大见成功者，不得不推北美制宪之史例，为肇其端也。”“自美国制宪成功后，制宪与立法分离之主义直接输入法国。依吾人所知，不独法国革命时期之三宪法(即一七九一年、一七九三年、一七九五年)受此彩色之熏陶，而法国学者阐明此一主义之理想，尤属义无余蕴，譬如史鄢曰：‘宪法乃原始的制宪权之产品，而非依据宪法而生之立法权的产品。’孔道西 Condorcet 曰：‘宪法之制定与修正，应由特殊制宪机关为之，并每隔五年八年须修正一次，交由人民批准，因法律不能限制后代人，更非立法机关所能过问。’汤姆士·培英 Thomes Paine 曰：‘宪法先政府而生，政府后宪法所产，故宪法非政府所能决定，系建设政府之人民所定立者也。’制宪之所以不能与立法混淆之理由经诸学者之先后发挥，至今已有百余年矣，况观各国制宪与修宪之历史，除英吉利外，几无一国不别立程序以示繁重于普通法之制定及修正者，可

---

〔1〕 章渊若：《现代法制概论》，商务印书馆1934年版，第275～285页。

〔2〕 如1914年《论法美两总统在国法上之地位》、1914年《参政院之职权》、1915年《集权平权之讨论与行省制度》、1919年《宪法修正与解释》、1925年《两院分职》、1926年《中央政制论》、1933年《法国制宪与中国制宪之史的比较观》、1933年《行政元首之责任问题》、1933年《内阁制之要义》、1934年《政制体系与宪法》、1936年《中国地方行政制度》、1937年《制宪事业的新认识》等。

见大义凛然百世莫易者也。独惜我国民元临时约法以制宪权赋予国会,致使国会与宪法交受其累,迁延至十二年,虽有一度宪法之颁布,而政变一作,旋又失效,以建国二十三之久,犹无正式宪法之确定,惩前毖后,不足以发人深省者乎?"[1]可以看出,除赞成制宪权的至高无上地位和制宪权与立法权分离主义外,汪馥炎还介绍了孔多塞(孔道西,Condorcet)有关宪法修改的观点,以及托马斯·潘恩(汤姆士·培英,Thomes Paine)有关宪法与政府关系的观点。这些内容和制宪权理论有密切的关系。

五、制宪权概念在近代中国的形成

鸦片战争打破了天朝上国的故步自封,甲午海战粉碎了洋务派技术强国的梦想,日俄战争坚定了民众和政府立宪救国的决心,于是出洋考察政治,宣布立宪。因此,"立宪"一词的使用频率越来越高,立宪法成为社会舆论的焦点。立宪法的目标虽然一致,但如何实施,在政府和民众之间分歧过大,或者因为民众要求立宪过高过快,或者因为政府假借立宪拖延改革,加上民族主义的盛行,于是辛亥革命爆发,清朝政府覆亡。这也标志着革命派战胜立宪派,"立宪"一词本来为立宪派和革命派所共用,此时也贴上了立宪派的标签,而使用者越来越少,以至于在 1912 年后很长时间几乎绝迹。

围绕立宪法问题进行的有关宪法根本法地位和制宪权主体等方面的讨论确实为后来制宪权概念的出现和制宪权理论的形成提供了一定的基础。"立宪"一词停用所留下的空间,若干相关概念试图予以填充。其中,章士钊试图使用"造法"取代"立宪"一词,并有多篇文章问世,而且 1915 年袁世凯大总统令也曾明确使用"造法"一词。章士钊后来还使用过"议宪权"一词。

此外,制定宪法、编制宪法、创制宪法、宪法之成立、制宪、制定

[1] 汪馥炎:《比较宪法纲要》,上海法学书局 1934 年版,第 23~29 页。

权、制宪之权、国会制宪之权、制定国宪之权等，均有人在不同场合使用。宪法之成立，是从日本引入的。制定宪法、编制宪法和创制宪法，3 个词均包含“制”和“宪”2 字；可以说，“制宪”之所以使用频率较高，一是因为简洁，二是可同时指代前面 3 个词汇。和制宪权一词相比，制定权的对象指代不明是其最大的缺陷；而制宪之权，比制宪权多出一个字，而且文言文色彩比较浓厚，读起来也有点拗口，没有制宪权那样朗朗上口；制定国宪之权中的国宪，实际对应的是省宪，因此该词通常是在联省自治的背景下使用的，而且字数太多，不够简洁；而国会制宪之权，优点是明确了制宪权的主体或者说具体实施者，缺点也在于此，因为这种观点存在争议。而“制宪”和“制宪权”具有相对明显的优势。

总之，从立宪到制宪，从制宪权的偶然出现到多人不约而同地使用，从王世杰《比较宪法》的全面介绍，到章渊若、周鲠生、费巩、汪馥炎、钱端升等学者的反复论证和广泛传播，制宪权理论在 20 世纪 30 年代的中国初步形成。

六、制宪权概念在现代中国的转型

1949 年 10 月 1 日中华人民共和国的成立，意味着人民立宪成为实践形态，新型国家的诞生伴随制宪形态的转型。从一般意义上说，一个国家诞生的“身份证”是宪法，而宪法是制宪权主体按照一定程序行使制宪行为的结果。但中华人民共和国成立初期，虽存在独立的制宪权，但由于制宪环境不具备，人民通过制定《中国人民政治协商会议共同纲领》(以下简称《共同纲领》)，建构宪法秩序。《共同纲领》作为一部“临时宪法”，为中华人民共和国的诞生提供了正当性与合法性的基础，但它并不是正式颁布的宪法，也不是制宪权的直接行使。正确地理解《共同纲领》制定权性质对于揭示制宪权在中华人民共和国的转型具有重要意义。

近代以来,凡建立一个新政权或者新国家,莫不首先制定一部根本法,以为新政权或者新国家奠定合法性与正当性的基础,并勾勒其统治的基本原则与政制架构。制定根本法既是开启新统治的需要,同时也为结束旧争端所必需。同样,《共同纲领》的制定也不外乎这一原因,姑且不论其性质如何,在解放战争即将胜利结束、一个崭新政权即将建立之际,制定一部调整国家与社会生活,为政权的合法性提供依据的根本规范,以宣示国家的合法性与正当性尤为必要。

当然,建国时间与第一部宪法的制定时间未必完全一致,也未必一定是先制定宪法而后建国或者建国之后随即制定宪法。从某种角度而言,制定一部新宪法甚至比建立一个新政权更复杂,宪法的诞生往往需要具备主观、客观以及其他方面的种种条件,通常比建国要晚一些。如1789年法国大革命后组成的制宪会议上通过了《人权宣言》,宣布新社会的诞生,但两年以后才颁布1791年宪法,这是法国历史上第一部宪法;1945年德国战败,1948年8月开始举行宪法大会,1949年5月通过基本法草案,5月23日基本法生效。[1] 日本于1945年战败后,1946年11月正式公布宪法,1947年5月3日起正式施行;韩国于1945年从日本统治下获得国家独立,但从1948年开始普选,1948年7月17日正式公布"建国宪法",其间经过了3年过渡期等。而美国的情况在不少人看来略微不同,通常认为美国是典型的"先制宪,后立国"的模式。美国独立战争的第二年1776年7月4日颁布的《独立宣言》宣布北美洲各殖民地为"自由和独立的国家",之后1777年通过《邦联条例》,1787年召开制宪会议,1788年宪法正式生效,1789年联邦国会和联邦政府相继成立。

从时间顺序上来看,的确是先制定联邦宪法而后组建联邦政府。如同施密特所言,美国"制宪权行为与一系列新国家的创建恰好同时

[1] 韩大元主编:《外国宪法》(第3版),中国人民大学出版社2009年版,第97~98页。

发生”,〔1〕但实际上,美国宪法并不是在革命之后从天而降,早在独立战争之前,各殖民地的实践中已经蕴藏着宪法的基本原则与精神,如同伯尔曼所言,新法律只不过“最终体现革命目标的程度,标志着革命的成功程度”。〔2〕 也就是说,从一定程度上而言,美国宪法也是各种条件具备之后水到渠成的产物,与其说它奠定了美国立国的基础,毋宁说它是这个新生国家初具雏形后的产物。可见,从外国宪法诞生的一般特点来看,所谓“建国”与制定第一部宪法的时间并不完全一致,建国未必随之通过宪法,通常要经过一段过渡期以后开始制定宪法。

从中华人民共和国成立〔3〕到1954年宪法颁布,5年过渡时期国家并没有颁布正式宪法。为什么新中国成立后没有马上制定宪法?根据当时的条件,无法实行全国的普选,而不能实行普选的情况下难于保证宪法通过机关的民主正当性,更不能保证通过宪法的最高权力机关的合法性。当时程序的正当性与合法性考量是推迟制定宪法的重要原因之一,反映了宪法起草者们对程序问题的高度关注。如在普选尚不具备条件的客观情况下仓促制宪,势必缺乏必要的正当性基础。

另外,《共同纲领》体现的性质和内容并不是共产党人最高的政治、经济目标。对此,刘少奇在《中国人民政治协商会议第一届全体会议上的讲话》中指出:共同纲领包括了共产党的全部最低纲领,共产党的当前政策,就是要全部实现自己的最低纲领,这个最低纲领,即已全部为人民政治协商会议所接受,但中国共产党的最高纲领共

---

〔1〕 [德]卡尔·施密特:《宪法学说》,刘锋译,上海人民出版社2005年版,第87页。

〔2〕 [美]伯尔曼:《法律与革命:西方法律传统的形成》,中国大百科全书出版社1993年版,第24页。

〔3〕 1949年10月1日下午2时召开的中央人民政府第一次全体会议上毛泽东宣布中央人民政府成立。下午3时,在中央人民政府成立大会上,毛泽东宣读中央人民政府公告。在公告中,郑重宣告中华人民共和国中央人民政府委员会今日在北京就职,一致决议:宣告中华人民共和国中央人民政府的成立。中央人民政府,接受《中国人民政治协商会议共同纲领》为本政府的施政方针。

同纲领并没有包括进去。[1] 当时,也有人建议在《共同纲领》中写进社会主义的前途问题,但中国共产党认为不妥当。实际上,对执政的中国共产党来说,《共同纲领》和宪法是具有不同功能的规范,宪法所体现的是一种已经实现的、能够规范化的内容,当执政党的基本主张还无法通过宪法得到具体体现时,选择一种过渡性的、富有弹性的规则体系是可行的选择。

中华人民共和国作为非西方国家,在国家独立、制宪形态与具体运行方面选择了不同于西方国家的道路。在广大非西方国家,主权独立是本民族制定统一的、独立宪法的前提。当然,人民作为制宪权主体,不可能每个人都能参与制宪的过程,它通过由人民选举产生的代表机关具体行使制宪权。也就是说,制宪权的产生并不能自发地决定宪法的诞生,制宪权的具体行使在客观上需要一定条件。最基本的条件是,通过普选产生全国人民代表大会,由它统一行使制宪权。如前所述,1954 年以前,由于制宪条件不具备,由中国人民政治协商会议制定了临时宪法——《共同纲领》。到了 1953 年,由于国家的政治、经济与文化发展发生了重大变化,这些变化为制定中华人民共和国第一部宪法提供了客观环境。

对中华人民共和国宪法制定权主体问题,《共同纲领》序言中作了如下表述:"中国人民政治协商会议代表全国人民的意志,宣告中华人民共和国的成立,组织人民自己的中央政府。中国人民政治协商会议一致同意以新民主主义即人民民主主义为中华人民共和国建国的政治基础,并制定以下的共同纲领,凡参加人民政治协商会议的各单位、各级人民政府和全国人民均应共同遵守。"这种表述包含两个核心问题:首先,政治协商会议"代表"全国人民的意志,这种代表是一种主权者意志的代表?还是仅仅是一种新生政权的自我决断?

---

〔1〕 中央政法干部学校国家法教研室编:《中华人民共和国宪法学习参考资料》,法律出版社 1957 年版,第 126 页。

换言之,这种代表究竟是一种法律判断还是政治决断?它能否成为政治协商会议正当性的依据?其次,所谓政治协商会议代表了“全国人民的意志”,这种“意志”中是否包含作为始创性权力的制宪权?也就是说,政治协商会议所代表的“全国人民意志”是形成共同体的政治意志,还是仅仅是一种临时授权性质的意志?

由于制宪权的主体是人民,人民自然成为制定宪法行为的主体。宪法作为根本法,是人民最高意志的体现,是以契约为纽带建立的社会共同体的价值体系。在此意义上,任何形式的立法权不能改变作为契约的宪法,不得与宪法相抵触。制宪权主体属于人民,而非施密特所谓的国民、君主、上帝甚至少数组织等具备制宪实力的人或组织都可以成为制宪权主体,这不仅是人民主权原则在近代确立与发展的最重要标志之一,而且从规范角度而言,制宪权主体属于人民恰恰是确立宪法最高规范效力的最重要依据。正如有学者所指出的,“宪法之所以具有最高规范的效力,乃因宪法制定权是国民主权最直接之体现”。[1]

中国共产党领导的人民革命的目标即在实现人民主权,在革命胜利的前夜为组建新政权而制定《共同纲领》,从理论逻辑来看,它显然是人民意志的集中反映。但是从现实角度来看,基于客观条件限制不得已由中国人民政治协商会议代行全国人民代表大会的职权,此时的人民意志其实就具体映射在《共同纲领》的具体内容之中。它的制定对确立中华人民共和国成立初期的大政方针,巩固新生的人民民主专政政权起到了重要的法律保障作用,是中华人民共和国宪法史的基石和出发点。

但是,作为《共同纲领》制定权主体的中国人民政治协商会议的全体会议并不是严格意义上的制宪机关,只是“为全中国人民民主统一战线的组织”,并不是行使国家权力的国家机关。

首先,根据《新政治协商会议筹备会组织条例》第3条的规定,新

---

〔1〕 李惠宗:《宪法要义》,台北,元照出版有限公司2002年版,第7页。

政治协商会议筹备会负责"制定共同纲领草案",由中国人民政治协商会议全体会议制定和通过,[1]并在中国人民政治协商会议第一届全体会议上正式通过。参加该会议的各党派代表、区域代表、军队代表、团体代表、少数民族及华侨代表、宗教界代表共 662 人,其中,参加会议的 45 家单位的代表 510 人,候补代表 77 人,特别邀请的民主人士 75 人。对参加中国人民政治协商会议的单位及其代表名额与人选,新政治协商会筹备会采取了非常慎重和严肃的态度。《新政治协商会议筹备会组织条例》第 3 条规定的该会任务包括商决并邀请参加新政治协商会议之单位和代表;决定新政治协商会议开会之时间、地点与议程;拟订新政治协商会议组织条例草案;制定共同纲领草案;提出建立中华人民民主共和国政府之方案。有关"中国人民政治协商会议第一届全体会议"代表名单的决定经过,林伯渠在"关于中国人民政治协商会议筹备工作的报告"中作了说明,认为对于参加政治协商会议的单位及其代表名额与名单问题,筹备会是用非常慎重、非常严肃的态度来处理的。代表名单产生之后,又经过筹备会的反复协商,郑重研究,一共花了近 3 个月的工夫。其目的是"使代表不负全国人民的期望和信托,真正代表全国人民的利益"。[2] 可见,政协的产生方式是由不同行业、不同地域推选代表产生,其性质在《共同纲领》中已有明确规定,"中国共产党、各民主党派、各人民团体、各地区、人民解放军、各少数民族、国外华侨及其他爱国民主分子的代表们所组成的中国人民政治协商会议,就是人民民主统一战线的组织形式"。

对于这种推选产生代表的方式,毛泽东在政治协商会议第一届全体会议上的开幕词中指出:现在的中国人民政治协商会议是在完

---

[1] 《中国人民政治协商会议组织法》第 7 条规定的职权包括:制定或修改中国人民政治协商会议共同纲领;在普选的全国人民代表大会召开以前,执行全国人民代表大会的职权等。

[2] 中央政法干部学校国家法教研室编:《中华人民共和国宪法学习参考资料》,法律出版社 1957 年版,第 184 页。

全新的基础上召开的,它具有代表全国人民的性质,它获得全国人民的信任和拥护。因此,中国人民政治协商会议宣布自己执行全国人民代表大会的职权。也就是说,新政协与旧政协是完全不同性质的会议,具有不同的理念与民主基础。[1] 基于政治协商会议广泛的代表性,制定《共同纲领》获得了民主正当性基础。

其次,从规范的依据来看,《共同纲领》在规范形态与结构体系上确认了由全国政协全体会议"执行"全国人民代表大会权力的合法性。例如,《共同纲领》第13条规定:在普选的全国人民代表大会召开以前,由中国人民政治协商会议的全体会议执行全国人民代表大会的职权,制定中华人民共和国中央人民政府组织法,选举中华人民共和国中央人民政府委员会,并付之以行使国家权力的职权。《共同纲领》第12条规定,国家最高政权机关为全国人民代表大会,只有最高权力机关才能组织国家政权组织体系,在当时无法进行普选的情况下,用"执行"的方式组织国家政权体系是有规范依据的。但这种执行并不能改变政治协商会议的性质。对此,周恩来认为,中国人民政治协商会议第一届全体会议代行了全国人民代表大会的职权,但其本身并不是全国人民代表大会。现在全国人民代表大会第一次会议已经召开,中国人民政治协商会议代行全国人民代表大会职权的政权机关的作用已经消失,但中国人民政治协商会议本身的统一战线的作用仍然存在。[2]

另外,1949年9月27日通过的《中央人民政府组织法》第3条也明确了代行国家权力的合法性基础,该条规定,在普选的全国人民代表大会召开以前,由中国人民政治协商会议的全体会议执行全国人

---

〔1〕 在《共同纲领》的学习辅导资料中,有些学者指出:人民政协的成分,包括了能够真正代表全中国人民意志的,所有拥护新民主主义,反对帝国主义、反对封建主义、反对官僚主义,同意动员一切人民民主力量,推翻国民党反动统治,建立人民民主共和国的各党派,各人民团体,各解放区人民政府,人民解放军,国内各少数民族,海外华侨及无党派各界民主人士的代表,充分说明了它已具有代表全国人民的性质,而为全国人民所信任和拥护的了。

〔2〕 载《人民日报》1954年12月27日。

民代表大会的职权,制定中华人民共和国中央人民政府组织法,选举中华人民共和国中央人民政府委员会,并付之以行使国家权力的职权。问题是,这种执行或者"代行"行为是否实际存在过?客观的事实是,所谓"代行"职权的行为只出现在第一届全体会议期间,会议结束后代行全国人大职权的事实并没有发生过。因此,政治协商会议全体会议只是依法代行国家权力,不具有制宪权的主体资格,所通过的《共同纲领》则无法满足宪法的形式与实质要件。

最后,根据《共同纲领》《中央人民政府组织法》《中国人民政治协商会议组织法》的有关规定,《共同纲领》的制定权与修改权统一由政治协商会议全体会议行使。《中国人民政治协商会议组织法》第 7 条第 2 款规定:"制定或修改由参加中国人民政协的各民主党派及人民团体共同遵守的新民主主义的纲领即中国人民政治协商会议纲领。"这种体制在理论上也带来了一些值得探讨的课题。虽然政治协商会议具有广泛的代表性,但它毕竟不是由通过普选产生的代表组成的,而是通过协商、推荐的形式产生,始终存在合法性的争议。在笔者看来,《共同纲领》的制定权虽不具有完整的制宪权性质,但毕竟是由具有广泛代表性的政治协商会议通过,应当具有一定的民主正当性与合法性,在一定程度上履行了制宪权的部分功能。

总之,1954 年宪法颁布之前,《共同纲领》一直是指导我国进行新民主主义建设的总的纲领性文件,起到了临时宪法的作用,为制定 1954 年宪法提供了实践基础。

第三章　制定1954年宪法的社会背景

制宪权作为制定宪法的一种独立的权力，赋予政权以正当性、合法性与权威性基础。它作为一种价值体系，既包括制宪的事实力量，也包括把宪法加以正当化的权威性与价值。制定宪法首先要以自主的制宪权的行使为基础，合理设定制宪主体和制宪机关。中华人民共和国的成立意味着中国人民成为制宪权主体，有权独立地、自主地行使制宪权。中华人民共和国制宪权源于中国人民掌握国家政权的事实，即人民政权的性质决定了制宪权的人民性与民主性。而人民作为制宪权主体，不可能每个人都能直接参与制宪的过程，它通过由人民选举产生的代表机关具体行使制宪权。也就是说，制宪权本身不能自动地决定宪法的诞生，制宪权的具体行使在客观上需要基本条件，即通过普选产生全国人民代表大会，由它统一行使制宪权。中华人民共和国成立初期，由于制宪条件还不具备，由中国人民政治协商会议代行全国人民代表大会职权，制定了起临时宪法作用的《共同纲领》。到了1953年，国家的政治、经济与文化发展发生了深刻变化，这些变化为制定中华人民共和国第一部宪法营造了良好的社会环境。

一、制宪的国内环境

(一)《共同纲领》与社会变迁

制宪权的正当性只能解决政权基础的合法性问题,而具体制宪的安排与过程应具备客观环境与条件。新中国宪法首先发端于《共同纲领》,正式运行于1954年宪法的制定。为了分析中华人民共和国宪法形成的过程,有必要分析1954年宪法的制宪环境与特点。

如前所述,从制宪权发展的一般规律看,1949年10月1日中华人民共和国成立后应立即准备宪法的起草工作,通过宪法,并以宪法为基础建立全部的国家政权体系。但由于当时不具备召开全国人民代表大会的客观条件,故制定了具有临时宪法性质的《共同纲领》,并依此为基础建立了过渡性的政权体制。《共同纲领》是一部具有临时宪法性质的宪法性文献,它规定的一套政治、经济与文化制度主要适应中华人民共和国成立初期建立政权体系的需要。但到了1953年后,国家的政治、经济与文化生活等发生了变化,客观上形成了制宪所需要的环境。作为调整过渡时期政权体制的临时宪法——《共同纲领》的一些规定开始不适应国家经济建设进一步发展的客观需要。[1]

《共同纲领》规定的政权性质,是一个由各阶级、各方面人士参加的人民民主统一战线的政权,是各民主党派、各社会团体和无党派对新民主主义理念取得的共识,而中国共产党的目标是要建立一个以工人阶级为领导的,以工农联盟为基础的人民民主专政的政权。在《共同纲领》下,国家还没有组成人民代表机关,而是由政治协商会议代行人民代表大会的职权。在地方,人民政权没有完全建立,实行军

〔1〕 学术界有一种观点认为,《共同纲领》实际上是新中国第一部宪法,它具有完整的宪法特征。也有一种观点认为,当时制定1954年宪法是通过否定《共同纲领》确立了中国共产党一党执政的体制。笔者认为,制宪行为与制宪环境是具有内在联系的,在中国当时的社会条件下,并不存在制定宪法的"制宪环境",不能否认《共同纲领》作为临时宪法的性质。

事管制的体制,有条件的地方开始实行人民代表会议制度。在经济制度上,它是一种恢复经济的体制,既不是社会主义的经济制度,也不是资本主义的经济制度,而是两者并存、并行发展。《共同纲领》规定在农村进行土地改革,实行"耕者有其田"的政策。可见,《共同纲领》的性质和内容都不是共产党人的政治、经济目标。《共同纲领》只是适应了中华人民共和国成立初期的情况,对建立和巩固政权、恢复经济和安定社会方面起到了积极的作用。

为什么有了《共同纲领》还要制定宪法?刘少奇同志在1954年宪法草案的报告中详细作了说明。他说,在中国近代史中,人们曾长期争论过一个根本问题——中国的出路是什么?是资本主义还是社会主义?对于这个问题,5年来国家发生的巨大变化已作了生动解答,同时也充分证明,"由目前复杂的经济结构的社会,过渡到单一的社会主义结构的社会,即由目前的新民主主义社会过渡到社会主义社会,是我国应当走的唯一正确的道路"。如果继续维持现状,中国就可能变成资本主义。他说,或许有人想走维持现状的道路,即既不是资本主义道路,也不是社会主义道路,将我们现在所处的情况维持下去。有些人希望永远保持这种状态,最好不要改变。他们说有了《共同纲领》,何必还要宪法呢?社会主义和资本主义这两种相反的生产关系,在一个国家里互不干扰地平行发展,是不可能的,它不变成社会主义国家,就要变成资本主义国家,要它不变是绝对不可能的。我国要走社会主义道路是确定不移的,要走社会主义道路,就需要有法律形式把我国过渡时期的总任务确定下来。[1] 从1953年起,我国已按照社会主义目标进入有计划的经济建设时期,需要制定一部宪法调整日益复杂化的社会经济关系的变化。

(二)政权建设发展的需要

从1949年中华人民共和国成立到1954年这5年时间里,人民

---

〔1〕 中共中央文献编辑委员会编:《刘少奇选集》,人民出版社2004年版,第143~144页。

民主政权在全国各地普遍建立并日渐巩固。依照《共同纲领》的规定,人民民主政权的建设分 3 步来进行。第 1 步,在新解放区立即建立军事管制,由上级派干部主持当地政务,成立军事管制委员会和地方人民政府,肃清反革命残余势力,并且召集各界人士座谈会,以建立和当地群众的联系。第 2 步,当地人民政府召开各界人民代表会议。代表由各单位推选或政府特邀。各界人民代表会议作为政府的咨询机关,可以向政府提出自己的建议,反映群众的意志和要求。但法律上没有规定政府工作的权力。第 3 步,各界人民代表会议中,由各单位直接或间接选举的代表增多,由政府特邀的代表逐渐减少。各界人民代表会议逐渐代行人民代表大会的职权,成为地方国家权力机关,选举人民政府委员会,审查人民政府的工作报告和预、决算,并且可以作出决定交由人民政府委员会去执行。“到 1952 年底,人民代表会议的代表已有 1300 余万人,其中直接和间接选举的占 80% 以上,全国各省和直辖市,2/3 以上的市,1/3 以上的县和绝大部分的乡,都由人民代表会议代行了人民代表大会的职权,选举出各该级人民政府。”[1] 1953 年 1 月 13 日,中央人民政府委员会第 20 次会议决定实行普选,召开由人民普选产生的地方各级人民代表大会,并在此基础上召开全国人民代表大会。1953 年 2 月 11 日,中央人民政府委员会第 22 次会议通过了《中华人民共和国全国人民代表大会及地方各级人民代表大会选举法》(以下简称《选举法》)。这是中华人民共和国的第一部选举法。它吸收了革命根据地民主选举的经验,特别是中华人民共和国成立后民主选举的经验,并且吸收了国际的经验,特别是社会主义国家选举的经验,把马克思主义关于社会主义民主和政权建设的理论同我国的实际情况紧密结合起来。基层选举工作于 1953 年 3 月开始,到 1954 年 5 月胜利完成。到 1954 年 8 月,县级以上地方各级人民代表大会先后全部建立。“除台湾省尚未解放外,

〔1〕 凌风:《五年以来人民民主政权建设工作的成就》,载《光明日报》1954 年 9 月 15 日。

我国人民已经在25个省、内蒙古自治区、西藏地方、昌都地区,3个直辖市,2216个县和相当于县的行政单位,163个市,821个市辖区和220,466个乡建立了自己的政权,此外还建立了65个县级以上民族自治地方的自治机关。"[1]中华人民共和国成立后的5年中,人民民主政权建设的成就,使人民从未享有政治权利的地位转化为国家的主人,行使当家作主的权力,管理自己的国家。

1950年6月25日,爆发朝鲜战争。由于朝鲜的存亡与中国的安危密切相连,于是1950年10月19日中国人民志愿军入朝鲜参战。经过3年奋战,最终迫使美国于1953年7月27日在停战协议上签字。抗美援朝的胜利极大地增强了中国人民的民族自信心和自豪感,提高了中国在国际社会中的地位。"从此,帝国主义不敢轻易作侵犯新中国的尝试,我国的经济建设和社会改革赢得了一个相对稳定的和平环境。"[2]在进行抗美援朝战争的同时,从1950年冬到1953年春,在新解放区占全国人口一多半的农村完成了土地制度的改革,彻底消灭了在我国延续了几千年的封建制度的基础——地主阶级的土地所有制。

从1950年12月到1951年10月,在全国范围内开展了镇压反革命运动,基本上扫除了国民党反动派遗留的反革命残余势力。同土地制度改革和镇压反革命相配合,党还领导人民进行了多方面的民主改革,颁布了《婚姻法》,取缔了旧社会遗留的卖淫嫖娼、贩毒吸毒、聚众赌博等各种丑恶现象。"抗美援朝战争是中国人民民主革命反帝斗争的继续。土地改革和其他各项民主改革是中国人民民主革命反封建斗争的完成。"[3]这些胜利,使人民民主专政的政权更加巩固,使恢复和发展经济的工作有了必要的社会政治条件。"根据制宪权的一般原理,宪法(立宪主义)的产生,以国家权力的存在为

---

〔1〕 楼邦彦:《中华人民共和国宪法基本知识》,新知识出版社1955年版,第32页。

〔2〕 胡绳主编、中共中央党史研究室:《中国共产党的七十年》,中共党史出版社1991年版,第282页。

〔3〕 同上书,第288页。

条件。”[1]新中国成立后5年中人民政权建设的发展,为人民行使制宪权奠定了坚实的政治与法律基础。

(三)经济结构的变化

任何一个国家的制宪都与当时的经济基础与环境有密切的关系。社会生产力的发展以及由此形成的社会共同体意识是宪法产生的基本经济条件。从1949年起国家进行了为期3年的国民经济恢复和发展工作,到1952年时,我国实现了国民经济的根本好转,完成了国民经济恢复工作。“1952年,工农业总产值810亿元,比1949年增长了77.5%。”[2]工业(包括手工业)总产值在全国工农业生产总值中的比重从1949年的30%上升为41.5%,其中现代工业产值由17%上升为26.6%,在工业产值中,重工业的比重由26.4%上升为35.5%。[3] 在经济恢复的同时,国民经济结构也发生了深刻的变化。国营经济、私人资本主义经济、个体经济、国家资本主义经济、合作社经济都得到了发展。由于国家的支持和经济结构的合理性,国营经济发展迅速,国营和私营经济的比例发生了根本性的变化。1949年我国工业生产总值的公私比例是,国营经济占43.8%,私营经济占56.2%,到了1952年9月,国营经济上升到67.3%,私营经济下降32.7%,国营经济在经济生活中开始超过私营经济。在农村,经济发展的变化主要表现在互助合作事业普遍地发展起来,使农村的生产关系和生产力发生了变革。通过各种生产互助合作形式组织起来的农户达到4542万户,占全国农户总数的40%,其中有5.7万户加入在3600余个初级农业合作社中。手工业合作化也开始起步,3.1%的手工业者组织起来,创造了3.5%的手工业生产总值。[4] 在

〔1〕 韩大元:《亚洲立宪主义研究》(第2版),中国人民公安大学出版社2008年版,第73页。
〔2〕 胡绳主编、中共中央党史研究室:《中国共产党的七十年》,中共党史出版社1991年版,第294页。
〔3〕 同上书,第295页。
〔4〕 戴光前:《试析过渡时期总路线》,载《当代中国史研究》1998年第2期。

经济结构的比例中，国营与私营经济比例关系的变化，标志着社会经济形态逐步发生转变的事实。这表明，我国经济的恢复，不仅有数量的发展，而且性质上也发生了变化，国营经济得到了迅速发展并已处于国民经济的主导地位，成为社会主义改造的坚实的物质基础。从第一个五年计划时期国家财政收入的主要来源是国营经济这一事实中可以看出国营经济力量的加强。到了1954年6月，国家的经济有了新的发展。1954年6月17日，中央人民政府委员会举行第三十一次会议。会议听取和批准了时任财政部部长邓小平所作的关于1954国家预算草案的报告，并通过了1954年国家预算。邓小平在报告中说，1953年国家预算计划执行情况是好的，总收入215.5亿元，完成原预算的91.6%；加上上年结余，到年底共结余42.8亿元，充实了信贷资金，巩固了货币信用，增加了财政的周转资金。表1说明了各种经济类型在国家财政收入中的比重。[1]

表1　1950~1957年国家财政收入分经济类型数

年份	收入合计		全民所有制经济		公私合营经济		集体所有制经济		私营经济		个体经济		其他	
	收入/亿元	占比/%	收入/亿元	占比/%	收入/亿元	占比/%	收入/亿元	占比/%	收入/亿元	占比/%	收入/亿元	占比/%	收入/亿元	占比/%
1950	65.19	100	21.75	33.4	0.27	0.4	0.19	0.3	19.67	30.2	22.51	34.5	0.80	1.2
1951	124.97	100	59.74	47.8	1.03	0.8	0.61	0.5	34.97	28.0	27.15	21.7	1.47	1.2
1952	173.97	100	101.01	58.1	1.91	1.1	2.09	1.2	34.18	19.6	33.03	19.0	1.72	1.0
1953	213.24	100	136.83	64.2	3.12	1.5	5.56	2.6	31.01	14.5	35.33	16.6	1.39	0.6
1954	253.53	100	166.48	65.7	4.18	1.6	11.05	4.4	27.06	10.7	40.99	16.2	3.77	1.4
1955	255.46	100	182.11	71.3	5.38	2.1	15.70	6.1	16.57	6.5	32.88	12.9	2.82	1.1
1956	286.26	100	210.36	73.5	15.00	5.2	44.99	15.7	6.41	2.2	5.85	2.1	3.65	1.3
1957	310.04	100	218.78	70.6	26.70	8.6	51.83	16.7	2.53	0.8	5.78	1.9	4.42	1.4

资料来源：财政部综合计划司编：《中国财政统计（1950~1985）》，第18页、第30页。

---

〔1〕 董志凯：《国营企业对我国工业化资金积累作出的贡献和牺牲》，载《当代中国史研究》1998年第2期。

(四)民众的民主需求与文化水平的提高

“民众对宪法的认识,对宪法价值的判断及其宪法感情等构成一定的宪法意识,对制宪过程及制宪以后的宪法施行过程都会产生深远影响。”[1]民众的态度是作为制宪与行宪的社会基础而起作用的。1954年宪法制定时,中国社会已具备了较为深厚的人文主义文化基础。正如周恩来总理所指出的,“我们现在的宪法草案,在全国是已经有了基础的。基础有两种:第一,我们实行了3年《共同纲领》,大家在政治生活上、在实践中,体验了、认识了我们的国家制度、政治结构和人民权利这些问题。第二,我们普遍地组织了《共同纲领》的学习运动”。[2] 这种基础使宪法的制定有了内在的推动力并因之而使其更容易与社会现实相结合。此外,新中国成立之后,百废待兴,各方面的秩序都有待于宪法去架构。获得政治独立之后的国家,“需要以一部宪法来确立独立的事实,并在宪法中表明国家今后活动基本原则与方向”。[3] “经过建国后5年的努力,新民主主义革命的胜利以及向社会主义社会过渡的目标的确立,使我们有完全的必要在《共同纲领》的基础上前进一步”,“制定一个比《共同纲领》更加完备”的宪法。[4]

总之,《共同纲领》实施以来,我国人民胜利地进行了土地改革、镇压反革命和抗美援朝的斗争,实现了国家财经状况的根本好转,恢复了国民经济。这时期在经济领域里除了存在社会主义和半社会主义的经济外,还存在在国营经济领导下包括合作社经济、个体经济、资本主义经济在内的多种经济成分。社会主义和半社会主义经济在国民经济中的比重还不够大。在国内阶级关系方面也已发生了深刻

---

[1] 韩大元:《亚洲立宪主义研究》(第2版),中国人民公安大学出版社2008年版,第90页。

[2] 周恩来:《在中央人民政府委员会第20次会议上的报告》,载《党的文献》1997年第1期。

[3] 韩大元:《亚洲立宪主义研究》(第2版),中国人民公安大学出版社2008年版,第73页。

[4] 刘少奇:《关于中华人民共和国宪法草案的报告》,载全国人大常委会办公厅联络局编:《中华人民共和国宪法及有关资料汇编》,中国民主法制出版社1990年版,第145页。

的变化。过去的地主、官僚资本家和反革命分子失去了以往的政治权力，成为被专政的对象，经过“三反”“五反”运动，打退了不法资本家的猖狂进攻，人民政权进一步得到巩固，人民群众的觉悟程度和组织程度空前提高。

1953年5月至1954年8月，在全国范围内开展了普选工作，除个别地区外，全国各省、自治区、直辖市普遍召开了普选的地方各级人民代表大会，实现了地方基层政权的民主化。从制宪背景和具体制宪过程来看，公众的文化水平是不可忽视的一个因素。尽管制宪的客观需求与公众的文化水平之间不存在必然的对应关系，但离开文化的基本条件，制宪活动以及制定后的宪法也难以获得社会的支持。在中华人民共和国成立时，总人口为5.5亿，其中80%以上的人口为文盲，农村的文盲率高达95%以上，学龄儿童的入学率只有20%左右。[1] 针对文盲率在80%以上的客观情况，为了形成制宪所需的文化条件，从1949年12月开始实行了扫盲政策，决定“从1951年开始进行全国规模的识字运动”。

1950年6月1日，政务院下发了《关于开展职工业余教育的指示》。

1950年12月21日，教育部针对农民公布《关于开展农民业余教育的指示》。

1951年10月1日，政务院发布《关于改革学制的决定》。

1952年，实施扫盲教育的新教授法“速成识字法”。

1952年11月15日，设置“中央扫盲工作委员会”。

1953年11月24日，发布《关于扫盲标准，扫盲毕业考试等暂行办法的通知》。

---

〔1〕［日］浅井加叶子：《1949～1966年中国成人扫盲教育的历史回顾》，王国勋译，载《当代中国史研究》1997年第2期。

到1953年,扫盲人数为295万人,1954年是264万人。[1] 在当时的历史条件下,扫盲活动实际上为普选奠定了一定的基础,也为宪法的全民讨论等提供了必要的前提。

(五)过渡时期总路线的提出

在国民经济恢复的基础上,从1953年开始,我国进入了有计划的经济建设时期。早在1952年9月25日,中共中央就提出了党在过渡时期的总路线,提出了"要在一个相当长的时期内,逐步实现国家的社会主义工业化,并逐步实现国家对农业、手工业和对资本主义工商业的社会主义的改造"的目标,反映了全国人民要求建设社会主义的普遍意愿。

过渡时期总路线的提出与《共同纲领》、1954年宪法性质与功能有着十分密切的关系。由于《共同纲领》是具有新民主主义性质的规范体系,不可能具体规定社会主义建设的问题。毛泽东认为,中国革命的历史进程应分为两个阶段:第一步是民主主义革命;第二步是社会主义革命。从民主主义革命到社会主义革命需要通过一定的过渡阶段,即"中国在当时的革命,既不能是旧民主主义革命,也不能是社会主义的革命,而只能是第三种形式,那就是新民主主义革命。这第三种形式只是一个过渡,但这个'渡'非'过'不可"。[2] 实际上,新中国成立后何时向社会主义转变的问题上,中国共产党基本形成了一种思想:在新中国成立后的一段时期里,首要任务还不是立即转变为社会主义社会,而是迅速恢复和发展国民经济,开始大规模的国家工业化建设,使新民主主义的政治、经济、文化形态有相当程度的发展,为中国稳步地由农业国转变为工业国,由新民主主义国家转变为社会主义国家奠定基础。[3] 当时,毛泽东等领导人估计,向社会主义转

---

〔1〕[日]浅井加叶子:《1949~1966年中国成人扫盲教育的历史回顾》,王国勋译,载《当代中国史研究》1997年第2期。

〔2〕冯友兰:《中国现代哲学史》,广东人民出版社1999年版,第140页。

〔3〕逄先知、金冲及主编,中共中央文献研究室编:《毛泽东传》(上册),中央文献出版社2003年版,第239页。

变至少需要二三十年时间。[1] 但是到了1952年夏秋以后，社会经济发展现实中出现的变化，“坚持发动抗美援朝后，斯大林对毛泽东看法的改变”等因素，[2]使毛泽东重新思考向社会主义转变步骤的问题。1952年9月24日召开的“五年计划的方针任务”的会议上，毛泽东首次正式提出了向社会主义过渡的问题：我们现在就需要开始用10年到15年完成向社会主义的过渡，而不是10年或者以后才开始过渡。[3] 1953年春季，李维汉受毛泽东委托，率领调查组，到武汉、南京、上海等地，对国家资本主义问题进行了全面深入的考察和研究。调查结束后，李维汉向党中央和毛泽东报送了关于《资本主义工业中的公私关系问题》的报告。毛泽东看了这个报告后非常高兴，打电话给李维汉，决定将报告提交政治局会议讨论。

1953年6月15日，在中共中央政治局会议上，毛泽东正式提出过渡时期总路线，明确提出：从中华人民共和国成立，到社会主义改造基本完成，这是一个过渡时期。党在过渡时期的总路线和总任务，是要在10～15年或者更多一些时间内，基本上完成国家工业化和对农业、手工业、资本主义工商业的社会主义改造。按照原先的理论设想，过渡时期的起点应是1953年。

过渡时期总路线的新的理论，逐步形成为党的指导思想。如董必武1953年在谈到政法工作时认为，《共同纲领》，实质上是我们党第七次代表大会通过的毛泽东同志在《论联合政府》报告中提出的政治纲领。它是我国的临时宪法。中华人民共和国成立初期的一切法制都是以它为基础的。[4] 过渡时期的起点直接与《共同纲领》的评价与效力有关。因为《共同纲领》是“全国人民意志和利益的集中表

---

〔1〕 胡绳主编、中共中央党史研究室：《中国共产党的七十年》，中共党史出版社1991年版，第287页。

〔2〕 吴景平、徐思彦主编：《1950年代的中国》，复旦大学出版社2006年版，第42页。

〔3〕 薄一波：《若干重大决策与事件的回顾》(上卷)，中共中央党校出版社1991年版，第213页。

〔4〕 董必武：《董必武选集》，人民出版社1985年版，第407页。

现,是革命斗争经验的总结,也是中华人民共和国在相当长的时期内的施政准则。它规定中华人民共和国是新民主主义即人民民主主义的国家"。[1] 这里可能出现的宪法问题是,如何理解和解释《共同纲领》的效力。如果过渡时期是从中华人民共和国成立开始,新民主主义阶段已结束的条件下,《共同纲领》是否发生过效力?[2] 对此也有学者提出过同样的问题,认为"作为临时宪法的《共同纲领》的有效期多长呢……1954 年,全国人民代表大会制定了《中华人民共和国宪法》,这就正式取消了《共同纲领》的法律效力"。[3] 根据《共同纲领》序言的规定,中华人民共和国建国的政治基础是新民主主义即人民民主主义,《共同纲领》是凡参加人民政协会议的各单位、各级人民政府和全国人民均应共同遵守的规则。在正式宪法颁布以前,《共同纲领》实际上起着临时宪法的作用,以调整国家生活。

因此,从规范的角度看,1954 年宪法制定以前,调整国家生活的基本准则应该是《共同纲领》,包括中国共产党在内的所有党派和团体都应该遵守《共同纲领》,受其规范的约束。过渡时期总路线的提出与《共同纲领》作为新民主主义性质之间也出现了不协调与矛盾,如在理解政权基础问题上出现了两种解释:按照《共同纲领》,在新民主主义阶段,"中国革命的敌人只能是帝国主义、封建主义和官僚资本主义,而资产阶级就不应当是我们的敌人,而是我们的朋友了",[4] 但到了社会主义阶段,资产阶级就成了革命的对象。就《共同纲领》与当时社会发展的相互关系看,实定规范与社会需求之间的确出现了矛盾,使《共同纲领》的继续适用失去了必要的条件,已经远远不能适应客观形势的需要。为了反映新中国成立以来社会生活各个领域

[1] 胡乔木:《胡乔木回忆毛泽东》,人民出版社 1994 年版,第 567 页。

[2] 苏亦工:《开国前后的民主法治构想及其中辍》,载祝铭山、孙琬钟主编:《董必武法学思想研究文集》,人民法院出版社 2001 年版,第 298 页。

[3] 冯友兰:《中国现代哲学史》,广东人民出版社 1999 年版,第 161 页。

[4] 董必武:《董必武政治法律文集》,法律出版社 1986 年版,第 139 页。

中所取得的巨大成就,反映过渡时期总路线的基本精神,以便进一步巩固人民民主专政的国家制度,完善社会主义法制,保障社会主义政权和社会主义建设的顺利进行,制定一部正式的、完善的宪法不仅必要且有可能。可以说,1954 年宪法是“以《共同纲领》为基础体现党的过渡时期总路线”,党在过渡时期的总路线是制定 1954 年宪法的指导思想。[1]

二、制宪的国际环境

任何一个国家制宪都在不同程度上受当时国际环境的影响,是国际国内各种因素互相影响而产生的综合产物。自 1787 年美国首次制定成文宪法以来,宪法的地位和功能越来越为各国所普遍认可。第一次世界大战之后,随着民族主义的兴起和民族国家观念的传播,许多新兴国家不断涌现。这些国家纷纷通过颁布宪法来确认其政权的合法性和正当性。而原本存在成文宪法的国家也通过制定或修改的方式颁布新的宪法,以因应形势的变化。因此,越来越多的宪法文本问世,如 1924 年土耳其共和国宪法,1935 年菲律宾共和国宪法,1946 年法兰西共和国宪法,1946 年日本新宪法,1947 年意大利共和国宪法,1948 年缅甸联邦宪法,1949 年印度共和国宪法,1950 年印尼共和国宪法草案。

刘少奇在关于宪法草案的报告中指出,我国宪法“不只是我国人民革命运动的产物,而且是国际社会主义运动的一个产物”。1917 年俄国十月革命建立了世界上第一个社会主义国家,并在 1918 年颁布苏俄宪法,1922 年颁布苏联宪法。第二次世界大战后,很多新兴国家选择社会主义制度,加入社会主义阵营,并制定或修改成文宪法。如蒙古人民共和国宪法(1940 年 6 月 30 日通过,1949 年 2 月修正及补充),越南民主共和国宪法(1946 年 11 月 8 日通过),保加利

---

〔1〕 刘建湘:《李维汉对宪法的开创性贡献》,载《中国社会科学报》2016 年 2 月 3 日。

亚人民共和国宪法(1947年12月4日通过),捷克斯洛伐克共和国宪法(1948年5月9日通过),朝鲜民主主义人民共和国宪法(1948年9月8日通过),匈牙利人民共和国宪法(1949年8月18日通过),德意志民主共和国宪法(1949年10月7日公布),阿尔巴尼亚人民共和国宪法(1950年7月4日修正通过),保加利亚宪法(1951年通过),波兰人民共和国宪法(1952年7月22日通过),罗马尼亚人民共和国宪法(1952年9月24日通过)。

我国1954年宪法制定之后,一些资本主义国家和社会主义国家进行着制定或修改宪法的工作。例如,1955年奥地利内阁通过保持中立的联邦宪法草案,1956年洪都拉斯颁布新宪法废除死刑,1956年南斯拉夫颁布联邦宪法,1956年老挝修改宪法退出法兰西联邦,1956年埃及公布宪法草案,1956年印度颁布共和宪法,1956年巴基斯坦颁布共和宪法,1956年克什米尔通过加入印度联邦的宪法条款,1956年南越制宪会议通过吴庭艳宪法,1957年缅甸颁布联邦宪法,1957年阿根廷召开修改宪法会议,1957年喀麦隆议会通过新宪法草案,1957年克什米尔新宪法生效,1957年英国和马来亚公布马来亚联合邦宪法草案白皮书,1957年英国发布拟议中的加纳宪法,1957年塞浦路斯拒绝英国的宪法建议,1958年伊拉克颁布临时宪法,1958年埃及和叙利亚颁布阿拉伯联合共和国临时宪法,1958年伊拉克国王和约旦国王分别签署伊约联邦宪法,1958年伊拉克废除旧宪法颁布临时宪法,1958年法国颁布第五共和宪法,1958年英国和新加坡进行宪法谈判,1959年古巴颁布临时宪法,1959年新加坡颁布新宪法,1959年越南国会通过胡志明关于新宪法草案的报告。

当时,中国刚刚建立的人民民主主义政权,面临着帝国主义的封锁和可能的武装干涉,同时在国内又面临恢复国民经济和巩固政权的繁重任务。特别是1950~1953年的朝鲜战争,使中国与资本主义国家之间的关系更趋紧张,经济、外交和军事等方面受到严密的封锁。“从新中国成立到 20 世纪 50 年代中期，国际舞台上以苏联为首的社会主义阵营同以美国为首的帝国主义阵营严峻对峙，进行着针锋相对的冷战斗争。”[1]根据当时的国际形势，中共中央提出中国外交政策问题，即“另起炉灶”，“打扫干净屋子再请客”和“一边倒”的方针。[2] 在复杂的国际环境中，当时只有社会主义国家和战后独立的新生国家同情和支持中国，特别是苏联作为第一个已建设了社会主义的国家，对中国政治制度的形成与发展产生了重要影响。苏联 1936 年宪法、越南 1946 年宪法、保加利亚 1947 年宪法、捷克斯洛伐克 1949 年宪法、朝鲜 1948 年宪法、匈牙利 1949 年宪法、波兰 1952 年宪法等社会主义国家宪法对当时中国制宪环境产生了重要影响。在社会主义与资本主义两大阵营对立的国际环境下，中国的制宪主要在社会主义国家宪法所提供的经验与成果的框架内进行。正如胡乔木所说，尽管中国在制定具体的经济政策和工作方法时坚持从中国的具体情况出发，苏联的社会主义制度仍然对中国具有重大的榜样作用。[3] 毛泽东等中共领导人科学地分析了当时国际形势，针对第三次世界大战是否打起来的问题，提出“结论大体是 10 年到 15 年打不起来”，争取 15 年不大战是可能的论断。[4] 制宪所面临的国际环境从一个侧面说明了 1954 年宪法开放性价值的历史局限性。

综上所述，1954 年宪法的制定是在国际国内综合因素发挥合力的结果，反映了当时中国社会发展的客观需要。

三、斯大林的制宪建议

中华人民共和国成立以后，社会结构与民众需求的变化使制宪

---

〔1〕 廉正保主编、中华人民共和国外交部档案馆编：《中华人民共和国外交史》（第 1 集），世界知识出版社 2006 年版，第 1 页。

〔2〕 张明养：《为什么要“一边倒”？》，载《世界知识》1949 年第 8 期。

〔3〕 胡乔木：《胡乔木文集》（第 2 卷），人民出版社 1993 年版，第 258 页。

〔4〕 毛泽东：《毛泽东军事文集》（第 6 册），人民出版社 1993 年版，第 317 ~ 318 页。

问题成为中共和社会各界广泛关注的焦点。由于作为临时宪法的《共同纲领》与社会发展之间出现了一些冲突与矛盾,以正式的宪法取代临时宪法势在必行,当时面临的问题是,如何选择合适的制宪时机以及具体程序。

(一)政权运作机制上面临的选择

按照《中国人民政治协商会议组织法》第 6 条关于"中国人民政治协商会议全体会议每三年开一次"的规定,到 1952 年年底第一届全国政协任期即将届满。当时,就面临两种选择,即要么尽快召开第二届全国政协会议,要么召开第一届全国人民代表大会。考虑到在较短的时间完成召开全国人民代表大会的准备工作存在实际困难,以及政协在全国人民心目中的地位比较高,中共中央考虑在 1953 年召开第二届全国政协会议,而把全国人民代表大会推迟到 3 年后再召开,届时制定宪法,准备继续实施作为临时宪法的《共同纲领》,等到进入社会主义阶段后再制定一部正式宪法。但对毛泽东和中共"不急于制定宪法"的基本思路,斯大林则提出了尽快制定宪法的建议。实际上斯大林很早关注新中国政权建设、制宪权基础以及制宪时间安排问题。

早在 1949 年 1 月 10 日、14 日、15 日,斯大林向中共提出有关答复国民党和平建议方案问题。从 1949 年 1 月 30 日到 2 月 8 日,受斯大林派遣苏共政治局委员米高扬秘密到达西柏坡,同毛泽东、刘少奇、周恩来、朱德等就中国领导人商谈中华人民共和国成立的有关问题。在与毛泽东会谈中,毛泽东重点谈到建立中华人民共和国政权的问题。他说,这个政权的性质概括地讲就是:在工农联盟基础上的人民民主专政,而究其实质就是无产阶级专政。但是,对我们这个国家来说,称为人民民主专政更合适,更合情合理,它必须是有各党各派、社会知名人士参加的民主联合政府。[1] 1949 年 2 月 5 日,与周

[1] 沙健孙:《毛泽东与新中国建设》,中国社会科学出版社 2009 年版,第 13 页。

恩来的会谈中,主要谈新政权的形式与政府各主要部门及其职能。通过这次访问,米高扬大体了解了即将成为中国执政党的中共的政权建设、外交政策以及基本国家体制架构等问题,并就斯大林关心的政治、经济、军事、外交关系等问题进行交流,并借此解释毛泽东访问苏联时间推迟的原因。[1] 1949年4月斯大林曾给毛泽东发电报,主要建议涉及如何建设中华人民共和国的问题。这些事实可以说明,斯大林对中华人民共和国建设问题的关注是比较早的,制宪建议只是有关新中国建设中的一个部分。毛泽东访问苏联时,斯大林在会谈中阐述了自己的建议。

(二)中共中央代表团第一次访苏

1949年6月下旬到8月14日,刘少奇率领中共中央代表团秘密访问苏联,向斯大林介绍中国革命形势,争取苏联和国际社会对即将成立的中华人民共和国在政治上、经济上和道义上的支持与帮助。1949年6月28日斯大林与中国代表团会谈,主要谈贷款与提供专家等问题。

1949年7月4日刘少奇代表中共中央向斯大林和苏共中央提交了报告。报告分4个部分,即(1)中国的目前形势;(2)新的政治协商会议与中央政府;(3)关于外交问题;(4)关于苏中关系问题。

有关中国的目前形势形势部分,报告认为,中国人民革命战争,现已在基本上取得了胜利,不久就要取得完全的胜利。同时提出,中国人民革命战争的胜利,是发生在第二次世界大战以后,世界无产阶级与人民民主力量,特别是苏联,给予中国人民的帮助,是中国人民取得胜利的决定条件,而中国共产党则利用了这些条件。

有关新的政治协商会议与中央政府部分,报告中特别谈道:我们决定在1949年8月召开新的政治协商会议,并成立联合政府,现正

[1] 沈志华:《米高扬访问西柏坡对建国前后中苏关系的积极影响》,载《中共党史研究》2009年第4期。

积极进行各项准备工作。现已政协筹备会已组成,共有筹备委员134人,其中党员43人,肯定跟我们前进的进步人士48人,中间人士43人,其中"偏右"者只有16人,在进步人士中有15名秘密党员。中国新民主主义的国家性质与政权性质的基本理解是,它是以无产阶级为领导、以工农联盟为基础的人民民主专政的国家;它是向帝国主义、封建势力与官僚资本势力专政的;工人阶级是这个专政的领导力量,工人、农民与革命知识分子的联盟是这个专政的基础力量。关于人民民主专政的形式,报告中提出:是人民代表会议制,这不是资产阶级式的议会制,而接近于苏维埃,但与无产阶级专政的苏维埃也有区别,因为民族资产阶级的代表是参加人民代表会议的。同时提出,中国各民主党派,在公开的政治场合中,都能接受共产党提出的一般纲领,它们都公开地宣言拥护中国共产党的领导。报告中还特别提到,新的中央政府的组织成本尚未确定,中央政府准备以毛泽东为主席、周恩来为总理,刘少奇和任弼时则不参加政府。

有关外交问题,报告提出新政府外交活动的几项原则,即和帝国主义国家进行斗争,以便实现中国民族的完全独立;在国际事务中和苏联及各民主国家站在一道,反对新的战争危险,保卫世界和平与民主;利用各资本主义国家的矛盾;在和平互惠的条件下发展中国与外国的通商贸易,特别是法治与苏联及各新民主国家的贸易。

有关苏中关系问题,报告提出苏中两大民族的巩固的友谊,对于两国,对于世界,都有极为重大的意义,特别对于中国的独立和建设具有决定性的意义,中共中央是完全了解这种重要性的。报告同时提出苏中友好同盟条约的问题,提出3种处理方式:由新的中国政府宣布全部承认这个条约继续有效,不加任何修改;根据原来条约的精神,由两国政府代表重新签订一个新的苏中友好同盟条约,以便根据新的情况在文字上和内容上有所增减;由两国政府代表换文,暂时维持这个条约的原状,但准备在适当的时机重新加以签订。

同日,斯大林在刘少奇的报告上批注,他的批注和所画重线表明斯大林对中国代表团提出问题的态度和倾向性意见。他基本赞同中国共产党关于中华人民共和国的成立方针和政策;主张中华人民共和国不要急于取得帝国主义国家的承认;对1945年与国民党签订的中苏条约问题表示了十分慎重的态度。[1] 刘少奇7月6日又给斯大林写信,对在莫斯科参观学习地方的安排提出建议,希望参观苏联的国家组织,包括各级政权机构、政府中的各部门、中央与地方关系、政权的基层组织等。

7月11日斯大林接见中共代表团,对中国共产党提出的报告发表自己的意见。斯大林赞成中国吸收民族资产阶级参加政府的观点,肯定中国人民民主专政的政体和各项外交政策。《中共眼里的苏联模式》(刑和明,福建人民出版社2006年版)记载:7月11日晚,斯大林同中国代表团会谈时谈到宪法问题,他认为,中国共产党应该制定现阶段的宪法,通过选举产生政府。不过,他也同意中国共产党把《共同纲领》变为基本大法。他建议中国共产党,如果普选的结果,共产党赢得多数,就可以组织一党政府。他建议,1954年进行选举,通过宪法。[2] 同时,他表示不赞成报告中关于联共与中共两党关系的这段文字,并说道:一个国家的党服从另一个国家的党,这是从来没

---

〔1〕 刘彦章等编:《斯大林年谱》,人民出版社2003年版,第730页。

〔2〕 师哲在《我的一生》中回忆7月11日会谈情况后说:在另一次会谈中,斯大林提到宪法问题。他建议:现在可用共同纲领,但应准备宪法。刘少奇问:这是否指社会主义性质的宪法?斯大林回答说:不是,我说的是现阶段的宪法。敌人可用两种说法向工农群众进行宣传,反对你们:一是你们没有进行选举,政府不是选举产生的。二是国家没有宪法,政协不是选举的,人家可以说你们是用武力控制了位子,是自封的;共同纲领不是全民代表通过的,而是由一党提出其他党派予以同意的东西,你们应从敌人手中拿掉这个武器。我同意你们的意见,把共同纲领变成国家的基本大法。宪法内容应该是:第一,全民普选;第二,承认企业主、富农的私有财产;第三,承认外国在中国企业的租让权。我想,你们1954年可以进行选举与通过宪法。参见师哲口述、师秋朗笔录:《我的一生》,人民出版社2001年版,第303~304页。时隔3年,1952年刘少奇再次访苏时,斯大林又提出同样的问题。1952年10月28日,会谈中斯大林再次建议中国在1954年制定宪法,并进行选举。斯大林与刘少奇对话的内容与1949年7月11日内容基本相同(第408页)。但刘少奇于1949年7月18日给中共中央发的《关于中共中央代表团与联共(布)中央斯大林会谈情况给中央的电报》中,并没有提及斯大林制宪建议问题。参见中共中央文献研究室、中央档案馆编:《建国以来刘少奇文稿》(第1册),中央文献出版社2005年版,第30页。对同样的问题,进行谈话本身表明,斯大林对中国制宪与选举问题上的论述是经过慎重思考的。

有过的,而且是不许可的。

7月18日刘少奇向中央和毛泽东发电报汇报"关于中共中央代表团与联共(布)中央斯大林会谈情况"。会谈情况列举了斯大林会见中共代表团时,提出的一些问题以及斯大林的考虑。[1] 斯大林问的主要问题有:(1)将来中央政府是否有权力批准与撤换各省及各区域政府的主要人员?以毛泽东为中央政府主席,主席是否等同于总统?主席与内阁关系如何?(2)与民族资产阶级合作并吸收他们参加政府的问题。(3)实行人民民主专政的政体问题。斯大林说,你们目前不实行过分的中央集权的观点是对的,其意义就是,在地方政府服从中央政府的条件之下,不要实行过分的中央集权。但斯大林很注意地方政府和中央政府分裂现象可能发生。(4)对国际形势,斯大林说,我们既不怕和平,也不怕战争。

(三)毛泽东访问苏联

1949年12月6日毛泽东第一次访问苏联,随行人员有陈伯达、师哲(翻译)、叶子龙、汪东兴等。这次访苏的目的是与斯大林商谈两国间重大的政治、经济问题,重点谈签署《中苏友好同盟条约》。12月16日晚上,毛泽东与斯大林第一次会面,毛泽东在会谈中提出,目前最重要的问题是保障和平,中国需要3~5年的和平时间,以便用来把经济恢复到战前水平和稳定国内局势。[2] 12月24日,毛泽东与斯大林第二次会谈,会谈的主要内容是国际共产主义运动的重大问题。1950年1月22日毛泽东、周恩来同斯大林会谈,主要讨论中苏条约问题。2月14日中苏签署友好同盟互助条约。

(四)刘少奇率中共代表团第二次访苏

1952年10月5日至14日,苏共召开19次代表大会。中央决定

[1] 中共中央文献研究室、中央档案馆编:《建国以来刘少奇文稿》(第1册),中央文献出版社2005年版,第30页。

[2] 逄先知、金冲及主编,中共中央文献研究室编:《毛泽东传》(上册),中央文献出版社2003年版,第33页。

派出以刘少奇为团长的代表团。9月30日代表团出发前，毛泽东请刘少奇利用出席苏共19大机会，就中国向社会主义过渡问题向斯大林征求意见。[1] 受毛泽东委托，刘少奇10月20日就《关于中国向社会主义过渡和召开全国人民代表大会问题》致信斯大林，通报中共中央关于中国逐步过渡到社会主义和召集全国人民代表大会及其他一些问题的设想，征求斯大林意见。

这封信的开头，刘少奇写道：

敬爱的斯大林同志：毛泽东同志曾要求我们就以下几个问题向您请示：[2]

在信的第一部分谈到怎样从现在逐步过渡到社会主义的问题。在介绍中国经济发展的基本情况后，信中提到，我们估计，再过5年，即我们执行了第一个五年经济计划以后，在工业中国营经济的比重将会有更大的增加，而私人资本主义经济的比重缩小到20%以下。再过10年，则私人工业会缩小到10%以下。10年以后，中国工业将有90%以上是国有的，私人工业不到10%。对于将来可能的一种工业国有化的方式，信中留有余地，认为，至于将来所要采取的具体的方式以及国有化的时机，当然还是要看将来的情形来决定。这一部分的最后，信中特别谈道：这就是我们所设想的怎样过渡到社会主义的大体方法。这些问题还没有在中共中央的会议上讨论过，还只是若干同志的一种设想，并在非正式的谈话中谈论过。因为这些问题中有些是新问题，我们所设想的不知是否正确？请您指示。

在信的第二部分涉及“何时召集中国人民代表大会问题”。其中写道：中国人民政治协商会议的第一次会议在1949年开过后，已有3年了。最近就应该召开第二次会议，而如果最近不召开人民政协的第

〔1〕 阎明复：《1952年随刘少奇参加苏共十九大》，载《中共党史资料》2004年第1期。

〔2〕 参见中共中央文献研究室、中央档案馆编：《建国以来刘少奇文稿》(第4册)，中央文献出版社2005年版，第525～530页。

二次全体会议,那就应该在明年或至迟后年召开第一次全国人民代表大会。因为全国政协在全国有很好的信誉,各民主党派也愿意召开人民政治协商会议,而不积极要求召开全国人民代表大会,全国选举的准备工作也还有些不够。因此,我们考虑在明年春夏之间召开人民政协的第二次全体会议,而把全国人民代表大会推到3年[1]以后去召开。[2]

在信中还谈道:中国共产党内有人提出了制订宪法的问题,当然,如果要制定宪法就应召开全国人民代表大会。但在中国是否需要急于制订宪法也还可以考虑。因为中国已有一个共同纲领,而且它在群众中在各阶层均有很好的威信,在目前过渡时期以共同纲领为国家的根本大法,是可以过得去的。如果在目前要制订宪法,其绝大部分特别是对资产阶级和小资产阶级的关系也还是要重复共同纲领。在基本上不会有什么改变,不过把条文的形式及共同纲领的名称加以改变而已。因此,我们考虑在目前过渡时期是否可以暂时不制订宪法,而以共同纲领代替宪法,共同纲领可以在历次政协全体会议或全国人民代表大会加以修改补充,待中国目前的阶级关系有了基本的改变以后,即中国基本上进入社会主义以后,再来制定宪法。而到那时我们在基本上就可以制定一个社会主义的宪法。[3] 此外,我们党在1945年召开第七次全国代表大会后,还没有召开第八次代表大会。我们准备在明年春季召开一次党的全国代表会议并在会议上补选一部分中央委员,而将党的第八次代表大会推到1954年年底或者1955年召开。[4] 在信的最后,刘少奇特别提到,以上各项安排是否妥当?也请您指示!

从这封信的内容来看,中国共产党对过渡到社会主义、召开全国

---

〔1〕 按照当时的设想,召集第一届全国人民代表大会的时间是1955年,实际召开的时间是1954年9月15~28日。

〔2〕 中共中央文献研究室、中央档案馆编:《建国以来刘少奇文稿》(第4册),中央文献出版社2005年版,第530页。

〔3〕 同上书,第529~530页。

〔4〕 中国共产党第八次全国代表大会实际召开的时间是1956年9月15~27日。

人民代表大会、制定宪法等中国政权建设问题有基本设想，向斯大林和苏共请示。一方面，体现中共对斯大林的尊重，确实诚恳地想听取他对新中国政权建设的意见；另一方面，体现毛泽东和中共中央对中国政权建设，包括宪法制定问题上采取十分慎重的态度，仍在思考，反复权衡。

10月24日，斯大林同刘少奇会谈时，首先提出：我觉得你们的想法是对的。当我们掌握政权以后，过渡到社会主义去应该采取逐步的办法，你们对中国资产阶级所采取的态度是正确的。对召开全国人民代表大会问题，斯大林先问全国人民代表大会是否即国会。刘少奇回答：是国会，但接近于苏联的苏维埃，不过有资产阶级的代表参加。斯大林说：如果你们没有准备好，全国人民代表大会可暂不召开，而召开政治协商会议。但政协不是人民选举的，这是一个缺点，对外来说，如果有人在这点上加以攻击，人们会不大了解。关于召开党的代表大会问题，斯大林问：你们是否预计在1953年召开党的代表大会？刘少奇答：我们预计在1953年春召开党的代表会议，而没有预计召开代表大会。斯大林同意中共计划，准备制定宪法。但同时提出：召开人民代表大会是反映人民的呼声，召开党的代表大会也是反映人民的呼声，所以是以人民选举出来的为好。〔1〕

10月28日，斯大林同刘少奇举行第二次会谈，当时在苏联的胡志明也参加了此次会谈。斯大林说：同意目前使用共同纲领，但应准备宪法。刘少奇问：应准备的宪法是否指社会主义性质的宪法？斯大林回答说："不是，我说的是现阶段的宪法。"刘少奇说："在《共同纲领》初制定时，人们曾经怀疑我们是否真要实行共同纲领，但3年来我们真正实行了《共同纲领》，因此共同纲领在人民中及各党派中威信很高。如果我们在今后两三年内制定宪法，势必重复共同纲领，

〔1〕 中共中央文献研究室、中央档案馆编：《建国以来刘少奇文稿》（第4册），中央文献出版社2005年版，第535页。

承认资本家的财产及剥削雇佣劳动为合法。但是再过七八年以后,我们又要把资本家的企业国有化,再制定社会主义性质的宪法,似乎是有些不好。"但对刘少奇的解释,斯大林讲了一长篇的话,坚持他的看法,明确建议"中国在1954年制定宪法,并进行选举",[1]斯大林认为:

如果你们不制定宪法,不进行选举,敌人可以用两种说法向工农群众进行宣传反对你们:一是你们的政府不是人民选举产生的;二是说你们国家没有宪法。因政协不是人民经选举产生的,人家就可以说你们的政权是建立在刺刀上的,是自封的。此外,共同纲领也不是人民选举的代表大会通过的,而是由一党提出,其他党派同意的东西,人家也可以说你们国家没有法律。你们应从敌人(中国的和外国的敌人)那里拿掉这些武器,不给他们这些借口。我同意你在信中所提出的意见,把共同纲领改变成宪法——基本大法,这种宪法自然是一种粗制品,但是有一个宪法,比没有要好。在宪法中,你们可以规定这样的条文:第一,全体人民包括资本家富农在内均有选举权;第二,承认企业主、富农的财产权;第三,承认外国人在中国的企业的租借权;但这种权利如果政府不愿给外国人,可以在实行时不给或少给。这些事实,都是在中国存在的,并不妨害你们搞宪法。我想你们可以在1954年搞选举和宪法。我认为这样做,对你们是有利的。你们可以考虑。因为我不大了解中国的情形,上次谈话时,我没有展开肯定地讲这个问题,今天因为你问到这个问题,所以把我肯定的意见告诉你们。

对中国国内还有一个问题,你们现在的政府是联合政府,因此,政府就不能只对一个党负责,而应向各党派负责。这样,国家的机密就很难保障。我感到你们有些重要机密情况外国人都知道,例如,你们政府代表团这次来苏联,英美就知道要谈旅顺口问题。有了其他

---

〔1〕 刘彦章等编:《斯大林年谱》,人民出版社2003年版,第769页。

党派,政府要向其他党派负责,国家重要问题就不能不和其他党派商量,其他党派的人很多是和英美有关系的,他们知道了,等于英美也知道了。你们的计划如事先被敌人知道,对你们是很不利的。如果人民选举的结果,当选者共产党员占大多数,你们就可以组织一党的政府。其他党派在选举中如落选了,但你们在组织政府时可给其他党派以恩惠,这样对你们更好。你们不应使统一战线破裂,你们应继续在经济上和他们合作。

对斯大林的看法,刘少奇问:中国其他党派有些害怕选举,因为人民不选举他们而要选举共产党。斯大林说:这是一种很好的情形,但这并不妨害你们在组织政府时任用一些其他党派的人。斯大林说:我对中国情况不熟悉,这样做不知是否有困难?请诸同志考虑。刘少奇回答说:在1954年进行选举和制订宪法,我想是没有特殊困难的。斯大林说:那你们这样做是比较好些的。

斯大林最后说:印度有宪法并已实行选举,因此,尼赫鲁就可以说印度是民主的,而中国是不民主的。蒋介石说:中国进行选举,条件还不成熟。这种说法是没有理由的。阿尔巴尼亚是落后的,现在也有了宪法并实行了选举,中国不应比阿尔巴尼亚落后。波兰最近进行了选举,选民投票者95%,杜鲁门当选总统时,才得票48%,有25%的选民没有投票。〔1〕

10月26日和30日,刘少奇两次向毛泽东和中央发电报汇报与斯大林会谈内容,〔2〕特别是30日的汇报中专门谈到斯大林提出宪法制定问题。

斯大林对中国制定宪法的建议实际上涉及新生国家政权的合法

〔1〕 中共中央文献研究室、中央档案馆编:《建国以来刘少奇文稿》(第4册),中央文献出版社2005年版,第537~538页。上述谈话是刘少奇于1952年10月30日《关于与斯大林会谈情况给毛泽东和中央的电报》中的内容。这一表述与刘彦章等编《斯大林年谱》(人民出版社2003年版)第769页的内容是相一致的。

〔2〕 参见中共中央文献研究室、中央档案馆编:《建国以来刘少奇文稿》(第4册),中央文献出版社2005年版,第533~535页。

性与合宪性的重大问题,促使中共中央重新思考制宪时机问题,并从政权存在与发展的角度认识到以正式宪法确认政权合法性的必要性。当然,在当时的国际环境下,斯大林的建议具有复杂的国际和社会背景,他对《共同纲领》下的中国过渡性质的政权表现出一定程度上的不理解和担心,希望中国尽快通过制定宪法确立体制,巩固社会主义国家阵营。当然,斯大林多次讲,他对中国问题了解不多,请"参考",并没有"强迫"中共接受他的建议。

对斯大林多次要求中国制宪的原因,学术界有不同的评价。有学者认为,斯大林之所以急欲让中国尽快召开"全国人大"和制定宪法,或许真想要的是中国政治体制实现苏联化,即向一党政府转换。[1] 也有学者认为,斯大林之所以同意在中国不实行过分的中央集权,与他把这种高度集权的体制看作社会主义时期的体制有关,中国革命胜利后还不可能进入这样的社会形态,因而也就不宜采取苏联这种体制。等到 1954 年普选结束以后,中国应该建立一党政府的体制。这等于把苏联一党制推行到中国。[2] 有一种观点认为,中共制宪的主要动因并不是斯大林的建议,而是中共基于政权建设的经验,基于已有条件自主地判断建国宪法的合适时机等问题。

从目前的史料看,准确判断斯大林制宪建议的真实意图是有一定难度的,有学者认为,斯大林曾先后 3 次建议中共尽快召开人大和制定宪法,这在中苏两国两党关系史上都是比较少见的事情,不能不引起中共的格外重视。[3] 特别是,斯大林强调了制宪对中国在国际政治中发挥的有利因素,以政权的合法性进一步宣示主权,扩大与中国建交国家数量,使中央人民政府作为"代表中华人民共和国的唯一

---

〔1〕 王人博:《宪法的中国性——对五四宪法发生过程的一种解释》,载《美中法律评论》2005 年第 5 期。

〔2〕 邢和明:《中共眼里的苏联模式》,福建人民出版社 2006 年版,第 32 页。

〔3〕 秦立海:《从〈共同纲领〉到"五四宪法"——1949 - 1954 年的中国政治》,人民出版社 2017 年版,第 191 页。

合法代表”的基础更加牢固。自1949年11月起，中央人民政府要求联合国驱逐非法的国民党代表，但由于受到一些国家阻挠未能实现。因此，对急于进入联合国，欲取得联合国合法席位的中国来说，斯大林对制宪与国际形势的论述也是值得认真考虑的因素之一。所以，把斯大林的制宪建议简单地解释为“为了中国政治体制实现苏联化”的观点，是值得商榷的。10月24日，斯大林同刘少奇、陈毅、王家祥等会谈时，肯定了中共在中国政治经济建设方面的一些思路，并举苏联的教训，说：“消灭富农要分步骤来进行。我们过去对富农采取了急剧的办法，把300万富农迁到西伯利亚。”〔1〕因为作为新生的社会主义国家，通过宪法表明其独立的身份与事实是必要的，有利于政权合法性的确认。〔2〕

从客观情况看，制定1954年宪法是中国共产党综合了各种因素后所作出的独立的政治决断，比原来的制宪计划只提前了一年多，斯大林建议只是其中重要因素，并非唯一因素。当时，客观上已经基本具备了制宪所需的基本条件，如前所述，到1952年年底，中国抗美援朝的军事行动已经结束，社会环境趋于稳定；全国土地改革基本完成，民主改革取得了积极进展；经过3年多的努力，国家财政工作已完全统一，人民生活有所改善。特别是，1953年2月全国各省（市）、县、乡（村）先后举行了各界人民代表会议，为人民代表大会制度的正式建立创造了条件，积累了经验。〔3〕斯大林和刘少奇会晤后的4个多月，即1953年3月5日，斯大林因病去世。由于苏共党内明争暗斗十分激烈，权力格局发生急剧变化的情况下，斯大林对中共提出的制宪建议的影响力实际上受到很大的限制。

---

〔1〕　刘彦章等编：《斯大林年谱》，人民出版社2003年版，第769页。

〔2〕　实际情况是，1954年后中国共产党并没有采取苏联的一党制，而是实行中国共产党领导的多党合作制。参见邢和明：《中共眼里的苏联模式》，福建人民出版社2006年版，第32页。

〔3〕　穆兆勇编著：《第一届全国人民代表大会实录：1954》，广东人民出版社2006年版，第37～38页。

总之,1954 年宪法的制定过程中,斯大林个人的影响力是有限的,制宪目标与具体内容基本上由中国共产党自主决定。

四、革命根据地的制宪实践

人民制宪是中国共产党的基本主张,也是建立中华人民共和国的基本理念。作为人民制宪的最早实践,就是宣传 1918 年苏俄宪法,并积极实践苏维埃制度,将苏俄宪法精神融入 1954 年宪法,力求做到"知行合一"。

(一)苏俄宪法与中国共产党诞生

1919 年苏俄宪法译文在上海正式发表,1920 年 8 月,中国第一个共产主义小组成立于上海,1921 年 7 月 23 日中国共产党第一次全国代表大会在上海召开。3 年 3 件大事,均发生于上海,并非偶然,且均导源于另外两件大事,即 1917 年俄国十月革命和 1918 年苏俄宪法。正如毛泽东 1949 年在《论人民民主专政》一文中所总结:"十月革命一声炮响,给我们送来了马克思列宁主义。"事实上,苏俄宪法也随同马克思列宁主义一起来到了中国,始终影响中国共产党及其革命和建设事业。

张君劢翻译的苏俄宪法全文在上海一经发表,即迅速传播于北京和广州。李大钊主要活动于北京,陈独秀主要活动于上海和广州,作为学者和马克思主义者的李大钊和陈独秀密切关注和研究苏俄宪法,因为苏俄宪法是马克思主义的首次宪法实践。李大钊在《再论问题与主义》一文中提到,确曾阅读过一篇专门研究苏俄宪法的文章,即张慰慈《俄国的新宪法》,这是一篇最早专门研究苏俄宪法的文章,发表于《每周评论》,发表时间是 1919 年 6 月 29 日。李大钊这篇文章发表于 1919 年 8 月 17 日,比张慰慈文晚了一个半月,这表明,李大钊是最早关注和研究苏俄宪法的中国学者之一。李大钊说:"最近有了慰慈先生在本报发表的俄国的新宪法、土地法、婚姻法等几篇论文,很可以供我们研究俄事的参考。"[1]

虽然陈独秀和李大钊没有发表专门研究苏俄宪法的文章,但中国共产党的53名创始党员中,有不少人在中国共产党成立之前就研究过苏俄宪法,如陈公博。陈公博于1919年5月曾根据同年2月出版的一本外文期刊翻译了苏俄宪法。这要比张君劢翻译苏俄宪法早3个月,但遗憾的是,陈公博的苏俄宪法译文并没有发表出来。陈公博虽然没能发表其苏俄宪法译文,但发表了匈牙利宪法译文,还发表了一篇专门研究匈牙利宪法的文章,即《匈牙利宪法的批评》。陈公博译文《匈牙利苏维埃联邦共和国宪法》和张君劢苏俄宪法译文,同时载于1920年第1期的《政衡》。

张君劢在苏俄宪法译文中创译了"苏维埃"一词,并将苏俄宪法体制概括为"苏维埃制",以区别于"巴力门制"。在中国共产党成立之前,还有不少共产主义小组成员使用"苏维埃"的译法,如沈雁冰、李汉俊、胡愈之和袁振英等,这些文章大多为译文,基本上都发表于在上海创刊的期刊,如《少年世界》《新青年》《东方杂志》等。沈雁冰的译文《俄国人民及苏维埃政府》发表于1920年2月10日,比陈公博《匈牙利宪法的批评》一文仅晚了半个月。这篇文章是在介绍苏俄宪法时使用"苏维埃"的,其中提道,"一九一八年七月十日第五次全俄会议定一宪法,其中条文大半早经颁行,至是始加入于根本法律中","全俄有实力者,厥惟苏维埃Soviet,以其有大多数人民谓之声援也","代表俄全体者即苏维埃会议也"。[2] 沈雁冰在1920年还有两篇译文使用了"苏维埃",分别是《游俄之感想》和《罗素论苏维埃俄罗斯》。

胡愈之的译文《劳农俄罗斯之改造状况》介绍的是列宁谈话内容,其中提道"劳农俄国宪法刊印至三百六十万册之多,分送各处,以

[1] 李大钊:《再论问题与主义》,载《太平洋》1919年第1期。
[2] [美]Jerome Davis:《俄国人民及苏维埃政府》,沈雁冰译,载《东方杂志》1920年第3期。

资流传”。胡愈之的译文《罗素的新俄观》谈道“共产主义和苏维埃宪法”,“苏维埃制度算是新俄国的一种特点”。李汉俊的译文《俄罗斯同业组合运动》介绍的是苏维埃制度的运作,其中提道“莫斯科会议的费用是由劳农代表苏维埃会议资助的”。袁振英的译文《俄罗斯的我观》认为,“俄国劳农政府很有存在的价值”,《批评罗素论苏维埃俄罗斯》认为,“布尔什维克主义的政治学说是苏维埃政府最重要机关的哲理”。此外,上海共产主义小组创办的以李达为主编的期刊《共产党》也发表了不少使用“苏维埃”和介绍苏俄宪法制度的文章。

总之,在中国共产党成立时的上海舆论界和共产主义小组内部,“苏维埃”和苏俄宪法之间已经建立了密切的联系,谈到“苏维埃”自然想到苏俄宪法,谈到苏俄宪法自然想到“苏维埃”制度。以此为背景,中国共产党在“一大纲领”中使用了“苏维埃”一词,这标志着苏俄宪法影响了中国共产党的诞生,也成为中国共产党宪法观的重要思想来源之一。

(二)中国共产党宣传苏俄宪法

苏俄宪法随同“苏维埃”进入了中共“一大”重要文件,中国共产党对于苏俄宪法的宣传并没有停止。

中国共产党的事业在“一大”之后蓬勃发展起来,苏俄宪法和苏维埃制度的研究力量也随之增加。如瞿秋白、蔡和森、陈独秀、李大钊、张闻天、恽代英、彭述之、任弼时、李达等先驱,在 1922 ~ 1926 年均撰写过有关苏维埃制度和苏俄宪法的文章,很多文章发表于中国共产党创办的报刊,如《新青年》《少年世界》《先驱》《向导》《中国青年》。这些共产党先驱中,相当部分有在苏俄长期生活的经历,瞿秋白和刘绍周等人受到列宁的接见,他们的文章对于否定苏维埃制度观点的回击自然更加有力,澄清了有关苏俄宪法的一些观点,使苏俄宪法在中国的传播更加深入。

瞿秋白在1923年6月15日《新青年》刊载的《评罗素之社会主义观》一文中不同意罗素有关俄国国家资本主义的看法，认为“俄国的国家资本主义，决非贵族的，而是苏维埃的，如知苏维埃之意义，便可以了解此政治上的突变之价值”。[1] 瞿秋白不同意《申报》刊载的署名为“心史”的一篇文章《俄国宪法上共产主义之变化》的观点，为此撰文《苏联宪法与共产主义》，发表于1924年3月26日的《向导》。瞿秋白此文虽然标题使用的是“苏联宪法”，实际重点讨论的是“苏俄宪法”，对苏俄宪法在一定程度上起到了正本清源的作用。对于“心史”文援引苏俄宪法译文中的若干条文，如第65条、第79条、第3条，瞿秋白的评价是“此段译文几乎完全谬误”“译文太略”“译文不通”“何所据而云然”“不通之至”，然后附上自己的译文。更重要的是，瞿秋白从理论上阐述苏俄不是无政府无法律之共产社会，“非有国家不可，非有法律不可”；不能因为有了苏联宪法，就说苏俄宪法是“旧宪法”，“苏联之中，苏俄当然是中坚分子，然而苏俄在苏联里，也和其他各国一样，仍旧有自己的宪法，因为苏联是一个邦联的国家，各国自有对内的统治权，所以苏俄的宪法仍旧有效力，并不因为和各国订立了联盟条约便取消自己的宪法，亦无所谓新宪法与旧宪法”。[2]

1924年8月1日《新青年》刊载了陈独秀的一篇文章《答张君劢及梁任公》。陈独秀在文中依据因果律对张君劢《人生观之论战序》和梁启超《教育与人生》这两篇文章给予回应，认为“马克思科学的社会主义预料资本主义必由发达而崩溃，崩溃后继之者必为社会主义，此乃就人类历史的进化一般趋向而言，至于资本主义之崩溃与夫社会主义之实现，果在何国开始及完成，又另有其特殊的因果关系”；“非到共产主义实现，私有财产是不能完全废绝的，此事谈何容易，俄

---

〔1〕 瞿秋白：《评罗素之社会主义观》，载《新青年》1923年第1期。

〔2〕 瞿秋白：《苏联宪法与共产主义》，载《向导》1924年第59期。

国劳农革命家是马克思派,不是玄学家,自始便未尝妄想一革命便能够将私有财产完全废绝";"张先生这一篇说话,说坏点,直是遁词,说好点,他的观念,他的论点,他的文义,他使用术语,都大欠明了";梁启超以为"列宁死了,俄罗斯革命将随之寿终",因为"他们不明白俄罗斯革命有历史的意义,他们不明白俄罗斯有农工大群众及组织坚强的党为之拥护";"浮光掠影的望文生义而不能深入骨髓解析其内容,或者正是梁先生一生治学之受病处"。[1] 陈独秀在辩论中,既论述了苏俄宪法的基本原理,又援引了苏俄宪法的条文。

高一涵在《我国宪法与欧洲新宪法之比较》一文中,比较了苏俄宪法和法美宪法的哲学基础,"美国和法国的宪法只注重个人,不甚注重社会,只注重政治,不甚注重经济,只尊重个人的权利和政治上的自由,至于社会的权利和经济上的自由置于宪法的范围之外。简单一句话,那时的宪法只可算是个人主义的政谱",然而"俄国的宪法是共产主义的宪法,所以劳动群众权利的宣言第二章中明定土地森林矿产水道六畜及田地附属品一切宣告为公产,并于宪法大原则中凡不劳动者不应得食","俄国的宪法充满了社会主义的精神,俄国宪法上明定俄罗斯共和国为一切劳动者之社会主义的团体……俄国的国家是由许多苏维埃(soviet)联合而成的,所以中央苏维埃和分区苏维埃等组织和权利都得到宪法的保障,凡是劳动者的集会结社都绝对的不受限制"。[2] 特别需要注意的是,高一涵在文中所援引了张君劢的苏俄宪法译文。

朱枕薪《苏维埃俄罗斯底过去与现在——观察后的简单报告》一文提道,"作工的平民与被侵掠的权利宣言……和法国底人权宣言以及美国底独立宣言,是属同一的重要的"。蔡和森在《中国国际地位与承认苏维埃俄罗斯》一文中主张,民国北京政府承认苏俄,"世界

---

〔1〕 陈独秀:《答张君劢及梁任公》,载《新青年》1924年第3期。
〔2〕 高一涵:《我国宪法与欧洲新宪法之比较》,载《东方杂志》1922年第22期。

革命的先锋军和策源地——苏维埃俄罗斯"，"中国人民唯一好友——苏维埃俄罗斯"。萧子暲《苏维埃社会主义共和国联合之研究》一文提到，"苏联宪法可为世界模范"。刘绍周《苏维埃社会主义共和国大联盟》一文提到，"各自治共和国的宪法与俄罗斯联邦宪法相同"。恽代英《社会主义与劳工运动》一文通过援引苏俄宪法规定来驳斥谣言，"试观苏俄宪法以与社会有益的劳动与生产的劳动并举，可知苏俄注重工人而藐视技术家、教师、文艺美术家，全为造谣而已"。

前述先驱中，讨论苏俄宪法所用篇幅最大的是李达，他翻译了一本著作《劳农俄国研究》（由商务印书馆1922年出版，共393页），其中有关苏俄宪法的内容约占一半，尤其是第三章"劳农制度研究"，从12个方面专门介绍苏俄宪法，其中提到"《被剥削的劳动者底宣言》和《劳农共和国宪法》同成了俄国基础法底重要宣言"，"把产业的代表代替地方的代表而组织的制度，是劳农制度的根本思想"。[1] 李达在文中援引了很多苏俄宪法的条文，但他将"soviet"译为"劳农会"，没有使用"苏维埃"译法。

（三）中国共产党积极实践苏维埃制度

1927年9月19日中共临时中央政治局会议决定"现在的任务不仅宣传苏维埃的思想，并且在革命斗争新的高潮中应成立苏维埃"。1927年10月20日《布尔塞维克》发表"瞿秋白亲自撰写的《布尔塞维克发刊露布》"，号召"下层民众直接起来行使民权，实行苏维埃的政治制度"。[2] 10月31日《布尔塞维克》发表《中国共产党反对军阀战争宣言》，要求"统一中国，造成新中国——工农兵劳动贫民代表会议（苏维埃）的中国"，"一切政权归工农兵贫民代表会议（苏维

---

〔1〕 汪信砚主编：《李达全集》（第2卷），人民出版社2016年版，第195页、第221页。

〔2〕 《布尔塞维克发刊露布》，载《布尔塞维克》1927年第1期。

埃)”。[1] 11月7日《布尔塞维克》纪念俄国十月革命10周年,决心“建立苏维埃的劳农政府,开辟世界革命的新纪元”,“建立苏维埃的中国”。[2] 12月26日《布尔塞维克》发表《苏维埃政权万岁》,以列宁论述为理论基础阐述了若干基本问题,如“苏维埃政权是什么”,“苏维埃政权是最彻底的民主政权”,“苏维埃政权不是按地域选举的,是按生产单位选举的”,“苏维埃政权是无产阶级专政的国家形式”。[3]

为此,1928年7月中共第六次全国代表大会通过了《苏维埃政权的组织问题决议案》,从21个方面对苏维埃政权组织作出部署,比如,“苏维埃的定义”,“利用苏联苏维埃建设的经验”,“中国的苏维埃政权的正式名义”,“苏维埃的组织应站在劳动群众直接选举的基础上”,“苏维埃代表须按期向选举人报告过去工作”,“苏维埃中直接的撤回权”,“党是苏维埃思想上的领导者”。1928年朱德、陈毅、彭德怀、滕代远先后到达井冈山,1929年毛泽东和朱德在24个县建立了苏维埃政府,形成革命根据地。到1930年,中国共产党在全国9省建立了15个革命根据地。“一些革命根据地相继制定和颁布了作为未来宪法基本内容的政纲,如1929年4月《兴国县革命委员会政纲》(8条),10月《信江苏维埃政府政纲》(10条),10月《湘鄂赣边区革命委员会革命政纲》(27条),1930年5月全国苏维埃大会提出的《十大政纲》,1930年7月《湖南工农兵苏维埃革命政纲》(25条)等”。[4]

1930年5月共产国际东方部书记处负责人巴威尔·亚历山大洛维奇·米夫在《中国的苏维埃运动和共产党的任务》一文中指出,中国共产党“应制定苏维埃宪法,这部宪法不要完全照抄我们无产阶级

---

〔1〕 中国共产党中央委员会、中国共产党青年团中央委员会:《中国共产党反对军阀战争宣言》,载《布尔塞维克》1927年第2期。

〔2〕 《十月革命万岁》,载《布尔塞维克》1927年第3期。

〔3〕 《苏维埃政权万岁》,载《布尔塞维克》1927年第11期。

〔4〕 张晋藩:《中国宪法史》,吉林人民出版社2004年版,第265页。

专政国家的宪法”。“这是共产国际东方书记处关于制定中华苏维埃共和国宪法草案最早提出的指导性意见。”[1]同年 8 月共产国际东方部在《关于中国苏维埃问题决议案》中指出，“建立中国苏维埃共和国……必须通过苏维埃共和国的宪法及其他基本法律”。这不仅是共产国际东方部的意见，而且反映了共产国际的意见，共产国际建议中国共产党注意宪法对于国家政权的重要意义。众所周知，共产国际当时对中国共产党有相当大的影响力，中国共产党非常重视共产国际有关苏维埃宪法的意见。因共产国际总部设在莫斯科，其主导者是苏联，共产国际提到的苏维埃宪法自然以苏联宪法为模板，当时的苏联宪法是以 1918 年苏俄宪法为蓝本，且 1918 年苏俄宪法是世界上第一个社会主义宪法。因此，共产国际成为苏俄宪法传播于中国和中国共产党的另一重要因素。

根据共产国际的意见，1930 年 9 月中国工农兵会议第一次全国代表大会中央准备委员会在上海通过了《中华苏维埃共和国国家根本法（宪法）大纲草案》。中华苏维埃第一次全国代表大会原定于 1930 年 12 月 11 日召开，会议地点定于中央苏区，但是因受到蒋介石的“围剿”而推迟到 1931 年 11 月 7 日，即十月革命纪念日。因受到蒋介石的“封锁”，位于上海的中共中央未能将《中华苏维埃共和国国家根本法（宪法）大纲草案》及时送到，只是将《宪法原则要点》通过电报发给中央苏区。中华苏维埃第一次全国代表大会主席团于 1931 年 11 月 11 日成立宪法起草委员会，宪法起草委员会委托梁柏台起草宪法大纲初稿。梁柏台 1922 年进入莫斯科东方大学学习，1924 年后一直在苏联远东伯力省法院担任审判员，从事革命法律研究和司法工作。梁柏台起草的宪法大纲草案“融合‘宪法原则要点’

---

〔1〕 凌步机：《共产国际与中华工农兵苏维埃第一次全国代表大会的召开》，载《苏区研究》2015 年第 3 期。

精神和革命根据地民主宪法实践经验,参考苏联宪法”。[1]

1931年11月16~17日宪法起草委员会讨论并修改了梁柏台起草的宪法大纲初稿,形成宪法大纲草案。11月18日中华苏维埃第一次全国代表大会听取了项英《关于宪法问题的报告》,通过了《中华苏维埃共和国宪法大纲》,选举产生中央执行委员会。12月1日中央执行委员会发布第一号布告,宣布中华苏维埃共和国成立,次日于《红旗周报》全文刊载了《中华苏维埃共和国宪法大纲》。至此,苏维埃制度和苏俄宪法得以在中国局部区域实践。

《中华苏维埃共和国宪法大纲》是中国共产党领导人民制定的第一部宪法性文献,是中国人民制定自己宪法的最初尝试,是人民制宪的雏形。[2] 主要参考了苏俄宪法,多数条文具有相似性。《中华苏维埃共和国宪法大纲》第1条有关政权性质的表述,以及第2条、第4条、第5条、第6条、第9条、第10条、第11条、第13条和第14条规定工农劳动群众的基本民主权利,显然来自作为苏俄宪法第一部的“劳动群众权利宣言”。《中华苏维埃共和国宪法大纲》第8条规定:“宣布中国民族的完全自由与独立,不承认帝国主义在华的政治上、经济上的一切特权,宣布一切反革命政府订立的不平等条约均无效,否认反革命政府的一切外债……”它显示了开放性与国际性,与苏俄宪法所追求的国际主义理念是一脉相承的。

在第二次国共合作时期,中国共产党虽然主动取消了苏维埃政权,但仍然通过多种渠道、多种方式继续研究和实践苏俄宪法。正如林伯渠在《由苏维埃到民主共和制度》一文中所言,“认为取消苏维埃制度即取消一切是不正确的”。[3]

在宪法研究和政权建设方面,中国共产党认为,需要走“中国化”

---

[1] 唐国军:《中华苏维埃共和国宪法大纲与马克思主义中国化的宪政落实》,载《广西社会科学》2012年第10期。

[2] 参见彭光华、杨木生、宁群:《中央苏区法制建设》,中央文献出版社2009年版,第27页。

[3] 林伯渠:《由苏维埃到民主共和制度》,载《解放》1937年第5期。

道路,不可能照抄苏俄宪法,也不可能回到中央苏区时代。对此,毛泽东、吴玉章和谢觉哉都有类似表述。毛泽东在1940年发表的《新民主主义的宪政》一文中强调,新民主主义的宪治应当合乎中国国情,不是"欧美式"的,也不是"苏联式"的,"只能是第三种形式"的。中国共产党主持起草的1941年《陕甘宁边区施政纲领》和1946年《陕甘宁边区宪法原则》,都是苏俄宪法中国化的实践。1940年2月23日吴玉章在给马列学院作报告时认为,"今年的宪法应该是团结全国人民抗战建国的宪法,这部法像欧洲不可,像苏联也不行"。[1] 1940年3月1日吴玉章在延安各界宪政促进会成立大会上重申,"苏联宪法虽好,我们也不能采用"。[2]

(四)"起草全国性宪法"的尝试

从1945年10月,根据中央决定,由林伯渠发起成立了宪法研究会,由谢觉哉、何思敬等7人负责起草新民主主义宪法。谢觉哉在日记中详细记载了起草的过程。他从1月开始阅读一些宪法书籍,如5月阅读王世杰的《比较宪法》、7月阅读章友江的《比较宪法》,认为这本书,引用社会主义者对宪法的材料,比王世杰编的《比较宪法》较胜。他在11月16日日记中认为,"新民主主义的宪法已可以写了,因新民主主义在中国已不是理想,而是现实"。[3] 11月17日他列出新民主主义宪法的几个问题:社会结构即国体问题;政权机构问题;人民权利问题;一院制与两院制问题;地方自治问题;选举制度问题。在11月21日会议上,推荐谢觉哉、何思敬、齐燕铭等人负责起草宪法大纲,由谢觉哉负责写序言,何思敬负责写各节大意。

新民主主义宪法草案的起草工作于1946年开始。1946年4月

---

〔1〕 吴玉章:《为争取人民的宪法和民主权利而斗争——在延安马列学院的报告》,载吴玉章、四川省委党史工作委员会编:《吴玉章文集》,重庆出版社1987年版,第195页。

〔2〕 吴玉章:《在延安各界宪政促进会成立大会上的讲话》,载吴玉章、四川省委党史工作委员会编:《吴玉章文集》,重庆出版社1987年版,第203页。

〔3〕 谢觉哉:《谢觉哉日记》(下册),人民出版社1984年版,第862页。以下起草新民主主义宪法的过程,均参考《谢觉哉日记》。

23日边区第三届参议会通过了《陕甘宁边区宪法原则》(以下简称宪法原则),分政权组织、人民权利、司法、积极、文化5个部分。这一宪法原则实际上成为起草陕甘宁边区宪法草案的基础。4月18日、20日谢觉哉参加宪法起草,18日的讨论由王明、陈伯达等参加。[1] 5月20日、5月30日、6月1日、6月10日继续讨论宪法,到14日"边宪前天讨论完,稍加整理即可印出"。[2] 从日记的内容来看,14日前宪法草案工作主要由谢觉哉主导,并完成部分工作。

1946年6月中共中央书记处决定设立中央法律问题研究委员会,委员会设两个小组,即宪法组和法制组,王明任宪法组组长,陈瑾昆任法制组组长。委员由王明、谢觉哉、徐特立、陈伯达、陈瑾昆、马锡五、廖鲁吉、黄觉民等担任。谢觉哉在6月17日的日记中写道:王明同志、徐特立同志来谈,书记处批准成立法律研究委员会。嘱我早召开成立会。至于委员会由谁具体负责,目前有两种说法:一是该委员会工作人员李光灿说,毛主席给他任务,让他当主任;二是田书元的谈话记录中的说法,王明和谢老负责。[3]

中央法律问题研究委员会成立后的主要任务,是协助西北局研究和起草陕甘宁边区宪法草案。1946年10月9日边区宪法草案经过6次修改,提交西北局。当时草案的名称是《中华民国陕甘宁边区宪法草案》,[4]共74条9章,分别是:总纲、第二章人民之权利义务、第三章陕甘宁边区政府、第四章县乡自治、第五章少数民族、第六章选举制度、第八章文化教育卫生、第九章宪法之施行修正及执行。谢觉哉谈起草边区宪法草案的经验中指出:大陆法系、英美法系,初频

---

[1] 谢觉哉:《谢觉哉日记》(下册),人民出版社1984年版,第915页。

[2] 同上书,第931页。

[3] 参见戴茂林、曹仲彬:《王明传》,中共党史出版社2008年版,第262页。

[4] 另一种表述是:《中华民国陕甘宁边区自治宪法草案》,参见张希坡:《人民代表大会制度创建史》,中共党史出版社2009年版,第498页。该草案分9章,共有72条,资料来源:陕西省档案馆陕西省社会科学院编:《陕甘宁边区政府文件选编》(第十一辑)附录,档案出版社1991年版,第249~258页。

景仰苏宪，后又接近英美，最后决定我们是写边区的，写中国边区的宪法，不学英美也不学苏联。人类生活发展规律，我国和外国有许多相似，因此，研究外国宪法对我们有帮助，不吸收他们的经验，限制自己在小的时空圈子里，不能写出合适的宪法。但我们是写自己的宪法，要句句是自己的。国内某些宪法学者"入主出奴"，我们没有学过宪法的人，这过程倒走得很快。斯大林说宪法是写已经有的，和纲领写希望有的不同，是从来宪法学者没有说过的真理。这和毛主席说国体是表示社会阶级的支配，政体是支配阶级保护自己之未为前人说过的一样，边区宪法是根据边区已实现的东西写的，但多少也有点纲领性，即尚未做好及正待做的也写了些。不过不是很理想，而是已有了经济基础和人的能动的根据，不是要待将来的证明，而只是以法律确定促人去实践。[1] 这个评价是客观的，概括了边区宪法的基本特点。从总体上来看，这个草案的框架与理念是有创意的，"是根据抗日根据地的实践经验拟制的宪法草案，但又与抗日民主政权的政权体制有所不同。原来提交陕甘宁边区第三届参议会第二次大会审议，后因内战爆发未能完成审议程序，但这一宪法草案的许多内容，仍有重要参考价值"，[2]体现了中国共产党人的宪法观，注重事实与理想，强调从实际出发。

1947年1月随着解放战争的胜利发展，中共中央要求法律问题研究委员会起草全国性宪法草案，并于5月1日前完成。于是法律问题研究委员会将工作重点放在起草全国性宪法草案的工作上，具体由王明负责。王明曾在苏联留学，是苏联版本马克思主义理论在党内的主要代表，在宪法起草的过程中发挥了重要作用。[3] 当时，斯大林版本宪法理论在中国共产党内占据着主流地位，又通过王明的

〔1〕 谢觉哉：《谢觉哉日记》（下册），人民出版社1984年版，第1032页。
〔2〕 张希坡：《人民代表大会制度创建史》，中央党校出版社2009年版，第503页。
〔3〕 翟国强：《中国共产党的宪法观念史：超越事实论的变迁》，载《法学评论》2016年第1期。

工作得到具体化。

根据《谢觉哉日记》记载,宪法草案的起草大体经过了如下过程:

第一阶段起草与讨论阶段:1947年2月1日,宪法小组开会讨论宪法草案,2月12日召开宪法组会议,对草案的起草工作进行分工,谢觉哉负责两章,即"法院及检察院"和"地方制度"一章。2月14日起草"法院及检察院";2月20日起草"国宪地方制度";2月24日宪法组开会讨论一、二章,第一章总纲,会议上有争议;4月17日讨论宪法,王明报告总纲草案;4月23日,讨论总纲,对有些内容提出不同建议,如王案(王明)3条,民族——平等与第4条民族平等有范围不同,国土变更似不可写,写保持领土之完整,民族自决,可写在民族章规定,尊重劳动可在"权利义务"或"基本国策"章写;4月26日总纲讨论完毕;5月8日、10日、16日继续讨论宪法草案第二章、地方制度;6月1日结束地方制度的讨论;6月6日、11日、24日讨论司法制度;7月4日讨论民族自治章;7月9日结束宪法草案讨论。

第二阶段三读程序:从7月15日、16日、17日、18日宪法草案一读,19日一读结束;7月29日结束宪法草案二读;8月2日、7日开始宪法草案三读,16日三读结束;8月25日讨论改写总纲以及中央政府委员会职权,删去基本国策章。9月2日,王明对宪法草案进行大修改,10月13日法律问题研究委员会开会,征求对宪法草案的最后意见。10月20日王明、谢觉哉向中央汇报宪法草案,28日向毛泽东请示。

从目前资料分析,宪法草案最终没有颁布的原因主要有三点:(1)由于解放战争任务重,党中央无暇考虑宪法草案的讨论,先搁置讨论。[1] (2)中共中央对宪法颁布的时机有新的考虑。12月毛泽东在《杨家沟中共中央扩大会议上的讲话》中说:关于宪法,近期内不会

---

〔1〕 戴茂林、曹仲彬:《王明传》,中共党史出版社2008年版,第262页。

颁布,过早颁布也是不利的,但目前着手研究。[1] (3)毛泽东对宪法草案的内容并不满意,以下3封信的内容可以提供依据。1947年11月毛泽东在给宪法草案起草者之一,中央法律问题研究委员会委员陈瑾昆的信中提道:“兄及诸同志对于宪草,惨淡经营,不胜佩慰。惟发表时机尚未成熟,内容亦宜从长斟酌,以工农民主专政为基本原则(拙著《新民主主义论》及《论联合政府》中所指之基本原则),详由王谢二同志面达。”[2]在另一封致中央法律问题研究委员会委员张曙时的信中,毛泽东同样将《新民主主义论》《论联合政府》列为主要参考文献。[3] 同时,致信法委委员吴玉章时说,“向川陕鄂边发展根据地一事,业已有所部署,其详请问叶参谋长(叶剑英),宪法草案尚未至发表时期,内容亦宜从长斟酌,以工农民主专政为基本原则,详情由王谢二同志面达”。据学者考察,王明和谢觉哉二人向毛泽东汇报宪法草案时,毛泽东对该草案并没有作出表态。可能的原因是,王明主导起草的宪法草案因为没有贯彻毛泽东的宪法主张,而照搬斯大林的宪法概念(宪法是对民主事实的确认),因此并未被中共中央所接受。[4] 根据《李维汉回忆录》记载,王明担任组长起草的宪法草案曾遭到了中国共产党内部的批判。[5]

1948年10月上旬,中共中央书记处成立宪法草案纲领起草委员会,草拟临时宪法草案。法律问题研究委员会将他们在后甘泉写出的宪法草案修改后提供其参考。上述事实表明,还没有取得全国性政权前,以毛泽东为代表的中国共产党人在宪法问题上,坚持事实论的宪法概念,[6]探索适合中国实际的宪法制度。直至1954年制宪之

[1] 毛泽东:《毛泽东文集》(第4卷),人民出版社1996年版,第335页。

[2] 同上书,第320页。

[3] 参见翟国强:《中国共产党的宪法观念史:超越事实论的变迁》,载《法学评论》2016年第1期。

[4] 翟国强:《中国共产党的宪法观念史:超越事实论的变迁》,载《法学评论》2016年第1期。

[5] 李维汉:《回忆与研究》,中共党史资料出版社1986年版,第519~521页。

[6] 同上。

前,以毛泽东为核心的中国共产党并未对斯大林式的事实论宪法概念进行反思。

(五)苏俄宪法精神融入 1954 年宪法

"十月革命一声炮响,给我们送来了马克思列宁主义",毛泽东的这句名言始见于 1949 年 6 月 30 日《论人民民主专政》一文。正是在该文中,毛泽东宣布"必须一边倒","倒向社会主义一边","走俄国人的路,这就是结论"。苏联在中华人民共和国成立次日宣布承认中华人民共和国。根据《中苏友好同盟互助条约》,苏联在资金、技术和人才方面给予中华人民共和国大量援助。毛泽东要求以"真心真意的态度"向苏联专家学习,"应该在全国掀起一个学习苏联的高潮,来建设我们的国家"。[1] 苏俄宪法借助于苏联专家和苏联宪法学教科书继续向中国传播,并直接影响了中华人民共和国第一部社会主义宪法——1954 年宪法。如 1954 年 7 月 1 日毛泽东指示阅读《苏联宪法草案的全面讨论》一文时指出,"我们的宪法是属于社会主义宪法类型的。我们是以自己的经验为主,也参考了苏俄和各人民民主国家宪法中好的东西……我们所走的道路就是苏联走过的道路,要想避开这条路不走是不可能的"。[2]

在苏联宪法的影响下,经过中央苏区和陕甘宁边区的局部实践,由此形成了有关苏俄宪法的研究文献和党的文件,这些成果中有些内容经宪法起草委员会秘书处整合与梳理,成为制定 1954 年宪法的重要参考文献,苏俄宪法所体现的社会主义理念与原则融入中华人民共和国的第一部社会主义宪法之中。1954 年宪法奠定了中华人民共和国的基本政治、经济与社会制度,70 多年来中华人民共和国宪法虽然经历多次修改,但是由 1918 年苏俄宪法继承而来的基本精神仍然一脉相承。

---

〔1〕 沈志华:《毛泽东号召向苏联专家学习》,载《国际人才交流》2013 年第 9 期。

〔2〕 参见王庭科主编:《毛泽东独立自主思想的历史发展》,四川大学出版社 1995 年版,第 366 ~ 367 页。

五、中国共产党的制宪决定

1952年11月间,中共中央作出决定,立即着手准备召开全国人民代表大会,制定宪法。[1] 这是在综合考虑国家当时面临的政治、经济与文化发展的实际情况以及斯大林的制宪建议等综合因素后,中共中央作出的重大政治决策。1952年12月1日中共中央发出《关于召开党的全国代表会议的通知》,该通知中说,为了充分准备全国人民代表大会的召开,中共中央决定于1953年2月5日召开党的全国代表会议。该通知认为,"三年准备"任务的胜利完成、"一五"计划即将开始的国内形势下,召集全国人民代表大会的条件已经具备,拟于1953年9月召开。在这次大会上,将制定宪法,批准五年计划纲要,修改中央人民政府组织法,选举新的中央人民政府领导机构。[2] 这是毛泽东审定、由中共中央发出的关于召开全国人民代表大会和制定宪法的第一个文件。按照会议精神,各级党委参加全国代表会议的代表已全部选出,但"由于国家第一个五年建设计划纲要及其他有关文件没有准备好,党的全国代表会议未能如期举行",[3] 政治局决定1954年内召开党的全国代表会议。

1953年元旦,《人民日报》以《迎接1953年的伟大任务》为题发表元旦社论,把召开全国人民代表大会、通过国家宪法和国家建设计划作为1953年的三大任务,正式向社会公众提出制宪的议题。"社论"特别提道:在过去3年多的时间中,由于进行巨大的社会政治改革和经济恢复的工作,实行人民代表大会制度的条件还不具备,我国采取了有中国人民政治协商会议全体会议代行全国人民代表大会职

---

〔1〕 逄先知、金冲及主编,中共中央文献研究室编:《毛泽东传》(上册),中央文献出版社2003年版,第308页。

〔2〕 同上。

〔3〕 中共中央文献研究室、中央档案馆编:《建国以来刘少奇文稿》(第6册),中央文献出版社2008年版,第72页。

权……同时,由于还没有制定宪法,中国人民政治协商会议共同纲领暂时代替了宪法的一部分作用。这些在过去是完全必要并且完成了历史任务的过渡的办法,已经不适合现在建设时期的需要了。

但后来由于"高饶事件"的发生、国内出现的自然灾害等原因,党的全国代表大会的时间推迟了两年,全国人民代表大会也随之推迟,但有关召开全国人民代表大会和制宪的准备工作并没有停止。

六、1954年宪法的制定目的

在上述社会背景下,召开人民代表大会和制定宪法已成为建设社会主义国家的基本目标与途径。在当时的历史条件下,制定中华人民共和国成立以来的第一部宪法客观上也存在特定目的与价值趋向。当制宪环境与制宪目的有机结合时制宪才有可能成为一种现实的选择。当时,有些人特别是一些民主党派对制宪存有一定的顾虑,甚至有些人反对制定宪法。其主要理由是制定宪法就意味着搞社会主义,民主党派既得利益有可能受到损害。因此,明确其制宪目的对于我们理解1954年宪法产生的背景具有重要意义。

关于1954年宪法的制定目的,学者们在20世纪50年代的宪法学著作中作了大量的探讨,[1]认为1954年宪法的制定目的主要表现在:一是为了巩固革命成果和总结斗争经验;二是保障我国人民能够实现建设社会主义社会的共同愿望。[2] 就制宪目的而言,当时的基本目标是以宪法确认已经取得的经验与成果,并通过宪法的纲领性功能把人们实现社会主义的愿望法定化,赋予其规范的性质。当时,

---

〔1〕 吴山:《宪法以共同纲领为基础,同时是它的发展》,载《政法研究》1954年第4期;杨化南:《我国宪法是建设社会主义的根本法——学习中华人民共和国宪法草案的体会》,载《教学与研究》1954年第7期;夏书章:《共同纲领与宪法在社会主义事业中的作用》,载《中山大学学报》1957年第2期;陈翰伯:《制定宪法的意义》,载《民主青年》1954年第13期;王赣愚:《我国宪法草案的人民民主性质》,载《新建设》1954年第8期;黄炎培:《这将是中国有史以来第一部人民的宪法》,载《中国轻工业》1954年第12期等。

〔2〕 吴家麟编著:《宪法基本知识讲话》,中国青年出版社1954年版,第90页。

社会民众对宪法的认识是不统一的，由于中华人民共和国成立后采取了废除旧法的政策，在法律领域，特别是宪法领域的基本理论与学说还基本上处于空白，人们还不能理性地对待宪法现象与问题。由于长期在反动政权统治下生活，社会民众往往以敌对的情绪对待宪法。当社会发展进入过渡时期以后，以新的规范体系为基础制定新的法律成为执政的中国共产党人需要思考的现实问题。

1953年1月13日周恩来在中央人民政府委员会第20次会议上，对制宪目的作了如下解释：既然要召开全国人民代表大会，选举政府，《共同纲领》就不能再作为国家的根本法律了。当初《共同纲领》之所以成为临时宪法是因为政治协商会议全体会议执行了全国人民代表大会的职权。那么，现在不执行这个职权了，这个职权还之于全国人民代表大会了，全国人民代表大会应该有自己的法律——宪法。所谓的宪法内容包括3个部分内容，即国家制度、社会结构与人民权利，并把《共同纲领》中的部分内容、中央人民政府的组织法、选举法等已有的法律修改后组成整体的宪法性法律体系。以新的规范体系代替《共同纲领》是启动制宪程序的基本原因之一。

当时，有一种观点认为，可以继续采用《共同纲领》，以《共同纲领》调整新的社会生活。《共同纲领》颁布实施后，在宣传过程中，有些人把《共同纲领》简单地理解为宪法，熟悉或习惯于以《共同纲领》为基础调整社会生活。在一些领导人和学者的论述中，也出现把《共同纲领》比喻成宪法的表述。如1950年6月14日毛泽东在《中国人民政治协商会议第一届全国委员会第二次会议上的开幕词》中说："《共同纲领》必须充分地付之实行，这是我们国家现时的根本大法。"胡绳在《学习全国人民的大宪章》一文中强调《共同纲领》的重要性时提出：《共同纲领》再加上由政协产生的《中华人民共和国中央人民政府组织法》实际上就是一部中国现行的宪法。学习这一部人民的大宪章应该是全体人民的共同必修课。[1] 其实,上述的"根本大法""现时宪法"等表述是一种"比喻",并不是指实质意义上的宪法。

刘少奇也在中国人民政治协商会议第一届全体会议上特别强调《共同纲领》的意义。"这个《共同纲领》是中国历史上一个极端重要的文献。它说到了我们的一般纲领,确定了我们国家的政权机构和军事制度,决定了我们国家的经济政策、文化教育政策、民族政策和外交政策。它是如此的坚定明确,清楚地指出了哪些事实应该作而且必须作的,又哪些事是不应该作而且不允许作的。"

但纲领与宪法是有差别的。斯大林说:"纲领上所说的是尚不存在的东西,是应在将来达到争取的东西;反之,宪法上所说的却是已有的东西,是现在已达到已争取的东西。纲领主要是说明将来,而宪法则是说明现在。"[2] 由中国共产党负责起草的《共同纲领》,实质上是1945年中国共产党第七次全国代表大会所通过的毛泽东同志《论联合政府》的报告中提出的政治纲领,包括中国共产党的全部最低纲领,即民主革命的纲领。"民主革命纲领与社会主义革命纲领之间并没有一道不可逾越的鸿沟,两个革命阶段是密切联系着的。"[3]《共同纲领》虽然没有明白标出社会主义的前途,但是它实际上已引导我们进入社会主义革命时期与保证我们国家走上社会主义的道路。在中华人民共和国成立到宪法通过这段时间,由于坚决执行《共同纲领》,我们国家政治上经济上取得了胜利。在《共同纲领》的基础上前进一步,即制定宪法,完全是适时的与必要的。

根据社会关系的变化,制定一部宪法是国家建设和国家治理的客观的要求。特别是在建设社会主义的理想与现实之间产生冲突

---

〔1〕《中华人民共和国政治协商会议共同纲领》,联益出版社1950年版,第72页。

〔2〕斯大林:《列宁主义问题》,唯其译,苏联外国文书籍出版局1949年版,第679页。

〔3〕夏书章:《共同纲领与宪法在社会主义事业中的作用》,载《中山大学学报》1957年第2期。

时,制定宪法作为一种合理的治国方案得到了社会各界的关注与支持。1954年6月21日《人民日报》在社论中对制宪目的作了如下说明:现在,社会主义已经不只是先进人们的理想而是广大人民的共同愿望,并且已经不只是一种美好的理想而是在大规模地有计划地建设着的美好的现实,它正在逐步成长和壮大,它将逐步在我国取得完全的胜利。这种以确认与保障为基本价值趋向的制宪目的通过宪法规范的具体内容得到了进一步确认和发展。

七、制定1954年宪法的正当性

中华人民共和国宪法的制定首先面临如何确立制宪权的正当性,即由谁通过何种程序行使制宪权等一系列理论问题。"研究新中国的制宪权,将进一步加深对我国宪法的社会主义本质的认识",[1]从历史与现实角度揭示新中国制宪权主体、制宪程序的正当性基础等。1954年宪法是中华人民共和国成立后第一次,也是迄今为止唯一运用制宪权制定的宪法,为后来中华人民共和国的宪法体制奠定了基本框架与基础。

在分析1954年宪法制定过程时,首先需要明确制宪权的根据、性质与来源。制宪权在中国社会发展过程中并没有表现为自然法中存在的一种"始原的创造性"权力,在国家权力的背后实际上存在某种成熟的政治力量,在一定政治背景和政治力量的推动下,进行了制宪任务。正如有学者所提出的,制宪权产生于政治力量,修宪权是由宪法赋予的。[2]从这种意义上讲,中国制宪权的正当性具体表现在作为制宪权主体的人民获得国家政权和国家独立的客观事实。1949年10月1日中华人民共和国成立后,人民作为制宪权的主体,依据

---

〔1〕肖蔚云:《关于新中国的制宪权》,载《中国法学》1984年第1期。

〔2〕张庆福:《简析制宪权》,载北京市依法治国领导小组办公室、北京市法学会宪法学研究会等编:《宪法论坛》第1卷,中国民航出版社2003年版,第221页。

国家政权,有权制定自己的宪法。但当时获得政权的事实与具体进行制宪活动之间存在很大的距离,无法获得制宪所需要的安定环境。主要是:当时还未全部解放,战争尚在进行;反革命势力还很猖獗,各项社会改革尚未全面开展;社会秩序还不够安定;遭受长期破坏的国民经济尚有待恢复;人民群众的组织程度和觉悟程度尚未达到应有的水平等。在这种条件下,即使人民享有制宪权但不能进行制宪的具体工作,因为无法立即召开由普选产生的全国人民代表大会并通过一部正式宪法。根据当时的情况,中国共产党邀请各民主党派、各人民团体、人民解放军、各地区、各民族以及国外华侨等各方面的代表635人,组成了中国人民政治协商会议,代表全国各族人民的意志,在普选的全国人民代表大会召开以前代行全国人民代表大会的职权。1949年9月29日,中国人民政治协商会议第一届全体会议选举产生了中央人民政府委员会,宣告了中华人民共和国的成立,并且通过了起临时宪法作用的《共同纲领》。从当时的国家权力体系看,"现在的中国人民政治协商会议是在完全新的基础之上召开的,它具有代表全国人民的性质,它获得全国人民的信任和拥护。因此,中国人民政治协商会议宣布自己执行全国人民代表大会职权"。[1] 这一说明实际上解决了制定《共同纲领》主体的正当性基础,同时在一定程度上区分了《共同纲领》与宪法的界限,赋予其宪章的性质。

在1954年宪法的制定过程中,中国共产党中央委员会提出的宪法草案(初稿)、中央人民政府委员会提出的宪法草案,对如何表述制宪权问题给予了一定的关注,部分学者对此进行了研究和讨论。当时在宪法草案中的表述是"中华人民共和国第一届全国人民代表大会的代表们聚集在北京首都,庄严地通过我国的第一个宪法"。为了

[1] 毛泽东:《中国人民政治协商会议第一届全体会议上的开幕词》,载东北师范大学中华人民共和国与法权基础教研室辑:《中华人民共和国国家法参考资料》,中国人民大学出版社1955年版,第59页。

明确制宪权基础的目的，有的代表提出建议，应在全国人大的职权中专门规定“有权制定宪法”。但在正式颁布的宪法文本中没有规定全国人大制宪权方面的职权。对此，宪法起草委员会法律小组曾作了如下说明：“制定宪法不必列为全国人民代表大会职权的理由是：一是本宪法的制定，已在序言第三段庄严地宣布；二是苏联宪法是一个新的宪法，同时就是对 1924 年宪法的修改。所以，即使为了制定第二个宪法，那只是在社会经济情况发生重大变化时，根据情况的需要来修改现行宪法，这已包括在修改宪法的职权范围内，无须另外再规定制定宪法的职权。”[1]从这个说明可以看出，当时对制宪权的理解是不够全面的，把制宪权与修宪权理解为同一个概念，并没有确立制宪权本身独立的价值体系，也没有从理论上说明作为制宪权主体的人民和作为制宪权行使者的全国人民代表大会的关系等。从制宪权的一般逻辑看，全国人民代表大会的职权来源于宪法，而宪法是作为制宪权主体的人民制定的，全国人大只是按照人民的意志通过宪法，并享有修改宪法的职权。

总之，在中国宪法实践中，制宪权是以主权独立为前提并以国家权力为背景的独立的权力形态。1954 宪法的诞生实际上为新中国宪法的存在与发展提供了正当性基础，使 60 多年的宪法发展建立在具有相对独立性的制宪权基础之上。

---

〔1〕 参见 1954 年宪法《宪法起草委员会修改意见汇编》。

第四章　1954 年宪法的起草

一、中共中央向中央人民政府委员会提出制宪建议

根据《共同纲领》第 13 条，中国人民政治协商会议有权就有关国家建设的根本大计及其他重要措施，向中央人民政府提出建议。中国人民政治协商会议第一届全体会议选出的全国委员会成为国家政权以外的各民主党派、各人民团体的协议机关，有权向中央人民政府提出建议。中国共产党作为参加中国人民政治协商会议的主要党派，要按照《共同纲领》规定的程序，通过政协全国委员会提出召开全国人民代表大会和制定宪法的提议。1952 年 12 月 24 日，中共中央向全国政协提议，由全国政协向中央人民政府委员会建议，于 1953 年召开全国和地方各级人民代表大会，并制定宪法。

1952 年 12 月 24 日，第一届全国政协常委会举行第 43 次会议，对中国共产党的提议交换意见，会议由政协全国委员会副主席李济深（1885 ~ 1959 年）主持。周恩来受中共中央委托，向会议提出由全国政协向中央人民政府委员会建议，于 1953 年召开全国人民代表大会和地方各级人民代表大会，并开始起草选举法和宪法草案等准备工作。周恩来在报告中指出：根据《共同纲领》的规定，我国的政治制度是人民代表大会制度。在中华人民共和国成立之初，考虑到人民

解放战争还没有结束,各种基本的政治社会改革工作还没有在全国范围内进行,经济也需要一个恢复期,人民代表大会制度还没有立即实行的条件。因此,《共同纲领》规定在全国人民代表大会召开之前,由中国人民政治协商会议的全体会议执行全国人民代表大会的职权,而在地方人民代表大会召开以前,则由地方各界人民代表会议逐步代行人民代表大会的职权。现在,这种过渡时期已经过去了,我国即将进入大规模的有计划的经济建设时期。为了适应新形势的需要,就必须根据《共同纲领》的规定,定期召开全国人民代表大会和地方各级人民代表大会。到会的委员就中共中央的建议进行了讨论,积极评价并赞成中共中央的建议。李济深代表中国国民党革命委员会,马叙伦(1885~1970年)代表中国民主同盟和中国民主促进会,许德珩(1890~1990年)代表九三学社,彭泽民(1877~1956年)代表中国农工民主党,章乃器(1897~1977年)代表中国民主建国会,赖若愚(1910~1958年)代表中华全国总工会,章蕴(1905~1995年)代表中华全国民主妇女联合会相继发言,对中国共产党的建议表示赞同。大家认为,在3年取得成绩的基础上,在进行大规模经济建设的同时召开全国人民代表大会,制定宪法的提议是正确的、合适的。当日决定向中央人民政府委员会建议召开全国人民代表大会和地方各级人民代表大会,并开始起草选举法与宪法草案等准备工作。

从政协第一届会议开始,中国共产党形成了凡是遇重大问题同民主党派进行协商和讨论的惯例。召开全国人民代表大会和制定宪法是关系国家体制的根本问题,需要在作出决策以前同各个阶层、团体和阶级进行平等的协商,以寻求社会共同体的基础。如前所述,在围绕是否要制定宪法问题,当时社会各界的意见是不尽相同的。为了听取社会各界对制宪问题的意见,1953年1月11日毛泽东同18位民主党派负责人进行了座谈;1月12日周恩来召集了政协座谈会,对制宪问题广泛地听取了意见。

1953年1月13日,毛泽东主持召开了中央人民政府委员会第20次会议,会议上周恩来作了《关于召开全国人民代表大会及地方各级人民代表大会问题》的说明。中央人民政府委员会第20次会议专门讨论了全国政协委员会关于召开全国人民代表大会和制定宪法的建议。在座谈会和其他会议上大家提出的问题概括起来有:召开全国人民代表大会和制定宪法的根据是什么;有哪些作用;有没有困难,有没有可能性;对有些党派、阶级、团体是不是不利。也有一些人担心普选的结果会使共产党和工农群众的代表占压倒多数,他们的政治地位和政治权利得不到应有的保障。[1] 周恩来同志代表中共中央对上述问题作了说明,强调制定宪法的重要性与现实性。针对一些人提出的制定宪法是否就意味着搞社会主义的问题,他提出:我们国家经济的发展,是要增加社会主义成分的,这是《共同纲领》规定的,但我们现在还是新民主主义阶段,我们还是要根据《共同纲领》的精神办事,只是把《共同纲领》的东西吸收到宪法里面去;我们的政权还是工人阶级领导的、以工农联盟为基础的、4个阶级合作的人民代表大会制,这是肯定的。对制定宪法工作可能遇到的问题,他承认确有难度,但同时提出困难是可以解决的。"因为宪法不是永恒不变的……我们的宪法也是现阶段的宪法,将来还会提高。"

毛泽东在会议上进一步说明了召开人民代表大会,制定宪法的意义,指出:就全国范围来说,军事行动已经结束,土地改革已经基本完成,各界人民已经组织起来。因此,根据《中国人民政治协商会议共同纲领》的规定,召开全国人民代表大会及地方各级人民代表大会的条件已经成熟了。这是中国人民流血牺牲,为民主奋斗数十年之久才得到的伟大胜利。召开人民代表大会,可以更加发扬民主,加强

---

[1] 李维汉:《回忆与研究》(下册),中共党史资料出版社1986年版,第790页。

国家建设和争取抗美援朝的斗争。人民代表大会制的政府,仍将是全国各民族、各民主阶级、各民主党派和人民团体统一战线的政府,它对全国人民都是有利的。

在谈到代表名额分配的比例时,毛泽东提出了分配名额的基本原则,即重点是照顾多数,同时照顾少数。凡是对人民国家的事业忠诚的,做了工作的,有相当成绩的,对人民态度比较好的各民族、各党派、各阶级的代表人物都有份。为什么呢?过去 3 年的历史证明,这样做有好处。所以,除了那些反革命分子、不爱国的分子之外,凡是一切爱国者、能够团结的人都应该团结起来,而且永远是这样。毛泽东认为,为了发扬民主,为了加强经济建设,为了加强反对帝国主义的斗争,就要办选举,搞宪法。关于这样做有没有可能、有没有困难的问题,他指出:制定宪法过程中,困难总是会有的,但是比起我们已经做过的几件事,如抗美援朝、土地改革、镇压反革命、"三反"、"五反"、恢复经济,困难都要少一些。经过我们的努力,训练好干部,安排好工作,是可以克服这些困难的,是可以把选举工作搞好的。关于制定宪法的具体问题,他认为孙中山领导的辛亥革命,在南京临时政府成立的几天工夫,由 19 个代表(每省一个人)就搞出了《临时约法》。我们的《共同纲领》,经过大家讨论,实际上搞起来,前后也不过 1 个月。[1]

当时,召开全国人民代表大会和制定宪法是国家政治生活中的一件大事,涉及国家政权体制的重大调整和不同阶层和团体的利益。召开全国人民代表大会会议后,新产生的全国人民代表大会代替由中国人民政治协商会议全体会议执行全国人民代表大会职权的形式,使国家政权的运作体制走向正轨;制定宪法,也意味着起临时宪法作用的《共同纲领》历史使命的结束,宪法将成为国家体制运作的根本依据和最高依据。毛泽东和周恩来对制宪问题所作的说明和解

〔1〕 逄先知主编、中共中央文献研究室编:《毛泽东年谱》(第 2 卷),中央文献出版社 2013 年版,第 9 页。

释,实际上消除了民族资产阶级和部分民主党派中的一些人对制宪的误解,统一了在重大问题上的思想,为通过宪法寻求社会共识提供了有利的条件。

中央人民政府委员会第 20 次会议最后通过了《关于召开全国人民代表大会及地方各级人民代表大会的决议》(1953 年 1 月 13 日)。

该决议指出,中国人民政治协商会议共同纲领规定:“中华人民共和国的国家政权属于人民。人民行使国家政权的机关为各级人民代表大会和各级人民政府。各级人民代表大会由人民用普选方法产生之。各级人民代表大会选举各级人民政府。各级人民代表大会闭会期间,各级人民政府为行使各级政权的机关。国家最高政权机关为全国人民代表大会。全国人民代表大会闭会期间,中央人民政府为行使国家政权的最高机关。”(第 12 条)中华人民共和国中央人民政府组织法规定:“中华人民共和国政府是基于民主集中原则的人民代表大会制的政府。”(第 2 条)3 年以前,国家初建,许多革命工作还在开始,群众发动不够充分,召开全国人民代表大会的条件还不够成熟,故当时根据《共同纲领》第 13 条的规定,由中国人民政治协商会议第一届全体会议执行全国人民代表大会的职权,制定《中华人民共和国中央人民政府组织法》,选举中华人民共和国中央人民政府委员会并付之以行使国家权力的职权。

3 年以来,由于中国共产党和毛主席的领导,全国各民族、各民主阶级、各民主党派、各人民团体的团结和努力,我们已在全国范围内基本上完成了土地改革、工矿企业民主改革以及其他各种社会改革,进行了胜利的抗美援朝运动,“三反”“五反”运动和各种知识分子的思想改造运动,坚决地镇压了反革命分子,肃清了残余土匪,特别是由于采取了正确的措施,稳定了物价,恢复并提高了工农业生产,争取了国家经济状况的根本好转,使人民生活有了初步的改善;这一系列的伟大的胜利,大大地提高了人民的组织程度和觉悟程度,大大地巩固了人民民主专政,并为第一个国家五年建设计划准备好了条件。

今后我们的中心任务就是:一方面继续争取抗美援朝的胜利;另一方面动员、组织和教育人民来实现国家的各项建设计划。为此,必须依照《共同纲领》的规定,及时召开由人民用普选方法产生的全国人民代表大会,代替现在由中国人民政治协商会议的全体会议执行全国人民代表大会职权的形式,用普选的地方各级人民代表大会,代替现在由地方各界人民代表会议代行人民代表大会职权的形式,才能进一步地加强人民政府与人民之间的联系,使人民民主专政的国家制度更加完备,以适应国家计划建设的要求。

中央人民政府委员会认为,现在召开全国人民代表大会的条件已经具备,根据《中华人民共和国中央人民政府组织法》第 7 条第 10 款的规定,决议于 1953 年召开由人民用普选方法产生的乡、县、省(市)各级人民代表大会,并在此基础上接着召开全国人民代表大会。在这次全国人民代表大会上,将制定宪法,批准国家五年建设计划纲要和选举新的中央人民政府。

二、中华人民共和国宪法起草委员会的成立

中央人民政府委员会第 20 次会议"为了进行起草宪法和选举法的工作",决定成立中华人民共和国宪法起草委员会和中华人民共和国选举法起草委员会,具体负责宪法和选举法的起草工作。由于中央人民政府委员会当时是国家的最高政权机关,由它决定成立的宪法起草委员会自然具有正当性与合法性的基础。

从各国制宪经过看,宪法起草机构的产生一般有 3 种模式:一是由全民选举产生;二是由制宪议会行使宪法起草权;三是由国家元首等特定机关任命产生。如 1961 年巴基斯坦阿尤布·汗总统任命了宪法委员会,由它起草宪法,然后向总统和内阁提出宪法草案。印度

制宪议会根据1947年7月15日的《独立法》自动获得最高权力机关的地位,于1947年8月组织了由7名委员组成的宪法起草委员会。1953年制定的菲律宾宪法,先由国民进行宪法制定委员的选举,由202名委员组成宪法议会并起草宪法。韩国于1945年获得独立后,于1948年5月10日实施总选举,组成第一届国会,因为第一届国会主要任务是制宪,故称为制宪国会。同年6月,在韩国第二届国会上,组成了由30名宪法起草委员、10名专门委员组成的宪法起草委员会,负责起草宪法。1945年印度宪法是由独立准备委员会负责起草的。中华人民共和国宪法起草委员会是由中央人民政府委员会第20次会议决定成立,是最高权力机关授权下行使宪法起草权的机构。虽然它不是选举产生,但在过渡时期,国家权力体系还没有定型化的情况下,其权力来源具有正当性与合法性。

宪法起草委员会委员名单由毛泽东提出,并对名额分配问题作了说明。他在说明宪法起草委员会委员构成比例时解释说:大的民主党派如民革、民盟、民建各2位,其余民主党派及人民团体各1位。李维汉(1896~1984年)任秘书长,我的秘书田家英(1922~1966年)同志协助。宪法起草委员会共有33名委员组成,毛泽东为主席。委员(委员的顺序以中央人民政府委员会决议为准)是:朱德、宋庆龄(女)、李济深、李维汉、何香凝(女)、沈钧儒、沈雁冰、周恩来、林伯渠、林枫、胡乔木、高岗、乌兰夫、马寅初、马叙伦、陈云、陈叔通、陈嘉庚、陈伯达、张澜、郭沫若、习仲勋、黄炎培、彭德怀、程潜、董必武、刘少奇、邓小平、邓子恢、赛福鼎、薄一波、饶漱石。[1] 有学者称委员会为"豪华阵容"[2],委员包括中央人民政府委员会6名副主席、政务院总理、6名副总理、最高人民法院院长、人民革命军事委员会副主席、全国政协副主席等,可以说包括了国家最高机关的全部首脑,是

---

〔1〕 由于发生"高饶事件",高岗、饶漱石实际没有参加宪法起草委员会的工作。

〔2〕 刘国新:《大业雄图:1954年的中国》,中国工人出版社2000年版,第91页。

中央政府的“全套人马”。此外，还包括民主党派的代表性人物和各方面负责人，如何香凝、乌兰夫、马寅初、马叙伦、薄一波、习仲勋、赛福鼎、饶漱石等。宪法起草委员会中民主党派的委员占的比重比较大，如马叙伦当时是中央人民政府委员会委员、著名的民主党派代表；马寅初(1882～1982 年)当时是北京大学校长，是学术界的代表；张澜(1872～1955 年)作为著名的爱国民主人士，当时任中央人民政府委员会副主席；程潜和李济深是国民党的起义人员，当时任中央人民政府委员会委员等。从宪法起草委员会委员的构成看，它是高规格的、具有广泛代表性和权威性的机构，体现宪法起草工作的权威性与广泛性。选举法起草委员会共有 24 人，周恩来为主席，委员有：安子文、李维汉、李烛尘、李章达、吴玉章、高崇明、陈毅、张治中、张溪若、章伯钧、章乃器、许德珩、彭真、彭泽民、廖承志、刘格平、刘澜涛、刘宁一、邓小平、蔡廷锴、蔡畅、谢觉哉、罗瑞卿。该决议要求两个委员会应即制定自己的工作程序。

有学者提出，宪法起草委员会的组成“没有法学专家的参与是一个缺憾”。[1] 从宪法起草委员会委员的构成来看，的确没有纯科班的法学专家，对宪法起草委员会专业性问题提出质疑是可以理解的。但宪法起草委员会在委员的组成与工作运行程序上，也考虑到专业性的功能问题，如成立宪法研究小组、法律小组、语言小组等，以弥补起草委员会的专业性的功能的缺陷。另外，从宪法起草的实践看，宪法制定过程就是多元价值与利益的平衡，最终要达成社会共识。因此，制宪不仅需要专业知识，同时更需要政治智慧与社会经验。宪法起草委员会运作的成功实践表明，这种多元机制的运行是顺畅的，为完成宪法起草工作提供了机制保障。

---

〔1〕 秦立海：《从〈共同纲领〉到“五四宪法”——1949－1954 年的中国政治》，人民出版社 2017 年版，第 225 页。

为了协调宪法草案的讨论,1953年3月15日,中共中央政治局决定:以陈伯达、胡乔木、董必武、彭真、邓小平、李维汉、张际春(1907~1978年)、田家英8人组成宪法研究小组,负责初稿的最后修改。宪法起草委员会成立后,将近一年多的时间没有进行具体活动,[1]正式开始运作是1954年3月23日。1954年3月23日,宪法起草委员会召开第一次会议,决定成立宪法起草委员会办公室,下设编辑组、会议组、记录组、联络组、总务组,作为宪法起草委员会的职能机构。李维汉任秘书长,齐燕铭(1907~1978年)、田家英、屈武(1898~1992年)、许广平(女)、胡愈之(1896~1986年)、孙起孟(1911~2010年)、辛志超任副秘书长(如图1所示)。在第一次会议以后,宪法起草委员会共召开了正式会议9次。对宪法起草委员会在制宪中发挥的作用,钱端升认为,"毛主席所领导的宪法起草委员会真是虚怀若谷,大家所提出的意见,无不加以考虑,凡是合用的意见无不加以采纳"。[2]

另外,为了组织对宪法草案(初稿)的讨论,政协全国委员会常务委员会第53次会议,通过了《分组座谈宪法问题的名单》,决定邀请各民主党派、人民团体的负责人和各界人士组成17个座谈小组。它是按照各民主党派,民主人士,工、青、妇等人民团体,文艺教育科学等社会各界、华侨、少数民族和国家机关为单位划分的,并确定了各小组召集人。另外,以政务院内务部为主,组成了宪法起草办公室,负责收集有关制定宪法的材料。

---

[1] 原定在1953年召开的全国人民代表大会后来推迟到1954年举行。

[2] 钱端升、陈夏红主编:《钱端升全集》(第十卷),文选(下),中国政法大学出版社2017年版,第447页。

三、中共中央成立宪法起草小组

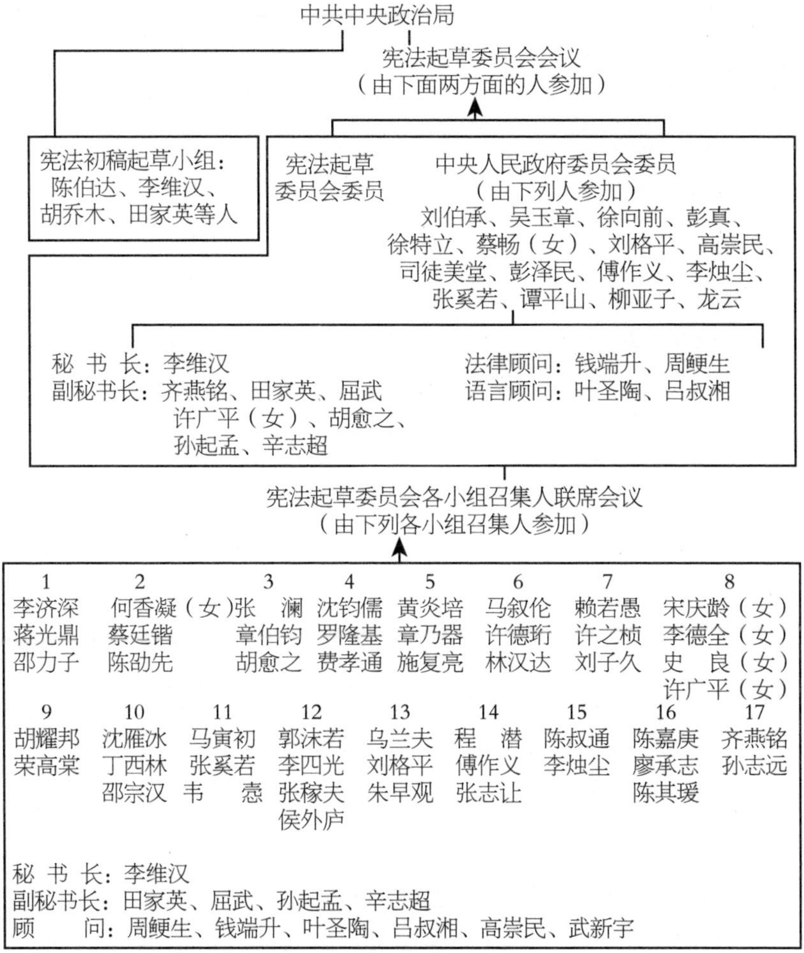

图 1 宪法起草机构

资料来源：全国人大常委会办公厅研究室政治组编：《中国宪法精释》，中国民主法制出版社 1996 年版，第 20 页。

宪法起草委员会成立后，为了保证宪法起草工作的顺利进行，1953 年年底中共中央决定成立一个宪法起草小组，其任务是为宪法起草委员会提供可供讨论、修改的宪法草案(初稿)。[1] 宪法起草小组是党内成立的起草机构,但同时具有一定的官方性质。因为起草小组由宪法起草委员会主席毛泽东亲自挂帅,成员中的陈伯达和胡乔木不仅是毛泽东的秘书,同时也是宪法起草委员会委员。胡乔木当时任中共中央宣传部常务副部长,陈伯达(1904 ~ 1989 年)当时任中共中央宣传部副部长。田家英当时是宪法起草委员会副秘书长,他从 1948 年开始担任毛泽东的秘书。当时,毛泽东的正式秘书 4 人,即陈伯达、胡乔木、田家英和叶子龙(1916 ~ 2003 年)。叶子龙是机要秘书,日常秘书工作由田家英担任。根据宪法起草的工作安排,在宪法起草委员会正式工作程序启动以前,首先由中共中央内部的宪法起草小组负责宪法草案(初稿)的制定工作。

四、宪法起草工作被推迟

按照中央人民政府委员会的决议,全国人民代表大会应在 1953 年 9 月间召开,并在会议上通过宪法。但实际上宪法草案的起草工作被推迟了 1 年多的时间,正式启动是 1954 年 1 月 9 日。1953 年 9 月 17 日中央人民政府委员会举行第 28 次会议,听取了关于全国人民代表大会及地方各级人民代表大会的选举问题的说明,并通过"关于推迟召开全国人民代表大会及地方各级人民代表大会的决议"。推迟的原因主要有:一是作为制定宪法的指导思想和基本依据的过渡时期总路线,还在酝酿和讨论之中,在理论上最终确立指导思想需要一个过程,到 12 月后有关过渡时期总路线的宣传提纲审定工作结束,标志着过渡时期总路线的最终确立。二是毛泽东作为宪法起草委员会主席和中共中央宪法起草小组领导人,具体负责宪法起草工作。当时毛泽东本人集中精力处理过渡时期中出现的大量新问题,特别是思考过渡时期总路线的重大理论问题,无法腾出完整的时间

---

〔1〕 穆兆勇编著:《第一届全国人民代表大会实录:1954》,广东人民出版社 2006 年版,第 98 页。

设计和具体领导制宪工作。三是当时国内部分地区出现了严重的自然灾害，需要组织力量救灾，发展农业生产，召开全国人民代表大会客观上存在实际困难。四是党内发生了“高饶事件”。12 月 15 日，毛泽东主持召开中共中央书记处扩大会议，讨论了中华人民共和国宪法的起草问题。[1] 到了 12 月 24 日，毛泽东主持召开中共中央政治局扩大会议，在会议上决定正式揭露高岗问题，并提出增强党的团结。中共中央政治局一致同意接受毛泽东的建议，决定起草《关于增强党的团结的决议》。会议同时决定毛泽东外出期间，由刘少奇代理主持中央工作。

五、宪法起草工作计划的提出

杭州市，历史文化悠久，早在 5000 多年前就创造了引人注目的良渚文化，自秦朝以来已有 2200 多年的历史，是中国七大古都之一。1953 年 12 月 24 日下午 4 时，毛泽东和宪法起草小组乘专列前往杭州，主持起草中华人民共和国宪法。毛泽东的警卫陈长江等 80 多人将书籍、文件、衣物、床上用品等搬上了列车。25 日、26 日专列经过济南和南京时，在专列上分别听取了山东与江苏的工作汇报。26 日是毛泽东 60 岁生日，为了制定共和国第一部宪法，毛泽东在火车上过了生日。[2] 27 日到达上海，晚上由浙江省委书记谭启龙陪同前往杭州。随毛泽东一起来的还有公安部部长罗瑞卿，中央办公厅主任杨尚昆，秘书陈伯达、胡乔木、田家英，还有负责警卫工作的汪东兴，负责机要工作的叶子龙。12 月 28 日凌晨，毛泽东率宪法起草小组到达杭州，住刘庄。这是毛泽东第一次到杭州。[3]

---

〔1〕 逄先知主编、中共中央文献研究室编：《毛泽东年谱》（第 2 卷），中央文献出版社 2013 年版，第 209 页。

〔2〕 到了杭州住下后，浙江省委以 1954 年元旦名义请主席吃饭，以此向主席表示祝寿。1953 年 30 日晚，中共浙江省委宴请主席。

〔3〕 根据毛泽东的卫士封耀松回忆，毛泽东把杭州认作自己的“第二故乡”，共来过 43 次，累计住了 1000 多天。文楚：《毛泽东贴身卫士封耀松访谈录》，载《党史博采》2006 年第 6 期。

选择杭州作为宪法起草的地方,主要是因为杭州比较清静,能够静下心思考制定宪法的根本问题。[1] 毛泽东十分喜爱刘庄,常说刘庄安静,是读书的好地方。今日的丁家山顶的"四照阁"上仍悬有一块匾,写有:毛泽东同志读书处。[2] "毛泽东喜欢杭州的另一个重要原因是,杭州气候好,空气新鲜,靠水边。因为毛主席喜欢水。"[3] 为了给宪法起草小组创造较好的工作和生活环境,浙江省委把毛泽东等人安排在刘庄,把北山街8号(现为北山街84号)大院内30号供毛泽东和宪法起草小组办公用。

刘庄,迄今的历史也正好百年。它本是清末杭州西湖边上的一个私家园林,20世纪60年代经过一次重建,现在的名字是杭州西湖国宾馆。[4] "西湖风光甲天下,半是湖山半是园。"在西湖周边大大小小的庄园中,刘庄(现为西湖国宾馆)独领风骚,被冠以"西湖第一名园"。北山路84号东起玛瑙寺,西至杭州香格里拉饭店,北至葛岭山脊,南至北山路,是一个占地几百亩的民国时期所建的别墅群。当时毛泽东住在刘庄一号楼,每天下午3时,他带领宪法起草小组来到北山街84号的办公地点。84号大院30号由主楼和平房组成,毛泽东在平房办公,宪法起草小组在主楼办公。[5] 宪法起草小组的工作场所里堆满了苏联、罗马尼亚、波兰、德国、捷克、法国等国的宪法以及

---

〔1〕 毛泽东一生53次到浙江。在浙江省档案馆收藏、由浙江人民出版社出版的《共和国命运的抉择与思考——毛泽东在浙江的785个日日夜夜》一书中,给出的数据是"785"天,也就是说,总天数累计超过了两年。浙江省档案馆提供了最新资料:该书作者之一、浙江省委党史研究室副主任王祖强根据2013年12月出版的《毛泽东年谱(1949—1976)》6卷本,一一详考订正,毛泽东在浙江天数略有增加,约为787天。参见徐迅雷:《毛泽东:西湖边起草宪法》(上),载《都市快报》2014年12月1日。

〔2〕 罗以民:《刘庄百年:枭雄刘学询的传奇一生及一座庄园的变迁》,山西人民出版社1998年版,第140页。

〔3〕 逄先知、金冲及主编,中共中央文献研究室编:《毛泽东传》(上册),中央文献出版社2003年版,第328页。

〔4〕 罗以民:《刘庄百年:枭雄刘学询的传奇一生及一座庄园的变迁》,山西人民出版社1998年版,第1页。

〔5〕 参见浙江省毛泽东思想研究中心、中共浙江省委党史研究室编:《毛泽东与浙江》,中共党史出版社1993年版,第5页。

各类宪法书籍。这些宪法文本大部分被翻译为中文而排印出来,是为宪法起草小组起草第一部宪法参考用的。为了起草宪法,毛泽东和起草小组成员广泛阅读和研究了世界各类宪法,包括旧中国宪法、外国宪法,其中有社会主义国家和资本主义国家的宪法。毛泽东认为,制定本国宪法,参照别国宪法和中国历史上有过的宪法,是完全必要的。人家好的东西,结合中国国情,加以吸收;不好的甚至是反动的东西,也可以引为鉴戒。

毛泽东对制定宪法工作十分重视。在南下杭州疾驰的火车上,毛泽东对随行人员说:治国,须有一部大法。我们这次去杭州,就是为了能集中精力做好这件立国安邦的大事。在杭州期间,他对身边的工作人员说:"宪法是一个国家的根本法,从党的主席到一般老百姓都要按照它做,将来我不当国家主席了,谁当也要按照它做,这个规矩要立好。"[1]

1954年1月3日到17日,毛泽东先后听取相关工作报告,审阅修改《关于增强党的团结的决议》草案。如1月3日下午,会见苏联部长会议副主席捷沃西安和驻中国大使尤金。1月4日下午又与尤金谈话。4日下午审阅修改邓子恢于12月11日报送的关于老根据地干部情况和他为中共中央转发该报告起草的批语稿,其中提出:将苏维埃时代改为"第二次国内革命战争时代"或者"内战时代";将苏区、老苏区改为"根据地、老根据地"。[2] 1月5日与杨尚昆、陈伯达、胡乔木、田家英等讨论《关于增强党的团结的决议》草案。1月6日审阅修改《关于增强党的团结的决议》草案,如在"工人阶级是由党领导着的,党又是由它的中央委员会领导着的"之后,加写"党的中央委员会还紧紧地依靠着一批忠实的有能力的高级干部",提出"即有

[1] 穆兆勇:《毛泽东主持起草共和国第一部宪法》,载《党史博览》2003年第10期。

[2] 参见逄先知主编、中共中央文献研究室编:《毛泽东年谱》(第2卷),中央文献出版社2013年版,第214~215页。

利于党的团结的话就说,不利于党的团结的话就不说,有利于党的团结的事要做,不利于党的团结的事不做”。1月7日、8日与主持中央工作的刘少奇通过电报交流有关召开党的代表大会、通过《关于加强党的团结决议》等相关事宜。可见,9日正式开始宪法起草工作以前,毛泽东在杭州重点思考《加强党的团结的决议》草案以及如何维护党的团结问题。

正式的宪法起草工作是从1月9日开始的。1月10日,毛泽东主持起草小组会议,制订了宪法起草工作计划,并于15日给在京的刘少奇等中央政治局同志发电报,通报了宪法起草小组的工作计划。[1] 电报全文如下:

少奇同志并中央各同志:

宪法小组的宪法起草工作已于1月9日开始,计划如下:

(一)争取在1月31日完成宪法草案(初稿),并随将此项初稿送中央各同志阅看。

(二)准备在2月上半月将初稿复议一次,请邓小平、李维汉两同志参加。然后提交政治局(及在京各中央委员)讨论作初步通过。

(三)3月初提交宪法起草委员会讨论,在3月份内讨论完毕并初步通过。

(四)4月份内再由宪法小组审议修正,再提交政治局讨论,再交宪法起草委员会通过。

(五)5月1日由宪法起草委员会将宪法草案公布,交全国人民讨论4个月,以便9月间根据人民意见作必要修正后提交全国人民代表大会作最后通过。

为了在2月间政治局便于讨论计,望各政治局委员及在京中央

[1] 逄先知主编、中共中央文献研究室编:《毛泽东年谱》(第2卷),中央文献出版社2013年版,第217页。

委员从现在起即抽暇阅读看下列各主要参考文件：

（一）1936年苏联宪法及斯大林报告（有单行本）；

（二）1918年苏俄宪法（见政府办公厅编宪法及选举法资料汇编一）；

（三）罗马尼亚、波兰、德国、捷克等国宪法（见人民出版社人民民主国家宪法汇编，该书所辑各国宪法大同小异，罗、波取其较新，德、捷取其较详并有特异之点，其余有时间也可多看）；

（四）1913年天坛宪法草案、1923年曹锟宪法、1946年蒋介石宪法（见宪法选举法资料汇编三，可代表内阁制、联省自治制、总统独裁制三型）；

（五）法国1946年宪法（见宪法选举法资料汇编四，可代表较进步较完整的资产阶级内阁制宪法）。

有何意见望告。

毛泽东

1954年1月15日

1月16日，刘少奇代表中央就毛泽东的工作计划回复，全文如下：

主席：

1月15日电敬悉。此间同志同意主席所定宪法起草工作及讨论的计划，即将来电印发给在京各中委及候补中委，并要他们阅读所列参考文件。

刘少奇

1月16日

上述工作计划包括了宪法起草工作的时间安排与进度、起草工作的基本程序和起草工作所依据的基本参考资料。从宪法起草工作的情况看,基本上是按照这一计划进行的,只是比原计划延长了约1个月时间。当时确定的起草工作的基本程序是:中共中央宪法起草小组提出宪法草案(初稿)→中共中央政治局讨论并初步通过→以中共中央的名义向宪法起草委员会提出宪法草案(初稿)→宪法起草委员会审议和讨论→中央人民政府委员会通过并交全国人民讨论4个月→全国人民代表大会通过。宪法起草小组的主要任务是完成第一阶段的任务,即起草宪法草案(初稿)。同时,该工作计划中列举的参考文件对了解1954年宪法的制定过程具有重要的参考价值。从笔者查到的档案资料看,去杭州时起草小组带了很多与起草宪法有关的书籍,主要途径是通过内务部收集中国历史上的宪法和许多国家的现行宪法。[1]

六、宪法草案(初稿)的起草

(一)1953年《中华人民共和国宪法草案(初稿)》(第一部分)[2]

如前所述,中央人民政府委员会曾于1953年1月13日第20次会议上,根据中国共产党提出的并经各民主党派、各人民团体和无党派民主人士同意的建议,按照《中央人民政府组织法》第7条第10款的规定,定于1953年内召开全国人民代表大会,制定和通过宪法。但后来,因情况的变化推迟了召开全国人民代表大会的时间。

1953年5月3日以中共中央办公厅名义下发了《中华人民共和国宪法草案(初稿)》(第一部分),可能是为1953年召开全国人民代表大会而准备的草案,后因时间推迟,没有继续完成。目前只保留"草案"的第一部分,即序言和总纲部分。

---

〔1〕 为了了解宪法起草小组带去的宪法书籍的情况,笔者曾向田家英的女婿陈烈同志打听书籍的具体内容。据他讲,有关宪法资料主要是田家英在北京购买和收集的,大概有两箱子。但具体书名等不清楚。另据浙江省博物馆的同志讲,当年宪法起草工作结束后,起草小组参考的所有资料都运回北京,没有留在浙江。——笔者注

〔2〕 从起草时间上推测,这一草案是为原定1953年宪法起草而准备的,陈伯达1953年11~12月起草的第一稿是否参考了1953年5月3日"初稿",目前无法确认。

序言共有8个自然段。第一自然段规定:中华人民共和国的成立,是中国历史上的根本转变;在此以前,是中国人民被压迫被奴役的历史;从此以后,是中国人民在自己的国土内成为自由主人的历史。第二自然段讲述了中国人民100年来的斗争历史,指出:实现了以工人阶级为领导的,以工农联盟为基础的人民民主专政。这个人民民主政权依靠解放后的人民的高度和创造性的毅力,克服困难,于短短的时间内,实现了全国的统一,完成了一系列的社会民主的改革。第三自然段宣布:中华人民共和国成为伟大的、独立的、民主的和统一的国家,并成为国内各民族友好团结的大家庭。第四自然段、第五自然段、第六自然段分别提出了国家在政治、经济和文化发展方面的目标。第七自然段表达了新中国的外交政策,指出:中华人民共和国将不断加强和伟大的苏联与各人民民主国家的永久友谊、互助和同盟,加强和世界上一切国家内爱好和平自由人民的合作,以保卫世界和平,并促使我国经济建设的顺利前进。最后一个自然段,明确了全国人民代表大会作为制宪权主体的地位,指出:中华人民共和国和全国人民代表大会根据上述中华人民共和国成立以来政治生活和经济生活的发展与成就,符合全国各族人民的利益与愿望,继续中国人民优秀思想的传统,并接受《中国人民政治协商会议共同纲领》所规定的基本原则,制定中华人民共和国宪法,作为我国全体人民和一切国家政权机关及管理机关所必须遵循的根本大法。

第一编共设3个部分内容,有36个条文。

第一部分是中华人民共和国。第1条规定:中华人民共和国为统一的人民民主国家。第2条规定:中华人民共和国的政权为在工人阶级领导下的、以工农联盟为基础的、团结各民主阶级和国内各民族的人民民主专政。第3条规定:中华人民共和国的政权构成的形式为全国人民代表大会和地方各级人民代表大会,由中华人民共和国公民用普选的方法产生之。在全国人民代表大会和地方各级人民代表大会中,一律实行民主集中制。第 4 条规定:中华人民共和国的一切国家政权机关和国家管理机关的活动均应严格根据宪法和法律的规定,并随时注意倾听人民群众的意见,定期向人民报告工作。第 5 条规定:中华人民共和国境内各民族,均有平等的权利和义务,各民族均有发展其言语文字保持或改革其风俗习惯和宗教信仰自由。第 7 条规定:中华人民共和国的武装力量,即解放军、人民公安部队和人民警察,其任务为保卫中国的独立和领土主权的完整,保卫中国人民的革命成果和一切合法权益。第 8 条专门规定了领土条款,规定:中华人民共和国的领域包括下列各地区:辽东、吉林、松江、黑龙江、内蒙古、绥远、宁夏、甘肃、新疆、西藏、云南、广西、广东、福建、台湾、浙江、江苏、山东、河北、辽西、热河、陕西、山西、青海、四川、贵州、湖南、江西、安徽、河东、湖北,以及沿海各固有岛屿。

第二部分是经济制度。草案以 8 个条文较详细地规定了经济制度,每一条文规定的内容比较多,说明当时的起草者比较重视宪法对经济制度的调整作用。如第 9 条规定:中华人民共和国的国民经济,包括国家经营的、合作社经营的和私人经营的 3 种基本经济形式,即生产资料或属于国家的财产,或属于合作社的财产,或属于私人的财产。第 10 条对国营经济的社会主义性质进行明确规定后,特别强调"国家的财产受特别的保护"。第 11 条规定了国家保护农民的土地所有权,保护农民及手工业者的私有财产及其继承权。第 12 条规定:国家承认并保护公民的个人财产及其继承权。公民的劳动收入和积蓄的私有财产及其继承权受特别的保护。第 13 条规定:国家保护民族资产阶级有利于国计民生的经济事业及其正当的经济利益和合法的私有财产。第 14 条规定了国家对国外贸易的管制政策等。

第三部分规定了"公民的基本权利和义务",共有 20 个条文,是比较完整的基本权利方面的草案。第 17 条规定:中华人民共和国公民在法律上一律平等(与 1954 年宪法第 85 条规定一致)。第 18 条规定：中华人民共和国妇女在政治的、经济的、文化教育的、社会的生活各方面，均有与男子平等的权利（与 1954 年宪法第 96 条的规定基本相同）。第 19 条规定：中华人民共和国的公民，不分民族、种族、性别、职业、社会出身、宗教信仰、教育程度、财产状况和居住期限，凡年满 18 周岁者，均有选举权和被选举权（与 1954 年宪法第 86 条规定基本相同）。第 20 条规定：中华人民共和国公民，有思想、言论、集会、结社、宗教信仰及示威游行的自由权利。为保护公民真正的享有关于出版、集会、结社等自由权利，并为保证科学家和文学艺术家能够充分发展其有利于祖国和人民的创造性的劳动，国家尽量在物质上和其他方面给予帮助（与 1954 年宪法第 87 条相同）。第 21 条规定：中华人民共和国公民有权参加符合于劳动者的利益以及便于充分发挥人民群众参加国家建设和从事社会政治活动的积极性的群众组织——如工会、合作社、妇女团体、文化、科学和技术等会社以及有关国际友好的团体。中华人民共和国公民有权参加维护中华人民共和国的社会制度和政治制度的政治团体（相当于 1954 年宪法第 87 条规定的结社自由）。第 22 条规定：中华人民共和国公民均有权利用书面或口头的方式，向各级政权机关或管理机关控诉违法乱纪和贪污浪费的公务人员，各级政权机关或管理机关对于任何公民提出的控诉必须认真地予以答复和处理。凡公民因公务员的违法乱纪而遭受的损失，有权依法取得赔偿（与 1954 年宪法第 97 条基本相同）。同时，第 22 条规定：中华人民共和国保障公民的人身自由不受侵犯。任何公民非经法院或检察长依法律而作之决定，不受逮捕、监禁、审问或处罚（相当于 1954 年宪法的第 89 条）。第 24 条规定：中华人民共和国保障公民的居住自由不受侵犯。公民的通信秘密受法律保护（相当于 1954 年宪法第 90 条的规定）。第 25 条规定：中华人民共和国保护国外华侨的正当权益（相当于 1954 年宪法的第 99 条）。第 27 条规定：国家依据发展生产和繁荣经济的政策及国民经济的计划,逐步保护公民获得劳动的机会和权利(与1954年宪法的第93条相同)。第28条规定了物质帮助的权利(与1954年宪法第93条相同)。第29条规定:国家依据具体的情况,规定劳动者的休息时间,并逐步创设物质的条件,保证实现此项权利(与1954年宪法第92条相同)。第30条规定:国家依据具体的情况,有步骤地实行小学的义务教育,在中学实行助学金的制度,在大学实行公费金的制度,在工厂、农村和机关分别举办业余学校和速成学校,以保证公民获有受教育的权利(与1954年宪法第94条相同)。第30条规定:婚姻、家庭、母性和儿童受国家的保护(与1954年宪法第96条的第2款相同)。从第33条到第36条分别规定了公民的基本义务,在内容的表述上与1954年宪法规定的基本义务存在较大差别。

从上述的内容看,1953年的宪法草案为1954年宪法正式文本的形成提供了重要基础,对1954年宪法的制定过程产生了一定的影响。由于保留下来的草案内容不完整,根据目前的档案资料,无法准确判断草案的制定背景、起草时参考的外国宪法等内容,但从草案的内容中可以大体判断其基本的制宪思路和宪法结构的安排。

(二)宪法草案的"最初第一个稿子"

1953年6月6日,为了讨论有关宪法问题,毛泽东在中南海颐年堂召集刘少奇、周恩来、朱德、邓小平、陈伯达、胡乔木等人开会。[1]如前所述,根据毛泽东的指示,到杭州进行宪法起草工作以前,毛泽东让宪法起草委员会委员陈伯达先起草一个宪法草案第一稿。1953年11月、12月间,陈伯达一个人先起草了宪法草案第一稿,作为起草小组工作的基础。目前有关1954年宪法的档案资料中,笔者还没有看到陈伯达起草的草案原文。在叶永烈所著的《陈伯达传》(人民日

[1] 逄先知主编、中共中央文献研究室编:《毛泽东年谱》(第2卷),中央文献出版社2013年版,第110页;穆兆勇编著:《第一届全国人民代表大会实录:1954》,广东人民出版社2006年版,第92页。

报出版社1999年版)中,笔者也没有发现陈伯达本人对参与1954年宪法制定过程的回顾或涉及的人和事。他只是讲:宪法主要是按照毛泽东的一系列指示起草的。参加起草的不止他一个。序言是胡乔木执笔的。田家英也参加起草工作。参加讨论的人那就更多了。在一次一次的讨论中,广泛吸取了大家的正确意见。他只是做"文字理发匠"的工作。[1]

那么,毛泽东为什么把起草宪法草案第一稿的任务交给陈伯达?如果从熟悉宪法理论以及参与制定《共同纲领》的经验来看,由胡乔木承担起草第一稿的任务是比较合适的。胡乔木被称为"中共中央一支笔",到杭州起草宪法,胡乔木完全"进入角色",钻进宪法堆里,反复钻研事先通过内务部搜集的各国宪法。据资料记载,胡乔木青少年时代在家里就从父亲[2]的藏书中读过《世界现行宪法》等著作,有些知识积累,参与起草1949年9月通过的"建国纲领"——《中国人民政治协商会议共同纲领》,对各种宪法体制作过研究,对中华人民共和国宪法体制与框架应该有所考虑。[3]

从目前的资料来看,毛泽东交给陈伯达的背景是不清楚的,包括《毛泽东传》《陈伯达传》《毛泽东年谱》等文献中没有提及这一问题。所以,目前很难作出准确的判断,有待于新的资料的发现或者新的档案的公开。从目前不完整的相关资料来看,毛泽东把起草宪法草案第一稿的任务交给陈伯达的原因可能有:(1)陈伯达长期担任毛泽东的政治秘书,长达30年。从1939年担任中央军委主席办公室副秘书长开始,一致担任毛泽东秘书。1956年中共中央政治局任命的主席秘书有:陈伯达、胡乔木、叶子龙、田家英等。陈伯达为首席秘书,

---

〔1〕 叶永烈:《陈伯达传》,人民日报出版社1999年版,第281页。叶永烈在回答笔者电话采访中说:他在写《陈伯达传》时多次采访过陈本人,但陈伯达没有具体谈过1954年宪法的问题,没有提到他起草的宪法草案。叶永烈本人也没有具体问过宪法草案的有关内容。陈伯达有一个习惯,起草了中央文稿后一般不留底稿,可能是作为"组织纪律"要求的。

〔2〕 胡乔木父亲胡启东(原名胡应庚),民国初年成立国会,1916年当选为第二届国会议员。

〔3〕 参见《胡乔木参与起草新中国第一部宪法》,载人民网2011年11月7日。

与胡乔木一起做政治秘书工作,田家英做日常秘书,叶子龙做机要秘书。起草宪法是一项重要的政治任务,交给政治秘书符合毛泽东的工作特点。(2)毛泽东对陈伯达的理论功底是比较欣赏的。他写文章"思考问题严密,下笔慎重,文笔老练"。1938年陈伯达在延安的马列学院做教员,有一次学术研讨会上,他的发言给毛泽东留下印象,后来毛泽东提议把陈伯达调到主席办公室。当时中央研究院成立中央政治室,陈伯达任主任,1945年他当选为中央候补委员,1949年中共七届二中全会当选为中央委员,1951年赢得了毛泽东的信任,他参加了编辑出版《毛泽东选集》的工作。作为政治秘书,陈伯达对重大的政治议题的处理比较熟练。(3)从1953年开始毛泽东把一些中央文件的起草任务交给他,他成了"中共中央的一支笔"。[1] 当时他的职务是中宣部副部长兼中国科学院副院长。从《毛泽东年谱》(第2卷)记载内容来看,这一年陈伯达出席、列席了几乎所有的中央政治局会议、扩大会议以及其他重要会议,包括多次与主席单独谈话。如1月5日参加中央书记处扩大会议;1月19日出席中央政治局扩大会议;2月3日毛主席主持召开政治局会议,讨论《全国人民代表大会及地方各级人民代表大会选举法》;3月24日毛泽东同陈伯达谈话;4月1日毛泽东与陈伯达、胡乔木谈话;6月6日晚,毛泽东在中南海颐年堂召集刘少奇、朱德、周恩来、邓小平、陈伯达、胡乔木开会,商谈宪法问题。至于具体谈哪些宪法问题,目前没有档案可参考。(4)陈伯达虽没有写过专门的宪法文章或者著作,但直接参与过党的有关宪法理论与实践活动。如1946年担任中央法律问题研究委员会委员,参与陕甘宁边区宪法草案的起草工作。1953年1月13日成立宪法起草委员会,陈伯达和胡乔木当选为委员。1953年3月15日成立的8人宪法研究小组中,陈伯达也是排名第一的委员。特别是,1954年3月23日,宪法起草委员会第一次会议上,陈伯

[1] 叶永烈:《陈伯达传》,四川人民出版社2016年版,第225页。

达作为宪法起草小组成员，受毛主席委托向会议作了《宪法草案初稿说明》。可以说，这种安排体现了毛泽东对陈伯达的信任，也是对他作为宪法草案第一稿的起草、参与 1954 年宪法草案工作的肯定。

如前所述，毛泽东召集的第一次宪法起草小组会议上，大家先讨论陈伯达起草的草案，但会后起草小组决定重新起草宪法草案。对没有采纳陈伯达草案的原因，胡乔木在《我所知道的田家英》一文中作了这样的表述：1953 年年底，毛主席指定陈伯达、田家英和我准备去杭州起草宪法。陈伯达已先拟初稿，听说又要别人参加，改动他的稿子，就已很不高兴。到杭州后，陈伯达告诉田家英，他要住在北上高处，表示他不负任何责任。第一次开会讨论，他又对田家英发火，认为任何人非经他的许可，不得在主席面前议论原稿，并且不许向主席说明个中原委。田家英对陈伯达的专横行为非常愤慨，却无法反抗。此后，每次开会以前，先得向陈伯达作一次汇报。直到罗瑞卿（1906～1978 年）后来（他是一道来的，但以前并没有参加起草宪法的讨论）直截了当地提出某某条应该这样改，某某条应该那样改，陈伯达管不了他，陈伯达独裁的局面也就打破了。陈伯达因为一开始就不愿到杭州来，来了势必改动他的原稿，加上讨论时毛泽东自已也常常当面对陈伯达的稿子提出重大的修改意见，所以在整个起草过程中他闷闷不乐，常对田家英说，“我不行了，要回家当小学教师啦”，等等。[1]

从目前的文献资料来看，到了杭州后，起草小组先讨论了陈伯达的草案，但普遍不满意，提出的问题不少。胡乔木本人对陈伯达起草的宪法草案提了许多修改意见，陈伯达很不高兴。[2] 胡乔木和田家英为顾全大局，以后凡是有意见都事先向陈提出，而胡乔木、田家英二人意见常常一致或者比较接近。[3] 从宪法草案的内容来看，陈伯

---

〔1〕 董边等编：《毛泽东和他的秘书田家英》，中央文献出版社 1996 年版，第 166 页。
〔2〕 参见《胡乔木参与起草新中国第一部宪法》，载人民网 2011 年 11 月 7 日。
〔3〕 董边等编：《毛泽东和他的秘书田家英》，中央文献出版社 1996 年版，第 46 页。

达草案在框架、内容与结构上与起草小组的设想相差太远,最后由毛泽东领导的宪法起草小组决定重新起草宪法。[1] 所以"杭州起草小组拿出的供讨论稿事实上主要出于胡、田之手",[2]这个评价是符合实际的。虽然中央政治局决定成立的宪法起草小组成员有8人,除陈伯达、胡乔木、田家英外,还有董必武、彭真、邓小平、李维汉、张际春,但一直直接参与起草工作是陈伯达、胡乔木、田家英3人。因目前看不到陈伯达草案全文,难于判断这个草案与宪法起草小组"一读稿"之间有哪些关联性。但是,既然在第一次宪法起草小组会议上讨论过陈伯达草案,他本人又在杭州一直参加起草小组工作,宪法草案第一稿的部分内容或框架产生了一定的影响。虽然陈伯达草案没有被采纳,但毛泽东没有抹杀陈伯达在宪法起草过程中发挥的作用,在说明1954年宪法草案起草经过时,指出:"宪法的起草前后差不多7个月,最初的第一个稿子是在去年11、12月间,那是陈伯达同志一个人写的。"[3]

总之,1954年宪法草案的初稿是陈伯达起草的,因宪法起草小组没有采纳,起草小组重新起草,分别提出"一读稿"、"二读稿"、"三读稿"和"四读稿"。

(三)起草宪法草案的指导思想与工作方针

制定一部宪法首先要确定其指导思想,使宪法条文与基本结构按照一定价值体系建立和发展。制定1954年宪法的指导思想是过渡时期的总路线,并通过宪法把过渡时期总路线确立为国家的基本指导原则,反映社会发展特定阶段的要求。根据1953年中共中央批发的《关于党在过渡时期总路线的学习和宣传提纲》,党在过渡时期的总路线是:从中华人民共和国成立,到社会主义改造基本完成,这是一个过渡时期。党在这个过渡时期的总路线和总任务,是要在一

---

[1] 逄先知、金冲及主编,中共中央文献研究室编:《毛泽东传》(上册),中央文献出版社2003年版,第317页。

[2] 同上。

[3] 同上书,第316页。

个相当长的时期内，逐步实现国家的社会主义工业化，并逐步实现对农业、手工业和资本主义工商业的社会主义改造。这条总路线是照耀我们各项工作的灯塔。从宪法草案框架的设定、具体内容的安排和体系的确立，过渡时期的总路线始终起到了指导作用。毛泽东在宪法起草委员会第一次会议上明确指出：这个宪法是以《共同纲领》为基础加上总路线，是过渡时期的宪法，可以管 15 年左右。特别是宪法序言和总纲部分，集中体现了过渡时期总路线的基本原则和精神。

起草宪法的指导方针是“以事实为根据，不能凭空臆造”，强调宪法内容与实际生活之间保持协调。宪法制定所根据的基本事实是：中国人民已经在反对帝国主义、反对封建主义和反对官僚资本主义的长期革命斗争中取得了完全胜利的事实，工人阶级领导的、以工农联盟为基础的人民民主国家已经巩固并建立起来的事实，就是中国已经建立起社会主义经济的强有力的领导地位，开展有系统地进行社会主义改造，正在一步一步地过渡到社会主义社会的事实。因此，宪法的主要使命是总结中国人民民主革命的经验，把人民革命的成果以根本法的形式固定下来，反映新中国成立以来社会关系和阶级关系上出现的重大变革，并通过宪法调整逐步地向社会主义社会过渡。

(四)毛泽东与宪法草案(初稿)

1. 广泛阅读各国宪法，强调宪法的历史作用

宪法起草小组的整个工作是在毛泽东的亲自领导和参加下进行的，“宪法草案的每一章、每一节、每一条，毛主席都亲自参加了讨论”。在杭州起草宪法草案的过程中，毛泽东经常通宵达旦，工作非常紧张。[1] 宪法起草工作从 1 月 9 日开始到 3 月 9 日结束。经过一个多月的努力，2 月 17 日起草小组草拟了宪法草案(初稿)。通过宪

---

〔1〕 例如，2 月 24 日凌晨 2 时，夜幕依然严严实实地笼罩着整个西湖，杭州人民还在睡梦中甜甜地休息，而毛泽东仍在书房内工作。灯下，毛泽东给刘少奇、胡乔木写信，布置工作。参见许虔东：《毛泽东刘庄草宪轶闻》，载《党史纵横》1994 年第 5 期。

法起草小组的工作,正式形成了一个《中华人民共和国宪法草案(初稿)》,作为中共中央的建议稿向宪法起草委员会提出。这个草案作为宪法起草委员会和第一届全国人大第一次会议讨论的基础,确立了 1954 年宪法典的基本框架。在毛泽东领导下中共中央宪法起草小组在 1954 年宪法起草过程中发挥了重要作用。

在 1954 年宪法草案的起草过程中,毛泽东不仅确定了宪法的总体框架和编纂原则,而且对宪法的每一部分内容反复进行过研究与论证,许多条款是毛泽东起草的。在宪法起草期间,毛泽东阅读了有关宪法的资料和法学理论著作,把大量的精力投入宪法起草工作之中。毛泽东起草了有关宪法起草工作计划,并对不同类型国家的宪法特点和参考价值等问题进行了深入的分析。在毛泽东的一生中对宪法问题最关注、投入大量精力研究宪法理论与实践问题正是这个时期。他不仅自己关注宪法问题,而且要求其他国家领导人要阅读不同国家的宪法,为宪法草案的讨论奠定基础。

在选择宪法模式时,毛泽东特别注意 1918 年苏俄宪法和 1936 年苏联宪法,并对东欧一些人民民主国家宪法进行了研究与比较。在分析 1918 年苏俄宪法时,他注意到列宁写的《被剥削劳动人民权利宣言》作为第一篇,由此受到启发,决定在宪法总纲的前面写一段序言。[1] 对资本主义国家宪法,毛泽东并没有否定其在历史发展中起到的积极功能,给予了客观的评价。在阅读各种宪法资料时,他比较分析了资本主义国家宪法体制。他在 1954 年 6 月 14 日中央人民政府委员会第 30 次会议上的讲话中指出:讲到宪法,资产阶级是先行的。英国也好,法国也好,美国也好,资产阶级都有过革命时期,宪法就是他们在那个时候开始搞起的。我们对资产阶级民主不能一笔抹杀,说他们的宪法在历史上没有地位。但是,现在资产阶级的宪法

---

〔1〕 逄先知、金冲及主编,中共中央文献研究室编:《毛泽东传》(上册),中央文献出版社 2003 年版,第 319 页。

完全是不好的,是坏的,帝国主义国家的宪法尤其是欺骗和压迫多数人的。我们的宪法是新的社会主义类型,不同于资产阶级类型。我们的宪法,就是比他们革命时期的宪法也进步得多。我们优越于他们。[1] 毛泽东特别强调了 1946 年法国宪法的特点,认为它代表了比较进步、比较完整的资产阶级内阁制宪法。

在思考宪法体制问题时,毛泽东对近代中国宪法遗产问题也给予了必要关注,认为近代中国宪法经验值得总结。他认为,从清末的《十九信条》起,到民国元年(1912 年)的《临时约法》,到北洋军阀政府的几个宪法和宪法草案,到《中华民国训政时期约法》,一直到蒋介石的"伪宪法"。这里面有积极的,也有消极的。比如,民国元年(1912 年)的《临时约法》,在那个时期是一个比较好的东西;当然,是不完全的、有缺点的,是资产阶级的。但它带有革命性、民主性。这个约法很简单,据说起草时也很仓促,从起草到通过只有 1 个月,其余的几个宪法和宪法草案,整个说来都是反动的。[2] 他在比较分析近代中国宪法文件时发现,从《十九信条》到《临时约法》,共同特点是条文不多,文字简明。他很欣赏这一点,提出我们的宪法以 100 条左右为宜,文字要简明,不能有多种解释。从历史发展过程中观察宪法,并寻求宪法的历史地位是毛泽东评价不同历史时期宪法的基本出发点。在宪法的法律性与纲领性问题上,毛泽东主张中国的宪法应有一定的纲领性,他认为,一般地说,法律是在事实之后,但在事实之前也有纲领性的。1936 年斯大林说,宪法只能承认事实,而不能搞纲领。我们起草宪法那个时候,胡乔木称赞斯大林,我就不赞成,我就赞成列宁。我们这个宪法有两部分,就是纲领性。国家机构那

---

〔1〕 毛泽东著、中共中央文献研究室编:《毛泽东文集》(第 6 卷),人民出版社 1999 年版,第 326 页。

〔2〕 同上书,第 320 页。

些部分是事实,有些东西是将来的,如“三大改造”之类。[1]

可见,在起草宪法的整个过程中,毛泽东系统地阅读、研究、比较了古今中外各类宪法,在人类文明与宪法设计之间寻求合理平衡,虽然重点参考1918年苏俄宪法和1936年苏联宪法,但对资本主义国家宪法、旧中国宪法也给予客观的历史评价。他还要求在北京的中央领导阅读电报中列举的宪法文本。可以说,“这是中共最高领导层第一次系统地学习宪法知识”,是新中国宪法教育的开端。

总之,宪法起草过程体现了毛泽东的宪法思想,他不仅提出制定宪法的指导思想和原则,而且对宪法草案讨论稿从内容到文字进行了反复推敲与修改,使宪法草案内容具有科学性与规范性,为宪法制度的发展树立了典范。

2. 领导宪法草案的制定与修改工作

毛泽东在杭州领导宪法起草小组进行制宪活动的部分文献档案没有保留下来。目前毛泽东文稿中保留的只有16条批语以及3月21日审阅宪法草案时的部分文字修改内容。从中可以看出毛泽东在宪法问题上耗费的心力。16条批语中,前5条批语写在宪法草案的一个油印打字稿上,这个稿子中有些条文附有说明文字。第6~9条批语写在附有修正说明的油印打字的第一次修正稿上。第10条和第11条批语写在封面印有“中华人民共和国宪法草案(初稿)”的油印打字稿上,时间大体上是1954年1~2月。第12条至第16条批语则写在铅印初稿的1954年3月18日、19日讨论修改稿上。[2]毛泽东对宪法草案的16条批语如下:

(1)“序言应有说明。”这条评语是针对序言部分没有文字说明的情况写的,写在宪法草案油印打字稿第一章总纲的说明文字上。

---

[1] 1959年3月1日,毛泽东在中共中央政治局扩大会议上的讲话记录。参见逄先知、金冲及主编,中共中央文献研究室编:《毛泽东传》(上册),中央文献出版社2003年版,第322页。

[2] 毛泽东:《建国以来毛泽东文稿》(第6册),中央文献出版社1987年版,第177~182页。

(2)“此句好,宜采纳。”宪法草案油印打字稿第2条“说明”,在引用《共同纲领》第50条原文后说,现除删去其中“反对帝国主义和各民族内部的人民公敌”一语外,并将“使中华人民共和国成为各民族友爱合作的大家庭。反对大民族主义和狭隘民族主义”两句的意思移到序言的第5段。毛泽东的这条批语是针对删去的一句而写的。

(3)“不甚妥?”宪法草案油印打字稿第5条的“说明”中说:“本条所说的‘资本家所有制’,包括富农在内。”毛泽东在“包括富农在内”旁画了竖线,并写了这条评语。

(4)“宜单列一条。”这条评语是针对宪法草案油印打字稿第11条第2款而写的。第2款的原文是:“任何个人的私有财产不得用以反对和损害公共利益。”1954年9月20日通过的宪法文本中,这一款已单列为宪法总纲第14条,文字改为:“国家禁止任何人利用私有财产破坏公共利益。”

(5)“什么是公民?举行内乱,推翻政府。包括严厉与非严厉。”这条评语分别写在宪法草案油印打字稿第16条及其“说明”的上方。第16条规定:“中华人民共和国维护人民民主制度,保护全体公民的安全和一切合法权益,镇压一切反革命活动,惩办一切勾结外国帝国主义、背叛祖国、危害人民、破坏人民民主制度和破坏国家建设事业的卖国贼和反革命分子。”毛泽东在其中“全体公民”旁画两条竖线,并在上方写有:“什么是公民”5个字。又在其中“勾结帝国主义、背叛祖国”之后画一插入号,并在上方写有“举行内乱,推翻政府”8个字。这一条附有以下说明:“《共同纲领》该条中,原用有‘严厉惩罚’数字,那是对‘首要分子’说的,而本条现在的规定是指一切‘卖国贼和反革命分子’,故不用‘严厉’2字,以使规定较为灵活。”毛泽东在这一“说明”上方写有“包括严厉与非严厉”8个字。

(6)“国家主席的罢免。”这条批语写在宪法草案油印打字稿的第一次修正稿关于全国人民代表大会行使罢免权的第31条的上方,修正稿没有罢免国家主席的内容。1954 年宪法文本中增加了相应的内容,在第 28 条中规定全国人民代表大会有权罢免中华人民共和国主席、副主席。

(7)“主席有交议权,最高会议决议的性质。”这条批语写在宪法草案油印打字稿的第一次修正稿中的“国务院”一节上方,修正稿没有提及国家主席的交议权和最高会议决议的性质。宪法草案(初稿)1954 年 3 月 18 日、19 日讨论稿,在说明中对有关这一内容的条款提出两个修改方案,一个方案是“在必要时召集中华人民共和国副主席、国务院总理和其他有关人员举行最高国务会议”,另一个方案是“在必要时召集有关人员举行最高国务会议”。毛泽东在前一个方案旁写了“较妥”2 字。1954 年宪法文本中对这一条规定为:“中华人民共和国主席在必要的时候召开最高国务会议,并担任最高国务会议主席。”“最高国务会议由中华人民共和国副主席、全国人民代表大会常务委员会委员长、国务院总理和其他有关人员参加。”“最高国务会议对于国家重大事务的意见,由中华人民共和国主席提交全国人民代表大会、全国人民代表大会常务委员会、国务院或者有关部门讨论并作出决定。”

(8)“需要。”宪法草案油印打字稿的第一次修正稿第 58 条所附的修正说明提出:“民委提议,规定各民族自治区得组织本自治区的公安部队和民兵,需否可考虑。”毛泽东在这段文字上方批了“需要”2 字。1954 年 9 月 20 日通过的宪法第 75 条规定:“自治区、自治州、自治县的自治机关依照国家的军事制度组织本地方的公安部队。”

(9)“较妥。”宪法草案油印打字的第一次修正稿第 77 条规定:“国家保障公民的居住自由不受侵犯。公民的通讯秘密受法律的保护。”所附修正说明提出:此款另一方案为将“通讯秘密”改为“通信自由”,毛泽东在“通信自由”旁画一竖线,并批了“较妥”2 字。1954 年宪法文本第 90 条规定:“中华人民共和国公民的住宅不受侵犯,通信秘密受法律保护。”

(10)“此条似应移至总纲。”这条批语写在宪法草案(初稿)打字稿第 58 条上方,这一条的原文是“地方各级人民代表大会和地方各级人民政府执行其任务时,应经常保持同人民群众的密切联系,广泛吸收人民群众参加和监督国家管理工作,不断地注意对脱离群众的官僚主义现象进行斗争”。宪法文本中这一条写入宪法总纲的第 17 条,文字改为:一切国家机关必须依靠人民群众,经常保持同群众的密切联系,倾听群众的意见,接受群众的监督。

(11)“不写为好。”宪法草案油印打字稿第 80 条规定:中华人民共和国公民有言论、出版、集会、结社、游行、示威和信仰宗教自由的权利。毛泽东在其中“游行、示威”旁画两条竖线,打一问号,并在上方写了这个批语。1954 年的宪法文本仍规定了公民有游行、示威的自由。

(12)“副主席受委托得代行主席部分职权,此点必须加入。”除“同时”外,所有的“时”均改为“的时候”。毛泽东给田家英写的信中要求“一定研究,请提交党组会上讨论”。

(13)“土地改革”不成文,应加“制度的”。“镇压反革命”下加“分子”。宪法草案(初稿)1954 年 3 月 18 日、19 日讨论修改稿序言第二段有一句话:“我国人民在过去几年内已经很有成效地进行了土地改革、抗美援朝、镇压反革命、完成经济恢复等项大规模的斗争。”毛泽东将这句话中的“土地改革”改为“土地制度的改革”,在“镇压反革命”后加了“分子”两字,并写了这条批语。

(14)“此处不写‘发布’为宜,免与主席职权分歧。”宪法草案(初稿)1954 年 3 月 18 日、19 日讨论修改稿第 36 条关于全国人民代表大会常务委员会职权的第 4 款为:通过和发布具有法律效力的决议和条例。毛泽东审阅时,删去了这一款中的“和发布”3 个字,并写了这条批语。1954 年宪法文本中这一条改为“制定法令”。

(15)“此处应采纳周鲠生意见。”宪法草案(初稿)1954 年 3 月

18日、19日讨论修改稿第36条关于全国人民代表大会常务委员会的职权中加了第11款"批准和废除同外国缔结的条约",毛泽东在这一款写了这个批语。周鲠生是宪法起草委员会聘请的法律顾问,著名的国际法专家。1954年宪法文本把这一条改为:"决定同各国缔结的条约的批准和废除。"

(16)"此项恢复,可由副主席去办。"宪法草案(初稿)1954年3月18日、19日的讨论修改稿第41条关于国家主席的职权中删去了原有的第3款"授予国家的勋章、奖章和荣誉称号",毛泽东在删去的这一款旁边批了这句话。1954年宪法文本中保留了这一款的内容。

3月21日,毛泽东又审阅3页18日、19日宪法草案的讨论修改稿,并批示田家英:"一些意见,请提交党组会上讨论。"在修改稿封面上批注:"副主席受委托得代行主席部分职权此点必须加入。除'同时'外,所有的'时'均改为'的时候'。"在序言部分,将"土地改革"改为"土地制度的改革","镇压反革命"改为"镇压反革命分子",并批注:"'土地改革'不成文,应加'制度的'。'镇压反革命'下加'分子'。"关于全国人大常委会职权部分,在"通过和发布具有法律效力的决议和条例"的条款旁批:"此处不写'发布'为宜,免与主席职权分歧";在批准和废除同外国缔结的条约的条款旁批:"此条应采纳周鲠生意见。"关于国家主席的职权部分,在"主席因故临时离开职务时"和"由中华人民共和国副主席代行主席的部分职权"之间加写"或者受主席委托时"。关于国家主席召开最高国务会议的条款,讨论中提出两个方案,一是"必要时召集中华人民共和国副主席、国务院总理和其他有关人员举行最高国务会议";二是"必要时召集有关人员举行最高国务会议"。毛泽东在前一方案旁批:"较妥"。关于检察机关的职权,将其中一款"对政府机关、国家机关工作人员和公民的犯罪行为,行使检察权"中的"犯罪行为"一词改为"犯法行为"。[1]

---

〔1〕《彭真传》编写组编:《彭真年谱》(第2卷),中央文献出版社2012年版,第449页。

上述批语只是毛泽东众多批语中的一部分，主要涉及具体制度设计和宪法词汇方面的内容，但从一个侧面反映出毛泽东等制宪者们非常关注宪法作为法律文件的特点，重视宪法语言的科学性，达到“字斟句酌”的程度。在宪法制度方面，毛泽东通过重要的批语，澄清了当时法律与政策的界限问题，使宪法规范的表述更为准确。如在富农的地位、国家主席的职权和最高国务会议程序等方面的内容直接涉及国家政策和体制问题。在宪法文字的规范化方面毛泽东付出了很多精力，力求科学与准确。从另一侧面可以看出，在宪法制定过程中毛泽东的工作作风是民主的，对不同的意见通常采用“为宜”“不妥”等商量方法，没有以领袖的地位压制不同的意见。当时，制宪过程是民主的，无论是起草者，还是参加讨论者，都可以发表不同的意见，以求最佳的社会效果。即使毛泽东提出的有些意见在正式的宪法文本中并没有采纳，如在“通信自由”“游行示威”问题上，最后的宪法文本中没有反映毛泽东的意见。这就说明，在制宪过程中，大家均以平等的身份参与讨论，在宪法规范的科学性问题上不盲从权威，尊重科学，形成了民主协商的良好的社会环境。

如在宪法起草过程中，毛泽东充分发扬民主，大家都可以提出不同的意见。如作为宪法起草小组成员的胡乔木，虽同时是毛泽东秘书，但在宪法要不要有纲领性的内容，即能不能写进将来要完成的任务上与毛泽东有不同意见。

在苏联的经验与中国实际之间，毛泽东强调要从中国实际出发，不能盲目学习其他国家宪法经验。如早在 1949 年人民政协筹备期间，毛泽东就思考中国采取何种形式的国家结构的问题，为此他专门征求时任统战部部长李维汉的意见。李维汉认为，中国同苏联国情不同，不宜实行联邦制，主张单一制国家结构形式更适合于中国实际情况，在统一的国家内实行民族区域自治，更有利于民族平等原则的实现。[1] 最

〔1〕 参见沙健孙：《毛泽东与新中国建设》，中国社会科学出版社 2009 年版，第 40 页。

终,毛泽东与党中央决定采取单一制的国家结构形式,体现了国家制度上的中国特色。

3. 拒绝给宪法命名为"毛泽东宪法"

1954年6月14日毛泽东主持召开中央人民政府委员会第三十次会议,一致通过了《中华人民共和国宪法草案》和《关于公布中华人民共和国宪法草案的决议》。会议结束的当天,《中华人民共和国宪法草案》即正式公布,郑重地交付全国人民讨论并征求意见。8月4日中共中央华南分局给中央一个电报,说广东省人民代表大会有代表提出提案,请全国人民代表大会授予毛泽东主席最高荣誉勋章。中共中央秘书长邓小平接到这份电报后,立即报送毛泽东。8月6日毛泽东在这份电报上批示:"请即复不要通过此项提案。"8月6日邓小平为中共中央起草复华南分局电,电报说:"因我国尚无勋章制度,对毛主席的尊重亦非给勋章所能完全表达,故以说服提案人,撤回此项提案为好。"[1]从1954年4月12日到20日,华北区、西南区、北京市、南京市、广州市等21个地方单位等讨论宪法草案(初稿)时,也有建议将本宪法应命名为"毛泽东宪法"。[2] 在宪法草案的全民讨论中,还有人提议参考1936年"斯大林宪法",把这部宪法命名为"毛泽东宪法"。特别是,出席第一届全国人民代表大会的代表在分组讨论时,也提出类似的建议。但这一建议每次被毛泽东拒绝,体现了领袖谦虚的风范。

4. 爬山与学英语

在杭州期间,毛泽东除起草宪法外,每天12时左右起床,吃点东西就去爬山,登过玉皇山、南高峰、北高峰、五云山、凤凰山等,风雨无阻。[3] 毛泽东曾先后3次登上北高峰,写下一首《五律·看山》:

---

〔1〕 杨胜群、闫建琪主编,中共中央文献研究室编:《邓小平年谱》(1904—1974)(中二),中央文献出版社2009年版,第1189页。

〔2〕 根据宪法起草委员会办公室印《宪法草案初稿讨论意见汇编》(七)而整理。

〔3〕 3月17日晚上从杭州回北京后的第二天上午去香山爬山。

三上北高峰，
杭州一望空。
飞凤亭边树，
桃花岭上风。
热来寻扇子，
冷去对佳人。
一片飘飖下，
欢迎有晚鹰。

据王芳的回忆录记载，主席工作起来精力非常集中，思考、研究问题到忘我的地步。他办公室的窗口终日冒着缕缕青烟。一天下来，他办公桌上的烟灰缸里堆满了烟蒂。这些烟蒂短到不能再短，因为主席抽烟的习惯是抽到快要烧着指头了，剩下的再用烟嘴继续抽，一直抽到烟熄了才抠到烟缸里去。还有，主席下班后茶杯里总是空的，他喝光了茶水后，连茶叶也掏出来吃了。[1] 他说茶叶有营养，倒了可惜。每当毛泽东爬山时，宪法起草小组就抓紧修改宪法草案。一般到了午后 3 时，起草小组便跟随毛泽东驱车绕道西山路，穿过岳王庙，来到 84 号办公地点起草宪法。起草小组经常一工作就是一个通宵。

在杭州期间，毛泽东又开始学英语。从 20 世纪 50 年代到 60 年代，毛主席对英语学习兴趣很浓，在不同场合强调学习英语的重要性。据政治秘书林克回忆，毛泽东善于挤时间学习，经常在刚刚起床后，饭前、饭后，游泳、登山、散步之后休息时，在开会或会见内外宾客之后或长时间紧张工作之后学习英语。1957 年 3 月 17 日至 20 日，毛主席在紧张的工作之余，坚持学英语。至于宪法起草期间学

〔1〕 王芳：《王芳回忆录》，浙江人民出版社 2006 年版，第 139 页。

英语与起草工作是否有关系,目前无法找到直接资料,但毛泽东重视英语的重要性,并在60岁以后继续学外语的精神是值得我们学习的。

(五)田家英与宪法草案

1. 1954年宪法草案的主要参与者之一

在1954年宪法的起草过程中,毛泽东实际上处于"总监制人"的地位,提出基本原则和重大理论问题,并参与具体问题的讨论。但具体的起草工作由胡乔木(1912~1992年)和田家英负责,两个人是宪法草案的实际起草者,特别是田家英在整个宪法起草工作中发挥了重要作用。田家英担任毛泽东的秘书长达18年,曾任中共中央办公厅副主任、中共中央政治研究室副主任。在宪法起草委员会工作中,田家英还担任副秘书长。田家英参加了1954年宪法起草的整个过程,在起草小组中,除参加起草、讨论以外,还负责有关材料的收集和整理,并把有关宪法书籍提供给毛泽东和起草小组参阅。[1] 据董边回忆,在宪法起草过程中田家英收集了各国宪法及有关资料,足足放满两只书橱,那时他全力以赴钻研宪法,成为1954年宪法的主要起草人之一。宪法起草小组回北京后,胡乔木因右眼患中心性视网膜炎住院治疗,之后又去莫斯科继续治疗。因此,回北京后宪法起草中的很多具体工作实际上主要由田家英承担,他坚持参加各种形式的宪法草案的讨论,而且直接参加修改工作,经常通宵不眠,累得吐血,但仍坚持不懈,直到按时完成任务。曾借调到田家英担任组长的宪法起草委员会办公室编辑组工作的张永恩在《起草五四宪法的那些日子》文章中回忆了田家英在草案修改中的一些工作情况。[2]

1954年4月我正在中央政法干部学校八班(检察班)学习。4月

[1] 董边等编:《毛泽东和他的秘书田家英》,中央文献出版社1989年版,第21页。

[2] 张永恩:《起草五四宪法的那些日子》,载《检察日报》2013年12月16日。

19日上午，班副主任、党支部书记陈英明找我谈话，表示组织决定抽调我到宪法起草委员会办公室工作。10个班各抽调一名同志，下午在校部办公室集中，教务长毛锋同我们谈话，他特别强调，这是十分光荣的事情，大家要认真工作，趁机学习好第一部宪法。我们一行人进入中南海非常高兴，因为我们将在毛主席居住和工作的附近工作，而且是在毛主席秘书田家英（他是宪法起草委员会副秘书长兼任我们编辑组组长）的直接领导下工作。到达中南海后，田家英会见了我们，向我们简单地介绍了工作任务：把现在讨论宪法草案（初稿）的中央17个组，大区、各省市、区和军队的58个组共8000人讨论中提出的修改意见，认真准确、简明扼要地反映上来。

随后，我们每人领到了宪法草案（初稿）共97条，以及苏联1936年宪法、苏俄1918年宪法和罗马尼亚、捷克、波兰等7个人民民主国家宪法各章节集中的“宪法研究参考资料”10本。另外，小组还给我们发了1908年清末《钦定宪法大纲》至1946年国民党的《中华民国宪法》之间各时期颁布的宪法，作为我们工作参考的资料。编辑组一共有30人，其中，中央政法干校11人，我记得名字的有康树华、郭志学、邹贞富、孙景、胡阿新、黄益湊，还有中国人民大学国家法教研室主任杨化南，教员许大同、吴山、董成美、董琦等。编辑组成立了党支部，支部书记是田家英，副书记是杨化南。

毛主席非常关心每天各小组对宪法草案（初稿）提出的修改意见。为及时向毛主席汇报，田家英几乎每晚都到编辑组了解当天综合的主要情况。在讨论宪法草案（初稿）的两个月里，田家英在召开的宪法草案讨论小组召集人会议上，曾3次解答讨论中提出的修改意见和建议。

我们编辑组的同志列席旁听了1954年4月22日在政务院会议室召开的各组召集人会议。编辑组旁听席位被安排在政务院会议室西北角有台阶略高的位置，我们可以清楚地看到进入会场的宪法草案起草委员会委员和各组召集人陆续从南门进入会场。会议主持人李维汉和田家英较早到会。

紧挨着我们座位南面的是身着一身蓝棉衣棉裤的宋庆龄副主席,两边坐着史良、李德全和鲁迅夫人许广平,李德全特别活跃,不时站起来同宋副主席、史良谈笑。我们还看到李济深、郭沫若、黄炎培、程潜、邵力子、罗隆基、马寅初、陈叔通、傅作义等。

李维汉宣布开会,谈了多个组在讨论中提出的问题。在宪法草案(初稿)修改前,遵照毛主席指示,讨论组先召开多组召集人会议,征求大家意见。毛主席说,宪法草案如果6 月1 日不能公布,就推迟到6 月15 日。黄炎培、陈叔通先后发言,提出关于宪法的法律名词、文字修改、条文的前后安排顺序等,可成立专门委员会,请顾问、专家修改。宪法草案(初稿)9999 字,差一字一万,还是比较精练的。

接着,李维汉请田家英对会前各组讨论中提出的问题作讲解和回答。我们的宪法草案(初稿)为什么设置序言?序言中谈到了中国革命的过程、今后的奋斗目标、中国各民主党派在中国共产党领导下密切合作等问题,这是宪法条文很难规定但又必须要讲的问题。宪法草案总纲中规定了4 种所有制:国家所有制、合作社所有制、个体所有制、资本家所有制。为何在1949 年《共同纲领》中规定的国家资本主义所有制没有被提到?因为它不是独立的所有制,所以宪法中没有规定。为什么宪法草案第6 条没有关于铁路、邮政的条款?因为二者是企业,宪法中规定的是国家资源。

宪法草案对国家主席的有关规定,是基于我们国家权力一元化、议行合一这一国情特点决定的。资本主义国家的总统可以解散国会,议会又限制总统。我们宪法草案规定,全国人民代表大会可以罢免国家主席,但国家主席不能解散全国人民代表大会及其常务委员会。

关于总理向谁负责的问题,宪法草案规定,虽然总理是国家主席提名任命的,但他不向国家主席负责,而是向全国人民代表大会负责。

宪法草案(初稿)中关于检察机关的规定,总体而言是参照苏联宪法的规定,称谓为人民检察署,领导体制实行垂直领导,最高人民检察署总检察长任免省、市、自治区的检察长。县、市及自治州、自治县的检察长由其所在的省、市、区检察长提请总检察长任免。地方各级人民检察署独立行使检察权,不受地方国家机关的干涉。

1954年6月14日中央人民政府委员会第30次会议通过宪法草案,1954年9月20日第一届全国人民代表大会第一次会议通过的《中华人民共和国宪法》,改变了最高人民检察院总检察长的称谓和检察机关领导体制。根据毛主席的意见改署为院,中央和地方各级检察机关一律称人民检察院。

6月14日编辑组工作结束,下午回到编辑组,进行座谈。当晚,田家英来到编辑组,给我们送行。他讲了3小时。他告诉我们,此时毛主席正在勤政殿召开宪法起草委员会全体委员会议,宪法是个总章程、总纲领。随后,他回答了编辑组同志提出的几个问题。3年后,田家英给中国人民大学法律系全体师生作报告。结束后,我也加入系主任杨化南的队伍送田家英同志。他见到我,惊奇地问"你怎么在这儿?"我告诉他,参加完宪法草案编辑工作组后,我考入中国人民大学学习法律。他说了句"很好"。

2. 起草宪法条文,宣讲宪法草案

田家英在宪法起草工作中的作用可分两个方面:一方面,作为毛泽东的秘书,协助毛泽东查阅宪法方面的资料,办理有关起草的大量的日常性工作;另一方面,作为宪法起草小组成员之一,在宪法具体内容、条文的设计和解释方面发挥了重要作用。从现在看到的有关1954年宪法起草过程的档案资料中,我们发现,在宪法草案的几乎每一个条文的讨论中都有田家英的发言,他向讨论者说明宪法条文的制定原意,对争议比较大的条文也谈了自己的观点。如1954年9月9日,田家英给毛泽东写信,汇报了刘少奇对宪法第13条的修改意见,信中提道:"少奇同志提议将宪法13条中的'城乡'2字改为'城市和乡村'。"同一天,给毛泽东的信中,田家英谈了他和胡乔木对宪法第5条规定的修改意见,提出将宪法第5条所有制表述改为"中华人民共和国的生产资料所有制,在一切已经完成民主改革的地方有下列各种……"

1954年6月8日中共浙江省委宣传部向各县委宣传部转发了田家英在宪法草案座谈会上的解答报告摘要一份。[1] 其内容包括:

(1)关于序言部分的问题

为什么把狭隘民族主义改为地方民族主义?

大民族主义就是狭隘民族主义,过去《共同纲领》狭隘民族主义的提法容易混淆。斯大林在联共第十二、十六、十七次代表大会上指出:①地方民主主义的实质就是局限在本民族的狭隘范围内;②把本民族孤立起来看问题;③就是把本民族脱离国家建设的总潮流,就是只看到民族分裂的因素,看不到民族团结。凡具有这些观念或行动的倾向就是地方民族主义,不论是聚居或是散居的民族。

(2)关于总纲部分的若干问题

人民民主专政的国家和人民民主国家在概念上是否相同?

在概念上是一致的,不写专政,是从下列两点出发:①斯大林在论列宁主义一书中说:国家是阶级专政的机关。因此,第1条说人民民主国家,是包含着专政意义的。②人民民主国家是通常习惯上的提法,如我们称资本主义国家,就实质上说,是资产阶级专政的国家,但无须加"专政"二字。

---

〔1〕 中共浙江省委宣传部宣(宣〔54〕字第112号)。

第 4 条组织社会力量的内容是什么?

组织社会力量,就是从下而上的动员群众力量来实现国家的社会主义工业化和国民经济的社会主义改造。如发动群众、工人监督、组织合作社、合理化建议等,都是从群众方面来的力量。

第 5 条只写所有制,《共同纲领》中却为 5 种经济成分?

所谓经济,就是生产关系的综合,占统治地位的生产关系决定社会经济形态。此外还有各种经济形式或成分。《共同纲领》是经济形式来规定的,宪法的规定是一种发展,根据下列两点:第一,要把过渡时期总任务的精神实质写到里面去,过渡时期的总任务就是把 4 种所有制改造成为单一的社会主义所有制,所以需要把 4 种所有制加以标明。第二,生产关系的根本问题是生产资料的占有关系。至于分配关系在生产中所占的地位等都是次要的。国家资本主义是过渡形态的所有制,是一种经济成分,是资本主义所有制和社会主义所有制的联合所有制,不是独立的所有制。

有人问:资本家所有制将来没有了,为什么还列第 5 种?

我们宪法是过渡时期的宪法,资本家所有制虽然将来要消灭,但在现在仍是一种所有制,这是事实,是需要写上的。

第 6 条第 2 款为什么没有写上铁路、邮政等?

这一条规定是国有资源,而没有涉及企业,企业包括项目很多,在同条第 1 款所写的国营经济,就不包括企业在内。

第 12 条征购、征用、收归国有,有何区别?

“征购”是给他以代价的,但是征购而不是收购,是有强制性的。

征用,所有权仍是属于所有者,在一定时期内由国家使用。

收归国有,是指原属国有,由国家收回来,如市郊土地。

以上 3 种办法,都要根据法律规定的条件,并须给以一定的代价或一定的安置。

第 13 条的含义是什么?

不能利用私有财产破坏公共利益的问题;在第 10 条第 3 款已有对资本家的规定,但还不够,小资产阶级也可以利用私有财产来破坏公共利益,因此这条是全体公民都要遵守的。

(3)关于第 2 章的若干问题

甲、关于第 1 节的一些问题:

①国家最高权力机关和国家最高管理机关有什么区别?按第 2 章的规定,我们的中央政府是否将不成为人民代表大会制的政府?

国家最高权力机关就是全国人民代表大会,包括 3 个方面:一是它是唯一的立法机关(第 22 条、第 26 条第 1 项);二是国家的其他机关都是由它产生、罢免、改组、监督;三是国家生活中的重大事件,都由它来决定(第 26 条第 7 项到第 11 项)。地方权力机关对地方来说也是这样的。管理机关在苏联和新民主主义国家中有两种提法:一种提法是管理机关,另一种提法是执行和命令机关。从实质上说都是一样的,是权力机关的执行机关,也就是政府。这样职权分清了,是否会影响它不再成为人民代表大会制的政府呢?不会的,因为国务院对下级管理机关是号令机关,对全国人民代表大会来说,则是执行机关,是在全国人民代表大会所规定的范围之内来发施号令的,和全国人民代表大会是分不开的。

②主席、法院、总检察长任期 5 年,为什么全国人民代表大会任期 4 年?

考虑全国人民代表大会常委会任期不宜太长,苏联和新民主国家,一般为 3 年或 4 年,主席……是国家元首,不宜变动太多,新民主国家有两种情况:一是全国人民代表大会常委会和总统任期是相适应的,如德国都是 4 年;二是不相适应的,如捷克。这两个国家都是单元首制的国家,是否确当还可考虑。

③第35条第2款规定的，议长的地位如何？它具有什么性质的职权？

宪法草案没有规定，但可看出：议长的职权包括主持全国人民代表大会，召集和主持常委会，实质上是全国人民代表大会常委会的主席，但是不再称主席，以免混淆，职权也没有再另列出。

④第24条第2款是否指在4年的任期届满以后的月？为什么？

这样规定的理由是：如在任期未满以前进行改选，而它的职权还未完结，这样就有矛盾。这3个月是属于上属还是下属？这3个月是过渡期。

⑤第25条规定1/3的代表是指全国人民代表大会常委会代表还是常委会的代表？

是指全国人民代表大会常委会的代表。

⑥第26条第5项、第6项选举、决定、任命有什么区别，含义是什么？

国务院总理人选可以由国家主席提名，经全国人民代表大会常委会决定。以后还有国务院组织法。只提选举法院，不提选举院长，这是因为法院审判员是否采取选举制度尚未确定的缘故，人民民主国家有两种不同的规定：一是选举制；二是任命制。最高人民法院还要组织法，人民陪审员也要规定，这一系列问题还未确定之前，只能笼统地提出选举最高人民法院。第29条规定罢免最高人民法院的组成人员，所以这样提，是因为不是一下子把整个最高人民法院都罢免，而只是罢免其组成人员。总检察长，在人民国家中也有选举和任命的两种办法，我们考虑采用任命的办法。

但无论采取什么办法，都必须采取集中制度，而不应采取双重的从属制度。这样权力会不会太大？不太大，他只有起诉权，只能进行检举，而不能直接处理任何问题。在检举期间，如果还未进行审判，被检举者可以不停止其已执行的任务,检察机关也无权命令被检举者停止执行其任务,他的权力虽然很大,但不影响民主,因为人选是非常重要的,所以采取的任命办法。任命和选举有何不同?一是提名方式不同。二是选举由票选,任命可以采取举手表决,所以决定方式不同。

⑦第 26 条和第 36 条没有规定解释权?

宪法与法律不同,宪法是根本法,不应当有关于内容方面的解释。

关于宪法的解释问题,一种是广义的,如对不懂的地方加以解释,这可由全国人民代表大会常委会委托一个机关来进行,是为了学习和教育。另一种是关于内容的解释,这对宪法来说是不应该的。一般法律是可以解释内容的,但此种解释本身就成为法律。宪法内容的解释,就是修改和补充问题,这已有了规定,所以不必另作规定。(美国宪法是弥补破绽的宪法,但原条文并不多)

⑧第 27 条和第 28 条所规定的代表数是指全体代表数?还是出席代表数?

是指全体代表数中过半数或 2/3,为什么未写清楚呢?因为还要起草全国人民代表大会常委会组织法。

⑨第 30 条规定的法律委员是什么机构?

这条所规定的几种委员会都是全国人民代表大会的常设的委员会,全国人民代表大会常委会可设两种委员会,一种是常设的,另一种是非常设的。法案委员会工作有两个方面:一是全国人民代表大会常委会和常委会本身的立法工作,其主要来源是全国人民代表大会常委会或常委会所提出的法案和国务院的建议案(第 48 条第 2 项)。二是经常审查提案和法律,进行研究,以供给全国人民代表大会常委会和常委会在制定法律、修改法律及制定具有法律性质的规定的基础。

乙、关于第 2 节的一些问题：

①第 41 条第 5 项国防委员会与国务院的关系是怎样的？

第 48 条第 12 项规定说明武装力量的建设是属于国务院的，国务院可以设立国防部来管理武装力量的建设工作。国防委员会是讨论国防问题的机构，为什么主席担任国防委员会主席？这是各国通例，凡是单一元首，都是元首来统率全国武装力量的。

②主席是属国家最高权力机关呢？还是国家最高管理机关？主席和总理是否可以兼任常委会委员，为什么？

主席都不是这两个机关的主席，而是国家的元首（参阅陈伯达同志说明提纲），它是集体主席制，集体总统制，也就是集体元首制，第 41 条规定的都是元首的职权。关于元首，苏联和新民主国家有两种情况：一种是国家最高权力机关的主席团或常委会来执行，斯大林称之为集体总统制；另一种是集体元首制，但采取单一元首形式，不是由个人决定的，而是由全国人民代表大会常委会来决定的，捷克、德国都是。苏联是采用前一种制度。我们之所以采用单一元首的形式，是考虑到中华人民共和国成立以来的传统，毛主席说：有这样一个单一制的元首，可以成为两个机关的缓冲机关，把事情办得更好些。主席不应该兼任常委会的委员，主要理由如上述。总理是否兼任常委，我们认为也不应兼任。因为常委会是权力机关，对管理机关是监督的关系，这是民主原则，如兼任，变为自己监督自己。省、市按需要是可以兼任的，资本主义国家是可以兼任的。

③第 41 条第 3 项所说的依照法律是依照什么法律？省、市主席、副主席既然是选举产生，为什么还要采取任命的形式？

这是我国的传统，捷克等国也有先例。依照什么法律来任免？用地方人民政府的组织法。只是法律还不够，地方人民代表大会可以选举罢免，但有时因工作需要调动，怎么办？应该由国务院组织法加以规定，这都是主席所依据的法律。

④第 41 条第 6 项最高国务会议的形式是什么？能不能作出决定？作出决定以后怎么办？

最高国务会议,在必要的时候才召开。最高国务会议因有总理参加,讨论结构,由总理带回国务会议作出决定,因此这个会议是可以有结构的,有决定的,但不是国务院的硬性规定。

⑤第 41 条第 1 项乙款为什么总理由主席来任免？

这表示主席和总理的地位并不是那么平列的,当然并没有规定总理向主席报告工作,如果这样规定了,主席则成为管理机关的元首了,而主席是国家的元首。副主席几人为什么没有规定？按宪法草案规定副主席是一人,不写几人,是行文的关系,如要写清楚,则主席也要写明是一人,不写明多少人,就是指一人。

丙、关于第 4 节的一些问题：

第 50 条我们的行政区划究竟是几级？

是 3 级,即省、县、乡(镇),但有特别问题,民族自治要按各种条件来划,这些地区的行政区划,如自治州,相当于专区,比一般多一级,市下有区,因为以上两种特殊情况,所以写了 5 种行政区划。有人问地方为什么没有常委会,地方机关(政府)因为是委员制,所以政府委员会是权力机关,也是管理机关。政府委员会也是人民代表大会的日常办事机关。第 51 条第 1 款、第 2 款都说明是统一的。人民民主国家地方机关都是双重从属制,一方面服从上级机关,另一方面服从人民代表大会。为什么这样？因为中央权力机关是唯一的立法机关,地方只能根据上级颁布的法令来制定一些在它权力范围内的法令,主要是执行法令,如设常委会反而互相掣肘。在中央有了它,反而灵活。苏联和新民主国家都是这样。

丁、关于第五节的问题：

为什么不叫自治乡而叫民族乡？

自治是权力的问题,第 65 条规定,乡不可能这样做,同时据第 64

条的规定，一个乡是不可能的，所以称民族乡。

戊、关于第 6 节的一些问题：

①第 74 条所指政府机关、国家机关工作人员的含义是什么？

政府机关是各级管理机关。国家机关是权力机关和管理机关的总称。检察机关权力是全国人民代表大会常委会所授予的权力，不能对国家权力机关进行检举。

②检察和监督机关有什么区别？今后是否还有监察机关？

检察权力第 74 条有了规定，检察机关的权力虽是集中的，但不是行政的。监察机关则可以是行政的，是国家管理机关的一部分，可以对各行政机关的问题进行监察，可以执行国务院的命令，对某些行政机关加以改组或撤销其行政人员。

(4)第 4 章的若干问题

①对第 84 条规定，有人问农民也是劳动者为什么没有规定？

农民是劳动者，但和职工不同，他们的劳动时间和休息时期很难加以规定，规定了实际上也行不通，不如不规定。

②第 85 条所指的劳动者，是否包括脑力劳动者，为什么不规定所有公民都有此权利？

包括脑力劳动者，为什么不规定全体公民都有此权利，因为公民中包括资产阶级在内，不能称为劳动者。资本家和资产阶级是需要为其提供物质保障的，只有劳动者是要物质保障的。

③社会救济是否只能给劳动者呢？

当然不只包括劳动者，如遇天灾人祸，国家当然会救济的，我们不讲漂亮话，所以一般公民的社会救济，没有特别写出来。

以上的说明是田家英对宪法草案问题的比较完整的表述，实际上反映了宪法起草小组和宪法起草委员会对重大宪法问题的思考和判断。特别是，对草案文本提出的各种问题，田家英从宪法专业角度作了具有一定说服力的说明。据资料记载，去杭州的时候，田家英带了两箱书,收集了有关宪法的大量的书。他认为,搞中国宪法,必须参照其他国家宪法,包括资本主义国家的和社会主义国家的,当然要以社会主义国家为主。

(5)中华人民共和国宪法解释工作的开端

1954 年 6 月,为了给草案的条文写一个解释性的材料,经毛泽东同意,田家英带着人民大学法律系的教师和其他同志到北戴河,〔1〕编写《中华人民共和国宪法解释》,写出初稿,陆续送毛泽东审阅。当完成一半时,起草小组成员们认为,这种对条文的解释不妥,如果发生问题,是以条文为主还是以这个解释为主?正式的解释权只有全国人大常委会才有,因此向毛泽东请示,不再搞条文解释。后因各种原因此书没有定稿。〔2〕

总之,田家英在中华人民共和国第一部宪法起草过程中所起的作用是十分突出的,作为毛泽东的秘书和学识渊博的学者,他在 1954 年宪法起草过程中以其政治智慧和专业知识,具体参与宪法的起草工作,为共和国第一部宪法的诞生作出了重大的贡献。

七、宪法草案(初稿)的出台

(一)宪法草案(初稿)的完成

在杭州,宪法起草小组于 1954 年 1 月 9 日开始起草工作,到 2 月 17 日左右提出了宪法草案(初稿),比原计划推迟了半个月,用了不到 40 天的时间。2 月 17 日,毛泽东给刘少奇发电报,要求中央政治局讨论草稿。电报全文如下:〔3〕

---

〔1〕 中国人民大学法律系的教师中有董成美教授。为了进一步核实相关事实,笔者于 2007 年 2 月 26 日电话采访了当时参与这一工作的中国宪法学研究会顾问张光博教授。他说,当时确实拟定了部分解释性的条文,主要用于宪法的宣传,根据宪法草案的初稿。

〔2〕 董边等编:《毛泽东和他的秘书田家英》,中央文献出版社 1996 年版,第 21 页。

〔3〕 毛泽东:《建国以来毛泽东文稿》(第 4 册),中央文献出版社 1990 年版,第 447 页。

刘少奇同志,并书记处各同志:

现将宪法初稿(五份)派人送上,请加印分送政治局及在京中委各同志,于二月二十日以后的一星期内开会讨论几次,将修改意见交小平、维汉二同志带来这里,再行讨论修改(约七天即够)。然后,再交中央讨论,作初步决定(仍是初稿),即可提交宪法起草委员会讨论。因此,小平、维汉原定二十日动身来此的计划,可推迟到月底动身。送初稿的人明(十八日)动身,二十日可到北京。

毛泽东

2月17日下午10时

同一天,毛泽东又给刘少奇写信,告诉派中共中央办公厅警卫局张一平送宪法草案(初稿)5份,要求查收处理。这样,宪法草案的修改工作分南北两地分头进行,时间是一个多月。在北京,刘少奇召集在京中央委员对草案内容进行讨论,并把意见及时反馈给杭州;在杭州,毛泽东主持起草小组一次次修改。北京讨论一次,杭州方面就修改一次,然后又将修改稿传回北京。

宪法草案(初稿)"一读稿"于2月18日送往北京以后,宪法起草小组继续在毛泽东的主持下,对宪法(初稿)边读边改。胡乔木、田家英很快完成修改稿,称"二读稿"。稿子陆续印出清样,毛泽东分两批送往北京。

2月20日刘少奇主持在京的中央委员开会,对宪法草案的初稿进行讨论。刘少奇在宪法草案(初稿)的封面上给杨尚昆写道:此件请即印发提政治局扩大会议。参加人数可扩大一些,应多印一些。

2月24日毛泽东带领起草小组对"二读稿"又讨论了一次,大家提了不少具体修改意见。会后,毛泽东给胡乔木写去一张便条,指示:"今天所谈可作修改的地方,请于明日加以修改,并由小组同志商酌一次,于明夜廿四点以前打好清样送给我,准备后天(廿六日)送给中央。”胡乔木按主席意见,将讨论中所提意见逐一修改,同陈伯达、田家英等商量后打出清样,送呈毛泽东阅改。

2月25日起草小组修改出了“三读稿”。宪法草案(初稿)起草小组在“三读稿”的说明中写道:“这个修正稿因较‘二读稿’已作了很多修改(主要是根据主席指示),故称“三读稿”。除内容上的若干修正外,这次修正根据主席指示,特别把许多可以避免应当避免的文言字句改掉,力求通俗。”〔1〕

2月26日毛泽东于凌晨2时致信刘少奇并中央书记处各同志:“为便于中央在这几天讨论宪法草案,这里的小组赶于两天内又作了一次修改,称为“三读稿”,现送上,请照此印发中央各同志阅看。”

2月27日刘少奇对印发的宪法草案(初稿)“三读稿”进行了批注,其中涉及6个条文。第1条旁的批注是“民主集中制”;第11条“任何人的私有财产不得用以反对和损害公关利益”的批注是:征用、征购,收归国有,单独一条;对43条第2款旁的批注是:国务会议与国务院会议;对45条旁的批注是:任免权,管理民族事务,华侨事务;对50条旁的批注是:委员会;对73条旁的批注是:组织法。这些批注是为第二天召开的政治局扩大会议所作的准备。

2月28日、3月1日刘少奇在北京主持召开中共中央政治局扩大会议,讨论并原则通过了宪法草案“三读稿”。在这次会议上根据毛泽东建议,〔2〕还决定,由董必武、彭真、张际春〔3〕〔4〕3人负责,以董必武为主,根据政治局扩大会议讨论的意见以及宪法起草小组的意

---

〔1〕 逄先知主编、中共中央文献研究室编:《毛泽东年谱》(第3卷),中央文献出版社2013年版,第222页。

〔2〕 《董必武传》撰写组编:《董必武传》(1886－1975)(下),中央文献出版社2006年版,第837页。

〔3〕 当时任中共中央宣传部副部长。

〔4〕 张际春,当时任中共中央宣传部副部长,西南局第二副书记兼纪律检查委员会书记、农村工作部部长等。

见,对"三读稿"进行研究和修改。[1] 此外,还决定聘请国际法专家周鲠生、宪法专家钱端升为法律顾问,教育家叶圣陶、语言学家吕叔湘为语文顾问,对草案的文字进行梳理与润色。

4位顾问中两位是法学家,两位是教育家和语言学家。周鲠生是著名的国际法专家,代表作《国际法》在学界产生了重大影响。他曾担任武汉大学校长,从1950年起,担任外交部顾问等职。在宪法草案的讨论中,凡涉及国际法问题,宪法起草委员会,特别是毛泽东十分尊重他的意见。如1954年3月18日,宪法起草小组又拿出了宪法草案讨论修改稿,在第36条"关于全国人民代表大会常务委员会的职权"中增加了1款——"批准和废除同外国缔结的条约"。毛泽东在这一条旁批语道:"此条应采纳周鲠生意见。"钱端升是著名的宪法学家,特别在比较宪法学领域享有学术声誉。1952年担任北京政法学院第一任院长,中国政治法律学会副会长。他同时负责法律小组的工作,在讨论中及时地将法律小组的意见提交给起草委员会。担任语文顾问的是教育家叶圣陶和语言学家吕叔湘。叶圣陶是著名的教育家、文学家。先后担任过中央人民政府出版总署副署长、教育部副部长兼人民教育出版社社长。吕叔湘是著名语言学家,是语法学界最有影响的专家;从1954年起,他还兼任中国文字改革委员会委员。在宪法起草委员会讨论中,涉及语言表述以及语法等问题时,毛泽东等委员虚心地向两位专家请教。

1954年6月11日宪法起草委员会最后一次开会讨论宪法草案。在草案中,有两个地方写到了"武装力量",要不要统一起来,把第42条中的"统率全国武装部队"改成"统率全国武装力量"?大家意见不同。毛泽东问:初稿上原来写的是"武装力量",后来怎么改成"武

---

〔1〕 随后,邓小平、李维汉带着"三读稿"修改稿赴杭州参加毛泽东领导的宪法起草小组工作。参见《董必武传》撰写组编:《董必武传》(1886-1975)(下),中央文献出版社2006年版,第838页。

装部队”了？钱端升说：“武装力量”和“武装部队”两个名词翻译成俄文是一个词。当初之所以把“武装力量”改为“武装部队”，是认为部队可以统率，力量不好统率。我们法律小组的意见，可以考虑改成“武装力量”。毛泽东接着说：武装力量分两部分，一部分是部队，另一部分是部队以外的武装力量。如果照原文的写法，好像部队以外的武装力量不归主席统率了。恐怕还是将军们的意见对。毛泽东环顾了一下会场，看着叶圣陶和吕叔湘，问：语文顾问同志，你们看哪个意见好？叶圣陶回答说：还是改成“武装力量”好。武装力量能不能统率，我们看看第4条这个问题就解决了。第4条写有“……依靠……社会力量”一句话，既然社会力量可以依靠，为什么武装力量就不可以统率？经过讨论，会议统一了认识。在6月14日中央人民政府委员会第三十次会议通过的《中华人民共和国宪法草案》中，第42条改为：“中华人民共和国主席统率全国武装力量，担任国防委员会主席。”

在1954年6月14日公布的《中华人民共和国宪法草案》序言中，第三段的第一句是：“中华人民共和国第一届全国人民代表大会，×年×月×日在首都北京，庄严地通过我国的第一部宪法。”在此前的讨论中，大多数委员提出要在年份前加“于”字，但叶圣陶、吕叔湘两位语文顾问坚决不同意，因此在公布的宪法草案中，也就没有加“于”字。1954年9月14日中央人民政府委员会召开临时会议，对宪法草案又作了修改。毛泽东提出，根据大会代表的提议，在宪法草案序言第三段“第一届全国人民代表大会”下面加“第一次会议”5个字。下面的年月日也填上，写成“1954年9月×日”，年月日前面还是不加“于”字。毛泽东幽默风趣地说：因为当初我们的两位语文顾问一致反对加“于”字，提出几次都通不过，我们多数只好服从他们少数。可以说，在宪法草案的起草过程中，委员和专家们为保证宪法草案的科学性与专业性发挥了重要作用。

1954年3月2日毛泽东审阅《宪法草案初稿说明》(以下简称

《初稿说明》)，并署上“中华人民共和国宪法草案初稿起草小组”的落款。《初稿说明》共分5个问题：宪法草案从法律上保证实施过渡时期的总路线；宪法草案从法律上保证发展国家的民主化；宪法草案从法律上加强各民族的团结；宪法草案是《共同纲领》的发展；宪法草案在结构和文字上的特点。在《初稿说明》中具体说明了宪法起草小组起草宪法的基本指导思想和思路，包括以下基本内容。

（1）宪法草案从法律上保证实施过渡时期的总路线。宪法的基本任务，就是从国家的制度、国家权力和人民的权利等方面作出正确的适合历史需要的规定，使国家在过渡时期的总任务的完成获得法律上的保证。《初稿说明》特别谈到，我国还处在过渡时期，资本主义所有制还有一定的合法性。

（2）宪法草案从法律上保证发展国家的民主化。国家的社会主义文化从根本上保证国家的民主化，同时，国家的社会主义文化也要求国家的进一步民主化。宪法草案关于国家机构和人民权利的各项规定从法律上保障了国家民主化的发展。在说明了人民代表大会制度后，《初稿说明》特别讲到国家主席问题，指出：草案规定的中华人民共和国主席的制度，也与资本主义国家的和我国历史上的总统制完全不同。中华人民共和国主席是全国人民团结一致的象征。他既不是立法的，也不是行政的首脑，并不具有特殊的个人权力。关于设立国家主席的原因，毛泽东作出如下解释：为保证国家安全起见，设了个主席。我们中国是大国，叠床架屋地设个主席，目的是使国家更加安全，有议长，[1]有总理，又有个主席，就更安全些，不至于3个地方同时出毛病。如果全国人民代表大会出了毛病，那毫无办法，只好等4年再说。

（3）宪法草案从法律上加强各民族的团结。《初稿说明》指出：

---

〔1〕 在宪法起草过程中，曾一度考虑在全国人民代表大会设议长和副议长，后改为全国人大常委会委员长和副委员长。

草案在序言和总纲中确定我国是统一的多民族国家,各民族享有自由平等的地位,结成友爱互助的大家庭,禁止分裂各民族团结的行为。这是我国民族关系的基本原则。

(4)宪法草案是《共同纲领》的发展。宪法草案在起草过程中充分利用了《共同纲领》,在序言中说,宪法是以《共同纲领》为基础,而在内容上有新的发展。

(5)在宪法草案的结构和文字方面,《初稿说明》指出:宪法草案的结构和文字力求简明。有关宪法的总任务、宪法产生的背景和实施宪法总任务的条件,都写在草案的序言里。《初稿说明》对宪法的科学性给予了必要关注,表现在:在过渡时期,宪法的许多规定必须具有充分的灵活性,以免在实际生活的迅速发展中变得不适用和成为障碍;我国人民对于实施宪法还缺少必要的经验,政治生活中的许多细节,还需要在实践中逐步得到结论,不可能也不应当过早地作详细的规定;人民对宪法概念缺少经验,宪法越繁杂,人民就越难理解。

《初稿说明》是对宪法草案指导思想、理念与结构安排的较系统的解释。一方面,从理论层面阐述了宪法草案追求的基本目标与社会功能;另一方面,对草案中涉及的重大制度安排进行了学理分析。特别是对宪法结构的特点、宪法语言的通俗化等方面的说明,均具有重要的理论与实践价值。

3 月 5 日邓小平、李维汉[1]带着"三读稿"修改稿赴杭州参加毛泽东主持的中华人民共和国宪法草案(初稿)的修改工作。[2] 这也是邓小平第一次到杭州,3 月 14 日返回北京。[3] 当时他的身份是中共中央秘书长、政务院副总理。在杭州期间,邓小平与李维汉参加

---

〔1〕 当时任政务院秘书长。

〔2〕 杨胜群、闫建琪主编,中共中央文献研究室编:《邓小平年谱》(1904～1974)(中二),中共文献出版社 2009 年版,第 1160 页。

〔3〕 邓小平同志在杭州参加宪法草案的修改工作是我们了解宪法制定过程的重要史料,但目前还没有公开相关档案。因他同时参加了刘少奇在北京主持召开的政治局宪法草案讨论会,有机会当面向毛主席汇报会议的讨论情况以及大家的考虑。

了宪法起草小组活动，两人同时也是宪法起草小组成员。李维汉时任中共中央统战部部长，具体负责民主党派的统战工作，是宪法小组8 人成员之一，同时担任宪法起草委员会办公室秘书长、宪法起草委员会各组召集人联席会议秘书长等。可以说，李维汉全程参与了1954 年宪法的起草过程，是参加 7 次宪法起草委员会会议，并每次都发言的 4 名宪法起草委员之一〔1〕。

3 月 9 日宪法起草小组写出“四读稿”。对中央政治局扩大会议对“三读稿”提出的修改意见，起草小组高度重视，对每一条意见认真研究，最终形成“四读稿”，供 3 月中央政治局会议进一步讨论、修改。同时，“四读稿”的形成，意味着历时 3 个月的宪法草案起草小组工作结束，为中央政治局进一步讨论修改宪法草案，提供了较成熟的草案。

3 月 10 日刘少奇对宪法草案的“四读稿”作了修改和批注，主要涉及的批注是：对 3 条的批注，写“研究”；第 26 条第 3 款旁的批注，写“研究”；对 36 条第 9 款的批注，写“研究”，第 86 条旁写“再加研究”。〔2〕 有学者统计，刘少奇前后 3 次修改共加写和改写 44 处，涉及条文 22 条。〔3〕 据笔者对刘少奇修改过的 44 处修改与 1954 年 9 月20 日第一届全国人民代表大会第一次会议通过的《中华人民共和国宪法》逐条逐字进行比对，发现这 44 处修改全部被采纳，无一例外地保留到宪法草案被最后正式通过，这 22 条直到最后也一字未改。〔4〕这些批注，一方面是为 12 日开始的中共中央政治局讨论宪法草案四读稿做准备，另一方面也看出刘少奇在宪法条文设计上的慎重态度以及他在宪法草案的起草过程中发挥的作用。

3 月 12 日、13 日和 15 日，在刘少奇主持下举行中共中央政治局

---

〔1〕 刘建湘：《李维汉对宪法的开创性贡献》，载《中国社会科学报》2016 年 2 月 3 日。

〔2〕 中共中央文献研究室、中央档案馆编：《建国以来刘少奇文稿》（第 6 册），中央文献出版社 2008 年版，第 118 ~ 119 页。

〔3〕 同上书，第 122 ~ 127 页。

〔4〕 张金才：《刘少奇与新中国第一部宪法的制订》，载《党的文献》2009 年第 6 期。

扩大会议,对宪法草案(初稿)"四读稿"进行讨论。这次中共中央政治局会议对"四读稿"的讨论标志着宪法草案(初稿)的起草工作告一段落。会议决定由陈伯达、胡乔木、董必武、彭真、邓小平、李维汉、张际春[1]、田家英8人组成宪法小组,负责初稿的最后修改。同时,成立宪法起草委员会办公室,李维汉为秘书长,齐燕铭、田家英、屈武、胡愈之、孙起孟、许广平、辛志超为副秘书长[2]。

这3天会议讨论的部分宪法草案是毛主席亲自修改过的"四读稿",修改条文主要包括:第50条:"中华人民共和国的行政区域划分如下:(一)全国分为省、自治区或自治省、中央直辖市;(二)省、自治区或自治省分为自治州、县、自治县、省辖市;(三)自治州分为县、自治县;(四)县或自治县分为乡、民族乡、镇;(五)较大的市分为区。由省、市、县、市辖区、乡或镇应当设立国家政权的地方机关。在上述国家政权的地方机关之外,可以按照需要,设立不同等级的行政代行机关。"第69条:"各民族人民都有行使本民族语言进行诉讼的权利;必要时,人民法院应当为他们翻译。在少数民族聚居或……"第74条:"中华人民共和国总检察长任免省、中央直辖市、自治区和自治省的检察长和副检察长。县、省辖市、自治州和自治县的检察长由省、自治区或自治省的检察长呈请检察长批准任免。"第80条:"中华人民共和国公民的人身自由不受侵犯。任何公民非经法院或检察长依照法律所作的决定,不受逮捕。在紧急情况下的临时的拘留,至迟应当在三日内得到法院或检察长的许可,否则被拘留的人应当得到释放。"第83条:"中华人民共和国公民有休息的权利。国家规定工人和职员的休息时间和休假制度,逐步扩充劳动者休息和休养的物质条件,以便保证公民享受这种权利。"[3]

---

〔1〕 时任中共中央宣传部副部长。

〔2〕 刘崇文、陈绍畴主编,中共中央文献研究室编:《刘少奇年谱》(1898—1969)(下卷),中央文献出版社1996年版,第321~322页。

〔3〕 参见中央档案馆摘抄材料会议文件总号78。

这样，经过宪法起草小组成员近两个月的工作和中共中央政治局扩大会议的几次讨论，到了 3 月 9 日已形成了中国共产党中央委员会的宪法草案（初稿），需要按照程序经进一步修改后提交给宪法起草委员会。

3 月 15 日毛泽东率领宪法起草小组人员离开杭州，于 17 日回到北京。宪法起草小组顺利完成了宪法草案的起草工作，开始着手召集宪法起草委员会会议，听取各方面对宪法草案（初稿）的意见。

3 月 15 日董必武与周恩来邀请宪法起草委员会中非中共党员的委员，共同研究宪法草案（初稿）。

3 月 16 日董必武参加政协第一届全国委员会常务委员会第 53 次会议，研究讨论宪法草案（初稿）的准备工作与《分组座谈宪法问题的名单》。

3 月 21 日晚，毛泽东召集会议，讨论宪法草案，刘少奇、周恩来、陈云、彭真、彭德怀、邓小平、陈伯达、杨尚昆、胡乔木、李维汉、田家英出席，会议凌晨 3 时结束。[1] 同一天，毛泽东审阅修改宪法草案（初稿）3 月 18 日、19 日的讨论修稿。

3 月 23 日，中国共产党中央委员会正式向宪法起草委员会提出宪法草案（初稿）。

（二）宪法草案（初稿）的基本内容与体系

1. 宪法结构

宪法草案的结构分为宪法“序言”、第 1 章“总纲”、第 2 章“国家组织系统”（第 1 节“全国人民代表大会”、第 2 节“中华人民共和国主席”、第 3 节“国务院”、第 4 节“国家权力的地方机关”、第 5 节“民族自治机关”、第 6 节“法院和检察机关”）、第 3 章“公民的基本权利和义务”、第 4 章“国旗、国徽、首都”。

---

〔1〕 杨尚昆：《杨尚昆日记》（上），中央文献出版社 2001 年版，第 112 页。

2. 宪法序言

宪法序言主要回顾了中国历史发展、面临的问题和发展方向,体现了宪法草案的过渡性与纲领性。序言指出,中国人民经过了长时期的英勇奋斗,终于在中国共产党领导之下,在 1949 年取得了反对帝国主义、封建主义和官僚资本主义的人民革命的伟大胜利,因而结束了被压迫被奴役的历史,建立了人民民主专政的中华人民共和国。中华人民共和国的人民民主制度,也就是新民主主义制度,保证我国能够通过和平的道路建立消灭剥削、消灭贫困的社会主义社会,达到富强、幸福和文明的境地。

对过渡时期的性质与任务,宪法序言指出,从中华人民共和国成立到社会主义社会建成,这是一个过渡时期。国家在过渡时期的总任务,是逐步实现国家的社会主义工业化,并逐步完成对农业、手工业和资本主义工商业的社会改造。我国人民在过去几年内已经很有成效地进行了土地制度的改革、抗美援朝、镇压反革命分子、完成经济恢复等多项大规模的斗争,这就为有计划地发展经济建设和逐步过渡到社会主义社会准备了必要的条件。

宪法序言对 1954 年宪法与《共同纲领》的关系、政协的地位等也作了必要的说明。中华人民共和国第一届全国人民代表大会的代表们聚集在首都北京,庄严地通过我国的第一个宪法,作为全体人民和一切国家机关所必须遵守的根本法。这个宪法以 1949 年《共同纲领》为基础,同时是它的发展。这个宪法巩固了我国人民革命的成果和新中国成立以来政治上经济上的新胜利,并且反映着国家在过渡时期的根本要求和广大人民对于进一步建设新生活的共同愿望。我国人民在建立中华人民共和国的伟大斗争中已经结成了以中国共产党为领导的各民主阶级、各民主党派、各人民团体的广泛的人民民主统一战线。我国的人民民主统一战线在今后将作为动员全国人民完成我国在过渡时期的总任务的武器而继续发挥它的作用。

我国各民族已经团结成为一个自由平等的民族大家庭。这个团结在发扬各民族间的友爱互助、反对帝国主义和各民族的内部公敌、反对大民族主义和地方民族主义的基础上将继续加强。国家在发展经济建设的过程中将照顾到各民族的需要,而在实现社会主义改造的问题上将充分注意各民族发展的特点。

3. 总纲

总纲部分是宪法草案的重要内容,集中规定了国体、政体、国家基本政策等。总纲的基本内容是:中华人民共和国是工人阶级领导的、以工农联盟为基础的人民民主国家(第 1 条)。中华人民共和国的一切权力属于人民。人民行使权力的机关是全国人民代表大会和地方各级人民代表大会(第 2 条)。中华人民共和国国家权力的中央机关和地方机关一律实行民主集中制(第 3 条)。中华人民共和国是统一的多民族的国家。各民族有平等的权利和义务。各聚居的少数民族实行区域自治。禁止民族间的歧视和压迫,禁止分裂各民族团结的行为(第 4 条)。中华人民共和国依靠国家机关,组织社会力量,经过国家的社会主义工业化和国民经济的社会主义改造,保证逐步消灭人剥削人的制度,建立社会主义社会(第 5 条)。中华人民共和国的生产资料所有制现在有下列各种:国家所有制即全民所有制;合作社所有制;个体劳动者所有制;资本家所有制(第 6 条)。国营经济是全民所有制的社会主义经济。国营经济是整个国民经济中的领导力量和国家实现社会主义改造的物质基础。国家保证优先发展国营经济(第 7 条)。中华人民共和国的矿藏、水流、大森林、大荒地和其他由法律规定为国有的资源都属于全民所有,由国家经营,或者委托合作社经营,或者租给他人经营(第 8 条)。合作社经济是劳动群众集体所有制的社会主义经济,或者是劳动群众部分集体所有制的半社会主义经济。国家保护合作社的财产,鼓励、帮助和指导合作社经济的发展,并且把发展生产合作当作改造农业的手工业的小生产经济的主要道路。

劳动群众集体所有制和全民所有制是社会主义所有制的两种形式。劳动群众部分集体所有制是组成个体农民、个体手工业者和其他个体劳动者走向完全集体所有制的过渡形式(第 9 条)。国家依照法律保护农民的土地所有权和其他财产所有权。国家帮助和指导个体农民增加生产,并且鼓励他们在自愿的基础上组成生产互助合作、供销合作和信用合作。国家对富农的剥削制度采取从限制到逐步消灭的政策(第 10 条)。国家依照法律保护手工业者和其他非农业的个体劳动者的生产资料所有权和其他财产所有权。国家帮助和指导个体手工业者和其他非农业的个体劳动者改善经营,并且鼓励他们在自愿的基础上组成生产合作和供销合作(第 11 条)。国家依照法律保护民族资本家的生产资料所有权和其他所有权。国家对资本主义工商业采取如下的政策:利用资本主义工商业的有利于国计民生的积极部分和积极作用,限制它们的不利于国计民生的消极部分和消极作用,鼓励和指导它们转变为各种不同形式的国家资本主义经济,逐步用社会主义的全民所有制代替资本主义所有制。国家禁止资本家从事投机、垄断、盗窃国家财产等危害公共利益、扰乱社会经济秩序、破坏国家经济计划的行为。国家经过政府机关的管理、国营经济的领导和资本主义工商业内工人群众的监督,改造资本主义工商业和防止资本家的非法活动(第 12 条)。国家保护公民的劳动收入、储蓄、住宅和其他生活资料的所有权和继承权(第 13 条)。国家在公共利益需要的时候,可以根据法律所规定的条件,对城乡土地和其他生产资料实行征购、征用或收归国有(第 14 条)。国家禁止任何人利用私有财产破坏公共利益(第 15 条)。国家用经济计划指导整个国民经济的发展和改造,使生产力不断提高,以求改进人民的物质生活和文化生活,巩固国家的独立和安全(第 16 条)。国家实行对外贸易的统制和国内贸易的管理(第 17 条)。劳动是中华人民共和国一切有劳动能力的公民的光荣事业。国家鼓励公民在劳动中的积极性和创造性，并且保证他们的劳动得到正当的报酬（第 18 条）。一切国家机关必须经常保持同人民群众的密切联系，在工作中依靠人民群众的参加、创议和监督（第 19 条）。一切国家机关工作人员必须为人民服务，效忠人民民主制度，服从宪法和法律（第 20 条）。中华人民共和国维护人民民主制度，保护全体公民的安全和合法的权益，镇压一切叛国的和反革命的活动，惩办一切卖国贼和反革命分子。中华人民共和国依照法律在一定时期内剥夺封建地主和官僚资本家的政治权利，但是同时给他们生活出路，使他们在劳动中改造成为自食其力的公民（第 21 条）。中华人民共和国的武装力量属于人民，它的任务是保护人民革命的成果，保护国家的安全和领土主权的完整。

4. 国家机构

第 2 章国家组织系统部分具体规定了国家机构体系，设计了国家机构体系的基本原则与具体运作形式。

宪法草案规定的全国人民代表大会性质、机构体系与程序主要有：第 21 条，全国人民代表大会是中华人民共和国最高权力机关。第 22 条，全国人民代表大会是行使中华人民共和国立法权的唯一机关。第 23 条，全国人民代表大会由省和市的代表、少数民族的代表、军人的代表和华侨代表组成。代表名额和代表候选人产生办法由选举法规定。第 24 条，全国人民代表大会每 4 年选举一次。全国人民代表大会任期满了的时候，必须在 3 个月内举行下届全国人民代表大会的选举，如果遇到不能进行选举的非常情况，可以延长它的任期到下届大会选出的时候为止。第 25 条，全国人民代表大会每年开会一次，由全国人民代表大会常务委员会召集。如果全国人民代表大会常务委员会认为必要，或者有 1/3 以上的代表提议，可以临时召集。

宪法第 27 条，对全国人民代表大会行使职权的职权做了如下规定:制定法律;修改宪法;选举全国人民代表大会的议长、副议长、秘书长和常务委员会委员;选举中华人民共和国主席、副主席;决定国务院总理的人选,组织国务院;选举最高人民法院;任命总检察长、副总检察长;决定领土的变动;审查和批准国民经济计划和国家的预算、决算;决定宣战和媾和;决定大赦;全国人民代表大会认为应当由它行使的其他职权;法律由全国人民代表大会过半数的代表通过。

宪法第 28 条,全国人民代表大会有权罢免下列人员:中华人民共和国主席、副主席;国务院总理、副总理,国务院其他组成人员;最高人民法院的组成人员;总检察长、副总检察长;全国人民代表大会的议长、副议长、秘书长和常务委员会委员。

宪法第 31 条规定,全国人民代表大会所设立的各种委员会进行调查和审查工作的时候,一切国家机关、人民团体和公民都有义务向这些委员会提供必要的材料。第 32 条,全国人民代表大会代表有权向国务院或者国务院所属各机关提出质问和询问,受质问和询问的机关必须答复。第 33 条,全国人民代表大会的代表,除现行犯外,非经全国人民代表大会或者全国人民代表大会常务委员会许可,不得逮捕或者审判。如果代表因为是现行犯被捕的时候,必须立即把逮捕理由报告全国人民代表大会或者全国人民代表大会常务委员会和请求批准。第 34 条,全国人民代表大会经过它的代表向它的选举单位报告工作,并且受它们的监督。

关于全国人民代表大会常委会的性质,宪法草案规定:全国人民代表大会选出全国人民代表大会常务委员会作为全国最高权力机关的日常工作机关;全国人民代表大会常务委员会对全国人民代表大会负责并报告工作;全国人民代表大会常务委员会由全国人民代表大会的议长一人、副议长若干人、秘书长一人和常务委员会委员若干人组成。

全国人民代表大会常务委员会在全国人民代表大会休会期间行

使下列职权：

召开全国人民代表大会；举行全国人民代表大会的选举；监督宪法和法律实施；解释法律；通过具有法律效力的条例和其他法令；在特殊情况下，临时执行本宪法第 26 条第 5 款、第 6 款、第 8 款职权；监督国务院、最高人民法院和最高人民检察署的工作；变更或者撤销国务院和下级人民代表大会同国家法律相抵触的决议、条例和命令；决定国务院副总理，国务院所属各部的个别部长、副部长和各委员会的个别主任、副主任的任免；组织国防委员会；决定驻外全权代表的任免；决定批准和废除同外国缔结的条约；规定军人和外交人员的衔级和其他专门名衔；规定国家的勋章、奖章和荣誉称号；决定特赦；决定个别地区或者全国的戒严；全国人民代表大会认为应当由全国人民代表大会常务委员行使的其他职权。

关于国家主席体制，宪法草案规定了国家主席的资格、职权等，具体内容有：中华人民共和国主席由全国人民代表大会选举。任何年满 35 岁的享有选举权和被选举权的公民，都可以被选为中华人民共和国主席；中华人民共和国主席任期 5 年；中华人民共和国副主席的选举和任期适用本宪法第 38 条和第 39 条的规定。中华人民共和国主席根据全国人民代表大会和全国人民代表大会常务委员会的决定，行使下列职权：公布法律和具有法律效力的条例和其他法令；任免国务院总理、副总理，国务院所属各部部长、副部长，各委员会主任、副主任和国防委员会组成人员；授予国家的勋章、奖章和荣誉称号；发布大赦令和特赦令；发布戒严令，宣布战争状态，发布动员令；向全国人民代表大会和全国人民代表大会常务委员会提出建议；依照法律任免省、中央直辖市、自治区、自治省的人民政府的主席、副主席；对外代表中华人民共和国，任免驻外全权代表。接受外国外交使节。批准同外国缔结的条约；统率全国武装力量，担任国防委员会主席；在必要的时候召集中华人民共和国副主席、国务院总理和其他有关人员举行最高国务会议;中华人民共和国主席行使职权到下届全国人民代表大会选出新的主席的时候为止。另外,规定中华人民共和国主席可以委托副主席代行主席的部分职权、中华人民共和国主席被罢免或者去世或者长期不能工作的时候,全国人民代表大会常务委员会必须在3个月内召集全国人民代表大会选举新的主席。在新的主席选出以前,由中华人民共和国副主席代行主席的全部职权。

关于国务院体制问题,宪法草案作了如下规定:中华人民共和国国务院是中华人民共和国的中央人民政府,是国家最高管理机关;中华人民共和国国务院由总理和副总理、国务院所属各部部长和某些委员会的主任组成;总理领导国务院的工作,主持国务会议;组成国务院的各个部和委员会的建立和变更由全国人民代表大会决定,在全国人民代表大会休会期间由全国人民代表大会常务委员会决定;国务院的组织法由全国人民代表大会制定;国务院对全国人民代表大会负责并报告工作;在全国人民代表大会休会期间,对全国人民代表大会常务委员会负责并报告工作。国务院行使下列职权:根据宪法、法律和全国人民代表大会常务委员会所通过的具有法律效力的条例和其他法令,规定行政的具体措施、发布决议、条例和命令,并且审查它们的实施情况;向全国人民代表大会或者全国人民代表大会常务委员会提出议案;统一管理所属各部,各委员会和其他机关的工作;统一领导全国地方人民政府的工作;变更或者撤销国务院所属各机关和下级人民政府的不适当的决议、条例和命令;实现国民经济计划和国家预算;管理文化、教育和卫生工作;管理民族事务;管理华侨事务;保护国家利益,维护公共秩序,保障公民权利;管理外交工作;领导武装力量的建设,规定每年征召入伍的公民的数目;依照法律所规定的范围和程序,任免国家行政人员;全国人民代表大会或者全国人民代表大会常务委员会认为应当由国务院行使的其他职权。

关于国家权力的地方机关体系宪法草案首先规定了中华人民共和国的行政区域划分，内容如下：(1)全国分为省、自治区或者自治省、中央直辖市；(2)省、自治区或者自治省分为自治州、县、自治县、市；(3)自治州分为县、自治县；(4)县、自治县分为乡、民族乡、镇；(5)较大的市分为区。省、市、县、市辖区、乡或者镇应当设立国家权力的地方机关。在这些国家权力的地方机关之外，可以按照需要，设立不同等级的行政代行机关。民族自治地方的权力机关，依照本宪法第2章第5节的规定。

国家权力的地方机关的性质是：国家权力的地方机关是地方各级人民代表大会和地方各级人民政府。地方各级人民政府是国家的地方各级管理机关。地方各级人民政府由本级人民代表大会选举。

乡、镇、市辖区和不设区的市人民代表大会的代表，由选民直接选举。地方其他各级人民代表大会的代表，由它的下一级人民代表大会选举；市、市辖区、县、乡或者镇的人民代表大会每2年选举一次，省人民代表大会每4年选举一次；地方各级人民代表大会代表的名额和代表候选人产生办法，由选举法规定。第53条规定，地方各级人民代表大会经过它的代表向它的选举单位报告工作，并且受它们的监督；选出地方各级人民代表大会的选举单位有权随时撤换自己选出的代表。

地方各级人民政府都由主席一人、副主席若干人和委员若干人组成；地方各级人民政府服从本级人民代表大会，同时服从上级人民政府。全国地方各级人民政府都服从国务院；地方各级人民政府定期向本级人民代表大会报告工作。

地方各级人民代表大会有权罢免由它们选出的地方人民政府的人员。

地方各级人民代表大会和地方各级人民政府行使下列职权：执行法律；执行中央国家机关和上级国家机关的决议、条例和命令；在法律和上级国家机关所规定的权限内发布决议和命令;变更或者撤销下级国家机关的不适当的决议和命令;根据国民经济计划和国家预算,规定和实施地方经济计划和地方预算;管理当地的文化、教育和卫生工作;保护公共财产;维护公共秩序,保障公民权利;地方各级人民代表大会和地方各级人民政府,都不能违背中央国家机关和上级国家机关的决议、条例和命令;地方各级人民法院由本级人民代表大会选举和罢免。

关于民族自治机关性质与地位问题,宪法草案规定了基本原则与性质。主要有:中华人民共和国境内各聚居的少数民族所建立的自治区、自治省、自治州、自治县、民族乡,都是中华人民共和国领土不可分离的一部分;各民族自治地方的自治机关都是中央国家机关统一领导下的一级地方国家机关,并且都受上级国家机关的领导;自治机关的组织和工作,应当按照本宪法第 2 章第 4 节关于地方各级人民代表大会和地方各级人民政府所规定的基本原则;各民族自治地方的自治机关的具体形式,按照实行区域自治的民族大多数人民的意愿规定;在多民族杂居的民族自治地方的自治机关中,各有关民族应当有适当名额的代表;各民族自治地方的自治机关在行使职权的时候,用当地民族通用的一种或者几种语言文字;各民族自治地方的自治机关都在宪法和法律规定的权限内行使自治权。各上级国家机关应当充分保障它们行使自治权,并且帮助各少数民族发展政治、经济和文化的建设事业;各民族都有发展自己的语言文字、保持或者改革自己的风俗习惯和宗教信仰的自由;各自治区或者自治省、自治州、自治县的自治机关按照法律规定的权限管理本地方的财政,依照国家的军事制度组织本地方的公安部队;各自治区或者自治省、自治州、自治县的自治机关除行使本宪法第 57 条各项职权外,可以按照当地民族的政治、经济和文化的特点,制定自治条例和单行条例,呈报全国人民代表大会常务委员会批准。

司法机关体系的规定是宪法草案中具有特色的内容，反映了人民代表大会制度下司法权的性质与功能。宪法草案规定：中华人民共和国的司法权由最高人民法院、地方各级人民法院和依法设立的专门法院行使。最高人民法院和地方各级人民法院的组织由法律规定。最高人民法院和地方各级人民法院任期一律5年。各级人民法院审判案件依照法律实行人民陪审制。各级人民法院审理案件，除法律规定的特别情况外，一律公开进行。被告人有辩护权；各民族公民都有使用本民族语言文字进行诉讼的权利；在必要的时候，人民法院应当为他们翻译。在少数民族聚居或者多民族杂居的地区，人民法院应当用当地通用的语言进行审讯；人民法院的判决书、布告和其他文件，应当用各有关民族通用的文字。各级人民法院独立行使职权，只服从法律。

在规定司法体系的基本原则的基础上，宪法草案分别对法院和检察机关体系作了具体的规定。关于法院体系，宪法草案规定：最高人民法院是最高审判机关，最高人民法院监督地方各级人民法院的审判工作；最高人民法院对全国人民代表大会和全国人民代表大会常务委员会负责并报告工作。地方各级人民法院对本级地方人民代表大会负责并报告工作。对检察院性质与功能，宪法草案规定：中华人民共和国的检察机关对政府机关、国家机关工作人员和公民的犯法行为，行使检察权；中华人民共和国总检察长任免省、中央直辖市、自治区和自治省检察长和副检察长。县、市、自治州、自治县的检察长由省、自治区、自治省的检察长呈请总检察长批准任免；总检察长、副总检察长和地方各级检察长的任期一律5年；检察机关独立行使职权，不受地方政权机关的干涉。地方各检察长受上级检察长的领导，并且一律服从总检察长的领导；总检察长对全国人民代表大会和全国人民代表大会常务委员会负责并报告工作。

5. 公民的基本权利和义务

宪法草案在借鉴苏联1936年宪法的基础上,根据中国社会发展的实际情况,以中国共产党的宪法观为基础,规定了公民的基本权利与义务。基本权利的基本体系是:

(1)中华人民共和国全体公民在法律上一律平等。凡是年满18周岁的中华人民共和国公民,不分民族、种族、职业、社会出身、宗教信仰、教育程度、财产状况和居住期限,都有选举权和被选举权。但是依照法律被剥夺政治权利的人和有精神病的人除外。妇女有同男子平等的选举权和被选举权。(2)中华人民共和国公民有言论、出版、集会、结社、游行、示威和信仰宗教的自由。(3)中华人民共和国公民的人身自由不受侵犯。任何公民非经法院或者检察长依照法律所作的决定或者许可,不受逮捕。在紧急情况下的临时拘留,至迟要在3日内得到法院或者检察长的许可,否则拘留的人应当得到释放。(4)中华人民共和国公民的住宅不受侵害。中华人民共和国公民的通信秘密受法律的保护。(5)中华人民共和国公民有劳动的权利。国家依据发展国民经济的计划,逐步实现社会主义工业化和社会主义改造,扩大劳动就业,改善劳动条件和工资待遇,以便保证公民享受这种权利。(6)中华人民共和国劳动者有休息的权利。国家规定工人和职员的工作时间和休假制度,逐步扩充劳动者休息和休养的物质条件,以便保证劳动者享受这种权利。中华人民共和国劳动者有在年老、疾病或者丧失劳动能力的时候获得物质帮助的权利。国家举办社会保险、社会救济和卫生事业,并且逐步扩大这些设施,以便保证劳动者享受这种权利。中华人民共和国公民有受教育的权利。国家设立并逐步扩大各种学校和其他文化教育机关,以便保证公民享受这种权利。(7)中华人民共和国妇女在政治的、经济的、文化的、社会的和家庭的生活各方面享有同男子平等的权利。婚姻、家庭、母亲和儿童受国家的保证。(8)中华人民共和国公民有用书面的或者口头的方式,向各级国家机关控诉任何违法失职的国家机关工作人员的权利。由于国家机关工作人员侵害公民权利而受到损失的人,有取得赔偿的权利。(9)国家保护国外华侨的正当权益。

关于公民的基本义务,宪法草案规定:(1)中华人民共和国公民必须遵守宪法和法律,遵守劳动纪律和公共秩序,担负社会义务。(2)中华人民共和国的公共财产神圣不可侵犯。保护和巩固公共财产是每一个公民的义务。(3)中华人民共和国公民有依照法律纳税的义务。(4)各级人民政府非依照法律不得征税。(5)保卫祖国是中华人民共和国每一个公民的神圣职责,依照法律服兵役是中华人民共和国公民的光荣义务。

6. 国家标志

宪法草案第四章国家标志部分,宪法草案规定了国旗、国徽、首都。具体规定是:中华人民共和国的国旗是五星红旗;中华人民共和国的国徽,中间画五星照耀下的北京天安门,周围画着麦穗和齿轮;中华人民共和国的首都是北京。

根据制宪程序,宪法草案(初稿)经过宪法起草委员会讨论后作为中央人民政府委员会通过的宪法草案,要经过全民讨论,并由全国人民代表大会正式通过。从 3 月 23 日提出宪法草案(初稿),到 9 月 20 日第一届全国人民代表大会上正式通过,经过了近 6 个月的讨论、审议,社会各界提出了各种不同的建议,但宪法草案(初稿)的基本框架与内容基本得到了保留,没有进行实质性的修改。当然,宪法草案(初稿)只是中共中央提出的草案,是由中共中央组织的宪法起草小组具体完成的,反映了中共作为执政党对宪法问题的基本政策与思考。在宪法问题上,党的意志能否上升为国家意志,取决于宪法起草委员会、中央人民政府委员会和全国人民代表大会的意志与决定。宪法起草工作结束后,中共中央立即着手宪法草案的讨论,并准备通过宪法起草委员会和全国政协对宪法草案(初稿)内容进行审议和讨论。

(三)中国共产党的宪法草案(初稿)与苏联1936年宪法的比较

按照传统的宪法分类,非西方国家宪法大部分属于模仿性宪法,几乎没有独创性的宪法。从宪法分类的角度看,我国1954年宪法属于模仿性宪法的类型,借鉴了外国宪法的合理经验以及中国历史上颁布的宪法的合理部分。对此,毛泽东在说明制宪指导思想时明确指出:制定本国宪法,参照别国宪法和中国历史上有过的宪法,是完全必要的,人家好的东西,结合中国国情,加以吸收;不好的甚至是反动的东西,也可以引为鉴戒。但在借鉴哪国的宪法为主要参考对象问题上,学术界多数学者的倾向性的观点是1954年宪法完全以苏联1936年宪法为主要参照系。但根据宪法草案(初稿)与苏联1936年宪法条文的比较,笔者发现,1954年宪法参照的宪法类型是综合的,并非完全参照苏联1936年宪法。

如果忽略中国全国人大常委会与苏联最高苏维埃主席团之间,中国国务院与苏联部长会议之间,我国省、直辖市与苏联加盟共和国之间,民族自治地方与苏联自治共和国之间,中国最高人民检察院与总检察长之间的差别,可以得出以下结果:1954年宪法草案与苏联1936年宪法相同的部分只有33条,约占1954年宪法条文总数的32%。

如果忽略中国全国人大常委会与苏联最高苏维埃主席团之间,中国国务院与苏联部长会议之间,我国省、直辖市与苏联加盟共和国之间,民族自治地方与苏联自治共和国之间,中国最高人民检察院与总检察长之间的差别,可以得出以下结果:1954年宪法草案与苏联1936年宪法相似的部分条款有29条,约占1954年宪法条文总数的28%。

第五章　1954年宪法草案的审议(上)

根据宪法起草工作的程序,宪法起草小组完成的草案只是草案的"初稿",经宪法起草委员会审议通过后才能形成《中华人民共和国宪法草案》。1953年1月13日成立的宪法起草委员会从1954年3月23日开始进行宪法草案(初稿)的审议与讨论过程,履行宪法起草委员会的职责。此时,中共中央已提交了宪法草案(初稿),宪法起草委员会的基本任务是对宪法草案的初稿进行系统而周密的研究和讨论。从1954年3月23日到6月11日,宪法起草委员会除多次召开过收集和交换意见的非正式会议外,共召开正式会议9次,对宪法草案(初稿)框架、内容及文字等进行了反复的研究和讨论,最后通过了《中华人民共和国宪法草案》。9次宪法起草委员会讨论的基本档案资料得到较为完整的保留,有助于我们从制宪档案中了解每个宪法条文的形成过程,有助于全面把握1954年宪法制定过程的事实与分析方法。

一、全国政协宪法草案座谈会的讨论

宪法草案(初稿)的讨论采取了自下而上的程序,首先由宪法起草委员会设立的17个座谈小组对草案内容进行讨论和研究。宪法起草委员会于1954年3月23日举行第一次会议后,第二次会议于5月27日开始举行,以全国政协委员会、各大军区、各民主党派、各人民团体领导机关对宪法草案的讨论为基础,进行了集中的审议。从3月31日开始,全国政协组织的宪法草案座谈会对草案的内容进行了广泛的讨论,并把讨论的意见通过各小组召集人联席会议提交给宪法起草委员会。讨论的主要程序是:由召集人召开小组会议,对草案的内容进行讨论;由小组召集人组成召集人联席会议,在秘书长主持下对各小组提出的问题进行研究、汇总、分析和整理联席会议讨论情况,形成对宪法草案的修改意见,报宪法起草委员会,并把讨论中有争议的重大问题提交给宪法起草委员会讨论决定。

3月16日第一届政协常委会第53次会议决定组织在京各民主党派、人民团体的负责人、教科文和各界人士分17个小组,通过座谈的形式审议宪法草案(初稿)。每一个组设了2~4名召集人。每1组的召集人是:第1组李济深、蒋光鼎、邵力子;第2组何香凝、蔡廷锴、陈劭先;第3组张澜、章伯钧、胡愈之;第4组沈钧儒、罗隆基、费孝通;第5组黄炎培、章乃器、施复亮;第6组马叙伦、许德珩、林汉达;第7组赖若愚、许之桢、刘子久;第8组宋庆龄、李德全、史良、许广平;第9组胡耀邦、荣高棠;第10组沈雁冰、丁西林、邵宗汉;第11组马寅初、张奚若、韦悫;第12组郭沫若、李四光、张稼夫、侯外庐;第13组乌兰夫、刘格平、朱早观;第14组程潜、傅作义、张志让;第15组陈叔通、李烛尘;第16组陈嘉庚、廖承志、陈其瑗;第17组齐燕铭、孙志远。为了便于协调讨论草案的程序与活动,召集人联席会议设了秘书长、副秘书长和顾问。李维汉为秘书长,田家英、屈武、孙起孟、辛志超为副秘书长,并聘请周鲠生、钱端升、叶圣陶、吕叔湘、高崇民、武新宇为顾问。根据各小组、各地方和各单位讨论草案的情况,宪法起草委员会编辑了共25本《宪法草案初稿讨论意见汇编》,作为宪法起草委员会进一步讨论的基础。

从3月25日开始,全国政协组织了宪法草案座谈会,对宪法草案(初稿)进行了多视角的讨论与研究。17个宪法草案座谈会的讨论是对草案的基础性的研究工作,也是对草案进行论证的第一阶段。在讨论中提出的修改意见,分一般性的意见和对条文的具体修改意见两部分。从目前保留的档案材料看,各组自3月31日到4月9日举行的第四次会议和第五次会议上重点讨论了"总纲"问题、在4月7日到12日举行的第六次、第七次、第八次会议上对宪法草案(初稿)的第2章第1节"全国人民代表大会"进行了讨论、在4月10日到4月19日举行的第九次会议上讨论了第2章第2节"国家主席"、在4月12日到21日举行的第十次、第十一次会议上讨论了第2章第3节"国务院"、在4月15日到26日举行的第十二次会议上主要讨论了第2章第4节"国家权力的地方机关"、在4月19日到28日举行的第十四次会议上讨论了第2章第5节"民族自治机关"等。据统计,全国政协分组讨论共进行40多天,参加者500多人,开会260次,平均每组开会20多次。每组发言热烈、认真,提出的意见和疑问除重复者外,达3900多条。[1]

(一)对宪法草案的一般性意见

1954年5月15日,宪法起草委员会办公室印发的《宪法草案初稿讨论意见汇编》(十三)整理了全国政协组织的宪法草案座谈会对宪法草案的一般性意见,[2]主要内容包括:

一是建议把宪法草案的章改为篇,并调整其顺序:第1篇总纲、第2篇公民的基本权利与义务、第3篇国家组织体系,原第4章并入第3篇内。

二是建议将宪法草案结构作下列的调整:原第2章第4节、第5

〔1〕 萧心力主编:《毛泽东与共和国重大历史事件》,人民出版社2001年版,第130页。

〔2〕 根据1954年5月15日宪法起草委员会办公室印《宪法草案初稿讨论意见汇编》(十三)整理而成。

节、第6节分别改为第3章、第4章、第5章。将原第3章、第4章改为第6章、第7章。这样中央和地方分得更清楚些。草案第2章的中华人民共和国主席、第3节国务院、第6节法院和检察机关改设专章。

三是建议在宪法中增加规定以下问题的条款:(1)党的领导;(2)党、青年团、工会等,特别是提一下党,或在序言中加重说一说党的领导。认为:我们实际生活中的国家机器之所以起作用,之所以获得成效,全靠党。党虽然不是国家机关,但却是所有这一切机关的主持者。(3)工会、妇联等群众团体。它们在各种运动和建设中都起了很大作用。应专列一条,加以肯定。(4)关于签署和公布法律、决议的手续。(5)通过宪法的机关。可列为专章,或称附则。(6)统一战线。序言中所提到的问题,条文中都有反映,只是没有统一战线,应在条文中提一下。(7)把人选方面采取"充分协商酝酿的精神"写进序言或总纲中。

四是建议草案在文字上通俗化以及明确、统一某些用语。草案中存在的主要问题是:有些条文文字不够通俗,如"建成""意愿";有些地方宾词和后面隔了很多字;有些文字可作多种解释;有些句子不够完整等。宪法草案中有30多处用了"法律",有些用的明确,如第79条第1款"依照法律被剥夺政治权利的人",这是指全国人民代表大会所制定的法律;有些用的不明确,如在第8条第1款"国家依照法律保护农民的土地所有权"中的"法律"是指全国人大制定的法律,还是包括了条例、法令等在内的一般法律?第82条第2款中"通讯秘密受法律保护"中的法律是不是由全国人大制定?草案中的"法律""条例""决议""命令"等名词需要进一步规范和明确;[1]宪法草

[1] 法律小组对草案中的"法律"一词的使用问题专门作了说明。草案中出现"法律"一词36次,其中有些是明确的,有些内容则不清楚。认为,在宪法草案中的法律有广义和狭义之分。狭义的法律仅指全国人大制定的法律,广义的法律包括各级国家权力机关和管理机关所制定和颁布的一切法令。在具体宪法条文中哪些属于广义法律,哪些属于狭义法律,要根据条文的具体内容来判断。为了明确宪法中法律的含义,法律小组的有些同志提出宪法解释问题,希望通过宪法解释解决法律内涵的冲突问题。

案中用的“机关”2字太多,有的在含义上不易区别;宪法草案中的“款”“项”的用法应统一,是否统一用“条”、“款”、“项”和“目”。

五是建议公布宪法时,采用横书,这对文字改革起到积极的推动作用。横书时,数目字可以改用阿拉伯字。

(二)对宪法草案结构的意见

1954年4月5日,宪法起草委员会办公室印发的《宪法草案初稿讨论意见汇编》(一)整理了全国政协组织的宪法草案座谈会的第一次和第二次会议的记录,[1]这两次会议对于宪法草案的结构提出的主要意见可概括如下:

建议将总纲分为国家制度和社会制度两章;将总纲中有关社会经济方面的问题专列一章,因为我国经济建设非常重要,专列一章更能清楚、醒目,引起大家的注意和重视;取消宪法草案第2章,将其中各节都独立成章;将“国家组织系统”和“公民的基本权利和义务”两章对调;增列选举制度一章。

建议补充预算一章,内容应包括:预算为法律,以立法方法出之,修正或追加依立法之程序;预算成立之最后时期;预算须行公布(财产公开);岁入之赋税以法律出之;预算遇不敷国用时,追加岁入之条件;决算至迟提出之时期。

建议将宪法制定、颁布、实施的程序定为附则,或专列一章;将宪法修改手续专列一章。

(三)对宪法序言的意见

1. 全国政协组织的宪法草案座谈会第一次和第二次会议

1954年4月5日,宪法起草委员会办公室印发的《宪法草案初稿讨论意见汇编》(一)整理了全国政协组织的宪法草案座谈会的第一

[1] 根据1954年4月5日宪法起草委员会办公室印《宪法草案初稿讨论意见汇编》(一)整理而成。

次和第二次会议的记录,[1]这两次会议对于宪法序言提出的主要意见为:

(1)是否将“继续和发扬中华民族优秀的文化传统,学习马列主义和毛泽东思想,以社会主义、爱国主义和国际主义的精神教育人民”写进序言或总纲中。

(2)建议对文化教育政策可以在序言适当地方加上一二句。因为在《共同纲领》中专有一章,几年来文教工作也很有成就。

(3)建议将第三段移在最后。因为第三段是总结了序言的全部精神。为了使结束更有力量,可以将“以服务于世界和平和人类进步的崇高目的”作序言的最后一句。

2. 全国政协组织的宪法草案座谈会第三次会议

1954年4月11日,宪法起草委员会办公室印发的《宪法草案初稿讨论意见汇编》(三)主要整理了全国政协组织的宪法草案座谈会第三次会议的讨论,此外还包括在2月28日到4月2日召开的其他会议对序言的讨论情况。主要意见可概括如下:

(1)一般性意见

“序言”这个标题可有可无。可把“序言”改为“前言”。前3段可分为4段:将“中国人民经过了长时期的英勇奋斗……建立了人民民主专政的中华人民共和国”作为第一段。第二段是说明第二阶段革命的任务,第三段是说明人民建设新生活的愿望,都不变。原第一段的“中华人民共和国的人民民主制度……达到富强、幸福和文明的境地”作为第四段。提议将第三段移到最后,并且加上一段文字,以说明:①疆域;②台湾地区是我国的领土;③人民今后继续接受中国共产党领导和保卫祖国的决心;④和全世界进步人民共同保卫人类持久和平的决心;⑤中国人民的伟大力量和其所信。第三段与第四

〔1〕 根据1954年4月5日宪法起草委员会办公室印《宪法草案初稿讨论意见汇编》(一)整理而成。

段之间加上“中国人民将满怀信心地向着社会主义前进”这样一段。第五段与第六段之间加“我国的文化教育为新民主主义的,即民族的,科学的,大众的文化教育;发扬爱国主义与国际主义精神,提倡爱祖国、爱人民、爱劳动、爱科学、爱护公共财产为中华人民共和国国民公德”。序言中可提出我们必须保持领土的完整;以工人阶级为领导、工农联盟为基础是我国政权的主体。序言中“将”字用得太多。

(2)各段的意见

第一段可多列些革命成功的因素。第一句应该写上在工人阶级领导之下的工农联盟问题。“建立了人民民主专政的中华人民共和国”可改为“建立了以工人阶级为领导的、以工农联盟为基础的人民民主专政的中华人民共和国”。

第二段中可多列些人民的工作,使人民觉得他们自己每个人对新中国的进步和发展都有参加,强调说明中国共产党在人民工作中的领导作用,并特别指出领导和人民的要求完全一致。第三句,我国人民在过去几年内已经很有成效地进行了土地制度的改革、抗美援朝、镇压反革命分子、完成经济恢复等多项大规模的斗争,这就为有计划地发展经济建设和逐步过渡到社会主义社会准备了必要的条件。这一句中应当明确提出“三反”“五反”运动。在各项大规模的斗争中加上“工矿企业的民主改革”。

第三段第一句“中华人民共和国第一届全国人民代表大会的代表们聚集在首都北京,庄严地通过我国的第一个宪法,作为全体人民和一切国家机关所必须遵守的根本法”可改为“中华人民共和国第一届全国人民代表大会在首都北京举行大会,庄严地通过了中华人民共和国宪法,作为国家全体人民和一切机关所必须遵守的根本大法”。这一句中可适当地加入“普选制”3个字。

第四段应该在肯定人民民主统一战线过去在革命斗争中的作用之后,再谈今后的作用。第二句“我国的人民民主统一战线在今后将作为动员全国人民完成我国在过渡时期的总任务的武器而继续发挥它的作用”可改为“中国人民民主统一战线今后将在动员全国人民完成我国在过渡时期的总任务方面继续发挥它的作用”。因为“武器”带有刺激性。“中国共产党”改为“无产阶级的党”。“领袖”改为“领导”。“各民主阶级”上面加“各民族”。“各人民团体”下面加“国外华侨”“及其他爱国民主分子”。“我国在过渡时期的总任务”下面加“反对内外敌人”6 字,这样专政的意义就加强了。

第五段可加上对少数民族禁止用侮辱性、歧视性的语言、文字的话。本段开头可改为“我国各民族、华侨已经团结成为……”,最后改为“……将充分注意各民族、华侨发展的特点”。第一句在“自由平等”下面可加“友爱合作”4 个字。第二句“这个团结在发扬各民族间的友爱互助、反对帝国主义和各民族的内部公敌、反对大民族主义和地方民族主义的基础上将继续加强”可改为“今后在反对帝国主义和各民族的内部公敌、反对大民族主义和地方民族主义的基础上将继续加强团结、友爱、互助”。

第六段开头可以把“我国人民是热爱和平的民族,一致关心和平,并有决心保卫和平。中华人民共和国一贯执行和平外交政策”加上去。应把苏联突出地提出来。本段应提到反对帝国主义,因为在过渡时期反对帝国主义还是一个很重要的任务。

(3)提出的问题

第一段为什么不提消灭阶级?说“保证我国能够……建立……消灭贫困的社会主义社会”,是否意味着我国劳动人民现在还很贫困?本段中是否可以把中国革命历史具体地写进去,如五四运动等?是否“富强、幸福和文明”才叫社会主义社会?在国际法上,文明国家才能享有国际法上的权利。如果宪法中写“达到……文明的境地”,那么,帝国主义会说:你们既没有达到文明的境地,为什么要参加国际组织呢?第二段前两句的提法与党的总路线及宣传提纲中的提法有相当距离,为什么?为什么只提"总任务",不提"总路线"?总路线提"从中华人民共和国成立,到社会主义改造基本完成"。为什么宪法草案中提"从中华人民共和国成立到社会主义社会建成"?为什么没有提"三反""五反"?第三段的含义是否同时反映了宪法和纲领的意思?中华人民共和国成立以来,已取得了多方面的胜利。为什么本段只提到政治上、经济上的胜利?第四段的"以中国共产党为领袖"和第一段的"在中国共产党领导之下"有无区别?第五段第二句"这个团结……将继续加强"是说将来再加强吗?"各民族的内部公敌"是指什么?是否指少数民族还未实行土地制度改革地区的地主?"社会主义改造"是一件工作,为什么此处提为"问题"而不提"道路"或"过程"?本段第三句怎样解释?是否像土地改革在少数民族地区只完成了一部分,今后需要注意各民族发展的特点,也就是说要照顾民族的团结,要根据群众觉悟的提高,采取稳步前进的方针,慢慢地实行?第六段对苏联友谊的写法是否还需要突出些?

3. 全国政协组织的宪法草案座谈会意见[1]

1954年5月15日,宪法起草委员会办公室印发的《宪法草案初稿讨论意见汇编》(十三)整理了全国政协组织的宪法草案座谈会对宪法草案序言的意见,[2]主要内容包括:

一是建议在序言中增加一些内容,如把100多年的革命概括地写一下;把"太平天国"和"辛亥革命",推翻几千年封建统治的历史加以表述。

二是对序言的文字作必要的修改,如原第四段末加上"并在社会主义由初级到高级的发展过程中逐步完成它的历史责任",将统一战线的前途说得更明确一些;原第五段末加上"也必须完成社会主义建

[1] 根据1954年5月15日宪法起草委员会办公室印《宪法草案初稿讨论意见汇编》(十三)整理而成。

[2] 同上。

设,然后各民族才可能充分发展并高度繁荣兴盛”,不只是单纯照顾各民族,而且要使它们明白,民族发展和兴旺必须实现社会主义。

三是建议序言中个别语词作必要的变动,如“完成经济恢复”改为“恢复国民经济”、第三段中“庄严地通过我国的第一个宪法”改为“庄严地通过中华人民共和国宪法”;“这个宪法以1949年中国人民政治协商会议共同纲领为基础,同时是它的发展”改为“这个宪法以1949年中国人民政治协商会议共同纲领为基础,同时,也是它的发展”;第四段第二句“我国的人民民主统一战线”后面加“……其组织形式就是人民政治协商会议”;“在过渡时期的总任务”改为“建成社会主义社会”;第六段第一句“我国同苏联和各人民民主国家已经建立了伟大的牢不可破的友谊”可改为“我国同伟大的苏联和各人民民主国家已经建立了牢不可破的友谊”等。

(四)对宪法总纲的意见

1.全国政协组织的宪法草案座谈会第一次和第二次会议的意见

1954年4月5日,宪法起草委员会办公室印发的《宪法草案初稿讨论意见汇编》(一)整理了全国政协组织的宪法草案座谈会的第一次和第二次会议的记录,[1]这两次会议对宪法总纲提出主要意见为:

(1)一般性意见

文化教育方面提得太少,可以把《共同纲领》中有关文化教育方面的写进去,特别是“五爱”应当写进去。宪法草案中找不到“科学”2字。只有第90条提到“外国科学家”。

建议第2条规定为:“中华人民共和国的领土,包括:河北、山西、内蒙古、辽东、辽西、吉林、黑龙江、热河、陕西、甘肃、宁夏、青海、新疆、山东、江苏、安徽、浙江、福建、台湾、广东、河南、湖北、湖南、广西、四川、贵州、云南、西康、西藏等省区为不可分割的统一体。”在我国第

---

〔1〕 根据1954年4月5日宪法起草委员会办公室印《宪法草案初稿讨论意见汇编》(一)整理而成。

一部人民的宪法中规定疆土名称,特别是列入台湾地区(即使目前不将香港、澳门、九龙等地列入),这表示“金瓯无缺”的决心。可以鼓舞国外华侨的爱国思想,并对美帝国主义的叫嚣给予迎头一击。苏联宪法中对疆土规定最详,人民民主国家也有规定。我国是多民族国家,故也应规定。

国家疆界应规定。如有些边界尚未最后确定,可仿苏联宪法所用的“边区”字样规定出来。

(2)具体条文意见

对于条文的修改意见主要包括如下几个方面:

建议增加一些规定。比如,建议在第 3 条中加“信仰宗教自由”,在“各聚居的少数民族实行区域自治”之后增添“保障各散居的少数民族的权利”;在第 6 条中应提出领海、领空;参考苏联经验在第 2 款把有关国计民生的大企业、工厂等也明文规定为全民所有;第 16 条将“各尽所能,按劳取酬”原则写上去;第 20 条后加一条:“中华人民共和国领土的完整必须保持”或“中华人民共和国的领土为一不可分割的统一体”。或把大行政区的名称列出,再加上台湾地区。

建议对一些内容进行修改。比如,建议将第 3 条第二句改为“各民族不分聚居、杂居、散居均有平等的权利和义务”;把第 7 条第 2 款的“全民所有制”放在“劳动群众集体所有制”之前;第 10 条第 3 款中“为害公共利益”与“扰乱社会经济秩序”互相调换。第 16 条第二句话如果说的是劳动权问题,与第 83 条有点重复,可考虑把本条归并到第 83 条中去,或者把第 83 条修正。

建议对有些条文的语词进行修改。比如,建议第 5 条的“资本家所有制”与第 10 条的“民族资本家”“资本主义所有制”前后应一致;第 5 条末句“资本家所有制”的“资本家”之上加“民族”2 字,以便与第 10 条写法一致;第 6 条第 2 款中的“水流”可改为“河流”;第 10 条第 3 款“国家禁止资本家从事投机、垄断、盗窃”中的“资本家”改为

"任何人"。

建议删除一些条文。比如,认为第 4 条内容并没有加强序言第二段的内容,可删除。第 10 条中各种不同形式的国家资本主义是过渡的形式,不是固定的形式,宪法中不必写。第 18 条可以包括在第 91 条中。机关工作人员也是公民,不必单独提出。

2. 全国政协组织的宪法草案座谈会第四次和第五次会议的意见

1954 年 4 月 15 日,宪法起草委员会办公室印发的《宪法草案初稿讨论意见汇编》(四)整理了全国政协组织的宪法草案座谈会 3 月 31 日到 4 月 9 日的第四次和第五次会议的记录,这两次会议对于宪法总纲提出的意见如下:

(1)一般性意见

在结构方面,提出了如下意见:建议把本章分为两章;把本章中有关经济成分的各条(第 5 ~ 10 条)单独列成一章;第 4 条和第 5 条可调换一下;将第 10 条第 3 款并入第 13 条,改为"国家禁止任何人从事投机、垄断、盗窃国家财产及其他危害公共利益、扰乱社会经济秩序、破坏国家经济计划的行为";将第 14 条和第 15 条调换一下;将第 16 条移到第 10 条和第 11 条之间。

在内容方面,主要提出将下列内容加以规定:重工业问题;国家疆域问题;中央和地方政权的界限问题;社会主义平衡发展的原则和重点配合的问题;精简节约是社会主义积累的基本原则;斯大林提的"技术决定一切"和"干部决定一切";选举法问题;工农比例的增长和重视劳动的问题;工农联盟;国家有计划发展城乡间的经济联系;文化教育方面的条文;国家奖励科学的发现和发明,奖励有益人民的优秀的文学艺术作品;发展人民的戏剧电影和广播事业;国家对具有历史和文化价值的书籍、文物及古建筑物,应予开放、保护;"五爱";国家对人民健康的保障;地下文物发掘出来应归国家所有。

在语词方面,第 8 条第 2 款和第 9 条第 2 款中"自愿的基础上"

改为“自愿原则”或者改为“自愿结合的基础上”;建议把第8条、第9条、第10条等中的“依照法律”4字去掉;第11条、第16条、第19条的“公民”改为“人民”;第16条“并且保证他们的劳动得到适当的报酬”中的“他”是指人而言。可是,第6条第2款“……矿藏……和其它……资源”中指资源时也用“他”,第8条第1款“……和其他财产所有权”指财产时也用“他”。第34条“全国人民代表大会经过它的代表向它的选举单位报告工作,并且受它们的监督”却是用“它”。

(2)具体条文意见

建议修改一些条文的内容:第1条可改为“中华人民共和国是工人阶级领导的、以工农联盟为基础的、多民族的人民民主国家”。第3条第四句规定得太轻,建议参照苏联、波兰将对民族歧视和压迫规定为犯罪行为。将第4条改为“中华人民共和国运用国家机关并组织社会力量,经过国家的社会主义工业化和社会主义改造,保证逐步消灭人剥削人的制度,建立社会主义社会”。将第5条改为:“中华人民共和国的生产资料所有制现在的形式是:国家所有制即全民所有制、合作社所有制、个体劳动者所有制和资本家所有制。”将第6条“国家保证优先发展国营经济”一句应单独列为一款,与第8条、第9条、第10条一致。第7条第1款第一句可改为“合作社经济其高级形式是劳动群众集体所有制的社会主义经济,其低级形式是劳动群众部分集体所有制的半社会主义经济”。第2款第一句可改为“劳动群众的集体所有制是社会主义所有制的一种形式”。第11条可仿照苏联宪法第10条的写法:“公民对其劳动收入及储蓄、住宅及家庭副业、家常及日用器具,自己消费及享乐品之个人所有权,以及公民个人财产之继承权,均受法律之保护。”第14条可改为:“国家实行经济计划,以指导整个国民经济的发展和改造,不断发展技术,提高生产力,以改进人民的物质生活和文化生活,巩固国家的独立和安全。”第17条可改为:“一切国家机关必须经常保持和群众的密切联系,依靠群众,发扬群众的积极性,吸收群众参加工作,接受群众的监督。”第18条可改为:“一切国家机关工作人员必须为人民服务,效忠人民民主制度,并经常保持同人民群众密切联系,在工作中依靠人民群众的参加、创议和监督。”

建议增加一些条文或内容:第2条在中央政府与地方政府的职权划分方面关于集中统一与因地制宜相结合的问题应提一下;在本条加上“通过普遍、平等的选举,产生人民代表大会”;本条第二句“全国人民代表大会”前面加“中华人民共和国”,本句加上“中央人民政府和地方各级人民政府”;本条应将民主集中制的定义写出来;本条第2款民主集中制应该另列一条。第3条应把“团结互助”4字加进去,加上“禁止侮辱少数民族的文字与语言”;本条后面加“中华人民共和国国家权力的中央机关和地方机关,各种各级业务部门中的各种各级工作人员一律适当任用各民族人民,并鼓励各人民团体、企业及机关加以任用”;第三句的“区域自治”之后加上“保障一切散居杂居的少数民族享有民族平等权利”;第8条第1款中应仿照苏联宪法提出“集体农庄”来;第1款中增加“保护农民生产资料所有权”。第12条可把财产权或所有权加进去。

建议删除某些条文或内容:第4条中“国民经济的社会主义改造”的“国民经济”4个字可以去掉。第9条第1款中“非农业的”4个字可不要。“个体手工业者”的“个体”2字可以去掉。第10条第3款可以取消。因为宪法不需要规定得太详细,禁止投机、垄断可由其他法律规定。在第4款内有“防止资本家的非法活动”就可以了。

建议在条文的措辞上改进,将第3条中“少数民族”可改为“兄弟民族”,第4句“分裂”改为“妨害”或“破坏”;将第4条中“依靠”两字改为“通过”或者“经过”;“组织社会力量”的“组织”改成“运用”。将第15条“统制”改成“专营”或“垄断”;“国内贸易的管理”可改为

"有关国计民生重大意义的物品、生产,得由国家专营"。将第 20 条中"保卫国家的安全和领土主权的完整"改为"保卫国家建设、安全和领土主权的完整";"领土主权"4 个字比较陈旧,且不能包括领海、领空,建议改为"国家主权"。

(3)提出的问题

提出的问题主要包括:①一般性问题。关于疆土和版图问题,如香港、澳门以及未定界的区划将如何处理?少数民族,如西藏等地区是否同时实行?"国家机关""政权机关""政府机关"有何区别?资本家是否只有"民族资本家"和"官僚资本家"两种?我国和苏联合作的企业,是否包括在国营经济范围内?农民除土地所有权外,是否还有其他生产资料?本章第 8 条、第 9 条、第 10 条中的"其他财产所有权"包括些什么?②具体条文问题。第 1 条为什么不提联合"各民主阶级"和"人民民主专政"?第 2 条第 2 款的"国家权力的中央机关和地方机关"是否指第 1 款的"全国人民代表大会和地方各级人民代表大会"?"民主集中制"应如何理解?第 3 条所提的"民族",是否按斯大林同志所提的 4 个特征去理解?本条中为什么用"分裂"而不用"破坏"?第 4 条中"依靠国家机关"的含义如何?"国民经济的社会主义改造"和总路线所说的"对农业、手工业和资本主义工商业的社会主义改造"有无不同?第 5 条规定有 4 种所有制,公私合营算哪一种?合作社是否包括集体农庄?"资本家所有制"为什么不写成"资本主义所有制"?

第 6 条第 1 款中的"国家保证优先发展国营经济"是否包含以发展重工业为重点的意思?领海、领空是否包括在资源之内?"大森林、大荒地"的"大"是大到什么程度?第 2 款中"租给他人经营"的"他人"如果包括外国,是否必须是和我国已经建立了外交关系的国家?中苏合营的企业包括在"国家经营"之内,还是包括在"租给他人经营"之内?第 7 条"劳动群众集体所有制的社会主义经济"和

"劳动群众部分集体所有制的半社会主义经济"有何区别？供销合作社、消费合作社及信用合作社是社会主义性质，还是半社会主义性质？哪几种合作社是"劳动群众集体所有制"？哪几种合作社是"劳动群众部分集体所有制"？

第8条对资本家是以社会主义所有制代替资本主义所有制，对富农的"所有制"怎么办？第10条第1款规定了保护民族资本家的生产资料和其他财产所有权，他的子女是否也有继承权？第1款的规定，是否意味着非民族资本家不在保护之列？第11条规定"国家保护公民的劳动收入……和其他生活资料的所有权和继承权"。资本家的银行利息、房屋租金都不是劳动收入，是否也受保护？农民的土地是否由他的后代继承？将劳动收入储蓄起来所获得的利息是否还算劳动收入？华侨寄回来的钱算不算劳动收入？如果现在有资本家将生产资料卖掉，将钱储蓄起来，是否也受到保护？本条规定生活资料有继承权。生产资料是否也有继承权？生活资料和生产资料怎样区别？

第12条规定的"征购、征用或者收归国有"与第10条第1款规定的"保护民族资本家的生产资料所有权和其他财产所有权"有无矛盾？本条是专指资本家，还是包括其他人？城市修马路要拆房屋，房屋的地基是否是生产资料？能否征用？一部分生活资料，如住宅，是否也可征购、征用或收归国有？本条是否包括"没收"？第13条中的"私有财产"是着重指生活资料，还是着重指生产资料？第16条没有公民权的地主等人的劳动是否也叫"光荣事业"？本条中规定的保证劳动报酬，是指由于创造或发明而提高了生产给以报酬，还是指凡是劳动国家就给以报酬？奖励是否算适当的报酬？第18条为什么提了"服从宪法和法律"还要提"效忠人民民主制度"？"权益"和"权利"有何不同？地主和官僚资本家在他们没有被改造好以前，是否就不保护他们的安全和合法权益？"叛国"、"反革命分子"和"卖国贼"

有何区别?对一般反动分子的问题是否另有法律规定?“政治权利”是指什么?

3. 全国政协组织的宪法草案座谈会意见[1]

1954 年 5 月 15 日,宪法起草委员会办公室印发的《宪法草案初稿讨论意见汇编》(十三)整理了全国政协组织的宪法草案座谈会对宪法草案总纲的意见,其中,一般性的意见有:建议修改本章标题,写“总纲”有些文言化,比较难以理解,建议改为“社会制度”;建议增加的内容有:保护文化古物是人民的义务;概述国家组织系统中的各主要部门,作一个总的交代;在第 9 条上写继承权的内容等。

对条文的具体意见有:(1)把“一切权力属于人民”改为“主权属于全体人民”,其理由有:一是第 1 条规定了人民民主国家,民主必有人民的主权;二是可以提醒并鼓励人民当家作主的思想;三是苏联宪法和瑞士宪法都规定“主权”;四是适合中国习惯;五是通俗易懂;六是属于人民的“主权”是法律主权,领导权是政治的主权,与工人阶级的领导权并不矛盾。(2)把第 1 款中的“国家保证优先发展国营经济”改为“国家保证国营经济的发展在速度上和比重上能适应国民经济改造的需要”,原文中没有强调国营经济对其他经济的领导地位。(3)把第 8 条第 1 款改为“国家依靠法律保护农民的土地及其他生产资料所有权”。(4)关于第 10 条,讨论者认为,缺乏积极的意义,没有提到发挥资本主义工商业的积极性的问题,表现其消极的禁止、限制的意思比较多,特别是第 4 款的规定目的性不明确。提出两种修改方法:一是将第 1 款改为“国家依照法律保护资本主义工商业的生产资料所有权和其他财产所有权”,仍作为第 1 款,原第 1 款“鼓励”以上的文字不要,把第 3 款改写为“国家对资本主义工商业的改造,经过政府机关的管理、国营经济的领导和资本主义工商业内工人群

---

〔1〕 根据 1954 年 5 月 15 日宪法起草委员会办公室印《宪法草案初稿讨论意见汇编》(十三)整理而成。

众的监督,鼓励和指导他们转变为各种不同形式的国家资本主义经济,逐步用社会主义的全民所有制代替资本主义所有制”;二是把第2款的“采取如下的政策”,改为“采取方针如下”,条文中的“民族资本家、资本家、资本主义”都改为“资本主义工商业”。(5)对于第11条,大家认为如按原来的规定,给人的印象是只有生活资料才有继承权,既然保护民族资本家的生产资料所有权,除非法律限制,生产资料也应该有继承权。建议本条参照苏联宪法改为“国家依照法律保护个人财产的继承权”,增加规定“国家依照法律保护公民个人财产权的继承权”的内容,把本条改写为“国家保护公民的劳动收入、储蓄、住宅和其他生活资料,并依照法律保护个人财产的继承权”。(6)把宪法草案第17条修改为“一切国家机关工作人员必须根据国家的宪法和法律行事”。

在总纲的讨论中,提出的问题主要包括:政治协商会议如果存在,应处于什么地位,它和全国人大的关系如何;生活资料以外的财产,如股票和独资开设的工厂、商店等,是否属于第11条规定保护的范围等。

(五)对国家组织系统的意见

1. 一般性意见

1954年4月5日,宪法起草委员会办公室印发的《宪法草案初稿讨论意见汇编》(一)整理了全国政协组织的宪法草案座谈会第一次和第二次会议中提出的一般性意见:(1)本章的标题不能将内容很明显地表现出来。内容实际上包括了国家组织系统、权力机关等方面。用“系统”2字,提法是否合适?(2)本章标题“国家组织系统”不明确。它可以有两种解释,即国家的组织系统和国家组织的系统。(3)本章第1节、第3节的标题可改为:第一节“全国人民代表大会——国家最高权力机关”;第三节“国家权力国家管理的地方机关”。本章第4节、第5节的标题可改为:第四节“地方人民代表大会”;第五节“民族自治地方的自治机关”。(4)宪法草案中没有提到监察机关,《共同纲领》中是有规定的。

1954 年 4 月 22 日,宪法起草委员会办公室印发的《宪法草案初稿讨论意见汇编》(五)整理了全国政协组织的宪法草案座谈会 4 月 7 日到 12 日的第六次、第七次、第八次会议的记录,[1]这三次会议对于第 2 章国家组织系统提出的一般性意见如下:(1)本章标题可改为:“一、国家机关组织系统。二、国家政权及管理机关组织系统。三、国家政治制度。或:国家结构。”(2)建议:如主席和全国人民代表大会意见不一致怎么办,在本章中加以规定。(3)建议:就本章的规定,列出一个表。

1954 年 5 月 15 日,宪法起草委员会办公室印发的《宪法草案初稿讨论意见汇编》(十三)整理了全国政协组织的宪法草案座谈会对宪法草案国家组织系统提出的一般性意见:宪法草案座谈会小组对国家机构问题进行了广泛的讨论和研究,提出了值得思考的建议。首先,对章名提出了修改意见,建议修改为“国家权力的组织”或“国家权力组织系统”。其理论依据是:第 2 章规定的是国家机关的系统,以“组织”作为总题目不十分恰当;本章规定的不是国家的组织而是国家权力的组织,是人民所有的全部权力如何通过国家一切机关来实现,故可改为“国家权力的组织”;1918 年苏俄宪法和德意志民主国家宪法中也采用过这种提法,有宪法史方面的先例。其次,认为本章第 4 节和第 5 节的内容有些重复,建议由政协产生政府,政府下设政务院。另外,建议最高人民法院和地方人民法院的组织法由全国人民代表大会规定。

2. 对全国人民代表大会的意见

1954 年 4 月 5 日,宪法起草委员会办公室印发的《宪法草案初稿

---

〔1〕 根据 1954 年 4 月 22 日宪法起草委员会办公室印《宪法草案初稿讨论意见汇编》(五)整理而成。

讨论意见汇编》(一)整理了全国政协组织的宪法草案座谈会第一次和第二次会议中对于第 2 章第 1 节全国人民代表大会提出的意见:(1)本节中没有规定常务委员会与主席的关系。常务委员会可以监督宪法和法律的实施和监督国务院,但对主席一句未提,关系不明确。常务委员会应该有监督权,也未提及。(2)全国人民代表大会代表可以兼任行政服务,应加规定。(3)第 23 条和《选举法》第 7 条、第 32 条,对华侨的国籍问题,如何取得公民资格问题及如何行使公民的基本权利和义务问题,都没有明文规定。(4)第 24 条第 2 款可改为"全国人民代表大会必须在任期将满的三个月内举行……"(5)第 26 条第 1 款下面加"国籍法";法律不是根本法,不应列在宪法之前;既规定了"修改宪法",就应当有"制定宪法";把"修改宪法"放在前面,因为法律是由宪法产生的。本条第 5 款应增加一项,规定当国务院总理或副总理发生事故时怎样处理;本条第 7 款应增加有关行政区划的变动一项。(6)第 28 条没有规定修改宪法的程序。(7)第 33 条中规定:"全国人民代表大会的代表,除现行犯外……不得逮捕或者审判。"这可以有两种解释:全国人民代表大会的代表不得被逮捕或者被审判。另一种为,全国人民代表大会的代表不得逮捕或者审判他人。(8)第 35 条全国人民代表大会是国家最高权力机关,不宜称"议长"。(9)第 36 条中,解释宪法权,是否属于常务委员会?全国人民代表大会闭会后常务委员会执行经常工作,可将解释权归常务委员会。

1954 年 4 月 22 日,宪法起草委员会办公室印发的《宪法草案初稿讨论意见汇编》(五)[1]整理了全国政协组织的宪法草案座谈会 4 月 7 日到 12 日的第六次、第七次、第八次会议的记录,这 3 次会议对于第 2 章第 1 节全国人民代表大会提出的意见如下:

---

〔1〕 根据 1954 年 4 月 22 日宪法起草委员会办公室印《宪法草案初稿讨论意见汇编》(五)而整理。

(1)一般性意见

在结构方面,建议将本节列为一章,将本节中的全国人民代表大会的职权和全国人民代表大会常务委员会的职权分成两节;建议把第27条和第28条对调,因为修改宪法比制定法律还重要;将第36条第11款和第13款的位置对调一下,使与第41条第4款相称。

在内容方面,建议增加有关选举的规定;规定全国人民代表大会应有多少人出席才能开会;本节中可加上解散全国人民代表大会的条文;规定代表出缺,如病故、辞职等如何补选的条款;规定第一届全国人民代表大会由谁召开,全国人民代表大会制定自己的内部规程;加一附则说明本宪法是第一次全国人民代表大会通过;全国人民代表大会议长与主席的关系应当加以规定;规定全国人民代表大会议长被罢免,或者去世、长期不能工作时应如何处理;第27条规定的"过半数的代表通过"和第28条规定的"三分之二以上的代表通过",建议明确是指代表的总人数,还是指到会的代表人数,并规定出席人数在代表总数1/2以上才能开会;"组织国务院"下面加"并有权罢免国务院总理、副总理、国务院其他组成人员";第6款"选举最高人民法院"下面加"并罢免它的组成人员","任命"下加"并罢免"3个字。第29条之后加一条:"全国人民代表大会的议长,主持会议,领导工作。"

(2)具体条文意见

将第21条改为"中华人民共和国最高权力机关是全国人民代表大会"。将第22条改为"全国人民代表大会是中华人民共和国的唯一立法机关"。将第23条第一句可修改为"全国人民代表大会由省、市、自治区和自治省的代表、少数民族的代表……组成";第二句改为"代表名额、代表候选人和代表的产生办法由选举法规定"。第24条,参照德国、捷克宪法的规定,把全国人民代表大会的任期改为5年。本条第2款可改为:"全国人民代表大会必须在任期满了后三个月内举行下届全国人民代表大会的选举;如果遇到不能进行选举的非常情况,全国人民代表大会或全国人民代表大会常务委员会得决定延长它的任期到下届大会选出的时候为止。”第 25 条应规定开会的期限和人数。本条可改为:“全国人民代表大会每年开常会一次,由……召集。如有三分之一以上的代表提议或全国人民代表大会常务委员会认为必要,亦应召集。”第 26 条应规定宪法的通过和批准问题;本条增加一款:“解释宪法”;本条中应规定人民代表大会有“制定对内对外的基本原则和措施”的职权;本条中应规定国内行政区划及各部组织、撤消、合并、废除的权限;本条增列一款:“变更或撤消常务委员会所做的措施。”应明确中华人民共和国主席、议长、副议长的人数;“主席”改称为“元首”或“总统”;增加“特赦”。第 11 款“全国人民代表大会认为应当由它行使的其他职权”规定似乎太广泛,是否需要,值得考虑。第 27 条可改为:“全国人民代表大会开会,须有代表总数的过半数出席,决定须经出席代表过半数通过。”“过半数”下面应加“(指全体的半数)”。第 28 条可改为:“宪法的修改须由全国人民代表大会全体代表三分之二以上通过。”“宪法的修改”应改为“宪法的制定和修改”。第 29 条可改为:“全国人民代表大会有权罢免和行使第二十六条(三)、(四)、(五)、(六)各款职权所选举、决定和任命的人员。”本条可增列一款:“全国人民代表大会认为应当由它罢免的其他人员。”第 30 条可作如下修改:其一,只规定代表资格审查委员会,其他委员会可概括规定为“全国人民代表大会认为有必要时可以设立有关的委员会”。其二,详细规定根据代表资格审查委员会的报告,决定承认代表资格或宣布个别代表当选无效。第 31 条可改为:“……一切有关国家机关、人民团体和公民都有义务答复这些委员会所提出的问题及提供必要的材料。”“全国人民代表大会所设立的……一切国家机关、人民团体和公民必须执行委员会的要求,并提供必要的材料”中“公民”应改为“人民”。第 32 条对受质问和询问机关的答复时间应有规定。第 33 条可改为:“全国人民代表大会的代表,非经全国人民代表大会或全国人民代表大会常务委员会许可,任何机关不得加以逮捕或审判;如果代表系现行犯而当场被捕时,不需此种许可,但逮捕机关必须立即把逮捕理由报告全国人民代表大会或全国人民代表大会常务委员会请求批准。”第 34 条第 2 款可改为“选出全国人民代表大会代表的各选举单位有权随时依照法律手续撤换自己的代表”。第 36 条可增加下列职权:省市以上行政区域的划分与变更;国务院各部、会的新设、取消与合并;大学校长、专门学院院长,大区行政委员会的主席、副主席、委员以及与他们同级和部长级以下的一些高级人员的任免。第 37 条明文规定常务委员会的任期。

(3)提出的问题

一般性问题:第 26 条第 3 款和第 35 条第 2 款的议长、副议长的关系如何?是否一致?为什么在第 26 条第 5 款中只提总理而没有提副总理?决定行政区域划分的权力属于哪里?第 26 条第 11 款和第 36 条第 17 款关于全国人民代表大会和常务委员会行使职权的范围,是不是规定得太广了?会不会影响到其他方面的职权?第 27 条、第 28 条规定的通过人数,一个是过半数,一个是 2/3,为何不同?第 26 条第 6 款中只规定选举“最高人民法院”,第 29 条中却规定罢免“最高人民法院的组成人员”?“最高人民法院”与“最高人民法院的组成人员”有何区别?全国人民代表大会的罢免权为什么单列为第 29 条?它不都是全国人民代表大会的职权吗?为什么决定副总理人选不放在全国人民代表大会的职权内,而要放在全国人民代表大会常务委员会的职权内?第 36 条第 12 款的“批准”与第 41 条第 4 款的“批准”有什么区别?在什么情况下由常务委员会批准?什么情况下由主席批准?第 36 条第 11 款规定驻外全权代表由常务委员会决定任免,第 41 条第 4 款又规定由主席任免。究竟由谁任免?是否废除条约、媾和、领土的变动等职权,不加主席的附加行为就可生效?“法律”和“条例”,“法令”和“命令”“指令”,它们的含义是什么?有什么不同?

具体条文问题:第22条中全国人民代表大会的立法权的范围多大?是不是所有的法律条例都由它制定?第23条全国人民代表大会的代表是不是分区选举?少数民族是否指汉族以外的民族?军人的代表怎样选举?全国人民代表大会的代表,如果因死亡而出了缺席,是否需要补选?怎样补选?全国人民代表大会代表的产生,是否依据现在的选举法?第24条中全国人民代表大会如果任期满了,下届代表还没有产生,在这3个月中要召集大会,是否仍是旧代表出席?第25条中,常务委员会是否和全国人民代表大会同时产生?国务院总理和总检察长、副总检察长是否由常务委员会提名?第26条中,如要修改法律,由谁修改?怎样选举议长、副议长?副主席、副议长各几个人?议长和主席是不是平行的?如果常务委员会和主席发生争执,全国人民代表大会可否作最后决定?第5款与第6款中提到的总理和总检察长、副总检察长,是否都要经过选举?为什么最高人民法院要经过全国人民代表大会“选举”,国务院总理是由全国人民代表大会“决定”,总检察长和副总检察长则是“任命”?这些人选由谁来提名?第28条修改宪法要2/3以上的代表通过,制定宪法要有多少人同意才能通过?第30条各种委员会与国务院是什么关系?第31条公民有义务向各委员会提供“调查和审查”的材料。被剥夺了公民权利的有没有这种义务?第32条“质问和询问”是由大会来做,还是由代表个人来做?“质问”和“询问”有何不同?效力有无分别?受质问和询问者拖延不答复怎么办?第35条常务委员会是“全国最高权力机关的日常工作机关”。但在全国人民代表大会4年任期已满、新的全国人民代表大会又未选出来的3个月的脱空时间里,既没有最高权力机关,常务委员会又怎么能成为最高权力机关的日常工作机关？第 36 条“解释法律”是否包括解释宪法？宪法颁布以后有了疑问由谁来解释？常务委员会决定国务院的人选,总理不同意怎么办？如果总理被罢免,他的职权由谁代行？国防委员会的人选由谁提名？是否由常务委员会决定？“勋章”与“奖章”有什么分别？授给主席勋章应由谁提议？一个城市的戒严是否也得由常务委员会决定？

1954 年 5 月 15 日,宪法起草委员会办公室印发的《宪法草案初稿讨论意见汇编》(十三)整理了全国政协组织的宪法草案座谈会对宪法草案全国人民代表大会提出的意见：

关于全国人民代表大会地位问题。在国家机构体系中全国人民代表大会处于最高地位,其组织体系和职权、具体运作程序自然引起了不同社会阶层的关注。对草案的主要修改意见是：把第 2 章第 1 节列为一章,以表明全国人大地位的重要性,并把第 27 条和第 28 条对调,因为修改宪法比制定法律更为重要；建议增加有关选举方面的规定；增加规定制定宪法的内容,并把第 27 条修改为“法律的制定由全国人民代表大会全体过半数的通过”,把第 28 条修改为“宪法的批准和修改,由全国人民代表大会全体代表三分之二以上的通过”；在讨论第 26 条时,提出政府的结构应由全国人民代表大会规定,以后的增减由全国人大常委会决定；在第 36 条中增加规定“解释宪法”,法律和宪法相抵触时法律就要解释,也就会牵涉宪法的解释问题,应把解释宪法的权力放在全国人民代表大会,并规定“全国人民代表大会有制定对内对外的基本原则和措施的职权”；建议增加规定“制定宪法”的职权,否则全国人民代表大会第一届制宪会议就失去依据；在宪法修改条款的规定中没有规定宪法的通过和批准问题。

提出的问题：第 34 条第 2 款规定选举单位有权撤换自己的代表。执行此项规定,是否应有上级的指示或征得上级的意见。第 36 条第 11 款、第 12 款、第 15 款、第 16 款都有“决定”二字。所有“决定”的人选或问题,是否由主席提名或提议?第 36 条第 10 款规定,组织国防委员会是常务委员会在全国人民代表大会休会期间的职权。在全国人民代表大会开会期间,有关组织国防委员会的问题由谁办?国防委员会是否向全国人民代表大会常务委员会报告工作?“组织国防委员会”是否包括国防委员会的组织机构及其人选?如果省人民代表大会通过一个决议或命令,全国人民代表大会常务委员会认为不适当,但并不抵触法律,全国人民代表大会常务委员会可否变更或撤销?

3. 对中华人民共和国主席的意见

1954 年 4 月 5 日,宪法起草委员会办公室印发的《宪法草案初稿讨论意见汇编》(一)整理了全国政协组织的宪法草案座谈会第一次和第二次会议中对于中华人民共和国国家主席的意见:(1)和民主德国、捷克等国一样,可把“主席”改为“总统”;(2)规定主席与国务院的关系;(3)全国人民代表大会的选举与中华人民共和国主席的任期均规定为 4 年;(4)规定副主席的职权;(5)第 44 条“中华人民共和国主席被罢免或者去世或者长期不能工作的时候……”可改为:“中华人民共和国主席任期已满或者因故长期不能工作的时候……”(6)本条中“罢免”2 字可以删去。本条关于罢免问题的条文,前后不衔接。

1954 年 4 月 24 日,宪法起草委员会办公室印发的《宪法草案初稿讨论意见汇编》(六)整理了全国政协组织的宪法草案座谈会的第九次会议的记录,这次会议对于第二章第二节中华人民共和国主席提出的修改意见如下:

(1)一般性意见

建议主席兼任全国人民代表大会议长,“主席”改称“总统”;可不专设中华人民共和国主席;规定副主席的选举与任期;第 41 条规定中华人民共和国主席得出席全国人民代表大会常务委员会,并提出建议。在必要时召集中华人民共和国副主席、国务院总理和其他有关人员举行最高国务会议。

(2)具体条文意见

第 38 条规定主席为国家元首,对外代表国家;第 39 条可改为“中华人民共和国主席由全国人民代表大会选举。任何年满三十五岁的享有选举权和被选举权的公民,都可以被选举为中华人民共和国主席,任期五年,连选得连任”;第 40 条可规定副主席的选举和任期与主席相同;第 41 条增加如下内容:“主席对行使第一款职权所根据的全国人民代表大会和全国人民代表大会常务委员会的决定有所疑义时,请求复议。必要时主席可以解散全国人民代表大会。向国务院或者个别部长、主任询问他们职权范围内的工作,并得提出意见交国务院作适当的决定。必要时得令全国务院向主席报告工作。”第 42 条规定主席得连选连任,规定副主席的职权;第 43 条不必在宪法中规定;第 44 条可改为“中华人民共和国主席如果被罢免或者去世或者长期不能工作的时候,主席的职务由副主席执行。假若副主席被罢免或者去世或者长期不能工作的时候,就在三个月内重选新的主席”。

(3)提出的问题

一般性问题:我们为什么要设一个共和国主席?主席对谁负责?主席的职权由宪法决定,还是由全国人民代表大会决定?从法律上看,主席对常务委员会和国务院不要负责任,事实上是否还要负责任?国务院总理有责任向全国人民代表大会报告工作,是否也有责任对主席报告工作?倘若不,主席对情况就很难了解,又凭什么召开最高国务会议?主席是否有权要求国务院和国务院所属各部向他报告工作?国务院总理不服从最高国务会议的决议怎么办?第 41 条第 3 款规定主席“依照法律任免省……主席、副主席”,第 48 条第 4 款规定国务院“统一领导全国地方各级人民政府的工作”,两者之间关系如何？第41条第6款的最高国务会议与第45条的最高管理机关有何区别？两条中的“最高”是什么意思？主席与最高人民法院、总检察长是什么关系？国防委员会是否起总参谋部的作用？

具体条文问题：第38条中为什么不到35岁的公民就不能被选为主席？第39条主席任期规定5年，是否因为我们国家太大，选一次主席不容易？主席和全国人民代表大会的任期不一致，全国人民代表大会在3个月内选出的新主席，马上接任呢？还是等到上届主席任期满了后再接任？或者是全国人民代表大会等到上届主席5年任期满了之后再召开临时代表大会进行选举？第40条中，副主席兼不兼全国人民代表大会代表？第41条中，主席行使职权，是否要有国务院总理的副署？主席的任免是否包括罢免在内？主席任免总理是根据全国人民代表大会的决定。假设总理需要重新任免，又在全国人民代表大会闭会期间，怎么办？主席任免的总理、部长由谁提名？总理是由主席任免的，最高人民法院与总检察长好不好也由主席来任免？主席职权中没有任命总检察长、副总检察长的规定，是否全国人民代表大会通过后就算任命？什么样的勋章、奖章和荣誉称号由主席授予？主席可以向全国人民代表大会和全国人民代表大会常务委员会提出建议，别人可不可以提？任免驻外全权代表由谁提名？主席有没有不经常务委员会的决定，先和外国缔结条约的权利？“统率全国武装力量”，是否是主席的绝对职权？最高国务会议是不是协商的性质？主席与总理在最高国务会议上是怎样的一种关系？第42条既然规定主席任期5年，何必又规定主席行使职权到下届全国人民代表大会选出新的主席的时候为止？第43条本条所规定代行的“部分职权”，是什么职权？从本条的规定可以看出，主席如果不委托副主席代行职权，副主席就没事可干。这又何必要副主席？第44条提到主席“被罢免”，是否表示发扬民主的意思？本条中“长期不能工作的时候”的“长期”，以什么为标准？副主席在主席因故不能工作、新主席还未选出之前代行主席的全部职权,新主席选出后,副主席的任期怎么办呢?是否等任期满了以后再选新的副主席?副主席可不可以当选为主席?如果当选了主席,是否还要选一个副主席?

1954年5月15日,宪法起草委员会办公室印发的《宪法草案初稿讨论意见汇编》(十三)整理了全国政协组织的宪法草案座谈会对宪法草案国家主席提出的意见:

有的小组建议,国家主席应由全国人民选举更好,可以和全国人大议长有所区别,并建议增加规定集体领导和单一形式,主席下设办公厅。在讨论第41条时,建议明确"中华人民共和国主席为国家元首",并增加规定如下内容:主席公布法律要用民族文字;规定总理产生的过程由主席提名,全国人民代表大会决定,再由主席任命;增加规定"在必要的时候,主席有权要求国务院及各部、委报告其职权范围内的工作,并得将所收到的报告提出意见,交国务院决定适当的方法";增加规定,"对内领导全国"的内容,以明确主席在国内的地位;在宪法草案小组召开的第九次会议上,有的与会者建议国家主席应兼任全国人大议长,并提出了具体的理由:一是主席是国家元首,应兼任议长;二是符合民主集中制的精神;三是提高这个崇高名义的实际职权;四是符合我国历史情况和人民的愿望;五是主席好像不在两个最高机关里,也好像在两个最高机关之上,两种情况都不明确。建议在全国人民代表大会常务委员会设主席团,主席即任常务委员会主席兼国防委员会主席,最高国务会议可以不设立,这样既符合民主集中制原则,同时与"立法权与行政权的统一"相协调。另一种意见认为,可以不设国家主席,全国人民代表大会设主席团,主席团的主席就是国家主席,在全国人民代表大会和政府之间有国家元首掌握权力,是根据我国实际情况的需要,但从民主集中制角度看,有无国家主席没有多大关系;明确国家主席是国家元首的基础上,进一步明确国家主席对全国人民代表大会有解散之权。在讨论中,对国家主席提出了如下问题,主要有:主席对谁负责?主席的职权由宪法规定,还是由全国人民代表大会决定?国家元首是否还过问国家行政?国务院总理有无责任向全国人民代表大会报告工作,是否也有责任对主席报告工作?主席与最高人民法院、总检察长是什么关系等?

提出的问题:主席可否兼全国人民代表大会的代表?主席是否只限于全国人民代表大会的代表才可以当选等?

4. 国务院

1954 年 4 月 5 日,宪法起草委员会办公室印发的《宪法草案初稿讨论意见汇编》(一)整理了全国政协组织的宪法草案座谈会第一次和第二次会议中对于国务院的意见:第 45 条“管理机关”几个字不妥当。通常所谓管理机关是指机关事务的管理;第 46 条第 3 款“组成国务院的各个部和委员会的建立和变更由全国人民代表大会决定,在全国人民代表大会休会期间由全国人民代表大会常务委员会决定”和第 4 款“国务院的组织法由全国人民代表大会制定”可以规定在第 26 条全国人民代表大会的职权中;第 48 条应增加有关经济建设方面的条款,如发展重工业,相应地发展轻工业、交通运输业等。第 7 款下面加“奖励科学研究”。第 49 条还存在一些问题,如第 49 条中规定的“……根据法律和国务院的决议、条例和命令,可以发布决议和命令”。现在政务院经常发布的不仅是这些,还有通告、统领、指示等。这些应否也列出来?

1954 年 4 月 28 日,宪法起草委员会办公室印发的《宪法草案初稿讨论意见汇编》(八)整理了全国政协组织的宪法草案座谈会 4 月 12 日到 21 日的第十次、第十一次会议的记录,这两次会议对于第 2 章第 3 节国务院提出的意见如下:

(1)一般性意见

“国务院”名称可再考虑,可考虑改为“政务院”。标题可改为

"中华人民共和国中央人民政府"。增加中华人民共和国国务院根据实际需要设各部和各委员会;国务院的组织法由全国人民代表大会制定;在全国人民代表大会休会期间应由常务委员会制定;国务院对中华人民共和国主席报告工作;总理、副总理的任期;必要时副总理得代行总理的职权。对中央政府负责人违法行为的处理问题,应有所规定。

(2)具体条文意见

第45条可改为:"中华人民共和国国务院是国家政权的最高执行机关。"第46条可增列"总理因故不能执行职务,由副总理代行之"一款。第47条应考虑规定各部和各委员会对总理负责,本条可考虑增列"国务院应经常向中华人民共和国主席报告工作"一款。第48条建议增加如下内容:列举出各部和委员会的工作;关于行政区域的划分与变动;"领导国家工业建设,商业经营,发展农业、交通运输等"及"规划利用土地、矿藏、森林、水利的基本原则";编制国民经济计划;财政问题;对交通、贸易、银行货币和企业等的管理;国家对贸易的管理;优抚和社会救济;劳动与社会保险;关于人民团体的编制与经费的解决等问题。第49条可改为"各部、各委员会和其他直辖机关在本部门的职权范围内,根据法律和国务院的决议、条例和命令,可以发布决议和命令。各部部长、各委员会主任和其他直辖机关的主管人负责管理本部门的工作"。

(3)提出的问题

一般性问题:第48条第1款国务院发布的"决议、条例和命令",与第49条中各部和各委员会发布的"决议和命令"有何区别?第56条第1款只规定地方各级人民政府定期向本级人民代表大会报告工作,为什么没有规定定期向国务院报告工作?第48条第8款、第9款规定"管理民族事务""管理华侨事务",为什么在第30条中只规定设立民族委员会,没有设立华侨委员会?现在的政务院政治法律委员会、财政经济委员会、文化教育委员会及华侨事务委员会,将来是否还存在?省与省之间如果因事发生争执,国务院怎样调处?省人民政府除主席、副主席以外,委员、厅长、局长等其他人员,是否应由国务院任命?总司令由谁任命?

具体条文问题:第 45 条为什么把国务院写为中央人民政府,又是最高管理机关?为什么叫国务院而不叫中央人民政府?中央人民政府这个名称将来是否还存在?如果不,主席在哪里办公?外国使节到什么地方向主席呈递国书?第 46 条国务会议的职权,是否与苏联部长会议的职权相同?国务院是否包括院、署?院长和署长是否参加国务会议?国务院组成人员的范围究竟多广?不属于国务院组成人员的某些委员会主任、副主任由谁来任免?国务院由人组成,还是由机构组成?国务院是否设秘书长?如果有,算不算国务院的组成人员?由谁任命?组成国务院以外的部、委员会的建立和变更,是否不用全国人民代表大会决定?国家计划委员会是否包括在国务院里面?为什么没有把它单独列出来?第 1 款中的"某些委员会",是否包括全国人民代表大会的几个常设委员会?为什么要规定"某些委员会"?这些委员会的性质如何?为什么"部"排列在"委员会"的前面?第 4 款规定"国务院的组织法由全国人民代表大会制定",为什么第 26 条全国人民代表大会的职权内没有这个规定?现在的司法部将来是否属于国务院?法制委员会是否并入法案委员会?现在委员会的负责人,有的叫主任,有的叫主任委员,将来是否统一?第 47 条国务院对全国人民代表大会负责并报告工作,是否包括国务院所有的各个部和委员会?国务院的各个部和委员会是否还要对国务院总理负责并报告工作?国务院向全国人民代表大会报告的工作,是否还要全国人民代表大会通过?第 48 条国务院发布的决议、条例和命令,和第 41 条第 1 款甲项规定的主席公布的法律和具有法律效力的条例和其他法令,有什么分别?国务院是否按照主席公布的法令和条例再来发布决议、条例和命令？条例是不是有两种：一种是具有法律效力的，另一种是没有法律效力的？国务院所发布的决议、条例和命令，是否也具有法律效力？国务院发布的条例，要不要经过全国人民代表大会常务委员会通过？第 5 款中的"条例"，如果是指下级人民政府发布的，那么是指一般的省、市人民政府，还是指民族自治机关？"不适当的决议、条例和命令"经国务院变更后，如果全国人民代表大会常务委员会认为变更得不适当，是否可以取消国务院的变更或撤销？第 11 款规定国务院"管理外交工作"，那么外交部管理什么？

1954 年 5 月 15 日，宪法起草委员会办公室印发的《宪法草案初稿讨论意见汇编》(十三)整理了全国政协组织的宪法草案座谈会对宪法草案国务院提出的意见：

关于国务院的地位与职权问题。提出的主要修改意见是：规定"国务院是中央人民政府"的规定不明确，使人容易产生误解；本条的"国家最高管理机关"应改为"国家政权管理机关"或"国家政权最高管理机关"；第 46 条第 1 款中增加规定"国务院所属各部、各委员会如有变动时，由常务委员会决定"等。

提出的问题：第 46 条第 1 款规定"国务院由……组成"，第 26 条第 5 款规定"组织国务院"，两者在文字上有何区别？组成国务院的机关、人员和国务院所属的机关、人员，是否是一回事？第 48 条第 5 款规定，国务院有权变更或撤销国务院所属各机关和下级人民政府的不适当的决议、条例和命令，地方各级人民政府是否同样有权变更或撤销它所属的下级人民政府的不适当的决议和命令？国务院内是否有民族事务机构？

5. 对国家权力的地方机关的意见

1954 年 4 月 5 日，宪法起草委员会办公室印发的《宪法草案初稿讨论意见汇编》(一)整理了全国政协组织的宪法草案座谈会的第一

次和第二次会议的记录,这两次会议对于第2章第4节国家权力的地方机关提出的意见如下:

关于中央的权力机关和管理机关同地方的权力机关和管理机关之间的职权,还没有明确划分。第50条第3款用的是“民族自治地方的权力机关”。第5节中又有“民族自治机关”“各民族自治地方的自治机关”。名词要统一一下。标题与条文也要统一起来。第52条选举制度的平等、普遍、无记名原则应当加以规定。第57条中应当把地方各级人民代表大会和地方各级人民政府的职权分开。

1954年4月30日,宪法起草委员会办公室印发的《宪法草案初稿讨论意见汇编》(九)[1]整理了全国政协组织的宪法草案座谈会的第十二次、第十三次会议的记录,这两次会议对于第2章第4节国家权力的地方机关提出的意见如下:

(1)一般性意见

地方各级人民代表大会和地方各级人民政府写在一起不妥当。本节标题可改为:“地方各级人民代表大会和地方各级人民政府”或“国家权力的地方机关和地方管理机关”。建议在本节中增加下列的内容:地方各级人民代表大会的会期、议长的名称、任期满后的选举;地方各级人民代表大会和地方各级人民政府应将地方需要与全国性任务结合起来,并组织城乡劳动人民积极参加国家建设事业;人民代表大会和群众联系的问题;地方各级人民代表大会由谁召集,多少时间开会一次,地方人民政府主席、副主席的任期;地方各级人民代表大会代表的质询权;增加地方各级人民政府要向本级人民代表大会负责,以便发挥地方各级人民代表大会的监督管理权。此外,应增加除现行犯外,非经地方各级人民代表大会的许可,不得逮捕地方各级人民代表大会代表的规定。

---

[1] 根据宪法起草委员会办公室印《宪法草案初稿讨论意见汇编》(九)而整理。

(2)具体条文意见

第 50 条增加下列的内容:增加行政区域划分标准、决定行政区域的职权的规定。增加关于行政区划变更决定权的规定;增列一款规定有关变更行政区域划分的问题;增加"各级行政单位区域的变更,由各级人民代表大会建议,由上级人民政府或国务院决定之"一款。第 51 条可把地方各级人民代表大会和地方各级人民政府分开规定。把执行机关与权力机关合在一起,这样等于在开地方人民代表大会时,自己向自己报告工作,自己对自己负责。第 52 条中央直辖市可一年或每两年选举一次。第 53 条增加"各级人民代表大会都应广泛的吸收人民参加国家与社会的管理与建设,并鼓励他们的主动性"。第 54 条增加"地方各级人民政府组织法由法律规定"一款;明确规定地方各级人民政府主席、副主席是由人民代表大会亦由人民政府产生。第 55 条规定了地方各级人民政府都服从国务院,可考虑明确规定也服从全国人民代表大会常务委员会。第 56 条可增加规定向上级报告工作的期间;地方各级人民代表大会代表可以建议召开他所参加的地方人民代表大会;召集地方各级人民代表大会的规定;罢免地方人民政府人员的法律手续和程序。第 57 条两个不同的机关行使同一职权是否妥当可再斟酌。地方各级人民代表大会和地方各级人民政府行使下列职权可增加召开地方各级人民代表大会;举行地方人民代表大会的选举;领导所属及下级管理机关的工作;协助上级政府在当地所领导的各机构工作;任免地方工作人员;向上级人民政府或人民代表大会建议等。第 58 条与第 55 条重复,可删除。第 59 条,"罢免"只能是各级人民法院的组成人员,而不能是整个法院。

(3)提出的问题

一般性问题:地方人民代表大会在不抵触宪法的范围之下,是否有立法权?地方协商委员会是否仍将以统一战线的形式存在?地方人民代表大会是不是选出本级人民政府后就没事了?对地方的管理机关与权力机关合一的问题,应该怎样认识?为什么地方人民政府除服从本级人民代表大会领导外,还要服从国务院和上级人民政府的领导?地方政府如果不称职,本级人民代表大会要罢免,上级政府采取什么态度?反之,如果地方人民代表大会认为本级政府称职,而上级政府认为不称职,意见不一致怎么办?地方各级人民代表大会由谁召集?如果是由本级人民政府召集,而人民代表大会把人民政府罢免了,那又由谁来召集?地方人民代表大会主席是否兼地方政府主席?地方各级人民代表大会选举出来的主席,如果在任期中失职,应由上级政府撤职,还是由选举单位罢免?关于地方人民政府与上级人民政府的关系,第 55 条规定"服从",第 48 条规定"领导",除"服从""领导"外,是否还需要向上级人民政府报告工作?第 57 条第 7 款、第 8 款与第 48 条第 10 款的写法为什么不一致?两者有什么区别?

具体条文问题:第 50 条中什么样的地区可以称自治省、自治州、自治区?本条中"自治区"的"区"与"较大的市分为区"的"区",有何区别?新疆省将来是否还叫省?西藏将来叫自治省还是叫自治区?内蒙古的盟将来是否叫自治州?现在内蒙古地区有盟、旗,有的盟很大,将来是否在自治区之下设自治省?是否把盟、旗改作自治州和自治县?为什么在自治州和自治县还有普通县和普通乡?自治省、州、县、民族乡的性质如何?民族乡与自治县、自治州等是不是一个性质?第 51 条中自治州是不是有权力机关?地方的权力机关和管理机关为什么要合一?地方人民代表大会不设常务委员会,在闭会期间由地方人民政府代行其职权,这是不是代理性质?地方各级人民代表大会是由国务院领导,还是由全国人民代表大会领导?地方各级人民政府的负责人,都由各级人民代表大会选举产生,中央可否派遣负责人去?第 52 条规定的选举中存在间接选举,这种选举方式比直接选举落后,这样规定是不是因为我们的宪法是过渡时期临时性质的？中央直辖市是2年选举一次,还是4年选举一次？如果2年选举一次,中央直辖市和省同级,为什么时间不一样？第53条中乡是否也有“选举单位”？地方各级人民代表大会如何监督本级人民政府的工作？代表从地方选到省,再由省选到全国,如果地方想撤换自己的代表,怎么撤换？第54条将来各级政府的首长,是不是从中央直到乡都叫主席、副主席？本条的规定,是否适用于乡？地方各级人民政府主席怎样产生？地方人民政府的负责人如果正在任期中被上级人民政府调走了,而且又在人民代表大会闭会期间,怎么办？第55条地方人民代表大会如果和上级人民政府的意见不一致,怎么办？地方人民代表大会是否还应服从上级人民政府？第56条地方各级人民政府向本级人民代表大会多少时间报告一次工作？为什么没有规定各级地方人民政府要向上级人民政府报告工作？地方人民政府认为有必要时,可否召开人民代表大会？地方人民政府主席如果失职,不召开本级人民代表大会时怎么办？如果中央或上级管理机关不同意下级权力机关所选举或罢免的人员时,可否命令纠正？第57条中省主席已规定由共和国主席任免,那么省以下各级主席由谁任免？上级人民政府主席罢免下级人民政府人员时,是否要征得下级人民政府、本级人民代表大会的同意？地方各级人民代表大会没有常务委员会,在休会期间由谁来行使人民代表大会的职权？地方各级人民代表大会既然可以发布决议和命令,为什么地方人民政府不能发布条例？乡人民政府变动或撤销谁的决议和命令？第59条地方各级人民法院是否对本级人民代表大会负责并报告工作？地方各级人民代表大会选举出来的法院,为什么没规定要由最高人民法院或上级人民法院任免？

1954年5月15日,宪法起草委员会办公室印发的《宪法草案初稿讨论意见汇编》(十三)整理了全国政协组织的宪法草案座谈会对国家权力和地方机关的意见,可概括如下:(1)建议在本节中增加下列内容:第一,规定省级人民代表大会可设常务委员会;规定地方有制定单行法规之权。第二,增加一条,规定地方各级人民代表大会本身可否建议召开会议,以及地方各级人民代表大会由谁召集等问题,排列在第56条后面。第三,增列"地方各级人民代表大会由本级人民政府定期召集,并报告工作",作为一条。(2)第51条规定国家权力的地方机关是地方各级人民代表大会。在地方各级人民代表大会闭会期间,由本级人民政府作为它的日常工作机关。地方各级人民政府同时是国家的地方各级管理机关。(3)第52条增加一款,"地方各级人民代表大会任期满了的时候,必须在三个月内举行下次各级人民代表大会的选举,如遇到不能进行选举的非常情况,可以延长它的任期到下届大会选出的时候为止",排列在第2款后面。(4)第56条第1款可改为"地方各级人民政府定期召集本级人民代表大会并向它报告工作"。(5)第57条可增列"制定单行法规"一款。(6)第59条可分为两款:第1款,"地方各级人民法院由本级人民代表大会选举";第2款,"地方各级人民代表大会有权罢免由它们选出的本级人民法院的组成人员"。

提出的问题:现在有些地方设有"行政村",将来是否改称为"乡"或"镇"?第51条规定的地方各级人民政府有无委员会?如果有,是否相当于地方各级人民代表大会的常务委员会?省人民代表大会通过的决议,其所属各县的县人民代表大会是否执行?第52条规定中的不设区的市,也可能有郊区。其郊区人民是否按照这一条第1款的规定,和市内人民一样地直接参加市的选举?第55条规定地方各级人民政府服从本级人民代表大会。双方意见不一致时怎么解决?第57条第2款的"中央国家机关"是不是指最高管理机关?

6. 民族自治机关

1954年4月5日,宪法起草委员会办公室印发的《宪法草案初稿讨论意见汇编》(一)整理了全国政协组织的宪法草案座谈会的第一次和第二次会议的记录,这两次会议对于第2章第5节民族自治机关提出的意见可归纳如下:(1)第60条中"自治区、自治省……"为与第50条所列的顺序一致,同时表示自治区、自治省是平级的意义,在"自治区、自治省"之间,加"或"字去掉"、"。(2)将第61条第2款改为"自治机关应当按照……基本原则组织和工作"。(3)第64条第2款末句改为"宗教信仰及举行宗教仪式的自由";第3款只提到公安部队;兵役法规定还有民兵制度,可考虑补充一下。

1954年5月7日,宪法起草委员会办公室印发的《宪法草案初稿讨论意见汇编》(十一)整理了全国政协组织的宪法草案座谈会4月19日到28日举行的第十四次会议的记录,这次会议对于第2章第5节民族自治机关提出的主要建议如下:民族自治地方的自治机关究竟是由谁领导,应予明确;本节标题可改为"少数民族自治机关"或"民族自治地方机关";建议增加有关散居少数民族权利的规定;本节条文中所有的"地方各级"改写为"各级地方"。第60条可改为"中华人民共和国境内各聚居的少数民族所建立的自治区域,都是中华人民共和国领土不可分离的一部分"。因为:第一,宪法草案中所列自治单位的名称,我们现在还没有;第二,有的民族地区有它自己的名称,与我们的称呼不一致;第三,处在过渡时期,规定的灵活些比较妥当。第65条规定的"自治条例"可以去掉。自治条例是全国性的问题,放在全国人民代表大会常务委员会的职权内更加慎重。列入"民族乡"。应在"呈报全国人民代表大会常务委员会批准"前面加"经过上级人民政府"。自治县的自治条例和单行条例是否也直接送到全国人民代表大会常务委员会批准值得考虑。

在提出的问题中,一般性问题包括:民族乡的职权应如何规定?各民族自治地方的自治机关是否包括民族乡?"自治地方"与"自治机关"如何解释?现在绥远省划归内蒙古自治区,但归绥市汉族人多,蒙古族人少;再如新疆省的疏勒、疏附是维吾尔族地区,那里也有汉族,这样的地区应称什么?城市里少数民族聚居的街道叫什么名称?民族民主联合政府是否包括在民族自治地方的自治机关里?

具体条文问题包括:第60条自治省下面有没有县?它的上级是谁?民族乡有没有人民代表大会?民族乡怎么组织?第61条第1款中"一级地方国家机关"的"一级",如何解释?第3款中的"大多数人民的意愿",用什么方式来表达?少数民族的风俗习惯、历史背景,能否解释为"大多数人民的意愿"?第62条中的"有关民族",如何解释?第64条哪些民族自治地方可以设立权力机关?少数民族为什么没有规定民兵制?西南区某些少数民族,现在还在奴隶社会状态,他们如何行使自治权?第1款中为什么没有提到帮助发展教育事业?第2款中的"发展"是否包括"改革"?如果各民族愿意改革自己的语言文字是否可以?第3款中为什么没有提到民政工作?第3款中"公安部队"是不是指警察?如果不是,"公安部队"与"人民警察"有什么区别?第65条所有自治州、自治县制定的条例,是否全都要报全国人民代表大会常务委员会批准,还是只报上级人民政府批准?自治机关制定的条例,呈请全国人民代表大会常务委员会批准之后,国务院有没有权力变更或撤销?地方人民代表大会直接向全国人民代表大会常务委员会呈报制定的条例,是不是说明地方人民代表大会和全国人民代表大会是上下级关系?按照第49条的规定,各个部和各个委员会都没有权力制定条例,而本条规定自治机关可以制定条例,是不是因为它是自治机关?"自治条例""单行条例"如何解释?两者之间有何区别?

1954年5月15日,宪法起草委员会办公室印发的《宪法草案初稿讨论意见汇编》(十三)整理了全国政协组织的宪法草案座谈会对民族自治机关的修改意见如下:

有关民族自治机关问题。主要建议是把第65条移前,调整为:

第 60 条规定民族自治区是中华人民共和国领土不可分离的一部分，第 61 条规定说明它是中央统一领导下的一级地方机关，接着以第 65 条说明自治机关的特殊性；应规定自治区的行政区划等；把“各民族都有发展自己的语言文字”改为“各民族都有发展自己的语言文字的自由”；把第 64 条第 2 款的“保持或者改革自己的风俗习惯和宗教信仰的自由”修改为“依据多数人的意愿保持或者改革自己的风俗习惯和宗教信仰的自由”或“保持或改革自己的宗教信仰和风俗习惯的自由”；取消制定“自治条例”的规定，自治条例是全国的问题，放在全国人民代表大会常务委员会职权内更为合适。

提出的问题：民族自治机关是否受双重领导？第 61 条第 3 款中的“意愿”是否是意志和愿望的意思？第 65 条所规定的自治区或自治省以下的自治机关所制定的自治条例和单行条例，在其呈报全国人民代表大会时，是否要经过它直属的上级机关？

7. 法院和检察机关

1954 年 4 月 5 日，宪法起草委员会办公室印发的《宪法草案初稿讨论意见汇编》(一)整理了全国政协组织的宪法草案座谈会的第一次和第二次会议记录，这两次会议对于第 2 章第 6 节法院和检察机关提出的意见如下：本节的标题“法院和检察机关”和第 26 条第 6 款中的“总检察长、副总检察长”，不如都写成“检察署”；在宪法草案其他 14 条中都写的“依照法律”，本条却写“依法”，是否也改为“依照法律”。第 67 条规定“最高人民法院和地方各级人民法院任期一律五年”。选举的应该是法院的组成部分，或者院长，或者委员，任期也应是这样。所以应加上“组成部分”几个字。第 70 条中“人民法院应当为他们翻译”的问题，可考虑规定在法院的细则内。第 72 条规定的“最高人民法院是最高审判机关”可改为“……是国家最高审判机关”，以便与第 45 条的“是国家最高管理机关”相一致。第 74 条中“公民”的“犯法行为”受检察机关的弹劾，“非公民”更应加以规定。

第76条"政权机关"应改为"权力机关"。

1954年6月25日,宪法起草委员会办公室印发的《宪法草案初稿讨论意见汇编》(十二)[1]整理了全国政协组织的宪法草案座谈会4月20日到30日的第十五次会议的记录,这两次会议对于第2章第6节法院和检察机关提出的意见如下:

(1)一般性意见

标题考虑改为"法院和检察署"。建议在本节中增加下列的内容:各级人民法院和各级检察机关应该接受公民对任何人犯法行为的检举;民法、刑法在过渡时期中可能需要,应有规定;明确规定人民法院的任务;对特种法庭应有所规定;规定专门法院的产生和职权;规定各级人民法院都受上级人民法院的领导;对上诉权应有所规定;总检察长的任务、职权以及是否受中央国家机关的干涉应明确规定;总检察长领导检察署的问题;检察机关的组织由法律规定等。

(2)具体条文意见

第66条"司法权"应改为"审判机关"。因为:国家设立机关是为了作一定的工作,不是为了有一定的权要它来行使,所以最好不提"权"字。第67条规定机关任期不合适,人员才有任期。第68条应明确规定人民陪审员的资格、产生和任期。第69条应增加被告人有上诉权。第70条可改为"在少数民族聚居或者民族杂居的地区,公民的诉讼以及人民法院的审讯文件应当用当地通用语言进行"。第71条可考虑并入第67条。目前,行使独立审判的主客观条件还不够,规定了不能实行就等于空的,与民主集中制精神亦不符合;而且资本主义国家会说这样还是三权分立。本条的恰当性值得考虑,因为地方各级人民法院在第72条中规定受最高人民法院的监督同时有许多工作还要受最高人民法院的领导。建议在本条中增加"不受任何政权机关的干涉"一句,放在最后。本条应规定为审判员独立行

[1] 根据宪法起草委员会办公室印《宪法草案初稿讨论意见汇编》(十二)而整理。

使职权。第 72 条第 2 款规定的“监督”比较空泛,监督什么工作以及监督如何贯彻,如何监督都应具体规定。第 2 款可改为“最高人民法院监督地方各级人民法院和依法设立的专门法院的审判工作”。第 73 条第二句下面可考虑增加“人民代表大会闭会期间法院向地方政府报告工作”一句。第 74 条规定值得考虑。如果采用苏联的制度,一切违法行为都由检察机关处理,那么“犯法”2 字应当修改。“犯法”是指人而言,并要按刑法处理,不能包括“违法”。“政府机关”是针对机关而言,如果作了违反宪法的决议,只是撤销或变更,决不会按刑法处理。第 76 条可改为“检察机关独立行使职权,不受任何其他国家机关的干涉”。第 77 条“总检察长”可改为“最高人民检察署”。

(3)提出的问题

一般性问题:司法部与法院是什么关系?职权如何划分?最高人民法院属于国务院的系统,还是属于全国人民代表大会的系统?上级人民法院是否可以变更或撤销下级人民法院的判决?省人民法院可否派人检查县人民法院的工作?法院审级制度是否需要规定一下?法院是否也受检察机关监督?如果是,与法院独立行使职权,只服从法律有无抵触?第 68 条的“审判”,第 69 条的“审理”,第 70 条的“审讯”,三者有何区别?第 69 条规定:“各级人民法院审理案件,除法律规定的特别情况外,一律公开进行。”当然判决更是公开,为什么不“审判公开”?军事审判怎么办理?是否有军事法庭?各级检察机关叫什么名称?检察官是否算法官?第 71 条“各级人民法院独立行使职权”的规定,与第 72 条第 2 款各级人民法院受最高人民法院的监督有无矛盾?第 71 条规定“各级人民法院独立行使职权,只服从法律”,第 67 条规定“检察机关独立行使职权,不受地方政权机关的干涉”。两条的意思其实一样,为什么提法不同?检察机关是否也得服从法律?

具体条文问题:第 66 条的“司法权”,在其他国家的宪法中是写

"审判权"。"司法权"与"审判权"有何区别？第 1 款中"依法设立的专门法院"的"依法"如何理解？"专门法院"是指哪些法院？这些法院是什么性质？现在有没有军事法庭？"地方各级人民法院"的规定,是不是说"乡"也要设立法院？第 67 条为什么各级人民法院的任期没有分别？法院任期一律 5 年如何解释？是指整个人民法院的组成人员,还是指其某一部分人员？如果指某一部分人员,则是哪些人员？第 68 条"各级人民法院"是否包括最高人民法院和地方人民法院？人民陪审员如何产生？人民陪审员算不算法院的组成部分？法院的选举与任期是否适用于陪审员？第 69 条"除法律规定的特别情况外"怎样解释？"被告人有辩护权"是指被告人自己为自己辩护,还是指请人辩护？如果自己为自己辩护,限于文化程度辩护不清怎么办？第 70 条"各民族公民"是否指各民族自治区的公民？"必要的时候"指什么时候？人民法院用当地通用的语言进行审讯,是在少数民族聚居或者多民族杂居的地区实行,还是在所有地区都这样？是否所有判决书都要用有关民族通用的文字？本条为什么没有规定对外侨的诉讼如何处理？第 71 条"法院独立行使职权"独立到什么程度？最高人民法院除了监督地方各级人民法院的审判外,是不是还监督专门法院的审判工作？地方各级人民法院除了受最高人民法院的监督外,是否还受上一级人民法院的监督？在乡、区法院得不到解决的案件,可否越级上诉到省人民法院或最高人民法院？第 73 条地方各级人民法院与上一级人民法院是什么关系？共和国主席是否有权要最高人民法院报告工作？依法设立的专门法院对谁负责并报告工作？第 74 条为什么不能像苏联宪法第 113 条那样把检察权规定为属于总检察长？检察机关除对公民的犯法行为行使检察权外,对非公民的人和外国人的犯法行为是否行使检察权？不属于公民的被剥夺政治权利的反革命分子和反动阶级分子,检察机关对他们的再犯法是否检察？如果公民是指 18 岁以上的人,那么 18 岁以下的孩子如果犯了法,检察机关是否检察? 检察机关的检察对象,是否包括中华人民共和国主席、最高人民法院院长和军事机关在内? 军人犯法是否包括在公民犯法里面? 检察机关能否对全国人民代表大会及其代表进行检察? 第 75 条全国人民代表大会如何任免总检察长、副总检察长? 地方各级检察长由谁提名? 各级检察长能否连任? 为什么地方各级检察长不能由本级人民代表大会任命,而要由总检察长任命或批准任命? 第 76 条"检察机关独立行使职权,不受地方国家机关的干涉"的规定,是否包括全国人民代表大会和国务院及其他中央机关? 总检察长受不受国家最高权力机关的干涉? 地方各级检察长对本级人民代表大会有无检举权? 地方各级检察长是否对本级人民代表大会负责并报告工作? 检察机关根据什么来独立行使职权? 地方各级检察长既受上一级的检察长领导,又服从总检察长,是不是受双重领导? "干涉"2 字,在法律上如何解释?

(六)对公民基本权利和义务的意见

1954 年 4 月 5 日,宪法起草委员会办公室印发的《宪法草案初稿讨论意见汇编》(一)整理了全国政协组织的宪法草案座谈会的第一次和第二次会议的记录,这两次会议对于第 3 章公民的基本权利和义务提出的意见如下。

一般性意见:为了加强多数无党派人士的巩固团结,拥护社会主义,宪法中可考虑多加关于保护无党派人士的权益的规定;增加有关国籍的规定;可考虑把将来要采取直接选举在宪法中规定出来;可考虑专有一条说明什么是公民;有必要将"劳动"作为公民的义务加以规定。具体条文意见。第 79 条第 2 款可删除,在第 1 款加"不分性别",就包括妇女了。而且为了尊重妇女权利,在第 87 条已经突出地作了规定。基本权利中少了"思想自由"和"迁徙自由"。第 84 条第二句可改为"国家依据工人和职员各种工作的性质,分别规定他们的工作时间和休假制度",使担任繁重工作的人的休息权有所保证。第

86 条加上“科学”或“科学研究”。第 87 条第 2 款不太清楚。我们现在对多子女的母亲不仅保护,而且还帮助。第 89 条将“国家保护国外华侨的正当权益”的规定,列入“公民的基本权利和义务”这一章不相称,建议移至总纲中。第 90 条“科学”下可以加入“文化”。有的建议将本条移入总纲中,作为基本国策。第 94 条本条应加入对那些保卫祖国而负伤者,应如何对待。

(七)对国旗、国徽、首都的意见

1954 年 4 月 5 日,宪法起草委员会办公室印发的《宪法草案初稿讨论意见汇编》(一)整理了全国政协组织的宪法草案座谈会的第一次和第二次会议的记录,这两次会议对于第 3 章公民的基本权利和义务提出的意见如下。

一般性意见:可把国歌也规定进去,国歌和国旗、国徽同样重要。现在国歌在革命胜利的初期是好的,如果将来还是它就有问题了。因为:我们已经打倒了 3 大敌人,在抗美援朝战争中取得了伟大的胜利,因此这个歌已与我国实际情况不符。而且任何一个重要会议以及国际场合都要奏国歌。因此,可考虑在第一届全国人民代表大会提出征求新的国歌,如果在第一届任期内创作不出来,第二届全国人民代表大会再提出征求。

具体条文意见:苏联和其他国家宪法中都规定了国旗的尺寸,我们也可考虑在第 95 条中提一下。第 96 条可改为“中华人民共和国国徽是上有五星照耀,周围有谷穗和齿轮围绕着的北京天安门”。

(八)对宪法草案文字的意见

1954 年 4 月 5 日,宪法起草委员会办公室印发的《宪法草案初稿讨论意见汇编》(一)整理了全国政协组织的宪法草案座谈会的第一次和第二次会议的记录,这两次会议对于宪法草案文字提出的意见如下:(1)宪法草案比过去写的法律条文通俗多了,但过于通俗。如宪法草案中第 24 条第 2 款的第一句:“全国人民代表大会任期满了的时候”,在过去的法律条文中是很少见的。过去颁布的一些法令我都没有像宪法草案这样通俗。子法和母法不一致,将怎么办?(2)宪法需要写得通俗一些是完全正确的。但用许多通俗的语言来写法律条文,写得不确实、不妥当就会引起一些误会或不同的解释。如第 34 条第 1 款用了 3 个“它”字,究竟每一个“它”字是指的什么,不明确。(3)宪法草案中用“其它”和“其他”的字样很多。有些不统一。(4)宪法草案的特点是简明、扼要。我们一共只有 97 条,与苏联、捷克、民主德国等国家的宪法比较,似乎过于简单。

二、地方单位与军事单位对草案的讨论

根据起草工作的计划与安排,除全国政治协商会议组织讨论外,各省市的领导机关、各民主党派、各人民团体的地方组织与部队领导机关也对草案进行了研究与讨论。宪法起草委员会办公室编刊了 13 辑,整理了有关意见。地方单位与军事单位提出的修改意见和疑问共 6813 条,加上因重复没有编入的意见和疑问共 9097 条。

从 1954 年 6 月 1 日到 11 日,向宪法起草委员会办公室汇报讨论情况的地方单位 44 个,军事单位 7 个。地方单位是华北区、东北区、西北区、华东区、中南区、西南区、内蒙古自治区、河北省、新疆省、山西省、辽东省、辽西省、吉林省、松江省、黑龙江省、陕西省、甘肃省、江苏省、浙江省、福建省、河南省、湖北省、湖南省、江西省、广东省、云南省、西康省、北京市、天津市、太原市、旅大市、鞍山市、抚顺市、本溪市、长春市、西安市、上海市、青岛市、南京市、杭州市、武汉市、广州市、重庆市、昆明市。军事单位是:人民革命军事委员会的总干部部、公安部队、公安政治部、工兵小组、总高级步兵学校、军事学院和后勤学院。地方单位和军事单位的意见有的提交了书面报告,有的通过电话反映。提出的修改意见一般分 3 个部分:一是一般性的修改意见;二是对具体条文的具体意见;三是讨论中的一些疑问和问题。宪法起草

委员会办公室从4月到6月11日,及时地整理了各地的修改意见,通过以《宪法草案初稿意见汇编》的形式向宪法起草委员会反映,使各单位的意见能够在宪法起草委员会会议上讨论与具体得到落实。

(一)对宪法草案的一般性意见

【4月12日到20日】

华北区、西南区、山西省、辽东省、辽西省、热河省、青海省、山东省、江苏省、安徽省、河南省、湖北省、广东省、西康省、北京市、唐山市、旅大市、上海市、青岛市、南京市、广州市21个地方单位陆续电话汇报了4月12日到20日讨论宪法草案初稿的情况,1954年4月27日印发的《宪法草案初稿讨论意见汇辑》(七)[1]对其予以整理,其中对宪法草案的一般性意见为:

本宪法应命名为"毛泽东宪法"或"中华人民共和国过渡时期的宪法草案"。在结构方面,将第4章移作第2章,原第2章作第3章,依次顺移。第4章的内容似可包括在前面几章里,不必单列一章。应有单独一章表明我国在国际外交上的态度。增加"附则"一章,其内容为:第1条,本宪法经由全国人民代表大会通过后公布实行。第2条,本宪法如有必要修改时,得经全国人民代表大会提议或由中央人民政府提出加以修改。在内容方面,宪法应明确某些经济落后,暂时还不能实行社会主义改造的少数民族地区,应加照顾。宪法应明确规定一个国玺。宪法中军事政策规定太少。

【4月21日到26日】

《宪法草案初稿讨论意见汇辑》(十)收集的是26个地方、两个其他单位讨论宪法草案(初稿)提出的修改意见和疑问。26个地方单位是:华北区、华东区、中南区、内蒙古自治区、辽东省、辽西省、黑龙江省、热河省、宁夏省、山东省、江苏省、安徽省、福建省、河南省、广东省、云南省、北京市、旅大市、哈尔滨市、上海市、青岛市、济南市、南

---

[1] 根据宪法起草委员会办公室印《宪法草案初稿讨论意见汇编》(七)而整理。

京市、武汉市、广州市、重庆市。两个其他单位是：中国人民解放军工兵司令部、人民革命军事委员会空军小组。编辑所根据的材料，除少数驻在北京的单位是书面材料外，绝大部分是电话汇报的记录。这些材料是在 4 月 21 日到 26 日之间收到的。1954 年 5 月 6 日印发的《宪法草案初稿讨论意见汇辑》(十)[1]对其予以整理，其中对宪法草案的一般性意见为：

本宪法的名称可否加上“新民主主义”或“社会主义”。知识分子的改造有必要在宪法草案中写一条或在序言中加以说明。我国华侨人数很多。宪法草案中对华侨方面的条文规定太少。宪法中没有说明中国的人口，应该加上。继续保存原有的《共同纲领》，并建议在宪法中说明。

提出的问题：制定宪法是以社会主义还是以新民主主义为基础？序言和宪法本文的关系如何？序言的作用是否与宪法本文相同？关于人民民主统一战线及外交政策问题，只在序言中总的谈了一下，宪法草案的条款中都没有提到，为什么？序言中提到各民主阶级和各民主党派，为什么在宪法草案本文中没有提到？

【6 月 1 日到 11 日】

《宪法草案初稿讨论意见汇辑》(十)刊载的是地方单位和军事单位在 6 月 1 日到 11 日汇报的讨论宪法草案(初稿)中所提的修改意见和疑问。汇报材料包括 44 个地方单位和 7 个军事单位。地方单位是：华北区、东北区、西北区、华东区、中南区、西南区、内蒙古自治区、河北省、山西省、辽东省、辽西省、吉林省、松江省、黑龙江省、陕西省、甘肃省、新疆省、江苏省、浙江省、福建省、河南省、湖北省、湖南省、江西省、广东省、云南省、西康省、北京市、天津市、太原市、旅大市、鞍山市、抚顺市、本溪市、长春市、西安市、上海市、青岛市、南京市、杭州市、武汉市、广州市、重庆市、昆明市。军事单位是：人民革命

---

[1] 根据宪法起草委员会办公室印《宪法草案初稿讨论意见汇编》(十)而整理。

军事委员会的总干部部、公安部队、公安政治部、工兵小组、总高级步兵学校、军事学院和后勤学院。1954年6月30日印发的《宪法草案初稿讨论意见汇辑》(二十五)[1]对其予以整理,其中对宪法草案的一般性意见为:

(1)结构。建议把宪法草案整个结构作下列的调整:第1章总纲改为社会结构;第2章国家结构;第3章全国人民代表大会;第4章中华人民共和国主席;第5章国务院;第6章法院与检察机关;第7章国家权力的地方机构;第8章公民权利与义务;第9章国旗、国徽。原第20条移入国家结构;原第18条可作为国家职权之一,或者去掉。建议增列附则,规定两条:第一,"本宪法由全国人民代表大会通过后自何年何月何日起生效";第二,"本宪法生效后《共同纲领》应……(写明如何废除的意思)"。(2)内容。补充如下内容:中国共产党为我国劳动群众所有一切社会团体及国家机关的领导核心;党和人民代表大会、政府的关系;公民在选举前要宣誓;民族间婚姻问题;可将汉文定为各少数民族必须学习的语言;说明各少数民族均有学习汉文的义务;规定我国领土以什么时候的疆界为准等。(3)文字。代名词和虚词用得多了些,如"它"、"或者"和"但"等。用语有的不够明显确切,第43条的"部分"即属一例;"的"字也用得过多,可以去掉一些。把"或者"都改为"或"字。(4)其他。建议明确规定《共同纲领》自宪法公布之日起失效。建议宪法草案公布时发表一个较详细的说明,以便能更深刻的了解。建议宪法草案公布采取"词儿连写"的办法。两个名词之间留半个字的空白。使群众易于了解和领会。建议把宪法中内容有关的条文放在一起,以便于研究和掌握。建议规定通过宪法之日为全民的节日。建议宪法作为初中学习的课本。

此外,在6月1日到31日提出的问题:为什么没有提到党和国

[1] 根据宪法起草委员会办公室印《宪法草案初稿讨论意见汇编》(二十五)而整理。

家的关系？为什么没有提到“国民”？人民共和国和人民民主共和国、民主共和国、民主主义人民共和国有什么区别？军事管制问题没有规定,为什么？其他法令、条例中是否有此规定？

(二)对宪法草案序言的意见

【4 月 12 日到 20 日】

华北区、西南区、山西省、辽东省、辽西省、热河省、青海省、山东省、江苏省、安徽省、河南省、湖北省、广东省、西康省、北京市、唐山市、旅大市、上海市、青岛市、南京市、广州市 21 个地方单位陆续电话汇报了 4 月 12 日到 20 日讨论宪法草案(初稿)的情况,1954 年 4 月 27 日印发的《宪法草案初稿讨论意见汇辑》(七)[1]对其予以整理,其中对宪法草案序言的一般性意见为：

(1)序言中应加“中国的宪法是在马列主义和毛泽东思想指导之下制定的,称毛泽东宪法”。序言中应加上关于公民的权利、义务和保卫祖国、建设祖国的一段。(2)可将“序言”去掉,因为序言里所说明的,后面条文里多已有了,仅仅最后一段(对外关系)为条文中所无,设法在那里提一下即可。有的建议将“序言”改为“宣言”,因为序言中第一、二段是序言性质,从第三段开始都是宣言性质。(3)“终于在中国共产党领导之下”,可改为“终于在毛主席和中国共产党领导之下”或“终于在中国共产党和毛泽东领导之下”。(4)在“建立了人民民主专政的中华人民共和国”的“建立了”下面加上“以工人阶级为领导,以工农联盟为基础的”字样。(5)规定有计划的经济建设和五年计划的问题。(6)“我国的第一个宪法”可改为“本宪法”或“我国大法中的第一个宪法”或“我国立国的宪法”。(7)可考虑规定国际统一战线与我国社会主义建设的关系。(8)我国各民族已经团结成为一个自由平等的民族大家庭。“自由平等”下可加“富强”两字。(9)第六段应加上“互相尊重领土完整,主权独立”字样。

---

[1] 根据宪法起草委员会办公室印《宪法草案初稿讨论意见汇编》(七)而整理。

提出的主要问题:

(1)一般性问题。在全国人民代表大会正式通过宪法后,宪法上是否还需要“序言”一部分?“建立”、“建成”和“基本完成”如何解释?(2)具体条文问题。第一段“终于在中国共产党领导之下”的“终于”是指什么时候?为什么说我们能通过“和平的道路”走向社会主义?第二段为什么没有“在一个相当长的时期内”一句?本段中的“逐步完成”和“逐步实现”是否有出入?第三段“这个宪法以一九四九年中国人民政治协商会议共同纲领为基础”这句话应具体地解释一下,如《共同纲领》中哪些过时了?哪些具体了?第四段“已经结成了以中国共产党为领袖的各民主阶级、各民主党派、各人民团体的广泛的人民民主统一战线”,和《共同纲领》序言中所提不同的是宪法简单化了,还是有不同的含义?本段中的“以中国共产党为领袖”和“以中国共产党为领导”的提法有何不同?第五段“各民族内部公敌”是指什么人?是否包括各民族内部的封建势力?大民族主义和地方民族主义有何不同?在“将照顾到各民族的需要”这一句中的“民族”2字下,未用“发展”2字;在“将充分注意各民族发展的特点”这一句中的“民族”2字下反有“发展”2字,为什么?“民族发展的特点”指的是什么?是否指不允许资本主义发展呢?

【4月21日到26日】

《宪法草案初稿讨论意见汇辑》(十)收集的是26个地方单位、两个其他单位讨论宪法草案(初稿)提出的修改意见和疑问。26个地方单位是:华北区、华东区、中南区、内蒙古自治区、辽东省、辽西省、黑龙江省、热河省、宁夏省、山东省、江苏省、安徽省、福建省、河南省、广东省、云南省、北京市、旅大市、哈尔滨市、上海市、青岛市、济南市、南京市、武汉市、广州市、重庆市。两个其他单位是:中国人民解放军工兵司令部、人民革命军事委员会空军小组。编辑所根据的材料,除少数驻在北京的单位是书面材料外,绝大部分是电话汇报的记录。这些材料是在 4 月 21 日到 26 日之间收到的。1954 年 5 月 6 日印发的《宪法草案初稿讨论意见汇辑》(十)[1]对其予以整理，其中对宪法序言的主要意见为：

序言追述过去艰苦奋斗的多，概括本宪法的内容少，政治意味多，法律的意味少，可考虑以"宣言"方式来代替；增写 1949 年前巨大的历史事实的记载；将劳动人民在经济建设上的成果补充进去，插在第三段与第四段之间；军事制度有必要提出；增加有关巩固国防、严防帝国主义侵略以及关于支持殖民地解放战争的内容；应把妇女和华侨写进去；最好把革命武装的力量及其丰功伟绩加进去；将"终于在中国共产党领导之下"改为"终于在中国共产党和毛主席的领导之下"或"终于在中国工人阶级的先锋队共产党的领导之下"；将"我国人民在过去几年内已经很有成效地进行了土地制度的改革、抗美援朝……"改为"我国人民在过去五年内"，抗美援朝可以不提。第五段考虑提及各民族的奋斗目标——建设社会主义社会。

提出的问题：第一段第二句中的"和平的道路"如何解释？

【5 月 3 日到 13 日】

1954 年 6 月 5 日印发的《宪法草案初稿讨论意见汇辑》(十九)的主要内容是 33 个地方单位和两个军事单位从 5 月 3 日到 13 日汇报的讨论宪法草案(初稿)中提出的关于"序言"和第一章"总纲"两个部分的修改意见和疑问。地方单位是：华北区、中南区、西南区、内蒙古自治区、山西省、松江省、热河省、甘肃省、青海省、山东省、江苏省、安徽省、浙江省、江西省、广西省、贵州省、云南省、西康省、北京市、天津市、太原市、沈阳市、本溪市、哈尔滨市、抚顺市、上海市、济南市、南京市、杭州市、武汉市、广州市、重庆市、昆明市。其中，对于宪法草案序言提出的意见包括：

序言里应说明这个宪法适用于什么时期。序言中应提出我国是

---

〔1〕 根据宪法起草委员会办公室印《宪法草案初稿讨论意见汇编》(十)而整理。

多民族的国家。序言中缺少有关“平等”方面的内容;序言中对肃清蒋介石残余、收复台湾地区等问题没有明文提出。序言中军事方面提得太少。外交政策、统一战线不应列入。序言中还需要增加思想改造及教学改革等内容。序言中形容词及副词太多。应将“终于在中国共产党领导之下”改为“终于在中国共产党及毛主席领导之下”或“终于在工人阶级先锋队共产党领导之下”。应把过渡时期大约15年的时间明确写出来。序言第六段只谈到团结谁,没有提到反对谁的问题。

提出的问题:序言第一段末的“达到富强、幸福和文明的境地”和《共同纲领》第1条“为中国的独立、民主、和平、统一和富强而奋斗”的提法不一样,为什么?第三段中的“一切国家机关”是否包括人民团体和国家企业机关?第六段写的是外交政策,与宪法关系不大。为什么要这一段?第六段中为什么没有和《共同纲领》第56条关于和外国政府建立外交关系的原则的类似规定?

【5月6日到21日】

1954年6月16日印发的《宪法草案初稿讨论意见汇辑》(二十二)编入的是各地5月6日到21日汇报的对宪法草案(初稿)“序言”、第1章“总纲”、第2章“国家组织系统”的修改意见和疑问。汇报材料有下列的46个地方单位:华北区、东北区、西北区、华东区、中南区、西南区、内蒙古自治区、河北省、山西省、辽东省、黑龙江省、热河省、陕西省、青海省、山东省、江苏省、安徽省、浙江省、河南省、湖北省、湖南省、江西省、广东省、广西省、四川省、贵州省、云南省、北京市、天津市、太原市、沈阳市、旅大市、抚顺市、本溪市、长春市、哈尔滨市、西安市、上海市、济南市、青岛市、南京市、武汉市、广州市、重庆市、成都市、昆明市。对于宪法草案序言的修改意见为:

序言的内容很重要,称“序言”不够庄严。序言中可增写国际形势和十月革命对我国的影响。将第三段“庄严地通过我国的第一个宪法”改为“庄严地制定并颁布了我国的第一个宪法”。可将第五段第二句中的“反对帝国主义和各民族的内部公敌”改为“反对帝国主义和各民族内部的人民公敌”。本段末可加“充分发扬各民族的积极性”。第六段第二句末的“以服务于世界和平和人类进步的崇高目的”的“进步”2字改为“解放”。

【5月25日到31日】

1954年6月22日印发的《宪法草案初稿讨论意见汇辑》(二十三)的主要内容是地方单位和军事单位在5月25日到31日所汇报的讨论宪法草案(初稿)“序言”、第1章“总纲”、第2章“国家组织系统”中提出的修改意见和疑问。汇报材料包括26个地方单位和两个军事单位。地方单位是:西北区、华东区、中南区、内蒙古自治区、河北省、山西省、松江省、山东省、江苏省、安徽省、浙江省、河南省、湖北省、云南省、北京市、鞍山市、抚顺市、本溪市、哈尔滨市、上海市、济南市、南京市、杭州市、武汉市、广州市、重庆市。军事单位是:人民革命军事委员会的空军小组和炮兵小组。对宪法草案序言提出的修改意见为:

建议在序言中增加“在我国伟大的工人阶级及其政党——中国共产党的正确领导下,全国各民族人民的坚强团结与国际和平民主阵营的友谊增长,本宪法所肯定的人民民主专政的巩固,将有力地保证我国建成社会主义社会,以促进世界的和平与进步”,放在最后;建议将序言中有关外交问题的内容去掉,因为外交政策是对内政策的延伸,苏联宪法也没有外交政策的规定。

【6月1日到11日】

1954年6月30日印发的《宪法草案初稿讨论意见汇辑》(二十五)刊载的是地方单位和军事单位在6月1日到11日汇报的讨论宪法草案(初稿)中所提的修改意见和疑问。汇报材料的包括44个地方单位和7个军事单位。地方单位是:华北区、东北区、西北区、华东区、中南区、西南区、内蒙古自治区、河北省、山西省、辽东省、辽西省、吉林省、松江省、黑龙江省、陕西省、甘肃省、新疆省、江苏省、浙江省、福建省、河南省、湖北省、湖南省、江西省、广东省、云南省、西康省、北京市、天津市、太原市、旅大市、鞍山市、抚顺市、本溪市、长春市、西安市、上海市、青岛市、南京市、杭州市、武汉市、广州市、重庆市、昆明市。军事单位是:人民革命军事委员会的总干部部、公安部队、公安政治部、工兵小组、总高级步兵学校、军事学院和后勤学院。提出的修改意见和疑问,涉及序言和第 1 章、第 2 章、第 3 章、第 4 章。对宪法草案序言提出的修改意见为:

建议把"序言"这个名称改为"先言",并入"总纲"中;"序言"说到的问题太多,有些可以省略。增写鼓励全国人民为执行宪法而奋斗;明确写出农民是工人阶级最可靠的同盟军。增列有关国家经济建设和文化建设计划的大致内容。建议对"序言"结构作下列的调整:第一,改作七段:第一段、第四段、第五段、第六段不动;第二段的第三句作为第二段;第二段的第一句、第二句并成一段,作为第三段;第三段移后,作为第七段。第二,第一段、第二段合并,全文作如下的调整:第一句,第一段第一句;第二句,第二段第一句;第三句,第二段第二句;第四句,第一段第二句;第五句,第二段第三句;文字上并作适当的修改。可将"建立消灭剥削、消灭贫困的社会主义社会"改为"逐步地建立消灭剥削、消灭阶级的社会主义社会"或"逐步消灭剥削、消灭贫困,过渡到社会主义社会"。第四段增写"而领导这个统一战线的中国共产党,成为工人阶级和劳动阶层中最积极最觉悟的公民,为巩固与发展社会主义制度而奋斗之先锋队,为劳动群众、所有一切社会团体及国家机关的领导核心",放在本段之末。第六段着重指出我国人民是爱好和平、反对帝国主义侵略的。参照《共同纲领》第 54 条,增列关于外交政策的规定。

此外,提出如下问题:序言是不是宪法的组成部分?其意义何在?统一战线是否指人民政协?统一战线在过渡时期将怎样发挥其作用？资产阶级作为一个阶级来说，是否还包括在统一战线之内？经济建设是全国统一进行的，为什么要照顾到各民族的需要？社会主义社会是各民族一同建成的，为什么要照顾到各民族的特点？这是不是意味着有的少数民族地区将不能同时到达社会主义社会？

（三）对宪法总纲的意见

【4 月 12 日到 20 日】

根据华北区、西南区、山西省、辽东省、辽西省、热河省、青海省、山东省、江苏省、安徽省、河南省、湖北省、广东省、西康省、北京市、唐山市、旅大市、上海市、青岛市、南京市、广州市 21 个地方单位从 4 月 12 日到 20 日陆续电话汇报的讨论宪法草案（初稿）的综合材料整理而成 1954 年 4 月 27 日印发的《宪法草案初稿讨论意见汇辑》（七），对宪法草案总纲的修改意见为：

（1）一般性意见。总纲再写简要些，其中属于社会制度的部分，可以单成一章。总纲可以包括以下内容：国家性质；统一战线；民族政策；军事制度；生产资料，所有制；文教政策；外交政策；劳动是光荣的事业。第 5 条至第 15 条应列为“社会经济结构”专章。应明确规定禁止私人资本家的金融活动。少数民族地区土改尚未完成，可考虑应在总纲中规定有步骤地实行土改。第 20 条后加一条有关“科学研究事业相应的为工业建设服务的方针任务”。（2）具体条文意见。建议在第 1 条中加上“团结小资产阶级和民族资产阶级”；第 3 条第一句中的“多民族”下应加“多种族”3 字。第 5 条规定所有制可分为：社会主义所有制（包括一部分合作经济和一部分国家资本主义）、个体劳动者所有制和资本家所有制。第 5 条中的“水流”改为“水产”。第 6 条第 2 款中的“租给他人经营”改为“给私人经营，私人向国家纳税”。第 7 条第 1 款中的“小生产经济”改为“小商品生产经济”。第 9 条后面应加“过渡到社会主义所有制”。第 12 条明确“国家在公共利益需要的时候”的含义。第 15 条加上“实行国家对粮食及其他主要农产品、主要工业原料的计划供销”或“计划贸易”。

提出的主要问题:(1)一般性问题。在序言中提到统一战线,为什么在总纲里没有规定?为什么在第 8 条、第 9 条、第 10 条中都有“依照法律保护”而在第 11 条中没有?很多条文都规定“国家依照法律”,宪法与法律是否矛盾?宪法和法律谁先谁后?第 9 条、第 10 条中的“其他财产”指的是什么?(2)具体条文问题。《共同纲领》中提出“工人阶级领导的、以工农联盟为基础的,团结各民主阶级和国内各民族的人民民主专政……”宪法草案第 1 条上为什么不这样提?现在还是四大阶级联合专政的国家,为什么在宪法草案中未提到小资产阶级与民族资产阶级?本条的意思是否说政权中只有工农,其他阶层的人民不能参加政权?第 2 条规定“一切权力属于人民”,但《共同纲领》规定“国家政权属于人民”,是否因“权力”比“政权”范围更广泛?第 3 条“各聚居的少数民族实行区域自治”,分居、散居的怎么办?第 4 条中提“依靠国家机关”,为何不说“依靠国家权力机关”?“组织社会力量”包括哪些内容,采取什么方式?第 6 条规定山为国家所有,但是山上的药材属国家所有呢,还是人民可以随便挖?有的山是私有的,山下的矿是否也归私有?“水流”包括些什么?“资源”包不包括工厂?中苏石油公司算不算租给他人?中苏联合开采有色金属的经营方式,为什么不写在第 6 条内?第 8 条“保护农民的土地所有权”是否把集体农民和个体农民都包括在内?第 10 条“积极部分”和“积极作用”有何区别?第 11 条剥削来的财产是否也有继承权?也受保护?本条中的继承权是否有限制?非直系亲属是否也有继承权?本条中没有提到生产资料的继承权问题,是否可以继承,也可以不继承(有许多资本家的子女想放弃继承权)?是否不加以保护?第 12 条“根据法律所规定的条件”是指什么条件?城市扩展马路所征购的房屋等“生活资料”,为什么不加以规定?第 19 条中关于剥夺封建地主和官僚资本家的政治权利问题,为什么规定“一定时期”？现在是否还有封建地主和官僚资产阶级？在劳动中已经改造好了的公民是否跟一般公民享受同等权利？

【4月21日到26日】

《宪法草案初稿讨论意见汇编》(十)收集的是26个地方、两个其他单位讨论宪法草案(初稿)提出的修改意见和疑问。26个地方单位是：华北区、华东区、中南区、内蒙古自治区、辽东省、辽西省、黑龙江省、热河省、宁夏省、山东省、江苏省、安徽省、福建省、河南省、广东省、云南省、北京市、旅大市、哈尔滨市、上海市、青岛市、济南市、南京市、武汉市、广州市、重庆市。两个其他单位是：中国人民解放军工兵司令部、人民革命军事委员会空军小组。编辑所根据的材料，除少数驻在北京的单位是书面材料外，绝大部分是电话汇报的记录。这些材料是在4月21日到26日收到的。1954年5月6日印发的《宪法草案初稿讨论意见汇辑》(十)[1]对其予以整理，其中对宪法草案总纲的意见为：

(1)一般意见。在结构方面，建议仿照苏联宪法，不要总纲，将其内容分别插入其他各章中。第5条到第10条可合并为一条。第5条是总的说明，其余几条则是具体的说明。第13条与第10条、第17条与第18条可以分别并成一条。第14条与第15条应放在第10条的前面。建议将第16条到第20条，移到第2条或第3条的后面。第20条应移至第16条的后面，以示武装力量的重要性。在内容方面，补充规定外交政策；统一战线；保护公共财产的规定；列专条解释和规定国家资本主义经济；城市房产权利应有明确的规定，仿照德意志民主共和国宪法第22条补充规定“脑力劳动、著作家、发明家及艺术家的权利，应受共和国的保护、推动及关怀”。(2)具体条文意见。第1条“以工农联盟为基础”下面加“团结各民主阶级和国内各民族”或“团结民族资产阶级与小资产阶级”。第2条第1款与第2款

---

[1] 根据宪法起草委员会办公室印发的《宪法草案初稿讨论意见汇编》(十)而整理。

之间应加:“全国人民代表大会和地方各级人民代表大会都由人民按照选举法的规定,以普选方法产生,国家保证逐步采用普遍、平等、直接和秘密投票法的选举制度。”建议将第3条“禁止民族间的歧视和压迫”改为“维护民族间的友爱和平等”或“加强民族间的友爱和平等”。将第4条“国民经济的社会主义改造”改为“国民经济中非社会主义成分的社会主义改造”或“国民经济中的社会主义改造”。将第5条“合作社所有制”改为“合作社所有制即劳动群众或劳动群众部分集体所有制”。将第6条第2款中的“矿藏”改为“土地及其蕴藏,如矿山、矿井”。本款可加上:“大企业、交通、银行等操纵国计民生的经济,由国家经营;交通运输、银行、邮电等都属于全民所有。”第8条应规定“国家限制非耕作者占有土地面积”。建议在第3款后加一款:“农民土地为其生活所依据的生活资料不得相互买卖。”这样就可以防止农民向两极分化。第9条第2款中的“个体劳动者”下应加“个体贩卖者”。因对肩挑摊贩只能领导不能管理。第10条对资本主义工商业却没有提出消灭的问题,应在本条中提出来。第11条中可增加“凡依法律保护的财产权准予继承”的规定。第15条“管理”2字可改为“指导”或在“管理”2字下面加“领导”。第16条第二句中加“奖励创造发明”。第18条可考虑规定“反贪污、反浪费、反官僚主义”。第19条中的“公民”改为“人民”。

提出的问题:(1)一般性问题。根据第5条、第8条第3款和第10条第2款的规定来看,对资本家和对富农的政策有所不同,为什么?(2)具体条文问题。第2条只提道“人民行使权力的机关是全国人民代表大会和地方各级人民代表大会”,是否各级人民政府就不是行使权力的机关?本条规定“人民行使权力的机关是……各级人民代表大会”,第51条第1款又规定“国家权力的地方机关是……和地方各级人民政府”,为什么有这种差别?第4条末句的“建立社会主义社会”为什么不写成“建立共产主义社会”?第5条规定的资本家所有制是否包括城市房主在内？第 6 条的“矿藏”是指什么？“大荒地”是否包括大山地在内？第 8 条第 1 款规定“国家依照法律保护农民的土地所有权……”这是否限制农民不必要的转移转卖？本条只提到保护农民的土地所有权，为什么没提保护生产资料所有权？少数民族畜牧地区的生产资料(牛羊)是否要保护？城市土地所有权是否亦予以保护？第 9 条为什么未提“信用合作”？是否非农民成分者就不需要“信用合作”？第 11 条“住宅”是否还可以随便买卖？住不了是否还可以出租？第 12 条收归国有是否与第 11 条的规定有矛盾？第 18 条中的“效忠”是什么意思？第 19 条为什么要规定第 2 款？规定这一款的目的何在？

【5 月 3 日到 13 日】

1954 年 6 月 5 日印发的《宪法草案初稿讨论意见汇编》(十九)的内容是，33 个地方单位和两个军事单位从 5 月 3 日到 13 日汇报的讨论宪法草案(初稿)中提出的关于“序言”和第一章“总纲”两个部分的修改意见和疑问。地方单位是：华北区、中南区、西南区、内蒙古自治区、山西省、松江省、热河省、甘肃省、青海省、山东省、江苏省、安徽省、浙江省、江西省、广西省、贵州省、云南省、西康省、北京市、天津市、太原市、沈阳市、本溪市、哈尔滨市、抚顺市、上海市、济南市、南京市、杭州市、武汉市、广州市、重庆市、昆明市。其中对于宪法草案总纲提出的意见包括：

(1)一般性意见。在结构方面，本章可否并入序言中去。本章可分为社会结构、经济结构、国家结构等几个小节。第 2 条和第 3 条可对调一下。第 5 条、第 6 条、第 7 条、第 8 条、第 9 条、第 10 条、第 14 条的内容，都有关过渡时期总路线，可否集中起来另写一章。在内容方面，增加有关外交政策、对外不侵略亦不容许任何国家侵略；文化教育要服务于总路线、总任务；英雄和模范人物应该受到全国人民的尊敬；货币发行权；批评与自我批评；各民族的名称；兵役制；知识分子的地位、作用和前途;外侨及无国籍人的权利与义务等规定。(2)具体条文意见。第 1 条“以工农联盟为基础的”下面加“社会主义性质的”或“劳动人民的”或“各民主党派参加的”。将“人民民主国家”改为“人民民主专政逐步过渡到社会主义社会的国家”,以区别于苏联和各人民民主国家。第 2 条补充规定协商机关与人民代表大会及人民政府的关系;中华人民共和国主席、人民代表大会及国务院的相互关系。第 3 条应增加“尊重各民族的风俗习惯”的规定。第 4 条“建立社会主义社会”下面可加“各尽所能,按劳取酬”。在第 5 条之末加“经过国民经济的社会主义改造,将完全改变为社会主义全民所有制和集体所有制两种所有制”。第 6 条补充“牧区草原属于部落所有;粮食归国家掌握”。有人提出“水流”下面加“内海、大草原”“大沙漠”“大山脉”或“天然资源”,有的提出“水流”改为“河海”“水力”或“海洋、河川”。第 8 条可增列“国营企业的土地为全民所有”的规定。第 10 条增写“消灭资产阶级”,规定民族资本家的定义。第 11 条应增加保护个人名誉的规定。第 12 条“公共利益”4 个字可以去掉。第 13 条规定“任何人都要保护公共财产”。第 14 条增列发展工业的内容。第 18 条可以去掉。第 19 条增列一般刑事犯对国家建设起破坏作用和危害人民安全者应如何处理的规定。写明对地主和官僚资本家是强迫劳动。

提出的主要问题:(1)第 8 条、第 9 条、第 10 条规定了保护农民、手工业者、民族资本家的生产资料所有权。如何使其逐步过渡到社会主义所有制?为什么把对富农的政策放在对农民的条文中,不像对资本主义的政策那样另列一条?(2)依照第 2 条,今后各级国家机关是否都用委员制?(3)我国和苏联都是多民族的国家。苏联规定了民族自决权,为什么我国第 3 条不这样规定?“各民族有平等的权利和义务”是指少数民族的个人,还是指别的?少数民族多少人口聚居才可以实行区域自治?(4)第 5 条规定的“个体劳动者所有制”是否包含小资产阶级在内？“资本家所有制”是否包括国家资本主义在内？“资本家所有制”是否包括国外华侨及外国资本家？(5)第6条铁路及海上运输是否私人也可经营？(6)第7条合作社所有制和集体所有制有何区别？合作社所有制是否包括部分集体所有制？“劳动群众部分集体所有制”中的“部分”是指“部分群众”，还是“部分生产资料”？为什么不提“集体农庄”？(7)第8条规定了怎样消灭富农的剥削制度，为什么对富农只提“限制”而不提“利用”？是否允许农民自由买卖土地？(8)第10条规定的家庭副业是否受保护？(9)第15条“国家实行对外贸易的统制”和《共同纲领》第37条的“实行对外贸易的管制”有何区别？“统制”与“管理”有何不同？粮食统购、统销是“统制”还是“管理”？统制对外贸易是否限制私人与外国做买卖？(10)第16条劳动是光荣事业，为什么要强调“保证他们的劳动得到适当的报酬”？(11)第17条的规定是否通过人民代表大会来实现？(12)第19条对封建地主、官僚资本家还指明出路，为什么对旧富农没有提？为什么对反革命分子没有改造的规定？本条规定“剥夺封建地主和官僚资本家的政治权利”。公民权与政治权何者包括为广？判处徒刑的是否都要剥夺政治权利？“叛国”和“反革命”有什么不同？

【5月6日到21日】

1954年6月16日印发的《宪法草案初稿讨论意见汇编》(二十二)编入的是，各地5月6日到21日汇报的对宪法草案(初稿)“序言”、第1章“总纲”、第2章“国家组织系统”的修改意见和疑问。汇报材料有下列的46个地方单位：华北区、东北区、西北区、华东区、中南区、西南区、内蒙古自治区、河北省、山西省、辽东省、黑龙江省、热河省、陕西省、青海省、山东省、江苏省、安徽省、浙江省、河南省、湖北省、湖南省、江西省、广东省、广西省、四川省、贵州省、云南省、北京市、天津市、太原市、沈阳市、旅大市、抚顺市、本溪市、长春市、哈尔滨市、西安市、上海市、济南市、青岛市、南京市、武汉市、广州市、重庆市、成都市、昆明市。对宪法草案总纲的修改意见为：

(1)一般性意见。在结构方面，第11条移到第16条的后面。第12条和第13条可并成一条。第13条并入第14条，作为第2款。第16条移作第4条。第17条至第20条移前，作为第15条至第18条。在内容方面，增加有关党的领导问题；奖励发明；财政、税收政策；强迫教育的年龄，服兵役的年限；少数民族的经济制度；社会主义道德等规定。(2)具体条文意见。第1条增列"中华人民共和国的鼓舞者、组织者，中国工人阶级的先锋队——中国共产党是国家社会力量的领导核心"一款。第2条第2款可改为"人民行使权力的机关，在中央是全国人民代表大会和在地方是各级人民代表大会"或"中华人民共和国的中央和地方机关一律实行民主集中制"。第4条"国民经济的社会主义改造"应改为"对非社会主义成分的改造"。第5条增写"逐步改造为社会主义经济"，放在本条之末。第6条增写"凡国家统一经营的铁道、航空、银行、邮政等和其他由国家经营的企业，都属国营经济"一句。第7条应具体规定哪些东西属于集体所有，哪些属于个人所有。第8条第1款中的"国家依照法律保护农民的土地所有权"可改为"国家在过渡时期依法允许农民的土地所有权"。第9条"手工业者"下面加"林、牧、渔、猎业"。第11条可改为"国家用法律保护公民的正当收入、储蓄、住宅、院落及家庭副业、家庭及个人用具的所有权和继承权"。第15条增列国家在平等互利的条件下积极地与各国人民发展贸易的内容。第16条增列"五爱"及国家鼓励公民发扬爱国主义和集体主义精神的内容。明确规定各尽所能、按劳取酬的原则。第17条"一切国家机关必须经常保持密切联系群众，依靠群众，受群众监督"。

提出的主要问题：(1)一般性问题。总纲中为什么不提外交政策？总纲中为什么没有"增加生产，厉行节约"的规定？(2)具体条文问题。第 5 条规定的 4 种所有制,跟部分少数民族地区的所有制的实际情况尚不符合。是否依第 65 条所规定的由各自治区制定自治条例和单行条例来解释？第 8 条规定的因缺乏劳动力,或因主要劳动力参加了革命工作而将土地出租的人,国家对其土地所有权是否保护？为什么没有提到农业生产合作社？第 13 条指哪些可能发生的事实？第 15 条关于对外贸易的规定,是否应把资本主义国家及人民民主国家加以区分？第 18 条为什么不规定私人企业机关也要为人民服务？第 19 条"自食其力"是否指不剥削或不参加互助合作组织？

【5 月 25 日到 31 日】

1954 年 6 月 22 日印发的《宪法草案初稿讨论意见汇编》(二十三)的主要内容是,地方单位和军事单位在 5 月 25 日到 31 日所汇报的讨论宪法草案(初稿)"序言"、第 1 章"总纲"、第 2 章"国家组织系统"中提出的修改意见和疑问。汇报材料包括 26 个地方单位和两个军事单位。地方单位是:西北区、华东区、中南区、内蒙古自治区、河北省、山西省、松江省、山东省、江苏省、安徽省、浙江省、河南省、湖北省、云南省、北京市、鞍山市、抚顺市、本溪市、哈尔滨市、上海市、济南市、南京市、杭州市、武汉市、广州市、重庆市。军事单位是:人民革命军事委员会的空军小组和炮兵小组。对宪法草案总纲提出的修改意见为:

(1)一般性意见。改取分段规定的方式,不分条。把条文按性质分类;哪些条文属于社会制度、哪些条文属于国家制度都分别标明。增列"凡不与宪法相抵触之法律、条例、决定、命令都继续有效"一条。增列劳动为公民应尽义务的规定。建议把第 5 条到第 7 条中有关经济方面的名词统一起来。第 5 条中可增写"国家特别注意全民所有制及合作社所有制的发展,并依法保护个体劳动者及资本家现在的所有权";并将第 8 条、第 9 条、第 10 条第 1 款去掉。说明国家现在保护个体劳动者和资本家的所有权;但不是长期的。(2)具体条文意见。第 1 条可增列“工人阶级通过它的政党——中国共产党,实现对国家的领导”一款。第 6 条对全民所有财产内容多加规定。增列“农业机器是国家财产,统由国家制造、购进,并由国家经营”一款。将第 8 条“富农”改为“农村资本主义”或“农民间”。第 10 条应增列“公私合营企业的生产资料所有权属于国家和资本家的联合所有,是走向全民所有制的过渡形式”的规定。第 11 条增列关于宗教财产的问题。增列“国家保护寺院、教堂和其附属机构的财产所有权”的规定。增列“脑力劳动、著作家、发明家及艺术家的权利,应受共和国的保护、推动及关怀”的规定。第 18 条增写“忠实执行并贯彻国家的各项政策”一句,放在本条之末。第 19 条增列战犯为剥夺政治权利的对象。第 20 条增列我国国土有多大以及有哪些地方的规定。

提出问题:(1)一般性问题。很多新民主主义国家宪法中没有提工人阶级领导和工农联盟,我国宪法为什么要提这两点?既然以工农联盟为基础,为什么全国只有总工会,而没有全国性的农民协会?对富农的剥削制度所采取的“逐步消灭的政策”,是否和对资本主义所有制用社会主义的全民所有制“代替”相同?(2)具体条文问题。第 5 条“全民所有制”的“全民”指哪些人?是否包括资本家?第 6 条小森林是否可以不属于国家所有?第 10 条既然提出“国家依照法律保护民族资本家的生产资料所有权和其他财产所有权”,为什么又提出“逐步用社会主义的全民所有制代替资本主义所有制”?“民族资本家”和“资本家”是否有所区别?第 11 条不是劳动得来的储蓄、住宅和生活资料,其所有权和继承权是否受到保护?公民是否包括 18 岁以下的小孩?

【6月1日到11日】

1954年6月30日印发的《宪法草案初稿讨论意见汇编》(二十五)刊载的是地方单位和军事单位在6月1日到11日汇报的讨论宪法草案(初稿)中所提的修改意见和疑问。汇报材料包括44个地方单位和7个军事单位。地方单位是:华北区、东北区、西北区、华东区、中南区、西南区、内蒙古自治区、河北省、山西省、辽东省、辽西省、吉林省、松江省、黑龙江省、陕西省、甘肃省、新疆省、江苏省、浙江省、福建省、河南省、湖北省、湖南省、江西省、广东省、云南省、西康省、北京市、天津市、太原市、旅大市、鞍山市、抚顺市、本溪市、长春市、西安市、上海市、青岛市、南京市、杭州市、武汉市、广州市、重庆市、昆明市。军事单位是:人民革命军事委员会的总干部部、公安部队、公安政治部、工兵小组、总高级步兵学校、军事学院和后勤学院。提出的修改意见和疑问,涉及序言和第1章、第2章、第3章、第4章。对宪法草案总纲提出的修改意见为:

(1)一般性意见。在结构方面,建议把第5条到第15条另列成章;其余各条同序言合并,作为总纲。第2条第2款可并入第17条。第6条第2款可专列一条。第8条第3款可专列一条。第8条、第9条可并成一条;第11条移入第3章。第13条可以去掉。第15条并入第10条第3款。在内容方面,增加有关中华人民共和国领土神圣不可侵犯;人民团体问题;国家工作人员不准兼营商业;对烈属、职业军官家属、残废军人、老年军人等照顾;发展文化教育、卫生事业,以提高政治、文化、健康水平;保护寺院、教堂和外国私人财产;指导农业、手工业、资本主义工商业的科学技术的促进和提高等规定。(2)具体条文意见。第1条可改为"中华人民共和国是以工人阶级为领导,工农联盟为基础的人民民主专政国家"。第2条补充有关"土地"的规定。土地、人民、主权三者才构成国家,只说人民、主权还不够。明确"国家权力的中央机关"是否包括管理机关在内。第3条增写“各个民族是共和国不可分割的组成部分”。第4条增写保护民族资本家生产资料所有权的内容。第5条增写“现在有这些所有制,将来只保证有社会主义所有制”一句。第6条第2款增列矿山、矿井、工厂,及有关国家经济命脉的资源;“水流”可改为“水面”或“水流和海面”。第8条可参照某些人民民主国家宪法,把私有土地的数量加以规定。第10条增列关于继承权的规定。第11条“继承权”可改为“处理权”。这样就包括了继承和自由处理的意思,比较全面、确切。规定生产资料有继承权。增写“如无继承者,应规定全民所有”。第12条明确规定:实行征购、征用和收归国有,对不同阶级采取不同的对待。凡属帝国主义、资本家、富农的,可以征用、没收;凡属劳动人民的,则另行考虑。农民几千年来没有土地,现在视土地如至宝,不宜提出征用和收归国有。第14条增写“提倡科学”。第16条增列有关人民教师权利的规定。增写鼓励科学和艺术的研究。第17条增列“对一切人民提来的问题,必须迅速予以处理”一款。第20条参照《共同纲领》,明确规定军事制度。

此外,在6月1日到30日收到的资料中的问题有:(1)一般性问题。保护私人所有权是否与过渡时期的经济改造有矛盾?(2)具体条文问题。第5条“合作社所有制”是不是过渡性质的?第8条供销合作过去提的是半社会主义经济,现在提的是社会主义经济。两者的界限怎样划分?为什么提法前后不同?干部、教员家里的少量土地,自己并不耕种,国家是否保护?如何处理?第11条手工业者参加合作社以后,他的生产资料和其他财产是否可被继承?只取薪金并无股票的资方代理人,其薪金是否算劳动收入?第19条对有些劳动改造的犯人没有规定劳动改造的期限,为什么?

(四)对国家组织系统的意见

【4月12日到20日】

根据华北区、西南区、山西省、辽东省、辽西省、热河省、青海省、山东省、江苏省、安徽省、河南省、湖北省、广东省、西康省、北京市、唐山市、旅大市、上海市、青岛市、南京市、广州市 21 个地方单位从 4 月 12 日到 20 日陆续电话汇报的讨论宪法草案(初稿)的综合材料整理而成 1954 年 4 月 27 日印发的《宪法草案初稿讨论意见汇辑》(七)。

对国家组织系统的一般性意见为:提议在本章中将中国的自治区和各省、国务院各部及各委员会都较详细地列入。第 41 条和第 36 条中,关于主席与常务委员会职权的规定不一致,且有冲突。

对全国人民代表大会的意见为:第 26 条第 9 款应加上"在遭受外国帝国主义武装侵略时";第 27 条增列通过其他决议的程序。第 34 条应加上撤换代表的程序。第 36 条规定的常务委员会的职权过大。

对中华人民共和国主席的意见为:在第 34 条中的"可以委托"下加"第一"2 字。

对国务院的意见:把国务院各部也写在宪法上。第 48 条第 7 款应提及工业、交通、运输、邮电、水利等工作。

对国家权力的地方机关意见:第 50 条行政区划不具体,无名称。可考虑将大行政区明确划入。

对民族自治机关意见:本节中对帮助少数民族的工作应更加强调一些;这样少数民族才能赶上汉族。第 64 条规定可考虑增加宗教有保持或改革自己风俗习惯的自由。

对法院和检察机关的意见:第 68 条末加一句"或设旁听席"。

提出的主要问题包括:(1)一般性问题。议长和主席在职权上有何不同?议长的职权是否也须规定?(2)全国人民代表大会。第 24 条全国人民代表大会任期满后,是否尚需要一个准备时期?第 33 条"现行犯"是指哪类犯人?第 35 条常务委员会内部组织如何?是不是另有法律规定?第 36 条解释法律是不是包括对宪法的解释?根据苏联宪法的规定,苏联最高苏维埃主席团,在一定情况下有权解散最高苏维埃,我国是否亦有此类的规定?(3)中华人民共和国主席。主席和常务委员会之间意见不一致时如何解决?中华人民共和国主席由全国人民代表大会选举,是否主席还向全国人民代表大会报告工作?主席和副主席是什么关系?武装力量是受国务院领导还是受国防委员会领导?抑或是双重领导?第38条"三十五岁"的年龄限制,是否因中国人民政治上成熟早?关于主席当选资格的规定,根据是什么?第41条第4款中"批准同外国缔结的条约"是否包括废除条约?(4)国务院。第48条第1款中为什么不提全国人民代表大会所通过的法律、法令?(5)国家权力的地方机关。第50条中未规定大行政区,是否在宪法公布后,即取消大行政区?"州"是否单纯为了少数民族设立?非少数民族区是否也要设州?第51条地方各级人民代表大会是否设常务委员会?今后地方上是否仍需要协商委员会?"地方人民代表大会"是否可以立法?第52条"市、市辖区……每两年选举一次,省人民代表大会每四年选举一次",为什么两个时间不一致?中央直辖市人民代表大会的选举是4年一次,还是2年一次?省政府主席的任期为什么没有规定?

此外,在4月21日到26日收到的意见中,提出的主要问题:(1)一般性问题。第36条第9款、第41条第1款乙项和第4款所列的人员究竟由谁任免?全国人民代表大会为什么不决定特赦?(2)具体条文问题。中华人民共和国主席的职权内为什么未包括领导法院和检察机关?依据第44条的规定,副主席代行主席的全部职权时,副主席是否就已成了主席?总理为什么没有任期?国务院在武装力量方面的职权究竟是哪一些?省人民政府是采取首长负责制呢,还是采取委员会制?我国的自治区是否也需要有自己的宪法?各级检察机关独立行使职权是否都受中央领导?地方政权机关是否领导地方检察机关?

【5月3日到13日】

1954年6月2日印发的《宪法草案初稿讨论意见汇编》(十八)编入的是42个地方单位和3个军事单位对宪法草案(初稿)第2章"国家组织系统"提出的修改意见和疑问。42个地方单位是:华北区、西北区、华东区、中南区、西南区、内蒙古自治区、山西省、辽西省、松江省、黑龙江省、热河省、陕西省、甘肃省、青海省、山东省、江苏省、安徽省、浙江省、福建省、河南省、湖北省、湖南省、广东省、广西省、贵州省、北京市、天津市、唐山市、太原市、沈阳市、旅大市、哈尔滨市、西安市、上海市、济南市、青岛市、南京市、杭州市、武汉市、广州市、长沙市、重庆市。3个军事单位是:人民革命军事委员会的防空部队、铁道兵和装甲兵直属政治部。

对于国家系统提出的意见包括:第2章在宪法中占的比重很大。好处是简明扼要,组织形式全包括在内;但包罗万象,笼统了一些。建议对本章结构作下列的调整:"第一节全国人民代表大会最高权力机关;第二节中华人民共和国主席团;第三节最高管理机关国务院;第四节地方权力机关地方各级人民代表大会;第五节地方各级人民代表大会主席团(此节亦可不单列,与前节合并);第六节地方管理机关地方各级人民政府;第七节民族自治机关;第八节法院和检察机关。"全国人民代表大会常务委员会改称主席团,作为全国人民代表大会闭会期间的最高权力机关。主席团设主席一人,即中华人民共和国主席;副主席若干人,秘书长一人,委员若干人。中华人民共和国主席是国家元首,对外代表国家,并担任全国人民代表大会主席,统率全国武装力量,监督国务院、最高人民法院和最高人民检察署。明确国防委员会与国防部的关系。明确规定必要时上级人民政府可以调动选出来的地方各级人民政府主席、副主席。

对全国人民代表大会的讨论如下:

(1)一般性意见。增加全国人民代表大会的代表在开会时发表的言论、意见不受任何追究;代表大会对于人民群众的任何建议、任何检举,必须立即通过审核、调查、作出决议,交由各主管机关办理;增加“全国人民代表大会所制定的法律,应以中华人民共和国各民族文字公布之”一条。规定全国人民代表大会每年的开会日期。规定在全国人民代表大会休会期间,代表与常务委员会在工作上的联系。规定代表因工作调动、撤换、逮捕可以另行补选。规定在全国人民代表大会开会期间,代表有使用一切交通工具的权利。明确规定代表活动的经费及津贴。第 21 条和第 22 条可以合并;第 24 条和第 25 条对调。第 26 条第 2 款和第 28 条都可去掉。列一条,规定“中华人民共和国宪法,必须有全国人民代表大会三分之二以上代表决定修改通过”。(2)具体条文意见。第 23 条增加妇女代表的规定。第 24 条全国人民代表大会的任期改为 6 年。全国人民代表大会任期的延长应具体规定。写明在下届全国人民代表大会未选出前,仍由上届代表大会执行权力。第 25 条全国人民代表大会的会期改为每两年开会一次。“三分之一以上的代表提议”改为“四分之一”;大会要有过半数代表出席才有效。第 28 条全国人民代表大会增加下列职权:民族自治区的划分与变动;通过政府的基本政策;保护和监督公共财产之权;审查和批准国务院、最高人民法院、总检察长的报告。“修改宪法”改为“制定或修改宪法”或“制定宪法、解释宪法”。第 27 条增写“全国人民代表大会必须有过半数的代表才能举行”一句。第 28 条改为“宪法的修改由全国人民代表大会出席代表的三分之二以上通过”。第 29 条应规定,所列人员犯什么错误才能罢免。第 30 条增加“任期均为四年”一句,写在本条之末。第 32 条规定代表有权向主席质问和询问。增写“对质问和询问的代表予以打击报复者应予严惩”一句,写在本条之末。第 33 条可考虑不要。因为:第一,代表也是公民。公民的基本权利和义务,第 80 条、第 81 条、第 82 条中已有规定。第二,好像全国人民代表大会代表多了一层特权和保障,似无必要。第三,选代表要选好的,不会有现行犯。第35条常务委员会改称主席团。第36条建议全国人民代表大会常务委员会增加下列职权:增补委员;通过政府基本政策;变更或者撤销最高人民法院、最高人民检察署同国家法律相抵触的决议和命令。解释法律改为"解释法律、条例和其他法令"。"决定个别地区或者全国的戒严"增列"动员"写在"决定"或"戒严"的下面。

对"中华人民共和国主席"提出的意见:

(1)一般性意见。主席改作全国人民代表大会主席团主席。如果不,应明确规定主席是国家最高权力的代表。"中华人民共和国主席"的名义去掉,将全国人民代表大会议长改称"主席"。主席职权归并在全国人民代表大会常务委员会的职权内。增列"中华人民共和国主席是国家元首,是全国人民和全国各民族的领袖,对外代表中华人民共和国"一条。增列"中华人民共和国主席对全国人民代表大会常务委员会负责并报告工作"一条。规定主席可参加国务院和全国人民代表大会常务委员会,以便了解工作情况。(2)具体条文意见。第38条增写"中华人民共和国主席为国家元首"一句,写在本条之末。第39条增列"在必要时候主席可以延长任期"一款。第41条建议对主席的职权作下列的补充:领导国务院正确实施国家政策;宣布领土的变动;全国人民代表大会或常务委员会认为应当由中华人民共和国主席行使的其他职权。第44条中明确规定:如果主席、副主席都长期不能工作的时候,由国务院总理代行主席的全部职权。

对国务院的意见。建议对本节内容作下列的补充:国务院所属各部的名称和职权;地方各级人民政府组织法的规定;增列划分和变更行政区划。第45条应明确规定"国务院应受主席领导";本条的"国家最高管理机关"可改为"政权的最高执行机关"。第46条内容作下列的补充:明确规定副总理人数;增列"国务院除对全国人民代表大会负责外,同时对主席负责"一款;增列"国务院受主席领导"一款。第47条规定在全国人民代表大会休会期间,人民代表有权听取国务院的工作报告。第48条建议对本条内容作下列的补充:对任命大学校长加以规定。增列"公布信贷货币制度"一款。增列司法和水利的规定;增列"管理宗教事务"。第49条规定各部、各委员会可以发布决议和命令的根据中应增列"宪法",并写在"法律"的上面。

对国家权力的地方机关的意见:

(1)一般性意见。本节标题可改为"地方机关"。建议对本节结构作下列的调整:第54条并入第51条。第54条与第51条第2款合并。建议对本节内容作下列的补充:增加"省、中央直辖市人民政府设厅、局;县、市人民政府得设置局、处。厅、局、处的领导人员提请上级人民政府任免"一条。列在第57条后面。增加"中华人民共和国最高人民法院院长依法任免省、中央直辖市、自治区和自治省的法院院长和副院长;县、市、自治州和自治县的法院院长和副院长,由省、自治区人民法院院长呈请最高人民法院院长批准任免"一条,列在第59条的后面。增列"省及中央直辖市人民代表大会选举常务委员会,县、市以下人民代表大会不设常务委员会"一条。规定下级人民代表大会与上级人民代表大会的关系。(2)具体条文意见。第50条没有规定居住于较大的市的少数民族是成立自治区还是成立民族区。第1款第4项中的"民族乡"下面加"民族镇";第2款中应增列"自治市"。第51条增列"各级人民代表大会各届开会,由地方各级人民政府召集;如果地方各级人民政府认为必要,或者有三分之一以上的代表提议,可以临时召集"一款,规定会期:省至少每年一次,省以下的市、县至少每年两次。第52条增列"地方各级人民代表大会常委会,省级每年一次,县级每年2次,乡级每年4次,由本级人民政府召集之,如有必要均得召集临时会"一款,作为第4款。增列中央直辖市、省辖市、市辖区的人民代表大会选举办法;规定地方各级人民代表大会开会的次数。增列选举地方各级人民政府的规定。第53

条增列“地方各级人民代表大会选出各该级人民代表大会常务委员会作为国家权力地方机关的日常工作机关”一款;增加“代表有权提出质问和询问”的规定。第 54 条建议对本条内容作下列的补充:增写“其组织法依法律规定之”一句,放在本条之末。规定省、市副主席的人数。增写地方各级人民政府主席、副主席分别由国务院、省、自治区、自治省人民政府任免。第 56 条建议对本条内容作下列的补充:政府的任期;规定改选人民代表大会同时选举新的政府;规定地方各级人民政府应向上级人民代表大会报告工作。第 57 条建议增列关于依靠群众行使职权的规定。增列“奖励劳动生产和劳动模范”一款。地方各级人民代表大会和地方各级人民政府决议和行使的职权中“执行法律”改为“执行宪法和法律”。第 59 条建议对本条内容作下列的考虑和补充:本条的规定,似与司法独立的精神相抵触。规定地方各级人民法院与上级人民法院的关系。增列关于检察长的规定。

对民族自治机关意见:第 60 条增写“反对地方民族主义和大民族主义”。第 61 条第 1 款“统一领导下的一级地方国家机关”可改为“领导下的地方国家机关”。第 62 条中的“适当名额的代表”,可否根据各民族的人口比例数明确规定。第 64 条第 1 款的“自治权”意义不清楚,应列举以说明之;第 2 款开头增写“在不违反宪法的精神下”。第 65 条“单行条例”可改为“单行条规”。

对法院和检察院的意见:(1)一般性意见。本节所规定的最高人民法院和总检察长的权力太大。建议增列中央部长以上的高级干部违反国法时,应组织特别法庭进行审判一条。增列中华人民共和国主席、副主席,国务院总理、副总理也要受到国家检察机关的检察一条。规定如果检察长犯罪或被控告,法院可否逮捕。增列检察员可以独立行使职权。(2)具体条文意见。第 66 条对法院如何组织,哪些人由选举产生,应明确规定。“专门法院”可改为“特别法院”。第

67 条应补充“行使职权到下届人民代表大会选出新的法院的时候为止”一句。第 68 条增列“依法禁止肉刑,保障人权”一款。规定陪审员用选举办法产生。如果陪审员是固定的,会耽误很多劳动时间。第 72 条在第 2 款列出司法部,并规定其可以监督法院工作。第 74 条建议对本条内容作下列的补充:明确规定检察机关的名称;增列“最高人民检察机关和地方各级检察机关的组织由法律规定”一款。

提出的主要问题包括:

(1)一般性问题。全国人民代表大会意见如有分歧,是否可由主席或议长宣布解散?地方各级人民代表大会意见有分歧时,是否可由上级宣布解散?其他国家的人民代表大会在它的任期满后,可以宣布解散,由常务委员会执行其职权。我国宪法为什么没有此项规定?人民代表大会代表在休会时期,有意见向谁提出?宗教界人士参加人民代表大会,是人民代表还是宗教代表?

(2)全国人民代表大会。第 22 条全国人民代表大会既是一切权力的最高机关,为什么本条还要规定是行使立法权的唯一机关?工会法、婚姻法等是否还要由全国人民代表大会追认?全国人民代表大会是行使立法权的唯一机关,这与资产阶级所谓“三权”“五权”分立有何区别?第 24 条全国人民代表大会每 4 年选举一次是根据什么规定的?全国人民代表大会的任期自何时算起?全国人民代表大会任期已满遇到非常情况而延期选举时,是否仍算一届?“下届”是不是指 4 年?第 25 条规定了全国人民代表大会每年开会一次,必要时可以临时召集;但没有规定是否可以延期。万一有特殊情况不能开会怎么办?第 26 条没有把组织国防委员会的职权列入;第 29 条规定的罢免权中又无国防委员会。罢免国防委员会的权力究竟属谁?第 26 条第 3 款、第 4 款、第 6 款规定的选举中,议长、副议长等排在前面;第 29 条规定的罢免中,议长、副议长等排在最后,这是什么道理?第 10 款中规定了“大赦”。为什么社会主义体系的国家里还有这么一个制度？第30条各委员会的人选是内部分工或是另外产生？是选举的还是指定的？各委员会有哪些职权？各委员会是临时性还是固定性的？“民族委员会”做哪些工作？与国务院职权中的民族事务管理工作有无冲突？“代表资格审查委员会”是否也审查下届全国人民代表大会的代表？第32条为什么不规定代表的提案权？第33条全国人民代表大会代表犯了错误而受行政处分时，是否要向全国人民代表大会或常务委员会请示批准？第34条全国人民代表大会代表调动工作是否另行改选？第35条全国人民代表大会常务委员会委员的人数是否应在宪法上规定？议长、副议长的权力与常务委员会的职权是否一样？第36条国防委员会是怎样组织的？

(3)中华人民共和国主席，我们的主席与苏联为什么不一样？设主席的用意何在？主席究竟是最高权力机关还是最高管理机关的成员？主席是否参加国务会议？最高国务会议与全国人民代表大会常务委员会是什么关系？第41条主席可否拒绝或延缓发布全国人民代表大会的决定？军队将领、元帅等军衔和军职，是由中华人民共和国主席还是由国防委员会主席授予和任命？军队将领的任免，是否由国防委员会决定？第44条主席是否可以辞职？主席长期不能工作的时候，为什么要另选新的主席而不由副主席递补？

(4)国务院。国务院成员是否不兼人民代表？各委员会和各部是什么关系？是否平行？国务院与国防委员会是什么关系？工商行政、税务、劳动没有列出来，是否已包括在经济计划里？第46条国务院总理如果发生类似第44条规定的长期不能工作等情况，时间又在两次全国人民代表大会之间，由谁代理？如何决定新总理？第48条国务院总理的职权没有规定，是否就是国务院的职权？第48条第1款所规定发布的决议、条例和命令是否要主席签署？第48条第6款中规定的国民经济计划的决定权属于哪个机关？“任免国家行政人员”是否指除了主席任免人员以外的其他国家行政人员？第49条各部部长和各委员会是否可以发布条例?

(5)国家权力的地方机关。地方各级人民代表大会如果不设常务委员会,在闭会时期怎样与各该级人民政府发生关系?地方各级人民代表大会的代表是否可向各机关提出质问和询问?地方各级人民代表大会是否有多数代表提议召开时就召开?地方各级人民政府召开例会的次数为什么没有规定?第51条地方各级人民代表大会和地方各级人民政府是一样的职权,如意见不同,如何解决?是不是政府全体人员都是选举产生的?第52条如果省人民代表在此届市、县人民代表选举时落选,其省人民代表资格是否仍然保留?第二届市、县人民代表大会既然不选举省人民代表,那么是否有权罢免上届选出的省人民代表?省人民代表大会代表是否连选连任?第53条"选举单位"是指什么?不是本届人民代表大会选出的代表能否撤换?第54条地方各级人民政府为什么只规定"委员"而不设"委员会"?第55条地方各级人民政府既要服从本级人民代表大会,又要服从上级人民政府,它们之间的关系如何?第56条地方各级人民代表大会和地方各级人民政府是共同行使职权的,规定人民政府定期向本级人民代表大会报告工作,不成了向自己报告自己所做的工作?基层人民政府除向本级人民代表大会报告工作外,是否还须向选民报告工作?地方各级人民政府有无任免政府行政人员的职权?地方各级人民政府有无管理地方武装力量、征召入伍的职权?第57条地方各级人民代表大会怎么行使职权?华侨事务、民族事务,地方各级人民代表大会和地方各级人民政府是否也要管?为什么没有提到地方各级人民政府的任免权?为什么不提工业、农业、手工业等工作?"保护公共财产"与"保护国家利益"用意有何不同?

(6)民族自治机关。第60条为什么没有规定"自治市"?县以下的各级自治区如何改变?第61条中的"自治机关的具体形式"如何理解?第64条中的"自治权"指的是什么?

(7)法院和检察机关。选出来的院长、副院长是否要经过任命?由谁任命?检察长与法院院长是什么关系?检察机关对反革命分子、官僚资产阶级分子、依法被剥夺了政治权利的地主阶级分子的一般犯法行为是否也应当行使检察权?最高人民法院对地方各级人民法院只能监督它的审判工作,没有任免权。总检察长则有权任免地方各级检察长和副检察长。两者的规定为什么不同?第 66 条最高人民法院与地方各级人民法院是直接领导关系还是指导关系?德意志民主共和国有行政法院,我国为什么没有设立这种法院?第 67 条为什么不规定连选连任?本条的规定,是否意味着最高人民法院和地方各级人民法院 5 年改组一次?法院任期 5 年,和全国人民代表大会的任期怎样衔接?第 73 条只规定"地方各级人民法院对本级地方人民代表大会负责并报告工作"。地方各级人民政府既是国家权力的地方机关,又是国家的地方各级管理机关,为什么没有规定地方各级人民法院对地方各级人民政府负责并报告工作?第 74 条国家机关工作人员当然是公民。为什么要和公民分开来写?第 75 条县、市、自治州、自治县为什么不设副检察长?大城市的区是否建立检察机关?第 76 条总检察长如果失职,由谁处理?

【5 月 6 日到 19 日】

1954 年 6 月 10 日印发的《宪法草案初稿讨论意见汇辑》(二十)的内容是,5 月 6 日到 19 日各地汇报的讨论宪法草案(初稿)第 2 章"国家组织系统"所提的修改意见和疑问。汇报意见的是下列 42 个地方单位:华北区、东北区、西北区、华东区、中南区、西南区、内蒙古自治区、河北省、山西省、辽东省、辽西省、黑龙江省、热河省、陕西省、甘肃省、青海省、浙江省、福建省、河南省、湖北省、湖南省、江西省、广东省、广西省、四川省、贵州省、云南省、西康省、北京市、唐山市、太原市、沈阳市、抚顺市、本溪市、长春市、哈尔滨市、西安市、广州市、长沙市、成都市、昆明市、重庆市。意见如下。

对于国家组织系统提出的一般性意见：

(1)建议本章第4节和第6节对调。可参照苏联和各人民民主国家宪法，在全国人民代表大会下设部长会议，即把宪法草案规定的国务院改为部长会议，不另设中华人民共和国主席。全国人民代表大会改为每5年选举一次；省人民代表大会每4年选举一次；县(市)人民代表大会每3年选举一次。(2)乡(镇)人民代表大会每两年选举一次。这种交叉安排，工作上不致脱节。建议对本章内容作下列的补充：规定部长和常务委员会委员可否互兼。明确国防委员会的职权，以及它和全国人民代表大会、全国人民代表大会常务委员会、国务院的关系。

对全国人民代表大会的意见：

(1)一般性意见。建议在本节中列一条，规定非常时期可以设立类似苏联在卫国战争时期所设的国防委员会那样的机构，其职权在全国人民代表大会之上。建议对本节各条作下列调整：第26条第11款及第36条第17款可以去掉。第27条、第28条分别移入第26条第1款和第2款。第35条移在第25条前面。或第35条移在第30条后面；并将第1款、第2款对调。(2)具体条文意见。第22条补充两点：第一，增列制定或确定对内对外政策的基本原则的规定；第二，增列行政权。第23条内容作下列补充：规定出直接的、平等的、不记名的选举办法；全国人民代表大会组织法的规定；在代表名额中保留台湾的名额。第24条增列"在任期满前可以先期解散"的规定；"连选得连任"。第25条建议对临时召集大会的规定尺度放宽些，改为"半数以上"。第26条增加规定"监督政府的工作，听取、审查、批准政府工作报告"；内政、外交政策；"修改宪法"可改为"制定、颁布和修改宪法"。第27条建议对本条规定的"过半数"改为"三分之一"。第28条可改为"宪法的修改由全国人民代表大会三分之二以上的代表出席，并由到会代表三分之二以上的通过"。第32条增加两款：第一,代表得拒绝宣布其材料的来源;第二,人民代表在大会上的发言,不受追究负责。“必须答复”可改为“必须即速答复”或“必须在十六日内答复”。第34条补充:代表的工作和补选的程序;明确规定撤换代表的理由是因违法还是不称职。第35条补充:规定议长、副议长如何产生;常务委员会的组织法由全国人民代表大会制定。第36条建议全国人民代表大会常务委员会增加下列职权:对中华人民共和国主席进行监督;通过主席监督国务院工作;制定军力和军制;“解释法律”改为“解释宪法和现行法律”。第37条应明确规定选出全国人民代表大会多久后选出新的常务委员会。

对“中华人民共和国主席”的意见:(1)一般性意见。建议对本节内容作如下补充:主席为全国人民代表大会的当然代表和全国人民代表大会常务委员会的当然委员。规定中华人民共和国主席对全国人民代表大会和全国人民代表大会常务委员会负责并报告工作。规定人民代表可以向中华人民共和国主席提出询问,主席得在一定时期内答复。规定主席发布命令是否须由国务院总理及有关部长副署。规定遇有非常情况不能进行选举时,可以延长任期。建议对本节各条作下列调整:第38条第一句和第39条并作一条;第42条、第44条可以并为一条。(2)具体条文意见。第38条建议规定中华人民共和国主席不得同时担任全国人民代表大会议长和副议长。第39条规定主席得兼议长或议长可以当选为主席;建议主席的任期改为6年。第41条建议主席增加下列职权:国家遭受敌国武装侵犯的非常情况时,担任陆、海、空军最高统帅,处决战争与和平大计;领导国务院;有权出席国务院和国务院各部的会议,并提出意见;任免并组织国防委员会;减刑、免刑权。第42条建议本条的规定包括副主席。

对国务院的意见:

(1)一般性意见。建议本节的标题可改为“国务会议”。建议对本节内容作下列的补充:把国务院所属的各部、各委员会都列举出来,并规定其建立和变更的手续。规定国务院总理、副总理和各部部长都不得兼任常务委员会委员。规定大行政区是中央的行政代行机关。本节第 48 条第 12 款的职权,应属于国防委员会。(2)具体条文意见。第 46 条第 2 款可增列“总理在主席指导下”或“总理秉承主席意图”的规定。第 48 条建议国务院增加下列职权:规定变更行政区划由国务院决定,呈主席批准。第 49 条“国务院”可改为“国务会议”。“可以发布决议和命令”可改为“指导和指示地方各级人民政府执行”。

对国家权力的地方机关的意见:

(1)一般性意见。建议对本节内容作下列的补充:地方各级人民政府主席被罢免或者去世或者长期不能工作的时候,须在 2 个月内召集地方各级人民代表大会选举新主席;地方各级人民代表大会有 1/3 以上的代表提议,可以临时召集;地方各级人民代表大会和地方各级人民政府的组织法由法律规定之规定省人民政府不设委员会。规定人民代表大会设立常务委员会,在大会闭会期间代行大会的职权。省一级设立主任委员,领导常务委员会的工作,单独列为一条。建议对本节各条作下列调整:第 50 条和第 55 条可以对调。第 51 条改为第 50 条;第 55 条改为第 51 条;第 50 条改为第 52 条。其余各条依次顺移。

(2)具体条文意见。第 50 条补充:各行政区域的变更应由国务院决定,省以上的则应由全国人民代表大会常务委员会批准;列举省、自治区或自治省、直辖市的名称,或者列出行政区划单位的数字。第 51 条补充规定地方各级政权中应有少数民族代表参加。地方各级人民代表大会闭会期间,地方各级人民政府为行使各级权力机关。第 52 条补充:地方各级人民政府在地方各级人民代表任期届满后,新一届地方各级人民代表大会选举新任地方各级人民政府之前,仍继续行使其职权;地方各级人民代表大会在闭会期间由本级人民政府行使其职权。地方各级人民代表大会省、市每年一次;县每年两次;均由同级人民政府召集。第54条设置秘书一人。规定地方人民政府应设的厅、局、处等机构。第56条规定“地方各级人民代表大会依照一定会期由本级人民政府召集”或“地方各级人民代表大会定期集会,由本级人民政府召集之”。第57条补充:维护和加强人民民主制度;参加有关国防任务;处理依法属于其权限内的其他应兴应革的地方工作;执行本级人民代表大会的决议;召集下届人民代表大会;省人民代表大会每年开会一次以上,市、县每年两次以上,由该级人民政府委员会召集的规定;增列关于地方各级人民代表大会组织法的规定。第57条第4款的“不适当的决议和命令”可改为“与宪法、法律及国务院决议相抵触的决议和命令”。第58条增列“如有违犯,得由上级国家机关解散之”的规定。第59条建议地方各级人民法院由上而下的直接任免,理由是:第一,当地人关系多,可以杜绝徇情顾私;第二,法院工作要具有一定的专门知识。

对民族自治机关的意见:

(1)一般性意见。建议对本节内容作下列的补充:增列各自治政权的人民代表大会的选举适用本宪法第52条的规定;增加保护清真寺、喇嘛寺等财产的条文;明确领导与被领导的关系;建议第60条与第61条合并。

(2)具体条文意见。第61条第1款中的“中央国家机关统一领导下的一级地方国家机关”可改为“国家权力的地方机关”或“……领导下成为一个级的地方国家机关”。第62条增列在不成立自治机关的地方也应有适当名额的少数民族代表的规定。明确各有关民族应当有适当名额的代表由谁来规定。第64条第1款补充“一起进入社会主义”,“加强防止自然灾害和传染病的措施”。第65条增加经批准的条例不合适时谁能撤销的规定;明确规定条例由人民代表大会制定。

对法院和检察机关的意见:

(1)一般性意见。建议考虑将法院和检察机关并成一个机关。建议对本节内容作下列补充:增列"行政法院"的规定。增列对外侨犯法如何处理的规定。增列检察机关工作的方针和程序的规定。规定对法院和检察机关人员的渎职违法行为应加重处罚。明确最高人民法院和地方各级人民法院的关系。建议将第71条并入第66条,作为第3款。

(2)具体条文意见。第66条应将法院的任务加以规定。第67条规定的任期改为4年。统一法院与全国人民代表大会的任期。规定法院负责人的条件。规定法院如何产生。第68条补充:人民陪审员由各民主党派和各人民团体提名,由各级人民代表机关选出。人民陪审员的产生和任命职权由法律规定。明确规定人民陪审员由各级人民代表大会选举。建议"人民陪审制"改为"人民陪审员制"。第69条补充规定:审理案件终结宣告判决时,当庭宣布条文及罪名;当事人不服本判决时,可在法定判决日期提出上诉,过期不受理;上诉日期中央规定;增写"不得加以恫吓"。第71条可改为"各级人民法院独立行使职权,不受国家机关的干涉,只服从法律和上级法院的领导"。第72条本条应规定逐级监督。第73条补充"向上级人民法院汇报工作"的规定;规定定期报告工作。第74条补充规定对什么样的案件行使检察权;规定人民有向上级反映的义务;规定对学校、医院、银行等机关的检察问题;增写检察机关的定义。第75条中的地方各级检察长的任期应改为4年。第76条补充:地方各级检察机关向各级人民代表大会报告工作;检察机关的职权和工作程序以法律规定之。第77条增列"地方各级检察长对本级地方人民代表大会负责并报告工作"的规定。

提出的问题:(1)全国人民代表大会。对全国人民代表大会的监督属于人民。但这种政治习惯还没有养成,是否需要有一个建议的机关?宪法规定,被选主席需年满 35 岁,议长与总检察长为什么不规定?议长和总检察长能否兼职?主席任免省、市主席为什么不需经过全国人民代表大会常务委员会的决定?如果有人兼任不同级的人民代表大会的代表,下级的人民代表大会把他的代表资格撤销了,上级是否也要撤销?为什么中央政府没有委员,地方政府有委员?国家最高权力机关是全国人民代表大会,这是否会影响主席英明施展?第 23 条为什么要规定“军人代表”?第 24 条中代表因病逝世或因战争牺牲、被罢免等,是否立即补选?第 26 条第 5 款规定的全国人民代表大会决定国务院总理的人选,是否要取得主席的同意?主席不同意时怎么办?第 26 条第 7 款与第 20 条中所提“保卫国家的安全和领土主权的完整”有无矛盾?第 27 条规定“法律由全国人民代表大会过半数的代表通过”,以往一般会议都是如此,为什么要特别提出?第 28 条只规定宪法修改须全国人民代表大会 2/3 的代表通过,没有规定须经多少人提议,是不是一个人或几个人提议都行,或者必须原提出者提出才能修改?第 29 条“罢免”是用什么方式?需要多少代表提议,几分之几的代表通过?第 30 条为什么提“民族委员会”而不提“民族事务委员会”?第 32 条全国人民代表大会代表是否有权向全国人民代表大会所属各委员会、最高人民法院、检察机关、各级政府机关提出质问和询问?全国人民代表大会代表是否有权对主席提出质问和询问?建议权是否是全国人民代表大会代表的一个当然权力?第 33 条本条为什么没有规定对于地方各级人民代表大会代表的保障?第 34 条撤换了代表是补选呢,还是到这一届任满时再选?第 35 条常务委员是否都住中央?有无地方代表?第 36 条所列职权,是否在全国人民代表大会开会时即由全国人民代表大会直接行使?常务委员会通过决议采用什么方法?多少人通过方为有效?常务委员会的决议,是由议长还是由秘书长签发?第 36 条第 10 款为什么不写“决定组织国防委员会”,而只写“组织国防委员会”？国防委员会是否对全国人民代表大会和常务委员会负责并报告工作？国防委员会是否属于国务院？第 36 条第 12 款为什么不规定在全国人民代表大会的职权内？第 37 条全国人民代表大会常务委员会行使职权到新的常务委员会选出之后,还是下届大会一开始就停止职权？

(2)中华人民共和国主席。主席行使职权采取何种方式？主席的荣誉称号与勋章由谁授予？副主席向主席负责,还是向全国人民代表大会常务委员会负责？主席任期满后,国务院总理是否随之解职,还是由新主席重新任命？第 41 条第 2 款内的“建议”,可能是主席本人的创议,也可能是对人民代表大会通过的决定表示异议,伸缩性很大,应如何解释？第 41 条第 4 款中为什么不用《共同纲领》的“驻外使节”而称“全权代表”？“中国人民解放军总司令”的名义是否还有？军队是否还叫“中国人民解放军”？最高国务会议的决议,必须经过常务委员会批准后才能执行,还是可以直接交国务院执行？

(3)国务院。国务院既是管理机关,为什么有权力撤销下级的法令？国务院是否是委员制？直接领导到哪一级地方政府？国务院“所属各机关”指哪些机关？各部、委员会及各级地方人民政府为什么只能发布决议和命令,而不能颁布条例？国务院总理、副总理、部长、委员会主任如果要辞职,向谁提出、由谁批准？

(4)国家权力的地方机关。为什么要在“地方机关”之上加“国家权力”4 字？“国务院”“民族自治机关”“法院和检察机关”都是国家机关,标题上都没有写“权力”字样。地方各级人民政府是否就是地方各级人民代表大会日常工作的代行机关？地方各级人民代表大会和地方各级人民政府对涉及全国范围的事情,是否可以向全国人民代表大会提出建议或反映？地方各级人民代表大会所通过的决议如果适当,由谁负责？地方各级人民代表大会和地方各级人民政府既同是权力机关,为何后者要服从前者,并向前者报告工作?两者的职权如何划分?地方各级人民代表大会和地方各级人民政府是形式行使同样的职权,在人民代表大会闭会期间怎么办?报告工作又是怎样报告?地方各级人民政府的主席是否就是同级人民代表大会的议长?第50条第1款第2项、第3项两项中都列有自治州,是否表示自治州是两重性的?将来是否要把“版纳”的行政地位提升一级?为什么要设自治州?自治州算哪一级政权?自治州中是否有非自治县?如果有,如何领导?非自治县是否要从自治州内划出去?“乡”和“镇”如何区别?“民族乡”是否实行自治?是否自治县所属的乡都是民族乡?少数民族自治区中有的乡全是汉族,是否也算民族乡?为什么没有民族市、民族镇的规定?现有的少数民族自治区,将来是否要按照本条规定更换名称?区是否是一级国家地方权力机关?第51条地方人民政府是否既是地方的权力机关,又是地方的管理机关?地方各级人民政府是管理机关又是权力机关,权力是否太大?自治省的主席,是由自治省人民代表大会选举,还是由全国人民代表大会决定?将来地方人民代表大会没有常务委员会,人民向代表提出意见,代表又向谁提出?地方各级人民政府的成员是否都是人民代表大会的代表?第52条“地方各级人民代表大会代表的名额和代表候选人产生办法,由选举法规定”,其中是否包括少数民族代表的选举?第56条地方人民政府人员被本级人民代表大会罢免后,其缺位能否补选?对上级人民政府委派的人员,以及不由人民代表大会选出的干部,地方人民代表大会能否罢免?地方人民代表大会罢免本级人民政府人员要不要经过上级机关批准?不批准怎么办?“罢免权”是不是在人民代表大会开会期限才能行使?闭会期间如有必要,可否随时召开大会行使罢免权?地方各级人民政府向地方各级人民代表大会“报告工作”,是否等于“负责”?第57条地方人民代表大会和地方人民政府是共同执行职权还是分别执行?地方各级人民代表大会和地方各级人民政府行使的职权既是一样,则两者的区别何在? 其职权有无分别行使的必要? 省、县人民政府在救灾、招收学生工作中都需要制定条例;按照本条规定,省、县人民政府不能制定条例。那怎么办? 第 57 条第 7 款中为什么没有提到"保护个人财产"? 本条为什么没有提到华侨工作? 华侨工作是否由中央直接领导?

(5)民族自治机关。宪法草案上没有关于处理少数民族要求聚居的规定。现在少数民族居住很分散;如果要求聚居,怎么办? 第 60 条聚居在一个村落的少数民族可否成立区域自治? 第 61 条"上级国家机关"指什么? 如民族乡属谁领导? 第 64 条公安部队是不是人民解放军的一部分? 它归谁领导?

(6)法院和检察机关。检察机关和法院是什么关系? 如何分工? 对公民的犯法行为,检察机关与法院在工作上如何联系? 法院和检察机关的上下级关系为什么不同? 为什么地方各级的人民法院受最高人民法院的监督,而检察长则受上级检察长的领导? 为什么地方各级人民法院要对本级地方人民代表大会负责,而地方各级检察长不受地方政权机关的干涉? 法院是否必须检察长提起公诉才审判,否则不告不管? 如果管,用个人名义还是用法院名义? 法院工作选上了不熟悉法律的人怎么办? 是否另外还有审判长? 第 66 条司法权是由法院和检察机关行使的,为什么只规定由法院行使? 第 72 条如果不服最高人民法院的判决,是否还可以上诉? 第 73 条地方各级人民法院在地方人民代表大会闭会期间向谁报告工作? 是否向本级地方人民政府报告? 如果是,则与第 71 条的"各级人民法院独立行使职权"有矛盾;如果不,第 51 条关于地方各级人民政府是国家权力的地方机关的规定以及第 57 条第 1 款规定的地方各级人民政府有执行法律的职权,又当如何解释? 第 74 条检察机关对外侨犯法是否行使检察? 第 75 条各级人民法院是选举的,总检察长由全国人民代表大会任命。为什么地方各级检察长要由总检察长任免？第76条检察机关独立行使职权。如果他本身有错误,别人能否提出？

【5月6日到21日】

1954年6月16日印发的《宪法草案初稿讨论意见汇辑》(二十二)编入的是,各地5月6日到21日汇报的对宪法草案(初稿)"序言"、第1章"总纲"、第2章"国家组织系统"的修改意见和疑问。汇报材料的有下列46个地方单位:华北区、东北区、西北区、华东区、中南区、西南区、内蒙古自治区、河北省、山西省、辽东省、黑龙江省、热河省、陕西省、青海省、山东省、江苏省、安徽省、浙江省、河南省、湖北省、湖南省、江西省、广东省、广西省、四川省、贵州省、云南省、北京市、天津市、太原市、沈阳市、旅大市、抚顺市、本溪市、长春市、哈尔滨市、西安市、上海市、济南市、青岛市、南京市、武汉市、广州市、重庆市、成都市、昆明市。

对于国家组织系统的修改意见为：

一般性意见:结构方面,第6节移前,作为第4节。原第4节和第5节两节顺移。第36条第11款、第12款两款并入第41条,作为主席的职权,放在第1款戊项后面。第41条第4款和第36条第12款重复;二者中应去其一。第41条第5款移作第48条的一款。把指挥全国武装力量的职权交给国务院。内容方面,补充规定保证工人阶级领导和工农联盟增列省级权力机关组织法的规定。国务院总理由主席任免,但第29条第2款又规定全国人民代表大会有权予以罢免,是否应统一起来？本章的标题可作下列的修改:"国家组织和组织系统"或"国家组织系统及职权"。

对全国人民代表大会的意见:(1)一般性意见。可增列"中华人民共和国主席的选举和罢免,必须由全国人民代表大会三分之二以上的代表通过"。第27条、第28条可分别并入第26条第1款、第2款;规定为"(一)制定法律。由全国人民代表大会过半数的代表通过;(二)修改宪法。由全国人民代表大会三分之二以上的代表通过”。第 27 条、第 28 条“代表通过”都改为“代表同意通过”。(2)具体条文意见。第 21 条“最高权力机关”可改为“最高人民权力机关”或“国家权力的最高机关”。第 23 条增写“代表由各单位人民代表大会产生”一句;明确代表是从什么地方产生的。第 24 条第 2 款可补充规定延长任期的程序。第 25 条增列“全国人民代表大会有过半数的代表出席才得开会;出席代表有半数以上赞成才得通过决议”的规定,作为一款。第 26 条建议全国人民代表大会增加下列职权:决定国家对内对外的基本政策方针;审查和批准国务院的工作报告;通过人民政府政策;决定与外国缔结条约;批准或撤销与其他国家订立的条约。第 26 条第 2 款“修改宪法”可改为“批准与通过宪法”。第 27 条可改为“法律由全国人民代表大会过半数的出席代表通过”;并应增加多少代表出席才能开会的规定。第 28 条可改为“宪法的修改由全国人民代表大会开会时出席三分之二以上的代表通过”或“宪法的修改由全国人民代表大会总数三分之二以上的代表通过”。第 33 条与第 78 条“公民在法律上一律平等”的规定有抵触嫌疑。

对“中华人民共和国主席”的意见:(1)一般性意见。建议对本节内容作下列的补充:规定主席能否兼任其他职务,增列主席、副主席可以兼任的职务。主席是国家元首,人数应明确规定。副主席至少要有两人。可仿照苏联最高苏维埃主席团中每一加盟共和国有一个副主席的办法,规定每个大行政区有一副主席。(2)具体条文意见。第 38 条应明确规定共产党员、工人阶级才可当选为主席。第 41 条第 1 款乙项规定的任免改为:国务院总理、副总理及国防委员会组成人员,分别提交全国人民代表大会和常务委员会决定;国务院所属各部部长、副部长,各委员会主任、副主任,根据国务院总理的推选,提交全国人民代表大会常务委员会决定;任免以上人员经全国人民代表大会和常务委员会决定后行之。第 41 条第 3 款中的“依照法律”改为“依照宪法”。第44条作下列补充：明确规定新选出的主席，任期仍为5年；增列“副主席也因故不能代行职权时可由国务院总理代行职权”的规定。

对国务院的意见为：(1)一般性意见。建议对本节内容作下列的考虑和补充：国务院规定为国家最高管理机关不够妥当。主席的办公机构才是国家的最高管理机关。增列“中华人民共和国政府由主席、副主席，国务院总理、副总理，国务院所属各部部长和某些委员会的主任组成”一条，放在第45条的后面。规定各部的具体分工。(2)具体条文意见。第45条可改为“中华人民共和国中央人民政府是国务院，是国家最高管理机关”。第46条补充国务院总理和副总理的任期。增列“副总理协助总理领导国务院工作”一句；增列“总理、副总理均得兼任某些部长或某些委员会主任”一款。规定各个部和委员会的建立和变更由主席提出。第47条补充“受主席领导”的规定，写在“国务院”的下面。规定“定期”报告工作。地方各级人民政府是规定了定期向本级人民代表大会报告工作的。第48条增列“决定和执行提高人民物质生活和文化生活的办法”；增列管理司法行政、宗教事务一款；增列“管理对外贸易”一款，放在第9款的后面。

对国家权力的地方机关的意见：

(1)一般性意见。本节标题可改为：“国家政权的地方机关”或“国家权力和管理的地方机关”。建议对本节内容作下列的补充：“省、市、县、乡各级人民政府就是地方各级人民代表大会的常设机构”，“各级人民代表大会由本级人民政府召集”。规定各级人民法院和各级人民政府的关系。建议对本节结构作下列调整：第57条移前，列在第51条的后面；第59条并入第57条，作为第9款。

(2)具体条文意见。第50条本条中应明确市区下面有无街道一层组织；并把“自治区”和现在县属的自治区分清；第1款可分3项：第1项规定一般的省、县和县以下的乡镇；第2项规定中央、省、县所辖的市;第 3 项规定民族自治区、自治省、自治州、自治县和民族自治乡。第 51 条第 1 款可加"各级人民代表大会休会期间,由本级人民政府代行职权"一句。第 52 条增列"杂居和散居的少数民族应当有适当的代表名额参加当地的人民代表大会"一款;增加各级人民代表大会代表连选得连任的规定;增列"地方各级人民代表大会,省可每年召开一次,县每年召开二次,市每年召开二次,市辖区每年召开四次。必要时,得随时召开之"一款;第 53 条第 2 款增列撤换代表的理由。第 54 条增写"各级人民政府应由组织法规定"一句。第 57 条增列"管理组织各地劳动者,积极参加国家及社会事业之管理和社会主义改造及建设工作"一款;增列"保护革命史迹及古迹和文物"一款;增列参加有关国防的任务或者促进国防能力一款;增加发展人民体育事业的规定;增加"依照法律(或条例)或在上级国家机关的规定范围内,任免行政人员的规定"。第 59 条可增列"中华人民共和国最高人民法院依法任免省、中央直辖市、自治区和自治省的法院院长和副院长。县、市、自治州、自治县的法院院长由省、自治区、自治省的法院院长呈请最高人民法院院长批准任免"一款。

对民族自治机关的意见:

(1)一般性意见。建议对本节内容作下列补充:增列民族干部的培养问题;各民族的团结问题;批判地方民族主义的问题。增列一条规定:在一个大的民族自治区内聚居的其他民族均应实行区域自治,建立民族自治区;但汉族聚居区仍采用全国一般的制度,不成立自治区;增列相当于行署级的自治区的规定。增列县以下的区一级的自治区的规定。增列国务院颁布法律可用几种民族语言文字的规定。增列少数民族内部的改革,依照各民族大多数人民及与人民有联系的领袖人物的志愿的规定。规定民族自治的具体内容。规定自治县制定的条例是否可由自治区或自治省批准,呈报全国人民代表大会常务委员会备案。规定成立自治机关应经过什么手续,呈报什么机关批准;放在第 61 条或第 62 条中。

(2)具体条文意见。第 61 条“地方国家机关”可改为“地方政权”。第 62 条应增加“在民族自治地方的自治机关中,得根据民族情况设立副职”的规定。第 63 条中增加“并根据不同的具体情况,适当地尊重其风俗习惯”一句,写在本条之末。第 64 条第 2 款宪法保障改革宗教信仰,可能引起顾虑,影响团结。第 65 条建议补充增加“各自治地方的各自治民族之间有区域、组织、婚姻等问题应报人民代表大会处理”的规定。规定各级国家机关应当帮助辖区以内各少数民族发展其政治、经济和文化的建设事业。建议对自治条例和单行条例的批准程序作下列的规定:第一,自治州以上制定的由国务院核转全国人民代表大会常务委员会批准;第二,自治县制定的呈报国务院批准。

对法院和检察机关的意见:

(1)一般性意见。法院和检察机关独立行使职权问题值得考虑。根据目前司法干部的水平以及法律不够完备的情况,法院工作离开了当地政权机关的领导与帮助,会有不小的困难;检察机关独立行使职权提得也嫌过早。从第 71 条看,司法、行政是分开的;从第 73 条看,司法、行政是统一的。两者关系如何,应予明确。建议补充:第一,上下级人民法院的关系;第二,下级法院向上级法院报告并请示工作,使各级人民法院对重大问题能够得到正确处理;第三,对什么机关领导司法行政工作,如法院的日常行政事务、一般司法干部的培养训练和调度等,加以原则的规定;第四,地方人民法院向同级人民政府负责并报告工作。关于法院性质的规定;明确规定哪些级的地区设立法院。关于军事法院和遇到特殊情况设立的临时法院的规定;明确军人犯法是由法院还是由其他机关处理。规定各级法院哪些人由选举产生;规定审判员的产生、职权、任期、罢免。关于处理人民陪审员违法的规定。关于候补法官和候补委员的规定。规定检察机关和同级的国家机关、政府机关的关系,特别是和同级法院的关系。按照现行制度,检察机关首先应对同级法院的工作实行监督和检察,增列地方各级检察长的职权;增列"各级检察机关、监察机关之组织由法律规定"一条;增列禁止严刑拷打、虐待被告等行为的规定。建议考虑法院和检察机关的任期:第一,中央和省5年;市、县、区规定3年较好。第二,地方改为4年。建议对本节各条作下列调整:第一,第71条、第72条、第73条移至第66条后面。第二,第73条可并入第77条。

(2)具体条文意见。第66条增列"禁止刑讯、拷打或虐待被告及犯人"的规定;明确最高人民法院和地方各级人民法院的职权范围;增列"特别法院"。第67条增列"依法设立的专门法院的任期;增写连选得连任"一句,以及在任期中死亡如何处理的规定;增列"审判员由选举产生"的规定。第68条增列人民陪审员的资格、法律地位、责任、职权及其产生由法律规定。第69条增列限期速审、速结;对有刑事责任的犯罪者,在审判未定期间,仍应保持其个人身体应得的适当自由,并注意各级监狱的清洁卫生事宜;增写"并可声请由国家辩护士担任辩护",写在本条之末;辩护士应由国家统一设立。第71条可增列"军事及行政法院之审判,得于不抵触宪法和法律之范围内兼服从依据本宪法第四十一条第一款甲项所公布之条例和法令"的规定,作为一款;本条可改为"各级人民法院审判人员独立行使职权,只服从法律"。第72条应明确省人民法院可否对县、市人民法院进行监督以及如何监督。第73条增列"同时向其上级法院负责并报告工作"一句,写在本条之末;增列对本级人民政府负责并报告工作的规定。第74条增列厂矿、学校的工作人员为检察对象;增列如何检察和检察后如何处理的规定。第75条检察长任期的规定可以去掉。第76条建议补充规定检察机关可改为双重领导,使检察工作更加健全。

提出的问题：

(1)全国人民代表大会。全国人民代表大会每年召开一次会议，全国人民代表大会常务委员会是否每年改选一次？修改宪法是由人民代表大会提出修改意见呢，还是由专职人员提出修改意见？全国人民代表大会代表调动工作和离开原地区是否失去代表资格？第30条全国人民代表大会的代表如经资格审查委员会审查不合格，如何补充？第32条全国人民代表大会代表对于地方各级政府机关、人民法院、检察署、各种委员会以及不属于国务院和不由国务院任命的机关，是否有权提出询问和质问？

(2)中华人民共和国主席。第41条第4款"对外代表中华人民共和国。任免驻外全权代表。接受外国外交使节。批准同外国缔结的条约"的职权是否由主席单独来行使？主席仅有建议权；国务院则有提案权，是否轻重失当？

(3)国务院。新的国务院组成时，是否应向全国人民提出其施政纲领？第48条第2款所规定的向全国人民代表大会或者全国人民代表大会常务委员会提出议案，假使未获通过，可否再请复议？人民团体属谁管理？"管理外交工作"与其他民主国家规定的"实现外交方面的一般领导"有何不同？应如何理解？第48条第12款中只有征召公民入伍的规定，复员、退伍是否由国务院决定？为什么不规定公安部队的问题？第49条各部遇有实行不便的条例、法令，是否可以申请改变？

(4)国家权力的地方机关。省主席、委员、县长等的被选举权有无年龄限制？是否和主席一样？地方各级人民代表大会和地方各级人民政府为什么没有规定建设公安部队、民兵等武装力量的职权？地方组织的变更是否由国务院批准？第50条第1款中为什么没有提到相当于县的旗和旗以上的盟；第1款第5项中所指的较大城市，是以人口还是以其他情况来决定的；第2款中所指的"行政代行机关”是权力机关还是管理机关？第51条地方各级人民政府委员，在休会期间，是否行使与全国人民代表大会常务委员会委员同样性质的职权？第52条省、市是一级，为什么人民代表大会的选举期限不同？今后是否有设两个以上副主席的必要？第56条地方各级人民代表大会对政府人员行使罢免权，由谁执行？第57条第4款中的“国家机关”单指国家管理机关，还是也包括人民代表大会？第58条中检察、司法机关是否不属于政府机关而属于国家机关？提“上级国家机关”而不提“政府机关”，是否为了要包括上级的检察、司法机关在内？第59条为什么法院都是由人民代表大会选举和罢免？

(5)民族自治机关。第60条西藏称为“地方”，为什么没有“地方”的规定？城市的自治机关及其等级为什么没有规定？湘西苗族自治区中没有苗族的县，也划为自治区，不知自治区如何划？有的少数民族自治区内，少数民族人数很少，汉族多，应如何划分？第62条多民族杂居区为什么不明白规定为“民族民主联合政府”，而只提在自治机关中应有适当名额的代表？第62条目前我们是否能做到用几种文字？国务院发布的文件是否用几种文字？第65条自治机关可以按照当地的特点制定自治条例和单行条例，是不是制定条例只依其特点来订？是否还得依照中央的规定？自治区内的自治旗，如内蒙古自治区内的鄂伦春自治旗，制定自治条例和单行条例是否也呈报全国人民代表大会常务委员会批准？自治县按照其特点制定的自治条例和单行条例，为什么要呈报全国人民代表大会常务委员会批准？

(6)法院和检察机关。我国审判人员要不要规定年龄？法院是不是最高人民法院、省、县人民法院三级制？人民法院院长经同级人民代表大会选出后，是否由同级人民政府首长任命？法院院长是否有权任免同级和下级的法院工作人员？自治地方如果不召开人民代表大会，其人民法院如何产生？专门法院院长与审判长是否由其有关单位产生？法律处分与行政处分界限何在？军队中是否设立检察机关？第 68 条陪审员由人民代表中选举,或是另选？陪审员在审判中有无发言权？如遇特殊情况,是否还一定要有人民陪审员？第 69 条公开审理案件时,是否也要陪审？审理案件是否不要监督？人民陪审和公审有何区别？第 70 条法院找不到翻译人员怎么办？“通用的文字”以什么为标准？对有语言而无文字的民族怎么办？第 72 条法院职权,除审判权外是否还有其他的职权？第 72 条最高人民法院是否有权改变地方人民法院的判决？最高人民法院是否直接受理案件？是否各级人民法院都受最高人民法院监督？最高人民法院在中央,如何监督地方各级人民法院的审判工作？第 73 条法院受上级法院领导,它向地方人民代表大会报告工作是报告些什么？第 74 条“犯法行为”是专指刑法上的犯罪行为,还是包括行政法上的违法行为和民法上的不法行为在内？民主党派和人民团体是否包括在政府机关、国家机关之内？其干部的犯法行为,属于哪一种？干部犯法不属于个人问题的如何处理？宪法颁布后,监察委员会是否存在？第 75 条为什么提总检察长、上级检察长而不提总检察署、上级检察署？中央直辖市的区设不设检察长？第 76 条各级检察机关是否接受上级检察机关的检察？

【5 月 25 日到 31 日】

1954 年 6 月 22 日印发的《宪法草案初稿讨论意见汇辑》(二十三)的内容是,地方单位和军事单位在 5 月 25 日到 31 日所汇报的讨论宪法草案(初稿)“序言”、第 1 章“总纲”、第 2 章“国家组织系统”中提出的修改意见和疑问。汇报材料包括 26 个地方单位和两个军事单位。地方单位是:西北区、华东区、中南区、内蒙古自治区、河北省、山西省、松江省、山东省、江苏省、安徽省、浙江省、河南省、湖北省、云南省、北京市、鞍山市、抚顺市、本溪市、哈尔滨市、上海市、济南市、南京市、杭州市、武汉市、广州市、重庆市。军事单位是:人民革命军事委员会的空军小组和炮兵小组。

对宪法国家组织系统提出的一般性修改意见为,建议对内容作下列的补充:规定主席的候选人应该是全国人民代表大会的代表。规定议长对主席的监督作用。增列关于国家计划委员会、国家监察委员会以及国民经济的统一统计制度的规定。增列协商机关的工作及其和政府的关系的规定。列表说明中央一级的国家权力机关和管理机关的相互关系。建议各节标题可作下列修改:第1节“全国人民代表大会是国家的最高权力机关”;第2节“中华人民共和国主席是国家的最高代表”;第3节“国务院是国家最高管理机关”;第4节“地方各级人民代表大会和地方各级人民政府——国家权力的地方机关”;第5节、第6节不变。

对全国人民代表大会的意见:

(1)一般意见。建议增列“全国人民代表大会设议长一人,副议长×人”一条。明确常务委员会和全国人民代表大会的关系。规定国防委员会直属于全国人民代表大会。增列人民代表在开会期间给予优待的规定。特赦和大赦关系同样重大,应都由全国人民代表大会通过。个别减刑可授权主席。

(2)具体条文意见。第21条可改为“全国人民代表大会是全国最高权力机关”或“全国人民代表大会是国家权力最高权关”。第24条“可以延长它的任期到下届大会选出的时候为止”可改为“可以延长到下届主席选出时为止”。第25条增加关于说明政协继续存在的规定;规定全国人民代表大会每次会期的最少时间。第26条建议全国人民代表大会增加下列职权:得在一定时候请主席报告工作;决定每年征召入伍公民的数目;通过有关国有资源委托外人经营事宜的规定。第28条更详细地补充规定宪法修改的手续和办法;规定宪法的修改由全国人民代表大会常务委员会提出;把条文改为“宪法的修改由全国人民代表大会常务委员会提出,经代表总数三分之二以上通过”。第30条补充:把设立的各种委员会详尽列举,并且明确其职权。规定各委员会是受常务委员会或者受议长领导。建议增设下列委员会:“国民经济计划委员会”或“国民经济委员会”。第32条建议补充:规定代表质询的范围及方式。“必须答复”可改为“必须按时答复”。第33条补充规定本条适用于地方各级人民代表大会的代表。增列全国人民代表大会或常务委员会不予批准应立即释放的规定。第34条建议补充规定撤换代表后如何补充,以及撤换得很多时如何处理;增列依法补选的规定。第35条建议补充规定常务委员会每年选举一次;全国人民代表大会有权罢免或改选它的常务委员会全部或一部分的成员;常务委员会会议由议长、副议长主持。第36条建议全国人民代表大会常务委员会增加下列职权:组织国家计划委员会;决定组织特别法庭;任免高级军事指挥人员;在国家遇敌国武装侵略或履行与邻国友好同盟条约时,可以决定宣布战争状态。

对中华人民共和国主席的意见:

(1)一般性意见。建议对内容作下列补充:增列“中华人民共和国主席是中国人民和中央政府最高的权位”一句;规定“中华人民共和国主席是国家的最高表率职位,并主持最高国务会议,担任国防委员会主席”;增列“中华人民共和国主席是国家的最高表率职位,并主持最高国务会议”一条。规定主席应向全国人民代表大会报告工作,至少应报告国防委员会的工作。规定主席有秘书长、副秘书长和文武官员。规定设立“主席办公室”或“主席府”,帮助主席工作。规定主席即中央人民政府主席,明确主席制是不是负责制。第41条第1款开头一句单独列成一条,移至第38条前面,作为本节的第1条。

(2)具体条文意见。第38条第二句可改为:“凡年满三十五岁的中华人民共和国公民,都可被选为中华人民共和国的总统”或“凡年满三十五岁的享有选举权和被选举权的任何公民,都可被选为中华人民共和国主席”。第39条可改为“中华人民共和国主席一人,任期五年”。第41条建议主席增加下列职权:主席就是国家元首,对外代表国家,对内监督法律的实施;任免高等学校校长、研究院院长;任命总检察长、副总检察长;主席有权召开常务委员会,并监督国务院的工作;监督国务院、检察署、法院的工作。第44条增列“若副主席被罢免或者去世或者长期不能工作的时候,则由国务院的总理、副总理代行其职权”一句。

对国务院的意见:

(1)一般性问题。建议补充规定国务院发布之决议、条例和命令,全国人民必须遵行。增加“国务院受中华人民共和国主席的监督”的规定。本节中的“决议、条例”均可改为“条例、决议”。第48条、第49条两条中的“条例”均可改为“单行条例”。

(2)具体条文意见。第45条规定国务院是国家最高管理机关。国务院应改为中央人民政府。其负责人可称总理,以便与共和国主席相区别。第46条规定国务院的组织。组织问题包括决定人选和组织法两个部分,都应明确提出。第47条“国务院”下面加“在中华人民共和国主席领导之下”。第48条建议对本条内容作下列的补充:增加“管理国家经济建设”的职权,增加“管理宗教事务”的职权,作为一款。增列“国务院行使职权至下届新的国务院选出时为止”一句,放在本条之末。建议对本条各款作下列调整:第10款移作第7款。第4款至第11款可以去掉。

对国家权力的地方机关的意见:

(1)一般性意见。建议对内容作下列补充:增列“在地方各级代表大会开会时,可临时推选主席团主持会议的事宜”一条。增列“民族自治区人民代表大会选举办法和年限与其相当的省、县、乡人民代表大会同”一条。增列关于地方各级人民代表大会的议长,每年开会的次数,可以召集临时会议和对代表的保护等方面的规定。建议在本条中规定地方各级人民政府的任期为3年。建议对各条作下列调整:第 51 条第 2 款第二句并入第 54 条;第 55 条与第 56 条合并;第 55 条与第 56 条对调;第 58 条可与第 57 条第 3 款合并。

(2)具体条文意见。建议第 50 条分作两条:一条讲区域划分;另一条讲国家权力的地方机关。建议补充规定范围大的省和县之间设立州一级政权机关和人民代表大会;范围大的县和乡之间设立区人民政府和区人民代表大会。规定专区、县和乡之间的区都设立国家权力的地方权关。自治区、自治州的设立不必要。行政区划应一级一级作明确的划分。增列关于领土的说明。第 51 条增列"地方各级人民代表大会应设常务委员会"的规定。不规定地方政府是权力机关。第 52 条对选举的规定过于详细。建议补充:增列省、市、县人民代表大会由谁召集以及何时召集的规定。增列县以下各级人民代表大会多少时间开会一次的规定。第 53 条应按直接选举和间接选举两种情况,分别规定。建议第 54 条补充规定地方各级人民政府组织法由国务院规定。规定"省、自治区或自治省、中央直辖市等地方人民政府由各该人民代表大会选举委员若干人,报由中华人民共和国主席就其中任命主席一人,副主席若干人。其他各级地方人民政府的主席、副主席和委员均由各该级人民代表大会选定",作为一款。规定地方各级人民政府副主席和委员的人数。第 55 条本条中可增列"地方各级人民代表大会应服从国务院的领导"。第 57 条建议补充规定:在地方的中央所属企业部门和地方各级政府的关系,以及地方人民政府对它们应进行监督与帮助。增列"地方各级人民政府执行本级人民代表大会的决议或决定,并管理本地方各行政部门的工作"的规定。规定地方人民代表大会是执行机关和立法机关。规定地方人民政府行使的职权为地方人民代表大会的议决案。建议地方各级人民代表大会和地方各级人民政府增加下列职权:制订城乡发展计划;在服从上级的前提下,可以制定某些条例;领导一切劳动者的各种合作事业;引导人民参加国家建设和民族事务的管理;贯彻、执行民族政策;劳动保护;根据上级规定征召公民入伍;颁发奖章和奖状。第 58 条可改为“地方各级人民代表大会的决议、条例和命令都不能违背中央国家机关和上级国家机关的决议、条例和命令”。

对民族自治机关的意见:本节中应规定少数民族成立各级自治单位所根据的原则。第 61 条中可增列民族杂居地方实行民族民主联合政府的规定。第 64 条第 3 款可改为“各民族自治地方的自治机关按照法律规定的权限管理本地方的财政;依照国家的军事制度组织本地方的公安部队(民族乡除外)”。“依照国家的军事制度组织本地方的公安部队”可单独列为一款。第 65 条“单行条例”下面加“以不违反宪法为原则”。

对法院和检察机关的意见:

(1)一般性意见。建议本节标题改为“人民法院和人民检察机关”。建议明确规定法院和检察机关的任务在于保障劳动人民的利益和保证宪法和过渡时期总任务的贯彻执行。明确规定法院在保证经济建设及保卫政权方面的任务。增列“凡年满十八(或二十)岁有选举权和被选举权的中华人民共和国公民,都可当选审判员和人民陪审员”一条,放在第 68 条后面。增列两条:第一,“法院对任何人均得行施法律”;第二,“如有特殊案件,得组织特别法庭审判”。增列“在必要的情况下组织特别法庭”的规定。明确规定总检察长行使职权的结果,是否由全国人民代表大会常务委员会具体处理。建议对本节各条作下列调整:第 68 条、第 69 条可并成一条;第 68 条与第 69 条对调。第 72 条移至第 67 条前面;或与第 77 条合并。

(2)具体条文意见。第 66 条建议补充规定地方人民法院建立到哪一级。规定检察权问题。第 67 条关于任期的规定不必要。可以确定法官是终身职业。第 68 条建议补充规定人民陪审员由人民代表大会选出,其任免、职权、地位由法律规定之;中华人民共和国陪审员的制度,代表人民意志。第 69 条建议补充规定各级人民法院代表人民宣布判决书;规定法院对保证被告人行使辩护权负有责任;明确规定“被告人有辩护权”是由本人还是找律师辩护。第 70 条建议补充规定法院的判决书、布告和其他文件,必要的时候,可用两种以上文字;增列由本族人民陪审的规定。建议第 72 条明确规定上下级法院的领导关系。建议第 75 条补充规定省、市的检察长是否由其同级的人民代表大会批准任免,同时报全国人民代表大会常务委员会决定;规定检察长的职权及其活动范围以法律规定;本条开头应增写“最高检察权由最高人民检察署行使”。第 76 条中应增列地方人民代表大会和检察长意见不一致时如何处理的规定;第一句中可增写“只服从法律”。

提出问题:

(1)全国人民代表大会。全国人民代表大会的代表,是代表一个地方还是代表全国?“全国人民代表大会代表”和“人民代表”有何区别?第 23 条选举法与宪法有何关系?省辖市的代表是否包括在省代表内?为什么特别提出华侨代表?归国学习的华侨子弟算不算华侨?居住在资本主义国家及香港的中国人算不算华侨?第 24 条除了战争外,还有什么非常情况?第 26 条废除过去的法律是不是也属于全国人民代表大会的职权范围?制定法律的创议权属于谁?法律制定后多久公布?过渡时期结束后将产生新的宪法,是叫修改,还是叫制定?“组织国务院”的程序是怎样的?为什么国务院副总理及所属各部的个别部长和各委员会的个别主任等又要由常务委员会决定?是否全国人民代表大会不能决定国务院人选?“媾和”的权力在主席的职权内并无规定,究竟由谁宣布?第 29 条行使罢免权有什么条件?罢免本条所列人员的条件有无不同?第 36 条“任免”和“决定”有什么区别?“选举”是不是“决定”和“任命”的统一?什么叫协议,什么叫条约?二者有何不同?科学院院士衔级是否由常务委员会规定?“特赦”“大赦”“免罪”有什么区别?

(2)中华人民共和国主席。主席职权有哪些原则性和特殊性,表现在什么地方?主席召集最高国务会议是否要取得常务委员会的同意?主席的候选人由谁提出?主席职权中的“批准”和常务委员会“决定批准”有何不同?第 41 条主席通过什么机构执行其职权?为什么总检察长不由主席任命?主席召集最高国务会议,全国人民代表大会议长、副议长可否出席?第 44 条为什么必须在 3 个月内选新主席?副主席既能代行 3 个月,为什么不可以代行到下届例会选举之时?

(3)国务院。总理可否辞职?其辞职是否由全国人民代表大会常务委员会批准?如何体现国务院的集体领导?国务院能否管理地方各级人民代表大会?国务院的工作是否经主席批准才能做?国务院的任期是几年?是否每次改选全国人民代表大会都要重新组织国务院?国务院是否还设立司法部?司法部与最高人民法院的职权如何划分?国务院是否只管行政不管司法和监察?“总理负责制”如何体现?国内外贸易方面是否也要保护国家利益?为什么没有规定入伍年龄?

(4)国家权力的地方机关。上级人民政府对下级民选的政府可否加以解散?地方各级人民政府的委员是否一定是本级人民代表大会的代表?第 50 条某一民族的自治省下面设立自治县,是否必须不是同一个民族的?自治州是否是一级政权?它相当哪一级政权?城市中有无民族自治区?城市内假使有一条街全是少数民族,是否可以叫作“民族街”?第 53 条“撤换”和“罢免”的意义是否相同?第 55 条地方各级人民政府要服从本级人民代表大会、上级人民政府和国务院,这与“层层负责”是否矛盾?第 56 条地方各级人民政府定期向本级人民代表大会报告工作,是否由各级自己定期?第 57 条地方人民代表大会有无撤销同级人民政府发布的决定、法令之权?地方各级人民政府所属厅、局是否有权发布决议、命令?“地方经济计划”中的“地方”2字如何解释？地方各级人民代表大会与人民政府职权是一样的，两者的主席是否可以一人兼任？

(5)民族自治机关。第61条所规定的自治机关的具体形式按照自治民族的大多数人民的意愿规定，是否和第60条所规定的民族自治地方是国家不可分离的一部分的精神有矛盾？第60条自治区、自治省、自治县等少数民族自治地方中聚居的汉族能不能自治？为什么没有规定自治市、民族镇？民族乡与一般乡的地位有什么区别？第61条民族区域自治中是否一定要有人民代表大会，还是有没有都可以？“按照实行区域自治的民族大多数人民的意愿规定”是通过选举体现人民的意志，还是维持现有形式？第64条第1款已规定了行使“自治权”，为什么第3款又有“管理本地方的财政”等规定？第65条有些全国性条例，如税收等，在某些地区不适用，需要按当地情况改订，是否算单行条例？

(6)法院和检察机关，各级人民法院与检察机关都是独立行使职权，两者有无关系？有什么关系？检察机关是否是一长负责制？与法院的组织性质有何不同？为什么检察机关采用集中制？法院内非由选举产生的工作人员，是由本级法院还是由上级法院任免？是否上诉都需到最高人民法院？第68条人民陪审是人民代表去陪审，还是居民都可以去陪审？陪审是不是监督的意思？“审判案件”是否指判决案件？第69条“审理案件”是指开庭前一切准备工作，还是指处理案件的全部过程？是不是案件的整个审理过程全部公开？“被告人有辩护权”与苏联宪法规定的“保证被告人有权获得辩护”有何区别？法院行使职权既是根据法律，为什么还要有人代为辩护？国家有无固定的人代为辩护？国家有无为被告请辩护人的任务？第70条对少数民族除了照顾其语言文字外，为什么没有提照顾其风俗习惯及宗教信仰？第71条法院判决死刑，是否须经政府或呈请上级法院批准？第72条最高人民法院是否只有监督权？上级法院对下级法院是否均无领导权和决定权而只有监督权？“监督”是怎样的一种关系？是指导关系还是领导关系？第74条政府机关的犯法行为，是否指该机关颁布不正确的决议、命令？是否只有检察机关可以行使检察权？上级机关是否也可检察？第76条地方各级检察长是否也和法院一样，只服从法律？

【6月1日到11日】

1954年6月30日印发的《宪法草案初稿讨论意见汇辑》(二十五)刊载的是，地方单位和军事单位在6月1日到11日汇报的讨论宪法草案(初稿)中所提的修改意见和疑问。汇报材料的包括44个地方单位和7个军事单位。地方单位是：华北区、东北区、西北区、华东区、中南区、西南区、内蒙古自治区、河北省、山西省、辽东省、辽西省、吉林省、松江省、黑龙江省、陕西省、甘肃省、新疆省、江苏省、浙江省、福建省、河南省、湖北省、湖南省、江西省、广东省、云南省、西康省、北京市、天津市、太原市、旅大市、鞍山市、抚顺市、本溪市、长春市、西安市、上海市、青岛市、南京市、杭州市、武汉市、广州市、重庆市、昆明市。军事单位是：人民革命军事委员会的总干部部、公安部队、公安政治部、工兵小组、总高级步兵学校、军事学院和后勤学院。提出的修改意见和疑问，涉及序言和第一、第二、第三、第四各章。

对国家组织系统提出的修改意见为：(1)一般性意见。建议调整章节。第一，分为5章；第2节、第3节两节合为一章；其他各节各列为一章。第二，分为3章；第1节、第6节两节各列为一章；其他各节合为一章。第三，分为4章；第1节、第6节两节各列为一章；第2节、第3节两节合为一章；第4节、第5节两节合为一章：第26条、第36条、第41条可以合并；国防委员会可以专列一条。(2)具体条文意见。应明确省、市人民政府主席和副主席的任免问题；本章中没有规定预算的编制和审查。应在第30条和第48条第6款中加以明确。应根据第36条第10款和第41条第5款的精神，对军事问题规定得更具体些。应增列国防委员会的地位以及它对什么组织负责并报告工作的规定。本章中对武装力量有无总司令以及人民解放军总司令由哪里任命没有规定。本章中应明确:对解放军陆、海、空军将领衔级的授予,究属常务委员会抑或属主席的职权。

对全国人民代表大会的意见:

(1)一般性意见。建议对本节内容作下列补充:增列全国人民代表大会代表资格的规定。增列全国人民代表大会代表的职权和义务。增列全国人民代表大会对国务院总理不能称职但尚未到罢免程度时如何加强监督的规定。增列两条:第一,“全国人民代表大会设置议长一人、副议长若干人、秘书长一人和常务委员会委员若干人”,作为第26条;第二,“全国人民代表大会议长主持大会会议及掌理大会会内事务”,作为第27条。

(2)具体条文意见。第24条增列全国人民代表大会延长任期不得超过两届的规定全国人民代表大会;任满改选的时间改为在“两个月内”。建议第26条全国人民代表大会增加下列职权:关于全国人民代表大会的选举问题;关于行政区的划分和自治区的建立。第28条增列修改宪法条件:第一,必须有1/4的代表提议才能进行讨论;第二,必须在宪法施行两年以后。增列修改宪法的倡议权,以及在何种情况下始能修改的规定。第29条应增列罢免手续的规定。第30条建议增设“国防委员会”。第32条“必须答复”可改为“七日内必须答复”或“在接到质问和询问后之五日内,必须答复”。第33条第一句中的“不得逮捕或者审判”可改为“不得扣留、逮捕或者审判”。第34条补充规定撤换代表后是否须向常务委员会报告;撤换后是否可以补选;规定选举单位撤换代表后应上报备案。建议第35条中规定副议长应有少数民族和华侨人选;或规定副议长分工中有人负责这两项工作;规定常务委员会由全国人民代表大会议长、副议长主持。建议第36条全国人民代表大会常务委员会增加下列职权:决定对内对外政策的基本原则;决定行政区域的变更;监督主席;修改国务院的组织法;决定组成国务院的各个部和委员会的建立和变更等。

对“中华人民共和国主席”的意见:

(1)一般性意见。建议对本节内容作下列补充规定“中华人民共和国主席是中华人民共和国人民的最高领袖”。主席应有些管理的职权,以便于领导。增列“主席通过国务院总理领导国务院的工作”一条。增列“中华人民共和国主席对全国人民代表大会负责并报告工作。在全国人民代表大会休会期间,对全国人民代表大会常务委员会负责并报告工作”一条。明确副主席的作用。

(2)具体条文意见。第 38 条增列“中华人民共和国主席是全国人民的领袖,对外代表中华人民共和国”一款。规定“中华人民共和国主席是中华人民共和国人民的元首”。规定主席的文化条件。建议第 41 条主席增加下列职权:受全国人民代表大会委托领导国家所有机关;解释宪法权。规定宪法由主席公布,以示隆重。建议第 44 条分为 3 款:第 1 款,规定主席和副主席如果被罢免,全国人民代表大会应同时选出新的主席和副主席;第 2 款,规定主席和副主席如果去世或者长期不能工作时,全国人民代表大会常务委员会必须在 3 个月内召集全国人民代表大会选举新的主席和副主席;第 3 款,规定新的主席选出前,由副主席代行主席的全部职权。

对“国务院”的意见:建议第 45 条国务院改称中央人民政府;第 46 条第 1 款中的“某些委员会”可改为“某些直属委员会”或“其他委员会”;第 4 款中的“组织法”可改为“组织原则”。建议第 47 条增列国务院应对主席负责并报告工作的规定;把“国务院对全国人民代表大会负责并报告工作”改为“国务院对主席及全国人民代表大会负责并报告工作”。第 48 条建议国务院增加下列职权:向中华人民共和国主席提出议案;管理考试;第 1 款中应增写“保护人民民主权利”;第 6 款增写“确定币制和度量衡制度”;第 12 款中的“公民”可改为

“男女公民”。第 49 条可以去掉。

对国家权力的地方机关的意见：

(1)一般性意见。建议规定地方各级人民代表大会的会期：省每年开会两次；市每年 3 次；市辖区、乡、镇每年 4 次。市人民代表大会每年多开几次。建议对本节内容作下列的补充：增列关于地方各级人民政府代替常务委员会的说明。增列省协商委员会的意义与作用的规定，如果省协商委员会继续存在的话。增列“各级人民政府主席，人民法院院长，其上一级人民政府、人民法院认为有调动必要时，得经过本级人民代表大会同意”一条。增列“地方各级人民政府组织法，由地方各级人民代表大会讨论决定”的规定。第 51 条第 2 款第二句可移入第 57 条，作为一款。

(2)具体条文意见。第 51 条可改为：“国家权力的地方机关是地方各级人民代表大会，国家的地方各级管理机关是地方各级人民政府。地方各级人民政府由本级人民代表大会选举。”第 52 条第 2 款中的“市”如果包括中央直辖市，则每两年选举一次，时间上太仓促。第 53 条第 2 款可改为“选出地方各级人民代表大会代表的选举单位有半数以上的公民通过即有权随时撤换自己的代表”。第 54 条本条中应列入“市长”。本条中应明确规定哪几级地方人民政府的首长称主席。第 55 条第一句可改为“地方各级人民政府对本级人民代表大会负责并报告工作，同时服从上级人民政府”或“地方各级人民政府对本级人民代表大会负责，同时服从上级人民政府”。第 56 条中应增列关于惩处失职工作人员的规定。第 57 条中应增列关于各级人民代表大会如何组织，是否设有常务委员会，以及省、县是否设有政府委员会等规定。建议地方各级人民代表大会和地方各级人民政府增加下列职权：罢免同级政府人员；保护少数民族的公共财产；执行行政代行机关的决议、条例和命令。第 58 条可增列“地方各级人民代表大会和地方各级人民政府对国家机关的决议、条例和命令有建议权”一款。

对“民族自治机关”的意见:

(1)一般性意见。建议本节中增列关于自治区中的法院如何组织和工作的规定,作为一条。本节中的“各民族自治地方”都可改为“各少数民族自治地方”。

(2)具体条文意见。第60条补充规定凡是少数民族的人民都是中华人民共和国的公民;“各聚居的少数民族”可改为“各聚居地区的少数民族”或“少数民族聚居地区”;“民族乡”可改为“民族自治乡(村)”。第62条“杂居”可改为“同居”;“适当名额的代表”可改为“适当比例的代表名额”。建议第64条增列有关军事、贸易、外交等各方面的规定,以及地方公安部队与国防委员会的关系。增列关于民族自治区域按照计划发展经济问题的规定。增写对各少数民族学习汉文给予帮助和便利。“公安部队”可改为“公安武装”或“人民武装力量”。

对“法院和检察机关”的意见:

(1)一般性意见。在内容方面,增列设立自治区法院的规定。增列关于法院和检察机关职权的具体规定。增列专门法院审判员任免程序的规定。在结构方面,第76条可和第75条对调。第76条可以并入第74条、第75条:第一句并入第74条;第二句并入第75条;分别放在各该条原文的后面。在文字方面,第71条规定的“只服从法律”,第76条规定的“不受地方政权机关干涉”,其意义如无不同,文字上统一较好。

(2)具体条文意见。第66条补充规定全国人民应受法院管辖。本条中的专门法院可以去掉。专门法院是依法设立的,可以属于最高人民法院,也可属于地方法院,宪法上不宜规定。第67条可改为“最高人民法院和地方各级人民法院由各级人民代表大会选举产生,任期一律五年”或“最高人民法院组成人员和地方各级人民法院组成人员五年改选一次”。第 68 条补充规定人民陪审员由各级人民代表大会选举和罢免；增写“人民陪审员由选举产生”或“人民陪审员由法律规定”；“人民陪审制”可改为“人民陪审员陪审制”。第 71 条明确规定各级法院行使职权是否服从上级法院。第 72 条增列最高人民法院对下级人民法院的判决可以改判的规定；增列“上一级法院有权变更下一级法院的判决”的规定；增列关于审判权的规定；第 73 条增列最高人民法院应对主席负责并报告工作的规定。在“全国人民代表大会常务委员会”下面加“及中华人民共和国主席”；增列地方人民法院对本级人民政府负责并报告工作的规定。第 74 条增列“中华人民共和国检察机关的组织，由法律规定之”；增列有权检察各机关违法的规定。第 75 条中“总检察长”这个名称可改为“最高检察长”；各级检察长可否改为选举产生；把第 2 款中的“任期一律五年”改为“任期一律四年”。

此外，在 6 月 1 日到 30 日提出的问题有：

(1)主席是通过国务院还是通过国防委员会领导武装力量？国务院是否设立领导武装力量的机构？主席和国务院在领导全国武装力量方面是怎样的关系？国防委员会和国务院中领导武装力量的机构是什么关系？国防委员会属主席领导还是属常务委员会领导？总司令是否属于国防委员会？总司令是否由主席兼任？“不适当的决议”和“同国家法律相抵触的决议”有何不同？

(2)为什么有军人的代表而没有行政人员的代表？

(3)中华人民共和国主席是什么性质？主席为什么不设办事机构？法令是否包括决议、条例、命令？在三者之中，条例有无特殊性？最高国务会议是否作决定？如果是，要不要经过什么机关批准？

(4)国务院是不是主席的办公机关？国务院是由一定的人员组成，还是由一定的部及委员会组成？如果是后者，是包括国务院所有的各个部和委员会，还是只有其中的一部分？“国家行政人员”是否包括地方政府行政人员?

(5)地方各级人民代表大会和各级人民政府有无经常性的会议?地方各级人民代表大会的全体代表是在任期内具体行使职权,还是每年开会一次,选出常务委员会行使其职权?地方各级人民政府"定期"向本级人民代表大会报告工作,是1年还是4年一次?如果没有常务委员会,向谁报告工作?地方各级人民代表大会和人民政府行使的职权是否要分工?专区没有人民代表大会,其法院的组成人员由谁选举?第50条为什么没有规定县以下、乡以上自治区?第56条地方各级人民代表大会选出地方人民政府组成人员后,是否需要国务院任免?国务院要罢免地方人民政府人员时,是否要通过地方各级人民代表大会?第58条地方各级人民代表大会和地方各级人民政府对于上级机关发布,但不适合于当地的决议、条例和命令,是否有权建议修正?第59条地方各级人民法院既然由本级人民代表大会选举和罢免,上级人民法院对下级人民法院是否还有权领导其工作,复审其判决的案件?

(6)民族自治机关如果民族自治地方的习惯和政策有所抵触,怎么办?

(7)各级人民法院院长、检察长能否当选为同级人民政府委员会的委员?不同意法院判决是否可以上诉?可以上诉几级?被剥夺政治权利者有无诉讼的权利?第68条陪审员是固定的,还是临时指派的?第72条"监督"是否包括改变下级人民法院的判决?第73条地方各级人民法院要对本级人民代表大会负责并报告工作。地方人民代表大会没有常设机构,闭会期间由地方人民政府行使其职权,这是不是法院要受地方人民政府领导的意思?第74条检察机关行使检察的对象,是否包括军人在内?第76条"不受地方政权机关的干涉"中的"政权机关"包括哪些机关?是指管理机关,还是权力机关?

(五)对公民的基本权利和义务的意见

【4 月 12 日到 20 日】

根据华北区、西南区、山西省、辽东省、辽西省、热河省、青海省、山东省、江苏省、安徽省、河南省、湖北省、广东省、北京市、唐山市、旅大市、上海市、青岛市、南京市、广州市等 21 个地方单位从 4 月 12 日到 20 日陆续电话汇报的讨论宪法草案(初稿)的综合材料整理而成。1954 年 4 月 27 日印发的《宪法草案初稿讨论意见汇辑》(七),对公民基本权利和义务的修改意见为:

第 79 条第 1 款中加“不分居住地区”6 字,便于包括华侨。18 岁有被选举权,年纪小了一些。本条中应提出现役军人的选举权和被选举权。第 82 条中规定住宅不受侵犯很好,对庙宇、教堂、礼拜堂的保护,是否可考虑明确写在宪法上。第 85 条中应明确规定资本家是否享受社会保险。建议在第 86 条中规定享受教育权利的最低年限。第 87 条第 1 款中可否规定“保护非婚生子女”。第 90 条“居留权”属于外国公民的问题,不应规定在本条中,否则可能引起国际纠纷。第 94 条“公民”改为“国民”较为合适。

提出的主要问题:(1)第 81 条中有“在紧急情况下的临时拘留”的规定,不知什么人、什么机关有拘留权?(2)第 85 条中的“劳动者”是否包括各阶层人民在内?(3)为什么宪法草案中不提国歌?(4)其他宪法和《共同纲领》有没有区别?斯大林说宪法不是纲领,我们的宪法为什么说是《共同纲领》的发展?我们的宪法草案是否还有纲领的作用?

【5 月 25 日到 31 日】

1954 年 6 月 25 日印发的《宪法草案初稿讨论意见汇辑》(二十四)是 5 月 25 日到 31 日 23 个地方单位和两个军事单位汇报的关于宪法草案(初稿)第 3 章“公民的基本权利和义务”、第 4 章“国旗、国徽、首都”的修改意见和疑问。23 个地方单位是:西北区、华东区、中南区、河北省、山西省、陕西省、青海省、山东省、江苏省、福建省、湖北省、广东省、贵州省、云南省、北京市、哈尔滨市、西安市、上海市、济南市、南京市、武汉市、重庆市、昆明市;两个军事单位是:人民革命军事委员会的装甲兵小组和空军小组。其中对于公民基本权利与义务的讨论如下:

(1)一般性意见。建议本章标题改为"公民的基本权利和基本义务"。建议对本章内容作下列补充:本章各项规定,可按实际情况,从各方面指出发展的方向。增列公民可以加入社会组织的规定。增列有关公民私有财产究系限制抑或保护的规定。增加规定:国家特别关怀青年和教师;开展与普及青年的体育活动;儿童应受到国家的特别保护的规定;实行4年制义务教育;劳动模范、劳动英雄的创造发明受国家奖励;国家保护科学著作和艺术创作的自由,对科学工作者和艺术工作者给予可能的帮助;中华人民共和国公民得在遵守政府教育规章获得备案和接受政府监督之下创设各种学校和各种研究院;残废革命军人及革命军人烈士家属应受到人民的尊敬,在生产就业上享有优先权利;国家照顾革命军人和烈、军属的合理生活;中华人民共和国公民在丧失劳动力时或失业时生活发生困难,国家举办社会救济,以便获得物质帮助的权利;公民有保守国家机密的义务;保卫世界和平是中华人民共和国公民的义务;中华人民共和国公民有爱亲、敬长、慈幼之崇高义务;婚姻自由;保护庙宇、教堂。建议对本章各条作下列调整:第79条移入第78条中。第80条和第82条并成一条,第82条可并入第80条。第83条和第84条并成一条。第86条移前,放在第84条前面。第87条移前;或者放在第78条后面,作为第79条;或者放在第80条后面。第89条、第91条可移入总纲。第89条、第90条移后,作为本章最后的两条。

(2)具体条文意见。建议第79条补充规定选举费用由国库支付。第80条补充规定关于各项自由的解释,并明确提出自由权利必须在党的领导下行使。增列在不危害国家人民利益的原则下,有对科学研究、艺术创造的自由。增列旅行、居住迁徙、请愿的自由。增列"国家规定实现此种权利所必要的物质条件供给公民使用"的规定。增写"法律保障公民享受自由权"的意思。第81条增列两款:第一,"非经相当法院根据法院职权及法律对该项罪行的规定加以判决,无论任何人不受惩罚";第二,"除依法证实被告人不在外,凡未经讯问和未使用法律所给予辩护权时,无论任何人不受惩罚";规定"在审讯犯人时,不用刑、不拷打";建议本条所规定的临时拘留后的报批期限改为两日。第82条补充迁徙住地的权利。第83条第一句可改为:"中华人民共和国公民有劳动的权利和义务。"第84条补充有关妇女的特殊权利的概括规定。第85条增列"中华人民共和国的公民,凡其系老弱残废不适于工作且无生活资料及依靠者,由国家予以照顾"一款。"劳动者"改为"公民"。第86条增列实施"五爱"教育的规定。增列关于义务教育的规定和保证受教育的年限。增列普及义务小学教育和学习国语的规定。增列每一公民可受3年或4年的义务教育以及大学生公费问题的规定。增列"小学入学年龄规定为7岁"的规定。增列"私立学校在政府规定下,可以自由设立"的规定,放在本条之末。

第87条补充规定妇女享有同男子平等权利的保证条件。增列两款:第一,"多子女家庭受国家优待";第二,"因社会关系而处于不利状况的儿童,受国家的特别的照顾"。增列"多子女母亲、单身母亲和孤儿,国家尽可能给以物质帮助"的规定。增列"妇女因怀孕及看顾儿童,有权享受特殊劳动条件"的规定。增列"对独身女及孀妇应加照顾"的规定。第88条补充规定中华人民共和国公民有向各级机关提出申诉和请愿的权利。国家机关及其工作人员因违法而使公民遭受损失时,公民有权依法请求赔偿。第90条"居留权"可改为"避难权"。建议补充"并给以权利和支持"。第91条补充规定发扬爱科学、爱人类的公德,发扬爱国主义的精神。第 92 条明确规定损害公共利益即为人民公敌。第 93 条可改为“中华人民共和国公民依照法律有纳税的义务”。第 94 条补充两款:第一,“妇女有与男子同等服兵役的义务”;第二,“中华人民共和国公民在战争、动员和戒严时期,一切权利及自由有服从国家限制的义务”。规定服兵役的年龄。规定服兵役的年限。

提出的问题:(1)一般性问题。不是公民能不能享受公民的权利?要不要担负公民的义务?为什么不规定国民的义务?没有中国国籍或双重国籍的人算不算公民?“逐步扩充”与“逐步扩大”有何区别?第 78 条规定“公民在法律上一律平等”;但第 10 条规定资本家要受工人群众的监督。是否矛盾?(2)具体条文意见。第 79 条未满 18 周岁的人是否是公民?判处徒刑而缓刑的人,有没有选举权和被选举权?为什么提“剥夺政治权利”,其他国家是提“剥夺选举权与被选举权”。两者的含义是否一样?如果不,不同在哪里?间歇性的精神病人是否享有选举权?第 80 条“集会”是否包括定期举行的宗教仪式?《共同纲领》提“自由权”,宪法提“自由”。两者有无区别?如果是,用意何在?组织同乡会是否包括在集会、结社自由之内?有精神病的人是否可以享受同样的自由?第 81 条“通讯秘密”是指什么?第 83 条“扩大劳动就业”是指什么?使失业的就业呢,还是强迫不愿劳动的就业?劳动是指有待遇的还是无待遇的?第 87 条已婚女子对其本人父母的财产有无继承权?第 88 条公民是否有控诉国家机关的权利?向何处控诉?非国家机关的工作人员失职可否控诉?例如,私立小学校长失职,学生受到损害,是否可以控诉?到教育行政机关控诉,还是到法院控诉?第 89 条以国民党反动政府护照出国的华侨,是否保护?华侨入了外国籍,觉悟提高了,要回国来如何办?“正当权益”是指什么?华侨在国外的权益,如何保护?华侨是否有公民权?国外华侨有无选举权?如何参加选举?第 90

条“外国人民”与“外国公民”有无区别？“居留”与“保护”是否不同？区别何在？“居留权”与“避难权”有何区别？“给以居留权”是否包括可以受我们国家的保护？没受到迫害的外国人民到我国来是否给以居留权？外国商人来我国,是否给以居留权？居留权是永远的还是暂时的？第 92 条“保护和巩固”是什么意思？

【6 月 1 日到 11 日】

1954 年 6 月 30 日印发的《宪法草案初稿讨论意见汇辑》(二十五)刊载的是,地方单位和军事单位在 6 月 1 日到 11 日汇报的讨论宪法草案(初稿)中所提的修改意见和疑问。汇报材料的包括 44 个地方单位和 7 个军事单位。地方单位是:华北区、东北区、西北区、华东区、中南区、西南区、内蒙古自治区、河北省、山西省、辽东省、辽西省、吉林省、松江省、黑龙江省、陕西省、甘肃省、新疆省、江苏省、浙江省、福建省、河南省、湖北省、湖南省、江西省、广东省、云南省、西康省、北京市、天津市、太原市、旅大市、鞍山市、抚顺市、本溪市、长春市、西安市、上海市、青岛市、南京市、杭州市、武汉市、广州市、重庆市、昆明市。军事单位是:人民革命军事委员会的总干部部、公安部队、公安政治部、工兵小组、总高级步兵学校、军事学院和后勤学院。提出的修改意见和疑问,涉及序言和第 1 章、第 2 章、第 3 章、第 4 章各章。对公民的基本权利义务提出的修改意见为:

(1)一般性意见。在结构方面,第 78 条和第 87 条可并为一条。第 83 条到第 87 条可移到第 79 条后面。第 88 条移前,作为第 82 条;原第 82 条以后顺移。第 93 条和第 94 条对调。在内容方面,把第 83 条到第 86 条所列逐步实现的各项权利的保证,说得更明确些。增列“中华人民共和国公民劳动时间以每日八小时为原则”一条。增列对反革命分子的检举权的规定。增列军人荣誉问题的规定。增列现役军人的权利和义务的规定。增列军人有享受休息和获得物质帮助权利的规定;在第 84 条和第 85 条后面增写“军队中长期服役的人员亦享有以上权利”。增列因战争或工作伤残的有特殊贡献的人,给予功勋名誉和生活照顾的规定。增列关于鼓励劳动创造的规定。增列两条排列在第 86 条后面:第一,“保护公民科学、艺术活动的权利”;第二,“国家特别关心青年的社会、文化及体育的活动”。增列两条:第一,“中华人民共和国公民有依照国家教育规章,获得政府批准,创设各种学校和各种研究院之权”,作为第 87 条;第二,“中华人民共和国公民对于科学、艺术和进步技术的革新者,合理化改进者,发明者,有请求政府帮助和保护之权”,作为第 88 条。增列公民有权享受各种荣誉称号和奖励的规定。参照德意志民主共和国宪法规定:可以传授宗教课程;儿童可受宗教教育。

(2)具体条文意见。第 78 条可改为“中华人民共和国全体公民的基本权利和义务由法律保障一律平等”或“中华人民共和国全体公民不分民族、性别在法律上平等”或“中华人民共和国公民不分民族、种族与性别,保障在经济、政治、文化生活各方面一律平等”。第 79 条应增写“中华人民共和国武装部队同样享有平等的选举权和被选举权”;“被剥夺政治权利的人”下面加“监禁的人”。第 80 条补充“一切破坏民主政权、危害社会治安的反革命组织活动必须予以取缔,一切反革命行为应受到法律制裁”,放在本条之末;增列居住及迁徙自由、著作、发明自由权;增列公民有信仰及举行宗教仪式的自由;增列教师不得信仰宗教的规定。

建议第 81 条对本条所规定的临时拘留后的报批期限作下列考虑:第一,改为 5 日;第二,可以不作具体规定。第 82 条第 1 款可作下列补充规定,除持有依法所签发的命令,任何人不得进入他人住宅和进行违反宅主意志的搜查。只有根据法律规定始得实行搜查;第 2 款可补充政府有权检查信件,检查后加盖印记。第 83 条补充规定男女同工同酬;增“对母性劳动给予特殊保护和照顾”;增列对劳动有特殊贡献应予奖励的规定;增列国家对得不到劳动就业机会、生活困难者给予适当救济的规定;建议把劳动规定为公民的义务。第 84 条补充:国家规定工作时间和休假制度的对象中可增列军队和人民警察;增列女工与女职员产前产后的休假制度的规定。第 85 条补充对孤儿给予物质帮助的规定;规定国家保证残废军人有适当的生活条件,并由国家出资培养他们使适合于劳动活动;增列国家对多子女者给以适当照顾的规定;增列关于退休年龄的规定。第 86 条增写"此项权利的保障,为普及、免费、义务的初等教育,中等及高等学校的优等生及贫寒生由国家给予物质的帮助"一句;规定各阶层人民皆在不中断其职业活动的条件下,由业余学校中获得知识,其中优秀青年,有创造才能者,受国家奖励,可进入专科学校与高等学校;规定中华人民共和国公民有科学与艺术创作活动的自由,法律保护著作权及发明权;增列国家特别关怀儿童身心健康的规定;增列关于知识分子的权利与义务的规定。第 87 条增列多子女的母亲应逐步得到奖励一款;规定对乡村贫农妇女及都市劳动妇女家庭经济困难,经乡人民政府或区人民政府或派出所证明属实,给予免费助产及医药补助;规定父母对非婚生子女负有同婚生子女同样的义务,非婚生子女享有与婚生子女同样的权利。第 88 条补充规定受理的国家机关经审查后迅速作公正处理。第 89 条增列关于华侨义务的规定。第 91 条中应增列严格保守国家机密的规定。第 92 条增写凡侵害公共财产者即为人民之公敌。第 94 条增列如何对待为保卫祖国而负伤的革命军人的规定;规定背叛祖国是对人民的最大犯罪,依法予以严惩。

此外,在 6 月 1 日到 30 日收到的问题有:(1)一般性问题。被管制的人算不算公民?(2)具体条文问题。第 81 条"任何公民"的"任何"如何理解?临时拘留是拘留在什么地方?拘留错了是否赔偿损失?第 82 条保护通讯秘密是否包括国外来信在内?检察长是否有权检查公民的通信?第 83 条改善劳动条件和工资待遇是否包括工商业者在内?第 87 条部分少数民族妇女,由于宗教信仰关系,不能完全和男子处于平等地位,将如何使其实现在各方面享有同男子平等的权利?第90条给予居留权的外国人和现在居住在中国境内的外国侨民,其财产应如何对待?居留在中国的外国人是否也有与中国人民同样的义务和权利?"居留权"是否有更具体的解释?是否仅是居留,才可以成为中华人民共和国公民?第92条宗教财产是只属宗教,还是包括在公共财产之内?

(六)对国旗、国徽、首都的意见

【4月12日到20日】

根据华北区、西南区、山西省、辽东省、辽西省、热河省、青海省、山东省、江苏省、安徽省、河南省、湖北省、广东省、广西省、北京市、唐山市、旅大市、上海市、青岛市、南京市、广州市21个地方单位从4月12日到20日陆续电话汇报的讨论宪法草案(初稿)的综合材料整理而成。1954年4月27日印发的《宪法草案初稿讨论意见汇辑》(七),对国旗国徽首都的修改意见为:

本章应增加"国歌"一条,因《义勇军进行曲》已经过时,它不能反映我国4年来的新胜利和全国人民建设社会主义的根本要求和愿望。第95条国旗上的星应说明颜色;国旗的尺寸比例应写明。第96条国徽应分别说明颜色和哪一级政府应挂多大尺寸。

提出的主要问题包括:本章中为何不规定"国花、国歌"?应增加"国歌"一条,因《义勇军进行曲》已经过时,它不能反映我国4年来的新胜利和全国人民建设社会主义的根本要求和愿望。

此外,在4月21日到26日收到的意见中,提出的问题主要包括:第95条规定"国旗是五星红旗",究竟是指5个红星呢,还是一个红五星?

【5月25日到31日】

1954年6月25日印发的《宪法草案初稿讨论意见汇辑》(二十四)的内容是5月25日到31日23个地方单位和两个军事单位汇报

的关于宪法草案(初稿)第 3 章“公民的基本权利和义务”、第 4 章“国旗、国徽、首都”的修改意见和疑问。23 个地方单位是:西北区、华东区、中南区、河北省、山西省、陕西省、青海省、山东省、江苏省、福建省、湖北省、广东省、贵州省、云南省、北京市、哈尔滨市、西安市、上海市、济南市、南京市、武汉市、重庆市、昆明市;两个军事单位是:人民革命军事委员会的装甲兵小组和空军小组。其中对于国旗、国徽、首都的讨论如下:

建议对本章内容作下列的补充:增列关于国玺、国服、国花、国礼、国色的规定。增列关于国歌的规定;并以《歌唱祖国》代替《义勇军进行曲》。增列“中华人民共和国国歌为义勇军进行曲”一条。增列听见国歌必须立正的规定。什么节日唱什么歌,应有所规定。第 95 条增写详细图样以法律规定。增列哪些日子和什么情况应悬挂国旗以及下半旗的尺度的规定。建议修改国旗图案:4 个小星加以修改,以大小不同或颜色深浅显示阶级力量的对比;五星移在中央,既庄重美观,又合乎规律性。第 96 条补充规定国徽的颜色。规定国徽的尺寸。建议修改国徽图案:第一,以天安门广场的革命英雄纪念塔为中心;齿轮放在上面,象征工人阶级的领导。第二,天安门如果是象征劳动人民的伟大创造,则万里长城更伟大,何不用万里长城作图案。第 97 条建议考虑首都的地点:第一,首都应居全国中心,设在北京不太适宜。可考虑南迁。第二,北京靠海太近,天气又冷。不了解为什么首都要设在北京。第三,武汉为全国政治、经济、文化中心,又是交通枢纽,具有建立首都的条件。

提出的问题:“国旗、国徽、首都”一章为什么没有规定军旗?

【6 月 1 日到 21 日】

1954 年 6 月 30 日印发的《宪法草案初稿讨论意见汇辑》(二十五)刊载的是,地方单位和军事单位在 6 月 1 日到 11 日汇报的讨论宪法草案(初稿)中所提的修改意见和疑问。汇报材料包括 44 个地方单位和 7 个军事单位。地方单位是:华北区、东北区、西北区、华东区、中南区、西南区、内蒙古自治区、河北省、山西省、辽东省、辽西省、吉林省、松江省、黑龙江省、陕西省、甘肃省、新疆省、江苏省、浙江省、福建省、河南省、湖北省、湖南省、江西省、广东省、云南省、西康省、北京市、天津市、太原市、旅大市、鞍山市、抚顺市、本溪市、长春市、西安市、上海市、青岛市、南京市、杭州市、武汉市、广州市、重庆市、昆明市。军事单位是:人民革命军事委员会的总干部部、公安部队、公安政治部、工兵小组、总高级步兵学校、军事学院和后勤学院。提出的修改意见和疑问,涉及序言和第 1 章、第 2 章、第 3 章、第 4 章各章。对国旗、国徽、首都提出的修改意见为:

第 95 条建议作下列的补充:第一,增列关于国旗意义的解释,借以教育人民。第二,增列关于国旗图案的说明,如 5 个星代表什么等。第 96 条建议改以中国地图代替天安门图形。第 97 条建议首都设在离海岸线远些的地方。西安或兰州一般说来地居全国中心,距海又远;且西安为我国历史上的古都,较北京适当。

三、宪法起草座谈会各组召集人联席会议的讨论(纪要)

1954 年 5 月 6 日至 22 日,召开了宪法起草座谈会各组召集人联席会议,参加会议的人有各组召集人、副召集人、秘书长、副秘书长、顾问等。宪法起草小组各组召集人联席会议在各小组充分讨论的基础上,对草案的一些重要的、原则性的问题和意见进行反复研究,并把会议形成的有一定共识的重要意见提交宪法起草委员会。联席会议为深入讨论宪法草案提供了合理的参考意见,提出的意见和建议为确保宪法草案的科学性、专业性发挥了重要作用。

下面根据有关档案资料整理介绍联席会议对宪法草案(初稿)具体条文讨论的情况。

第 1 条:中华人民共和国是工人阶级领导的,以工农联盟为基础的人民民主国家。

田家英：对这一条，归纳起来有3个意见：(1)主张在人民民主之下加“专政”2字；(2)主张在“人民民主国家”之上加“多民族”3字；(3)地方上有的主张加“团结小资产阶级和民族资产阶级”。

程潜[1](1882~1968年)：我意不必修改，因为人民民主就是人民民主专政。

许德珩：这一条不要修改，“多民族”3个字不用加在这里。

李维汉：就维持原文吧！（大家没有别的意见）

讨论结果：不改动。

第2条：中华人民共和国的一切权力属于人民。人民行使权力的机关是全国人民代表大会和地方各级人民代表大会。

中华人民共和国国家权力的中央机关和地方机关一律实行民主集中制。

田家英：对这一条第2款，有两个修改意见：(1)应包括管理机关在内；(2)应单列一条，有的主张单列一条放在第16条和第17条之间。

李维汉：权力机关应该实行民主集中制，管理机关也应该实行民主集中制，这条意见应该采纳。单列一条，大家赞成吧？

田家英：我认为把第2款放在第16条和第17条的意见，是可以采纳的。可以写作“中华人民共和国的一切国家机关一律实行民主集中制”作为宪法的第17条。这一条和原第17条、第18条的性质是一类的。

罗隆基(1896~1965年)：民主集中制是很重要的一个原则，放在后面，和机关、机关工作人员放在一起，是否合适？我意可以独列一条，就作为第3条。

---

〔1〕 1954年9月27日当选为第一届全国人大常务委员会委员，9月28日任国防委员会副主席，12月起为全国政协常委。

李维汉:现在的第3条是民族问题。把民主集中制放在第3条不合适。

钱端升:我赞成田家英同志的意见,独列一条,放在第16条和第17条之间。民主集中制是很重要的一个原则,重要的原则也可放在后面,联系群众也是重要原则,放在一起是可以的。第1条、第2条、第3条都是讲国家结构的,中间插一条不好。

李维汉:这3条不能分开。

陈叔通:应摆在前面,前3条不能分开,是否摆在第4条?

陈其瑗(1887～1968年):我认为摆在第16条和第17条之间最合适。

罗隆基:民主集中制,是表示民主精神的,是贯穿到各方面的,应该摆在前面。

胡愈之:我赞成作为第17条,只是“一切国家机关”的“一切”2字可删去。现在的第17条,是讲联系群众的,也是民主问题,可作为第17条的第2款。

罗隆基:如果这样写,怕人误会为联系群众是民主集中制的解释。

陈其瑗:为了显示民主集中制的重要性,才单列一条,再和第17条合为一条,不大适宜。

李维汉:是否把内容先定下来,位置摆在那里,拖一下再说?内容可写为“中华人民共和国的一切国家机关一律实行民主集中制”单列为一条。原来只写权力机关实行民主集中制,是一个缺点。我们的民主集中制是很广泛的,管理机关也实行民主集中制。有人讲:部是一长制,不是委员会制,部长也可以召集会议,部里有了争执还要报上级解决。

黄炎培:民主集中制与一长制并不抵触。

李维汉:从群众中来,到群众中去,都可以作为民主集中制的方法。民主集中制是政体,是制度,也是工作方法。

许德珩:那就应该摆在第4条。

李维汉:是否可先把内容定下来?

章乃器:国家机关是一个总体,上面加个“一切”总体性倒减弱了。我的意见是“一切”和“一律”都删掉。

罗隆基:可写成“中华人民共和国国家机关实行民主集中制”。

周鲠生:同意这样写,但应作为第4条。

田家英:我比较坚持放在第16条和第17条之间。理由是前三条是讲国家最基本的东西,第1条讲国家的性质;第2条讲民主制度的基本原则,我的看法是民主制度的基本原则是一切权力属于人民;第3条讲我国是多民族的国家;接下去第4条就讲总任务。再插上就乱了。放在第16条和第17条之间作为第17条比较合适,原第17条和第18条,都是讲机关的。苏联规定的机关原则有好多,其中之一就是实行民主集中制,其他的包括有联系群众等,而民主集中制的根又是一切权力属于人民,放在后面,也并不损害它的重要性。

李维汉:民主集中制最基本的东西是一切权力属于人民。

罗隆基:讲了一切权力属于人民,不讲集中,就过于民主了,所以民主集中制问题应该紧接着“一切权力属于人民”才好。

陈叔通:原条文的毛病就在于没有写管理机关也实行民主集中制,加上这个意思,仍作为第2款是不是可以?

李维汉:第2条是讲权力机关的,加上了管理机关也实行民主集中制,就不好放在第1条里了。现在看在内容上是否可先定下来?

许德珩:在国家机关之上加“一切”就要放在后面,以使文字一致。

李维汉:那倒不一定。

钱端升:我主张放在后面,作为第17条。这样“国家机关”之上就要加“一切”,以求得一致。前3条是国家制度的基本东西,民主集中制是非常重要的原则、工作方法,但与这3条性质不一样,作为第3条或第4条,反而冲淡了前3条的重要性。

李维汉:前后排列,是逻辑关系,不一定放在后面的就是不重要的。

章乃器:如放在后面,为了求得一致,倒可把第17条和第18条的"一切"去掉。

黄炎培:位置放在哪里是相对的,不是绝对的。

李维汉:内容先照这样定下来,位置摆在哪里放一放再说,现在先往下进行吧。

田家英:对第1款第一句,归纳起来有两个修改意见:(1)"一切权力",有的主张改为"国家政权",有的主张把"一切"改为"国家"或"全部";(2)属于人民,在"人民"之上,有的主张加"全体",有的主张加"全国",有的主张加"劳动"。

罗隆基:一般是用"政权",《共同纲领》上也用"政权"。

李维汉:过去一直用"政权",很习惯,很熟悉,但"政权"这个词不很科学。我们讲到"政权"常常是包括政府在内,这个名词翻译成"政权"是不大科学的。

周鲠生:"政权"就是"国家权力"的意思,如用"国家政权",就成了"国家国家权力"了,就重复了。用"权力",在俄文、英文、法文中都没有问题。"一切权力属于人民",这是一个革命的口号,不能改动,改动了,就没有力量了。

邵力子:我赞成不改。

李维汉:那就不必改了吧。"人民"上边也不必加东西了。这一句就维持原案。

田家英:对第1款第2句,有两个意见:(1)在全国人民代表大会上加"中华人民共和国";(2)加"经过普遍、平等的选举产生"。

李维汉:不加,维持原案吧。

讨论结果:第 2 条第 1 款不改动,第 2 款可改为“中华人民共和国国家机关实行民主集中制”,并且单列一条。“国家机关”之上是否加“一切”,之下是否加“一律”以及应作为第几条,没有取得一致意见。

第 3 条:中华人民共和国是统一的多民族的国家,各民族有平等的权利和义务。各聚居的少数民族实行区域自治。禁止民族间的歧视和压迫,禁止分裂各民族团结的行为。

田家英:这一条,有人主张加几个内容:(1)增加“团结互助”;(2)关于各民族有平等的权利和义务问题,按照苏联宪法第 1 条、第 2 条、第 3 条的写法加以规定;(3)加上“禁止侮辱少数民族间的感情”;(4)加“信仰宗教自由”;(5)加“中华人民共和国国家权力的中央”和地方机关,各种各级业务部门中的各种各级工作人员一律适当任用各民族人民,并鼓励各人民团体、企业及机关加以作用。

李维汉:“团结互助”,序言中已有这个意思了,不是非重复不可的,一个地方有了就可以了吧,不必加了吧。(大家同意不加)

按照苏联宪法第 1 条、第 2 条、第 3 条来写各民族权利和义务平等,恐怕不能。苏联是社会主义社会,我们还不是。苏联宪法第 1 条、第 2 条、第 3 条规定了对民族歧视和压迫是犯罪行为,要惩罚,我们如果也这样规定就不行。汉人还可惩罚,但有些少数民族,常常随便就打了起来怎么惩罚呢?恐怕不能照抄,是不是可以不照抄呢?(大家同意不照抄)

“禁止侮辱少数民族的文字与语言”,这一条有了“禁止民族间的歧视和压迫”,已经包括了这个意思。罗常培先生的意思怎样?

朱早观:他没有提到这个问题。

李维汉:“信仰宗教自由”,是藏族的人提出的。个人信仰宗教的自由,第 3 章已有规定,宪法中恐怕不能保障整个一个民族信仰这个宗教或者那个宗教。

陈其瑗:不要规定吧。苏联宪法规定了信仰宗教的自由,同时也规定了反宗教宣传的自由。

李维汉:这个问题,恐怕在这里不好规定,还不规定吧。只能有个人信仰宗教的自由,国家不能规定哪个民族要信仰哪个宗教,因为个人有信仰宗教的自由,也有不信仰宗教的自由。

朱早观:第3章规定了"信仰宗教的自由",他们不坚持在这里规定。

李维汉:各机关、企业一律适当用各族人民,恐怕也行不通。

罗隆基:规定不歧视就可以了。

朱早观:第13组没有人提这样的意思。

田家英:对第3条第一句,17个组没有意见,地方上有两个意见:(1)"多民族"下加"多种族"3个字;(2)"统一的多民族的国家"改为"统一的多民族国家"或"多民族的统一国家"。

李维汉:"多种族"3个字恐怕不好加进去,改为"多民族的统一国家"就不好了。

史良、陈其瑗:还是用原文好。

李维汉:照原文不修改吧。

田家英:对第3条第2句,有3个意见:(1)改为"各民族的权利和义务一律平等";(2)标明无论聚居、杂居、散居,均有平等的权利和义务;(3)"各民族"下加"人民"2字。

李维汉:各民族,就包括了聚居的、杂居的、散居的,但是,满族和回族很注意这个问题,他们是散居的。政务院曾通过一个关于保障一切散居的少数民族成员享有民族平等权利的决定,他们很满意。

朱早观:他们希望在"实行区域自治"之下,加一句"保障各散居的少数民族的权利"。

李维汉:"散居"这个名称,也不算科学,是我们给起的,翻译成外国文,外国人也不懂。第3条是民族问题,刘格平同志没有来,现在就打电话请他来,他来了再讨论第3条,现在可往下进行。

(接着,就开始讨论第4条。一会儿,刘格平同志来了。大家讨论完了第4条,又开始讨论第3条。)

李维汉:现在再回来讨论第3条。田家英同志归纳了几个问题,我们刚才议了一下。加不加"团结互助"?我们认为序言第5段已经有了"友爱互助",第3条又有了禁止歧视、压迫、禁止破坏各民族的团结,这里就不必加了。看要不要加?

刘格平:不要加了。

李维汉:可以不可以按照苏联宪法第1条、第2条、第3条的写法来写各民族有平等的权利和义务?有些同志认为不好照苏联宪法抄,因为情况不一样,他们那里已经是社会主义社会了,我们现在很难讲得很严格,苏联规定对民族歧视和压迫是犯罪行为,要惩罚,我们就还不能这样规定。我们倾向于不照抄。能不能照抄?

刘格平:不能照抄。

李维汉:"禁止侮辱少数民族的文字与语言",这一条已有了"禁止民族间的歧视和压迫",已经包括了这个意思,看是否还需要在"总纲"里单独提出?

刘格平:不必加。

李维汉:"禁止挑拨民族间的感情",什么是挑拨民族间的感情,很难解释。

刘格平:是很难解释,可以不加。

李维汉:加个"保障宗教信仰自由",还有的提出在第4条"保证逐步消灭人剥削人的制度"之下加"保证宗教信仰自由"。加不加?

刘格平:第3章里已经规定了,不必加了。

李维汉:这里可以不加,但需要你解释一下,要在民委第四次会议以前就解释。

刘格平:他们看到后面有了,没有这个意见了。

李维汉:有人提出各机关、企业一律适当用各族人民,恐怕也不行。如果每个机关、企业都保证用各族人民,有的民族恐怕还没有这么多人派来。

刘格平:这一点不要加。

李维汉:有人主张在第2句"各民族"之下加"不分聚居、杂居、散居",有人主张在第3句"实行区域自治"之下加"保障一切散居的少数民族成分享有民族平等的权利",看要不要加?这主要是回族人和满族人的意见,罗常培、马坚(1906~1978年)、翦伯赞也都有这个意见。他们有法律根据,就是政务院曾公布过关于保障一切散居的少数民族成分享有民族平等权利的决定。

罗隆基:这里说的平等的权利和义务,是指各少数民族个人的,还是民族的?

李维汉:这里讲民族关系,我倾向于改为"各民族一律平等"。

罗隆基等:可以改为"各民族一律平等"。

李维汉:大家可以看看"聚居、杂居、散居"几个字是不是加上去?

陈叔通:"各民族"就包括了聚居的、杂居的、散居的,但回族人、满族人既然有这样的要求,加上这几个字也好。

费孝通、邵力子、罗隆基:加了没有害处。

刘格平:虽然"各民族"已包括了散居成分的,但他们的代表人物总觉得不大放心,他们觉得在宪法里交代一下更有力量。不写在宪法里也可以,但需要解释一下,在宪法里写上,他们更满意。

黄炎培:民族政策要好好掌握,他们既然提出这个问题,可以考虑。

李维汉:大家倾向加。那就把区域自治问题单列一款,把散居成分享有平等权利写在实行区域自治问题的后面。

刘格平:如果加,就需要把"杂居"也加上。

李维汉:第4句的"分裂"可以改为"破坏","各聚居的少数民族实行区域自治”。有人主张照《共同纲领》的写法写,这可以,可改成“各少数民族聚居的地方,实行区域自治”。

邵力子:可把“禁止民族间的歧视和压迫”改为“禁止对于任何民族的歧视和压迫”。

李维汉:可以这样改。

钱端升:刚说可以分两款,我的意见是否可分成 3 款。

李维汉:可以分成 3 款。第 1 款“中华人民共和国是统一的多民族的国家”;第 2 款“各民族一律平等,禁止对于任何民族的歧视和压迫,禁止破坏各民族团结的行为”;第 3 款“各少数民族聚居的地方实行区域自治。一切散居的少数民族成分享有平等的权利”。这样写第 2 款和第 3 款有些重复,如果把“聚居、杂居、散居”加在第 2 款里,文字上又不大干净。不加,是不是可以解释过去。

朱早观:不加,他们有借口,选举权问题上,就把妇女特别提出了。

李维汉:这句话不好加,一加,好像上面“各民族”“任何民族”都不包括散居成分了,反而不很平等了。

陈叔通:是否把他们解释“各民族”“任何民族”就包括散居的少数民族,就可以了,不必写在宪法上了。

费孝通:妇女也包括在人民之中,为什么特别提出了妇女?

李维汉:民族也包括在人民之中,为什么特别提出民族问题,因为这是个特殊问题。妇女问题也同样是一个特殊问题。散居的少数民族问题和妇女问题不一样,是民族问题中的一个。民族有聚居的、有杂居的、有散居的,而同一个民族又有聚居的、杂居的、散居的,散居的少数民族不一定比聚居的受歧视、受压迫受得更重,甚至还要轻一些。

邵力子:把妇女突出是应该的,但不必把在家里的妇女、在工厂里的妇女等一个一个地都突出来。

沈雁冰:散居的少数民族问题,可在单行法上规定,不必在宪法上规定。

李维汉:原来想加上,加上似乎尊重他,但加了一看,反而不尊重了。这也和移到序言统一战线的作用一样,原来想在“作用”之上加个“重要”,加了一看,反而不如不加重要了。这样的情形我们已经遇到两次了。

周鲠生:散居的少数民族,只能以公民的身份平等地享受公民的权利和义务。在这个地方,最好不加。

李维汉:这第 3 条,还是交给你们(指刘格平、费孝通、朱早观)先议一下吧。你们可以把罗常培、马坚、启功、载涛(1887 ~ 1970 年)、孙常义、白寿彝(1909 ~ 2000 年),以及 13 组的其他的人找来,还可把别的组的对民族问题有意见的找来,再议一下。把第 2 章第 5 节、第 1 章第 3 条以及涉及民族问题的,再议一议。请刘格平同志负责。需要解释的地方,要好好解释一下。他们也不要搞死了,因为修改权属于宪法起草委员会,宪法起草委员会还要提请中央人民政府委员会,搞死了被动。但要议一议,并且要反复地议一议。

讨论结果,初步改成:

第 3 条:中华人民共和国是统一的多民族的国家。各民族一律平等。禁止对于任何民族的歧视和压迫,禁止破坏各民族团结的行为。

各少数民族聚居的地方实行区域自治。再请刘格平召集有关人员议一议。

第 11 条:国家保护公民的劳动收入、储蓄、住宅和其他生活资料的所有权和继承权。

李维汉:继承权问题,单独写一条,作为新的第 12 条。“劳动收入”有人说不完全,可以删改含合法收入。这样,这一条就改成“国家依照法律保护公民的合法收入、储蓄、住宅和其他生活资料的所有权”。继承权问题写成一条作为第 12 条,原第 12 条改为第 14 条,原第 13 条还是第 13 条。

史良:公民的劳动权,肯定应该保护,在上面加个“依照法律”,又加个“合法”没有必要。

李维汉:公民收入,不一定都是劳动收入,所以才将“劳动收入”改为“合法收入”。

周鲠生:用“合法收入”可以,对公民生活资料的所有权,是积极保护的,可将“依照法律”4 个字去掉。

罗隆基:前几条也有依照法律字样,讨论中有人提出过“依照法律”如何解释。

钱端升:前 3 条有“依照法律”字样,是因为国家在实行社会主义改造时期,对劳动者个体所有制和资本家所有制,是“依照法律”的规定来保护的。前几年保护的范围可能大一些,后几年保护的范围可能小一些。对公民生活资料,是完全保护的,可能不要“依照法律”字样,对公民财产的继承权,是有限制地保护的,要有“依照法律”字样。我的意见,原第 12 条和原第 13 条还是不对调,这 4 条的次序就是:完全保护的,有限制地保护的,对所有权的限制,禁止用私有财产破坏公共利益,这样比较好。

史良:我主张维持原文。

李维汉:可以不要“依照法律”4 个字。“劳动收入”还是要改为“合法收入”。公民的收入,有些不是劳动收入,如资本家“四马分肥”分得的一份,就不是劳动收入,但是现在是合法收入。前几条改了以后,就只规定了保护他们生产资料的所有权,对他们的收入没有规定。如写为“劳动收入”,就包括不了公民的全部收入。继承权问题,单列一条,写为“国家依照法律保护公民的财产的继承权”,作为第 12 条。

原第 12 条和第 13 条是否不调了?

钱端升:不要调了。

陈叔通:可以不调吧。

李维汉:那就不调吧。

讨论结果:本条改为"国家保护公民的合法收入、储蓄、住宅和其他生活资料的所有权"。继承权问题专列一条,作为第12条,条文写为"国家依照法律保护公民的财产的继承权"。

第12条:国家在公共利益需要的时候,可以根据法律规定的条件,对城乡土地和其他生产资料实行征购、征用或者收归国有。

田家英:"国家在公共利益需要的时候",改为"国家为了公共利益的需要","所规定"的"所"字删掉。

陈叔通:"收归国有"是不是指原来是国有的,现在要收回来。

李维汉:不限于原来是国有的,包括把条件已经具备的私营企业收为国家,"归"字,可改为"为"字。

罗隆基:这一条讲生产资料,房屋不是生产资料,包括不包括房屋。

田家英:这一条没有包括房屋,但实际上,国家建设也会征购房屋,这可以在单行法里规定。

李维汉:这一条不能不写,也不能不谨慎写,所以还加了条件,即"根据法律规定的条件"。

讨论结果:本条改为"国家为了公共利益的需要,可以根据法律规定的条件,对城乡土地和其他生产资料实行征购、征用或者收为国有"。因增加了一条作为第12条,这一条就改为第13条。

第13条:国家禁止任何人利用私有财产破坏公共利益。

田家英:有人主张把"破坏"改为"妨害",有人主张在"公共利益"之下加"的行为"3个字,我们觉得还是不改好。

钱端升:第10条的"利用",是好的意思;这一条的"利用"实际上是滥用。我的意见,是否可请语言组考虑一下。把这一条的"利用”换个别的词。

李维汉:是有这样一个问题,请语文组研究一下。

讨论结果:不改动。“利用”是否换为另外适当的词,由语文组研究。

第 14 条:国家用经济计划指导整个国民经济的发展和改造,使生产力不断提高,以求改进人民的物质生活和文化生活,巩固国家的独立和安全。

田家英:把“整个”和“求”字删掉。有人主张把“发展”和“改造”对调,我们认为“发展”是指整个国民经济说的,“改造”只是对非社会主义经济说的,对调不大好。

李维汉:有人说“用经济计划”不好,建议改为“根据经济计划”,我们觉得经济计划本身就是个指导的东西,如果改为“根据经济计划”……

新第 15 条:国家指导科学事业和文化教育事业的发展,使这些事业正确地为人民服务。

罗隆基:有人提“五爱”是否写上。

李维汉:“五爱”是国民公德,不好在宪法里作为法律来规定。今天上午有两位副秘书长递条子对条文提意见,我现在宣布一下:所有在座的包括副秘书长在内都有发言权。

陈劭先(1886 ~ 1967 年):《共同纲领》文化教育政策第一章规定得很详细。如第 41 条“中华人民共和国的文化教育为新民主主义的即民族的、科学的、大众的文化教育”,下面又说到人民政府在这一方面的任务是“以提高人民文化水平,培养国家建设人才,肃清封建的、买办的、法西斯主义的思想,发展为人民服务的思想为主要任务”。宪法上只这样简单一条,不大够。比如,“为人民服务”一点太简单,不仅文化教育事业是为人民服务,其他事业也是为人民服务。

韦悫:报告一下第 11 组讨论这个问题时的意见。

开始在讨论到国务院的职权时,大家看到只提及文化、教育和卫生工作,没有提到科学,感到不满意。后来讨论到第三章公民的基本权利和义务时,意见更多了。许多人民民主国家,如波兰、保加利亚、捷克等国的宪法中,都提到文化、科学、艺术,提到关怀青年等,为什么我们的宪法不提。但也没有提出具体的增加条文的意见。会外一些教育工作者也表示一种愿望,希望把《共同纲领》中的文教方面的东西写进宪法中去,但也没有提出具体的写法。我个人的意见,宪法中只写这样一条,恐怕不能满足他们的愿望,不能解决问题,是否考虑把《共同纲领》中文化教育政策最主要的东西写进去,或者参照第11 组的意见,分别在国务院的职权中和公民的权利义务中增加一些文教方面的规定。

马寅初:在第 90 条中提道“进行科学工作而受到迫害的外国人民……给以居留权”。外国人的科学工作宪法中提到了,中国的科学工作宪法中倒没有提。科学一定要提一下。另外,我们学校的马约翰(1882 ~ 1966 年)教授提出体育要写进去,他说“卫生”不能包括体育。

李维汉:文化教育政策只能概括地提,不能具体地列举,否则就要写上一节才行。新闻、出版、保健、体育等,所有这些都叫作文教事业,无法一一列举。“科学事业和文化教育事业”可以包括很多东西,“民族的、科学的、大众的”这是文教事业发展的方向和原则,可以包括在“指导”2 字之中。

侯外庐(1903 ~ 1987 年):第 12 组讨论时,对文教方面,最初在总纲里想摆。在国务院职权里想摆,在公民的权利义务中也想摆。后来经过讨论,大家认为在第 48 条国务院职权中不好摆,因为科学工作不好提“管理”2 字。人民民主国家宪法中有的提到“关心”2字;是否考虑在总纲中提一条“关心科学工作为发展”。郭老还说过科学院的名称不叫“中央人民政府科学院”而叫“中国科学院”,这是很有意义的。这表示它不完全是一个机关,所以在国务院职权里写上“管理科学工作”是不宜的。现在总纲里增加这样一条,12组是会满意的。

李维汉:不能用行政的办法来对待科学工作,所以不好提作“管理”。至于多少的问题,《共同纲领》中有许多规定,宪法都写得很简单。如外交政策,《共同纲领》有7个条文,宪法中只是序言的一段,军事制度《共同纲领》有6条,宪法中只是总纲中有1条。文教方面写这样一条概括是概括得了的:文教事业要“发展”,国家要“指导”,目的是使它“正确地为人民服务,有了原则规定,而且在总纲的21条中占1条,和军事一样占1条,1/21。是不是基本上可以满足了?”

有人提这样一条“国家有计划地发展科学和文化教育事业,并指导这些事业正确地为人民服务”。多了“有计划地”4个字。另外,钱端升、周鲠生两位顾问提了一条“国家鼓励科学研究、文艺创作,并指导文化教育事业的发展”。黄炎培也提了一条。

讨论结果确定:(1)在总纲中写一条关于文教方面的;(2)条文要写得概括作一些原则规定,不要写得太具体。具体条文,请侯外庐先生,李四光部长,韦悫先生3位——马老是否也参加一下?(马寅初:我不参加了)——参考这些方案提出条文,下次再讨论。

原第16条:劳动是中华人民共和国一切有劳动能力的公民的光荣事业。国家鼓励公民在劳动中的积极性和创造性,并且保证他们的劳动得到适当的报酬。

田家英:各组提出的意见,主要是关于报酬问题。有人提议写出“不劳动者不得食”“按劳取酬”等。文字性的修改意见:“事业”2字是否恰当?“鼓励”改为“奖励”。我们的意见:在总纲中要规定劳动,因为劳动是我们建设社会主义社会的基础,但第二句的后半句,在第三章公民的基本权利和义务中“劳动权”里可以包括进去,故可以删去。至于远景的话即“不劳动者不得食”“按劳取酬”等,目前还不能写。

李维汉:第二句的后半句可以不写,什么叫“适当”? 这就牵涉时间、地点、条件。有人主张写出:“逐步实现按劳取酬的原则”,不好这样写。“事业”2 字是不大恰当。

许德珩:改作“义务”为何?

李维汉:我们还没有到社会主义社会现在还有人不劳动,不好提作“义务”。

许德珩:或者提劳动是我们社会制度的基础。

李维汉:也不大完全。还不能这样说。

马寅初:劳动不是一种事业。

李维汉:为了某种事业而劳动是可以的,劳动本身是不是事业,我也怀疑。

田家英:苏联宪法中用“事业”2 字。

马寅初:俄文原意“任务”,不见“事业”。

费孝通:英文译作“责任”。

张志让:俄文有两个字,一是“义务”,二是“事情”。劳动是光荣的事情。

周鲠生:苏联宪法中先说劳动是公民的应尽“义务”,接着又说是光荣“事情”。

李维汉:“事情”就对了,“事业”不恰当。“事情”2 字很通俗明白,为什么不能用啊。

胡愈之:是否把“一切有劳动能力”删掉? 有些人,比如,我们这些人就不大能劳动。

李维汉:我们也是劳动的,“劳动”包括脑力劳动,我们现在就正在劳动。“事业”2 字译得不恰当。“任务”也不好。

许德珩:改作“在中华人民共和国以从事劳动为无上光荣”。

费孝通:改作“在中华人民共和国劳动是光荣的”。

田家英:“在中华人民共和国如何如何”,宪法中从来没有这样写法的。

钱端升:写作“劳动是光荣的。国家鼓励一切有劳动能力的公民在劳动中的积极性和创造性”,可以不?

罗隆基:写作“一切有劳动能力的公民的劳动是光荣的”。

李四光:写作“劳动的光荣是属于中华人民共和国一切有劳动能力的公民”,可以否?

叶圣陶:是否可以把“事业”2字删去,把“光荣”2字作为名词。

李维汉:这样也很好。

陈叔通:可以。

陈其瑗:可以。

讨论结果:本条改为“劳动是中华人民共和国一切有劳动能力的公民的光荣。国家鼓励公民在劳动中的积极性和创造性”。

原第17条:一切国家机关必须经常保持同人民群众的密切联系,在工作中依靠人民群众的参加、创议和监督。

李维汉:前面原第2条第2款“中华人民共和国的国家权力的中央机关和地方机关一律实行民主集中制”,上次会议决定改为“中华人民共和国一切国家机关一律实行民主集中制”。地位放在哪里没有定,有人提议放在第17条之间作为新的第17条,我个人意见也是放在这里为适当。我看,地位问题请宪法起草委员会决定。文字上“一切”“一律”都删去。大家同意吧?

(讨论原第17条。)

田家英:对这一条主要的意见是觉得“依靠人民群众的参加、创议和监督”不通俗,句子欧化。我们考虑了一下,建议改为“……在工作中依靠群众的参加、倾听群众的意见、接受群众的监督”。

陈其瑗:这样改很好。这是接受意见的具体例子。

许德珩:是不是一切国家机关都要群众参加。有的机关的工作恐怕不一定要群众参加。如规定了这样一条,有人跑来说:根据宪法,我要参加你这个机关的工作,怎么办?目前敌人正在设法打入我们的内部,这样规定有危险。

马寅初:后两句可以,前一句"群众的参加",有的办不到,如学校就办不到。

李维汉:参加有许多方式,参加开会讨论也算参加,学校也不可以办到的。不过,有些机关群众都参加,有问题。

陈其瑗:"参加"改为"支持"。

史良:改为"在工作时必须依靠群众",如何?

周鲠生:"的参加"3字可以删去。

许德珩:删去好。

李维汉:"的参加"删去。群众是我们的母亲,我们在工作中要依靠群众,依靠的方式可以有种种,不必写了。

讨论结果:本条改为"一切国家机关必须经常保持同人民群众的密切联系,在工作中依靠群众,倾听群众的意见,接受群众的监督"。原第2条第2款是否移在本条之前为新第17条,提请宪法起草委员会决定;其条文改为:"中华人民共和国的国家机关实行民主集中制。"

原第18条:一切国家机关工作人员必须为人民服务,效忠人民民主制度,服从宪法和法律。

田家英:我们考虑改为"一切国家机关工作人员必须效忠人民民主制度,服从宪法和法律,努力为人民服务"。

罗隆基:是否写作"全心全意为人民服务"。

田家英:"努力"是一个方向,如写作"全心全意"就定死了。如果有人不是百分之百地全心全意为人民服务,那不成违宪了吗?

李维汉:国家机关工作人员首先要守法,才能领导人民守法。这一条是针对我们这些人的,要求相当严格。总之,我们要夹起尾巴,并且准备打屁股。

讨论结果:本条修改为“一切国家机关工作人员必须效忠人民民主制度,服从宪法和法律,努力为人民服务”。

1954 年 5 月 19 日小组召集人会议重点讨论了宪法草案(初稿)的第 2 章第 1 节的修改意见,提出了许多有价值的意见。

第 2 章的标题:初稿用“国家组织系统”,修改稿用“国家机构”。

张志让:第 2 章总标题不如改为“国家权力的组织”。说明理由详见书面意见。

李维汉:屈武同志,你知道俄文“КОНСТИТУUИЯ”与“УСТРОИСТВО”有何不同?

屈武:意义上这两个字是一样的。

李维汉:那么为什么苏联第一个宪法“КОНСТИТУUИЯ”,第二个宪法又用“УСТРОИСТВО”?

李烛尘:我想国家是无产阶级专政的机器,第 2 章的标题就用“国家机构”,已很明了。

屈武:在俄文“КОНСТИТУUИЯ”译中文一般是译为宪法,“УСТРОИСТВО”才译为结构。

侯外庐:在英文 organization 译为组织,structure 译为结构。

张志让(1893 ~ 1978 年):如果用国家机构,问题在于“机构”2 字在中文有两个意思,一个意思是当机关用,用这个意思,等于用“国家机关”;另一个意思是当“结构”,“有机”的构造,用这个意思又等于用“国家结构”。

周鲠生:苏联自己把宪法上的“OPAHGAGUP”译为英文的“organization”。

罗隆基:英文中国家结构有两种说法:“state structure”,或者写为“state constitution”。国家权力的组织就是“structure of state power”,

是不是能够包括“organization”的意思。

李维汉:苏联已应用国家结构这个名词,表示出包括联邦制等内容。我们就不好再用。

周鲠生:法律小组多数主张用“国家机构”,我个人原来主张用“国家权力的组织”。用“国家权力的组织”,比用“国家机关”还有一个好处,就是它能包括的范围大,可以和第3章公民权利义务的标题相称。

钱端升:说明法律小组对第2章标题的初步意见(见附件)。我个人觉得用“国家机构”也讲得过去,就是含义有点不清,将来用惯了也可以。如用“国家机构”也可以。我没有一定的意见。

李维汉:“组织”2字,过去总是指社会上一部分人;一个阶级集团形成的一种东西叫“组织”。在第2章中还包括行政区域:如全国分为省、市……区域自治地方分为自治省、自治州……内容,这些内容多少有一点苏联的国家结构的内容,苏联的联邦制是政治上比较高级的民族区域自治,我们采用的也是民族区域自治,是一种行政性的区域自治。这一点在第二章中虽然只有一两条,但也有“结构”的意思。如果标题用“机关”或“组织”,是否能包括这一条的内容?这一两条,虽然只是一两条,但在内容上讲,它是一个部分。

章乃器:平常我们常讲“组织机构”“机构健全”,没有讲“组织机关”“机关健全”。我以为用“机关”,不如用“机构”。

许德珩:为什么不用“国家的组织”?

朱早观:法律小组初步意见中提了对国家机构这个名词的缺点,哪里是什么缺点?我看,不是缺点,而是优点。

陈其瑗:用“国家机构”或“国家权力的组织”,都不能包括一切。我想改为“国家机构及权力组织”是不是好一点。

屈武:用“国家权力的组织”,在理论上是可以讲得过去的,但是一般人看了,会觉得这个名词太含混,容易和“权力机关”混淆。如果在这个名词上再加上字,更含混,我认为应用“国家机关”和“国家机构”两个中间选一个。用“国家机关”和“国家机构”两个中间选一个,用“国家机关”也可以。不过中国习惯上容易把什么都叫作机关,比较起来用“国家机关”这个概念更恰当。

李维汉:(读宪法名词解释)“苏联国家结构、国家机关、国家权力”3 条。

由此看来,国家机关也难说是不包含人民团体。国家机构也包含社会团体。我个人偏向于用“国家机关”,似乎可以把各方面的意见概括进去。缺点是不通俗。小小的一个机关也可以叫机构,但是也难说,如果用组织,反革命也有组织,是否可考虑就用“国家机关”。

许德珩:好,可解释为“有机的构成”。

李烛尘:好,可解释为“机器的构造”。

陈叔通:也可以解释为“机关的构造”。

李维汉:暂定用“国家机构”,把张志让、法律小组的意见送给宪法起草委员会。我们不改修文稿。

讨论修改意见:第一节全国人民代表大会。

讨论第 22 条:中华人民共和国最高权力机关是全国人民代表大会。

田家英:原来这一条是“全国人民代表大会是中华人民共和国最高权力机关”。现在接受了讨论中的意见,加以修改,改为“中华……最高权力机关是全国人民代表大会”。

此外,各组的意见:

(1)把“全国”改为“中华人民共和国”。

(2)“权力”改为“政权”。

(3)把“全国人民代表大会”改为“中华人民共和国全国人民代表大会”。

(4)张志让先生提出“权力机关”前加上“国家”。

许德珩:“全国人民代表大会”之上不用加“中华人民共和国”。

张志让:“权力机关”上加上“国家”2字,有必要,因为这方面的“权力”不是单纯的权力,应是“国家权力”,苏联宪法第3章及第30条都是用“最高国家权力机关”。

周鲠生:我赞成张志让的意见。

李维汉:有没有不同意见?

钱端升:这一节是讲人民代表大会,本条是否应当说明全国人民代表大会,再说明它是全国最高权力机关?我想人民代表大会应放作句主,因为它更重要。

陈劭先:我们一组也提出和钱端升一样的意见。我们赞成加“国家”2字。

许德珩:初稿原文的写法也好。

张志让:我想还照初稿的写法好。

陈叔通:这一句不如改为“中华人民共和国全国人民代表大会是最高国家权力机关”。

许德珩:照初稿原文好。

胡愈之:如照《苏联宪法》第146条,本节的标题“全国人民代表大会”是否可改为“最高权力机关”。

周鲠生:“节”目不能改,要么主席一节的节目也要改为“元首”了,那不好。

黄炎培:如果第1节的节目是全国人民代表大会,第22条开头就应讲全国人民代表大会,如果再加中华人民共和国,节目也要加,章目也要改。既然宪法就是中华人民共和国宪法,就不必到处都加中华人民共和国,我主张第12条改为“全国人民代表大会是中华人民共和国最高国家权力机关”。

钱端升:“国家权力”是一个专门名词,如果权力上不加“国家”,

那不如用“政权”2 字好了。

陈叔通(1876～1966 年):加上“国家”2 字在本条中并不重要,我赞成加。

李维汉:加上吧! 加在哪里? (本条照陈叔通的意见改)

陈叔通:加在“权力”之上。

罗隆基:地方上叫“国家权力地方机关”,这方面应加“国家权力最高机关”。

田家英:还是应叫“最高国家权力机关”。

讨论第 23 条:“全国人民代表大会是行使中华人民共和国立法权的唯一机构。”

田家英:这一条和初稿原文一样。

会议无意见,原文通过。

讨论第 24 条。

田家英:这一条有些改动,原文是“全国人民代表大会由省和市的代表、少数民族的代表、军人的代表和华侨的代表组成。代表名额和候选人产生办法由选举法规定”。

现在根据各组讨论的意见改为:

“全国人民代表由省、中央直辖市,少数民族,武装部队和华侨选出的代表组成。代表名额和代表产生办法由选举法规定。”

第 57 条:省、中央直辖市、县、省辖市、市辖区、乡、镇设立人民代表大会和人民政府。

民族自治地方的自治机关的设立,依照宪法第 2 章第 5 节的规定。

邵力子:是否把第 1 款“乡、镇”改为“乡或者镇”,表示不是两级。

田家英:这里是具体地说在那些地方设立人民代表大会和人民政府,不表示两级。如果要表现就在第 56 条的第 3 项。或在该项改为“乡或者镇”。

李维汉:不要“或者”也可以,乡是一回事,镇是一回事。

田家英:不改也可以。

叶圣陶:在“人民代表大会”上面用“设立”不太好,照前面的宪法,应是“选出”。

田家英:人民代表大会作为一个机关来说,也可以用“设立”?

李维汉:这里是讲这些地方可以设立人民代表大会和人民政府。文字上还可以考虑一下。现在谈第58条。

屈武:第58条“地方各级人民代表大会都是国家权力的地方机关”这句话是对的,但“国家权力的地方机关”包括权力机关与执行机关。是否把国家权力的地方机关改为“国家的地方权力机关”。

费孝通、罗隆基:改为“地方权力的国家机关”。

钱端升:第63条已经表明了地方各级人民政府是人民代表大会的执行机关,可以不改。

田家英:我的了解,国家权力机关是人民代表大会,至于法院等是它的执行机关,不是国家权力机关。

屈武:是的,各级人民代表大会是权力机关。苏联的国家权力机关是指执行机关与权力机关,要写成“国家权力的地方机关”就包括了其他机关,包括地方人民政府。如果这条还照原来的样子写,把地方人民政府包括在内就没有问题。

田家英:苏联宪法也是分开写的。

钱端升:苏联宪法的第94条相当于我们的第58条,苏联宪法的第99条相当于我们的第63条,是一样的。

许德珩:如果改,第49条也要改了。

罗隆基:我同意屈武同志的意见的一半,恐怕“国家权力机关”是包括一切的,英文叫“Organization State Power”,“Organization”是复数,所以这里用上不好,不过,照屈武的意见是把这条的“国家权力的地方机关”改为“国家的地方权力机关”,也不好。

李维汉:苏联宪法第94条是谈“边区、省……城市和乡村……境内国家政权机关,如劳动者代表苏维埃”。第99条谈这些劳动者代表苏维埃之执行及号令机关,为各该苏维埃选出之执行委员会。也并不是说“苏维埃”等于“执行委员会”。所以,这是个名词问题,没有原则分歧,如果你硬说有原则分歧,就讨论不下去了。

屈武:再加两个字,改为“国家权力的地方权力机关”,怎么样?

许德珩:没有必要加。

田家英:照邵力子先生的意见改为“地方各级人民代表大会是地方各级的国家权力机关”。再加“权力”两个字我也不同意。

胡愈之:那么全国人民代表大会那里也要改为“最高的国家权力机关”。

钱端升:是否再简化一下,改为“地方各级人民代表大会是地方国家权力机关”。

李维汉:那么,第22条也要改为“全国人民代表大会是中华人民共和国的最高国家权力机关”。

周鲠生:写成“各级”两个字恐怕会发生误会。这里所指的复数是指最高权力机关本身的复数。

许德珩:第58条与第22条、第49条都是一样的,刚才写的是要把“朝三暮四”改为“暮四朝三”。

黄炎培:“国家权力”这几个字不应拆开。

许德珩:不能分。

田家英:我觉得可以把邵力子先生的意见作为一个方案提出来请起草委员会考虑。

第59条:省、中央直辖市、县、区、设区的直辖市的人民代表大会代表由下一级的人民代表大会选举。不设区的省辖市、市辖区、乡、镇的人民代表大会代表由选民直接选举。

地方各级人民代表大会的代表名额和代表产生办法由选举法规定。

李维汉:费孝通同志对这条有个提议,加上一条“各民族自治地方以外的各行政区内的少数民族不论杂居或散居,在各该区人民代表大会中都应当有适当名额的代表”。

这是为了解决散居的少数民族的代表名额问题,不过写成一款也不好应该写为一条。

黄炎培:这个问题要考虑。

邵力子(1882~1967年):写在这里是否太突出了,整个代表的选举都是合选举法规定的。

费孝通:第59条的第1款也是说选举的。

李维汉:我倒同意考虑这个问题,看怎么写法。

史良:对少数民族的问题应当有特别规定,但也不应包括特别优惠,只应当是平等对待。如果散居的少数民族不论多少都应当有代表就超乎平等工作了,我觉得是一定要规定。

李维汉:这是个特殊问题的。我们的选举也是平等的,一是表现在民族关系上,二是表现在城乡关系上。少数民族的人口占1/10,但要有1/7的代表,实际上还不到这个数目。这样做是有利于民族团结的。

许德珩:加上一条也好些。

李维汉:可以再研究一下,看要不要写,要写的话怎么写好。

(对第60条无意见。)

李维汉:第61条地方多级人民代表大会行使下列职权,第1项:保证法律和具有法律性质的法令的遵行。

“法律性质”几个字统一研究,“遵行”两个字怎么样。

田家英:遵行是遵守和执行的意思,或者改为“遵守和执行”。

李维汉:可以。

第2项:执行上级人民代表大会的决议。

章乃器:"执行"两个字是否应为"保证执行"。

许德珩:上级人民代表大会的决议,他当然要执行。

章乃器:"执行"是由政府执行的。

胡愈之:应当用"保证"。

李维汉:要不要改?

许德珩、陈叔通:不要改了。

钱端升:这一项的写法是适当的,第一项的还可以考虑。

李维汉:请法律组再研究一下吧。

(对第3项无意见。)

第4项:选举并可以罢免本级人民政府委员会的组成人员。

叶圣陶:第4项、第5项的两个"可以"改为"有权"好些。

田家英:这几项都是它的政权,"可以"就是"得"的意思。

许德珩:不要"可以"也可以。

李维汉:那就删掉吧。

章乃器:委员会几个字不要了吧。

李维汉:原来是没有,看很多意见要让写上。

田家英:凡是说到组织的地方都用"委员会"。

李维汉:各级地方政府的委员会是执行机关又是常设机关,要写上好些。

田家英:其实各级政府就是委员会制,写上也好。

钱端升:写上好些。

陈劭先:"并"字不要了,可改为"和"字,或打个……

屈武:不要"委员会"3个字,列举出"主席、副主席、委员",不然有的地方写,有的地方没有写,容易引起混乱。

邵力子:可以考虑不要。

章乃器:关于这个机关名称在概念上还有分歧,倒是一个还是两

个?(指人民政府和人民政府委员会)

李维汉:委员会这个制度在原稿上就规定了的,只是没有写出这3个字。

章乃器:将来挂牌子,总还是写某某政府,可以不要。

黄炎培:"委员会"3个字还应多要。

李维汉:请起草委员会决定吧。

第五项:选举并罢免本级人民法院院长和副院长。

史良:审判员是不是也可以选举。

现在不写上去,将来在地方政府的组织法去考虑。

是不是选举还要考虑,如果一律都是选举,恐怕问题会很多,我们的干部还不成熟,这个问题留到组织法中去解决。最高人民法院副院长是任命的,地方各级法院又是选举,不一致。这是个实际情况问题。一些问题的具体实际情况不一定相同。

维持原文写。

第6项:改变或者撤销本级人民政府和下一级的人民代表大会、人民政府的不适当的决议和命令。

"下一级的""的"字可以不要。

李维汉:可以不要。

(对第7项、第8项无意见。)

第9项:指导当地的文化、教育和卫生工作。

许德珩:"当地"指导,中央在地方上设的文教机关是否也由当地指导?

李维汉:这里指的是地方的,中央在地方上设的机关,如果委托地方代管,也只好委托地方人民政府。

邵力子:第9项、第10项、第11项在原第57条时,是因为把代表大会和政府的职权写在一起的,现在怎么管理好。

许德珩、黄炎培、罗隆基:第9项、第10项、第11项是执行事项,应当撤到人民政府职权中去。

田家英:原来的草案把地方人民代表大会和政府的考察放在一起,就是因为统一分工。地方上的分工不如中央科学,现在写在这里也不是完全不可以,是说这件事情的原则归代表大会管,地方上也行使这几项职权,是包括在第 65 条第 2 项,执行本级人民代表大会所通过的决议里面。

李维汉:写在这里也可以。地方人民代表大会如果不管经济、文化就没有多少事了。

田家英:这件事情包括在第 65 条地方政府职权的第 2 项和第 4 项里面。

周鲠生:我的意见还维持现状,所有原则由代表大会决定,政府去执行。

李维汉:也可以把这两个意见送起草委员会。"委员会"几个字要不要写,不然就没法列举出来。

陈叔通:还是要"委员会"。

第 63 条:地方各级人民政府是地方各级人民代表大会的执行机关,是各级地方国家管理机关。

地方各级人民政府都是中央人民政府统一领导下的一级地方政府,全国地方各级人民政府都服从中央人民政府。

罗隆基:还用不用"管理机关"的名称?

李维汉:在讨论"中央人民政府"那一节时,对这个问题大家的意见并不一致,有人主张用"管理机关",有人主张用"执行和号令机关"。所以这里仍照原来宪法来改。"中央人民政府"那里改成什么,这里也写成什么,那里改这里也改。原文暂不改,但改的意思仍然提交给宪法起草委员会考虑。

章乃器:原第 55 条的,下级服从上级的意思,修改稿中没有了。

田家英:在第 66 条中包含了这个意思。

章乃器:“报告工作”与“服从”是否还有区别?是否在第2款仍加上下级服从上级的意思。

罗隆基:《共同纲领》第15条中有下级服从上级的规定。

李维汉:可以把第66条移过来作为第63条的第2款,或作为第64条;第63条第2款可以独立写作一条;把中央与地方的关系总的写一条。

屈武:第65条第1款和第4款已经包含有下级服从上级的意思。

李维汉:章乃器部长讲的是报告工作不等于服从。他这个问题没有解决。是否把第66条向本级人民代表大会报告工作和向上级人民政府报告工作的意思分开写,改作“地方各级人民政府向本级人民代表大会负责并报告工作”。把和上级人民政府关系另外写清楚。这样联系到第一节“民族自治机关”的第61条第1款,写得很粗。如果第四节这样写清楚了,第61条第1款即可删掉,因为它的第2款已写明“按照本宪法第2章第4节的规定”。所以,第4节必须有这样一项规定。

田家英:我是比较倾向于维持原案的。第63条第2款写一下好,以下就可以不写了,行文方便,并且与前第54条(修改稿)第4款相照应。第66条规定地方人民政府要向本级人民代表大会和上级人民政府报告工作,因为地方人民政府双重领导关系,所以这样写。为什么放在第66条呢?因为如果地方人民政府的职权没有交代,不好先说它要向什么机关报告工作。苏联宪法第101条也是这样写的。

李维汉:第63条第2款分量比第1款重,写在一起作为一条是否好?

屈武:是否把第63条的第2款的第一句删掉,把第66条加过来?

田家英:那就是恢复原第 55 条了。原第 55 条说了两个原则,一个是下级服从上级;另一个是地方服从中央。小组中有人对这一条提出意见,说地方政府是“三重领导”,所以现在把它改写。把这个问题单独写一条也可以。

李维汉:把第 63 条第 2 款移到第 66 条之后,单列一条;第 66 条只要第 1 款,即只说明地方政府的性质。这两款放在一起是不太合适的。大家赞成否?

田家英:也好。

邵力子:好。

李维汉:至于原稿过去又如何写法,到讨论第 66 条时再说。

讨论结果:本条第 2 款移到第 66 条以后。

第 64 条:地方各级人民政府委员会由主席一人,副主席若干人和委员若干人组成。

地方各级人民政府委员会的任期和本级人民代表大会的任期相同。

黄炎培:“主席”的名称有问题。

罗隆基:我主张都叫“ × 长”,省叫省长。

李维汉:现在只有一个省叫“主席”,其余为市、县、乡、镇都叫“长”。内蒙古自治区现在叫“主席”。我曾经问过乌兰夫:如果全国都改成“长”,内蒙古怎么办?叫“区长”?他告诉我“主席”翻译成蒙文意思是“总部长”,即部长会议主席。主张改“长”的理由是:“主席”不要太多。如果地方政府叫主席,一改一直到乡都叫主席,则普天之下都是主席了,全国就有二十几万主席了。如果叫“长”,则只有省和自治区的“主席”改名称,人数比较少些。主张别的名称的也有,总之在这个问题有各种各样的设想。

罗隆基:如果宪法上写起来没有困难,我赞成叫“长”。

田家英:在宪法上写的问题好解决。

李维汉:中国不仅“主席”多,而且“政府”甚多。二十几万个“政府”,看起来似乎是联邦制了。宪法规定中央只有一个主席,只有一个中央人民政府,否则一般老百姓就会搞不清楚。至于省主席,老百姓倒是和中央的毛主席分得很清楚。

邵力子:叫“省长”蛮好。

史良:叫“省长”蛮好。

钱端升:还有一个考虑叫“委员长”。不过,民族自治区怎么办倒是一个问题。

田家英:可以叫“主任”。

邵力子:在内蒙古,盟叫盟长,旗叫旗长。

李维汉:这个问题是议而未决,总之是意见甚多,有人提议叫“长”,也有人提议省以下都叫“主任”,还有人提议地方政府都叫“人民委员会”,全国只有一个政府即中央人民政府。(罗隆基插言:那我双手赞成。)但也有人,为黄炎培,说“人民政府”的名称老百姓很熟悉了。觉得政府是人民的,是自己的政府,对这个名称有感情,改了不好。但也有人说这是一个习惯问题,是可以改变的,等等。各有各的看法。

陈叔通:“人民政府”不要改。

许德珩:省主席人数少,改省长好改些。

李维汉:内蒙古叫什么?可能叫作委员长,叫区长或主任也可以,或者他愿意叫主席就叫主席也可以。总之,民族自治区的名称,关于“具体形式”(原第 62 条)完全按照当地人民的自愿,叫其自行决定。

陈劭先:“委员会”3 字还是不写好。

李维汉:地方人民政府即是地方人民代表大会的常设机关,议行合一,所以有个委员会好,至于挂招牌,那还是叫人民政府。

周鲠生:省以下叫“主任”是可以的。

田家英：不一定，好多人不过说是合作社主任。

李维汉：我们这个会上是不是多数人主张地方人把政府叫“长”，省主席称“省长”？

史良：我们这几个人都赞成。

罗隆基：不只是“多数”，恐怕是“一致”赞成了。

侯外庐：我们那一组为了要改“长”，连这文字都改好了，改作“委员会由首长一人，副职若干人和委员若干人组成”。

李维汉：地方政府不是首长制，叫“首长”不好。

田家英：要改可改为“由省长或县长或乡长一人，副省长或副县长或副乡长若干人、委员若干人组成”。

史良：先决定原则，再说如何改法。

李维汉：我们这里不议文章，我们的会议都倾向于地方政府叫“长”，至于具体写法，请田家英同志拟出适当条文送宪法起草委员会。

屈武：“委员会”为保留，应加“每届”2字。第60条写的即是“每届任期”。

田家英：恐怕不要加“每届”，这里和第60条的情况不同。

许德珩：可以不加。

屈武：地方人民政府委员会是一个长期的机构，它的任期前面应加“每届”2字。

李维汉：要写清楚就要写作“委员会的委员每届任期”。

屈武：或者改作“委员会的组成的任期”。

李维汉：这一条先原则通过。“任期”问题请法律组和屈武同志再研究一下。

讨论结果：本条暂不改动，但(1)确定地方各级人民政府的负责人一律称作“长”(省长、县长、市长、乡长、区长)，具体写法由田家英同志拟出条文，送宪法起草委员会考虑；(2)“任期”前加不加“每届”

2 字。由法律组和屈武同志再研究。

第 65 条:地方各级人民政府行使下列职权:

(1)执行法律和有关法律性质的法令,执行中央人民政府和上级人民政府的决议和命令;

(2)执行本级人民代表大会所通过的决议;

(3)在法律所规定的权限内发布决议和命令;

(4)领导所属各工作部门和下级人民政府工作;

(5)改变或者撤销所属各工作部门和下级人民政府的不适当的决议和命令;

(6)依照法律所规定的范围和程序,任免行政人员。

李维汉:"法律性质的法令"的问题,会外统一解决。

邵力子:第 1 款分为两款可以吧。

李维汉:可分,可不分。

许德珩:那就不分。

李维汉:第 2 款的"所通过"3 字删去,第 3 款"所"字也删。

丁西林(1893 ~ 1974 年):第 60 条第 3 款的"所"也应删去。

李维汉:第 6 款的"所"字也删去。"行政人员"4 字和前面中央人民政府一节中的"任免国家行政人员"一起请法律组研究。

第 61 条的第 9 款、第 10 款、第 11 款 3 款不搬过来吧。

上午也有人主张不搬,不搬也可以。

讨论结果:第 2 款中删去"所通过"3 字;第 3 款、第 6 款中的"所"字删去;第 61 条的第 9 款、第 10 款、第 11 款 3 款不移过来。

第 66 条:地方各级人民政府向本级人民代表大会和上级人民政府报告工作。

李维汉:章乃器部长,有修改的办法没有?

章乃器:我没有。我的意思是:"下级服从上级"明确写出来好些,"双重领导"写不写没有关系。

李维汉:下级人民政府要服从上级人民政府的领导。

所谓服从"领导"就包括要向上级报告请示,不能官僚主义,不能搞独立性,上级可以检查下级的工作等。不只是下级要向上级"报告工作"而已。报告请示制度是下级服从上级的原则的重要内容之一。"报告工作",不一定请示。我们的党中央对这一点是抓得很紧的,下级遇到的一切重大问题都要事前请示事后报告。云南某一个地方少数民族发生了什么问题要请示中央。这些年来,由于对这一点掌握得比较紧,所以没有出什么大乱子。领导被领导的关系,不仅仅是下级要向上级报告工作而已。人民代表大会对人民政府没有领导关系,它作决议,政府要执行,它听取政府的工作报告,仅此而已;上级政府对下级政府则有经常的领导关系,如果只写"报告之下",那是不够的。

章乃器:这一条是否分作3句:第一句:"地方各级人民政府向本级人民代表大会负责并报告工作。"第二句:"地方各级人民政府服从上级人民政府的领导。"第三句即将第63条的第2款移来,改作一句话。

李维汉:第三句独立成一条好。这一条是非常重要的。中国这样大,有二十几万个"政府",如果不都服从中央人民政府,那就不得了。有了这一条,就可以稳了"独立王国",同时也可以顺便解决了少数民族自治机关要服从中央人民政府的问题。民族区域自治包括有两方面:(1)一定要实行自治;(2)一定要服从中央人民政府。前者反对了大民族主义,后者反对了地方民族主义,并即反对了"独立王国"。

田家英:我觉得前面几条已经把三种回答都包括了。地方政府和人民代表大会的回答,有第61条和第65条。地方政府和上级政府的关系,是领导问题,第65条第1款已经包括了。上级改变或撤销下级的决议命令,第61条第6款也有了。领导问题作为总的原则,前面已经讲过了。只有报告工作还需要说一说。

李维汉:那里讲的是上级对下级,下级对上级没有写。“报告工作”一点不可写到第65条第1款中,不必单独要一条。

章乃器:我觉得写作政府“向本级人民代表大会负责并报告工作”,就很好。下级政府服从上级政府,全国服从中央,还是另写一写好。

史良:是否可以写在民主集中制那一条中。

李维汉:领导关系的内容很多,简单地写作“报告工作”不大好。

田家英:是否这样写:第63条后面加一条,其第1款写作:“地方人民政府服从本级人民代表大会的领导,同时受上级人民政府的领导。”其第2款即是第63条第2款。在第64条中加一个新的第3款:“地方人民政府向本级人民代表大会负责并报告工作。”第60条第1款中的“上级人民政府”删去;另加一个新的第2款“执行上级人民政府的决议和命令并向上级人民政府报告工作”。

章乃器:同时在第63条后面加一条,但仍写作两款好。即第1款写:地方政府向本级人民代表大会负责并报告工作;第2款写下级服从上级,全国服从中央。

张志让:第64条中写出总的原则是好的,这是《共同纲领》中规定了原则。其任务条款即不必加了,因为第66条已经有了。“报告工作”就是服从领导的内容之一,可以不必再写“负责”2字。

李维汉:第63条还是只保留第1款。加一个新第64条,其中分作两款:第1款即原第50条第一句话“地方各级人民政府服从本级人民代表大会,同时服从上级人民政府”;第2款即第63条第2款。请田家英同志再研究一下,暂不作决定。

讨论结果:本条暂不改动。提议在第63条后面加一新第64条,其第1款即原第58条第一句话,其第2款即修改稿第63条第2款。此意见暂不肯定,请田家英同志再研究一下。

第 6 节:法院和检察机关。

李维汉:有人提出将“检察机关”改为“检察署”。我看可以,标题就改为“法院和检察署”。

黄炎培:是否在“法院”和“检察署”之上都加“人民”2 字?

陈劭先:法院有的叫“专门法院”,上面没有“人民”2 字。

李维汉:那就不加吧。

讨论结果:标题改为“法院和检察署”。

第 66 条:中华人民共和国的司法权由最高人民法院、地方各级人民法院和依法设立的专门法院行使。最高人民法院和地方各级人民法院的组织由法律规定。

李维汉:有人主张把“司法”改“审判”,恐怕应该这样改。过去用“司法”是我们没有搞清楚。

张志让:同意把“司法”改为“审判”。但用“权”字还值得考虑。苏联宪法只“立法权”用了“权”字,别的地方都没有用(翻译本译成司法权,是因为找不出适当的字来,俄文原意是审判活动,没有权的意思),苏联是以活动区别机关的性质,而不以权来区别,是为了有这些任务,才要设机关,而不是有这样那样的权,才来设机关,这里面也有原则问题。如果用“权”字,就好像法院也是权力机关。因此这句是否可以改为“中华人民共和国最高人民法院、地方各级人民法院和依法设立的专门法院是中华人民共和国的审判机关”。这个句子也很庄严,并与第 72 条相称。

周鲠生:我原则上同意不用“权”字,但张副院长的改法比较啰唆,我意可把“权”字改为“业务”。法律小组认为“司法”不必改为“审判”,因为俄文“司法”和“审判”是两个字,苏联宪法在这里用的是“司法”;法院要做的事情,也不只是审判,还有别的事情,所以还是用“司法”好。

李维汉:那司法部就要改为司法行政部门。现在,对“司法权”这几个字,大家都倾向不用"权"字,这是一致的,但有的主张仍用"司法",有的主张把"司法"改为"审判"。

张志让:用"司法机关"也可以,但我自己是主张用"审判机关"的。

李维汉:法院要做的事情,哪些不包括在审判工作中?

周鲠生:例如,公证、仲裁等。

张志让:用"司法"可以,但并不是因为审判工作包括不了法院应做的工作。仲裁、公证等,审判不包括这些,但司法也同样不包括这些。这一件事情是法院附带做的事情,有别的机关管理不放在法院里也可以。苏联宪法上用的是两个字,当然我们可以译成两个字,但也可以译成一个字,这是一个翻译问题。

周鲠生:这不是一个原则性的问题,而是一个名词问题。我们法律小组是不会坚持用"司法"的。

李维汉:那大家倾向用"审判"吧。

张志让:把"权"字改为"业务"不太好。"业务"在这里不能用,想用别的词来代替"权"字,也找不出来。我看可以用"机关",这样改了,也和第1节、第2节、第3节的写法一致。

屈武:我倾向于把"司法"改为"审判",俄文原意的重点也在于审判。但如果照张副院长的写法,写为"法院是审判机关",我不太同意。因为苏联宪法第102条是讲审判这件事情由哪一个机关行使,而不是讲法院的性质是什么。我们这一条也是这样,如改为"法院是审判机关",就成为讲法院的性质了,我觉得用"权"字可以,俄文用的是"ПРАВОСУИЕ",就是权的意思,用"权"字也可以。

张志让:俄文这个字,没有权的意思,"ПРАВО"是字根,俄文字根与字义没有关系,这里也不会用"权",因为用"权"就是"权力"的意思,这里不会用"权力"这个字。

钱端升:用审判方式执行法律是司法,当然,用"审判"也可以。

但“权”的意思,在英文、俄文中都是没有的。我觉得张志让副院长的改法也可以。

李维汉:要避免用“权”字,恐怕还是用“审判机关”了。

周鲠生:“司法”“权”,都不是不能用,宪法名词解释,解释“国家权力”中,就有“国家权力”表现的法律形式是立法、行政管理和司法。

张志让:这样的解释,正是我在讨论第 2 章标题时讲的,这些机关是实现国家权力的机关,但它本身不是权。

李维汉:中央人民政府是国家管理机关,国家管理权由中央人民政府行使,这两句话有什么区别?

屈武:如改为“法院执行审判工作”,就可以了。

李维汉:这样改,与法院是审判机关有什么不同?

胡愈之:照张副院长的写法很清楚,与第 1 节、第 3 节的写法也一致。第 1 节,全国人民代表大会是最高国家权力机关;第 3 节,中央人民政府是国家管理机关;这一节,法院是审判机关,写法一致。

许德珩:法院组织法是怎样写的?

张志让:法院暂行组织条例,在最初起草时,那“权”字,在修改中删掉了,如今改了法院组织法怎样写。

屈武:苏联宪法第 102 条不是说法院是什么机关,而是审判这件事情由谁执行。

李维汉:用张副院长的写法写,是不是会发生误解?

张志让:完全用俄文是不可能的,俄文是在苏联。审判由法院行使之。

周鲠生:人民民主国家有宪法。凡有这样条文的,都和苏联宪法第 102 条写法一样。

邵力子:是否可照《共同纲领》的写法(实际上是中央人民政府组织的写法——记录注)“最高人民法院为最高审判机关”。

李维汉:我们不停留在这里。“权”,我们会让这些人主张避免,理由是俄文这个字没有“权”的意思,并且用“权”字容易与权力机关混淆。避免“权”字,如何改,有不同意见。多数倾向写什么是审判机关;还有人认为这样写可能与苏联宪法第102条发生意义上的不同,如改,就改成“中华人民共和国审判工作由法院执行”;还有人认为“司法”可不改为“审判”。这一句话,张志让先生、许德珩先生、法律小组,可再考虑一下,看看有没有办法解决。现在往下进行吧。第66条第2款没有问题吧。(没有。)

讨论结果:第1款没有一致意见,修改条文亦未推出。第2款见第1条。

第3章:公民基本权利义务。

田家英:现在讨论第3章的遗留问题。第78条、第79条没有遗留问题。第80条,言论、出版等自由,恐怕需要加保证;宗教信仰自由,不好加保证。因此,准备分两款写,第1款为“中华人民共和国公民有言论、出版、集会、结社、游行和示威的自由,国家供给公民在享受这些自由的时候的必需的物质上的便利”;第2款为“中华人民共和国公民有宗教信仰的自由”。

胡愈之:文字上还可以考虑一下。任老那天主张加上一句要适合劳动者利益的话。并说上海粗制滥造的出版社很多。私营出版社,很多粗制滥造,但这与言论出版自由无关。苏联宪法规定了出版等为劳动者使用,提出宪法规定不得以出版盈利,我们还有私营的,不好这样规定。出版社粗制滥造,与言论出版自由没有关系。国民党统治时期,言论出版不自由,粗制滥造的东西比现在要多得多。现在对出版事业,问题是需要给以更多的帮助。我倾向于出版事业逐渐走向统一由国家经营,现在也正在往此方向走,写一句保证是需要的。写保证,很难照苏联那样规定,但刚才由田家英同志提出的写法,不具体,是否写得更具体些,写“供给公民……物质条件”。另外,宗教信仰自由,是否可另列一条,因为公民的意义搞清楚了,政治权利的意义也搞清楚了。所谓政治权利,一是选举权,二是言论、出版等的自由。信仰宗教自由,不是政治权利,另列一条好。

田家英:把宗教信仰自由单列一条,有一个缺点,就是显得太突出。宗教信仰自由和言论、出版自由写在一条,也还说得过去,就是这一条都是讲思想的。刚才李维汉同志提出,对宗教信仰自由,是不是可以给以物质上的便利?

史良:难道还给他们造教堂?

李维汉:尼姑、和尚、住持,庙里有这个庙住,也是国家提供的物质上的便利。如写为一条两款,很明显有差别,他们可能说,宗教信仰自由的必需的物质上的便利也没有了。所以,写为一条两款不大适当。

周鲠生:宗教信仰自由还是单列一条好,言论、出版等自由是政治权利,宗教信仰自由不是。

李维汉:写成两条,不能在一起,没有坏处。

黄炎培:我们讨论事情,一要掌握政策,二要切实可行。照刚才的方案政策上照顾得很好。事实上也没有问题,是可以的,用"条件"比较困难,用"便利"比较好一点,因为只是给以便利,不一定送给他。对于宗教信仰自由,希望领导再在政策上考虑一下,如可能给以物质上的便利,还是写在一条里好。

李维汉:如写在一条里,要准备有"辫子"抓,他说什么都是必需的,如写在一条而另写一款,"辫子"更大。另写一条,突出是突出,但没有问题。

黄炎培:那就另列一条好了。

侯外庐:分两条写好。一条两款,好像只给言论、出版等自由的物质上的便利,不给宗教信仰自由的物质上的便利。实际上,我们也给了他们不少便利。

田家英:分列两条,有无不同意见?

陈叔通:没有。

田家英:是否还是用"便利"?

罗隆基:还是用"便利"吧。

胡愈之:可以用"便利"。

田家英:这一条就改为"中华人民共和国公民有言论、出版、集会、结社、游行和示威的自由。国家供给公民在享受这些自由的时候的必需的物质上的便利"。宗教信仰自由另写一条,定为"中华人民共和国公民有宗教信仰的自由"。

邵力子:是否还加"可自由举行宗教仪式"?

田家英:不能加。因为要加"自由举行宗教仪式",就得加"反宗教宣传自由"。

邵力子:我认为第80条不必写保证。写上用"便利",用"条件"都容易被抓"辫子",我们如果无法供给他们便利怎么办?选举权那一条也没有写保证。

李维汉:可把邵先生的意见写出来送宪法起草委员会。

田家英:我们这里多数人主张保证的意见,我们也把邵先生的意见送宪法起草委员会考虑。第81条,张志让先生等拟出了修改意见,改为"……在紧急情况下的临时拘留,应该迅速通知法院或者检察长,至迟要在三日内得到批准,否则被拘留的人应当得到释放"。

黄炎培:这很好。

屈武:苏联刑事诉讼法对"拘留"问题有具体的规定:"调查机关应于二十四小时内,将拘留嫌疑人的事实和拘留理由通知检察长,而检察长自收到拘留通知之时起四十八小时内或批准拘留或撤销拘留。"但苏联在宪法中没有规定。我意,或者不规定,或者规定得简单些,不写"迅速"等字样。

陈叔通:"应当得到释放"是否改为"立即释放","三日"改为"七十二小时”?

李维汉:请他们一起研究一下。

第 82 条:中华人民共和国公民的住宅不受侵犯。中华人民共和国公民的通信秘密受法律的保护。

田家英:对这一条有两个问题。有人主张第 1 款加上迁徙自由,有人认为,“不受侵犯”太绝对了,主张加上可以依法搜查。对第 2 款的“通讯”,有人说通讯是否包括电报、电台的,应当改为通信。

李维汉:要不要加上迁徙自由?

黄炎培:我们小组讨论时,也有人问为什么没有写上迁徙自由,而在《共同纲领》中有。我们想可能是有几个原因,因为重修建水库,要求一个区的人民搬地方,如果有不迁徙的自由就困难了。还有城市人要去农村,农民要进城,城市里容纳不了。可能是有这些困难,所以没有写。请田家英同志说一下当时为什么没有写。

田家英:公民进城这些问题是有,但不是主要的,至于为了建设要有人搬家也不在这个范围内。我们当时考虑关于迁徙的自由可以在这一条包括了。

胡愈之:不写也没有关系。

李维汉:实际上我们是有迁徙自由的,农民进城是个就业问题,建水库要搬家是另一个问题。

陈叔通:住宅不受侵犯不能包括迁徙。

周鲠生:若规定了迁徙自由,如任老讲的不迁徙的自由是不包括在内的。规定上也没有关系。

陈劭先:有人提议改为“中华人民共和国公民有居住和迁徙的自由,住宅不受侵犯”。

邵力子:《共同纲领》上有的,宪法上不一定要有。

陈叔通:是否改为“中华人民共和国公民有迁徙的自由,住宅不受侵犯”?

许德珩:这是两件事,加在一起,反而把下面的意义冲淡了。

史良:我的意见以不加的好,现在还可以调整。如果加上,一动就要联系到迁徙自由,对政府反而被动,不写这一条也没有什么坏处,写上了对政府的调整工作反而受限制。

李维汉:多数意见不写,少数人主张写,送起草委员会考虑。

田家英:有人主张写上在怎么情况下可以搜查住宅和经过什么手续能对它搜查。

钱端升:我想不要加了。我们写的宪法有个总的原则,有这些权利,但在为了公共利益需要时就可以变通。如果都写,就加不完了。

周鲠生:这里讲的也就是非经法律手续,不能搜查。

李维汉:好,那就不改。下面的"通讯"可以改为"通信"。

四、宪法起草座谈会各组召集人联席会议的修改意见[1]

经过座谈会召集人联席会议对每个宪法草案条文和内容的深入研究,最后形成了宪法草案座谈会各组召集人联席会议关于《中华人民共和国宪法草案(初稿)的正式修改意见》。该意见是政协座谈会经过反复研究和论证后形成的,其修改意见具有权威性与一定的专业性。下面介绍对宪法草案产生重要影响的若干修改意见。

(一)宪法序言部分

在宪法序言部分主要意见集中在历史发展与文字的表述问题。如序言第一段修改为:中国人民经过100多年的英勇奋斗,终于在中国共产党领导下,在1949年取得了反对帝国主义、封建主义和官僚资本主义的人民革命的伟大胜利,因而结束了长时期被压迫、被奴役的历史,建立了人民民主专政的中华人民共和国。中华人民共和国的人民民主制度,也就是新民主主义制度,保证我国能够通过和平的

---

〔1〕 根据中华人民共和国宪法起草委员会办公室印的《宪法草案座谈会各组召集人联席会议对于"中华人民共和国宪法草案(初稿)"的修改意见》整理而成。

道路消灭剥削和贫困,建成繁荣幸福的社会主义社会。

第三段关系到国家制宪权正当性基础问题,原来的表述是“中华人民共和国第一届全国人民代表大会的代表们聚集在首都北京,庄严地通过我国的第一个宪法,作为全体人民和一切国家机关所必须遵守的根本法。这个宪法以一九四九年中国人民政治协商会议共同纲领为基础,同时是它的发展。这个宪法巩固了我国人民革命的成果和我国建国以来政治上经济上的新胜利,并且反映着国家在过渡时期的根本要求和广大人民对进一步建设新生活的共同愿望”。

修改意见为:(1)本段改为:中华人民共和国第一届全国人民代表大会,1954 年 9 月 × 日在首都北京,庄严地通过我国的第一个宪法,这个宪法以 1949 年《中国人民政治协商会议共同纲领》为基础,同时是它的发展。这个宪法巩固了我国人民革命的成果和中华人民共和国成立以来政治上经济上的新胜利,并且反映了国家机关必须遵守的根本法。(2)有人主张,就上述修改,把第二句末的“同时是它的发展”改为“又是《共同纲领》的发展”或“又是这个《共同纲领》的发展”。

第四段原文为“我国人民在建立中华人民共和国的伟大斗争中已经结成了以中国共产党为领袖的各民主阶级、各民主党派、各人民团体的广泛的人民民主统一战线。我国的人民民主统一战线在今后将作为动员全国人民完成我国在过渡时期的总任务的武器而继续发挥它的作用”。

建议本段改为:“我国人民在建立中华人民共和国的伟大斗争中已经结成以中国共产党为领导的各民主阶级、各民主党派、各人民团体的广泛的人民民主统一战线。今后在动员和团结全国人民完成国家过渡时期总任务和反对内外敌人的斗争中,我国的人民民主统一战线将继续发挥它的作用。”

第五段原文:“我国各民族已经团结成为一个自由平等的民族大

家庭。这个团结在发扬各民族间的友爱互助、反对帝国主义和各民族的内部公敌、反对大民族主义和地方民族主义的基础上将继续加强。国家在发展经济建设的过程中将顾到各民族的需要,而在实现社会主义改造的问题上将充分注意各民族发展的特点。”

建议本段改为:“我国各民族已经团结成为一个自由平等的民族大家庭。在发扬各民族间的友爱互助、反对帝国主义、反对各民族的内部公敌、反对大民族主义和地方民族主义的基础上,我国的民族团结将继续加强。国家在经济建设和文化建设的过程中将照顾各民族的需要,而在社会主义改造的问题上将充分注意民族发展的特点。”

第六段原文:“我国同苏联和各人民民主国家已经建立了伟大的牢不可破的友谊,我国人民同各国家爱好和平的人民的友谊也日见增进。我国将继续不断地发展和巩固这种友谊,并且将按照平等互利的原则,同一切主张维持和平的、对我国采取友好态度的国家建立和发展外交关系。以服务世界和平和人类进步的崇高目的。”

建议本段改为:“我国同伟大的苏联、同各人民民主国家已经建立了牢不可破的友谊,我国人民同全世界爱好和平的人民的友谊也日益增进,这种友谊将继续发展和巩固。我国执行同任何外国在平等、互利、互相尊重领土主权的原则下建立和发展外交关系的政策;这个政策已经得到良好的成就;今后仍将继续贯彻。无论现在和将来,我国在国际事务中坚定不移的方针都是为世界和平和人类进步的崇高而努力。”

(二)第1章总纲部分

总纲部分关系国家根本制度的地位与权力的具体配置。特别是,总纲中如何表述国家在过渡时期的总路线与基本制度是大家普遍关注的焦点。草案第2条原文:“中华人民共和国的一切权力属于人民。人民行使权力的机关是全国人民代表大会和地方各级人民代表大会。中华人民共和国国家权力的中央机关和地方机关一律实行民主集中制。”

修改意见认为:中华人民共和国的一切权力属于人民。人民行使权力的机关是全国人民代表大会和地方各级人民代表大会。全国人民代表大会、地方各级人民代表大会和由它们产生的其他中央和地方国家机关一律实行民主集中制。

宪法草案第 3 条关系民族政策的表述,原文是“中华人民共和国是统一的多民族的国家。各民族有平等的权利和义务。各聚居的少数民族实行区域自治。禁止民族间的歧视和压迫,禁止分裂各民族团结的行为”。

修改意见认为:中华人民共和国是统一的多民族的国家。各民族一律平等。禁止对于任何民族的歧视和压迫,禁止破坏各民族团结的行为。各少数民族聚居的地方实行区域自治。各民族自治地方都是中华人民共和国不可分离的部分。

第 4 条原文:“中华人民共和国依靠国家机关,组织社会力量,经过国家的社会主义工业化和国民经济的社会主义改造,保证逐步消灭人剥削人的制度,建立社会主义社会。”

建议本条改为:“中华人民共和国依靠国家机关并组织社会力量,通过社会主义工业化和社会主义改造,保证逐步消灭剥削制度,建立社会主义社会。”

第 6 条原文:“国营经济是全民所有制的社会主义经济。国营经济是整个国民经济中的领导力量和国家实现社会主义改造的物质基础。国家保证优先发展国营经济。中华人民共和国的矿藏、水流、大森林、大荒地和其他由法律规定为国有的资源都属于全民所有,由国家经营,或者委托合作社经营,或者租给他人经营。”

建议本条改为:“国营经济是全民所有制的社会主义经济,是国民经济中的领导力量和国家实现社会主义改造的物质基础,国家保证优先发展国营经济。矿藏、水流和由法律规定为国家的森林、荒地和其他资源都属于全民所有。”

第 7 条原文:“合作社经济是劳动群众集体所有制的社会主义经济,或者是劳动群众部分集体所有制的半社会主义经济。国家保证合作社的财产,鼓励、帮助和指导合作社经济的发展,并且把发展生产合作当作改造产业和手工业的小生产经济的主要道路。劳动群众集体所有制和全民所有制是社会主义所有制的两种形式。劳动群众部分集体所有制是组织个体农民、个体手工业者和其他个体劳动者走向完全集体所有制的过渡形式。”

建议改为:“合作社经济是劳动群众集体所有制的社会主义经济,或者是劳动群众部分集体所有制的半社会主义经济,劳动群众部分集体所有制是组织个体农民、个体手工业者和其他个体劳动者走向劳动群众集体所有制的过渡形式。国家保护合作社的财产,鼓励、指导和帮助合作经济的发展,并且把发展生产合作当作改造个体手工业的主要道路。”

第 8 条原文:“国家依照法律保护农民的土地所有权和其他财产所有权。国家帮助和指导个体农民增加生产,并且鼓励他们在自愿的基础上组织生产互助合作、供销合作和信用合作。国家帮助和指导个体农民增加生产,并且鼓励他们在自愿的基础上组织生产互相合作、供销合作和信用合作。国家对富农的剥削制度采取从限制到逐步消灭的政策。”

建议改为:“国家依照法律保护农民的土地和其他生产资料的所有权。国家指导和帮助个体农民增加生产,并且鼓励他们根据自愿的原则组织生产合作、供销合作和信用合作。国家对富农经济采取限制和逐步消灭的政策。”

第 9 条原文:“国家依照法律保护手工业者和其他非农业的个体劳动者的生产资料所有权和其他财产所有权。国家帮助和指导个体手工业者和其他非农业的个体劳动者改善经营,并且鼓励他们在自愿的基础上组织生产合作和供销合作。”

建议本条改为:“国家依照法律保护手工业者和其他非农业个体劳动者的生产资料的所有权。国家指导和帮助个体手工业者和其他非农业个体劳动者改善经营,并且鼓励他们根据自愿的原则组织生产合作和供销合作。”

对第 10 条的修改意见:国家依照法律保护资本家的生产资料的所有权。国家对资本主义工商业采取利用、限制和改造的政策。国家通过政府机关的管理、国营经济的领导和工人群众的监督,利用资本主义工商业的有利于国计民生的积极作用,限制它们的不利于国计民生的消极作用,鼓励和指导它们转变为各种不同形式的国家资本主义经济,逐步用全民所有制代替资本家所有制。国家禁止资本家的危害公共利益、扰乱社会经济秩序、破坏国家经济计划的一切非法行为。

对第 11 条的修改意见:国家保护公民的合法收入、储蓄、住宅和其他生活资料的所有权。

提议增加的条文之一:“第十二条规定:国家依照法律保护公民的私有财产的继承权。”

第 14 条修改意见:本条移作第 15 条。把原文中“指导”下面的“整个”2 字和“以求改进”中的“求”字去掉。

在第 15 条“国家实行对外贸易的统制和国内贸易的管理”的规定上,有 3 种修改意见:有人主张删去,把内容列入中央人民政府职权之内;有人主张本条保留;有人主张只把其中国内贸易部分去掉。

提议增加的条文之二:“第十六条国家指导文化教育事业的发展,鼓励科学的发现和发明,以适应国家建设和人民的需要。”

第 16 条修改意见:本条移作第 17 条。删去原文末的“并且保证他们的劳动得到适当的报酬”,“国家鼓励公民的劳动中的积极性和创造性”下的逗号改为句号。

第17条原文:"一切国家机关必需经常保持同人民的密切联系,倾听群众的意见,接受群众的监督。"改为:"一切国家机关必须依靠人民群众,经常保持同群众的密切联系,倾听群众的意见,接受群众的监督。"

第18条修改意见:本条移作第19条。条文改为:一切国家机关工作人员必须效忠人民民主制度,服从宪法和法律,努力为人民服务。

第19条中"合法的权利"改为"权利"。

(三)第2章国家机构

宪法草案座谈会各组召集人联席会对于第2章第1节、第2节、第3节、第4节的讨论是根据中共中央《对于"中华人民共和国宪法草案(初稿)"第2章第1、2、3、4节的修改意见》而进行的。本章第1节、第2节、第3节、第4节各条原文是根据中共中央的修改意见印的,不是根据中共中央3月23日提出的宪法草案(初稿)印的。

1. 第1节全国人民代表大会

比较大的修改意见是:将第22条中华人民共和国最高权力机关是全国人民代表大会,修改为:中华人民共和国全国人民代表大会是国家权力的最高机关。

第25条修改意见为:

(1)把原文第2款第一句中的"任期满前的三个月"改为"任期满了的三个月以前"。把第二句末的"……下届的大会选出的时候为止"改为"……下届全国人民代表大会选出为止"。

(2)有人主张把上述修改的"任期满了的三个月以前"中的"三个月"改为"两个月"。

第26条的修改意见为:把原文第二句中"五分之一以上的代表"的"以上"2字去掉。

第28条改为:"全国人民代表大会行使下列职权:(1)修改宪法;

(2)制定法律;(3)监督宪法的实施;(4)改变或者撤消全国人民代表大会常务委员会制定的法令;(5)选举中华人民共和国主席、副主席;(6)根据中华人民共和国主席的提名,决定中央人民政府总理的人选;根据中央人民政府总理的提名,决定中央人民政府组成人员的人选;(7)根据中华人民共和国主席的提名,决定国防委员会副主席和委员的人选;(8)选举最高人民法院院长;(9)任命最高人民检察署总检察长;(10)决定国民经济计划;(11)审查和批准国家的预算和决算;(12)批准省、自治区、自治省和中央直辖市的行政区域的划分;(13)决定大赦;(14)决定战争和平的问题;(15)全国人民代表大会认为应当由它行使的其他职权。"

有人主张把上文修改过的第 6 款的"决定中央人民政府组成人员的人选"中"决定"2 字改为"批准"。

将初稿第 30 条原文的"宪法的制定和修改由全国人民代表大会代表三分之二以上通过。法律和其他议案由全国人民代表大会代表过半数通过"修改为"宪法的修改由全国人民代表大会代表以三分之二通过。法律和其他议案由全国人民代表大会代表过半数通过"。

也有人主张把原文中"三分之二以上通过"改为"以三分之二的多数通过"。把"过半数通过"改为"以过半数通过"。

将第 32 条改为:"全国人民代表大会常务委员会行使下列职权:(一)主持全国人民代表大会的选举;(二)召集全国人民代表大会;(三)解释法律;(四)制定法令;(五)监督中央人民政府、最高人民法院和最高人民检察署的工作;(六)改变或者撤销中央人民政府和下一级人民代表大会同宪法、法律和法令相抵触的决议和命令;(七)在全国人民代表大会闭会期间,决定中央人民政府副总理、中央人民政府各部部长、各委员会主任、秘书的个别任免;(八)决定中央人民政府各部副部长和各委员会副主任的任免;(九)任免最高人民法院副院长和最高人民检察署副总检察长;(十)决定驻外全权代表的任免;(十一)决定同外国缔结的条约的批准和废除;(十二)规定军人和外交人员的衔级和其他专门衔级;(十三)规定和决定授予国家的勋章和荣誉称号;(十四)决定特赦;(十五)在全国人民代表大会闭会期间,遇到国家遭受武装侵犯或者必须履行国际间共同防止侵略的条约的情况,决定战争状态的宣布;(十六)决定全国总动员或者局部动员;(十七)决定全国或者部分地区的戒严;(十八)全国人民代表大会授予的其他职权。"

将第39条规定的"全国人民代表大会代表受原选举单位的监督。选出全国人民代表大会代表的选举单位有权随时撤换本单位的代表"修改为"全国人民代表大会代表受原选举单位的监督。原选举单位有权按照法律随时撤换本单位选出的代表"。

2. 第2节中华人民共和国主席

没有原则性的修改意见,提出的意见集中在条文的具体表述问题。如第41条:"中华人民共和国主席由全国人民代表大会选举,任期四年。享有选举权和被选举权的年满三十五岁的公民可以当选为中华人民共和国主席。"修改为:"中华人民共和国主席由全国人民代表大会选举。享有选举权和被选举权的年满三十五周岁的中华人民共和国公民可以被选为中华人民共和国主席。中华人民共和国主席任期四年。"

将第43条修改为:"中华人民共和国主席在必要的时候召开最高国务会议并担任最高国务会议主席。最高国务会议由中华人民共和国副主席、全国人民代表大会常务委员长、中央人民政府总理和其他有关人员参加。最高国务会议对于国家重大事务的意见,由中华人民共和国主席按照问题的性质,分别提交全国人民代表大会、全国人民代表大会常务委员会、中央人民政府和其他有关部门讨论和决定。"

将第47条修改为："中华人民共和国主席、副主席行使职权到下届全国人民代表大会选出的下一任主席、副主席就职为止。"

将第48条规定的"中华人民共和国主席因病长期不能工作的时候,由副主席代行主席的职权。中华人民共和国主席缺位的时候,由副主席继任主席的职位,直到本任主席的任期满了和选出下一任主席的时候为止"修改为:"中华人民共和国主席因为健康情况长期不能工作的时候,由副主席代行主席的职权。中华人民共和国主席缺位的时候,由副主席继任主席的职位"。

3. 第3节中央人民政府

宪法草案座谈会各组召集人联席会议认为:"地方各级人民政府"可改为"地方各级人民委员会"。因此,"中央人民政府"可改为"中华人民共和国政府"或者"中华人民共和国国务院"。

主要修改意见:将第49条"中华人民共和国中央人民政府是国家最高权力机关的执行机关,是国家最高管理机关"修改为"中华人民共和国中央人民政府是国家权力的最高执行和号令机关",或者"中华人民共和国中央人民政府是国家权力的最高机关的执行机关,是国家最高管理机关"。

将第50条改为:"中央人民政府由下列人员组成:总理,副总理若干人,各部部长,各委员会主任,秘书长。中央人民政府的组织由法律规定。"

第52条修改意见:本条移作第50条第2款。条文改为:中央人民政府的组织由法律规定。

将第55条规定的"各部部长和各委员会主任负责管理本部门的工作。各部和各委员会在本部门的权限内,根据法律和中央人民政府的决议、命令,可以发布决议和命令"移作第53条。在原文第二句中"根据法律"下面加"法令"。

4. 第4节地方各级人民代表大会和地方各级人民政府

宪法草案座谈会各组召集人联席会议认为:"地方各级人民政府"可改为"地方各级人民委员会"。

将第59条移作第58条。条文改为:"省、中央直辖市、设区的市的人民代表大会代表由下一级的人民代表大会选举。不设区的市、市辖区、乡、镇的人民代表大会代表由选民直接选举。地方各级人民代表大会代表名额和代表产生办法由选举法规定。少数民族应当有适当的代表名额。"

将第61条移作第60条。条文改为:"地方各级人民代表大会行使下列职权:(一)保证法律和法令的遵行;(二)执行上级人民代表大会的决议;(三)在法律规定的权限内通过并发布决议;(四)选举并可以罢免本级人民政府委员会的组成人员;(五)选举并可以罢免本级人民法院院长和副院长;(六)改变或者撤销本级人民政府和下一级人民代表大会、人民政府的不适当的决议和命令;(七)规划地方经济建设;(八)审查和批准地方的预算和决算;(九)规划地方的文化、教育和卫生工作;(十)规划地方公共事业;(十一)保障当地少数民族的平等权利;(十二)保护公共财产;(十三)维护公共秩序,保障公民权利。"

将第62条"省、中央直辖市、县、设区的省辖市的人民代表大会代表受原选举单位的监督;不设区的省辖市、市辖区、乡、镇的人民代表大会代表受选民的监督;选出地方各级人民代表大会代表的选举单位和选民有权随时撤换自己的代表",修改为:"省、中央直辖市、设区的市的人民代表大会代表受原选举单位的监督,不设区的市、市辖区、乡、镇的人民代表大会代表受选民的监督。选出地方各级人民代表大会代表的选举单位和选民有权按照法律规定的程序随时撤换自己的代表"。

将第63条"地方各级人民政府是地方各级人民代表大会的执行

机关,是各级地方国家管理机关。地方各级人民政府都是中央人民政府统一领导下的一级地方政府。全国地方各级人民政府都服从中央人民政府”修改为“地方各级人民政府是地方各级人民代表大会的执行和号令机关”。本条第2款移作第65条第3款。条文修改为:“全国地方各级人民政府都是中央人民政府统一领导下的一级地方政府,都服从中央人民政府。”

将第64条移作第63条。条文改为:“地方各级人民政府委员会分别由省长、市长、县长、区长、乡长、镇长各一人,副省长、副市长、副县长、副区长、副乡长、副镇长各若干人和委员各若干人组成。地方各级人民政府委员会每届任期和本级人民代表大会每届任期相同。地方各级人民政府的组织由法律规定。”

提议增加的条文之三:“第65条:地方各级人民政府都对本级人民代表大会负责并报告工作。地方各级人民政府都服从上级人民政府。全国地方各级人民政府都是中央人民政府统一领导下的一级地方政府,都服从中央人民政府。”

将第66条“地方各级人民政府向本级人民代表大会和上级人民政府报告工作”移作第65条第1款。地方各级人民政府都对本级人民代表大会负责并报告工作。

将第67条移作第63条第3款。条文改为:“地方各级人民政府的组织由法律规定。”

5. 第5节民族自治机关

主要修改意见是:将第60条“中华人民共和国境内各聚居的少数民族所建立的自治区、自治省、自治州、民族乡,都是中华人民共和国领土不可分离的一部分”,修改为“中华人民共和国境内各少数民族聚居的地方分别建立自治区或者自治省、自治州、自治县、民族乡”。

将第64条“各民族自治地方的自治机关都在宪法和法律规定的

权限内行使自治权。各上级国家机关应当充分保障它们行使自治权,并且帮助各少数民族发展政治、经济和文化的建设事业。各民族都有发展自己的语言文字、保持或者改革自己的风俗习惯和宗教信仰的自由。各自治区或者自治省、自治州、自治县的自治机关按照法律规定的权限管理本地方的财政,依照国家的军事制度组织本地方的公安部队”,修改为“各民族自治地方的自治机关在宪法和法律规定的权限内行使自治权。各上级国家机关应当充分保障民族自治地方的自治机关行使自治权,并且帮助各少数民族发展政治、经济和文化的建设事业。各民族都有发展自己的语言文字的自由,都有保持或者改革自己的风俗习惯和宗教信仰的自由。各自治区或者自治省、自治州、自治县的自治机关在法律规定的权限内管理本地方的财政,按照国家的军事制度组织本地方的公安部队”。

将第65条“各自治区或者自治区、自治州、自治县的自治机关除行使本宪法第五十七条各项职权外,可以按照当地民族的政治、经济和文化的特点,制定自治条例和单行条例,呈报全国人民代表大会常务委员会批准”,修改为:“各自治区或者自治省、自治州、自治县的自治机关行使宪法第六十条和第六十四条规定的职权,并且可以按照当地民族的政治、经济和文化的特点,制定自治条例和单行条例,报请全国人民代表大会常务委员会批准。”

6. 第6节人民法院和人民检察署

有关人民法院和人民检察署条文的修改意见有:将第66条“中华人民共和国的司法权由最高人民法院、地方各级人民法院和依法设立的专门法院行使。最高人民法院和地方各级人民法院的组织由法律规定”,修改为“中华人民共和国最高人民法院、地方各级人民法院和依照法律设立的专门法院行使审判职权”。

第67条移作第73条。条文改为:“最高人民法院和地方各级人民法院院长、副院长任期四年。最高人民法院和地方各级人民法院的组织由法律规定。"

将第70条"各民族公民都有使用本民族语言文字进行诉讼的权利,在必要的时候,人民法院应当为他们翻译。在少数民族聚居或者多民族杂居的地区,人民法院应当用当地通用的语言进行审讯。人民法院的判决书、布告和其他文件,应当用各有关民族通用的文字",修改为"各民族公民都有使用本民族语言文字进行诉讼的权利。在少数民族聚居或者多民族杂居的地区,人民法院应当用当地通用的语言进行审讯,用当地通用的文字发布判决书、布告和其他文件。如果当事人不通晓当地通用的语言文字,人民法院应当为他们翻译"。

将第71条"各级人民法院独立行使职权,只服从法律",修改为"各级人民法院独立进行审判,只服从法律"。将第73条"最高人民法院对全国人民代表大会和全国人民代表大会常务委员会负责并报告工作,地方各级人民法院对本级地方人民代表大会负责并报告工作",修改为"最高人民法院对全国人民代表大会负责并报告工作;在全国人民代表大会闭会期间,对全国人民代表大会常务委员会负责并报告工作。地方各级人民法院对本级人民代表大会负责并报告工作"。

第74条的修改意见:(1)本条移作第80条。条文改为:"中华人民共和国最高人民检察署直接或者通过地方各级人民检察署对中央人民政府所属各部门、对地方各级人民政府、对国家机关工作人员和公民是否遵守法律实行最高检察。"(2)有人主张上文末"实行最高检察"应改为"实行最高监督"。

将第75条"中华人民共和国总检察长任免省、中央直辖市、自治区和自治省的检察长和副检察长。县、市、自治州、自治县的检察长由省、自治区、自治省的检察长呈请总检察长批准任免。总检察长、副总检察长和地方各级检察长的任期一律五年",修改为"总检察长任免省、中央直辖市、自治区和自治省的检察长和副检察长。县、市、自治州、自治县的检察长由省、自治区、自治省的检察长提请总检察长批准任免。总检察长、副总检察长和地方各级检察长任期四年。最高人民检察署和地方各级人民检察署的组织由法律规定”。

将第77条“总检察长对全国人民代表大会和全国人民代表大会常务委员会负责并报告工作”,修改为“总检察长对全国人民代表大会负责并报告工作,在全国人民代表大会闭会期间,对全国人民代表大会常务委员会负责并报告工作”。

(四)第3章公民的基本权利和义务

主要修改意见集中在以下几个方面:

将第78条“中华人民共和国全体公民在法律上一律平等”中的“全体”2字删去。

将第79条“凡是满十八周岁的中华人民共和国公民,不分民族、种族、职业、社会出身、宗教信仰、教育程度、财产状况和居住期限,都有选举权和被选举权,但是依照法律被剥夺政治权利的人和有精神病的人除外。妇女有同男子平等的选举权和被选举权”,修改为“中华人民共和国年满十八周岁的公民,不分民族、种族、性别、职业、社会出身、宗教信仰、教育程度、财产状况和居住期限,都有选举权和被选举权。但是有精神病的人和依照法律被剥夺选举权和被选举权的人除外。妇女有同男子平等的选举权和被选举权”。

将第80条修改为:“中华人民共和国公民有言论、出版、集会、结社、游行和示威的自由,国家供给公民在享受这些自由的时候所必需的物质上的便利。”

把原文“信仰宗教”的自由另作为一条。

提议增加的条文之四:“第八十七条中华人民共和国公民有宗教信仰的自由。”

将第81条“中华人民共和国公民的人身自由不受侵犯。任何公民非经法院或者检察长依照法律所作的决定或者许可,不受逮捕,在紧急情况下的临时拘留,至迟要在三日内得到法院或者检察长的许可,否则被拘留人应当得到释放”,修改为:(1)本条移作第88条。(2)条文改为:“中华人民共和国公民的人身自由不受侵犯。任何公民非经法院决定或者检察长批准,不受逮捕,在紧急情况下的临时拘留,至迟要在三日内得到法院或者检察长的批准,否则被拘留的人应当得到释放。”(3)有人主张把原文第三句改为:“在紧急情况下的临时拘留,应当迅速通知法院或者检察长,至迟要在三日内得到许可否则被拘留的人应当得到释放。”

第82条的修改意见:将本条移作第89条。把原文第2款中“通讯”改为“通信”。有人主张加上迁徙自由。

第86条的修改意见:(1)本条移作第93条,条文改为:“中华人民共和国公民有受教育的权利。国家设立并逐步扩大各种学校和其他文化教育机关,以保证公民享受这种权利。国家特别关怀青年的体力和智力的发展。”(2)黄炎培和邵力子两位主张在本条内加上国家鼓励私人办学的意思,邵力子并提如下具体方案:“私立学校应遵守国家规定的教育方针,并接受国家机关的指导和监督。”

第88条的修改意见:将本条移作第95条,把原文第二句删去。有人主张保留原文第二句。

将第90条“外国人民”改为“外国人”。

第93条的修改意见:将本条移作第100条。删去原文第2款。

(五)第4章国旗、国徽、首都

第96条原文为:“中华人民共和国的国徽,中间画着五星照耀下的北京天安门,周围画着谷穗和齿轮。”

修改意见为:(1)将本条移作第103条。条文改为:“中华人民共和国国徽,中间是五星照耀下的天安门,周围是谷穗和齿轮。”(2)有人主张改为:“中华人民共和国的国徽,是红底金纹,中间是五星照耀下的天安门,周围是谷穗和齿轮。”(3)有人主张改为:“中华人民共和国国徽圆形,红底金纹,中间是五星照耀下的天安门,周围是谷穗和齿轮。”

第六章　1954 年宪法草案的审议(下)

一、宪法起草委员会审议宪法草案

宪法起草委员会自 1954 年 3 月 23 日举行第一次会议后一直没有进行实质性的审议草案的活动。5 月 27 日举行宪法起草委员会第二次会议,6 月 11 日举行第七次会议。这种审议程序和时间的安排,主要是考虑起草委员会审议草案时需要参考全国政协、地方和军事单位的讨论情况,即正式进入起草委员会审议之前征求一定范围内的单位与个人的意见,以便从宏观和微观上比较准确地把握宪法草案的框架、内容与条文表述等问题,以保证审议的质量与效益。目前,宪法起草委员会七次会议的档案资料基本得到了保存,为我们了解起草委员会具体起草和讨论过程,分析制宪过程中的不同意见和焦点问题提供了有益的依据与线索。

从各国制宪史研究的方法来看,起草过程的档案材料是分析制宪过程的基本依据与出发点。制宪过程是一种制度的安排,是在特定的社会背景与制宪者思想的影响下进行的。制宪者的政治智慧与人格的魅力对后来者留下了宝贵的思想遗产。后代人将生活在先人们所留下的思想与制度框架之中,也许人们有时感到他们所引以为豪的制度与现实之间的冲突,但无论如何后代人是不能完全摆脱历史的,我们应始终保持对制宪者的尊敬与敬仰。我们不能苛求几十年,甚至是几百年以前的制宪者们为现代社会安排永恒的规则与生活方式。在制宪者留下的思想遗产的影响下,人们总可以寻求保持宪法生命力的途径与思想源泉。对21世纪的中国人来说,对60多年前制定的宪法也要抱有宽容、尊敬与敬仰的态度,通过制宪过程档案的阅读感受制宪者的智慧与责任。

宪法起草委员会通过七次全体会议,对整个宪法结构、内容与具体条文的表述等问题进行了系统的研究与论证,其中投射出当时国家的宪法观与政治家、民众与学者宪法观之间的沟通与互动。通过对当时讨论宪法草案的原始档案的分析,我们可以看出,起草委员会委员们对宪法草案内容进行了认真的讨论,表现其政治智慧与专业素质。

(一)宪法起草委员会第一次全体会议

1954年3月21日毛泽东审阅修改宪法草案(初稿)3月18日、19日的讨论修改稿,并批示田家英:"一些意见,请提交党组会上讨论。"

3月23日下午3时,中华人民共和国宪法起草委员会第一次全体会议在中南海勤政殿举行。出席会议的有宪法起草委员会主席毛泽东,委员宋庆龄、李济深、李维汉、何香凝、沈钧儒、沈雁冰、周恩来、胡乔木、乌兰夫、马寅初、马叙伦、陈云、陈叔通、陈伯达、张澜、郭沫若、习仲勋、黄炎培、彭德怀、程潜、董必武、刘少奇、邓小平、邓子恢、薄一波26人。会议由毛泽东主持。

会上,毛泽东首先代表中国共产党向全体会议正式提出中共中央起草的宪法草案(初稿),除序言外,分四章,共97条。会议在听取了陈伯达《关于〈中华人民共和国宪法草案(初稿)〉起草工作的说明》(以下简称《宪法草案初稿说明》)之后,决定在最近两个月内完成对宪法草案(初稿)的讨论和修改,以便提请中央人民政府委员会批准作为草案公布。第一次会议同时决定,宪法草案(初稿)的讨论采取两种形式:一种形式是由宪法起草委员会全体会议讨论、研究;另一种形式是会同中国人民政治协商会议全国委员会进行分组讨论,同时分发给各大行政区、各省市的领导机关和各民主党派,各人民团体的地方组织讨论。

在宪法起草委员会第一次会议上,宪法起草委员会委员、中共中央宪法起草小组成员陈伯达受毛泽东委托向会议作了《宪法草案初稿说明》。《宪法草案初稿说明》由毛泽东修改审定,实际上代表了"中华人民共和国宪法草案初稿起草小组"的集体意见,反映了毛泽东和他领导的宪法起草小组制定宪法的指导思想、基本思路、基本框架以及对宪法草案的若干重大问题的思考。

《宪法草案初稿说明》主要内容如下:

一、工作经过

宪法草案的内容,是根据中共中央和毛泽东的指示写成的。中共中央指定一个宪法起草小组,这个小组是在毛主席领导和参加下进行工作的。宪法草案的每一章、每一节、每一条,毛主席都亲自参加了讨论。(毛主席插话:宪法起草小组自 1 月 7 日开始工作,3 月 9 日工作结束。起草小组进行了一度工作后,由董必武、彭真、张际春等同志组成了研究小组,还请了周鲠生先生和钱端升先生为法律顾问,叶圣陶先生和吕叔湘先生为语文顾问,又搞了个把月,同时中共中央也讨论了 3 次,每次都有很多修改。)

二、工作方向

根据中共中央和毛主席的指示,我们的宪法必须以事实为根据,而不能凭空臆造。

1. 宪法必须记录我们国家现在的实际情况,反映我们人民革命和中华人民共和国成立以来出现的社会关系的伟大变革,总结这些变革的主要的斗争经验和组织经验,把人民革命固定下来。

2. 宪法必须根据我们人民共和国的国家性质(以工人阶级为领导的、以工业联盟为基础的人民民主专政)和经济关系(国家掌握国家经济命脉,社会主义经济在国民经济中的领导地位),充分表达我国逐步过渡到社会主义这一根本的要求,指出我国人民为实现这个要求奋斗的可能的和适当的道路。(毛主席插话:就是总路线。这个宪法,是以《共同纲领》为基础加上总路线,是过渡时期的宪法,大概可以管 15 年左右。)

三、宪法草案以《共同纲领》为基础,同时是它的发展

1. 毛主席说过,《共同纲领》实际上起临时宪法的作用。中华人民共和国成立以来的实际生活证明它的完全正确性。《共同纲领》规定的各项根本原则,例如,《共同纲领》的总纲,以及有关政权制度、经济制度、民族关系等主要部分,经过历年的实行,证明为完全符合我国人民的利益和要求,并且已有显著的成功和效果。这些根本原则,在宪法草案中被肯定下来,同时根据新中国成立以来在政治上经济上一系列的新胜利,宪法草案把这个根本原则大大地展开了和具体化了,例如,国家的组织系统,公民的权利和义务。(毛主席插话:主要有 3 章:总纲,国家组织系统,公民的基本权利和义务。)但《共同纲领》中也有些已经过时的东西(毛主席插话:如土地改革,又如镇压反革命,虽然现在还有反革命分子,但是很大一部分已经镇压过了),或者有些在宪法中可以省略,就没有再写在宪法草案里面。

2. 宪法草案采用了《共同纲领》规定的各项重要法令以及这些法令产生的一些原则。例如,民族区域自治实施纲要,宪法草案中关于民族自治部分,主要采用了这上面所规定的原则。(毛主席插话:又例如,国家建设征用土地办法,《共同纲领》上就没有。)可以说,宪法草案总结了我们过去立法的许多经验。

3. 宪法草案不只采用了我国的经验,而且在起草时,参考了苏联的 3 个宪法(1918 年的、1924 年的、1936 年的)和各人民民主国家的

宪法,结合了中国的经验和国际的经验。我们不单依靠我国的经验,而且依靠国际的经验,力求把国际的经验接受过来。

四、宪法草案反映了我们国家过渡时期的特点

1. 关于国家在过渡时期的总任务和实现这个总任务的内外条件,在序言中作了叙述。(毛主席插话:总任务,序言的第三段;实现总任务的内外条件,序言的第四、五、六3段,即统一战线、民族关系、国际关系。)

2. 宪法草案的总纲规定了国家分别保护现在的各种所有制,同时规定了全民所有制的国营经济是整个国民经济中的领导力量和实现社会主义改造的物质基础。第7条、第8条、第9条,3条规定了逐步改变个体劳动者的所有制为社会主义的集体所有制。(毛主席插话:宪法草案上有个其他个体劳动者,这是指摊贩、夫妻商店、船夫、戏班子等,他们也是劳动者,也是私有者。比如,梅兰芳,他也是劳动者,他的戏班子是他个人的。)毛主席说,个体经济像个汪洋大海,把他们变为集体所有制,是很复杂很困难的。(毛主席插话:最困难。改造资本主义困难,比较说来,改造个体农业、手工业更困难。人多,分散,一万万一千万户农民,就有一万万一千万个单位,我们指挥这么多单位好困难啊!征粮、购粮,是一万万一千万个单位,怎么得了,你干他不干,你要买粮食,他不卖,怎么办?为什么我们没有肉吃?就是因为他们吃多了。福建省长江县河田镇,解放前一天杀3头猪,现在杀18头猪,还不够吃。)

根据中共中央和毛主席的指示,改造农业,采取逐步的办法。不是一下子把他们变为完全集体所有制,先采取过渡形式,经过临时互助组、常年互助组到农业生产合作社。这些还不是完全的集体所有制,而是部分的集体所有制,是半社会主义的经济。《共同纲领》上讲合作社是半社会主义性质的经济,有许多人不了解,那时合作社还没有开展起来,农民也还没有成立农业生产合作社。现在不同了,现在

的供销合作社,是集体所有,所以是社会主义经济,也有个别的集体农业是完全所有制。半社会主义的部分集体所有制是组织个体劳动者走向完全集体所有制的过渡形式。这些规定比《共同纲领》进了一步,是逐步,是采取过渡形式,不是用急躁粗暴的办法。第 10 条讲对资本主义,逐步用社会主义的全民所有制代替资本主义所有制,鼓励和指导资本主义工商业转变为不同形式的国家资本主义经济,是改造资本主义所有制为社会主义所有制的重要步骤。《共同纲领》已经规定了国家资本主义,经过几年的发展,国家资本主义的形式更多样性了,更明确化了。经过国家资本主义的形式改造资本主义是一个比较可以采用的步骤,也是逐步过渡。(毛主席插话:我们的宪法,是过渡时期的宪法,我国的各种办法,大部分是过渡性质的。人民的权利,如劳动权、受教育权等,是逐步保证,不能一下子保证。现在有人进不了学校,打学校;说什么人民政府不让我们进学校,我就打你。没有那么多的学校,怎能都进呢?我们的选举,也是过渡性质的选举:普遍算是普遍了,但也有限制,地主没有选举权,也不完全普遍;平等,城市选的代表多,乡村选的代表少,如平等了,就成了农民代表大会,工人就变成了尾巴;直接,我们只有基层选举是直接的,其余都是间接的,无记名,我们一般是举手,还是有记名。总之,我们的办法不那么彻底,因为是过渡时期。怎样选全国人民代表大会代表,是不是乡村 80 万人口选 1 个,城市 10 万人口选 1 个,这些问题,在选举法上去做文章好了,这里就不写了。人民的权利和义务,也有过渡时期的特点。支票开得好看,但不能兑现,人民要求兑现,怎么办?还是老实点吧!)我们是实事求是,能办到的才写上去,不能办到的就不写,可逐步办到的就写逐步办。

五、宪法草案规定的国家政治制度,和苏联以及各人民民主国家是同属于社会主义的类型的

世界上的宪法有两种:一种是社会主义的宪法;另一种是资本主

义的宪法。我们的宪法草案所规定的国家政治制度,是属于社会主义的类型的,有些不同的形式,但在实质上是一致的。

1. 人民代表大会制。我们的人民代表大会制,和苏联是一致的,即人民代表大会是人民的权力机关,而不只是议事机关。资产阶级的议会只是清谈,我们的全国人民代表大会是立法机关,同时是工作机关,实现立法权与行政权的统一。国务院实质上是执行机关。资产阶级国家的总统,可以解散国会,(毛主席插话:我们的主席、总理,都是由全国人民代表大会产生出来的,一定要服从全国人民代表大会,不能跳出“如来佛的手掌”。资本主义国家名义上是议会选出政府,通过法律,实际上议会是政府的附属品。我们中央有个国务院,就是中央人民政府,地方人民代表大会选举出的地方各级人民政府的主席、副主席,委员所组成的人民政府,就是国家的各地方各级管理机构,也是国家权力的地方机关。因此,地方上就没有常务委员会了。苏联叫最高苏维埃,我们叫全国人民代表大会,苏联叫最高苏维埃主席团,我们叫全国人民代表大会常务委员会,苏联叫部长会议,我们叫国务院。我们就是多个主席,有个议长,还有个主席,“叠床架屋”,这个办法可以不可以?各人民民主国家中,捷克、德国是这样的制度,他们叫总统,我们叫主席。议会议好的东西,归主席发表,但它不能发议会没有议过的东西;他们也不能行,行是国务院的事。这个大家是不是赞成?可以讨论。)人民代表大会实行民主集中制,人民代表由选民产生,并受选民监督。这与资本主义国家不同,他们代表产生后,不受人民的监督,我们的代表受选民的监督,选民可以随时撤换选出的代表。下级人民代表大会服从上级人民代表大会,下级人民政府服从上级人民政府。(毛主席插话:这个是母亲服从儿子,省、市人民代表大会产生全国人民代表大会的代表,但全国人民代表大会议出来的东西全国44个省市都要服从,假若某一个省人民代表大会议出来的东西不对,全国人民代表大会可以把它撤销。)全国由中央统一领导,这并不窒息各地方、各民族的积极性,中央的统一领导和各地方、各民族的积极性可以相结合。(毛主席插话:中央议事,地方办事。)这一点苏联和各人民民主国家一样。(毛主席插话:和专制时代不同。)

2. 中华人民共和国主席。我们的主席,是不是和资本主义国家的总统相同呢?不相同。资本主义国家的总统,是和国会对立的,(毛主席插话:资本主义国家的总统可以解散国会,我们的主席不能解散全国人民代表大会,相反地,全国人民代表大会倒可罢免主席。)是个人总统。我们的主席,是由全国人民代表大会选出的,(毛主席插话:并服从于它。)他行使的职权,都是根据全国人民代表大会或全国人民代表大会常务委员会的决定,不能独断专行。我们的主席不是与全国人民代表大会以及全国人民代表大会常务委员会相对立,而是相一致,这一点,中国与苏联不同,苏联只有最高苏维埃主席团,我们多了个主席。[毛主席插话:主席相当于小半个伏罗希洛夫(1881～1969年),小半个就是不到半个。常务委员会对所有的事都要议,议好了交主席发布,不是小半个吗?]这个形式和苏联有不一样的地方,但实质上是一样的,因为我们的主席不是个人总统,不能解散全国人民代表大会,我们的国家是集体领导,而以形式来表现。(毛主席插话:主席也不是政府,国务院也不向他报告工作,打屁股打国务院总理,不打主席。)主席的职权:第14条第5款,担任国防委员会主席,国务院有国防部,我们还是“叠床架屋”。这是从国务院分了一点工作。(周总理插话:有元首的国家都有这一条。)第6款,在必要的时候召开最高国务会议,议什么事没有讲,总之不能造反全国人民代表大会,“在必要的时候”,也就是说很少开,有紧急的大事情才开会商量一下。大家看这样规定妥当不妥当?第1款、第2款、第3款、第4款,都是例行公事。第2款是说可以提出建议,建议不起决定作用,人家愿意就理,不理拉倒,毫无办法。这两条是说,主席也有些事去做,不是专门吃饭。这是为保证国家安全起见,设了个主席。我们中国是一个大国,“叠床架屋”设个主席,目的是使国家更加安全。有议长,有总理,又有个主席,就更安全些,不至于3个地方同时出毛病。如果全国人民代表大会出了毛病,那毫无办法,只好等4年再说。设主席,在国务院与常务委员会之间有个缓冲作用。根据我国的经验,设个主席有好处。

(毛主席插话:中央人民政府委员会的职权,大部移到全国人民代表大会和常务委员会去。现在没有全国人民代表大会,故政府委员有63人,以后这63人的委员会的工作就变成常务委员会的工作。)

3.国务院。国务院就是中央人民政府,等于苏联和人民民主国家的部长会议,(毛主席插话:国务院总理就是部长会议主席。)是全国人民代表大会的执行机关。这和社会主义国家的属同一类型,有些差别,是根据我国具体情况规定的。(毛主席插话:中央各部、各委员会列不列?我们没有列,苏联1918年的宪法也没有列。不列,伸缩性大。部委员会可能经常在变动,或增或减,如列了,变动一次就要修改宪法,这样,宪法就要年年修改了。)

六、宪法草案保证公民的各种权利,同时规定了逐步扩大物质保证的措施。一下子是保证不了的。这合乎我们国家的实际情况。

七、宪法草案保证国内各民族在平等的基础上的友好、互助、合作。我们中国是一个多民族的国家,民族之间过去有矛盾。(毛主席插话:所谓矛盾,主要是大民族压迫小民族。古代也有小民族压迫大民族的,如元朝蒙古人压迫汉人,如五胡十六国等,但到后来就不同了,清朝是利用汉族压迫少数民族,到国民党时期就不同了。)只有工人阶级和它的先锋队共产党的领导下的国家,才能真正解决我国各民族之间的矛盾和冲突。没有工人阶级领导的人民民主国家,民族矛盾就不可能得到解决。自中华人民共和国成立以来,我国的民族关系一天一天好起来。(毛主席插话:还有不少毛病,主要是汉族干部中有大汉族主义,个别的还有地方民族主义;也出过不少乱子,但基本是好的。有的地方,少数民族的人当主席,汉族的人当秘书,结果是秘书专政,少数民族的人当主席是做做样子,少数民族做官,汉族掌权,内蒙古大概要好点,这种情形是有的,要继续改良,继续教育。)

1. 中华人民共和国是统一的多民族国家,各民族有平等的权利和义务。

2. 民族自治机关都在宪法和法律规定的权限内行使自治权。(毛主席插话:为了照顾少数民族特别是西藏的情况,在第 61 条中写了第 3 款即"各民族自治地方的机关的具体形式,按照实行区域自治的民族大多数人民的意愿规定"。现在西藏是达赖管事情,如按第 61 条第 2 款办就要开人民代表大会,选举人民政府,这样办恐怕达赖不干。他可以搬出来我们和他订的十七条协议,质问我们。怎么办?可以按照第 3 款办事,不搞人民政府不行,但可以搞具体形式。达赖是活佛,是活神仙,不是人民选出来的。现在想马上选又不行,究竟搞个什么形式。由那里大多数人民的意愿决定。他们信达赖、土司比信我们信得厉害得多,你要动他是动不得的。好吧!就按照大多数人民的意愿办事吧!不这样又有什么办法?)(黄炎培插话:只有这个办法。我对西藏代表团说过,我们不强迫你们,你们搞不搞土地改革,搞不搞选举,由你们决定。十七条协议不实行可不可以?不可以,一定要实行,但其中哪一条你们现在不愿实行,可以暂时不实行,可以拖,因为协议上并没有说哪年哪月一定要实行,已经拖了 3 年,如要拖,可再拖 3 年,3 年过去后,还可以拖 3 年,拖它 9 年也可以。不能干人家反对干的事情,要等待人民的觉悟,我们相信人民一定会觉悟。我们曾发表过社论说:汉族干部不能干西藏人民不愿干的事,要按照大多数人民的意愿办事。第 61 条第 3 款,是否可和人民的意愿并列加个少数民族领袖人物的意愿？不加也可以,反正他们是绝对拥护他们的领袖的,认为是神圣不可侵犯的,宪法中如加上,看起来就不那么冠冕堂皇,所以没有加。)

八、宪法草案的结构

1. 宪法草案条文前有一篇序言。宪法正文共有4章:第1章为总纲,包括社会制度和国家制度的基本内容;第2章为国家组织系统,包括全国人民代表大会,中华人民共和国主席,国务院,国家权力的地方机关,民族自治机关,法院和检察机关6节;第3章为公民的基本权利和义务;第4章为国旗、国徽、首都。(毛主席插话:有人主张把第2章的6节变成6章。宪法起草小组考虑把这六部分列在一章,加个总题目叫国家组织系统,很清楚。如分列为6章,好像有些头绪纷繁。宪法可以随时修改,苏联增加一个部,减少一个部,都要修改宪法。)

2. 宪法草案文字尽量采取通俗的形式,以便于群众了解和掌握。这对中国旧法律条文的形式是一种改革。(毛主席插话:把什么什么时都改为"的时候",讲话,一般不说"我们在讨论宪法时",而说"我们在讨论宪法的时候"。"为"字老百姓不懂,都改成"是"字。什么什么规定之,"之"字在一句话的末尾,只是重复了上面的,毫无用处,也都去掉了。也许还有改得不彻底的地方,还可以改。)

黄炎培:一个小镇子,一天杀了18头猪!

毛主席:统一生产,统一收购,统一供应,不搞不得了。我们没有肉吃,农民就要少吃点,让出点来给我们吃,福建省长江河田镇,过去杀3头猪,现在杀18头猪,你从18头猪里让出10头猪给国家好不好？粮食的统购统销,对肉的供应也有影响:一方面,农民手里有钱了,不卖猪了;另一方面,有这样一种说法:人都没得吃,还喂猪？其实,猪吃即人吃,猪吃粮食人吃猪;猪还拉屎,屎可以肥田,可以增产粮食,还有猪油、猪毛、猪皮,用处都很大。

宪法起草委员会第一次会议主要审议了宪法草案(初稿)的报告,从宏观上讨论了宪法起草的基本原则、过程与对基本制度安排的根据。在第一次会议上,毛泽东通过插话的方式对宪法草案的基本精神与制度设计等问题作了说明。

由于宪法起草采用先由中共中央宪法起草小组草拟宪法草案的方式,中共中央宪法草案(初稿)自然引起各个方面的关注。第一次会议结束后,宪法草案在全国政协、各民主党派、军事单位和地方单位进行讨论,为草案的进一步审议提供必要的基础。约8000多人,用了2个多月的时间对宪法草案(初稿)进行讨论,提出各种修改意见5900多条。因此,从某种意义上讲,第一次会议在整个宪法草案的讨论中发挥了统一协调的作用。

3月23日董必武主持召开了参加分组讨论会的党员大会,在简要说明讨论宪法草案的意义后,他强调党员在分组讨论中要发动大家讲话,虚心听取各方面的意见。他指出,这次大家参加分组座谈会,是要大家与非党员人士共同讨论,共同发表意见,不是要我们去领导他们,只要我们发动大家讲话,就会有各种意见。对各种不同意见,我们要学会分析什么事正确的,什么是错误的,这对我们自己是一个锻炼。[1] 董必武的这段话对提高党员干部的民主意识,认真对待来自非党员的意见,寻求宪法草案讨论过程中的民主共识是非常重要的。如前所述,3月15日他和周恩来与宪法起草委员会中的非党员进行交流,对即将开始的宪法草案的讨论奠定基础。毕竟宪法草案(初稿)第四稿是中国共产党提出的,执政党内虽已有基本共识,但宪法是国家体制的建构,社会共识的形成是至关重要的,特别是宪法起草委员会中的非党员都是社会各界的精英,各自代表不同的社会阶层与团体。因此,广泛听取民主党派的意见和建议是非常重要的。

3月28日根据修改宪法草案工作的需要,宪法起草委员会专门

---

〔1〕《董必武年谱》编辑组编:《董必武年谱》,中央文献出版社1991年版,第431~432页。

设了办公室,下设编辑组、会议组、记录组、联络组、总务组,作为宪法起草委员会的职能机构。办公室系统地研究和整理了近代中国宪法性文件和国外宪法资料,为宪法起草工作提供了一批单行参考资料。

4 月 7 日晚毛泽东听取李维汉、田家英关于各小组讨论宪法草案情况的报告。

4 月 29 日毛泽东审阅田家英 4 月 19 日报送的经宪法起草委员会党组讨论修改的宪法草案(初稿)的序言和第一章总纲,批示田家英:此件已阅,无意见。[1]

5 月 3 日、9 日晚毛泽东召集刘少奇、陈云、李维汉、陈伯达、田家英开会,讨论宪法草案的问题。5 月 4 日、11 日李维汉、陈伯达、田家英开会继续在毛泽东处讨论宪法草案问题。这几天宪法草案的讨论实际上为第二次宪法起草委员会会议作了准备。

(二)宪法起草委员会第二次全体会议

1954 年 5 月 27 日,在中南海勤政殿举行了宪法起草委员会第二次全体会议。刘少奇主持会议。会议主要讨论了宪法草案(初稿)的序言、第一章总纲以及其他重大的理论问题。

在讨论宪法结构问题时,刘少奇说:"有人主张把第 1 章的 6 节分成 6 章,这样好看一点。"会上讨论后认为可保持原状不变。

在疆域问题上,李维汉说:"召集人联席会议认为,疆域可以不必在宪法里写。"

另外,法律小组也不赞成规定领土条款。法律小组不赞成规定领土的主要理由是:(1)各国宪法一般不规定疆域,联邦制国家宪法上列举构成分子是另一个问题,我国在国家结构上不是联邦制国家,没有列举领土的必要;(2)台湾地区是中国领土一部分的问题也不是一定要采取在宪法上列举领土的办法来解决;(3)即使在宪法上列举

---

〔1〕 逄先知主编,中共中央文献研究室编:《毛泽东年谱》(第 2 卷),中央文献出版社 2013 年版,第 240 页。

了台湾地区,也不见得因此就解决了中国领土的全部问题;(4)如果要列举我国领土,实际上也很困难,因为全国行政区域尚未确定。

在讨论公民概念时,委员们进行了热烈的讨论:

李维汉:宪法中的公民,包括所有中国国籍的人在内。

邓小平:把"全体人民"改写为"全体公民"为好。

刘少奇:这里的公民包括过去的所谓"人民"和"国民"在内。地主阶级分子也是公民,不过是剥夺了政治权利的公民。如果只写人民,就不能包括"国民"那一部分人了。

在如何表述民主集中制问题上,宪法草案(初稿)原文是这样写的:"全国人民代表大会、地方各级人民代表大会和由它们产生的其他中央和地方国家机关一律实行民主集中制。"

刘少奇:这个写法有人认为文字啰唆。

黄炎培主张用"国家机关"全包括,对此,陈叔通表示同意,建议写成"中华人民共和国的国家机关一律实行民主集中制"。

刘少奇:有些国家机关不是人民代表大会产生的,如政务院所属的扫盲委员会等就是,全国人大"生了个儿子"叫国务院,国务院"生了个儿子"就叫作"孙子"。反正他绝不是"祖母生的"。人家如要扯皮,还是没办法!

邓小平:写成"全国人民代表大会、地方各级人民代表大会和其他一切国家机关,一律实行民主集中制"。大家同意这个写法。

在关于个人财产问题上,宪法草案(初稿)第11条规定:"国家保护公民的合法收入、储蓄、住宅和其他生活资料的所有权和继承权。"当时,有一种修改意见认为,应改为:国家保护公民的合法收入、储蓄、住宅和其他生活资料的所有权。讨论情况如下:

刘少奇:"住宅"是指自己的,还是包括租给别人住的?

田家英:包括租给别人的。

刘少奇:写法上好像自己不住的不包括在内。

李维汉:可改为“房屋”,“公民的基本权利与义务”所说的“住宅不受侵犯”,是指自己住的。

黄炎培:也许起草时有限制的意思。

陈伯达、田家英:没有这个意思。

刘少奇:那就把“住宅”改成“房屋”好了。

薄一波:城市里有房地产公司,他们的房屋与公民的个人财产不同,把“住宅”改成“房屋”,包括出租的在内,就包括了房地产公司的房屋,性质就不同了,是否把“保护”改成“依照法律保护”。

邓小平:城市地产是国家所有的,没有什么问题。房屋出租的,一般是有两所或几所房屋,自己住一所,其余出租,这样也有好处,就是造房子出租也有好处,国家用限制租金、征税来解决这个问题,房地产公司与这个性质不同,可以另外解决。

李维汉:经营房地产,就是资本家,适用上一条,此外,还有一条,国家为了公共利益的需要可以征购、征用或收归国有。

朱德:房子再多也没有问题,苏联现在还奖励个人造房子。

薄一波:大量造房子出租,性质就不同了。

邓小平:这里要解决的,不是一波同志所讲的问题,而是一般人的房屋问题。

钱端升:这里不包括房地产资本家的,因此,是完全保护,用“房屋”,指的也是生活资料,不包括房地产资本家的房屋。

李维汉:以经营房地产为业的人,是资本家,这在第 10 条里已经包括了,为了避免产生误解,是否在第 10 条第 1 款中加上“其他财产”。

邓小平:可把第 8 条、第 9 条、第 10 条等条的第 1 款都恢复初稿原文,免得发生误解。

刘少奇:那就把第 8 条、第 9 条、第 10 条第 3 款恢复初稿原文,第 10 条第 1 款“民族资本家”“民族”2 字还是删掉。

讨论结果:照修改意见通过。此外,第 8 条、第 9 条、第 10 条的第 1 款恢复初稿原文,第 10 条第 1 款中“民族资本家”的“民族”2 字仍删掉。

在讨论第 12 条“国家依照法律保护公民的私有财产的继承权”时,田家英认为私有财产包括生产资料和生活资料。对此刘少奇说:有所有权,就有继承权,只有所有权,没有继承权,就没有道理了。

讨论结果:通过。

关于贸易问题,原稿第 15 条规定:“国家实行对外贸易的统制和国内贸易的管理。”会议认为,不能授人以柄,最后决定不写在宪法里,删去第 15 条原来的这句话。

有关教科文问题。第 16 条规定:“国家指导文化教育事业的发展,鼓励科学的发现和发明,以适应国家建设和人民的需要。”这是教科文小组召集人写的,本来可以不写在宪法上,但到了人大讨论时可能还要加上,所以决定继续保留该条款。

(三)宪法起草委员会第三次全体会议

宪法起草委员会第三次全体会议于 1954 年 5 月 28 日在中南海勤政殿举行。刘少奇主持会议。会议主要讨论了宪法草案(初稿)第 2 章的第 1 节至第 4 节,即全国人民代表大会、中华人民共和国主席、国务院、地方各级人民代表大会和地方各级人民政府。

会议首先听取了李维汉关于召集人联席会议的三点建议:将地方各级人民政府“主席”分别改称为省长、市长、县长、乡长、镇长等;将地方各级人民政府改称地方各级人民委员会;将中央人民政府改称国务院。

黄炎培:前两点建议很好,但后面一点要考虑。“中央人民政府”的名称很庄重,其中有“人民”两字,也很亲切。若改为“中华人民共和国政府”,有些不习惯;改为“国务院”,也要考虑。

董必武:美国“政府”是包括立法、行政、司法的。苏联和人民民主国家的“政府”是立法机关的执行和号令机关。苏联政府即苏联部长会议,不包括最高苏维埃。我们把"中央人民政府"改称"国务院"好。

陈叔通:"中央人民政府"是"地方各级人民政府"的对称,"地方各级人民政府"改为"地方各级人民委员会"了,"中央人民政府"也需要改变称呼了。大家看是改称"中华人民共和国政府"好,还是改称"国务院"好?

邓小平:改称"国务院"好。第 3 节标题就用"国务院"在条文中加上解释,说中华人民共和国国务院就是中华人民共和国政府。

刘少奇:人民看的是我们把事情办得好不好?好了,就高呼万岁!不好,就反对。而且不仅反对,还要推翻。人民和政府亲切与否,倒不在乎"政府"的名称上有无"人民"2 字。开国之初,政制带试验性质,写到宪法中,就要把体制固定下来才好。

陈叔通:改称"国务院"好,在上面再不要冠什么了。

黄炎培:想不出别的名称来,就是"国务院",能想出别的名称来最好。

刘少奇:既然中央人民政府改称"国务院",那么第 49 条就应改为"中华人民共和国国务院是中华人民共和国政府"。

田家英:关于"执行和号令机关",这"号令"2 字的俄文可以有各种译法,可以译作"号令",也可以译作"指挥""调整",而且这个字眼在中国也不大习惯,是否可以删去?

刘少奇:中国的习惯"行政机关"就是指政府机关。

田家英:不仅主席是"执行",法院、检察署也是全国人民代表大会的执行机关。正是由于这个考虑,下边接着规定的"是国家最高行政机关"就必不可少。

邓小平:国务院的真正定义是最后一句。不可少。

黄炎培:改为"执行机关之一"如何?

李维汉:主席是国家元首,要和其他机关有分别。国务院和其他机关的区别,不在"执行"上区别,而在机关的性质上区别。

刘少奇:是用"行政"2 字,还是"管理"2 字?"管理"用得很多,各部的管理局很多。"行政"2 字和别的不混同,就改为"行政"吧!

经讨论,大家同意宪法草案第 49 条修改为:"中华人民共和国国务院是中华人民共和国政府,是国家权力最高机关的执行机关,是国家最高行政机关。"

当讨论到全国人民代表大会任期届满之前一定时间内,全国人大常委会必须完成下届全国人大代表的选举时,刘少奇:"任期满了的一个月以前"比改为"任期满了的两个月以前"还好。"县代表到省里开会,当选为全国人民代表大会代表。假如过两个月才到北京开会,他们是回到县里呢?还是不回?不回吧,时间很长。回去吧,来回一趟,在家里也待不长久。如改为'任期满了的一个月以前',他们就索性不回去了。更重要的是:这样改了,可多留两个月给地方办选举,不要让他们'违宪'。"

钱端升:改为一个月完成选举,恐怕不能保证如期开会,还是"两个月以前"好些。

经讨论,把原稿中的"任期满了的两个月以前"改为"任期终了的一个月以前"。

关于草案第 32 条全国人大常委会制定法令的职权问题。李维汉说:"关于第 4 项改为'制定法令',在召集人联席会议上意见是一致的,问题是制定法令附不附带条件;原稿所附的条件是:'提请大会批准'。召集人联席会议把它放到大会职权中,即第 28 条第 4 项,'改变或者撤销全国人民代表大会常务委员会制定的法令'。但不论有大会批准的条件,或者条件附在哪里以及怎样去附,都显示大会只对于常委会制定法令能够改变或者撤销,对其他东西就不能这样做了。本来,全国人民代表大会是最高国家权力机关,它要干什么就能干什么。这样加上条件,倒反而显得把它的权力限制了。因此,可考虑不要附加条件。”

董必武:大会对常务委员会制定法令,本来就可以改变或者撤销,不要附加条件为好。

邓小平:把条件放到大会的职权第 4 项那里,没有什么坏处。好处是显示大会在常务委员会之上。

关于原稿第 37 条。

刘少奇:质问和询问,为什么要分开?不分开好不好?质问也就是质疑,分开了,代表提问题就要分别,就要考虑自己的问题是该用“询问”方式提出呢,还是该用“质问”方式提出呢?问题的实质是“问”和“答”,为什么要讲人家的动机是“质”还是“询”呢?

邓小平:“质问”与“询问”是不同的。但界限难分。改为“质询”好了,就可以减少很多麻烦。

习仲勋:有许多事情是不能告诉问者的。还是把“询问”删去,只留质问好些。

邓小平:“质问”比“询问”严重些,只留下“质问”就太严重了。不能告诉的,就告诉他这是机密,不能告诉你好了。

最后,大家赞成把“质问和询问”改为“质询”。

(四)宪法起草委员会第四次全体会议

1954 年 5 月 29 日在中南海勤政殿举行宪法起草委员会第四次全体会议。刘少奇主持会议。会议重点讨论了宪法草案(初稿)的第 2 章第 5 节民族自治地方的自治机关、第 6 节人民法院和人民检察院、第 3 章公民的权利和义务。

1. 民族自治地方的自治机关

田家英:第 5 节原有条文 6 条,调整后增加 2 条。第 66 条第 2 款、第 3 款也是新增加的。这个第 2 款规定哪些地方设立自治机关,而第 3 款是交代一下民族乡。过去民族乡没有交代。第 67 条、第 68 条没有变动。第 69 条即初稿原文第 65 条,原来和“可以制定自治条例、单行条例”的规定在一起,觉得有点乱,所以把它单独列了一条。第70条即原来初稿的第64条,原来有上级国家机关应保证其行使自治权的内容,因为这是另外一个问题,可以单独列一条即第78条。第71条是初稿中原来的第65条分立出来的;第72条即初稿原来的第63条,它的位置原来在自治权的前面。有点乱,所以调过来了。这样,这一节的内容便是:第66条规定哪些地方设立自治机关;第67条规定自治机关的组织和工作;第68条规定代表的名额;第70条规定自治权;第71条规定的也是自治权,可制定自治条例和单行条例;第72条规定使用的语言文字;第73条规定上级机关应保障他们行使自治权。

李维汉:找民族事务委员会的几个同志开了个会,他们赞成做这样的调整。第66条可写成3款:中华人民共和国境内各少数民族聚居的地方分别建立自治区、自治省、自治州、自治县、民族乡(第1款)。自治区、自治省、自治州、自治县设立自治机关(第2款)。民族乡的地方权力机关和行政机关行使乡的人民代表大会和人民委员会的职权,在行使职权的时候可以采取适合本民族特点的具体措施(第3款)。

钱端升:民族乡的国家机关是一般国家机关,不是自治机关。是否可以移到第67条第2款?

李维汉:第67条是讲自治机关的。放在第67条,就与自治机关混淆了。要移可以移到最后去。

刘少奇:民族乡不交代一下不行。

李维汉:不交代不好。有的同志提出是否把城市里的自治区也写在宪法里?城市里,如归绥、包头、郑州,有少数民族聚居的地方,过去很落后,很乱。搞个自治区,就先进了,所以有的城市是要建立自治区的。但我们觉得这种自治区不很多,可以另行解决,不必写在宪法里。民族乡将来会有很多。这种民族乡,没有财权、军事等方面的自治权。因为历史上他们的条件差,如果有自治权,反而对他们不利。过去各地搞了好多自治乡,特别是回族人、回族自治乡,在宪法上交代一下好。

刘少奇:交代一下好,现在可以研究一下如何写法。

田家英:按照钱端升先生的意见,第3款可写成“民族乡的国家地方机关,行使第2章第4节规定的关于乡人民代表大会和乡人民委员会的职权,并且在法律规定的权限内可以采取适合本民族特点的具体措施”。

李维汉:是否改成“民族乡人民代表大会、人民委员会按照第2章第4节的规定行使职权,并且在法律规定的权限内可以采取适合本民族特点的具体措施”?

邓小平:实质上就是说民族乡行使一般职权,后面又加了个尾巴。原则可确定,文字再研究一下。

会议原则上照调整意见通过,提出第3款文字可再研究。关于第67条、第68条、第69条,也照调整意见通过。

在讨论第70条“各民族自治地方的自治机关按照宪法和法律规定的权限行使自治权”时出现了不同的意见。

龙云:这一条“在法律规定的权限内行使自治权”,这样,自治权就受到很多限制了,法律没有规定的事情就不能做了。

刘少奇:自治权要不要法律规定?

乌兰夫:还是规定好,不规定不好搞。从内蒙古来看,规定个范围好。自治也不能超越根本法。

董必武:“自治”本身就有限制,苏联自治共和国的职权,就没有加盟共和国那么多。宪法已经规定了可以管理地方财政,组织公安部队,制定自治条例、单行条例等,应有的都有了,超过了这些,还有什么权呢?

傅作义:除了第70条的规定外,第71条还规定可制定自治条例和单行条例。

李维汉:别的地方不能制定条例,自治地方就能,宪法上规定由全国人民代表大会常务委员会批准,是尊重他们的自治权,别的地方不好改变他们的自治权。

刘少奇:我们的宪法,到底是保护了少数民族的自治权,还是剥夺限制了他们的自治权?龙云先生说是限制了,我看是保护了。恐怕要保护一下他们,因为他们人少,一挤,他们就没有办法。我也跟回民谈过话,他们说他们就怕汉人到他们那里去住。汉人住了一条河的上游,下游的回民就不能吃水了。宪法有这样的规定,是保护了少数民族,不规定他们就要吃亏。宪法上有规定对他们有利。

龙云:那规定漏了的地方,就不能做了。

邓小平:宪法上充分保障了少数民族的权利,不能设想在宪法之外还可以做别的事情。要求脱离中国,加入别的国家,那不行;要求特殊,独立起来,也不行。具体的,政治、经济、文化的权利,是充分保障的。如果现在规定得还不够完备,将来还可以补充,但也要由法律来补充。

陈云:自治权是有的,但也有限制,需要在宪法里规定。例如,内蒙古有自治权,但如果满洲里的关税、境内的森林、铁路,都归内蒙古,全国就不好办了。有自治权,也要服从总的东西。

龙云:有第 71 条的规定,就解决了这个问题。我不坚持我的意见。

刘少奇:现在还没有民法,但已有了婚姻法。婚姻法是全国通行的,但在新疆就很难实行。怎么办?他们可以根据本地的习惯,搞个单行条例。

李维汉:民族区域自治中,还有这样一个问题,如果让少数民族关起门来搞自治,没有国家的支援,没有汉族的支援,很多事情就不可能搞,如包头那么大的工厂。没有外援,没有汉族的支援,他们是不可能搞的,因为历史上他们都处于长期闭塞的状态。如果让他们关起门来搞自治,对他们并无利益,事实上是使他们陷于落后状态。

刘少奇:这是个原则问题,中国有很多民族,汉族是个大民族,应该帮助各少数民族,过去中央人民政府对少数民族,也是给了很多帮助的。

徐特立:政治经济方面不能脱离大原则,我们对少数民族的帮助也主要在政治、经济方面,至于少数民族风俗习惯,可以照顾,不要干涉。

龙云:有了第71条搞自治条例和单行条例,我不坚持我的意见了。

陈叔通:必须说明,第70条和第71条是一件事,不是两件事。

邓小平:第71条说明的是在宪法、法律规定的范围内制定自治条例、单行条例,而不是在宪法、法律规定的范围外还可以搞什么。

李维汉:在宪法和法律规定的权限内可改为按照宪法和法律规定的权限,意思还是一样,写法上比较统一些。

刘少奇:好,第3款也有类似的,也照改。

讨论结果:照调整意见通过,但第1款和第3款中的"在……规定的权限内"改为"按照……规定的权限"。

在讨论第72条"各民族自治地方的自治机关在行使职权的时候,用当地民族通用的一种或者几种语言文字"问题时,刘少奇:这一条加不加"应当"2字?加个也好。请语文组研究一下吧。

邓小平说:加个也好,不加也一样,加不加都没有毛病。

讨论结果:照调整意见通过,加不加由语文组研究一下。

在讨论第73条时,李维汉:条文可调整一下,第70条第1款和第71条第1款可并为一条,分两款。第70条的第2款和第3款作为一条,第71条,这样改,就只能有一种解释了。

刘少奇:这样改好。

田家英:这样改好,第71条的两款最后分成两条。

刘少奇:那好吧。

钱端升:这第5节条文的安排,是否由我们法律、语文组的4个人再研究一下,看怎样安排好。

刘少奇:好。

2. 人民法院和人民检察署

讨论稿第66条规定:"中华人民共和国的司法权由最高人民法院、地方各级人民法院和依法设立的专门法院行使。最高人民法院和地方各级人民法院的组织由法律规定。"提交会议时已改为"中华人民共和国最高人民法院、地方各级人民法院和依照法律设立的专门法院行使审判职权",并移作了第72条。

提交给这次会议的讨论稿第67条,已由原来的"最高人民法院和地方各级人民法院任期一律五年",改写成"最高人民法院和地方各级人民法院院长、副院长任期四年。最高人民法院和地方各级人民法院的组织由法律规定",并移到了第73条。

刘少奇:这一条,只写院长不写副院长好不好?如果副院长上了宪法,好像副院长也不得了。

李维汉:可把"副院长"删掉。

刘少奇:院长是选举的,副院长是任命的。地方各级人民法院院长为什么是选举的?恐怕也是任命好了。

邓小平:副院长、审判员,由谁任命,将来由组织法规定好。是否在宪法里就把"副院长"删掉?

田家英:县人民代表大会代表任期2年,县法院院长任期4年,这不一致。

邓小平:县法院院长还是任期4年好。变动多了不好。

讨论结果,大家同意删去"副院长"。接着,讨论第68条关于人民陪审员制度。大家同意按原文第二个修改意见办,规定为:"各级人民法院审判案件依照法律实行人民陪审员的制度。”

讨论第69条,对原文有两种修改意见:一为规定“被告人有辩护权”;二为规定“被告人有权获得辩护”。

陈叔通:保留原文,不动为好。我主张维持原文。苏联写的是“被告人有权获得辩护”,上面还有“保证”两字。我们条件不够,没有律师,还是维持原文好。

刘少奇:他说他不会讲话,到了法院里说不清楚,要求法院里找个人能把他要说的话说清楚。是不是给他找?不一定有律师。

邓小平:照原文,好像我们的被告现在才有辩护权。写“有权获得辩护”比较庄严些。

刘少奇:困难是有的,但不能因有困难,这项权利就不要了。宪法草案要公布,全世界都可看到,写“有权获得辩护”比较好些。叔老看怎么样?

陈叔通:我并不反对这样写,就怕做不到。

邓小平:找律师找不到,但可以自己辩护,也可以找别人替他辩护,也可以让法院找人给他帮忙,不一定非找律师。

讨论结果,同意写为:“被告人有权获得辩护。”

接着讨论第70条。对该条提出的修正意见是,认为应改写成:“各民族都有使用本民族语言文字进行诉讼的权利。在少数民族聚居或者多民族杂居的地区,人民法院应当用当地通用的语言文字进行审理,用当地通用的文字发布判决书、布告和其他文件。如果当事人不通晓当地通用的语言文字,人民法院应当为他们翻译。”

刘少奇:为他们翻译,是很困难的事。宪法上规定了,如不替他们翻译,就违宪了。这样规定有没有问题?

陈叔通:这样规定好。

李维汉:内容没有问题。文字上这样写,好像不包括散居的少数民族在内。是否文字安排上再由我们考虑一下?

刘少奇:那好。

周鲠生:我们法律组、语文组4个人建议,最后一句话可改为:“不通晓当地通用的语言文字的当事人,有权获得翻译。”

会议同意:文字安排上,由李维汉秘书长负责再考虑一下。

在讨论第71条时,会议通过了如下的修改方案:“各级人民法院独立进行审判,只服从法律。”关于第72条,会议同意原文不动,移作第78条。

讨论第73条的修正意见,同意写成:“最高人民法院对全国人民代表大会负责并报告工作;在全国人民代表大会闭会期间,对全国人民代表大会常务委员会负责并报告工作。地方各级人民法院对本级人民代表大会负责并报告工作。”

会议讨论检察机关。原文第74条规定:中华人民共和国的检察机关对政府机关、国家机关工作人员和公民的犯法行为,行使检察权。对第73条有两个意见:(1)移作第80条,改写为“中华人民共和国最高人民检察署直接或者通过地方各级人民检察署对中央人民政府所属各部门、对地方各级人民政府、对国家机关工作人员和公民是否遵守法律实行最高检察”。(2)有人主张:把“实行最高检察”改为“实行最高监督”。围绕着第74条,会议展开了讨论:

钱端升:在召集人会议上有人主张把“检察”改为“监督”,多数人主张还是用“检察”。

李烛尘:既然叫作总检察长,也就可以行使最高“检察”职权。

刘少奇:既然叫作总检察长,又叫了个“监督”,好像不要“检察”了。检察机关只有决定逮捕之权和控诉之权,没有审判之权。它的权力很大,但也有一定的限制。

黄炎培:还是用“检察”好。在检察的对象中,国务院是否包括在内?

邓小平:不包括在内。

黄炎培:“国家机关”是否包括全国人民代表大会?

刘少奇:不包括。全国人民代表大会代表、全国人民代表大会常务委员会委员和中华人民共和国主席,国务院总理、副总理犯了法要经过常务委员会批准,检察机关才能办。

邓小平:这一条的“国家机关”是指的工作人员。

黄炎培:国务院的一个副总理犯了法。怎么办?

邓小平:副总理犯了法,总检察长可以提到全国人民代表大会或者常务委员会,逮捕不逮捕也决定于全国人民代表大会或常务委员会。

刘少奇:假如一个副总理打死了人,常务委员会可以免掉他的职,然后再按普通公民处理。

邓小平:副总理犯罪,可以有两种:一种是职务内的罪,另一种是个人的罪,属于个人的犯罪行为,应当按照普通公民处理,不能说成是副总理犯了罪。

黄炎培:检察机关和监察委员会之间的职权划分有什么区别?

董必武:监察委员会行使的是行政监察,它的主要任务是对财经方面实行监督。一般的行政处分也归它管。决定一个人是否犯了罪,就是检察机关的事情了。

邓小平:监委行使监察权职权的范围基本上是国家机关的工作人员,它的主要职权是对财政金融实行监督,对于公务人员是否遵守纪律,也实行监督。

刘少奇:“直接或者通过地方各级人民检察署”可以去掉。

3. 关于公民的基本权利和义务的讨论

草案第81条原文:“中华人民共和国公民的人身自由不受侵犯。任何公民非经法院或检察长的许可,不受逮捕。在紧急情况下的临时拘留,至迟要在三日内得到批准,否则被拘留的人应当得到释放。”对于这一条有两个修改方案:

(1)改成"中华人民共和国公民的人身自由不受侵犯。任何公民非经法院决定或者检察长批准,不受逮捕。在紧急情况下的临时拘留,至迟要在三日内得到法院或者检察长的批准,否则被拘留的人应当得到释放"。

(2)把原文第三句改为"在紧急情况下的临时拘留,应当迅速通知法院或检察长,至迟要在三日内得到许可,否则被拘留的人应当得到释放"。

黄炎培:在紧急情况下的临时拘留,应当迅速通知法院或者检察长,这是一个原则。只有偏远的地区才能在 3 日内得到许可。

屈武:在苏联,临时拘留的批准程序是规定在刑法里的,我们的宪法是不是也可以考虑不写这一点?

李维汉:像"应当迅速"等一类词句,在宪法里是很少有这种写法的。

黄炎培:规定 3 天的期限,在别的国家宪法中有没有先例?

邓小平:阿尔巴尼亚就是我们的先例。匈牙利规定的期限还长点,是 5 天。我们规定 3 天,对于保障人权来说是严格的。

刘少奇:可以作这样的一般规定。事实上有的偏远地方还需要另外规定一些特殊的办法。

邓小平:过去我们搞的几次革命运动,一叫土地改革,二叫镇压反革命,三叫"三反""五反"。谁否认了这一点,谁就是否认了革命。在几次运动中,也有搞错了的,但是打倒地主阶级和反革命分子,主要是靠了革命的群众运动。如果在那时,我们规定了这一条,保管革命根本就搞不起来。

陈叔通:所谓"迅速通知",到底是指的一个小时,还是两个小时?这样写不能解决问题。

高崇民:"至迟"那个字已经包括了迅速的意思。

邓小平:写成"迅速",与原文的意思还是一样,问题是迅速的界限很难划分。

刘少奇(会议主持人):这一条暂时保留,下一次再作决定。于是,讨论便转到草案的第82条。该条的原文是:“公民的住宅不受侵犯,通信秘密受法律保护。”

刘少奇:要不要加上迁徙自由?

陈叔通:《共同纲领》上已经有了,如果在宪法中不写,人家问起来,还要解释。

钱端升:可以改为“中华人民共和国公民的住宅不受侵犯,通讯秘密受法律的保护。中华人民共和国公民有居住和迁徙的自由”。

刘少奇:改得好。

讨论第83条、第84条、第85条时大家对原文没有意见。

讨论到第86条受教育权时,刘少奇:要不要加上国家鼓励私人办学的意思?

黄炎培:鼓励私人办学是带有政策性的问题。如果不写在宪法里也可以。本条第2款的意思很好,就是“特别关怀”几个字太空洞了,是否还有更好的文字。

在讨论第88条关于公民的控诉权时,陈叔通说:该条第二句“由于国家机关工作人员侵害公民权利而受到损失的人,有取得赔偿的权利”。这句话可以删掉,因为有了控诉,总会有判决的。

田家英:“其实保留这一句有什么坏处?有了这一句反倒警惕了人。”

邓小平:“保留这一句好。”

关于第89条、第90条、第91条、第92条、第93条和第94条,都顺利通过,没有提出修改意见。

在这次会议上,法律小组根据宪法草案座谈会各组召集人联席会议的意见,就“人民”、“公民”和“选民”作了如下说明:

(1)“人民”:人民是国家一切权力的所属者,即国家的主人翁。

毛泽东主席在《论人民民主专政》中说:“人民是什么？在中国,在现阶段,是工人阶级、农民阶级、小资产阶级和民族资产阶级。”

(2)“公民”:公民包括一切具有中华人民共和国国籍的人。公民是法律上权利和义务的主体,享受宪法所保障的权利,担负宪法所规定的义务。

(3)“人民”通常是用于“集体”意义的,而“公民”总是用于“个别”意义的。“人民”是政治概念,指的是各民主阶级;“公民”是法律概念,表明在法律上的地位。

(4)“公民”和“选民”的区别。不是所有公民都是“选民”。未满18周岁的公民不是选民,有精神病的人不是选民,依照法律被剥夺选举权的人不是选民。

(5)关于“人民”和“公民”的用法:宪法草案一共用“人民”15次(当形容词用的,如“人民革命”“人民政府”“人民团体”“人民陪审制”等)。除序言第3段末句的“全体人民”的“人民”实际只指“公民”外,其余14次“人民”的意义是相同的,也是完全符合上面所作关于“人民”的解释的。宪法一共用“公民”29次,意义完全是相同的,也完全符合上面所作关于“公民”的解释。

5月30日晚毛泽东召集刘少奇、李维汉、田家英商谈宪法问题,陈云、邓小平也参加了讨论。

(五)宪法起草委员会第五次全体会议

宪法起草委员会第五次全体会议于1954年5月31日在中南海勤政殿举行。刘少奇主持会议。会议主要讨论了对宪法草案(初稿)第2章第4节地方各级人民代表大会和地方各级人民委员会,以及公民基本权利和义务等部分的内容。

刘少奇:请田家英同志对“原条文第60条的调整意见”解释一下。

田家英:法律组提出原条文有些乱,前后照应不够,我们研究了一下,采纳了这个意见,对原条文作了一些调整。内容没有变动,只是写法变清楚一些,和苏联宪法的写法基本上是一致的。主要改动是:权力机关列举了职权,而行政机关不列举了。对"地方各级"加以区别,有的写作"县级以上",因为有些事县以下不能做。例如,乡就不能选举法院院长。把原来规定的"中央直辖市"改为"直辖市",原来的"人民政府"改成"人民委员会"。将地方人民代表大会职权的原第3、第4、第5、第6各项抽出来,单独作第61条、第62条。现在的第67条第2款是新增加的,这是采取苏联的办法,县级以上的人民委员会有权"停止"(但无权撤销)下级人民代表大会不适当的决议的执行。有人提议加上"在本级人民代表大会闭会期间"。

原稿第42条关于中华人民共和国主席的职权的讨论:

李维汉:有一个方案把(一)(二)(三)(四)(五)都去掉,内容全部连起来。

钱端升:如果这样改,就同全国人民代表大会、全国人大常委会职权的体例完全不一样了。

邓小平:连起来,集中算一条,算一个范围的事。主席的职权共4条,是4个范围的事。

原稿第53条的讨论:

李维汉:第一句是部长和主任负责管理各部门的工作,是一长制;第二句却是:各部和各委员会"发布决议和命令"。要前后一致。第二句是否改为"各部部长和各委员会主任发布命令和指示"。讨论结果:大家同意这个改法。

第68条的讨论:

彭真:地方各级人民委员会都对本级人民代表大会和上一级国家行政机关直接负责并报告工作。

黄炎培对"直接"两字提出疑问。

朱德:"直接负责"是经常的关系。比如,师长去指挥一个营长,虽也可以,但那是特殊情况,不是经常的。团长指挥营长则是直接的、经常的。所谓“层层节制”,就是这个意思。加“直接”,更严密些。

第55条的讨论:

李维汉:相当于省一级的民族自治地方,现在有两个名称:自治省、自治区。这几天,民族事务委员会开会,交换了一下意见,觉得“自治省”的名称可以不要,都叫“自治区”,免得什么叫自治省,什么叫自治区,分不清楚。请起草委员会考虑。

邓小平:没有“自治省”的名称同样也解决问题。还是一个形式的好,简化。新疆将来可以叫自治区,省以下叫自治州。

刘少奇:省以下叫什么名称,可根据各民族习惯去定,比如,叫盟、旗、宗(西藏)等,这些名称这里还要不要列上?

邓小平:民族自治机关的形式,在第5节第67条第3款已经有了总的规定了,这里可以不列。

乌兰夫:列不全,将来在自治条例中可以去规定。

张奚若:在这一条的写法看起来不大容易理解,是否可以写作:省—县—市,自治区—自治州—自治县,更清楚些。

习仲勋:省以下有自治州的,如甘肃省就有。

邓小平:比如,新疆的维吾尔族地方有哈萨克族的自治州。像这种情形,四川、甘肃、青海都有。

李维汉:广东、广西、湖南、云南、贵州、西康都有这种情形。

林伯渠:自治州以下还有市,有没有自治市?

李维汉:自治州的都改成省辖市了,即是“市”,现在市只有两种,直辖市和市。

邓小平:“省辖市”和“直辖市”统一了,都是省辖市,叫作“市”。

讨论结果:通过第1项和第2项,将自治省删去。

会议讨论第3章公民的基本权利和义务时,与会委员们从不同

的角度提出了修改意见。第90条的讨论:

吴玉章:"拘留"问题,苏联宪法是不写的,他们另外搞了一个拘留法。苏联的《拘留法》规定:拘留在24小时内要报告检察长,48小时内检察长要作出决定。这个时限也可伸缩,远的地方时间可长些。我们的宪法中也可以不规定。

彭真:"拘留"问题在宪法中讲不清楚。苏联是在《刑事诉讼法》中规定,我们也可以在《刑事诉讼法》中规定,如果一下子搞不起来刑事诉讼,可以先搞一个单行条例解决这个拘留问题。吴老的意见是对的,临时拘留是有的,比如,乡长看见一个强盗在放火,他必须立即抓起来,他要是不抓,国家还要追究他的责任的。

董必武:法制委员会现在正在草拟刑事诉讼法。

刘少奇:"拘留"问题宪法中不写,公安机关怎么办?下边的公安人员也搞不清楚什么叫逮捕,什么叫拘留。必须写上搞一个法律才行。

邓小平:可以先搞一个临时办法。宪法草案原文有缺点,城市不需要3天,偏远地方3天又不够。

刘少奇:把这一句删去。搞一个临时拘留法。要在宪法通过同时搞出来。现在就要准备。请政法委、最高人民法院、最高人民检察署、法制委员会、公安部、司法部等单位研究起草,以董老为领导。

沈钧儒:这一句删掉是可以的。

刘少奇:这样可以照顾到偏远地方。宪法上规定,容易违宪。

黄炎培:这样好。

讨论结果:本条原第三句:在紧急情况下临时拘留,至迟要在3日内得到法院或者检察长的批准,否则被拘留的人应得到释放,整句删去。

第91条的规定:

田家英:中国历来写法都是"居住和迁徙的自由",《共同纲领》

上也是这样写法,不如改成这个写法。

刘少奇:好。

周鲠生:第 1 款的“住宅不受侵犯”移到通信自由后面好些,因为它与迁徙没关系。否则就不加迁徙自由,因为迁徙自由的广义解释是出国自由。

刘少奇:华侨也有搬进来或搬出去的自由?

田家英:外国只有两个国家写迁徙自由,我们写也无妨;“居住自由”也可以包含迁徙自由。关于住宅不受侵犯,波兰宪法是这样写的:“住宅不可侵犯和通讯秘密均受宪法法律的保护。”蒙古、朝鲜、罗马尼亚都是这样写的。

邓小平:可否不写“迁徙”?

田家英:居住自由可以包括迁徙,但更广泛些,比如,一个人有几个住处,他可以今天住在这里,明天在那里,而这并非迁徙。

邓小平:写上“迁徙”,少费唇舌。

田家英:住宅不受侵犯可以加在“通信”之中。

钱端升:“住宅,通信”移作第 1 款好。

讨论结果:本条第 1 款是:“中华人民共和国公民住宅不受侵犯,通信秘密受法律的保护。”第 2 款是:“中华人民共和国公民有居住和迁徙的自由。”

第 92 条的讨论情况:

董必武:实现了“社会主义改造”,不一定能扩大劳动就业,也许还要缩小。

刘少奇:实现了“社会主义工业化”,农业也用机器了,用人反而要减少。修了铁路,马车没生意了。

田家英:是否把“实现社会主义工业化和社会主义改造”删去,改为“国家依据国民经济的有计划地发展,逐步扩大劳动就业”。

刘少奇:“国民经济的”的“的”字可以删去。

叶圣陶:下面讲"发展",上面讲"依据",不好,要改一下。

黄炎培:改为"进行"如何?

李维汉:改为"通过"如何?

吕叔湘:"通过"较好,也还不那么完全合适。

黄炎培:改为"国家通过发展国民经济",或者"国家有计划地发展国民经济"。

刘少奇:有"努力"之意才好。"国家努力促进国民经济的发展"如何?

邓小平:这是一个条件。先用"通过",以后找到好字眼再改。

讨论结果:本条第二句,改为"国家通过国民经济有计划地发展,逐步扩大劳动就业,改善劳动条件和工资待遇,以保证公民享受这种权利"。

邓小平:我们考虑一下,还是只在经济建设一项上加一个"根据国家计划"的帽子,因为这件事比较大,第5、第6两项不要加。因为有些事很小,比如修桥铺路,挖一个粪坑,上级不要管它。

关于第4章国旗、国徽、首都的讨论:

对国徽的规定,修改意见在表述上有3种方案:

(1)中华人民共和国国徽,中间是五星照耀下的天安门,周围是谷穗和齿轮。

(2)中华人民共和国的国徽,是红底金纹,中间是五星照耀下的天安门,周围是谷穗和齿轮。

(3)中华人民共和国国徽图形,红底金纹,中间是五星照耀下的天安门,周围是谷穗和齿轮。

讨论结果:通过第一个方案。

沈钧儒提议取消总纲第16条。他说:"总纲是规定国家的政治制度和经济制度,列入文教事业一条,很不恰当。国务院职权内已规定,管理'文化教育和卫生工作'一项,因此总纲第16条可以取消。"

这个意见未为大家所接受。

邓小平:我们这一章叫"总纲",不是叫"社会结构"。如果叫"社会结构",那就肯定不能摆进去这一条。现在叫"总纲",这一条可以摆进去。

刘少奇:这一条还是留下来,没有损失。

(六)宪法起草委员会第六次全体会议

宪法起草委员会第六次全体会议于1954年6月8日下午4时在中南海勤政殿举行,刘少奇主持会议。会议对5月31日宪法草案(初稿)的修正稿全文又讨论了一遍。

第6条关于生产资料所有制问题。

叶圣陶:本条第2款"……都属于全民所有",可改为"……都为全民所有"。

张奚若:"属于"和"所有"在字义上重复。建议改为"……都属全民所有"。

李维汉:如果把"全民所有"当作一个整体来看,这里写"属于"就不重复了。

黄炎培:恐怕改为"都归全民所有"比较明确一些。

马叙伦:"归"字的意思是指人家的东西,现在归了你;"属于"的意思就是指自己所有的。我同意还是照原文"都属于全民所有"。

李济深:可以把属于的"于"字去掉。

田家英表示不赞成:只用一个"属"字,太文了。我同意照原文。

刘少奇:在没有更好的文字以前,就照原文定下来。

第16条关于劳动问题。

黄炎培:该条第一句末尾的"光荣事情"可不可以改为"光荣义务"?

李维汉:苏联宪法里就是这样写的。但是我国的情况与苏联不同,还有靠利润吃饭的剥削阶级存在,如果写成"义务",那就必须每个人都要劳动了。

第 25 条关于全国人民代表大会的会期问题:

刘少奇提出:“举行会议一次”同“开会一次”的意思差不多。还有没有别的改法?

李维汉:可以改为“全国人民代表大会会议每年举行一次”。

第 30 条关于全国人民代表大会常务委员会的组成问题:

陈叔通:可不可以把“委员若干人”调到“秘书长”的前面?

邓小平:这一条同第 48 条的排列次序不同。全国人大常务委员会的组成人员是按照工作的性质和责任大小排列的;而国务院的组成人员则以部长为主体,不是按照责任大小排列的。

刘少奇:“秘书长”在国外叫“总书记”,他所负的责任比别人要大一些。

第 39 条关于国家主席的资格问题:

原稿提出的条件之一为享有选举权和被选举权。

黄炎培:“享有”的“享”字,是否可以去掉?

叶圣陶、吕叔湘:可以去掉。

第 40 条关于中华人民共和国主席的法律地位问题:

李维汉:初稿上原来没有这一条。经过讨论,大家觉得中华人民共和国主席应该有一个定义,后来就写了这一条。现在又经过中共中央的反复研究,认为还是去掉了好。因为我们国家实行的是全国人民代表大会的制度,中华人民共和国主席是根据全国人民代表大会和全国人大常务委员会的决定行使一部分职权的,所以,要写也只能写成是“部分职权的元首”,不能写成“国家的元首”,否则,就不科学了。我们认为,不写这一条对于中华人民共和国主席的地位并没有影响。如果写了,倒很难解释。至于“元首”这个名称不大好,还是个次要的问题。

黄炎培:我个人并不主张写上这一条,因为中华人民共和国是属于人民的,如果写上元首,就同中华人民共和国的精神不符合了。但是不写上这一条,将来一定会有人问,我们如何答复,应该有所准备。

陈叔通:不写这一条,好像主席没有交代似的。

李维汉:我们国家的最高权力机关是全国人民代表大会,如果再写上元首,就会把我们国家的制度打了一个洞。

董必武:外国的元首都有一些不可控制的权力。比如,解散国会权,等等。

邓小平:从体制上讲,有"中华人民共和国主席是国家的元首"这一条是好一些。但有了这一条,伤害了整个宪法的精神,恐怕还是不写好。

李济深:可不可以改为"中华人民共和国主席是国家的最高代表"?

刘少奇:全国人民代表大会的代表就是国家的最高代表。如果再把主席也说成是国家的最高代表,那就会对立起来了。

钱端升:法律小组认为写上这一条并不科学,也不妥当。因为在宪法的第 1 节和第 3 节中已经规定了全国人民代表大会是最高国家权力机关,国务院是最高国家权力机关的执行机关,如果再在第 2 节写上主席是国家的元首这一条,就会同全国人民代表大会和国务院发生冲突了。

张治中:在地方上讨论这一节时,意见也很多。大家觉得第 2 章的其他各节写得都很具体,就是中华人民共和国主席没有什么。其实中华人民共和国主席的地位很重要,不写这一条,是不符合全国人民的心理和愿望的。如果认为用国家的元首不大妥当,也可以改为"国家的领袖""人民的领袖""国家的最高领导者"。

章伯钧:我们爱戴毛主席,就要爱戴毛主席的理想和他主张的政治制度。

傅作义:我个人意见,可以把这一条改为"中华人民共和国主席对外代表国家”。

田家英:这样一写,就变成中华人民共和国主席只是对外代表国家了。

刘少奇:中共中央对于各种修改意见都考虑过,最后认为还是取消比较好。

对宪法草案第40条的讨论,到此告一段落。

关于第44条问题:

张奚若:该条第2款可以改为“中华人民共和国副主席的选举和任期适用宪法第三十九条关于中华人民共和国主席选举和任期的规定”。

叶圣陶:这样改更为明确些。

关于第45条国务院定义的表述问题。

李维汉:这条中的“是”和“即”字有些不同。举例说,沈雁冰即茅盾,是文学家。这里用“即”字比较好。

田家英:对于要不要说明国务院即政府,我没有意见。国务院是不是政府,这不是广义、狭义问题,而是新旧说法问题。

张奚若:苏联宪法里并没有给政府下定义。因此,我认为这不是新旧说法问题。

李维汉:按照我们国家的体系,只有国务院是政府。

陈叔通:一般人看,主席是不包括在政府之内的。

叶圣陶:说明性质的,用“是”字;插进去的,用“即”字。

邓小平:用“即”字明确些,严密些。

黄炎培:用“是”字庄严些。

刘少奇:法律上以准确些为好,念起来不顺口是次要的。那就改为“即”好了。

关于第58条问题:

田家英:这一条之所以改动,是“职权如下”几个字不大精确,因为后面几条也是它的职权。此外,删掉了"根据国家计划"几个字,因为各方面都规定得很清楚了,也没有坏处。大家同意这样改。关于第64条,本条规定地方人民委员会的职权。会议仅对个别文字提了意见。

黄炎培:在"决议"与"命令"之间,别处用"和"字,这一条第2款为什么用了个"、"点?

田家英:是为了避免用两个"和"字。

吕叔湘:可以改为"和"字,语气顺点。

刘少奇:那就改为"和"字吧。

在这一个条文中,还有另外的文字修改。

钱端升:"本地"一词在法律上的含义不清。是否把"本地"改为"本区",把"本级"改为"同级"。

张治中:本地也好,本区也好,根本都可不要,绝对不会发生误会。

刘少奇:世界上不会发生的问题,为什么写在宪法里?把"本地"删掉好了。

关于第95条的规定:

刘少奇:对第2款"国家特别关怀青年的体力和智力的发展"这一款,黄炎培先生又给主席和我写了一封信,希望加上"予以保护"或者"予以保护和培养"。语文组提出上面讲发展,加上个别予以"保护",保护发展不大好,我也感到有这样一个问题。黄炎培先生说请主席、副主席决定,但主席、副主席也要服从大多数人的意见。

田家英:我们反复议过,感到想加上一句是困难的。照黄炎培先生那样加,说保护青年,保护体力和智力,保护发展,都不好说。就写为"国家特别关怀青年的智力和体力的发展",空不空呢?我特别征求了青年团,中国青年报社的同志们的意见,他们说不空,他们举出许多事实来,如农村办夜校等。吕叔湘先生说,语言的背后有事实,就不是空洞的,这是很对的。黄炎培先生的意见是对的,问题是找不出适当的字眼来。

陈叔通:我们的宪法是不讲空话的,关怀青年,并不是空话。如果加上“予以保护”,保护发展也不大好。

朱德:保护,对军队起个反作用,要他打仗,是要他死,还是要他不死。现在对好多青年工人,也保护不了,说关怀青年,就很够了,这里面也包括保护,几年内我们也做了很多保护青年的事情。

徐特立(1877～1968 年):保护是消极的,保证是指物质的保证,关怀、积极、消极各方面都包括。

董必武:说对智力发展,予以保护,几百个小学生,他让你保护一下,要上中学,你怎么办?写了保护他们来质问你,你毫无办法。

李维汉:任老提出的根据,是小孩子患了近视眼。当然,黑板不标准,是有影响的。我们工作中有缺点,这是我同意的。但小孩子患近视眼,有种种原因。如果拿小孩子患近视眼为根据,在宪法上写一句予以保护,将来害了近视眼就要由国家负责,就要赔偿,那这样的根据就也有问题了。关怀青年,并不空,可以通过国家在各个方面的措施来贯彻。

董必武:农村学校,不合理的地方还很多,不但距离我们的理想很远,就是距离一般人的要求也很远。

黄炎培:说青年已赞成,很对,但写的要求更高些,青年就更赞成了。据我分析起来,大家的意见有两点:一点是怕说了做不到。我认为,发个指示,也是保护,也就发生了保护的效力,例如,1950 年曾发过指示,就发生了保护效力,另一点说保护发展,也没有什么不通。我是信仰民主集中的,请主席决定吧。我认为我说的道理是正确的,没有人能说服我。

李维汉:如果说,任老的意见是正确的,那么,别人的意见就都是错误的了。要知道,多数人是不同意任老的意见的。请任老不要误会我们不保护青年,不要误会我们不考虑任老的意见,对任老的意见,我、田家英同志和几个顾问是经过反复研究的。

徐特立:关怀,带政治性,是活的东西,可以多方面照顾到,如用法律名词讲死,也不好。

章伯钧:第一,这次宪法草案讨论,是贯穿了民主精神的,开始前,毛主席就号召大家发表不同意见,大家知无不言,言无不尽。参加讨论的范围又这么广,这是民主的。这一点,不应有怀疑。第二,宪法草案规定的东西,是对人民负责的,是人民生活中需要的东西,要做、要遵守。不像北洋政府、国民党的宪法,尽管写得好看,很周到,实际上做不到(刘少奇插话:他们不做),是欺骗性的东西。我们的宪法,和他们的完全不同,规定的东西,都是一定要实现的。第三,在政治原则上,我们有个共同的认识,无论革命或者新中国成立,我们都是在共产党和毛主席的领导下进行的。在过去的革命斗争中,在建国以来几年的工作中,我们都是在共产党领导下的,同时我们又是负责任的一分子,为人民服务,对人们负责。共产党是搞真的,还是搞假的?是负责,还是不负责?我们应该是体会到了。这个宪法草案,是中共中央提出的,我们根据对党的认识,知道这是负责的东西,说得到做得到。

关于青年这一条,我看到黄炎培先生只注意了青年的一部分,即只注意了在大学读书的那一部分青年,我们应该注意的,是包括所有青年,包括工厂、农村里的广大青年,而不只是青年学生。其次,写上这一条,是否要负责呢?要负责,写关怀,就要关怀,不仅要关怀,还要特别关怀,对这一点,我们都要负责。这样写是否空?看怎么讲,说空,我也感到空一点。要具体到各方面都要写上才行。是否加个予以保护和培养?就不空了呢?我看就是加上这一句,仍然是空。加个“想一切办法履行规定”,也还是空。问题是看政府负责不负责。几年来,证明政府是负责的,发现了青年教养工作中的缺点,都及时予以纠正,有不妥当的地方,也都及时纠正,这说明几年来党和政府对青年的教育是负责任的。那时还没有宪法。我们实际上就已关怀了。关怀青年是多方面的,是广泛的,不仅仅是注意学校的黑板,青年团、少儿队、文化宫等,都是帮助青年发展的,所谓培养、保护,具体就在这里。在我们今天情况下,是否完全满足了呢?还没有,还有缺陷,还没有达到理想的标准,这个我承认,共产党的领导同志也不会不承认。如果拿我们和苏联比,那当然不够,他们早了30多年,我们人又多,基础又差,当然是不够的。方向是不是往那里努力呢?是,而且是无微不至。我们是不是能把国家所有的力量都拿来关怀青年呢?学习总路线,我们知道要搞国防,要搞重工业,因此就必须是有步骤有计划地关怀,包括的范围很广,可以包括培养,也可以包括保护,好像有点空,但这是我们的道路、我们的方向,多加些,恐怕也不好加。所以我主张维持原稿。

黄炎培:此刻可不再讨论了。我们应该在共产党领导下,知无不言,言无不尽,决定之后,绝对拥护。加不加,重要性不大,方向一样,只不过加了更完备点,使人家更容易了解。请主席决定好了。

陈嘉庚:原文这样写,很恰当,在今天的情况下,加个保证,不一定恰当。

董必武:我们的宪法,是《共同纲领》的发展,这一点也是如此,《共同纲领》上只写了个革命政治教育,现在写了特别关怀,青年们会满意的。任老说他的意见绝对正确,我看也不一定。

黄炎培:说保护的地方很多,如保护妇女等。

刘少奇:这一条已经讨论了好几次,问题是要不要再加一句“予以保护和培养”。黄炎培先生要求我们实行民主集中制,我们现在就实行民主集中制,民主集中制的第一条就是少数服从多数。(刘少奇同志接着就一个委员一个委员地问了一遍,大家都主张维持原文,不加“予以保护和培养”。)

刘少奇:大家都赞成维持原文,就维持原文好了,任老如果认为自己的意见是正确的,可以保留。

关于第96条的规定:

田家英:这是新写的一条,上边一句讲一般的公民都有进行文化活动的自由,下边一句讲专业公民。

刘少奇:这样写,大家恐怕就满意了,就这样写吧。

关于第99条的规定:

陈嘉庚:这样写很恰当。国外华侨是在外国政权下的,具体写,倒不好办,这样写可以做得到,所以很恰当。有人觉得太简单,我们对这些人的关怀表示感谢,但写多了反而不一定好。

关于第101条的规定:

田家英:这一条,把"履行社会义务"去掉了,因为不属于这一条所要规定的问题,把"公共秩序"改为"公共生活规则",公共生活规则的范围还比较广泛些。

邓小平:这里面包括认为正当的好的东西。有些有法律规定,有些并没有法律规定。

田家英:也就是公德,如让座位给老人妇女等。

徐特立:这是社会性的东西,群众自己定的东西。

陈叔通:"公共生活规则"不明确,除了"公共秩序"以外,还有什么要遵守的呢?

邓小平:这里写公共生活规则,很广泛。

陈叔通:随地吐痰,是否就违反了宪法?

朱德:随地吐痰,别人就可以干涉。

黄炎培:照原文有什么不好。

刘少奇:先这样改了,可再研究一下。

陈嘉庚:中华人民共和国只有一个主席,这很好。但还有两个问题:一个是全国人民代表大会开会的时候,要选举主席团主持会议,用了“主席团”,一个是开会的时候,要有会议主席,是否可考虑把名称改一下?

邓小平:会议主席,问题不大,会散了,他就不是主席了。宪法里面,除中华人民共和国主席外,只用了一个“主席团”,这恐怕不好改。其他团体有用主席的,可另外考虑。

经过民主的、热烈的讨论,第六次会议对宪法草案的文本进行了系统的修改,使文本内容更加规范和完善。会议结束时,刘少奇说:“这个草案,就初步确定,另外再由李秘书长和专门小组全盘考虑一下。”

同日,毛泽东对印发《中华人民共和国宪法草案(修正稿)》,做出批示:刘少奇同志阅后,交李维汉同志:此件可即印发有关各人(宪法起草委员会委员、中央人民政府委员),并要他们于6月11日带到会场。按照宪法起草委员会的工作安排,6月11日召开第七次起草委员会会议,毛泽东出席会议并讲话。

(七)宪法起草委员会第七次全体会议

宪法起草委员会第七次全体会议于1954年6月11日下午在中南海勤政殿举行。毛泽东出席并主持了这次会议。这是向中央人民政府委员会正式提交宪法草案以前的最后一次会议。会议的主要议程是讨论、通过《中华人民共和国宪法草案》及准备提交给中央人民政府委员会审议的《中华人民共和国宪法起草委员会关于宪法起草工作经过的报告》。除宪法起草委员会委员外,中央人民政府委员会委员、宪法起草委员会顾问及办公室负责人列席了会议。

本次会议审议和讨论的问题涉及宪法草案的基本框架与基本内容。为了说明具体讨论情况,以下介绍宪法起草委员会第七次会议的纪要。[1]

毛泽东主席:宪法起草委员会已经开了六次会议,今天是第七次会议,也可说是中央人民政府委员会开会前的最后一次会议。宪法

〔1〕 载《党的文献》1997年第1期。

起草委员会应当把它所做的工作向中央人民政府委员会报告,并把这个宪法修正稿作为草案批准公布,在全国人民中间进行讨论,收集意见。那时,起草委员会还要做工作。宪法草案公布以后,估计意见不会很多,但是尽管意见不多,总还会有些意见。在向全国人民代表大会作报告以前,宪法起草委员会还要开会,同时要准备一个向全国人民代表大会作的报告。因为宪法是起草委员会起草的,收集了意见后,还要修改。修改成了最后稿,还要向全国人民代表大会作报告。至于全国人民代表大会根据这个报告进行讨论,那就是它的事了。[1]

中央人民政府委员会将要在最近开会。宪法草案大概在15日以前公布,在全国人民中间还要进行两个半月到3个月时间的讨论。宪法草案公布后,要在全国范围内进行广泛的解释,组织讨论。今天的会议是对宪法草案的全部条文作最后的审查。虽然大家对条文都很熟悉了,但是今天要表决通过,为了慎重起见,还是把它读一遍吧。

齐燕铭宣读《中华人民共和国宪法草案》全文(略)。

李维汉:第2章第4节的第53条第3款、第54条第2款、第5节的第67条、第68条、第69条、第70条、第71条、第72条和第3章的第100条都有一些修改,并删去了一条,现在的全部条文共106条。

毛主席:说明一下,为什么这样改?

李维汉:第5节的改动,是因为没有照顾到前面,条文有点乱,所以,在第53条增加了一款。

毛主席:什么叫"民族自治地方",需要解释清楚,在第53条加一款,就有交代了。民族自治地方不包括民族乡。

李维汉:第54条是讲自治区、自治州、自治县设立自治机关。另外,还把"按照宪法第六十七条的规定"改为"由宪法第二章第五节

---

[1] 毛泽东在1954年6月11日中华人民共和国宪法起草委员会第七次会议上的讲话记录,转引自逄先知、金冲及主编,中共中央文献研究室编:《毛泽东传》,中央文献出版社2003年版,第333页。

规定”。

毛主席:改成这样比较清楚。第 2 章第 5 节有许多条,不只是第 67 条,它全部是讲民族自治机关的组织和工作的,你们讨论过没有?

李维汉:民族事务委员会扩大会议已经讨论过了。

毛主席:第 5 节第 67 条的意见已经移到前面去了,这里可以把它删去,好不好?第 5 节的修改都是属于文字性的。“各民族自治地方的自治机关”都改为“自治区、自治州、自治县的自治机关”。因为在第 4 节第 53 条已经把民族自治地方交代清楚了,所以,在第 5 节不应再笼统地提“各民族自治地方的自治机关”。第 67 条加了“的组织”3 个字。因为这一条是讲组织的,没有这 3 个字就不那么好。第 68 条只是文字的修改。第 69 条,把“第五十八条……第六十条”删掉,改为“第二章第四节”。因为这一条是讲职权的,而一切自治机关也都行使第 4 节规定的地方国家机关的职权。这一条的改动是不是这个意思?

李维汉:是。第 67 条是讲组织,第 69 条是讲职权,照现在的改法,就同第 67 条在形式上统一起来了。

毛主席:为了节省文字起见,第 4 节规定的地方国家机关的职权,可以不必列举。如果列举了,好处是人家一看就很清楚,但缺点是这样写了,第 67 条也要列举。照现在的写法,要让人家自己去翻找,不知能不能翻得出来?

陈叔通:不难翻出来。

李维汉:将来可以在单行法中规定。第 67 条写的是根据第 2 章第 4 节规定的基本原则,不好具体列举。

邓小平:第 67 条不好列举具体条文。

李维汉:各民族情况也不同,不好列举。

毛主席:既然第 67 条不列举,那么第 69 条也不列举。第 70 条、第 71 条、第 72 条都是文字性的修改。大家对第 4 节和第 5 节的修改还有什么意见？草案公布以后总还会有修改的。

刘伯承：第21条和第49条第14项都写的是"武装力量"，第42条也应改成"统率全国武装力量"。

毛主席：譬如军事仓库、国防工事、兵船、飞机、汽车、大炮、炮弹等都算不算武装部队？中华人民共和国主席能不能统率？照原文的写法，主席只能统率部队，炮队就不能统率了。

邓小平：武装力量包括人民武装在内，如果人民武装也归主席统率，可以改为"武装力量"。

毛主席：民兵是不是归主席统率？那应该是政府的事。部队、医院、军人休养所叫不叫部队？说"统率武装力量"是可以的，譬如"使用武力"不就是"使用武装力量"的简称吗。

陈叔通：还是照原文好。

毛主席：初稿上原来写的是"武装力量"，后来怎么改成"武装部队"了？

钱端升："武装力量"和"武装部队"两个名词翻译成俄文是一个词。当初所以把"武装力量"改为"武装部队"是认为部队可以统率，力量不好统率。我们法律小组的意见，可以考虑改成"武装力量"。

聂荣臻：第21条讲的就是武装力量。

毛主席：武装力量分两部分，一部分是部队，一部分是部队以外的武装力量。如果照原文的写法，好像部队以外的武装力量不归主席统率了。恐怕还是将军们的意见对。语文顾问同志，你们看哪个意见好？

叶圣陶：还是改成"武装力量"好。武装力量能不能统率呢？我们看看第4条，这个问题就解决了。第4条写有"……依靠……社会力量"一句话，既然社会力量可以依靠，为什么武装力量就不可以统率呢？

毛主席：改成"武装力量"好不好？

黄炎培：武装力量包括人和物。语文专家的意见是可以采纳的。

但是第23条的“武装部队”恐怕不能改成“武装力量”。

邓小平:可以改成“军队”。

刘少奇:改成“军队”好。

李立三:军队包括不包括警察?

毛主席:警察是怎样进行选举的?

刘伯承:警察的选举是同政府在一起进行的。

张奚若:第54条第2款的“由”字是否改为“按照”?因为“由”字有点未确定的意思,既然在宪法的第2章第5节已经把自治机关的组织和工作规定得清清楚楚,还是用“按照”好一些。

周鲠生:“由”字含有将来的意见,用“按照”也不太好。索性用“在”字倒好一些。

毛主席:“在”字不那么妥当吧。

黄炎培:用“按照”好。

李立三:还是用“由”字好,“按照”好像下面的话没有说完。

李维汉:当初是为了避免“按照”的字样过多,第4节“按照”第5节的规定,第5节又“按照”第4节的规定,不大好,才用了“由”字。意思是说,关于自治机关的组织和工作这里不规定了,由那里去规定。

毛主席:“由”字比“在”字好,也比“按照”好。“由”字不一定解释为现在没有将来才有的东西,比如,“这件事我办不了,由他去办。”张先生的意见怎么样?3个字比较,恐怕还是“由”字好。

张奚若:我没有什么意见。

张治中:第5节的标题“民族自治地方的自治机关”的“民族”是指少数民族。原第67条和现在的第72条都标出了“少数”2字,第23条也有“少数”2字。第5节的标题是否也标明“少数”2字,或者在第53条新增加的最后一款中加“少数”2字。“民族自治地方”是一个专门名词,不要把它拆开来讲。如果这里写作“少数民族自治地方”,则将来所有的文件都要写作“少数民族自治地方”了。这是“省文”。第3条的“民族自治地方”本来可以加“少数”2字,但省略掉了,这样写人家可以看清楚。第5节是讲少数民族自治的单独一节,是否加上“少数”2字,明确些。

毛主席:如果要加,则“民族乡”要改为“少数民族乡”才算完全正确;“自治区”“自治州”“自治县”也都要改为“少数民族自治区”“少数民族自治州”“少数民族自治县”了。

张治中:条文里可以省,标题不要省。

李维汉:最近几年来都是用“民族自治地方”,比如,《民族区域自治实施纲要》就没有“少数”2字,大家都明白是指少数民族。

赛福鼎:我的意见,“民族自治地方”即代表了“少数民族自治地方”,因为前面在第3条已经规定了“各少数民族聚居的地方实行区域自治”,这里可以不写“少数”2字。

乌兰夫:第3条已经讲清楚了,第5节可以不写“少数”2字。

刘少奇:这是省文。比如,“直辖市”,由什么地方直辖?是讲“中央直辖市”,把“中央”2字省掉了。因为除了中央直辖市就没有别的直辖市,不会误会。“民族自治地方”也是这样,因为只有少数民族自治,不会误会为别的。

毛主席:其实哪一个民族都是自治,比如,汉族,难道不是“自治”,而是被别人治?只不过把“自治”2字省掉了,我看,再过上几百年几千年以后,大概就可以不要讲什么“民族自治”了。说“民族乡”,哪一个乡都是民族乡,难道你(指邓子恢同志)那个龙岩县白头乡不是民族乡,而是种族?部落?难道你那个乡不是自治而是被治?现在所以要特别标出少数民族自治,是因为少数民族过去是被汉族统治者治的,现在是实行自治,所以要标出来。汉人的地区就不要标出“自治”了,因为汉人从来就是自治的,只有好人治与坏人治的不同罢了。张治中先生,经过这样解释,可以清楚了吧?

张治中:我撤销这个意见。

毛主席:第 100 条,把“遵守公共生活规则”改为“遵守公共秩序,尊重社会公德”。因为有人研究了,说苏联的所谓“公共生活规则”的主要内容是讲社会公德。

黄炎培:改得很好。

毛主席:还有什么地方要改的?能想得起来吗?如果想不出来,恐怕就差不多了。宪法的起草,前后差不多 7 个月。最初第一个稿子是在去年 11 月、12 月间,那是陈伯达同志一个人写的。第二稿,是在西湖,花了两个月时间,那是一个小组写的。第三稿是在北京,就是中共中央提出的宪法草案(初稿),到现在又修改了许多。每一稿本身都有许多修改。西湖那一稿,就有七八次稿子。前后总算起来,恐怕有一二十个稿子了。大家尽了很多力量,全国有八千多人讨论,提出了五千几百条意见,采纳了百把十条。最后到今天还依靠在座各位讨论修改。总之,我们是反复研究,不厌其详。将来公布以后,还要征求全国人民的意见。宪法是采取征求广大人民的意见这样一个办法起草的。这个宪法草案大体上是适合我们国家的情况的。将来全国讨论以后,会有好的意见提出来,会有所修改,但总的方面不会有什么改动了。

黄炎培:关于国歌问题。有人觉得现在的国歌是一个抗日战争时期的歌曲,已经过时了。有一个人还作了一首国歌,寄给我(昨天刚收到),要我送到中央来。我个人的意见,倒是觉得现在的国歌好。在这次讨论宪法草案中,也没有人提出要改国歌。

毛主席:国歌不必规定在宪法上。不喜欢现在的国歌的人,主要是不喜欢“中华民族到了最危险的时候”一句,但是如果说“我们国家现在是太平无事的时候”,那也不好。苏联用“国际歌”作为国歌,也有那么一句:“起来!饥寒交迫的奴隶”,苏联人民从十月革命一直唱到 1941 年,唱了 24 年的“饥寒交迫的奴隶”。我们的国歌有一句“最危险的时候”,有些人就觉得不舒服,现在帝国主义包围得还很厉害,唱一句“最危险的时候”,也没有什么坏处吧。国歌没有写。还有什么没有写的?各部没有定。还有领土没有具体写。

黄炎培:还有,中华人民共和国主席是什么,没有写。

毛主席:对了,主席不是国家元首。我看还是不用元首好。

何香凝:要加强中央的力量,“中央人民政府”的名称还是保留好。因为国务院的职权里没有讲到军事方面。

毛主席:有的。国务院的职权里有一项是“领导武装力量的建设”(第 49 条第 14 项)。

何香凝:中央要集权,才能迅速及时处理国家大事。要加强中央的权力,“中央人民政府”还是要,对外宣传有作用。

毛主席:你这个意思是很好的。中央的权力宪法中规定得很够了。全国人民代表大会、常务委员会、国务院、最高法院、最高检察机关都是国家机关,规定得很充分了。我们和帝国主义国家不同,我们是把权力的主要首脑放在全国人民代表大会常务委员会,政府是它的执行机关。政府的权力也是很大的,并不是权力小。我们是中央集权,不是地方分权。一切法律都要中央来制定,地方不能制定法律。中央可以改变地方的决定;下级要服从上级,地方要服从中央。

何香凝:如果遇到紧急关头,比如,帝国主义侵略我们,中央要能及时采取办法才行。

毛主席:你的意见很对,我赞成你的意见。就是要集中权力,要能灵活使用、遇到紧急关头,别人打进来了,常务委员会就可以决定问题(第 31 条第 15 项),无须等着开全国人民代表大会。我们是靠第 31 条第 15 项吃饭。这是讲“宣布”战争状态。如果敌人打来了,我们的军队当然立即就打。敌人打上海,我们上海的军队当然立即就打,“兵来将挡,水来土掩”,不是等到宣布了战争状态再开枪,而是先打后宣布。常务委员会也可以立即开会,白天接到消息,当晚就可以开会,晚上得到消息,第二天早上就可以开会。国务院总理也可以立即下命令行动起来。中华人民共和国主席可以立即指挥军队，立即下命令：打。根据宪法草案第20条，我们的军队的任务是"保卫国家的安全和领土主权的完整"，哪个打来我们就打他，讨论也不要讨论。至于宣布战争状态，那是常务委员会的事了。

何香凝：帝国主义侵略我们，我们应该无条件地打。

毛主席：那很对，外国打来我们立即打。

何香凝："中央人民政府"的名字还是要好。

毛主席："中央人民政府"的名字不要了，太长了。这是上次会议议的。也是反复了几次，初稿是"国务院"，后来改作"中央人民政府"，最后又改回来叫"国务院"。按照外国的习惯，一个国家只有一个政府，我们现在的政府多得很，省、县、乡都叫政府，现在宪法草案上规定地方都改叫"人民委员会"。

何香凝：我们的"长"字也很多，省长、县长、乡长，也多得很。我不坚持自己的意见。

毛主席：我们大家研究了一下，觉得这样可以。全国只有一个政府，即国务院，大家对"中央人民政府"的名字有了感情，很喜欢它，不愿意改，但改了我看也可以。苏联叫部长会议，我们叫国务院，也就是部长会议。地方叫地方各级人民代表大会、人民委员会。中国古代也没有地方政府，叫作"布政司"，地方称政府也是最近若干年的事，别的国家的地方不叫政府，就是我们这个国家古怪，政府多得很。其实我们在古代也是只有一个政府。你看这样改可不可以？

何香凝：可以，可以。我没有什么意见，我只是想到这一点，随便说说。

毛主席：我们和你一样，也喜欢"中央人民政府"这个名字，喜欢"人民政府"的名字，所以在宪法草案(初稿)里，地方还是叫地方人民政府，国务院也解释作"即中央人民政府"，也是舍不得这个名字，和你一样。后来经过大家讨论，反复研究，才舍得了，才改了。

何香凝:我不坚持这个意见。

毛主席:那好。如果大家没有意见,就付表决。赞成这个宪法草案全文和今天的修改的,请举手。(全体一致通过)

毛主席:还有一个报告。请齐燕铭同志把报告读一下。

陈叔通:报告中"一百零七条"要改为"一百零六条"。

齐燕铭读《中华人民共和国宪法起草委员会关于宪法起草工作经过的报告》。

毛主席:"一百零七条"改"一百零六条"。报告准备发表。赞成者请举手。(全体一致通过)经表决,全体一致同意,决定将它提交中央人民政府委员会审查通过后公布,并在全国人民中组织讨论。

二、法律小组对草案提出的专家建议

在宪法起草委员会对宪法草案内容的讨论中,法律小组作为专家组,对涉及专业和学术的问题提出了许多建议,为保证宪法草案的专业化、科学化方面发挥了重要作用。从制宪档案资料中可以看出,在宪法起草委员会会议上,遇到一些重大或者有争议的宪法问题时,起草委员会委员们经常咨询法律小组的意见,在重要条款的设计上宪法起草委员会听取了法律小组的建议。

但有关法律小组的成员的构成以及具体讨论内容等,目前史料的提法并不一致。如根据王铁崖的回忆,法律小组由钱端升为组长,成员有费青、楼邦彦、王铁崖。[1] 另一个资料线索是,1954 年 3 月 16 日政协常委会第 53 次会议决定为宪法草案讨论设立 17 个组,曾任妇女组秘书的林安娣回忆说,当时政协组织由专家参加的法律组和语言文字组,法律组的负责人是周梗生、钱端升,成员有费青、费孝

〔1〕 王铁崖:《宪法与国际法》,载赵宝煦等编:《钱端升先生纪念文集》,中国政法大学出版社 2000 年版,第 7 页。当时,周鲠生也是小组负责人,但因故未能参加具体工作,由钱端升负责小组的工作。

通、王铁崖、楼邦彦、潘光旦。[1] 第一届全国政协根据政协全国委员会工作条例规定,设立了政治法律组、财政经济组、文化教育组、民族事务组、华侨事务组、宗教事务组、国防组、外交组,政协全国委员会的每一委员必须参加其中的一组或数组。法律组是为解决宪法草案讨论中出现的有些专业问题,由专家组成的专门组织,旨在发挥学者的作用。作为法律组成员的费青是著名的宪法学家,在比较宪法方面造诣深;潘光旦是著名的教育学家;楼邦彦是著名的宪法学家;王铁崖是著名的国际法学者;费孝通是社会学家。

以下介绍法律小组在宪法草案讨论中提供的几条重要的宪法意见。

1. 宪法是否规定领土?

针对当时宪法应规定领土条款的建议,法律小组全体不赞成在宪法上规定领土的主要理由是:

一是各国宪法一般的不规定疆域。联邦组织的国家(如苏联)宪法上列举构成分子(各邦)是另一问题。我国在国家结构上不是一个联邦国家,没有列举领土的必要。固然中国是一个多民族的国家,宪法上尚须照顾到民族自治区的地位,但是民族自治区域之为领土不可分离的一部分,已经有宪法草案第 60 条的规定,是越发明确了。

二是我国台湾地区是中国领土一部分的问题也不是一定要采取在宪法上列举领土的办法来解决的。我国政府在历次对外声明中严正地提到我国台湾地区,已经充分表示国家对于台湾问题的立场,可以满足人民关怀台湾地区的情绪。决不能因为宪法上没有提到台湾地区而对台湾地区的领土地位怀疑;也不能专因为台湾问题而在宪法内特立疆域一条,列举领土。

三是即使在宪法内列举了我国台湾地区,也不见得就解决了中国领土的全部问题。假设宪法上只举出台湾地区而不能并举尚有问

[1] 林安娣:《60 年有风有雨,更有辉煌》,载中国政协新闻网 2009 年 6 月 11 日。

题的其他岛屿(如琉球),则那些地方的所属问题,有可能成为帝国主义者侵略的借口。

四是如要列举我国领土,实际上亦很困难,因为全国行政区域尚未确定。特别是民族自治省、自治区现在尚少划定的;有些地方,例如,西藏可能尚须经过相当时期方能确定它的自治地位。

同时,法律委员会也提交了规定领土条款的预案:

主要内容是:“中华人民共和国领土依其固有的疆域”,或“中华人民共和国以其固有的领土为领土”之类;但这是太空洞而无意义,不能解决问题。另外,是列举现有的大行政区,加上西藏等地,也比较简单。但是大行政区是暂时的行政代行机关,本身就欠稳定性,并且像西藏一类地方的行政地位尚未确定,也不便和大行政区并列。最可行的方式,是按行政区划列举全国所有的省、自治省、自治区和直辖市等。但这一方式的缺点是:第一,列举的名目太多,条文表现得十分琐碎;第二,有些地方,特别是西藏,究竟属于哪类行政区划,尚未确定,并且恐怕相当长时期内尚无法确定。采用列举行政区划的方式来规定领土,在现时情况之下,总是不适当的。

法律小组经过仔细考虑之后,认为单纯的列举地区(省区和相当于省区的地理单位)的名称,可以避免上述列举的困难而亦比较妥当。因此,建议采用左列规定领土方式的条文(插入宪法总纲作为第4条):

第四条　中华人民共和国的领土包括下列各地区:河北、山西、内蒙古、辽东、辽西、吉林、松江、黑龙江、热河、陕西、甘肃、宁夏、青海、新疆、山东、江苏、安徽、浙江、福建、台湾、河南、湖北、湖南、江西、广东、广西、四川、贵州、云南、西康、西藏。

2. 法律小组关于第49条的意见

第49条涉及几个名词,如“管理”“执行”“号令”,它们的意义首先须加以明确。

国家管理是指领导和组织国家活动的工作,包括执行和号令两种活动,是国家权力的执行和号令机关的日常具有创造性的活动。国家管理机关包括各级国家权力机关所组成的并对它们负责的各级国家权力的执行和号令机关。整个国家管理机关体系是一个统一的整体,受整个体系中的最高权力机关的统一领导。

执行活动是指以直接领发命令、组织执行和检查执行的形式,把一般的法律规范适用于具体的情况。号令活动是指在管理机关的职权范围内,根据法律制定法律规范,这些法律规范所牵涉的问题,或为立法所根本没有规定,或部分为立法所规定。事实上,这两种活动是融合在一起的,执行活动产生号令活动,号令活动是执行活动的继续,因而和号令机关相分开的执行机关是没有的。

由此可见,宪法草案所设置的中央人民政府是对整个国家管理机关体系实行统一领导的机关,是我们国家的国家权力的最高执行和号令机关。宪法草案把中央人民政府称作"国家最高权力机关的执行机关"是不妥当的。至于"国家最高管理机关",它只说出了中央人民政府是什么性质的机关,而没有说出它是采取什么活动来实现它的任务。其实,"中央人民政府"这一名称本身即已包含它是国家管理机关体系中的最高机关的意义,所以条文中再规定它是国家最高管理机关便成为多余了。(就名词而言,应该是"最高国家管理机关"。)

经修正后的第 49 条,即"中华人民共和国中央人民政府是国家权力的最高执行和号令机关",是恰当的。理由是:这样规定既表明中央人民政府在整个国家管理机关体系中的实现统一和领导的地位(机关名称即包含此意),又表明它和国家权力机关体系的关系。为了要标出号令活动,"号令"一词要比"行政""管理""治理""指挥"确切得多。

如果人们还嫌"号令"一词生疏不够通俗,那么,可省去"号令",

将条文改为“中华人民共和国中央人民政府是国家权力的最高执行机关”,因为根据上面的解释,“执行”也可以包括“号令”在内。

3. 法律小组关于宪法草案第 66 条中“专门法院”问题的建议

宪法草案第 66 条规定:“中华人民共和国的司法权由最高法院、地方各级人民法院和依法设立的专门法院行使。”

“专门法院”像“最高人民法院”和“地方各级法院”一样,是行使司法权的国家机关。但是关于最高人民法院和各级人民法院,宪法中对它们的职权、任期、产生方法、罢免机关、乃至于适用的制度和审理的方式都有些原则性的规定。对于专门法院除“依法设立”以外,其他规定让人对“专门法院”规定不太了解。在“意见汇编”中,我们看到有主张取消专门法院的,也有主张添置“专门法院的组织由法律规定”条款的,其理由或即在此。

查苏联宪法第 102 条(相当于我们的第 66 条)亦有特别法院执行司法权之规定。但他们的特别法院冠有“依苏联最高苏维埃决定所组织”的字样;第 105 条并规定:“……苏联特别法院由苏联最高苏维埃选举之,任期五年。”

专门法院制度在我国仅仅处于草创和试验时期,就实际情况而论,宪法上或不宜于作过分详细、硬性的规定。况且既有“依法设立的”字样,不至于有任意滥设的危险。

4. 法律小组关于“修正意见”第 28 条第 13 款应修改为“决定战争与和平问题”的意见

一是苏联宪法规定为“决定战争与和平问题”,指明:(1)战争与和平问题的决定是联盟的职权。(2)关于战争与和平的重大问题应由联盟最高国家权力机关决定。人民民主国家宪法的规定不一致:仿照苏联的办法,把“决定战争与和平问题”列为国家最高权力机关的职权之一,如罗马尼亚,或指为国家最高权力机关的一般职权,如越南;把“宣战与讲和的决定”列为国家最高权力机关的职权之一,如保加利亚和匈牙利。(3)波兰宪法以专条规定,议会必须在遭受武装侵犯或依条约作共同防御侵略时方能通过宣战的决议。(4)阿尔巴尼亚则无明文规定。(5)蒙古和朝鲜则以"制定对外政策与对内政策的基本原则和措施"列为国家最高权力机关的职权。捷克和德国宪法的情形特殊。

二是关于战争与和平,宪法有不同的规定,但是,如果列举职权,则可以有比较广泛的规定,也可以是比较具体的规定。更重要的是,所规定的是"战争与和平"或者"宣战与讲和",或者最广泛地规定为"对外政策的原则和措施"。可以说,在理论和实际上,从来没有把"战争"和"讲和"放在一起,或者把"宣战"和"和平"放在一起。在理论上,它们是不同的概念;在实际上,如果要给国家最高权力机关以较广泛权力的规定,就用"战争与和平";如果要给以较狭窄权力的规定,则用"宣战与讲和"。

三是宪法草案原先规定"宣战与讲和",似乎太窄些,用"宣战"一词也不十分妥当。但是,改为"战争和讲和",也是不妥当的。应该仿照苏联及一些人民民主国家之例,规定为"战争和和平"。"和平"一词的范围并无太广的问题,在这里,它是和"战争"同范围的。既然一切权力属于人民,而人民行使权力的机关是全国人民代表大会,范围广些,也无妨碍。如果规定为"讲和",好像全国代表大会对于和平问题只管和约的缔结和战争的结束,似乎也不妥当的。事实上,常务委员会是可以运用条约的批准而缔结和平与结束战争的。苏联及一些人民民主国家既用"和平",已有先例可援,而《中华人民共和国中央人民政府组织法》也是用"战争及和平"的。(上述意见,5月17日召集人联席会议已经决定采纳,并送请宪法起草委员会考虑。兹再将这项意见送上,供参考。)

5. 法律小组关于第28条第1款的意见

制定宪法不必列为全国人民代表大会职权之一的理由:

一是本宪法的制定,已在序言第三段中庄严地宣布。

二是“斯大林宪法”是一部新的宪法,同时就是对 1924 年宪法的修改。所以即使为了制定第二部宪法,那只是在社会经济情况发生了重大变化时,根据情况的需要来修改现行宪法,这已包括在修改宪法的职权范围内,无须另外再规定制定宪法的职权。

6. 法律小组关于宪法草案(初稿)(第二章第一节至第四节依修正稿;都根据印发的原本)内所用“法律”一词含义的考虑

宪法草案(初稿)内用“法律”一词 36 次。这 36 个“法律”中,有些具有明确的含义,有些则含义不太明确。明确的含义计有两种:一种是狭义的,另一种是广义的。

狭义的“法律”是指由全国人民代表大会制定的法律,如第二章内第 28 条第 2 项、第 32 条第 3 项、第 4 项和第 6 项、第 42 条第 1 项、第 54 条第 1 项、第 55 条等内所用“法律”。

广义的“法律”是指由各级国家权力机关和管理机关所制定和颁发的一切法令。有时更包含宪法在内,如第 17 条、第 71 条、第 78 条、第 91 条等。

有些条款内所用的“法律”,含义就不太明确。例如,第 82 条第 2 款规定:“中华人民共和国公民的通讯秘密受法律的保护。”这里“法律”是指狭义与否,很难确定。除全国人民代表大会外,它的常务委员会、中央人民政府、邮电部,甚至邮政总局,以及地方各级人民代表大会或人民政府,是否也能制定或颁布法令来保护或者限制通讯秘密呢?同样,总纲内第 8 条、第 9 条、第 10 条、第 12 条内所谓“法律”,是否也只限于全国人民代表大会所制定的法律,这里可能出现不同的理解。

当然,最好的办法是用两个不同的字来表示狭义的法律和广义的法律,使老百姓可以明确知道这些条文内所谓“法律”究竟是指哪一种。但这在事实上是很难做得到。在苏联宪法中,“法律”一字也同样有广狭二义的用法。

由此可见,从上下文的含义中辨别广义和狭义,是不可避免的。法律小组在另一份意见书中,建议将草案第66条的“依法”改为“依照法律”,也就根据于这一考虑,因为这里的“法律”是指广义的意思,而草案用“法”的原意也就是为了要避免受狭义法律的拘束。

由于宪法中所用“法律”一词可有广义和狭义的分别,法律小组中某些同志主张需要在宪法中对“宪法的解释”作出规定。关于这个问题,宪法小组仍在继续研究中,如有肯定意见,再提出。

7. 法律小组关于常务委员会“制定具有法律性质的法令”的职权等条款的修改建议

一是宪法草案(初稿)修改意见规定全国人民代表大会常务委员会有权“制定具有法律性质的法令”法律小组经过详细的讨论和研究,建议这个规定和有关的条款作如下的修改:

第32条第4项,建议改为“制定条例,发布决议和命令”,或建议改为两款:“(四)在全国人民代表大会闭会期间,制定条例;(五)发布决议和命令”。

由此,其他条款建议作相应的修改:

第28条第4项后加一款:“改变或者撤销全国人民代表大会常务委员会同宪法和法律相抵触的条例、决议和命令”。

第32条第6项改为“改变或者撤销中央人民政府和下一级人民代表大会同宪法、法律和条例相抵触的决议和命令”。

第42条第1项改为“公布法律和条例”。

第54条第1项改为“根据宪法、法律和条例,规定……”

第55条改为“……各部和各委员会在本部门的权限内:根据法律、条例和中央人民政府的决议、命令,可以发布决议和命令”。

二是必须肯定,全国人民代表大会是行使立法权的唯一机关,所以法律小组建议全国人民代表大会有权改变或者撤销常委会的条例、决议和命令。

三是在全国人民代表大会每年只召开一次的情况下,为了应对较迫切的问题和对于具体问题作出不完全成熟的规定,常委会作为全国人民代表大会的常设机关,有必要制定规定一般规范的文件:法律小组建议把这种文件通称为“条例”。此处“条例”的性质,相当于苏联最高苏维埃主席所颁发的那些规定一般规范的法令。

四是法律小组建议在宪法公布后,凡称“条例”者仅限于全国人民代表大会常务委员会所制定的规定一般规范的文件,它的重要性和地位仅次于法律。此外,民族自治机关也可以制定“自治条例”和“单行条例”,但它们的特点是仅在一定的民族自治地方内产生效力,而且它们都必须报请常委会批准,所以不致互相混淆,同时常委会都加以过问(或为制定,或为批准)。法律小组也考虑到“条例”以外的其他名称,如“法令”“律令”“律章”“条律”等,我们都认为不妥当,因为它们有的已别有所指(如“法令”系指所有的法律和命令),有的则令一般人感觉生疏(如“律令”“律章”“条例”等都是新创名词)。同时,法律小组也注意到过去几年,上至中央,下至地方,都在制定“条例”,没有一定标准。

五是法律小组认为没有加“具有法律性质”字样的必要,因为“具有法律性质”含义很不清楚。第一,它可以指具有法律上的效力,那么所有国家机关的行为都具有这一特征。第二,它可以指行使的原则。第三,它可以指规定一般规范,这样就勿须加“具有法律性质”的字样,因为宪法规定常委会有权制定条例,发布决议和命令,这个规定本身就意味着“条例”是地位仅次于法律规定的一般规范性文件。

六是常委会曾除有权制定条例外,还有权发布决议和命令,条例系规定一般规范,决议和命令系常委会行使其他各项职权的形式。还有权发布决议和命令,条例系规定一般规范,决议和命令系常委会行使其他各项职权的形式。苏联宪法把最高苏维埃主席团的行为通称为“法令”,其中包括规定一般规范的法令,我国宪法不宜于仿效这个宪法。把条例、决议和命令加以区别,在实际的运用上有不少便利。

七是第32条第4款、第6款原来都规定各该款所规定的常委会的行为都“必须提请最近一次的全国人民代表大会批准”,法律小组建议以全国人民代表大会有权改变或者撤销常委会的条例、决议和命令,来代替提请批准。因为,第一,全国人民代表大会每年召开一次,如果发生效力以经批准为条件,就会妨碍有些必要做的事情的时间性;第二,条例须经主席公布,那么未经批准前,公布是否即可发生效力,亦是问题;第三,全国人民代表大会有权改变或者撤销常委会的行为,就是对于全国人民代表大会职权的保障。

8. 法律小组关于统一宪法草案内“……由选举法规定”“……组织法由全国人民代表大会制定”等词句的意见

一是哪些机关的组成或组织必须在宪法中规定或有所交代?宪法条文不可能太详尽,因此,即使是最重要的机关的组成或组织也不可能完全在宪法中规定。在全国人民代表大会、中华人民共和国主席、中央人民政府、地方各级人民代表大会、地方各级人民政府、民族自治机关、法院和检察机关等主要国家机关中,我们认为,全国和地方各级人民代表大会代表的选举和怎样选举是必须在宪法中交代的,因为代表的选举是最基本的。我们虽然目前还没有条件写成关于选举制度的一章,但至少应在宪法中提到关于选举的法律。中央人民政府和各级地方人民政府是国家管理机关,法院是审判机关,它们都随时随地和人民发生关系,十分重要,所以在宪法中也应当提到关于它们组织的法律。

但是,全国和各级人民代表大会本身的组织,在宪法对代表的选举有了交代之后,可以不提。所以第67条(修正意见)关于地方各级人民代表大会的组织法的规定是可以略去的。中华人民共和国主席的办公机构的组织也是可以不规定的;将来无论用法律或不用法律来规定,也不必在宪法中提及。各级自治机关,对于有关的人民政府和各级地方人民政府来说固然同等的重要,但它们的组织是适用关于地方各级人民代表大会和地方各级人民政府的基本原则的,所以关于它们的组织法也不必在宪法中有所规定。检察机关与法院同等重要,但我们是采用总检察长的垂直领导制的,只有检察长的任命在宪法中有规定、检察机关的组织法也就没有必要在宪法中有所规定了。

二是宪法草案(初稿)和修改意见中有下列有关条文:

第 24 条(修改意见):"代表名额和代表产生办法由选举法规定。"

第 52 条(修改意见):"中央人民政府组织法由全国人民代表大会制定。"

第 60 条(修改意见):"地方各级人民代表大会的代表名额和代表产生办法由选举法规定。"

第 67 条(修改意见):"地方各级人民代表大会和地方各级人民政府的组织法由全国人民代表大会制定。"

第 66 条:"最高人民法院和地方各级人民法院的组织由法律规定。"

上面有 5 种不同写法:第 52 条规定了一定名称的法律;第 24 条和第 60 条规定了选举法。但没有指明什么的选举法;第 67 条规定了什么和什么的组织法,但又不是法律的一定名称;第 66 条最简单。

三是统一的写法。我们认为以上各种条文是可以统一起来的。我们建议用如下的写法:

"代表的选举由法律规定";

"中央人民政府的组织由法律规定";

"地方各级人民代表大会代表的选举由法律规定";

“地方各级人民政府的组织由法律规定”;

“最高人民法院和各级人民法院的组织由法律规定”。(原文)

这样统一的写法有下列3个优点:(1)统一;(2)灵活,法律的名称将来可以再定;(3)和实际情况也不抵触。“代表的选举”既包括名额在内,也包括各项选举办法在内,因此“名额和产生办法”可以不必在宪法中指明。

9. 关于“人民”和“公民”的用法〔1〕

宪法草案一共用“人民”15次(当作形容词用的,如“人民革命”“人民政府”“人民团体”“人民陪审制”等不计在内)。除序言第三段末句“全体人民”的“人民”是指“公民”外,其余14次“人民”的意义是相同的,也是完全符合上面所作关于“人民”的解释。

宪法草案一共用“公民”29次,意义是完全相同的,也完全符合上面所作关于“公民”的解释。

第8条、第9条、第10条中“生产资料的所有权”应当有“的”字。如果不用,以第8条为例,就成“保护农民的土地”“保护农民的生产资料所有权”了。

第9条中“非农业的个体劳动者”的“的”字可删。

删去“的”字,意义仍明白,为免多用“的”字累赘,删去为是。

第25条第2款“任期满前的三个月”改为“任期终了的三个月以前”。

原文词与意违,改文表达出所要表达的意思。

第25条、第34条、第47条中“的时候”都可以删去。

以事情限制时间,我国语言习惯,如“我们谈到开饭为止”。

第26条、第30条中“五分之一以上”和“三分之二以上”的“以上”2字要不要,看实际情形而定。

〔1〕 有关“人民”“公民”“选民”词汇之间的区别问题的建议,请参考宪法起草委员会第四次会议上讨论。

如果够 1/5、2/3 就可以了,不必用“以上”,意思就是起码要有 1/5、2/3,比 1/5、2/3 多若干人当然也可以。如果非比 1/5、2/3 多。一个人不行,那就得用“以上”。

第 28 条、第 29 条、第 32 条、第 42 条、第 54 条、第 56 条、第 61 条、第 65 条各款下的分号都没有问题。

第 28 条“组织中央人民政府”的“组织”没有问题。

第 41 条“当选”改为“被选”。

选举有了结果,才是“当选”。此处只是“可以选举他”的意思,用“被选”为是。

第 57 条中“设立”改为“成立”。

“成立”比“设立”较好,亦不惬意。

第 59 条第 2 款末“少数民族应有适当的代表名额”,与他处取得一致,“应”宜用“应当”。

以下据语文组的若干修改意见

第 10 条第 3 款“国家禁止资本家”之下加“的”字。

加了“的”字,把“资本家”和“危害”隔开,见得醒豁。

原第 12 条“实行徽购、徵用”之下加逗号。

原第 17 条删去“在工作中”4 字。

依靠群众,保持联系,倾听意见,接受监督,这些都是工作中应当做的,中间抻入“在工作中”4 字,反而弄混了。且机关所做的全是工作,不像个人那样有私人的行动,殊无提明“在工作中”的必要。

第 25 条第 2 款末改为“……可以延长任期到选出下届全国人民代表大会为止”。

第 30 条改为“……修改由全国人民代表大会以三分之二的多数通过……议案由全国人民代表大会以过半数通过。”

通过议案者为全国人民代表大会,不是多少代表。参照原文来看,可以理解为多数代表通过,尚有少数代表不通过。改文即不致生此误解。

第 32 条第 15 项第 1 行“遇到”上加“如果”2 字。

第 38 条“不受逮捕……”改为“不得加以逮捕……”。“非经许可”就逮捕机关而言,以下亦应就逮捕机关而言,故改作“不得加以”。

第 42 条“根据”上加“分别”2 字,“和”字不改。“职务”以改用“职权”为宜。

第 48 条“病”字无须忌讳,用“健康情况”殊不明确。

10. 关于统一宪法草案(初稿)(第二章第一节至第四节依修正稿都根据印发的原本)内“依照法律”“根据法律”“按照法律……”“依法”等词的意见

一是宪法草案(初稿)内用“依照法律”“根据法律”“按照法律……”“依法”等词的地方相当多,一共用了 25 处。这些词的意义,彼此不太容易区别,因而宪法草案内有些地方就用得不太恰当。为了统一宪法草案(初稿)内这些词的用法起见,我们试行先归纳这些词的不同的正确意义,然后对宪法草案(初稿)内用得不恰当的地方提出具体意见。

二是“依照法律”一词在宪法草案(初稿)内用得最多,共 14 处,它的意义也比较明确。它是用来说明:国家、国家机关或者公民,依照法律上的规定,来作一定的执行法律的行为。合乎这一用法的有第 8 条第 1 款、第 9 条第 1 款、第 10 条第 1 款、第 19 条第 2 款、第 68 条、第 79 条、第 93 条第 1 款及第 2 款和第 94 条(以上初稿)。

“根据法律”一词用了共 3 次,其中 2 次(修正稿第 54 条第 1 项和第 55 条)的意义是:国家机关根据法律而颁行法令或做与此相类似的公法上行为。与此意义相一致,宪法草案(初稿)内更用了“根据……决定”和“根据……提名”二词共 5 次,即修正稿第 28 条第 6 项和第 7 项,第 42 条和第 44 条。

“按照法律……”一词用了共 2 次,即初稿第 61 条第 2 款和第 64 条第3款。但这2次的用法都不正确,下文将予说明和修正。推测起草人的原意,这词是用来指:按照法律所规定的某种条件或其他类似情况。

据上分析,“依照法律”“根据法律”和“按照法律……”3词是各自具有不同意义的,我们很可能根据它们各自的正确意义,来统一和调整它们在宪法草案(初稿)条款内的适当应用。

此外尚有“依法”一词,在宪法草案(初稿)内只用了1次,即初稿第66条。我们认为它的含义和“依照法律”一词并无区别,所以并无必要在这一条内另创此词。

三是根据上述用词标准,宪法草案(初稿)内用得不正确而应予修改的有下列8处:

(1)初稿第12条:“国家……可以根据法律规定的条件……”中“根据”应改为“按照”。

(2)修正稿第54条第14项:“依照法律所规定的范围和程序,任免国家行政人员。”这里“依照”应该改为“按照”。

(3)修正稿第57条第2款:“民族自治地方的自治机关的设立,依照宪法第二章第五节的规定。”“依照”是前置词而不是动词,所以这一句缺少了一个动词,在语法上是错误的。这里“依照”2字,应依修正稿第46条第2款之例,改为“适用”2字。

(4)修正稿第65条第6项:“依照法律所规定的范围和程序,任免行政人员”,这里“依照”应改为“按照”。

(5)初稿第61条第2款:“自治机关的组织和工作;应当按照本宪法第二章第四节开于地方各级人民代表大会和地方各级人民政府所规定的基本原则。”这里“应当按照”4字应改为“适用”2字。

(6)初稿第64条第3款:“各自治区……的自治机关按照法律规定的权限管理本地方的财政、依照国家军事制度组织本地方的公安部队。”这里“按照法律规定的权限”,可依同条第1款为例,改为“在法律规定的权限内”。

(7)初稿第81条:“……任何公民非经法院或者检察长依照法律所作的决定或者许可,不受逮捕。”这句内“决定”与“许可”系名词而非动词,与“非经”联用,在语法上有毛病。本句可改为“任何公民非依照法院或者检察长根据法律所作的决定或者许可,不受逮捕。”

(8)初稿第66条“司法权由……依法设立的专门法院行使”这里“依法”二字应改为“依照法律”。

11. 法律小组关于宪法草案第66条中“司法权”不必改为“审判权”的意见

宪法草案第66条规定:“中华人民共和国的司法权由最高人民法院、地方……法院行使。”有人主张“司法”2字应该改为“审判”。我们觉得这种改变是没有必要的。理由是:

(1)“司法”2字习用已久,一般人都已了解,毋庸改弦更张。

(2)“司法”2字范围较广,能够正确地包括法院的一切业务和活动,而“审判”则含义太狭。审判固为法院的主要业务,但审判以外,法院还要处理许多所谓“非诉讼事件”(如举办登记、进行调解、证验遗嘱、指派监护人、指派遗产管理人、办理公证、推行法律互助、执行仲裁、裁决等),这类“非诉讼事件”是不能以“审判”2字包括进去的。我国法院现虽处在初创时期,但这类业务已经不少;将来民刑法典和各种程序法规颁布之后,可能更要增加。这类业务显然不属于“审判”范围,却均可包括于“司法”之中。

有人说:我们用“审判”2字仍可指明法院的主要业务,但“司法”既可包括一切业务(主要的、次要的,诉讼事件、非诉讼事件),我们为何不用?

(3)苏联宪法相应条文并非应译为“审判”,译为“司法”似更适宜。我国通用的中文译本采用了“司法”字样。

综上所述,我们认为这条条文里所原用的“司法”2字是可以维持的,改为“审判”反而弊多利少。

有人说:“司法”2字为旧宪法中所习用,有三权分立的意思。我们认为这个理由是不能成立的。三权分立与否,要视全部宪法的精神和制度,不在乎一两个名词的有无。若说“司法”不能用,那么“立法”也不能用了。“宪法”“政府”……也是旧名词,都不能用了。“法院”非改为“审判厅”不可了。(但“审判厅”是北洋军阀时代的名词,更是陈旧了!)总之,这种说法是很不妥当的。

至于宪法草案第72条“最高人民法院是最高审判机关”的规定:它是说明在审判业务上最高人民法院是最高机关(是审理最重大案件、受理最后上诉、确定最后判决的机关),并不排除或否定法院的非诉讼事件业务;因此,它和第66条并不抵触。(但改为“最高司法机关”亦无不妥,因为在一切司法业务和活动上,它都是最高机关。)

有人还担心:规定法院行使司法权,易与司法行政机关的职权相混淆。这种顾虑是不必要的。司法行政机关无疑是行政机关而非司法机关,它之所以不能行使国家司法权,就和服务于法院的勤杂人员不能行使国家司法权是一样的道理。我们不能因为它冠有“司法”2字便认它为行使国家司法权的司法机关,就如我们不能因为法院的勤杂人员(司机、传达等)配有法院的证章而便认他们为行使国家司法权的法院组成人员。

结论:第66条里“司法”2字不必更改。

12. 宪法与国际法关系

法律小组曾经讨论过有关宪法与国际法关系的一些问题,希望在宪法中对与国际法相关的问题作出规定。如和平共处五项基本原则、避难权、战争与缔结权等问题在宪法中有所涉及。但宪法与国际法的“根本关系则未被提出”,[1]王铁崖先生认为,宪法草案已对宪法的内容规定有大体的框架,而这种框架是受苏联宪法影响的,而未

〔1〕 王铁崖:《宪法与国际法》,载赵宝煦等编:《钱端升先生纪念文集》,中国政法大学出版社2000年版,第7页。

跟随其他新宪法的趋向。就苏联宪法体系来说,是不会把宪法与国际法之间的根本问题包括在内的。他的判断是,作为法律小组讨论问题不涉及带有根本性的问题。另外一种可能性是,钱端升对当时国际上出现的宪法与国际法关系走向保留自己的学术观点,没有主动提出涉及宪法与国际法关系的建议。1954年在参加法律小组活动同时,他与楼邦彦合作写了一本《资产阶级宪法的反动本质》小册子,1956年正式出版。在本书的结论部分引用了苏联《真理报》1954年10月1日为1954年宪法颁布而发表的社论,认为中华人民共和国宪法是"具有全世界历史意义的文件,它证明:不朽的马克思列宁主义获得了新的胜利,世界历史的潮流正在坚定地向民主、向社会主义涌进"。1955年钱端升率团出席了在印度新德里召开的第42届科学大会,在大会上他介绍了"中华人民共和国宪法的特征",为扩大1954年宪法的国际影响起到了积极的作用。

三、宪法起草委员会通过关于宪法起草经过的报告

宪法起草委员会第七次会议最后一致通过了宪法草案全文,并以举手表决的方式,通过了《中华人民共和国宪法起草委员会关于宪法起草工作经过的报告》。报告全文如下:

中央人民政府委员会:

中华人民共和国宪法起草委员会根据中国共产党中央委员会提出的《中华人民共和国宪法草案(初稿)》进行起草工作,从3月23日至6月11日,历时81天,除开过收集和交换意见的非正式会议多次外,共开正式会议七次,经过详细的周密的研究和讨论,通过了《中华人民共和国宪法草案》。在起草工作进行期间,中国人民政治协商会议全国委员会以及各大行政区、各省市的领导机关、各民主党派、各人民团体的地方组织和武装部队的领导机关,组织了各方面人士

八千余人参加对《中华人民共和国宪法草案(初稿)》的讨论,在讨论中提出的修改意见共计五千九百多条,这些意见中许多是合用的,对于起草工作给了重大的帮助。起草委员会通过的《中华人民共和国宪法草案》,内分《序言》、《总纲》、《国家机构》、《公民的基本权利与义务》、《国旗、国徽、首都》五个部分;除序言部分外,共计条文一百零六条。这个《中华人民共和国宪法草案》,我们认为是适当的。现在把这个草案提请中央人民政府委员会审查通过,并请在通过后予以公布,在全国人民中组织讨论,以便收集意见,再作修改,向第一届全国人民代表大会提出关于宪法草案的报告。

中华人民共和国宪法起草委员会

1954年6月11日

至此,经过宪法草案(初稿)的拟订、全国政协和地方单位的讨论、宪法起草委员会的8次会议,最后形成了《中华人民共和国宪法草案》,前后用了半年多的时间。宪法起草委员会曾提出《对于中华人民共和国宪法草案(初稿)的修改意见》,[1]除序言外,共四章,第一章总纲、第二章国家机构、第三章公民的基本权利和义务,第四章国旗、国徽、首都,共110条。根据当时的历史条件和政治体制,宪法起草委员会并没有一开始承担宪法起草工作,而是在宪法起草小组提出宪法草案(初稿)的基础上正式启动了审议与讨论的程序。宪法起草小组的功能具有双重性,它既是中国共产党中央委员会的起草小组,同时也是宪法起草委员会的起草小组。因为中国共产党中央委员会的宪法起草小组成员都是宪法起草委员会的委员,毛泽东是起草委员会主席,其他成员也是起草工作的主要参与者。在宪法起草过程中党的系统与国家权力系统之间的相互融合和协调,集中反映了执政党在宪法起草过程中的统一领导与协调地位。

---

〔1〕 中共中央山东分局办公厅翻印,1954年6月3日。

在宪法起草机构的设立与具体运作过程中,当时的制宪者们对不同类型的制宪模式进行了认真的比较与研究,确定了宪法起草委员会在起草过程中的特殊功能与运作机制。可以说,苏联的制宪与修宪经验对制宪过程产生了重要的影响。在苏联,1918 年《宪法》是第一部社会主义宪法,1918 年 4 月 1 日,苏共中央执行委员会选举了以斯维尔德洛夫(1885~1919 年)为主席的宪法委员会,斯大林也参加了这个委员会。宪法委员会以斯大林提出的"俄罗斯社会主义联邦苏维埃共和国宪法的一般原则"和"被剥削人民权利宣言"为基础进行了宪法起草工作。宪法委员会自 1918 年 4 月 5 日到 7 月 5 日,共开会 12 次,比较了不同的宪法草案;当时宪法委员会审查的草案有:由列依斯涅耳教授起草的草案;工团主义者的草案;社会革命党最高纲领派提出的草案;"左"派社会革命党的宪法草案;苏俄司法人民委员部的委员会提出的草案。[1] 宪法委员会最后决定把宪法委员会起草的草案和司法人民委员部所拟订的草案同时提交给列宁领导的全俄中央执行委员会的特别委员会,同时提交俄(共)中央委员会的专门委员会审查,最后在 1918 年 7 月 10 日第五次苏维埃代表大会通过宪法。此后,在修改 1924 年《宪法》、1936 年《宪法》时也成立了宪法委员会,具体负责宪法的起草和拟订工作。1936 年 2 月 7 日,苏联中央执行委员会选出由 31 人组成的宪法委员会,由斯大林任委员会主席。5 月 15 日,宪法委员会全体会议核定了宪法草案的全文,并决定把它提交给苏联中央执行委员会审查。6 月 11 日,联共(布)中央委员会及苏联中央执行委员会主席团同意这个草案,并决定把草案发表供全民讨论,然后提交全苏维埃代表大会批准。在苏联和其他人民民主国家宪法的制定过程中,制宪机构通常由最高权力机关选举或决定,并由最高权力机关通过宪法,如 1947 的《波兰宪法》是最高权力机关立法会议通过的。可见,在宪法起草机构的组成和

---

〔1〕 中国政治法律学会编:《宪法分解参考资料》,人民出版社 1954 年版,第 2~3 页。

运行过程中,苏联及各人民民主国家宪法的经验起到了重要的作用,使中国在当时的历史条件下采取了党政合一的宪法起草机制。同时,通过这种方式创立了执政党在宪法运行中发挥主导作用的惯例与制度,为以后的宪法体制发展奠定了基础。

四、中央人民政府委员会通过宪法草案

1954年6月14日下午5时,毛泽东在中南海勤政殿主持召开中央人民政府委员会第30次会议。会议议程包括:审议《中华人民共和国宪法(草案)》;通过《中华人民共和国宪法(草案)》;通过《关于公布〈中华人民共和国宪法(草案)〉的决议》。中央人民政府主席毛泽东,副主席朱德、刘少奇、宋庆龄、李济深、张澜,委员陈毅等46人参加了会议。列席本次会议的有中华人民共和国宪法起草委员会委员、中华人民共和国政治协商会议全国委员会在京委员、中央人民政府政务院政务委员和所属各委、部、会、院、署、行的负责人、中央人民政府革命军事委员会委员和中国人民解放军各兵种部队的指挥员、最高人民法院和最高人民检察署负责人等200余人。

在表决通过宪法草案前,21位民主人士发言,表示坚决拥护宪法草案,充分肯定了宪法草案的内容,并提出意见和建议。如宋庆龄说,宪法的每一字句都经过千锤百炼,每一条文都通过事实考验,我们的宪法将成为每一个公民自己的公约般的条文。宪法草案中特别规定妇女在各方面享有同男子平等的权利,更说明劳动是每一个公民的光荣,这些都是新中国的新事情。李济深说,从这部宪法产生过程,也说明了它的深刻的民主性。宪法草案规定了我国是工人阶级领导的、以工农联盟为基础的人民民主国家,规定了由选民产生、受选民监督、立法权与行政权统一的人民代表大会制度,规定了公民的各种权利和逐步扩大物质保障的措施,从各方面为实现国家过渡时期的总任务提供了保障。张澜(1872～1955年)委员说,中国人民要

求立宪行宪已经有五六十年了,但是从来没有过真正民主的宪法,从清朝政府到国民党反动政府,所谓宪法都是少数人钦定的,只是为了巩固反动政权,维护少数人利益,和大多数人民毫不相干。只有现在我们的宪法草案,才是真正按照国家的需要,保证人民应享受的权利来制定的,是符合中国当前实际情况和全国人民共同愿望的。黄炎培老先生一直参加宪法草案的起草和讨论过程,对草案发表了具体的观点,他认为,这部宪法是中国有史以来第一部人民的宪法,也是唯一的领导中国人民走向社会主义大道的宪法,和苏联与其他人民民主国家宪法一样,属于社会主义类型的宪法。宪法的人民性表现在:国家权力从哪里产生呢?是全国人民,从哪里体现出来的呢?是全国人民代表大会。宪法要通过全国人民代表大会,宪法的修改也要通过全国人民代表大会,体现了民主精神。他认为,宪法草案具有建设性、和平性、团结性与进步性。[1] 陈叔通在发言中概括了宪法草案的几个特点:(1)我们宪法是社会主义类型的宪法,是从全体人民利益出发的;(2)我们宪法将4年来的经验与成果以法律条文形式固定下来;(3)我们宪法是过渡时期的宪法,不同于已经建成社会主义的苏联宪法,是正在走向社会主义的宪法;(4)我们的宪法具有纲领性,以《共同纲领》为基础,又是《共同纲领》的发展;(5)我们宪法没有一句空话,应该做到的是应该写上去的,但应该做而现在只能做到某种程度的,就做到某种程度。程潜在发言中提出,我们的宪法草案是根据马克思列宁主义关于宪法学说的一般科学原则,结合中国的历史发展状态和国情而制定出来的,这个宪法草案是毛泽东思想的光辉结晶和天才创造。傅作义先生首先肯定了宪法草案起草过程与程序的民主性,认为宪法草案体现了实事求是的基本精神,在广泛讨论、反复研究、字斟句酌的情况下写出来的。张治中在发言中把宪法草

---

〔1〕《宋庆龄等在中央人民政府委员会第三十次会议通过中华人民共和国宪法草案前的发言》,载《新华月报》1954年7号。

案的特点概括为:结构严谨而明确;内容完整而充实;措辞简易而明确。

与会的委员,对宪法草案所体现的民主价值与中国特色问题也给予了关注,普遍认为宪法草案强调了中国特色,如李四光在发言中说,在制宪过程中我们参考了苏联等人民民主国家宪法,但今天我们可以看出,最后定稿的宪法草案,在某些方面,也同时强烈地反映了我们中国悠久文化的优良传统。在会议上,陈其尤代表中国致公党、许德珩代表九三学社、胡耀邦代表中国共产主义青年团也发言,表示拥护宪法草案,并表示组织所属组织成员认真讨论宪法草案。

在认真讨论的基础上,会议一致通过了《关于公布〈中华人民共和国宪法(草案)〉的决议》,内容包括:中央人民政府委员会一致通过中华人民共和国宪法起草委员会所起草的《中华人民共和国宪法(草案)》,并予以公布;全国地方各级人民政府立即在人民群众中普遍地组织对于宪法草案的讨论,向人民群众广泛地进行对于宪法草案内容的说明,发动人民群众积极提出自己对于宪法草案的修改意见;中华人民共和国宪法起草委员会应当继续进行工作,收集人民的意见,加以研究,在第一届第一次全国人民代表大会会议举行以前完成宪法草案的修改,并准备向全国人民代表大会提出关于宪法草案的报告。

毛泽东在会议上作了关于宪法(草案)的重要讲话,对宪法草案的基本思想与内容作了系统的概括与总结。这篇讲话集中体现了毛泽东的宪法思想,为我们正确认识与评价 1954 年宪法提供了基本的历史与思想基础。

毛泽东首先以制宪过程的民主价值为基础,肯定了草案的民主基础。他认为,这个宪法草案看样子是得人心的。宪法草案的初稿,在北京 500 多人的讨论中,在各省市各方面积极分子的讨论中,也就是全国 8000 多人的讨论中,可以看出是比较好的,是得到大家同意和拥护的。他说,为什么组织这样广泛的讨论呢?有几个好处:少数人议出来的东西是不是为广大人民所赞成呢?经过讨论,证实了宪法草案(初稿)的基本条文、基本原则,是大家赞成的,草案中一切正确的东西,都保留下来了。少数领导人的意见,得到几千人的赞成,可见是有道理的,是合用的,是可行的。在讨论中收集了 5900 多条意见(不包括疑问)。这些意见,可以分为 3 部分。其中有一部分是不正确的,还有一部分虽然不见得很不正确,但是不适当的,以不采用为好。既然不采用,为什么又收集呢,收集这些意见有什么好处呢,有好处,可以了解在这 8000 多人的思想中对宪法有这样一些看法,可以有比较。第三部分是采用。这当然是很好的,很需要的。如果没有这些意见,宪法草案(初稿)虽然基本上正确,但还是不完全的,有缺点的,不周密的。现在的草案也许还有缺点,还不完全,这要征求全国人民的意见了。但是在今天看来,这个草案是比较完全的,这是采纳了合理的意见的结果。他进一步指出,宪法草案得人心的理由之一是采取了领导机关的意见和广大群众的意见相结合的方针。这个草案,结合了少数领导机关的意见和 8000 多人的意见,公布后还要由全国人民讨论,使中央和全国人民意见相结合。

毛泽东在整个宪法草案的起草过程中,重视宪法与实际生活之间的协调,通过各种讨论的形式,了解专家与社会成员对宪法问题的基本看法和评价,使宪法草案的民主性得到加强,以获得社会的支持。

在讲话中毛泽东总结了宪法草案的两条特点:一条是总结了经验;另一条是原则性和灵活性的结合。他指出,这个宪法草案总结了历史经验,特别是最近 5 年的革命和建设的经验。它总结了无产阶级领导的反对帝国主义、反对封建主义、反对官僚资本主义的人民革命的经验,总结了最近几年来社会改革、经济建设、文化建设和政府工作的经验。这个宪法总结了从清朝末年以来关于宪法问题的经验。他以宪法历史的分析为基础,认为清末以来的宪法发展中,“既有积极的,也有消极的”。比如,民国元年(1912 年)的《临时约法》,在那个时期是一个比较好的东西,当然,是不完全的,有缺点的,是资产阶级性的,但带有革命性、民主性。其余的几个宪法和草案,整个说来是反动的。在历史分析的基础上,他认为:“我们这个宪法草案,主要是总结了我国的革命经验和建设经验,同时也是本国经验和国际经验的结合。我们的宪法是属于社会主义宪法类型的,我们是以自己的经验为主,也参考了苏联和各人民民主国家宪法中好的东西。”

在评价资本主义宪法历史作用时,他提出了重要的宪法思想,即“讲到宪法,资产阶级是先行的,英国也好、法国也好,美国也好,资产阶级都有过革命时期,宪法就是他们在那个时候开始搞起来的,我们对资产阶级民主不能一笔抹杀,说他们的宪法在历史上没有地位”。在说明宪法草案的民主性基础后,毛泽东进一步说明草案的原则性和灵活性特点。他指出:我们的民主不是资产阶级民主,而是人民民主,这就是无产阶级领导的、以工农联盟为基础的人民民主专政。人民民主的原则贯穿在我们整个宪法中。另一个是社会主义原则。我们现在就有社会主义。宪法规定,一定要完成社会主义改造,实现国家的社会主义工业化。这是原则性。要实行社会主义原则,是不是在全国范围内一天早晨一切都实行社会主义呢?这样形式上很革命,但是缺乏灵活性,就行不通,就会遭到反对,就会失败。因此,一时办不到的事,必须允许逐步去办。比如,国家资本主义,是讲逐步实行。国家资本主义不是只有公私合营一种形式,而是有各种形式。一个是“逐步”,另一个是“各种”。这就是逐步实行各种形式的国家资本主义,以达到社会主义全民所有制。社会主义全民所有制是原则,要达到这个原则就要结合灵活性。灵活性是国家资本主义,并且形式不是一种,而是“各种”,实现不是一天,而是“逐步”。这就灵活了。他以公民权利的物质保障为例说明“现在能实行的我们就写,不能实行的就不写”。在谈到统一战线问题时,针对有些民主党派对宪法制定后统一战线功能的不正确认识,他指出:“统一战线,《共同纲领》中写了,现在宪法草案的序言中也写了。要有这么一个各民主阶级、各民主党派、各人民团体的广泛的人民民主统一战线,可以安定各阶层,安定民族资产阶级和各民主党派,安定农民和城市小资产阶级。”

毛泽东在讲话中还特别谈到了宪法的遵守和实行问题。他指出,宪法通过以后,全国人民每一个都要实行,特别是国家机关工作人员要带头实行,首先在座的各位要实行。不实行就是违反宪法。一个团体要有一个章程,一个国家也要有一个章程,宪法就是一个总章程,是根本大法。用宪法这样一个根本大法的形式,把人民民主和社会主义原则固定下来,使全国人民有一条清楚的轨道,使全国人民感到有一条清楚的、明确的和正确的道路可走,就可以提高全国人民的积极性。毛泽东在讲话中强调,我们宪法有我们的民族特色,但也带有国际性,是民族现象,也是国际现象的一种。跟我们同样受帝国主义、封建主义压迫的国家很多,人口在世界上占多数,我们有了革命的宪法,人民民主的宪法,有了一条清楚的、明确的、正确的道路,对这些国家的人民会有帮助。从当时国际环境看,1954 年宪法的颁布,的确产生了广泛的国际影响,对扩大社会主义在国际社会中的影响发挥了一定的作用。

关于社会发展阶段与宪法草案的关系问题,毛泽东明确指出,我们的这个宪法是社会主义类型的宪法,但还不是完全社会主义的宪法,它是一个过渡时期的宪法。我们现在要团结全国人民,要团结一切可以团结的和应当团结的力量,为建设一个伟大的社会主义环境而奋斗。这个宪法就是为这个目的而写的。在谈到“建成社会主义国家得需要多长时间”时,毛泽东回答说“现在不讲死,大概是 3 个五年计划,即 15 年左右,可以打下基础”。按照这种发展规划,1954 年宪法作为过渡时期的宪法,要实行 15 年左右。但实际发展情况是,到了1956年社会主义改造的任务已完成,过渡时期发展阶段结束。这就客观上出现了作为过渡时期宪法的1954年宪法与新的社会发展阶段之间的关系,即1954年宪法的历史功能是否提前完成?

在讲话的最后部分,毛泽东提出了"搞宪法是搞科学"的著名论断。在会议发言中,傅作义说:最后我愿意提到,在召集人会议上,大家一致同意写上一条,"中华人民共和国主席为国家元首"。可是被毛主席删去了。但是这不能抹去亿万人民衷心的爱戴。越谦虚、越伟大,越伟大、越谦虚。我对整个宪法草案有这样的印象。要求各位委员一致通过这个宪法草案。[1] 针对傅作义的说法,毛泽东指出"有人说,宪法草案中删掉个别条文是由于有些人特别谦虚,不能这样解释,这不是谦虚,而是因为那样写不适当,不合理,不科学。在我们这样的人民民主国家里,不应当写那样不适当的条文。不是本来应当写而因为谦虚才不写。科学没有什么谦虚不谦虚的问题。搞宪法是搞科学。我们除了科学以外,什么都不相信,就是说,不要迷信"。[2]

毛泽东的这篇讲话全面地阐述了1954年宪法的基本精神,对宪法的制定和实施提出了指导原则。从这篇讲话中可以看出,当时毛泽东对宪法是极为重视的,强调了宪法在社会发展中的作用,历史地评价了中外历史上存在的各种宪法,明确了1954年宪法的过渡时期性质,充分体现了毛泽东的宪法观。

五、宪法草案的全民讨论

1954年宪法是中国历史上第一部人民自主地运用制宪权而制定的民主宪法,体现了鲜明的人民性。整个制宪过程以民主原则为基

---

〔1〕 逄先知、金冲及:《一部伟人的传记——介绍〈毛泽东传(1949~1976)编写情况〉》,载《百年潮》2004年第1期,转引自穆兆勇编:《第一届全国人民代表大会实录:1954》,广东人民出版社2006年版,第120页。

〔2〕 毛泽东著、中共中央文献研究室编:《毛泽东文集》(第6卷),人民出版社1999年版,第324~330页。

础,反映了民主的基本价值。民众对宪法的广泛关注与参与制宪过程的热情构成了这部宪法的社会基础。从宪法草案的全民讨论中我们可以进一步考察 1954 年宪法的民主精神与科学精神。

全民参与宪法草案的讨论从 1954 年 6 月 16 日开始,到 9 月 11 日结束,历时 3 个月。宪法草案公布以后,民众欢呼雀跃。如臧克家作诗赞曰:"强忍住欢喜的眼泪,我朗诵这中国人民的'大宪章',它比黄金铸的字更宝贵,人人把它铭刻在心上。"[1] 民众对于宪法草案的讨论也抱有极大的热情。

(一)参照苏联经验,决定宪法草案的全民讨论

对宪法草案的全民讨论是 1954 年宪法体现民主性的重要基础与标志。毛泽东在宪法起草工作计划中曾提出宪法起草委员会通过宪法草案后,交全国人民讨论 4 个月(实际进行了 3 个月),并根据全国人民的意见作必要修改后提交全国人民代表大会通过。6 月 14 日中央人民政府委员会第 30 次会议决定公布草案,在全国进行草案的学习与讨论,以寻求宪法的社会基础。

在考虑宪法草案的全民讨论问题时,毛泽东非常重视《苏联 1936 年宪法》修改过程中进行全民讨论的经验。1954 年 7 月 1 日毛泽东在中国政治法律学会《政法研究》编辑部翻译的《苏联宪法草案的全民讨论》一文上作了批语,写道:刘少奇、朱德、李维汉和彭真同志:此件值得看一下,并要求田家英同志阅读。在苏联《历史问题》杂志 1953 年第 9 期刊载的《苏联宪法草案的全民讨论》一文专门介绍了《苏联 1936 年宪法》修改过程中进行全民讨论的具体做法与经验。

1935 年 2 月,联共(布)中央全会向第七次全国苏维埃代表大会提出了关于修改《苏联宪法》的建议。第七次苏维埃代表大会通过了

---

〔1〕 臧克家:《我们终于得到了它——"中华人民共和国宪法草案"公布了》,载《北京日报》1954 年 6 月 17 日。

决议,按照以下原则修改宪法:使选举制度进一步民主化;确定宪法的社会经济基础——使宪法适合苏联现实的阶级力量对比关系。1936年宪法委员会提出了宪法草案,经联共(布)中央委员会讨论和苏联中央执行委员会主席团决议召开的非常第八次全国苏维埃代表大会审查通过其草案,并在全国公布,以便全民讨论。在当时的历史条件下,全民对宪法草案的讨论是体现社会主义宪法优越性的重要方面,同时产生了一定的国际影响。在苏联的各企业、各集体农庄、部队、机关和学校等,所有公民参加了"标志自由、民主与幸福生活的宪法草案"的讨论。在讨论中,苏联采取了座谈会、演讲和报告会等各种不同的形式学习与宣传宪法,使宪法草案家喻户晓,扩大了宪法的社会基础。特别是苏维埃各级组织采取多样化的形式,发挥苏维埃代表的作用,组织了宪法草案的各种活动。据统计,所有苏维埃代表都参加了宣传宪法的一个小组,逐章逐条地对草案的内容进行讨论。

从1936年8月到10月19日,在全国共举行了48,198个苏维埃全会、79,294个小组和代表小组会议、41,110个劳动者的宪法草案讨论会,参加讨论的公民(根据65%的苏维埃公民的统计),约有515,000万人,占全国成年公民的55%。在整个的讨论过程中,劳动人民共提出200万件修改、补充意见和建议。这些意见和建议,先由各共和国和苏维埃最高权力机关加以研究,并分门别类,详细研究。经苏联中央执行委员会组织部整理,提交给宪法委员会。据统计,提出的修改意见与建议的比例是:第1章社会结构,3412个,占7.9%;第2章国家机构,657个,占1.6%;第3章苏维埃社会主义共和国联盟最高国家权力1214个,占2.8%;第4章盟员共和国最高国家权力机关,146个,占0.3%;第5章苏维埃社会主义共和国联盟国家管理机关,占2.9%;第6章盟员共和国国家管理机关,39个,占0.09%;第7章苏维埃社会主义自治共和国最高国家权力机关,22个,占

0.09%;第 8 章地方各级国家权力机关,953 个,占 2.2%;第 9 章法院和检察机关,3210 个,占 7.3%;第 10 章公民的基本权利与义务,23,098 个,占 53.7%;第 11 章选举制度,6369 个,占 14.2%;第 12 章国徽、国旗、首都,903 个,占 2.1%;第 13 章宪法修改程序,70 个,占 0.16%;其他方面的各种意见,2073 个,占 4.9%。[1] 上述的修改意见的内容与相应的比例关系说明了苏联公民对宪法草案精神的认识和对宪法价值的追求。可以看出,当时社会成员比较关注的领域是公民的基本权利与义务、苏联的社会结构和法制发展的前景等。这些意见反映了苏维埃公民建设社会主义法制的意愿与责任感,对完成宪法草案的修订工作起到了推动作用。

苏联中央执行委员会主席团组织部在评价全民讨论的意义时指出:千百万人民讨论和学习宪法草案的事实告诉我们,广大群众的积极性和创造思想是如何空前地增加起来。提出的建议和补充意见涉及宪法的每章每条,而无一章一条例外。劳动人民的全部建议和补充意见都充满了对祖国的深厚热爱,充满了对进一步增强无产阶级专政实力的渴望。在宪法草案的讨论过程中,苏维埃政府和党的组织,注意听取社会各界的意见,仔细地对各种建议与修改进行了分析与研究。斯大林在非常第八次全国苏维埃代表大会上所作的报告中,对全民讨论中提出的各种意见进行了分析,并分为三种类型:第一类占全部修改和建议的 75.80%,这些意见谈到的不是宪法草案的问题,而是将来通过立法工作解决的问题,对立法工作的发展将产生重要的影响;第二类占全部修改意见和建议的 15% ~18%,提出的意见主要集中在宪法内加入一些历史背景或者宣传性的内容,与宪法草案内容本身没有直接的关系;第三类占全部意见和建议的 8% ~10%,直接关系到宪法草案的内容,具有实质性意义,便于在具体修

---

〔1〕[苏]格·伊·特列其雅可夫:《苏联宪法草案的全民讨论》,谭福灏译,载《政法研究》1953 年第 9 期。

改过程中加以考虑。在非常第八次全国苏维埃代表大会上，一致同意基本通过宪法草案，并选出 220 人组成的修订委员会，由它在 3 天之内审查在会议上和全民讨论中提出的所有意见和建议，把最后的草案文本提交给大会。代表大会修订委员会认真研究了各种意见，采纳了对草案提出的 47 件修改意见，其中 29 件是原则性的修改，18 件是文字上的修改。属于原则性的修改有民族院的组成问题，第 48 条有关苏维埃最高苏维埃主席团组成问题，以及宪法第 6 条、第 7 条、第 8 条、第 10 条、第 12 条、第 14 条、第 48 条等都在不同程度上采纳了全民讨论中提出的建议。1936 年 12 月 5 日非常第八次全国苏维埃代表大会在听取了宪法草案修订委员会的报告后，以逐条表决的方式一致通过了新宪法的最后文本，大会宣布把 12 月 5 日定为宪法日——苏联全民的节日。通过全民讨论而通过的苏联 1936 年宪法，是苏联人民的智慧与意志的体现，表明了人民是苏联宪法的创造者，体现宪法的社会主义民主原则与精神。作为第一个社会主义国家的苏联 1936 年宪法的修改过程中体现的民主精神无疑对 1954 年宪法的制定过程产生了广泛而深刻的影响。

(二) 中共中央发出关于进行宪法草案宣传和讨论的指示

1954 年 5 月 21 日中共中央向各中央局、分局、各省市委、各军区、志愿军等部门发布《关于在全国人民中进行宪法草案宣传和讨论的指示》，具体部署宪法草案的宣传和讨论工作。

该指示指出，宪法草案即将于 6 月 15 日左右，由中央人民政府委员会通过公布。宪法草案公布后，必须在 6 月 15 日至 8 月 15 日内，在全国所有城市和农村(个别少数民族地区除外)的人民群众中，展开广泛热烈的宣传和讨论。我们要在这个宣传和讨论中，一方面，使人民初步明了宪法的主要内容及其对于各阶层人民自己的切身关系；另一方面，还要发动人民积极地提出他们对宪法草案的意见，再次地修改宪法草案，而后提到全国人民代表大会讨论。

该指示对宪法草案讨论的准备工作提出了具体要求,包括各省(市)、专区和县三级人民政府,立即成立宪法草案讨论委员会,以党委一个主要领导同志为主任,并吸收一些党外人士参加;将宪法草案印发给各专区、各县、各市和市辖区、各大中学校、各部队、各工况企业的党内外干部和民主人士阅读,并编成小组加以讨论;为了便于集中反映全国人民对于宪法草案的意见,全国各地的县市人民代表大会,除已举行者外,应一律在宪法草案公布之后召开(最好在6月20日左右召开)。要求代表大会上应有一项专门的议程,进行宪法草案的报告和讨论,应作出拥护宪法草案的决议,同时提出修改意见。

该指示最后指出,制定宪法是我国一件极其重大的政治事件。宪法是所有国家工作人员和所有人民必须严格遵守,不能丝毫违反的根本大法,使所有工作人员、所有人民、所有共产党员明了宪法,并在宪法公布之后,严格地遵守宪法,是一件很严肃、很重要的政治工作。各级党委必须对于宪法草案的宣传和讨论,加以切实的组织和领导。中央要求各省市委在本省市宪法草案讨论完毕之后,于8月底向中央作一个专题报告。

(三)全民讨论宪法草案的基本目标

根据中央人民政府委员会关于公布宪法草案的决议,中央人民政府委员会于1954年6月16日向社会公布了宪法草案,开始了宪法草案的全民讨论。同一天,人民日报发表了题为《在全国人民中广泛地展开讨论中华人民共和国宪法草案》的社论。

社论指出,宪法草案反映了我们人民革命和中华人民共和国成立以来所出现的伟大社会变革的实际情况,用立法的形式总结了我国人民的主要斗争经验和组织经验,把我国人民革命的成果——人民已经得到的利益肯定下来,并且把我国人民要在我国逐步建成社会主义社会这一个共同的愿望和目标以法定形式确定下来,使之具有法律基础。这部宪法草案的正确性,是在于它关于在我国建设社会主义社会的规定,不是依靠空洞的幻想,而是根据事实和按照切实的适当的可靠的道路。社论最后指出,我们全国人民对于关系每个人的切身利益的国家根本大法,一定要积极地参加讨论,提出意见,集中全国人民的智慧,使我国第一部宪法的草案修改得更加完善。社论提出了在我国实现社会主义的基础,即以工人阶级领导的,以工农联盟为基础的人民民主国家是政治基础;我们的国营经济是全民所有制的经济,这是实现社会主义的经济基础;广大人民的政治、经济和文化水平的提高是实现社会主义的广泛的社会基础。

针对当时对社会主义发展目标与过程存在的不同认识,社论指出,要建成社会主义社会,必须经过过渡的步骤,所谓逐步过渡,这就是要依靠社会主义物质基础的日益发展和壮大,逐步实现国家的社会主义工业化,逐步完成对农业、手工业和资本主义工商业的社会主义改造。要完成逐步过渡到社会主义社会的发展目标,需要进一步发展我们国家的民主化,以加强国家机关和人民群众之间的联系,提高人民群众的积极性。因为,1954 年宪法制定以前,我国人民还没有条件制定反映自己意志的宪法,无法通过宪法维护自己的利益,宪法与人民生活之间基本上是脱离的。尽管通过《共同纲领》的实施,经过 5 年的民主实践,人民群众的民主意识有了一定提高,但总体上宪法没有成为人民群众生活的一部分,人们对宪法问题存在各种不同的认识。

因此,将近 3 个多月的全民讨论,不仅仅是对宪法草案的具体条文的讨论,其更深层次的意义在于树立人们对共和国根本法的信心与内在的认同,并以此为基础确立社会共同体的价值基础。

(四)全民讨论宪法草案的基本形式

1. 全民讨论的总体情况

全民宪法草案的讨论从 1954 年 6 月 16 日开始,到 9 月 11 日结束,历时 3 个月。为了搞好草案的讨论,各地普遍成立了宪法起草讨论委员会,培养报告员和辅导学习讨论的骨干分子,有组织地进行宪法草案的讨论和宣传工作。

早在宪法草案正式公布以前,全国各地已成立了宪法草案讨论的各种机构,为草案的讨论做必要的准备。1954 年 6 月 5 日,四川省成立了四川省宪法草案讨论委员会,同一天举行了第一次会议,会议决定:四川省各级机关、大学中学、各民主党派成员普遍对宪法草案进行阅读和讨论,以掌握草案的精神实质。同时,确定各地对报告员、宣传员进行短期的培训,并领导群众进行讨论。会议还要求,全省各专区、市、县和学校成立宪法草案讨论委员会或分会。重庆市宪法草案讨论委员会也于 1954 年 6 月 4 日以前成立,并在建筑、铁路、航运和运输等单位、各界人民代表会议咨询委员会、高等学校、文艺界、工商界都分别成立了分会或办公室。全市计划培训报告员 13,000 多人。在贵州省,成立省宪法草案讨论委员会后,从省一级机关抽调了 45 人准备作为报告员,贵阳市抽调了 150 人准备进行学习,然后再向干部和群众进行宪法草案的宣传。另外,江苏、山东、河南、安徽等省也成立了讨论委员会,并具体研究了如何培训草案的报告员和宣传员的问题,并提出了具体的宣传工作的要求。据统计,许多地区听报告和参加讨论的人数都达到了当地成年人口的 70% 以上,有些城市和个别的专区达到了 90% 以上。与此同时,全国各省、市、县和部分乡还普遍召开了人民代表会议,以宪法草案的讨论为会议主要内容之一。

各地采取的宪法草案的讨论形式呈现多样化,发挥了广大人民群众参与讨论的积极性。如宪法草案公布后的一个月内北京市已有近百万人对宪法草案进行了讨论。北京市宪法草案讨论委员会为了使各界人士都能了解宪法草案的精神,培训了 4000 名报告员,在工厂、企业、机关、学校、建筑工地、乡村、街道等地作了报告。全市 5000 多块黑板都以宣传宪法草案为主要内容。首都人民对宪法草案的讨论表现出真诚拥护和信任的心情。各高等学校、文艺界、街道居民、少数民族、工商界、宗教界等进行了3～4次的讨论。新华书店北京分店发售的宪法草案单行本与刊载宪法草案的《中国青年》《学习》等刊物，一个月内销售了74万份。北京人民广播电台每天向全市人民进行宪法草案的解说。据统计，在北京讨论宪法草案期间，听关于宪法草案报告并参加初步讨论的各界人士约有103.5万人，参加逐章逐条讨论的约有55.2万人，在讨论中各界人士提出对宪法草案的意见143,565件，其中序言部分占总数的22.1%，总纲部分占32.3%，国家机构部分占19.1%，公民的基本权利和义务部分占20.7%，国旗、国徽、首都部分和其他意见占5.7%[1]。宪法草案的讨论实际上是一场生动的民主政治教育，人们从亲身的体验出发，理解和评价宪法草案的精神和内容。首都人民在宣传和讨论宪法草案中，根据自己切身的经历，认识到宪法草案巩固了他们已经取得的各种自由和权利，因而增强了对目前新生活的热爱和为实现社会主义而坚决奋斗的决心。

据《上海解放日报》1954年9月5日报道，上海市大张旗鼓的宣传和讨论宪法草案已告结束，基本上达到了家喻户晓。根据不完全统计，全市有270万人听到了有关宪法草案的报告，其中有156万人参加了讨论，共提出了大约16.5万条修改和补充意见，并经过整理陆续提交中华人民共和国宪法起草委员会。通过讨论和宣传，各界人民对制定宪法的意义、宪法草案的基本精神和主要内容，普遍有了进一步的认识，广大人民的社会主义觉悟大大提高，进一步提高了为建设社会主义而艰苦奋斗、服从国家计划的自觉性，以实际行动迎接第一届全国人民代表大会会议的召开和第一部社会主义宪法的诞生。参加草案讨论的工人、农民和其他阶层的人士，以自己的生活经验与感受为基础讨论了对宪法的认识。有些工人说，讨论宪法草案

〔1〕《北京市结束讨论宪法草案，各界人民积极提出修改和补充意见》，载《人民日报》1954年9月10日。

是工人阶级当家作主的权利,为了建设社会主义社会,对宪法草案的每一句话、每一个字都要考虑周到,把宪法草案修改得更加完善。工人们提出了很多对宪法草案的修改意见,如对宪法草案第 6 条的规定,建议增加“凡矿山、地下蕴藏、铁道、航空运输、沙漠、山林、鱼类以及地下古代文化遗物,都属全民所有”,也有工人提出“把服从国家计划”“鼓励完成国家计划”作为公民的义务,写进宪法。各界人民提出的意见中,有许多意见建议把草案第 11 条规定的“房屋”改为“私人财产”等。

在各地的宪法草案讨论中,人民群众把宪法看作人民的翻身法、各族人民的团结法、保证建设社会主义的幸福法,宪法草案成为全社会普遍关注的焦点。宪法草案的讨论与宣传成为人民群众建设社会主义的内在动力,人们在不同的工作岗位上努力工作,把宪法草案的精神贯彻到自己的本职工作之中,出现了许多新人新事。如山西省在宪法草案的讨论中,强调宣传宪法草案与当前主要工作相结合,从生活体验中加深对宪法的认识。在召开第一届第一次人民代表大会会议的一些地方,如四川、云南、贵州、江苏、河南等省的许多县、市,在人民代表会议上讨论了宪法草案,并通过了拥护宪法草案的决议。

到 1954 年 8 月末,山西省在全省范围内展开了关于宪法草案的宣传活动,各地都注意充分发挥现有组织的作用,并动员了大批宣传力量。在宣传讨论中,各地都特别强调了宣传宪法草案必须与当前各项主要工作相结合。在各工矿企业,工人们不仅了解了公民的各项基本权利,还要求正确地认识有关公民基本义务的规定。据资料统计,山西省全民讨论中共提出 9462 条意见。到 1954 年 9 月初,山东省宪法草案的宣传和讨论活动深入全省广大城乡,全省 1336 万余人参加了讨论,各阶层人民在讨论中对宪法草案一致表示热烈拥护,同时以主人翁的态度认真负责地提出了许多补充和修改意见。据初步统计,山东省各地所提出的意见,其总数共达 134, 332 条。山东省人民所提出的补充和修改意见,绝大部分都很具体,都是针对宪法草案的各章节各条款提出来的。他们在讨论宪法草案中,表现了建设社会主义社会的强烈愿望,因而对宪法草案各部分都进行了十分严肃认真的讨论,并提出了许多中肯的补充和修改意见,这些补充和修改意见经山东省宪法草案讨论委员会整理后提交给中华人民共和国宪法起草委员会。

民众积极参与宪法草案的讨论,部分原因在于各级宪法草案讨论委员会的积极宣传,但更重要的是,民众对于宪法的渴望和信赖。民众坚信宪法是国家繁荣和人民幸福的基础和保障,对宪法草案讨论所表现出来的政治热情空前高涨。通过讨论和宣传,抽象的宪法也更加贴近民众的生活。这不仅扩大了宪法存在的社会基础,同时为宪法的实施与遵守提供了良好的社会环境。中华人民共和国第一部宪法草案的广泛讨论,在宪法体制建立初期,使人们关注宪法在国家生活中发挥的重要作用,为形成基于宪法的社会共识发挥了积极作用。

2. 少数民族学习宣传宪法草案情况

1954年7月8日,中国人民政治协商会议全国委员会民族事务组举行招待会,邀请中南各民族参观团座谈。参加座谈的共有87名中南地区民族代表,民族事务组组长朱早观就宪法草案中关于民族问题的规定进行讲解,并希望各民族代表认真讨论宪法草案,回去后向本地群众进行宣传。参观团中各民族代表均在会上发言,宪法草案反映了各民族人民多年来的愿望,并一致表示热烈拥护宪法草案。《人民日报》1954年7月29日登载了题为《进一步学习、宣传和讨论宪法草案——苗家歌唱宪法草案》的文章。在贵州省麻江县举办的宪法草案宣传员训练班,当时采访宪法草案讨论情况的记者听到这样的歌词:“共产党来是救星,领导我们翻了身;当家作主真高兴,讨论宪法要认真。山歌愈唱愈好听,政策愈学心愈明;人民的宪法是明灯,照着我们好前程。”“宪法草案有规定,民族一律都平等;兄弟民族团结紧,好像一个大家庭。”“……宪法草案有规定,权利、义务要记清。”苗家妇女在歌中唱道:“过去妇女受苦深,如今法律有规定,男女一律都平等,封建思想要改正。千年铁树开红花,人民作主当了家,宪法草案公布了,妇女都唱胜利花。”苗族农民也在歌唱中表达他们对宪法草案的拥护之情:“大田大坝秧子青,宪法草案讲得明,农民要想都富裕,互助合作大道行。六月里来插秧忙,宣传宪法到各乡,农民弟兄学好了,祖国建设更快当。封建压迫几千年,农民没有民主权,如今当家作了主,感谢恩人毛主席。天上星宿颗颗明,宪法条条记在心,全国人民团结紧,保证条条都施行。”

3. 民主党派宣传宪法草案情况

据《人民日报》和新华社1954年9月4日报道,中国国民党革命委员会、中国民主同盟、中国民主建国会、中国民主促进会、中国农工民主党、中国致公党、九三学社等民主党派中央机关的干部,对中华人民共和国宪法草案的讨论已在8月底9月初先后结束。经过对宪法草案的讨论,各民主党派机关的干部对宪法草案的基本精神和主要内容有了进一步的了解,他们从历史和现实的对比中,深深感到宪法草案充满了民主精神。大家表示,在宪法颁布后,要切实地遵守宪法,执行宪法,在中国共产党的领导下,团结和带动所联系的群众,加强社会主义的思想改造,更好地做好工作。

4. 部队学习宣传宪法草案情况

中国人民解放军陆、海、空军各部队,在6月到8月普遍地进行了宪法草案的宣传和讨论。各部队领导机关对于宪法草案的宣传和讨论极为重视,都进行了周密的布置和组织。讨论中各部队都提出了对宪法草案修改和补充的意见。宪法草案的宣传和讨论,极大地鼓舞了陆、海、空军各部队保卫人民革命的成果和国家建设的成就,保卫祖国领土和坚决解放台湾地区的意志。各部队的战士、干部对宪法草案第20条特别进行了深入的研究和讨论,并联系本身的任务提出了今后努力的方向。在这次讨论中,人民解放军广大干部、战士普遍表示要以履行宪法草案所规定的光荣职责和义务的实际行动,来拥护宪法草案。志愿军广大干部和战士经过对宪法草案的讨论,大大提高了社会主义觉悟,并增强了保卫祖国、保卫和平的意志。

(五)全民讨论宪法草案与宪法学理论宣传

20世纪50年代是中国建立社会规范体系与制度体系的时期,面临塑造国家体制的任务。《共同纲领》下的国家体制是过渡性的、临时性的体制,需要向常规制度体系方向发展。对宪法草案的全民讨论有助于获得国家体制转型所需要的社会基础,是发展民主的基本形式之一。在20世纪50年代初,宪法体制的确立与宪法价值社会化过程中,民主成为首要的价值追求,是思考宪法问题的出发点和基本方法。在民众的观念与思想体系中,宪法实际上是民主的代名词,尚不能从法治的角度系统地认识宪法,对宪法的理性缺乏必要的认识。在全国各地进行的各种形式的宪法草案的宣传与讨论中,当时的学术界发挥了重要作用,从学术的角度提供了认识宪法和分析宪法的素材与方法。

在草案公布后不久,中国政治法律学会理事会通过决议,明确表示拥护宪法草案。决议认为,宪法草案总结了中国人民长期革命的丰富经验与新中国成立以来的政治、经济与文化方面的新成就,用法律形式固定了人民革命第一阶段的胜利成果,表达了中国人民在现有基础上继续前进,走向社会主义的根本愿望。决议要求全国政治法律工作者,认真学习与深入研究宪法草案,积极地参加讨论,向人民群众作广泛的宣传,来贯彻中央人民政府委员会关于广泛讨论宪法草案的决议。沈钧儒在中国政治法律学会第一届理事会第五次会议上的讲话中特别谈到了法律工作者在宪法草案讨论与宣传过程中的作用问题。他认为,从我们法律工作者的地位来看,在我国人民有了自己国家的根本大法之后,我国人民民主法制无疑地将获得进一步的加强和发展,宪法所确定的一些重大的政策原则,将需要重新制定许多细密的法律和法令来保证它们的实现,各级法院和检察机关将担负起更大的责任,来保证和监督全体人民遵守国家的宪法和法律,并和一切违法行为进行斗争。他同时强调,在我们从事法律科学研究的学术工作者面前,出现了很多新的重大课题,需要我们在马克思列宁主义理论的指导下,百倍地努力来研究和发扬我们人民宪法的原理原则,从理论上总结我国在建立和健全人民民主法制方面的丰富经验,以便对我国今后的立法工作、司法工作、政法工作和法学研究,提供有益的帮助。

为了从宪法理论上向人民群众宣传宪法草案,宪法学界的一些学者们发表了文章和学术论文,并编写了通俗易懂的小册子。当时,法学界的一些著名学者都发表了对草案的宣传与研究的文章。如杨化南在《中华人民共和国宪法是建设社会主义的根本法》一文中对宪法草案的基本精神与特点进行了分析,认为宪法草案适合过渡时期的社会经济和文化特点,提出了实现过渡时期总任务的 3 个条件:一是以中国共产党为领导的人民民主统一战线;二是国内各民族的友爱、互助和团结;三是同苏联、各人民民主国家的友好团结。周方在《人民代表大会制度是我们国家的基本制度》一文中着重分析了宪法草案规定的人民代表大会制度的基础、内容与特点,提出民主价值是人民代表大会制度的基本精神。他特别谈到,人民代表大会制度的基本原则是民主集中制,并把它解释为广泛的民主和集中处理国事,指出宪法草案的全民讨论是民主集中原则的具体体现。为了解决全民讨论过程中提出的原则和方法问题,邓初民(1898 ~ 1981 年)发表了《讨论、宣传中华人民共和国宪法草案的思想准备工作和方法》一文,对宪法草案的分析方法、理论基础和几个认识问题进行了分析。

在宪法概念的基本理解上,认为具有科学性的宪法理论是马克思主义宪法的理论,体现了宪法的科学精神。当时人们对宪法的基本理解是:宪法是国家的根本法,它是阶级斗争的产物和总结,是阶级斗争中阶级力量对比关系的表现,它是依据占有生产资料的阶级的意志创造出来的,并且具有最高的法律效力。在宪法的本质、内容和形式问题上,当时强调了三者的辩证统一关系,既需要分析宪法的本质,同时也要分析体现本质的宪法形式问题。尽管宪法的基本特征是宪法的阶级本质,但"也不能不估计到每一宪法所区别于其他宪法的形式因素"。

1954年6月,张友渔在北京市宪法草案讨论委员会上作了3次有关宪法草案的报告。在6月7日所作的《中华人民共和国宪法草案的基本精神和主要内容》的报告中,他从一般的宪法原理入手,对宪法草案(初稿)的内容进行了说明和宣传。在分析宪法的基本概念的基础上,他提出宪法主要是规定国家权力的性质、任务以及这些权力的范围、程序、工具等,主要规定社会制度、一般的国家制度和公民的权利与义务。[1] 他认为,我们的宪法是属于社会主义系统,但不能完全抄袭苏联的宪法,宪法草案的基本特点是:实际性,即切合中国实际,是实事求是的,如在国家主席制度、民族自治机关体系、所有制制度等方面体现了中国特色;过渡性,即从新民主主义向社会主义社会的过渡;带一点纲领性。在6月11日所作的《中华人民共和国宪法草案主要条文的解释》的报告中,对草案修改稿的主要条文作了系统的学理解释,为人们从宪法理论角度理解宪法草案提供了必要的知识背景和方法。有的学者认为,在讨论宪法草案时正确的方法是既要对结构、文字进行分析,也要重点分析宪法草案的本质问题,掌握宪法的精神实质。有些宣传宪法的文章,对资产阶级宪法制度与实质问题进行了批判,强调了社会主义宪法的优越性。

为了配合宪法草案的讨论,学者们除发表文章、论文外,还写了

---

〔1〕 张友渔:《宪政论丛》(下册),群众出版社1986年版,第16页。

一些介绍、宣传宪法草案的小册子,以通俗易懂的语言向群众讲解宪法理论与草案的内容。如通俗读物出版社出版了《讨论宪法草案对话》一书,[1]以生动活泼的形式讲解草案中涉及的基本宪法理论问题与制度问题。如在对话中问宪法与其他法律的区别时,书中回答说:"宪法是最根本的法律,国家制定法律,要根据宪法规定的原则来制定,也就是有了宪法,制定别的法律就有了根据。可以说,宪法是最根本的法律,不管什么法律如果违背宪法,那就必须作废或修改它,宪法就是法律的法律。"[2]当时出版的著作对宪法的法律性与宪法实施问题给予了一定的关注,在说明草案的基本内容与意义时谈到了宪法实施问题。如《谈我国宪法草案基本内容》一书在分析宪法重要性的基础上提出,全体人民和一切国家机关都要按照宪法办事,不许任何人破坏宪法,违反宪法。谁破坏宪法,谁违反宪法,谁就是破坏人民利益,国家就要用法律制裁他。

(六)全民讨论宪法草案的成果与意义

中华人民共和国宪法草案的全民讨论历时近3个月,至1954年9月初基本结束。许多地区听报告和参加讨论的人数都达到了当地成年人口的70%以上,有些城市和个别的专区达到了90%以上。全国人民对宪法草案和"五法"[3]共提出了118万条修改和补充的意见,其中有关宪法草案的意见是52万多条。[4] 这些修改和补充的意见,先后提交给中华人民共和国宪法起草委员会。宪法起草委员会办公室对这些意见进行了整理和分类,编辑出《全民讨论意见汇编》

---

[1] 北京中央人民广播电台编:《讨论宪法草案对话》,通俗读物出版社1954年版,第5页。

[2] 同上。

[3] 《国务院组织法》《人民法院组织法》《人民检察院组织法》《全国人民代表大会组织法》《地方各级人民代表大会和地方各级人民委员会组织法》。

[4] 刘少奇在第九次宪法起草委员会会议上的讲话:"我们的宪法草案与'五法'草案在全民讨论中提了118万多件意见,其中对宪法草案的意见有52万多条。"载许崇德:《中华人民共和国宪法史》,福建人民出版社2003年版,第238页。在一些论著中,没有区分对"五法"草案和宪法草案,笼统地说"全民讨论中提出了118万条"意见,这种表述是不准确的。根据刘少奇讲话的内容,全民讨论中针对宪法草案的意见有52万多件。

共 16 册,为进一步修改宪法提供了良好的群众基础。群众的意见集中起来主要有:建议把序言中的"互相尊重领土完整的原则"修改为"互相尊重主权和领土完整的原则";第 3 条第 3 款中"各民族都有发展自己的语言文字的自由"的规定应加上也有使用的自由;第 24 条第 2 款规定全国人民代表大会任期届满的一个月以前,完成下届全国人民代表大会代表的选举,群众认为时间太短,建议把时间改长一些;在人民法院的规定上,有的条款中规定人民法院,有的条款中规定法院,认为应统一起来;把第 31 条中的"下级人民代表大会"修改为"省、自治区、直辖市国家权力机关";把第 60 条第 4 款中规定的"下级"、第 65 条规定的"下级"修改为"下一级"等。[1]

"开门立宪"中的不少意见,转化为宪法条文,充分体现了民意。如当年宪法起草委员会办公室编印的《宪法草案座谈会各组召集人联席会议对于〈中华人民共和国宪法草案(初稿)〉的修改意见》中,提出增加"国家供给公民在享受这些自由的时候所必需的物质上的便利",并把信仰宗教的自由单独列为一条。6 月通过的草案文本,就按这个意见修改了。9 月最终通过的宪法条文是:"第八十七条　中华人民共和国公民有言论、出版、集会、结社、游行、示威的自由。国家供给必需的物质上的便利,以保证公民享受这些自由。""第八十八条　中华人民共和国公民有宗教信仰的自由。"对各地提出的意见,无论是具体内容,还是属文字上的,甚至是标点符号的问题,宪法起草委员会办公室都认真对待。即使是重复性的内容,宪法起草委员会办公室给予充分的重视,作出了合理的处理。

刘少奇在宪法草案报告的第三部分专门针对全民讨论过程中提出问题的处理结果作了说明。他在第三部分中说,全国人民群众在谈论宪法草案的时候,提出了很多修改和补充意见,也提出了一些问题。对于这些意见和问题,报告中有些部分作了回应。第三部分主

---

〔1〕《宪法草案的全民讨论结束》,载《人民日报》1954 年 9 月 11 日。

要涉及讨论中提出的其他方面的具体建议。人民群众提出的意见，宪法起草委员会都作了考虑。在这些意见中，有一部分意见所涉及的问题不是属于宪法的内容，而是属于其他各种法律的内容，这一部分意见应当在制定其他法律时去处理。[1]

宪法起草委员会经研究采纳的主要意见有：

1. 宪法草案第3条第3款的修改。原草案规定："各民族都有发展自己语言文字的自由，都有保持或者改革自己的习惯和宗教信仰的自由。"对此有些人提议，在这一款里，不仅应规定各民族都有发展自己的语言文字的自由，而且还应规定各民族都有使用自己的语言文字的自由。宪法起草委员会认为这些建议是正确的，把第3款改为"各民族都有使用和发展自己语言文字的自由，都有保持或者改革自己风俗习惯的自由"。

2. 宪法草案第5条的修改。这一条规定了各种生产资料的所有制。有人主张，这一条内列举的4种所有制只是我国现有的主要所有制，而不是全部所有制，还存在其他一些所有制形式。因此，应在这一条的原文中增加，"主要"2字，宪法起草委员会认为这一建议符合国家的实际情况，在第5条上加了"主要"2字。

3. 对宪法草案第8条、第9条、第10条第1款都作了修改，因为这些条款之间存在相互重复的内容。把第8条第1款改为"国家依照法律保护农民的土地所有权和其他生产资料所有权"；把第9条第1款改为"国家依照法律保护手工业者和其他非农业的个体劳动者的生产资料所有权"；把第10条第1款改为"国家依照法律保护资本家的生产资料所有权和其他资本家所有权"。

4. 原宪法草案第23条第1款原文规定："全国人民代表大会由省、直辖市、少数民族、军队和华侨选出的代表组成。"现改为"全国

[1] 参见中共中央文献研究室、中央档案馆编：《建国以来刘少奇文稿》(第6册)，中央文献出版社2008年版，第394~400页。

人民代表大会由省、自治区、直辖市、军队和华侨选出的代表组成”。当时有些人提出,少数民族并不是一种选举单位,只有自治区才是同省、直辖市相同的区域性的选举单位。

5. 宪法草案第 34 条和第 35 条的调整,对全国人民代表大会所设立的各种委员会的组织作了规定。

6. 为了便于纠正审判工作中可能发生的错误,实行上级人民法院监督下级人民法院的审判工作,宪法草案第 79 条第 2 款增加了“上级人民法院监督下级人民法院的审判工作”的规定。

7. 根据群众提出的意见,宪法起草委员会对于宪法草案中有关检察机关的各条规定作了较大的修改,主要涉及第 81 条到第 84 条的修改。另外,在宪法序言、第 23 条第 1 款、第 24 条第 2 款、第 31 条等的修改中也部分采纳了人民群众在全民讨论中提出的意见。

对人民群众提出的一些意见,宪法起草委员会经研究后没有采纳的主要有:

1. 对宪法序言,有些人认为,应详细地叙述我国的革命历史,应谈共产主义社会的远景。还有意见认为,宪法中不应当说现在还没有实现的东西。刘少奇在宪法草案报告中认为,宪法的序言中加上许多对宪法并不是必要的历史叙述,那是不适当的,1954 年宪法作为过渡时期宪法,一部分条文带有纲领性。他特别谈到,我们的宪法是过渡时期的宪法,同社会主义已经建成时期的宪法不能不有所区别,一方面我国现在还没有建成社会主义社会;另一方面我国现实生活中已经存在建设社会主义社会的事实,而且社会主义的建设一天一天地发展,宪法不去描绘将来在社会主义社会完全建成以后的状况,但是为了反映现在的真实状况,就必须反映正在现实生活中发生着的变化以及变化所趋向的目标。

2. 有些人建议在宪法草案第 5 条中列举我国的各种生产资料所有制的时候,应当提到国家资本主义。宪法起草委员会认为,国家资本主义经济有各种不同的形式,不应当把国家资本主义列举在内。

3. 有人建议在宪法草案第2章第3节内具体列出国务院所属各部、各委员会的名称。宪法起草委员会认为,随着国家建设工作的发展,国务院机构的名称经常有变化,不宜在宪法中规定,以免一遇变动就要修改宪法,相关名称可以在国务院组织法内规定。

4. 有些人提出关于地方国家机关的一种修改意见,这种意见认为地方各级人民代表大会也应当同全国人民代表大会一样设立常务委员会。当时宪法起草委员会认为,全国人民代表大会工作的繁重,当然不是地方各级人民代表大会所能相比的。全国人民代表大会行使国家的立法权,地方各级人民代表大会没有这方面的职权。越是下级的人民代表大会,因为地区越小,就越易于召集会议,所以地方各级人民代表大会不需要在人民委员会以外再设立常务机关。地方各级人民委员会是地方各级人民代表大会的执行机关,同时也行使人民代表大会常务机关的职权,如果再设立造成机构重叠。

5. 有些人提出,宪法序言中应增加关于中国人民政治协商会议的地位和任务的规定。宪法起草委员会认为,中国人民政治协商会议是我国人民民主统一战线的组织形式。它曾代行全国人民代表大会的职权,这种职权今后当然不再需要由它行使,但是它作为统一战线的组织将在我国的政治生活中继续发挥它的作用。

6. 有些人提出,在宪法中应增加我国疆域的条文,宪法起草委员会认为不需要在宪法中增加这样的条文,因为宪法的基本任务是用法律形式规定社会制度和国家制度,规定具体的疆域并不是宪法的任务。宪法起草委员会认为,在联邦的国家的宪法中,有必要列举联邦中的各个单位,但我国并不是这种国家。我国的经济建设正在进行,国内各行政区域的划分还不能说已经完全固定了。所以,在宪法中按照现状列举各行政区域的名称,并不是适宜的。

对人们提出疆域中规定台湾地区地位的问题,认为这种用意是为了在宪法中肯定台湾地区是我国领土中不可分割的一个部分,这个用意是好的。但宪法可以不为此而增加新的条文,因为台湾地区是中国的神圣领土,是从来不产生疑问的,把我国台湾地区从美国帝国主义和蒋介石集团的统治下解放出来,达到我们全国的完全统一,这是中国人民一定要实现的任务。

7. 有人主张,宪法应有选举制度一章。经讨论多数人主张不写,主要是因为选举涉及选举的普遍、平等、直接、无记名的原则,若宪法中规定选举制度就要写上这一条,写上做不到不好。还有有关民族代表和华侨代表的选举不好写,让专门的选举法来解决好一点。

8. 有人主张,应专门规定预算一章,这一意见没有被接受,主要是因为《苏联宪法》没有规定,再说我们对预算缺乏经验,1953 年预算搞早了,公布不久就出问题,所以不宜写。

宪法草案的全民讨论,在新中国宪法发展史上产生了重要影响。首先,人民群众对宪法草案所表现出来的政治热情是空前的,通过讨论和宣传,宪法更加贴近人民群众的生活;其次,人民群众广泛参与宪法草案的讨论,不仅扩大了宪法存在的社会基础,同时为宪法的实施与遵守提供了良好的社会环境;再次,通过新中国第一部宪法草案的讨论,在宪法体制建立初期,人们开始关注宪法在国家生活中发挥的重要作用,有助于人们对即将建立的宪法体制的理念与具体运作形式达成共识;最后,宪法草案的全民讨论,进一步激发了全国人民社会主义和爱国主义的热情,有力地推动了生产建设和各项工作,扩大宪法的社会基础。各地人民热烈地拥护宪法草案,并表示在宪法草案正式公布后,要严格遵守宪法和法律,认真履行公民应尽的义务,积极参加社会主义的伟大建设事业。

第七章　1954 年宪法的诞生

经过全民大讨论之后，宪法草案（初稿）需要进一步修改和完善。按照既定的制宪工作安排，首先要进行全国普选工作，组成第一届全国人民代表大会，并在大会上通过 1954 年宪法。

一、全国普选工作

（一）新中国第一部选举法的制定

制定中华人民共和国第一部宪法的基本条件之一是在全国实现普选，并在全国普选的基础上选举产生全国人大代表。1953 年 1 月 12 日，政协第一届全国委员会常务委员会举行第四十四次会议。会议讨论了中央人民政府委员会《关于召开全国人民代表大会及地方各级人民代表大会的决议（草案）》，并同意决议草案。1 月 13 日，中央人民政府委员会举行第二十次会议，讨论关于召开全国人民代表大会和地方各级人民代表大会的问题。周恩来在会议上对决议作了具体的说明。他说，在 3 年来中国人民取得重大胜利的基础上，在全国开始进行有计划、大规模的国家第一个五年计划之时，及时地召开人民政协《共同纲领》所规定的全国人民代表大会及地方各级人民代表大会，不仅有必要，而且也有了充分的条件。关于这个问题，中国共产党已向人民政协全国委员会提出建议，并经各民主党派、各人民团体和无党派民主人士一致同意。现特请中央人民政府委员会依照中央人民政府组织法的规定通过决议。毛泽东在会议上也说，就全国范围来说，军事行动已经结束，土地改革已经基本完成，各界人民已经组织起来，因此，根据人民政协《共同纲领》的规定，召开全国人民代表大会和地方各级人民代表大会的条件已经成熟。他说，召开人民代表大会，可以更加发扬人民民主，加强国家建设。人民代表大会制度的政府，仍将是全国各民族、各民主阶级、各民主党派和各人民团体统一战线的政府，它是对全国人民都有利的。毛泽东讲话后，中央人民政府委员会一致通过了《关于召开全国人民代表大会及地方各级人民代表大会的决议》。该决议指出：中央人民政府委员会认为，现在召开全国人民代表大会的条件已经具备，决定于 1953 年根据《中央人民政府组织法》第 7 条第 10 款的规定，召开由人民用普选方法产生的乡、县、省（市）各级人民代表大会，并在此基础上接着召开第一届全国人民代表大会第一次会议，并制定宪法，批准国家建设计划纲要和选举新的中央人民政府。

中央人民政府委员会的决议明确了制定宪法的基本条件是实施普选，并以此为基础召开全国人民代表大会。为了召开全国人民代表大会需要制定选举法，并在全国举行普选。为此，中央人民政府委员会第二十次会议在决定成立中华人民共和国宪法起草委员会的同时，作出了成立中华人民共和国选举法起草委员会的决议。中华人民共和国选举法起草委员会由下列人员组成：主席，周恩来；委员，安子文、李维汉、李烛尘、李章达、吴玉章、高崇民、陈毅、张治中、张奚若、章伯钧、章乃器、许德珩、彭真、彭泽民、廖承志、刘格平、刘澜涛、刘宁一、邓小平、蔡廷锴、蔡畅、谢觉哉、罗瑞卿。

选举法起草委员会成立后，开始了选举法的起草工作。起草委员会根据中国人民政治协商会议共同纲领有关实行普选问题的规定,研究了3年多来我国人民民主专政发展的实际情况,借鉴了苏联和其他各人民民主国家关于选举制度理论与实践方面的经验,并征求社会各界的广泛的意见,经过约3个星期的起草工作,形成选举法(草案),并进行了多次的讨论和修改,终于完成了选举法的起草工作。1月28日政协全国委员会举行报告会,选举法起草委员会委员邓小平作了《关于全国人民代表大会和地方各级人民代表大会选举法(草案)的报告》,讨论了有关选举法制定过程中的重要的理论与实践问题。1953年2月11日中央人民政府委员会举行第二十二次会议,审议了选举法起草委员会提交的选举法草案。在会议上邓小平代表选举法起草委员会作了关于选举法(草案)的说明。

邓小平在说明中指出,选举法草案贯穿一个总的精神,就是根据我国当前的具体情况,规定一个真正民主的选举制度。毛主席在1940年《新民主主义论》中就曾指出,中国可以采取人民代表大会的系统,并指出:“但必须实行无男女、信仰、财产、教育等差别的适合于表现民意和指挥革命斗争,适合于新民主主义的精神。”我们就是遵循这样的基本原则来规定我国的选举制度的。接着他从选举权的普遍性、平等性等方面对选举法的基本精神和内容进行了说明。

在说明选举权的普遍性时,他指出了普遍性在选举法上的具体表现。《选举法(草案)》规定:凡年满18周岁的中华人民共和国公民,不分民族和种族、性别、职业、社会出身、宗教信仰、教育程度、财产状况和居住期限,均有选举权和被选举权。同时,《选举法(草案)》对于妇女、各民族人民、武装部队和华侨的选举都作了必要的规定。但对那些未改变成分的地主分子、依法被剥夺政治权利的反革命分子,还有精神病患者,规定剥夺选举权和被选举权。这些人所占人口比例很小,我们国家的选民,将占全国人口比例是很高的。因此,我们的选举是名副其实的普选,在这样基础上产生的人民代表大会具有广泛性。

在说明平等性原则时，他指出：《选举法（草案）》规定所有男女选民都在平等的基础上参加选举，每一位选民只有一个投票权。《选举法（草案）》还规定各级人民代表大会代表的名额及代表的产生均以一定人口的比例为基础。草案根据实际情况，又适当地照顾了地区和单位，所以在城市与乡村间，在汉族与少数民族间，都作了不同比例的规定。他承认，这些选举上不同比例的规定，就某方面来说，是不完全平等的，但是只有这样规定才能真实地反映我国的现实生活，才能使全国各民族各阶层在各级人民代表大会中有与其地位相当的代表，所以不但是很合理的，而且是我们过渡到更为平等和完全平等的选举所必需的。

邓小平在草案的说明中进一步阐述了选举法的民主精神。《选举法（草案）》规定选举人对代表候选人的提出和选举，完全可以自由选择自己认为满意的和必要的人，并对选出的代表有权撤换。选举法从我国的实际出发，规定了直接选举和间接选举相结合的过渡性方式。他认为，“这是由于我国目前的社会情况、人民还没有很多选举经验以及文盲尚多等等实际条件所决定的。如果我们无视这些实际条件，在现在就勉强地规定一些形式上好像很完备而实际上行不通的选举方法，其结果，除了增加选举的困难和在实际上限制许多公民的选举权利之外，没有任何好处的。草案规定了申诉程序和对一切破坏选举的行为的严厉制裁。所有这些，都充分保障了选民自由行使选举权利。”他提出，我们选举法的实质是，着眼于实际的民主。在草案的说明中他还对代表名额的分配原则、少数民族选举的特点等问题进行了说明。

1953年2月11日，中央人民政府委员会第二十二次会议审议通过了《中华人民共和国全国人民代表大会及地方各级人民代表大会选举法》，由毛泽东主席签发中央人民政府命令公布。

同年6月，中央选择了山东省泰安县和广饶县的若干乡镇，先后作为普选工作试点,以便取得经验,向全国推广。

(二)民主普选制度的实行

1953年3月4日,中央选举委员会发出了关于基层选举工作的指示。同日,《人民日报》发表题为《拥护选举法,开展普选运动》的社论。社论指出,新中国成立初期,我们不具备在全国范围内进行普选的条件。现在情况不同了,为进行新的伟大的历史任务,就必须使我们的国家机关更进一步地、更明确地、更直接地联系广大的人民群众。这样,原来那些代行人民代表大会职权的过渡的组织形式显然已经不够了,我们就有必要实行全国的普选,去代替原来的过渡方法。选举法是合乎我国现在的历史条件和实际情况来规定的真正民主的选举制度。

1953年4月3日,政务院举行第一百七十三次会议,通过了《中央人民政府政务院为准备普选进行人口调查登记的指示》。指示说,为了使全国年满18周岁的公民依法参加选举,必须做好选民登记工作,而选民的登记必须以人口为基础。因此,在做好选举工作同时,进行人口普查登记工作,以利于选举工作进行,并为国家的政治、经济与文化的发展提供人口数字。按照这个指示,确定1953年6月30日24时为全国人口调查登记的计算标准时间。经过普查,全国人口总数为601,912,371人。这是中国有史以来,第一次经过人口普查而得到的准确的人口统计数字。根据登记统计,全国选民总数为323,809,684人,占进行选举地区18周岁以上人口总数的97.18%。全国依法被剥夺选举权的人和精神病患者,只占进行选举地区人口总数的1.64%,占进行选举地区18周岁以上人口总数的2.28%。同一天,中央选举委员会发布了《关于选民资格若干问题的解答》,对居留在我国境内的外国人、地主及其子女、富农、依法逮捕、判处徒刑或宣布策划的反革命分子及其家属、在关押中的已决犯和未决犯、各种刑事犯罪分子、抗战时期的汉奸分子等人的选举权问题分别作了规定,并公布了选民登记表的说明和格式、选民证的说明和格式等。

1953 年 9 月 16 日至 18 日,中央人民政府委员会举行第二十七次、第二十八次会议。会议听取了中央选举委员会邓小平委员就全国人民代表大会及地方各级人民代表大会的选举问题所作的说明。根据各地选举工作进展情况,会议通过了关于推迟召开全国及地方各级人民代表大会的决议,决定推迟召开全国人民代表大会及地方各级人民代表大会。在做好充分准备的基础上,我国的第一次基层普选于 1953 年下半年在全国普遍进行,到 1954 年 5 月底全部结束。

1954 年 6 月 19 日在中央人民政府委员会第三十二次会议听取了邓小平《关于基层选举工作完成情况的报告》。这篇报告对全国普选工作的基本情况作了总结。全国除少数地区暂不进行基层选举外,进行基层选举的单位共为 214,798 个,进行基层选举地区的人口共为 57,143 万多人。报告中邓小平指出,在选举中广大选民十分重视自己的民主权利,积极参加选举活动。选举结果表明,由于在选举运动中深入地进行了国家过渡时期的总任务的宣传,在选举中,全国共选出 5,669,144 名基层人民代表大会代表,其中妇女代表占 17.31%。他提出,选举过程中人民群众的政治觉悟提高了,走社会主义道路成为广大人民群众的奋斗目标。

在基层选举工作中,各地严格按照《选举法》的规定,首先建立了乡、县、市、省的各级选举委员会,动员了 2,579,000 多名基层干部参加选举的工作,并选择了不同地区,进行了基层选举的典型试点,取得经验后再加以推广。在选举工作取得的主要经验是:(1)建立了系统的选举组织和协调机构,统一部署和安排各种选举工作,使选举工作具有统一的基础;(2)做好选民登记工作,做到“不能让一个公民被错误地剥夺了庄严的选举权利,也不能让一个反动分子和未经改变成分的地主阶级分子非法取得庄严的选举权利”;(3)选民参加选举的积极性很高,全国进行选举地区的选民参加投票的占登记选民总数的 85.8%。选民妇女参加选举的占登记的妇女选民总数的 84.01%;(4)选民对选举代表表现出极大的热情,代表的满意程度比较高;(5)基层人民代表的构成比例合理,包括了各行各业的代表性人物;(6)在各地的选举中,认真贯彻了《选举法》关于少数民族选举的各项规定,加强了民族团结。经过普选,基层政权民主制度得到了进一步的巩固和发展,工作有了显著的改进,为全国基层政权单位的人民代表大会的召开提供了组织与社会基础。

二、第一届全国人民代表大会代表选举

这次普选是一场伟大的民主运动,它在我国人民政治生活中具有重大的意义,为县以上各级人民代表大会与第一届全国人民代表大会的顺利召开奠定了基础。

从 1954 年 4 月开始全国一些地方完成了基层选举工作,建立了人民代表大会制度的基层政权。如江西省 82 个县、6 个市等所属的 10,000 个基层单位建立了基层人民代表大会政权。到了 4 月 14 日,东北区的 6 个省所属市和 166 个县已全部开完第一次人民代表大会。参加会议的人民代表,都是在普选中涌现出来的人民群众爱戴的优秀人物。1954 年 4 月 15 日,中央选举委员会第四次会议和政务院第二百一十三次政务会议在北京召开。邓小平在会议上作了《关于目前全国基层选举工作进展情况的报告》。会议对普选后的省、市、县人民代表大会的几个问题作了规定:(1)由于宪法还没有公布,普选后的地方各级政权组织形式尚待确定,因而此次省、市、县级人民代表大会不在首次会议上选举本级人民政府;(2)为使代表候选人得到充分酝酿,使各级人民代表大会的召开相互衔接,规定县一级人民代表大会在 1954 年 6 月间召开,省、市人民代表大会在 1954 年 7 月到 8 月召开;(3)南京、青岛、成都等人口在 50 万以上的省辖工业城市,每 10 万人选出全国人大代表 1 人。

1954年6月到7月，全国150个省辖市、2064个县、自治县及县一级的单位和170个中央直辖市的区，全部召开了人民代表大会会议。有些暂时不进行基层选举的少数民族地区的专区级、县级单位也召开了人民代表大会。在会议中，各地分别选举了省、直辖市和自治区的人大代表共16,680人。7月5日，政协第一届全国委员会常务委员会第五十六次会议举行了扩大会议。会议对由中央提名的全国人大代表的一部分候选人名单进行了协商，并决定把它作为各省、市人民代表大会选举全国人大代表候选人名单的一部分。

1954年8月11日，中央人民政府委员会第三十三次扩大会议在北戴河举行。会议听取周恩来作的外交报告，主要内容涉及日内瓦会议情况、提出和平外交政策与解放台湾地区的任务。毛泽东就解放台湾问题发表重要讲话。会议决定1954年9月15日召开第一届全国人民代表大会第一次会议。经过上述的各种准备工作，到了8月24日，全国25省、内蒙古自治区和14个中央直辖市，普遍举行了第一届人民代表大会第一次会议，选出了全国人民代表大会的代表（西藏地方和昌都地区采取了代表会议的形式选出了全国人大代表）。各省按人口每80万人选代表1人；各中央直辖市及人口在50万以上的省辖市按人口每10万人选代表1人，全国25省、内蒙古自治区、西藏地方、昌都地区和14个直辖市共选出全国人大代表1136人。军队召开了军人代表大会，选出全国人大代表60人，华侨事务委员会在所召开的国外华侨代表参加的侨务扩大会议上，选出全国人大代表30人。以上共选出了全国人大代表1226人。第一届全国人大代表具有广泛的代表性，反映了社会各个阶层的利益与要求。1226名代表的构成比例是有妇女代表147人，占代表总数的11.99%；少数民族代表除《选举法》规定的150人外，各省、市还选出27人，共占代表总数的14.4%。代表中，共产党员668人，非共产党员558人，分别占代表总数的54.48%和45.52%。这个比例“既保证了无产阶级对国家政治生活的坚强领导,又体现了统一战线的广泛性”。[1] 在这些代表中有中国共产党中央委员会和地方的负责人、有各民主党派的负责人及著名的无党派人士,有全国少数民族代表,有著名的华侨人士,有中央和地方的政府工作者,有武装部队的指挥员和战士,有劳动模范,有著名的科学家、作家和艺术工作者等。全国人大代表的构成比例保证了无产阶级对国家政治生活的坚强领导,同时体现了统一战线的广泛性。第二届、第三届全国人大代表各方面的代表名额大体上保持了这个比例。

从 9 月 1 日起全国人大代表们开始报到,到 7 日已报到的代表 1164 人。根据事先的日程安排,自 6 日起报到的代表分 33 个代表组,开始讨论宪法草案。

三、宪法起草委员会继续修订宪法草案

宪法草案的全民讨论结束后,宪法起草委员会对汇总的有关宪法草案的修改意见进行了分类、梳理与研究工作,先后召开了第八次和第九次会议,完成了对草案的最后修订工作。

(一)宪法起草委员会第八次会议

1954 年 9 月 8 日宪法起草委员会第八次会议全体会议在中南海紫光阁举行。为了准备这次会议,9 月 6 日、7 日毛泽东召集刘少奇、周恩来、陈云、彭真、邓小平、李维汉、陈伯达、田家英开会,讨论宪法草案。

毛泽东主持会议。[2] 朱德等宪法起草委员会 21 名委员出席了

---

[1] 李维汉:《回忆与研究》(下册),中共党史出版社 2013 年版,第 611 页。

[2] 《1954 年宪法与新中国宪政》中作者曾写:邓小平主持会议。但逢先知、金冲及主编,中央文献研究室编写的《毛泽东传》中记载的是由毛泽东“主持召开”。因未能找到宪法起草委员会第八次会议的文献档案,暂采用《毛泽东传》的提法。参见《毛泽东传》,中央文献出版社 2003 年版,第 337 页。根据《毛泽东年谱》(第 2 卷)的描述,9 月 8 日晚上,毛泽东召集周恩来、彭真、邓小平、陈伯达、田家英开会,讨论宪法草案。参见逄先知主编、中共中央文献研究室编:《毛泽东年谱》,中央文献出版社 2013 年版,第 276 页。

会议，中央政府委员会部分委员、全国政协宪法草案座谈会17个组的正副组长等列席了会议。会议根据宪法草案的全民讨论的情况，对草案文本进行了修改，并对有些章节中的一些问题进行了讨论与研究，与会者对最后的草案文本基本满意，同意提交中央人民政府委员会正式通过。1954年9月9日，中央人民政府委员会举行第34次会议，讨论并通过了经过修改的宪法草案，会议决定把这个宪法草案提交即将召开的第一届全国人民代表大会第一次会议。

（二）宪法起草委员会第九次会议

1954年9月12日下午，刘少奇主持召开了宪法起草委员会第九次会议。本次会议是宪法起草委员会的最后一次会议，会议讨论并通过了由刘少奇委员代表宪法起草委员会准备向第一届全国人民代表大会第一次会议所作的《关于中华人民共和国宪法草案的报告》和《全国人民代表大会组织法、国务院组织法、人民法院组织法、人民检察院组织法、地方各级人民代表大会组织法的修改稿》。毛泽东委托刘少奇起草宪法草案的报告，并于1954年9月7日到15日对报告稿作过多次修改。

1954年9月9日凌晨2时，毛泽东在修改了一部分《关于中华人民共和国宪法草案的报告》后，决定约政治局常委讨论这个报告稿的前两章。他亲笔给秘书高智写了一封便函，要其电话通知周恩来、朱德、陈云、邓小平等人：今日下午5点以后及下午7时以前，看少奇同志宪法报告稿的头两章，以便晚上11时左右，和少奇、伯达一起，到我处谈一下这两章的有关问题。[1]

9月11日毛泽东对这个报告稿从头到尾修改了一遍，并将“修正案”改为“草案”，并署上刘少奇名字。将报告稿的第一部分中有关辛亥革命和《临时约法》的局限性的一段话，修改为：“但是当时的革命派是有缺点的，他们没有一个彻底的反对帝国主义和封建主义

[1] 穆兆勇：《毛泽东主持起草共和国第一部宪法》，载《党史博览》2003年第10期。

的纲领,没有广泛地发动和组织可以依靠的人民大众的力量,因此……这次革命终于失败了,袁世凯领导的反对派篡夺了国家权力。"在报告稿的第三部分讲到公民的自由和权利的地方,加写:"任何资本主义国家的人民群众,都没有也不可能有我国人民这样广泛的个人自由。"[1]

9月13日,毛泽东对这个报告稿作了最后的修改审定。9月13日修改的6段文字如下:[2]

第一句是辛亥革命使民主共和国的观念从此深入人心,使人们公认,任何违反这个观念的言论和行动都是非法的。但是当时的革命派是有缺点的。他们没有一个彻底的反对帝国主义和封建主义的纲领,没有广泛地发动和组织可以依靠的人民大众的力量,因此他们不能取得对于帝国主义和封建主义的彻底胜利。这次革命终于失败了,袁世凯领导的反动派篡夺了国家权力。

第二句是"在过去相继统治中国的几个反动政府中,蒋介石国民党政府是最后的一个反动政府,它从来不要宪法的。但它垂死的时候,也想用一个伪宪来救自己的命。这个伪宪受到中国共产党、中国各民主党派和全国人民的坚决反对,结果和过去的反动政府一样,在蒋介石公布他的伪宪以后不到三年的时间,他的统治就彻底垮台了。同时,拥护这个伪宪的中国青年党、国家社会党等反革命也受到了人民的唾弃。这件事,在座的各位都是清楚地记得的"。

第三句是"现在美国帝国主义还侵占着台湾,蒋介石卖国集团还盘踞在台湾继续作恶,并且时刻企图回到大陆上来。反动派的复辟仍然是一个实际的危险。如果有人看轻这种危险,那就要犯错误"。

---

〔1〕 逄先知主编、中共中央文献研究室编:《毛泽东年谱》(第1卷),中央文献出版社2013年版,第277~278页。

〔2〕 毛泽东:《建国以来毛泽东文稿》(第4册),中央文献出版社1990年版,第546~548页。

第四句是“在我国过渡时期,工人阶级领导的包括各民主阶级、各民主党派、各人民团体的人民民主统一战线具有重要的作用。这是以工农联盟为基础而又较工农联盟更为广泛的联盟,即劳动人民同可以合作的非劳动人民之间的一种联盟”。

第五句是“帝国主义者和蒋介石卖国集团非常不喜欢我们建设社会主义,他们每天都在攻击我们。这有什么奇怪呢?原来我们是做对了。有些外国资产阶级失望地发现,在我们的宪法草案所宣布的道路,‘就是苏联所走过的道路’。是的,我们所走的道路就是苏联走过的道路,这在我们是一点疑问也没有的。苏联的道路是按照历史发展规律而为人类社会必然要走的道路。要想避开这条路不走是不可能的。我们一向认为马克思列宁主义是普遍的真理。为了破坏我们的社会主义事业,狡猾的敌人还特别雇用了一些人,如像托洛茨基(1879～1940 年)、陈独秀分子,他们装成‘左’的面孔,攻击我们的社会主义改造事业的具体步骤和具体措施。他们说,我们做得‘太不彻底’,‘太不妥协’,‘离开了马克思主义’。他们想用这些胡说混淆人们的视听。他们要我们破裂同民族资产阶级的联盟,立即剥夺民族资产阶级。他们又嫌我们的农业政策‘太慢’了,他们要我们破裂同农民的联盟。这些难道不是完全的胡说吗?我们如果照这样做,当然只有帝国主义和蒋介石卖国贼最为高兴”。

第六句是“我们的国家所以能够关心每一个公民的自由和权利,当然是由我国的国家制度和社会制度来决定的。任何资本主义国家的人民群众,都没有也不可能有我国人民这样广泛的个人自由”。草案的报告经过了多次讨论与修改,准备提交第一届全国人民第一次会议。

刘少奇在会议上说:“今天宪法起草委员会开会,讨论《关于中华人民共和国宪法草案的报告(草稿)》,毛主席交代我起草,急急忙忙把它搞出来了。今天提请宪法起草委员会审查,主要是内容上有什么问题进行讨论,文字上是否妥当也需要讨论”。他接着说明报告的内容:全部革命历史,从鸦片战争开始,总结了100多年来及中华人民共和国成立5年来的历史经验。还有“宪法把总路线写上了,如此,中国必须走社会主义道路,把能否走其他道路也作了分析,究竟要走什么路。一条走社会主义道路;一条是走资本主义道路;一条是维持新民主主义社会的道路。走资本主义道路不行,不走也不行。最后我们说我们走社会主义道路,走这条道路是有理由的。但走这条道路不是没有困难的。我们要克服困难,走向光明。另外,对宪法基本内容几点说明不可能详细地一条一条地说明。将来对宪法还有详细说明,田家英同志写了一本书,是专门说明宪法的。作为报告内容还要请全国人民代表大会讨论,必须对其基本内容加以说明:第一,关于我国的性质问题;第二,关于过渡到社会主义社会的步骤问题;第三,关于我国人民民主的政治制度和人民的权利和义务;第四,关于民族自治问题”。他说:“我们的宪法草案与‘五法’草案在全民讨论中提了118万多件意见,其中对宪法草案的意见有52万多条。这些所提意见中,一部分是关于修改内容的意见,一部分是关于文字修改的意见。对这些意见有些是作了修改的,有些是作了解释的。报告大体意思就是这样,请各位审查修改,请各位发表意见。”[1]

在会议上一些委员做了发言,充分肯定了草案报告的内容,并提出了一些修改意见。如程潜委员说:“这个报告我看过了,宪法是非常适当的。报告内容刚才主席已经讲过了,我觉得很好。第一大段我完全赞成,非常满意。这是个3万多字长报告,对我们4年来的工作在这个报告里先把它的经验总结了,其中有些文字可以修改,我已写在本子上了,作为参考。”高崇民在发言中说,“在报告中第19页上谈到我国在过渡时期的民族资产阶级一段,应强调一下对于不法资本家的警惕,甚至可以说对于不法资本家应予以严厉的打击。当然,

[1] 许崇德:《中华人民共和国宪法史》,福建人民出版社2003年版,第277~278页。

我完全同意刘副主席所说的民族资产阶级的过去和现在参加了民族民主革命,参加了爱国运动和经济恢复的工作,许多资本家提高了觉悟,表示愿意接受社会主义的改造。但是也还有利欲熏心、眼光短浅、始终执迷不悟的一些资本家,对于国家政策采取反抗的态度,并且一直进行破坏国家经济和社会秩序的活动。我认为这些情况是很严重的”。张奚若在发言中说,“第十二项四行:因此,反革命复辟仍然是一个实际的危险。我认为说得重了一些,现在实际情况不是这样。这样说好像我们住在北京、上海也不稳当了。事实是我们并没有什么危险的感觉。”张治中在发言中说,宪法草案意见的说明,“对第二十七条的中华人民共和国主席,很多人会主张是‘元首’,是否要说明一下,因为在很多人思想上存在这个问题等”。

刘少奇在最后总结时指出:“根据今天讨论提出的问题,关于资本家少数人的破坏、抵抗,应该警惕,这要加一点。这意见很好,可以根据宪法第 10 条,酌加一些。恐怕说得太多了也不大好。还有一个问题‘反革命复辟仍然是一个实际的危险’的问题,有些人认为危险没有什么了,太平了,全国人民有这个感觉。这个感觉我觉得不太好。提高警惕是好的,有好处。有实际危险是说还有实际可能。实际上帝国主义还存在,我们受着帝国主义的包围。他们占领了十几个岛,金门岛,天天在那里打。自从我们打了几仗后,美国国务院都讨论了。他们警惕性很高呢。还有一个问题,为什么要为世界和平而奋斗,这一点加进去是说明了我们国际威望提高了。我们在世界上的威望很好,5 年来变化很大,这点可以加上。另外,还有政治主张加不加?我们宪法公布之后,各国都要发表文章评论,托洛斯基派的经验我们不能接受,不支持托派。‘左’的倾向化,我们共产党内也有。急性,主张快,都是有的。这个问题有说明的必要。”会议经过讨论,通过了宪法草案报告稿。

9 月 13 日晚毛泽东在中南海菊香书屋再次召集刘少奇、周恩来、陈伯达开会,继续讨论刘少奇关于宪法草案的报告稿。

四、第一届全国人大第一次会议召开

(一)会议议程

从 9 月 15 日至 28 日,第一届全国人民代表大会第一次会议在北京隆重举行,大会的主要任务是制定宪法,通过几个重要的法律,通过政府工作报告,选举国家领导人。具体会议日程包括:通过《关于中华人民共和国宪法(草案)的报告》,通过代表资格审查委员会和提案委员会的主任委员和委员人选,通过《中华人民共和国宪法》,通过《中华人民共和国全国人民代表大会组织法》,通过《中华人民共和国国务院组织法》,通过《中华人民共和国法院组织法》,通过《中华人民共和国检察院组织法》,通过《中华人民共和国地方各级人民代表大会和地方各级人民委员会组织法》,通过政府工作报告,通过《关于中华人民共和国现行法律、法令继续有效的决议》,选举中华人民共和国主席、副主席,选举全国人民代表大会常务委员会委员长、副委员长、秘书长和委员,选举最高人民法院院长和最高人民检察院检察长,通过国防委员会副主席、委员人选等。在上述日程中通过宪法是大会的最重要的内容。

(二)刘少奇作关于宪法草案的报告

9 月 15 日第一届全国人民代表大会一次会议举行全体会议。出席开幕式的代表 1141 人,旁听人员 136 人,各国驻中国外交使节和外交官 44 人,外宾 39 人应邀参加开幕式。中央人民政府委员会主席毛泽东主持会议的开幕式并致开幕词。毛泽东在开幕词中说,我们这次会议具有伟大的历史意义。这次会议标志着我国人民从 1949 年中华人民共和国成立以来的新胜利和新发展的里程碑,这次会议所制定的宪法将大大地促进我国的社会主义事业。我们的总任务是:团结全国人民,争取一切国际朋友的支援,为了建设一个伟大的社会主义国家而奋斗，为了保卫国际和平和发展人类进步事业而奋斗，准备在几个五年计划之内，将我们现在这样一个经济上文化上落后的国家，建设成为一个工业化的具有高度现代文明程度的伟大的国家。他最后强调的几句话，极大地鼓舞了与会代表和全国人民：

我们的事业是正义的。正义的事业是任何敌人也攻不破的。

领导我们思想的理论基础是马克思主义列宁主义。

我们有充分的信心，克服一切艰难困苦，将我国建设成为一个伟大的社会主义共和国。

我们正在前进。

我们正在做我们的前人从来没有做过的极其光荣伟大的事业。

我们的目的一定达到。

我们的目的一定能够达到。

全中国六万万人民团结起来，为我们的共同事业而努力奋斗！

我们的伟大的祖国万岁！

毛泽东的开幕词结束后，乐队奏国歌，全体代表起立，为在中国人民革命事业中牺牲的革命烈士默哀 3 分钟。

下午 4 时会议进入第一项议程，由中央人民政府副主席、宪法起草委员会委员刘少奇代表宪法起草委员会向大会作《关于中华人民共和国宪法(草案)的报告》。报告分 4 个部分，共 3 万多字。

报告的第一部分，刘少奇指出，“我们提出的宪法草案，是中国人民一百多年来英勇斗争的历史、经验的总结，也是中国近代关于宪法问题和宪政运动的历史经验的总结”。100 多年来，中国革命同反革命的激烈的斗争没有停止过，这种激烈的斗争反映在国家制度问题上，表现为 3 种不同的势力所要求的 3 种不同的宪法，即从清朝、北洋军阀，一直到国民党所制定的“伪宪法”；资产阶级民主共和国的宪法;以工人阶级领导的、以工农联盟为基础的人民共和国的宪法。他认为,全国人民在讨论中热烈地称赞我们的宪法草案,就是因为这个宪法草案正确地总结了我国的历史经验。他在说明历史经验与宪法意义时,进一步分析制定 1954 年宪法的重要性与必要性。他认为,从 1953 年起,我国已经按照社会主义的目标进入有计划的经济建设时期,因此,我们有完全的必要在《共同纲领》的基础上前进一步,制定一个像现在这样的宪法,用法律形式把我国过渡时期的总任务肯定下来。同时,在肯定社会主义改造的复杂性与艰巨性的基础上,他进一步指出:一方面,我们必须更加发扬人民的民主,扩大我们国家民主制度的规模;另一方面,我们必须建立高度统一的国家领导制度,为了这样的目的,我们也有完全的必要制定一个比《共同纲领》更为完备的宪法。

报告的第二部分是关于宪法草案基本内容的若干说明,分别对国家性质、关于过渡到社会主义社会的步骤、关于我国人民民主的政治制度和人民的权利与义务、关于民族区域自治等问题作了说明。在说明我国国家的性质时,他指出:工人阶级领导和以工农联盟为基础,标志着国家的根本性质,表明我国是人民民主国家。在我国过渡时期,工人阶级领导包括各民主阶级、各民主党派、各人民团体的人民民主统一战线具有重要的作用。这是以工农联盟为基础而又较工农联盟更为广泛的联盟,即劳动人民同可以合作的非劳动人民之间的一种联盟。在谈到过渡到社会主义社会的步骤问题时,他重点解释了宪法草案第 4 条的内容,认为它是“以中华人民共和国成立以来社会经济关系的变化和广大群众的经验为根据的,因此都是行得通的”。他首先说明关于过渡形式的问题。认为对农业和手工业的社会主义改造中,主要的过渡形式是劳动群众部分集体所有制的合作社,对资本主义工商业的社会主义改造的过渡形式是国家资本主义,宪法草案明确了这种形式。另外,他从宪法角度,分析了通过和平道路建设社会主义的问题、富农问题等。

关于人民民主的政治制度与人民的权利问题是草案报告中的核心部分,集中反映了宪法草案在国家权力分配与公民权利保障方面的规定与基本精神。他指出,宪法草案第2条规定的“中华人民共和国的一切权力属于人民。人民行使权力的机关是全国人民代表大会和地方各级人民代表大会”的规定和其他条文一起,确立了我们国家的政治制度是人民代表大会制度。根据我国人民革命根据地政治建设的长期经验,并参照苏联和各人民民主国家的经验,在5年以前,我们的《共同纲领》就确定了我们国家的这种政治制度。

宪法草案总结了5年来国家机关工作的经验与各级各界人民代表会议的经验,对国家的政治制度作出了更加完备的规定。人民代表大会制度之所以成为我国适宜的政治制度,就是因为它能够便利人民行使自己的权力,能够便利人民群众经常经过这样的政治组织参加国家的管理,从而得以充分发挥人民群众的积极性和创造性。在说明人民代表大会制度的民主基础后,他指出:依照宪法草案的规定,我国的全国人民代表大会完全统一地行使最高的国家权力,而我们的国家行政机关,从国务院到地方各级人民委员会,都由全国人民代表大会和地方各级人民代表大会这样的国家权力机关产生,受它们的监督,并可由他们罢免。所以,国家行政机关决不能脱离人民代表大会或者违背人民代表大会的意志而行动。在谈到国家主席地位时,他说,我们的国家元首是集体的国家元首,不论常务委员会或者国家主席都没有超越全国人民代表大会的权力。针对民主和集中问题上存在的各种不正确的认识,刘少奇明确指出:人民的共同利益和统一意志,是人民代表大会和一切国家机关工作的出发点。因此,在这一切国家机关中,也就能够在民主的基础上形成人民的政治一致性。针对国外的一些评论家对草案中规定的公民基本权利与义务规定的议论,刘少奇专门对“高度的集中和人民的集体主义是不是妨害人民群众的个人利益和个人自由”问题进行了分析。他在列举宪法草案规定的基本权利以后,认为“我们的国家所以能够关心到每一个公民的自由和权利,当然是由我国的国家制度和社会制度来决定的。任何资本主义国家的人民群众,都没有也不可能有我国人民这样广泛的个人自由”。关于保障权利与限制权利的界限问题,他以宗教信仰自由为例作了说明,指出,根据宪法草案的规定,我们的国家将如同过去一样切实地保障公民有宗教信仰自由的权利,但是,保障宗教信仰自由和保障反革命活动的自由是绝对不能混同的两件事。在说明自由的法定界限后,他强调了“在人民民主制度和社会主义制度下,人民群众能够体验到国家与社会的公共利益和个人利益是不可分的,是一致的。在人民民主制度下,人民有了完全的民主权利,同时也有完全的义务”。人民既然完全地行使国家权力,也就会以主人的身份尽完全的义务。这一部分的最后他系统地阐述了宪法草案对民族区域自治制度的规定和宪法上的意义。民族区域自治是国家政治制度的重要组成部分,宪法草案序言和许多条文规定了国内各民族间的友爱互助的关系,保障了各少数民族的自治权利。关于实行民族区域自治制度的依据问题,报告认为,我们国家是工人阶级领导的人民民主国家,所以我们的国家能够用彻底的民主主义和民族平等的精神解决民族问题,建立国内各民族之间的真正合作。宪法草案规定,我国公民,不分民族、种族,一律享有平等的权利,并且宣布,对任何民族的歧视和压迫,在我国都是不合法的。报告同时对任何在少数民族中进行社会主义改造问题提出了原则与具体步骤。

报告的第三部分报告了关于全民讨论中提出的宪法草案的意见及宪法起草委员会处理情况。[1]

报告的第四部分,刘少奇特别强调“我们的宪法草案是代表全国

[1] 详见本书第六章全民讨论宪法草案的部分。

各族人民的利益的,是实事求是的”。宪法草案经过全国人民代表大会通过以后,将成为我国的国家根本法。这个宪法既然是表达了人民群众的亲身经历和长期心愿,它就能够在我国的国家生活中起巨大的积极的作用,一定会鼓舞人民群众为保卫和发展我们的胜利成果而斗争,为促进我国建设事业的健全发展和加速我国建设的进度而斗争。他特别强调了宪法的遵守和实行的重要性,提出:“宪法是全体人民和一切国家机关都必须遵守的,全国人民代表大会和地方各级人民代表大会的代表以及一切国家机关的工作人员,都是人民的勤务员,一切国家机关都是为人民服务的机关,因此,他们在遵守宪法和保证宪法的实施方面,就负有特别的责任。”在谈到宪法与党的关系时,刘少奇指出:中国共产党是我们国家的领导核心。党的这种地位,决不应当使党员在国家生活中享有任何特殊的权利,只是使他们必须担负更大的责任。中国共产党的党员必须在遵守宪法和一切其他法律中起模范作用,一切共产党员都要密切联系群众,同各民主党派、同党外的广大群众团结在一起,为宪法的实施而积极努力。

在报告的最后,他指出:我国宪法的公布,是全国各族人民长期共同奋斗获得了伟大胜利的一个成果,但是这并不是说,宪法公布以后,宪法所规定的任何条文就都会自然而然地实现起来。不是的。宪法一方面总结了我们过去的奋斗,另一方面给了我们目前的奋斗以根本的法律基础。它在我们国家生活的最重要的问题上,规定了什么样的事是合法的,或者是法定而必须执行的,又规定了什么样的事是非法的,必须禁止的。宪法公布以后,违反宪法规定的现象并不会自行消灭,但是宪法给了我们一个有力的武器,使我们能够有效地为消灭这些现象而斗争。

刘少奇关于宪法草案的报告是对 1954 年宪法草案基本精神的系统的说明与阐述,为人们全面理解制宪的背景、起草过程、主要内容与基本特点等问题提供了权威性的依据。来自全国各条战线的1211名全国人大代表尽管在地方或单位上参加过宪法草案的全民讨论,对草案的内容与精神有所了解,但因各种条件的限制,并没有机会从整体上对宪法草案内容进行比较集中和专业性的讨论。另外,由于全国人大代表的经历和专业知识的差异,在基层参加的全民讨论中对宪法草案的认识也有很大的局限性。在全国人大开会的第一天,刘少奇代表宪法起草委员会对草案所作的报告有助于代表们准确把握宪法草案的精神,为代表们深入讨论宪法草案提供了良好的条件。事实证明,全国人大代表在讨论宪法草案时以草案报告为基础,积极参加讨论,提出了对草案的各种建议和意见,为进一步完善宪法草案作出了重要贡献。

(三)全国人大代表对宪法草案问题的发言

从16日起,全国25个省、内蒙古自治区、西藏地区、昌都地区、14个直辖市、军队和华侨等44个选举单位的1211名全国人大代表,以对人民高度负责的态度,分成33个代表组,参加了宪法草案的讨论,分组讨论宪法草案。9月16日到20日代表发言讨论宪法草案及其报告,先后在大会上发言的共有164名代表。其中16~18日连续3天安排了大会发言。代表们表示拥护宪法草案,同意刘少奇所作的宪法草案的报告。以下介绍彭真、林伯渠、胡耀邦等代表的发言内容,从中可以了解代表们对宪法草案和报告内容的理解和评价。[1]

林伯渠代表在发言中说:

中华人民共和国第一届全国人民代表大会第一次会议,将庄严地通过中华人民共和国宪法,这是我们国家的大喜事,是全国人民的大喜事,也是我们在全世界一切国家中的朋友们的大喜事。这个宪法,是100多年来,尤其是近30年来,中国人民反对帝国主义、封建

---

[1] 《在第一届全国人民代表大会第一次会议上代表们关于宪法草案和报告的发言》,载《人民日报》1954年9月17日。

主义和官僚资本主义的革命胜利的总结,是中华人民共和国成立以来的经验总结,是我国通过和平的道路建成社会主义社会的保证。

这个宪法在制定的过程中,中国各族人民都热烈地参加了讨论。它既是领导者的经验和广大人民群众的经验的结合,又是中国的经验和苏联及其他人民民主国家的经验的结合。宪法草案规定了中华人民共和国的一切权力属于人民,人民行使权力的机关是全国人民代表大会和地方各级人民代表大会;规定了全国人民代表大会是最高国家权力机关和行使国家立法权的唯一机关;规定了全国人民代表大会、地方各级人民代表大会和其他国家机关一律实行民主集中制;规定了人民代表受原选举单位和选民的监督;规定了一切国家机关工作人员必须努力为人民服务;规定了国家武装力量属于人民,它的任务是保卫人民革命和国家建设的成果,保卫国家的主权、领土完整和安全。宪法草案的各个部分,都贯彻着国内各民族间平等友爱互助合作的精神。所有这些有关政治制度和国家制度的规定,都是中国人民政治生活中实际经验的总结,现在以法律的形式把它们固定下来了。

宪法草案指明了我国正处在逐步过渡到社会主义社会的历史时期,反映了我们国家在过渡时期的根本要求和全国人民建设社会主义社会的共同愿望。它规定了国家在过渡时期的总任务,指出了实现总任务的内外条件,并规定了中国人民为此而奋斗的道路。这些规定,是完全以中国现有的社会情况为根据的。由于中国工人阶级的领导和广大劳动人民的努力,社会主义因素在国家的政治和经济方面已经成为决定性的领导力量,这就决定了逐步过渡到社会主义社会已经是我国存在的和向前发展的必然趋势;同时,又由于非社会主义经济成分的大量存在,和社会主义经济的发展还赶不上广大人民生活需要的事实,对现存的各种非社会主义所有制的改造,就必须逐步进行,区别对待。只有由国家保证优先发展国营经济,即全民所有制的社会主义经济,才能加强国民经济中的领导力量和扩大实现社会主义改造的物质基础。只有依靠国家机关采取行政上的具体措施,并使之与广大人民群众的社会主义觉悟和积极行动结合起来,才能逐步实现社会主义改造,逐步消灭剥削制度,建立社会主义社会。几年来,我们正是遵循着这些原则来进行的。这是中国人民经济生活中实际经验的总结,现在也以法律的形式把它们固定下来了。

中华人民共和国成立以来的各项措施的伟大成就,已经使整个中国社会在各方面都发生了深刻的根本的变化。人民的物质、文化生活水平已经比解放以前有了显著的提高,人民的各项自由权利已经开始得到了物质上的保证。但是我们还是刚从贫困落后的旧中国的废墟上建立不久的新国家,我们的社会主义建设事业和社会主义改造的事业也刚刚有计划地进行,国家财富的积累还不够充裕。因此,应当说,目前我们国家对于公民的各项基本权利的物质保证,还是不充分的。应当指出,发展经济建设是改善人民生活的前提,那种不顾经济建设的利益、过高过急地要求改善人民生活的意见是不正确的,也应当指出,在我们国家机关的工作人员中还有一些人对于在可能条件下改善人民生活采取官僚主义的漠不关心的态度,甚至违法乱纪,侵害人民的基本权利,也是不对的,是我们所必须坚决反对的。

全国各族人民,无论在工厂中,在农村中,在学校、机关中,以及在其他各个岗位上,正欢欣鼓舞地以实际行动来迎接中华人民共和国宪法的诞生。我们坚决相信,在以毛泽东同志为首的中国共产党领导下,在人民有了自己的宪法以后,人民群众的积极性和创造性一定会进一步地发挥。我们必须同全国人民一起,继续加强团结,为彻底实现国家在过渡时期的总任务,把我国建设成为一个伟大的社会主义国家而努力奋斗!

吴玉章代表在发言中说:

在宪法通过以后,应该开展广泛的、深入的、全民性的宣传教育。这是贯彻实施宪法的重要条件。在全国范围内进行宪法的宣传教育应当作为长时期的具有根本性质的政治工作,当作人民群众的爱国主义教育和社会主义教育的一个基本内容。发言中他强调,一切国家机关工作人员都是人民的勤务员,必须认真学习宪法,加强法治观念,按照宪法办事,效忠人民民主制度,服从宪法和法律,努力为人民服务。要使广大青年了解宪法,热爱祖国,积极准备成为国家的社会主义事业的忠实建设者和保卫者。因此,我认为,在中等学校和高等学校中,应当适当地采用苏联宪法教育的经验,将中华人民共和国宪法或宪法内容在本科的课程列为共同必修的政治课程,以便进行系统的教育。

胡耀邦代表在发言中说:

我完全拥护中华人民共和国宪法草案和刘少奇同志关于宪法草案的报告。这个宪法保障了我国青年已经得到的自由和幸福,照亮了他们更加美好的远大前程。

在旧中国,反动派残酷地迫害青年,青年的政治权利被剥夺,青年的创造才能被摧残,青年的身心健康被戕害。在新中国,我们的国家把青年看作自己的将来,给了青年政治的、经济的、劳动的和受教育的各种权利,从各方面关心青年,培养青年。我们的国家给了年满18 岁的青年以选举权和被选举权,使近 8000 万青年能够在实际生活中学习管理国家大事。我们的国家为青年办了几十万所学校和许多其他的文化教育机关,使近 6000 万学生和 2000 多万工农青年能够在各级学校和各种业余学校中学习。我们的国家从各方面为青年创造了劳动条件,使 1000 万青年能够在厂矿企业和国家机关中工作,10,000 万青年农民能够在自己的土地上愉快地生产。我们的国家不断地增加卫生体育设施,使广大青年的体质能够迅速地增强。由于国家的关怀,中国青年得到了历史上从来没有过的全面发展。中国青年对伟大的中国共产党和毛主席充满无限的爱戴。

宪法指引着我国人民为建成社会主义而斗争。这是一个非常艰巨、非常复杂的任务。宪法所体现的国家对青年的特别关怀,就是殷切地期望青年们能够承担和发展这个伟大的事业。中国青年必须时时刻刻想到摆在自己面前的责任的重大,下定决心为祖国贡献自己的最大力量。广大青年是懂得自己的责任的,他们在各个战线上英勇积极,为国家作出了有价值的贡献。他们中间涌现出来的成千成万个劳动模范和先进人物,更为新中国的青年树立了良好的榜样。

但是我们的工作还有缺点。我们对青年中的思想问题抓得不紧,对广大青年的社会主义教育做得还差,在青年中提倡艰苦奋斗不够。由于旧社会残余思想的影响和资产阶级思想的腐蚀,某些青年滋长着一种依赖思想,不愿艰苦劳动,不求上进,贪图安逸,追求个人享受。我们对某些学校中缺乏纪律性的状况,没有给予应有的注意,没有认真地协助学校行政和教师对那些违反纪律的人进行必要的教育和处罚,这对于青年学生来说,是有害无益的。我们对那些暗藏的反革命分子、流氓分子毒害青年的罪恶行为,缺乏警惕,没有进行坚决的、严肃的斗争,使得这些坏分子能够引诱某些落后青年腐化堕落,做损害人民利益的事。我们必须正视和克服这些缺点,努力去组织和团结广大青年为建成社会主义而斗争。

宪法是中国青年的一部生动的教科书,我们将从这里汲取智慧和力量。我们要使青年都知道,我们的先烈把自己的鲜血献给了人民的解放事业,我们这一代必须用英勇的劳动把祖国建成一个伟大的社会主义国家。我们要大力克服青年中轻视劳动的腐朽思想。我们要动员青年用顽强的学习来掌握建设祖国所必需的科学技术。我们要号召青年努力把自己锻炼成为勇敢、机智、健壮和刻苦耐劳的人。我们要努力使青年处处遵守纪律、遵守一切法律,并随时随地向一切损害祖国利益的行为作坚决的斗争。我们要使青年都懂得,保卫祖国首先是青年的神圣的职责。我们青年团的全体团员要在这一切斗争中真正起模范带头作用。我相信，由伟大的中国共产党和毛主席教导的中国青年，在祖国伟大辉煌的事业中，必将贡献出自己的全部力量。

彭真代表在发言中说：

我完全拥护中央人民政府委员会所提出的中华人民共和国宪法草案和刘少奇同志关于这个宪法草案的报告。

这个宪法草案，实事求是地总结了我国人民革命斗争的经验，总结了我国人民建国的经验，表达了我国人民的长期愿望。它不仅用法律形式肯定了我国人民已得的成果，并且明确地规定了我国人民进行社会主义建设和社会主义改造的目标和道路。它是我们各民族人民的利益和意志的最集中的表现。我提议我们的代表大会通过它，并且号召全国人民一致地为它的圆满实现而奋斗。

我们的宪法，是属于社会主义类型的宪法，它和资产阶级类型的宪法不同，它是完全为了人民的，是保护人民的权利和合法的利益的，是社会主义建设和社会主义改造的武器；中华人民共和国的每一个公民，不管是属于什么民族、种族、性别和职业，不管是什么社会出身，信仰不信仰宗教或者信仰什么宗教，也不管是不是共产党员，是不是国家工作人员，有多高的地位，有过多大的功劳，都应该无例外地遵守它。

"法律面前人人平等"这个口号，在资本主义国家中，是不可能实行的，那里的劳动者，不可能同资产阶级在法律上获得实际的平等地位。因此，这个口号，在那里，只不过是资产阶级欺骗劳动人民、麻痹劳动人民的谎话，是有名无实的"民主"的幌子。在我们这里就根本不同，我们的国家是工人阶级领导的人民民主国家，我们全体公民在法律面前可能平等，也必须平等。人人遵守法律，人人在法律上平等，应当是，也必须是全体人民、全体国家工作人员和国家机关实际行动的指针。在我们这里,不允许言行不符,不允许有任何超于法律之外的特权分子。

为了完满地实现我们的宪法,我们必须从各方面进行严肃的、复杂的斗争;我们必须提高警惕,反对帝国主义和国内反革命残余分子的阴谋破坏活动,必须反对各种抵抗社会主义改造的分子的破坏活动,必须和人民群众中各种违法现象进行斗争,必须对各种违法犯罪分子依法予以制裁。这不仅是公安机关、人民检察院和人民法院的责任,也是人民群众的责任。人民群众是专门机关的依靠,专门机关是人民群众的武器,二者必须紧密地结合起来,才能巩固我们国家的法制,维护宪法和法律的实施。

为了保障宪法的顺利实现,维护国家的法制,我们还必须批判各种错误的思想。

现在有这么一种人,他们自以为过去有过一点"功劳"或"苦劳",就觉得了不起,觉得党和国家应该允许他们超于法律之外,允许他们为所欲为;他们不懂得人民的功臣应该戒骄戒躁,奉公守法,好好地做一名忠实的人民勤务员,争取功上加功,争取更大的光荣,在法律上,根本就不应该要求有任何特殊。国家对于一切违法犯罪的人,不管他过去有过什么功劳,都不能,也不应该加以包庇。这种功臣特殊的思想,实质上是骑在人民头上的封建地主和封建王侯思想的反映,是使我们的干部腐化堕落的思想,是毁灭我们干部的思想,甚至可以发展成为破坏我们的国家、破坏我们的党的思想,我们必须严厉地批判它和克服它。

在少数国家工作人员中还有这么一种思想,他们以为法律是只管老百姓或者只管"小人物"的,至于"大干部""大人物",只要注意执行党和国家的方针政策就够了,对法律遵守不遵守,是无关重要的。这种思想,也是完全错误的。我们国家的法律并不是别的,它正是已经实现或正在实现中的方针政策的定型化,违背了法律就是违背了方针政策。我们的干部是人民的勤务员和领导者,国家对于干部的要求,在一切方面,都应该比对一般公民的要求高。干部不仅要执行方针政策,遵守政治纪律和工作纪律,还必须严格遵守国家的法律,成为遵守国家法律的模范。如果一个干部他本身就不遵守法律,那他还怎样能要求人民群众遵守法律呢?他还怎样能领导人民群众同违法现象作斗争,怎样能领导人民群众为执行党和国家的方针政策而奋斗呢?必须明确国家对于任何违法犯罪的人,不管他的职位多高,都是不能加以包庇的。

还有一部分共产党员以为,共产党既然是国家的领导者,那么他们只要遵守党的纪律就行,对于遵守国家法律,似乎马虎一点也不要紧,这种思想,也是错误的、危险的。他们不知道党的纪律和国家法律是一致的。共产党对于一个党员的要求比国家对于一个公民的要求是严得多、高得多。共产党员的义务之一是模范地遵守国家的法律,违犯了国法,就是违犯了党纪,危害了党的利益,所以,中国共产党明确地规定:对于因违犯国法而受刑事处分的共产党员,是要开除党籍的。共产党员在遵守宪法和法律方面,是不能有任何例外、任何特殊的,如果硬要说有,那就是他们必须以身作则,成为守法的模范,并且团结群众为宪法和各种法律的实施而斗争。

也有少数工人和农民同志认为,人民既然已经当家作主,就用不着再遵守什么法律。这种想法也是错误的。国家是自己的,国家的法律也是自己的,自己当了国家的主人,就可以不遵守自己国家的法律吗?恰恰相反,应该严格地遵守。宪法和法律是我们人民经过自己的代表制定的,是表达我们人民的意志,保护我们人民的利益的,是我们对付敌人和坏分子的武器,我们为什么不遵守它,不运用它呢?如果我们自己不遵守它,不运用它,那么让谁来遵守,让谁来运用它呢?

显然,上述各种错误思想,都是和我们的宪法草案的精神相违背的,都是宪法顺利实施的障碍。我们必须批判和克服这些错误思想。

此外,还有一些人,他们在表面上似乎并不要求什么特权,但是,他们总想多享受点权利,少尽点义务,甚至只追求法律所赋予的权利,不履行法律所规定的义务,这也是不对的。按照我们的宪法,公民在享受权利上是平等的,在履行义务上也是平等的,人人有应享受的权利,人人有应尽的义务。不尽义务就是一种特权,我们的宪法是不承认这种特权的。那种"只享权利,不尽义务"的思想,实际上是一种损人利己,损公利私,牺牲最大多数人民的利益来满足个人利益的剥削思想,也就是一种特权思想,和我们的宪法草案的精神是背道而驰的,我们也必须严厉地批判和克服这种思想。

我们的国家机关,在遵守法律方面,可不可以有什么特殊呢?不可以。按照我们的宪法草案,不仅国家机关工作人员,国家行政机关要严格遵守宪法和法律,国家的检察机关和审判机关要严格遵守宪法和法律,国家的各级权力机关,直至全国人民代表大会,也都要严格地遵守宪法和法律。一种认为国家机关可以违法的思想,实际上是一种"只许州官放火,不许百姓点灯"的反动统治阶级的思想,是和我们的宪法草案的精神根本不相容的,我们必须反对它。

我们的宪法就要通过公布了,我国全体公民和所有的国家机关、民主党派、人民团体都必须严格地遵守宪法,都必须用宪法规定的标准来检查我们的思想和行动,并且和一切违法现象进行斗争。只有这样,才有可能使我们六万万人民万众一心,步伐整齐地,按照我们的宪法所规划的道路,向着繁荣幸福的社会主义社会大踏步前进。

沈钧儒代表在发言中说:

我以人民代表的身份参加这个会议,讨论和通过《中华人民共和国宪法》,我深深感觉到我们任务的光荣和责任的重大。

通过这个宪法,就是向全世界宣布,六万万中国人自觉自愿地共同一致地决定了要走他们自己选定的道路，这不是封建主义的道路，也不是资本主义、帝国主义的道路。那些道路都是走的道路。走这一条路是要稳步前进的。我们要完成社会主义建设和社会主义改造，来消灭剥削，消灭贫困，过渡到社会主义社会。我们的子子孙孙将要过着和过去不能相比的繁荣幸福和平快乐的日子。

各位代表！这个宪法不是轻易得来的，它是 100 多年来无数志士仁人抛头颅流鲜血换来的。实施这个宪法，更不是一件轻易的事，需要全国人民更坚强地团结起来，进行斗争和工作。

各位代表！我们决不能忘记：台湾地区 800 万居民还没有得到解放，蒋介石残余还没有全部消灭。我们决不能忘记：帝国主义好战分子还在进行侵略战争的阴谋。我们更不应忘记：已经消灭和将要消灭的阶级，决不甘心于被消灭，他们有的人还会企图复辟，有些人还会进行抵抗。我们对这些内外敌人必须时刻保持着高度的警惕。

宪法通过，并不是我们的一切都就改变了。重要的是要改造我们一切从旧社会中生长的人们。我认为，各种知识分子，特别是国家工作人员，都要紧紧记住毛主席在 1949 年说过的几句话："有了人民的国家，人民才有可能，在全国范围内和全体规模上，用民主的方法，教育自己和改造自己，使自己脱离内外反动派的影响……改造自己从旧社会得来的坏习惯和坏思想，不使自己走入反动派指引的错误路上去，并继续前进，向着社会主义和共产主义社会发展。"

我是一个人民的法律工作者，我要继续同广大人民群众在一起，来竭尽全力地保卫宪法，并为宪法的实施而认真、积极地工作。过去 5 年中，我们各级人民法院在人民政府的领导下，处理了大量的刑事、民事案件，保障了国家恢复时期各项运动的完成和国家经济建设的顺利进行。但是各级人民法院在执行国家的审判任务中，曾发生了一些缺点和错误。首先应该指出的，是旧法观点和旧司法作风的审判工作上所造成的缺点和错误。这种观点和作风，虽在司法改革运动中已经受到了致命的打击,但今后还须继续注意予以肃清。有些审判人员在办案中只凭主观臆断,缺乏民主作风,因而造成了个别案件的错判,侵犯了人民的民主权利。这是和宪法所提出的要求不相容的。目前最高人民法院和司法部正在继续结合法院的民主制度建设,对全国各级人民法院进行关于审判人员的民主作风和守法精神的教育。我相信,全国各级人民法院在人民群众的监督下,是能够迅速而认真地改善工作情况,适应宪法公布后的实际需要的。

我完全拥护刘少奇委员《关于中华人民共和国宪法(草案)的报告》,并建议全体代表一致投票通过《中华人民共和国宪法》,并且抱定决心,更加百倍地努力工作,实施这个宪法,使我们伟大的祖国顺利地过渡到社会主义社会。

班禅额尔德尼·确吉坚赞(1938～1989 年)代表在发言中说:

我这次同达赖喇嘛及其他代表,来到我们伟大的首都北京参加我国第一届全国人民代表大会第一次会议,并同全国各兄弟民族的代表欢聚一堂,讨论和通过中华人民共和国宪法,这在我国的历史上还是第一次,我以能够出席这样一个有伟大历史意义的会议,感到无上的光荣和无比的兴奋。

宪法草案,我们经过反复地学习和讨论,我认为这个宪法草案是完全正确的,是完全代表全国各族人民切身利益和共同愿望的。只有这样的一个宪法才能真正保护少数民族的平等权利,只有这样的一个宪法才能巩固我国人民革命的胜利成果,只有这样的一个宪法才能引导我国各族人民坚定地向着社会主义的幸福道路胜利前进。因此,我对宪法草案,完全同意,并表示衷心拥护。

伟大的中国共产党和各族人民敬爱的领袖毛主席,领导我国人民取得了人民革命的伟大胜利,使西藏获得了和平解放,西藏人民永远地摆脱了帝国主义羁绊,光荣地回到了我们友爱和睦的祖国大家庭。短短的 3 年多来,我们在中国共产党、中央人民政府和毛主席英明领导和亲切关怀帮助下,西藏的政治、经济和文化等各方面都得到了重大的成就,宗教信仰自由得到了很好的保护,风俗习惯得到了很好的尊重。单就经济、文化来说就有了新的发展,如发放无息农牧贷款、兴修水利、救济灾民,使群众生活得到了些改善,设立医院给群众免费治疗,使群众减少了疾病痛苦;开办小学,使我藏族子弟有了良好的入学机会。尤其在团结方面,西藏民族内部的团结以及藏族同各兄弟民族之间的团结已日益加强。3年多来,活生生的具体事实,使我们深切体会到中国共产党毛主席的民族政策是伟大的正确的,全国各兄弟民族对西藏人民是热爱和帮助的。有了中国共产党和毛主席的领导,有了各兄弟民族的帮助和合作,西藏人民才能享受到祖国大家庭的温暖,才能真正摆脱掉帝国主义的欺骗和奴役,政治、经济和文化才能得到发展。在这里,我特别要向伟大的中国共产党和各族人民的救星毛主席,致以崇高的敬意。

主席,各位代表!西藏民族和西藏人民在过去长期遭受帝国主义的侵略压迫。西藏人民都认清了帝国主义的狰狞面貌,都痛恨和坚决反对帝国主义的阴谋挑拨和破坏。回到祖国大家庭的西藏人民,日益热爱我们伟大的祖国和坚信中央人民政府的领导,祝愿祖国日益强大和巩固。我们深深地知道:强大繁荣的祖国,一定会给西藏人民带来无限的光明和幸福。我们将永远团结在中国共产党和毛主席的周围,同达赖喇嘛一起,以自己的实际行动,继续加强和巩固我藏族内部的团结以及藏族同各兄弟民族之间的团结,并同中国人民解放军驻藏的人员以及全西藏僧俗人民一道,更加热爱祖国,建设祖国大家庭,巩固祖国的国防,时刻警惕地防止帝国主义的挑拨和破坏,并为彻底实现和平协议,遵守人民的宪法、建设繁荣幸福的新西藏而奋斗到底。

陈叔通代表在发言中说:

放在我们面前的宪法草案,经过各民主党派、各人民团体、各民主阶级和全国广大人民群众将近 6 个月的讨论,并由宪法起草委员会考虑了各方面提出的意见,进行了必要的修改。刘少奇委员对于这个宪法草案又作了详尽的报告,说明了它的基本内容。我深深相信,第一届全国人民代表大会第一次会议将庄严地一致地通过这一个我国人民自己的宪法。这是一件具有历史意义的大事。

首先,这个宪法代表着以中国工人阶级为领导的 6 亿人民的意志,巩固了中国人民在中国共产党领导下所获得的伟大成果,反映了广大人民建设社会主义的共同愿望,肯定了国家在过渡时期的总任务,是引导中国人民胜利地通过和平道路建成社会主义社会的明确指针。

这个宪法是在毛主席亲自领导和亲自参加下写成的,是完全从实际出发因而是符合于中国具体情况的,是原则性和灵活性相结合的光辉范例,是伟大的毛泽东思想的具体体现。我衷心地拥护这一伟大的宪法,并愿为其完全实现而奋斗。

这个宪法的意义是无限伟大的,它的内容是无限丰富的。为了使全国人民能够更深入地了解我国宪法的伟大意义和丰富内容,为了使全国人民明确认识我们国家所应该走的道路和方向,也为了使这个宪法能够在各个方面一致贯彻和执行,我建议,在宪法公布以后,应该在全国范围内展开广泛的宣传和经常的学习。这是因为宪法所规定的建成社会主义社会的道路对全国人民来说,是一条新的道路。这条道路,正在开始走,还没有足够的经验,所以还必须努力地学习,虚心地学习,全面地学习,切切实实地学习。只有加强宣传和学习,使大家都懂得,都了解,全国人民才能够遵循宪法所指出的道路,走得更顺利,贯彻得更彻底。

其次,要使宪法彻底贯彻,全国人民还必须运用批评和自我批评的武器,自我改造,树立守法的精神。宪法草案第 100 条规定:“中华人民共和国公民必须遵守宪法和法律,遵守劳动纪律,遵守公共秩序,尊重社会公德。”只有全国人民都懂得守法,而且是上下一致地守法以后,建设社会主义的事业,才能获得胜利前进的重大保证。

中华人民共和国成立5年以来,全国人民和国家机关工作人员,忠公体国,勤奋努力,在各个战线上都获得了伟大的成就,这是完全肯定的。但是我们也不讳言,工作还是有缺点的,也曾经有过官僚主义、命令主义和某些违法乱纪的现象。遵照毛主席在人民政协第一届全国委员会第四次会议上的指示,很迅速地把这些坏的现象基本上克服过来了。这并不是说不会再发生。现在,宪法草案第17条和第18条把毛主席这个正确的指示总结进去了,今后一定要遵照毛主席的指示和宪法的规定办事;同时,也希望我们的检察机关能够切实行使检察的职权,使我们国家的宪法和法律,能够得到一切国家机关、国家干部和全体公民的遵守。

但是,仅仅依靠检察机关,还是不够的,我们还必须依靠广大人民的监督。宪法草案第17条和第97条对于人民的监督权和控告权已作了明确的规定。全国人民应该正确地运用监督权和控告权,这样才能保证克服官僚主义、命令主义和违法乱纪的现象。

毛主席说:“这些毛病都去掉了,我们的国家计划建设就一定会成功,人民民主制度就一定会发展,帝国主义的阴谋就一定会失败,我们就一定能够取得完全的胜利!”

最后,保卫国家的主权、领土完整和安全,是中国人民的神圣任务。这个神圣任务已经明确地规定在宪法草案的第20条上。台湾地区是中国的一个省,台湾地区是中国的领土,台湾地区是中华人民共和国不可分离的一部分,但是台湾地区尚被蒋介石卖国集团在美帝国主义者庇护下盘踞着。全国人民已庄严地发出誓言,中国人民一定要解放台湾地区。我们必须履行这个庄严的誓言,我们必须实现宪法所规定的神圣任务,我们必须为解放台湾地区而坚决奋斗。

黄炎培代表在发言中说:

我对宪法草案和刘少奇同志的报告,完全同意。这部宪法草案,从今年3月23日第一次召开宪法起草委员会到9月9日在中央人民政府委员会修正通过,前前后后征集到各方面意见多少条呢?118万多条。全部宪法草案多少字呢?8954个字,而中间“人民”一个名词有多少呢?有262个。

我来报告一件事实,有一位在地方基层组织工作的女同志,在她向人民群众传达了宪法草案之后,向我说:人民群众初听到“宪法”两个字,完全不懂。说:“怎么叫作宪法?”等到把一条一条讲给他们听了之后,大家跳起来了,说:“那么,这宪法完全是为了我们搞起来的了。我们要好好学习,好好照着它做才是。”这一件事,这几句话,恰恰足够地代表一般人民群众对这部宪法内心的表现,这种种都是说明这部宪法真正是人民的宪法。

这部宪法草案规定着中华人民共和国美丽的远景,要社会主义工业化,要社会主义改造,来逐步消灭剥削制度,建立社会主义社会。在这过程中间,对于农民,对于手工业者,对于非农业的个体劳动者,对于资本家,都规定了国家依照法律保护他们的生产资料所有权,同时对于一般公民,规定了国家保护他们的生活资料所有权,而对于资本家,在依照法律保护生产资料所有权之下,还加上“其他资本所有权”,这就说明资本主义工商业,如果能够发挥有利于国计民生的积极作用,那不但是有生产产品作用的工业,就是没有生产产品作用的商业,它的资本所有权,同样在国家依照法律保护范围之内。但必须接受国家的鼓励和指导,把这些资本主义工商业转变为国家资本主义经济,逐步用全民所有制来代替资本家所有制,这对资本主义工商业的照顾是符合实际的了。刘少奇同志报告中说:“民族资产阶级过去曾经在工人阶级领导下参加了民族民主革命,5年以来,又在国家领导下参加了爱国运动和经济恢复的工作。”刘少奇同志还说:“在过渡时期,民族资产阶级在国民经济中还有重要的作用。”从这种种看来，私营工商业者们！国家这样期待着，你们在这部宪法公布以后，将怎样更进一步为了发挥有利于国计民生的积极作用，积极接受社会主义改造而努力呢！

一部句斟字酌的宪法，大会通过了，政府公布了，它本身会发生作用吗？不会的。每一个国家机关工作人员和全国人民大家好好地一字一句地照着它做。我有一种顾虑，5 年以来，中央人民政府在中国共产党、毛主席领导下，规定各种政策，从政策本身来说，是正确的，可是施行到各地方去，反映好的固然很多，有些地方，还存在不少问题，有的还发生偏差。政府颁布一种新的很好的法令，为了执行的问题，会使一部分人民受到相反的影响。举一个例子吧，婚姻法解放了几千年来被压迫的妇女，当然是大大地为人民造福的了。施行以来，是造福吗？是造福的；但在施行的初期，有若干地方问题很多很多。因此，我万分恳切要求各方面对于宪法予以高度的重视来正确执行，所有领导、管理、监督、检察各方面对于宪法执行工作，特别予以严重注视，各级人民代表大会代表们更须正确反映人民群众对于国家机关工作的意见，发现了困难或偏差，必须全国上下一致努力来克服，来纠正。

刘少奇同志说："宪法草案，是中国人民 100 多年以来英勇斗争的历史经验的总结。"依我想来，过去中国人民革命一幕又一幕，失败又失败，要是没有中国共产党正确领导，哪会有今天！解放后的中国，通过了新民主主义，望着社会主义道路前进，要是没有中国共产党正确领导，又哪会有明天！我在今天新中国经济建设开始、制宪工作快要完成的时候，特向伟大的中国共产党、伟大的毛主席致崇高的敬意！

周鲠生代表在发言中说：

制定宪法是中华人民共和国成立以来国家最重大的事业之一，也是第一届全国人民代表大会第一次会议的首要任务。这一任务的胜利完成,将是大会这次会议的光荣。

自宪法草案公布以来,大家经过座谈讨论,对于宪法草案的内容已有一般的认识。这次听了刘少奇委员关于宪法草案的报告之后,我们对于这个宪法草案的历史背景、基本精神和特点,获得了更清楚的认识。这个宪法草案经过全国人民代表大会通过之后,就将成为全体人民和一切国家机关都共同遵守的根本法。这是真正人民的宪法,是代表人民的意志,符合人民的利益,为人民服务的宪法。它巩固人民民主专政,奠定国家的法制基础,保证国家通过和平道路达到社会主义社会。

从本年3月由中共中央提出宪法草案(初稿)到本月9日中央人民政府委员会修正通过宪法草案,提交全国人民代表大会,这一过程历时半年以上。中间经过各民主党派、人民团体等组织的座谈讨论,经过全民讨论,最近又经过全国人民代表大会代表的分组讨论,吸收了多方面的意见。经过宪法起草委员会反复研究讨论,许多意见反映在宪法草案的补充和修正条文上。一国宪法的起草工作,这样的审慎周详,集思广益,在世界各国的宪法中,除开苏联和各人民民主国家的宪法以外,是找不出先例的。即此一端,已足以表现我们这个宪法草案的民主性。还有一点值得特别指出的是,宪法草案的全部条文都是用白话体写成,宪法文字用白话体是我国法律文字上一个革命。这就使得宪法文字尽可能地大众化,便于广大人民群众的了解和掌握。作为一个人民的宪法,我们的宪法草案是使用了符合人民要求的文字的。我们的国家是走社会主义的道路,宪法草案也自然属于社会主义宪法的类型。可是我们现在尚在走向社会主义社会的过渡时期,这一过渡时期的宪法,同已经达到社会主义社会的国家的宪法,在若干方面,自然有所区别。在经济方面,我们现在尚承认资本家所有制。在人民民主之下,以中国共产党为领导的人民民主统一战线的继续发挥作用,也在宪法草案序言中被肯定了;并且这一政治特点的照顾也反映在宪法的某些条文上。我们的国家生活各方面正在急速地发展。宪法反映正在现实生活中发生着的变化,也反映这种变化所趋向的目标。这就如宪法草案序言中所说,“这个宪法巩固了我国人民革命的成果和中华人民共和国建立以来政治上、经济上的新胜利,并且反映了国家在过渡时期的根本要求和广大人民建设社会主义社会的共同愿望”。因此,宪法草案的有些部分带着纲领性,是必然的事。它是以《共同纲领》为基础,是总结了多年的革命和建设的经验,它是从实事求是的精神出发,而不是凭空臆造的。我们可以看出每一个条文都有它的一定的意义和内容的实行性。这又是宪法草案的一个优点。

宪法草案的一个基本特点是实现彻底的民主主义。民主原则一贯实现于我们的政治制度。《共同纲领》所定的人民代表大会制,在宪法中被肯定下来,内容也规定详备了。我们的国家行政机关,从国务院到地方各级人民委员会,质言之,我们的中央和地方政府,都由出自间接或直接选举的人民代表大会这样的国家权力机关产生,受它们的监督,并可以由它们罢免。而组成国家权力机关的人民代表都受原选举单位或选民的监督,可以由他们罢免。在资产阶级社会的所谓民主之下,统治的剥削阶级,政府人员和国会议员,骑在人民头上;我们的国家机关负责人员连同中华人民共和国主席在内,都是为人民服务的,是人民的勤务员。在我们的国家,人民才真正当家作主。同时,国家机关一律实行民主集中制,按照民主集中原则,在民主的基础上实行集中领导,就可以发挥国家管理的高度效能。我们的政治制度是真正的民主,是实行社会主义的民主主义。

民主原则又反映于全体公民在法律上一律平等,反映于普遍的选举制。我们的选举制是真正的普选,不像资本主义国家之名为普选而实际依种族、宗教、财产状况等差别,剥夺许多公民的选举权。民主原则也实现于少数民族权利、利益的保障,宪法草案反映中华人民共和国实行的正确的民族政策,首先宣布各民族一律平等,肯定各民族地方实行区域自治。在宪法上多方面照顾少数民族的利益、特点和需要。这样的民族政策,正是发挥社会主义民主主义的精神,将大大地有助于巩固民族团结,发展民族间友爱互助的关系。

宪法草案规定公民的基本权利,不以作形式上的规定为限,而进一层的规定到保证权利的享受所需要的物质条件,如关于劳动权、受教育权。这也是社会主义的民主宪法的特点。我们的宪法上保障的公民权利是要兑现的,不是空头支票;同时,宪法上规定的公民义务也是必须遵守的,不能视为具文。

总之,提交大会的这个宪法草案,无论从它的实质或形式看,将是国家一个很好的宪法,是一个适合过渡时期国家总任务的需要和人民要求的宪法,虽然不能说绝对不会发现有缺点。但是,如刘少奇委员的报告所指出,这并不是说,宪法颁布之后,“宪法所规定的任何条文就都会自然而然地实现起来”。宪法规定的实施,尚需要有配合实施的具体条件。而事实上按我们的国家现实状况,在实施宪法部分的条文上显然尚欠缺某些条件,是不必讳言的。

举少数显著的例子来说吧。国家保证公民的劳动权、受教育权,就有劳动就业、学校设备问题。实施法院和检察院制度,就发生法律工作干部问题。宪法保护公民的私有财产继承权,而国家现在尚没有规定继承的民法。宪法上所说的公民,牵连到国籍问题,而国家现在尚没有颁布国籍法。固然在事实上向来根据政策、指示、习惯和具体情况,也能解决这一些法律上的问题,但是在宪法颁布之后,我们要遵照宪法的原则办事,终究不能不由确定的法规来决定。不过这只是说,在宪法实施的时候,我们不要忽视这一类的困难,这并不意味着现在某些物质条件的欠缺就妨害宪法的实行。我相信这一类的困难是可以克服的,是一定要克服的,我们当然要努力创造条件。

中华人民共和国成立刚到5年而进行这样一个宪法的制定,这一事实就有广泛的国际意义。《中华人民共和国宪法》的产生,标志着在共产党领导下中国人民革命的伟大成就,反映着中国人民通过和平道路建设社会主义社会的坚强信心和巨大力量。这对于全世界争取民主进步的广大人民将是一个有力的鼓励和精神的指导。

中国过去不但不曾有过人民民主的宪法,并且如刘少奇委员在关于宪法草案的报告中所指出,除了辛亥革命产生的而随即被袁世凯撕毁了的那个《临时约法》以外,中国从来也没有产生过资产阶级的民主宪法。像我这样年过60的人,今日能看见人民的宪法出世,并且作为人民代表参加这个宪法的制定,在个人是特别感觉荣幸的。我表示衷心拥护中央人民政府委员会提交大会的宪法草案,建议大会全体一致予以通过。

中国人民已经站起来了,只有今天,国外华侨的正当权利和利益才真正得到祖国的保护。华侨深深知道:我们宪法上记载的保护华侨的正当权利和利益的条文,是中国人民革命的胜利成果。

陈望道代表在发言中认为:

我完全同意宪法草案和刘少奇委员《关于中华人民共和国宪法草案的报告》。

这个宪法,我们认为有下列几个特点:

1. 它在中国宪政史上是空前的、新型的,它在同一类型的宪法中也是自有其特色的。中国人民要求立宪行宪已经有五六十年,五六十年中也曾出现过各种各样的宪法,其中也有在当时富有进步意义的,如民国元年(1912年)的《临时约法》,但它们都是旧型的、非社会主义的,不能满足人民的渴望的。能够满足人民大众的渴望的属于社会主义类型的,只有这一个宪法,过去的任何一种宪法都不能和它相提并论。同时,它在同一类型的宪法中又是有它自己的特色,凡在同别国情况类似的地方固然有类似的规定,在同别国情况不同的地方也有不同的规定,如人民检察院,它是中国人民的创作,不是任何现成宪法的摘录。

2. 它是以 1949 年的中国人民政治协商会议《共同纲领》为基础,又是《共同纲领》的发展。发展最明显的一点,是《共同纲领》没有提到如何建立社会主义社会,宪法草案第 4 条已经具体规定建立社会主义社会。其他方面也都有所发展。发展不在条文多。如以文化教育的规定为例,《共同纲领》关于文化教育的规定有第 41 条到第 49 条,宪法草案关于文化教育的规定只有第 94 条和第 95 条,但宪法对于国家设立并且逐步扩大各种学校和其他文化教育机关,对于保障公民进行科学研究、文学艺术创作和其他文化活动的自由,国家对于从事科学、教育、文学、艺术和其他文化事业的公民的创造性工作给以鼓励和帮助,特别是对于国家关怀青年体力和智力的发展,都有更明确的规定,对于从事文化教育事业的公民的要求也更高。虽然条文比《共同纲领》少了 2/3 以上,实质上是《共同纲领》的发展。

3. 它是要求大家努力,要求大家奋勇前进的宪法,不是墨守现状的宪法。这个宪法不但以立法形式固定了我国人民已经争得的革命成果,也还以立法形式确立了保证我国能够通过和平的道路消灭剥削和贫困,建成繁荣幸福的社会主义社会的一个方案。关于经济方面的条目已经列在宪法草案第一章总纲中,需要人民共同努力,奋勇前进。关于文化教育等一切方面,也都需要同它密切配合,齐头并进。我们知道这个宪法所固定下来的革命成果,是得来极不容易的。为了解放,中国人民经过了 100 多年的英勇奋斗,尤其是 30 多年来在共产党的领导下经过了异常艰苦的奋斗,我国久经奋斗的人民在建设社会主义社会的大业前面,一定都能奋发有为,加强人民民主统一战线,加强各民族的团结,发展和巩固同苏联和人民民主国家的友谊,也增进同全世界一切爱好和平人民的友谊,以无比的热忱,以一切实际工作来使宪法所规定的建立社会主义社会的条件全部实现。

我相信这个宪法通过必能成为建设社会主义社会的极大动力，建议予以通过。

张澜代表在发言中说：

这个宪法是用民主方式产生的，真正做到了字斟句酌，尽善尽美。所以，这部宪法是符合广大人民的共同愿望，必当全国人民所一致赞成和热烈拥护的。为了彻底实施这个宪法，必须要全国人民共同努力。首先，应当在全国范围内普遍展开关于宪法的宣传、学习，务求做到家喻户晓。其次，宪法是国家根本大法，从中央到地方，从政府到人民，都要切实遵守，共同信守。我们全国人民代表大会的全体代表，都亲自参加了这个制宪会议，更应当以身作则，严格遵守宪法，并担负起监督宪法实施的重大责任。以中国共产党为领导的各民主阶级、各民主党派和各人民团体，都要共同负责，以保证宪法的彻底实施。

（四）第一届全国人大第一次会议上代表们对宪法草案的建议与修改意见

出席第一届全国人民代表大会的代表从 1954 年 9 月 6 日开始以分组的形式对宪法草案进行了讨论，并提出了许多修改意见。根据第一届全国人民代表大会工作委员会办公厅编印的资料，全国人大代表对草案提出的修改和补充意见主要包括如下内容：

关于宪法草案的一般性的补充和修改意见

1. 名称的建议

有的代表建议可把“中华人民共和国宪法”改称“毛泽东宪法”。

2. 宪法结构的建议

提出的主要建议是：把第二章和第三章互调，理顺国家机构与公民权利之间的关系。

序言第二段第二句“国家在过渡时期的总任务，是逐步实现国家的社会主义工业化，逐步完成对农业、手工业和资本主义工商业的社会主义改造”可移到第一章总纲。

序言第四、第五、第六等3段可写成条文,同时把这些内容规定在第一章总纲中。

序言第四、第五、第六等3段可移到第一章总纲中,因这些内容是政策性或纲领性的,不是说明宪法精神的;序言第五段可包括到总纲第3条中;序言第六段中的外交政策可移到总纲中;第3条可和第88条合并,因为内容是一样的。第49条第8项可移入总纲中。

第90条可作下列考虑:一是移到第一章总纲;二是移到第一章总纲中,作为这一章的末一条;三是不要放在第三章中。

3.宪法内容上的建议

具体宪法内容上提出的建议是:增写我国疆土,可把现有疆土写进去;增加关于边疆的规定;写明祖国的岛屿是祖国领土不可分割的部分;明确规定公民的定义;明确规定科学院、法院属于哪个系统;规定宪法解释权属于谁;宪法通过后由全国人民代表大会公布还是由中华人民共和国主席公布,应在其职权范围内规定。

4.文字方面的建议

关于文字方面提出的建议是:把“公民”都改为“人民”;把“少数民族”可改为“兄弟民族”;宪法草案中“它”字很多。一般说,“它”是用于无生命的,“他”是用于人的。用字上最好符合人民的习惯;“人民法院”和“法院”的写法应保持一致;第30条第2款所列各项可就以下3种格式加以修改:低下一格;写成直行,即委员长,副委员长若干人,秘书长,委员若干人;各项上面加(一)(二)(三)(四)。

5.宪法草案内容的翻译问题

宪法草案条文中用的“可以”,在维吾尔文译文中有不肯定的意思。宪法为国家根本大法,词句应肯定。代表们对少数民族语言与宪法文本之间的协调性问题给予了高度关注,提出了少数民族语言翻译上的一些问题。如第70条中的“自治区、自治州、自治县”,译成藏文后均为“地区”，分别不出区域的大小和不同；第 75 条中的“陪审员”，藏文译成“帮助审问的”；第 76 条中的“被告人有获得辩护权”，藏文译成“原告上诉即能获胜”，和原意不符等。

对宪法草案序言的主要补充和修改意见

文字上的主要建议：

序言在文字上尚可作适当的修改。如第四段“我国的人民民主统一战线将继续发挥它的作用”、第五段“我国的民族团结将继续加强”、第六段“这种友谊将继续发展和巩固”中的“将”字，都改为“应”字；序言中的“建成”“建设”的用法应统一起来；第一句可改为：“中华人民共和国第一届全国人民代表大会，于　年　月　日在首都……北京，庄严地通过我国的第一部宪法。”“中华人民共和国第一届第一次全国人民代表大会，于　年　月　日在首都北京，壮严地通过我国的第一个宪法。”“第一届”下面可加“第一次”，“全国人民代表大会”下面可加“第一次会议”等。

对宪法草案总纲的补充和修改意见

（一）一般性意见

本章可作下列补充：规定以全民所有制为经济基础；增加“国家依法保护牧民的牲畜财产所有权，逐步发展畜牧业互助合作，以发展畜牧业”；规定发展畜牧业；规定“爱护古物和公共财产”；规定有关保护文物方面问题，列在第 8 条到第 12 条之间；规定爱护文物古籍；规定“提倡科学”；规定关于外交政策方面的条文；规定公民的义务的原则，因为公民的权利的原则在本章中已有所规定；规定对房主如何进行改造。

（二）具体修改意见

1. 第 1 条

本条中如果写上“共产党领导”，人民更明白，也更易接受；本条中可否把牧民写进去。因为只写工农，从文字上看，好像把牧民遗忘了;本条中的顿号可改为逗号。

2. 第 2 条

本条第 1 款第二句可改为:“人民行使国家最高权力的机关是全国人民代表大会,人民行使地方各级权力的机关是地方各级人民代表大会。”“人民行使权力的机关”可改为“人民行使国家权力的机关”;第 2 款中的“其他国家机关”不够明确,应作修改;“其他国家机关”可改为:各级国家机关、其他的各级国家机关、其他各级国家机关、国家其他机关、一切国家机关。第 1 款下面加“各民族一律平等”。第 2 款第一句“各民族一律平等”去掉,第二句开头加“国家”二字,并移后作为第 4 款;第 2 款第二句中的“禁止对任何民族的歧视和压迫”可改为“禁止任何民族间的歧视和压迫”;第 3 款开头可加“在党的领导下”;第 3 款中的“各民族都有发展自己的语言文字的自由”可改为:“各民族都有使用和发展自己的语言文字的自由、各民族都有发展和创造自己的语言文字的自由”。

3. 第 3 条

本条中规定的保持风俗习惯的自由表述有问题。因为风俗习惯有好的,也有坏的,坏的就必须改革;“宗教信仰”不应提“改革”,信仰要改革就是没有信仰;第 3 款的“都有保持或者改革”中可加“发展”;“保持”与“改革”似有矛盾,或者“改革”可去掉;“改革”可改为“改进”或“改善”。“改善”“改革”容易引起误解。需要换一个意义更明确的词。“宗教信仰”可去掉,因为第 88 条对于公民的信仰宗教自由已有规定;第 4 款第一句可改为“凡少数民族聚居的地方得实行区域自治”;“不可分离的部分”可改为“构成的部分”。第 1 款中的“是国民经济中的领导力量和国家实现社会主义改造的物质基础”可改为“是国民经济中的领导力量,是国家实现社会主义工业化和社会主义改造的物质基础”;“国家保证优先发展国营经济”移前,作为第 1 款第一句;“国家保证优先发展国营经济”下面可加“并以重工业为重点”；第 2 款中规定矿藏等属于全民所有。正在开采的矿山、矿井，以及部分为人民利用的水流如果也属于全民所有，就应明确规定。

4. 第 11 条

本条可改为：“国家依照法律保护公民的正当收入、储蓄、房屋和各种生活资料的所有权”。或者把“房屋”改为“住宅”；“房屋”可以考虑修改。因为房屋多的可以出租，收租金；“房屋”可改为“私人住宅”“私人房屋”“住宅”“合法房屋”；“房屋”可改为“住宅”。出租的房屋可以包括在第 10 条的规定中，并依第 10 条的规定依法保护；“和各种生活资料”中的“各种”可改为“其他”。

5. 第 19 条

第 1 款中的“保护公民的安全和权利”仍可保留（按：这是根据中央人民政府委员会 9 月 9 日通过的宪法草案修改本提出的）。“保护公民的安全和权利”可去掉，因为它把“保卫人民民主制度”的意义减轻了；“保护公民的安全和权利”写入本条不够妥当；“惩办”一切卖国贼和反革命分子可改为“惩办”一切反革命分子和犯罪分子；第 2 款中的“国家依照法律在一定时期内剥夺封建地主和官僚资本家的政治权利”可改为“国家依照法律对封建地主和官僚资本家剥夺一定时期的政治权利”。

“在一定时期内”如果是指劳动改造说的，可否把它放在“在劳动中改造”的上面。

对宪法草案第二章国家机构主要补充和修改意见

（一）建议增加的内容

增列国家机关相互关系的简明图表，能清楚地看出国家机关设置的情况；增加“全国人民代表大会和地方各级人民代表大会的组织由法律规定”的条文；增加“全国人民代表大会的组织由法律规定”的条文；规定选举中华人民共和国主席、副主席，全国人民代表大会常务委员会委员长，国务院总理等需要多少代表通过；在第 34 条或

第 35 条中增加对“特定事件”的调查委员会和审查委员会的规定;增写中华人民共和国主席办公机关的名称及组织;增写中华人民共和国主席对国务院总理是指导还是领导关系;规定国务院总理在必要的条件下应对中华人民共和国主席负责并报告工作;明确规定国防委员会和国防部的关系;明确规定国防委员会的职权;国防委员会和全国人民代表大会常务委员会如何联系,是否通过中华人民共和国主席,也应明确规定;国防委员会是国家一个重要的机构,应有适当的规定,现有的第 28 条第 3 项和第 42 条都不够作为组织国防委员会的根据。

(二)全国人民代表大会的修改意见

1. 结构上的修改意见

第 22 条可并入第 21 条,并改为:“中华人民共和国全国人民代表大会是最高国家权力机关,又是行使国家立法权的唯一机关”。因为全国人民代表大会兼为权力机关和行使立法权的机关,两者不宜分开。

2. 内容

规定“全国人民代表大会的组织由法律规定”;明确规定全国人民代表大会开会的法定人数;规定省长由国务院批准任命;规定省、市、县人民代表大会的代表也可享受第 37 条所规定的权利;第 27 条第 5 项、第 28 条第 2 项和第 31 条第 7 项可统一考虑;把第 27 条第 5 项规定得更具体化,并使三者取得一致;把《全国人民代表大会组织条例草案》(初稿)第 35 条第 1 款的内容规定进去,作为第 34 条的第 2 款;把《全国人民代表大会组织条例草案》(初稿)第 37 条的内容,加入第 34 条、第 35 条;第 35 条、第 36 条可参照《全国人民代表大会组织条例草案》(初稿)第 37 条、第 41 条的建议修改。

3. 第 24 条的修改意见

第 1 款、第 2 款两款中“全国人民代表大会”下面均加“代表”2

字;第 1 款可改为"全国人民代表大会每届代表任期四年",或"全国人民代表大会任期四年";"大会"下面加"代表"2 字;"任期"可改为"期限","选出"可改为"召开时";"任期届满"的"届"字不够通俗,可考虑修改;"一个月以前"可改为"两个月以前",因为我们国家大,一个月的时间怕不够;第 2 款第二句规定延长任期,应有具体期限;"如果遇到不能进行选举的非常情况"可改为"如遇到情况不能进行选举的时候";"全国人民代表大会可以延长任期到下届全国人民代表大会选出为止"可改为"全国人民代表大会可以延长任期到下一届全国人民代表大会召开时为止";"选出为止"可改为"召开为止"或"召开第一次会议为止"。因为下届全国人民代表大会从选出到召开会议还有一段时间,这样修改之后,两届大会便衔接起来了。

4. 第 27 条的修改意见

代表们对制宪权主体和具体修改程序问题给予了普遍的关注。有的代表提出:全国人民代表大会行使的职权可作下列补充:"制定宪法";"决定领土的变动",宪法草案(初稿)第 26 条有此规定,似应保留;选举全国人民代表大会常务委员会;"规定度量衡制度",列为第 3 项或第 10 项。但不一定立即执行,可作为努力目标。苏联过渡时期的宪法也会有此规定。

5. 第 29 条的修改意见

建议将本条修改为:"宪法的修改由全国人民代表大会以全体代表的三分之二的多数通过。法律和其他议案由全国人民代表大会以全体代表的过半数通过";"宪法的修改须由全国人民代表大会全体代表人数以三分之二以上的多数通过。法律和其他议案须由全国人民代表大会全体代表人数以过半数通过"。

第 1 款、第 2 款中的"全国人民代表大会代表"都可改为:"全国人民代表大会全体代表";"全国人民代表大会全体代表的"。两款原文中“代表”下面的“以”字去掉。

第1款中的“宪法的修改”可改为“宪法的通过和修改”。

“代表大会代表以三分之二的多数通过”可改为“代表大会以全体代表三分之二的多数通过”;“以三分之二的多数通过”可改为“以全体代表三分之二以上的多数通过”或“以三分之二以上的代表多数通过”。

“三分之二”可改为“总数三分之二”;“三分之二的多数”中的“多数”可去掉。

第2款中的“代表大会代表以过半数通过”可改为“代表大会以全体代表的过半数通过”。

6. 第31条修改意见

全国人民代表大会常务委员会行使的职权可作下列补充:“解释宪法”,作为第3项;“批准各自治区、自治州、自治县的自治机关所制定的自治条例和单行条例”,作为第5项;第8项、第9项两项的“任免”上面都加“决定”;主持全国人民代表大会代表的选举;召集全国人民代表大会会议;解释法律;增加解释宪法;本项可改为“解释宪法和法律”、制定法令;监督国务院、最高人民法院和总检察长的工作;撤销国务院和下级人民代表大会同宪法、法律和法令相抵触的决议和命令等。

(三)对中华人民共和国主席的修改意见

1. 一般性修改意见

本节可作下列补充:仍照宪法草案(初稿)规定中华人民共和国主席有建议权;规定中华人民共和国主席有提出议案的权利;明确规定国防委员会的职权及组织形式;规定省以下各级人民委员会的县长、区长、乡长等经选举产生后,应报其上一级人民委员会批准任命。这样可以加强上下级的联系。主席的事务不要过多,使他有时间考虑重大问题。

2. 具体内容的修改意见

(1)对第 42 条的修改意见为:中华人民共和国主席担任国防委员会主席,统率全国武装力量;中华人民共和国主席统率全国武装力量,组织国防委员会,担任国防委员会主席。

(2)第 3 款可作下列考虑:文字上写得更明确些。现在的写法,好像对国家重大事务的意见,要同时提交给全国人民代表大会、全国人民代表大会常务委员会和国务院 3 方面;把提交全国人民代表大会、全国人民代表大会常务委员会、国务院作出决定的和提交其他有关部门讨论的分别来写;明确规定全国人民代表大会和全国人民代表大会常务委员会可作决定,交给国务院或有关部门执行。

(四)对国务院的修改意见

1. 一般性修改意见

将第 47 条"中华人民共和国国务院,即中华人民共和国政府"可改为"中华人民共和国政府,简称中华人民共和国国务院"。"即中华人民共和国政府"可改为"即中央人民政府"。

2. 第 48 条的修改意见

本条可作下列补充:增加国务院常务会议的规定,因为《国务院组织条例》9 月 6 日稿第 4 条有这方面的规定;组成人员中应增列科学研究院负责人。

"国务院由下列人员组成"可改为"国务院会议由下列人员组成"。这样就不会和国务院内部机构的组成混淆。

(五)对地方各级人民代表大会和地方各级人民委员会的修改意见

第 55 条第 1 款末加"其组织由法律规定",第 63 条第 3 款去掉。这样地方各级人民代表大会和地方各级人民委员会的组织条例在宪法上都有根据了。

规定省长、市长、县长选出后应经上级任命,以体现民主集中制;

规定省长经选举产生后需否再经任免。如需经过任命,可以便于调动。如果规定必须经过任免,似乎又不太好。请考虑这个问题怎么处理;增加省长、市长调动工作时如何处理的规定;规定省长和省以下各级人民委员会负责人的当选年龄;规定省长和省以下各级人民代表大会代表也享有第37条所规定的权利;规定地方各级人民法院院长的任期和地方各级人民委员会的任期一致。

本条可作下列补充:规定“地方各级人民代表大会的组织由法律规定”;规定自治机关的任期。任期不能由自治机关自行决定,这是组织原则的问题。

地方各级人民代表大会的任期可作下列考虑:直辖市、市辖区人民代表大会每届任期应和省人民代表大会一致。直辖市和省是平行一级,任期一致才合理。否则,还会影响全国人民代表大会代表的资格,如直辖市代表2年期满改选,原选举单位变动,对代表的监督就成问题;省人民代表大会每届任期可改为2年或3年,以便新的积极分子有机会被选代表。

(六)对民族自治地方的自治机关的修改意见

在民族自治地方的自治机关的规定方面,代表们比较关注具体制度的表述。如有代表建议,将本节标题可改为“民族自治的自治机关”;也有代表认为考虑行署一级的自治区不叫“州”,改用别的名称。新疆南疆行署的哈萨克族自治区是一级政权而不是省的派出机关,哈萨克族自治区所属的蒙古族自治区是专署一级;如果行署和专署都称“州”,就成为大州“行署级”领导小州专署级。本节中“自治”用得太多;将第68条修改为“本区域的各民族;本地区的各民族;本地方各民族;各该民族;各民族”;第4款中的“自治条例”应由中央统一制定,“单行条例”可由自治地方的自治机关制定。

(七)对法院和检察机关的修改意见

主要修改建议集中在:有代表建议,将本节标题可改为人民法院和检察机关，条文中的“人民”都可略去。建议增加的内容有：规定行政机关可以向法院和检察机关建议，作为一条；规定依照法律建立的专门法院院长由谁任命；增加“专门检察署”的规定；规定专门检察机关人员的任免问题。本节中检察机关部分可作下列考虑：检察署改为检察院，总检察长及地方各级检察院改由全国人民代表大会及地方各级人民代表大会选举产生；检察机关的垂直领导关系可改为双重领导关系；规定检察长由选举产生，实行垂直领导。原规定不符合集体领导原则和我国的实际情况；规定检察长、副检察长、检察员组成检察院，实行集体领导；检察机关可设委员会，实行集体领导。委员会人数不必多；检察长实行集体监督较好，应该实行集体领导；检察长应该既是集体领导，又是个人负责。

也有代表建议，应增加专门法院；最高人民法院和地方各级人民法院院长任期可改为 2 年；地方各级人民法院院长任期应和地方各级人民代表大会任期相同；省级人民法院院长任期应为 4 年，省级以下人民法院院长任期应为 2 年。地方各级人民法院院长的任期，有的和同级其他机关负责人的任期不一致，是否恰当。直辖市、县、市辖区法院院长的任期和选出他的本级人民代表大会的任期不一致。

有代表建议将第 78 条修改为：“各级人民法院以服从法律的精神，独立进行审判”或“各级人民法院以法律的精神独立进行审判，不受任何国家机关的干涉”；“只服从法律”可改为“只服从宪法和法律”。

在人民法院和人民代表大会的关系上，建议修改第 80 条第二句“地方各级人民法院对本级人民代表大会负责并报告工作”的“本级”。因为专区一级法院没有同级人民代表大会。“对本级人民代表大会”下面可加“和上级法院及上级人民法院”。有代表认为，总检察长对国务院所属各部门及地方各级国家行政机关行使检察职权。这一规定值得考虑。而且工作人员失职可在国务会议上纠正。“总检察长”下面可加:“地方各级检察长”,并把“国家行政机关”改为“国家机关”。“总检察长”可改为“最高检察机关”,否则一个人管得太多了。

有代表认为,第1款中的“地方国家机关”可改为:“地方国家行政机关”。因为国家机关包括人民代表大会,而地方人民代表大会应有权干涉同级检察机关的工作;第2款的规定值得考虑。总检察长和地方检察长好像是个人领导,不是对集体负责。

对宪法草案第三章公民的基本权利与义务的补充和修改意见

(一)一般性意见

有代表建议,本章可作下列补充:(1)增加关于公民的定义的条文。(2)增加关于子女有供养父母的义务的条文。父母有扶育子女的义务,子女亦应有供养父母的责任。同时,国家处在过渡时期,对于养老的福利事业,还没有足够条件可以包下来,老年人仍须靠着子女生活。所以应在本章中具体规定。(3)增加保护“地下文物”的规定。(4)增加“中华人民共和国公民经营正当商业受法律保护”的规定。(5)增加公民有认购建设公债的义务的规定。

(二)具体意见

将第88条修改为:“中华人民共和国公民有宗教信仰和举行宗教仪式的自由。”

将第89条内容补充为:(1)增加人民代表如果是现行犯,须经常务委员会许可、法院决定、检察长批准后才能逮捕的规定。(2)规定如遇非常情况,来不及经检察长批准就要拘捕,应在多少时间内补请批准,以及拘留的期限。(3)增加“除现行犯被拘留外”的规定或在“任何公民”下面加“除现行犯外”。(4)增加“现行犯被拘捕后在四十八小时内通知法院进行审判”的规定;将“人身自由不受侵犯”可改为“人身和健康不受侵犯”;“人身自由不受侵犯”中的“自由”可去掉,或改为“身体不受侵犯”。

对第90条的修改意见是,将本条改为:“中华人民共和国公民有居住和迁徙的自由,住宅不受侵犯。中华人民共和国公民的通讯秘密受法律的保护”。

第1款可作下列修改,这一款包括两个意思。“住宅不受侵犯”下面的逗号可改为句号;或者把“通讯秘密受法律的保护”单独写成一款;通讯秘密受法律的保护可改为“中华人民共和国公民的通讯秘密受法律的保护”,作为一款。“住宅不受侵犯”下面的逗号改为句号。

“通讯秘密受法律的保护”中的“秘密”2字可去掉。受反动派利用的破坏分子的秘密通讯是不保护的;第2款规定的“公民有居住和迁徙的自由”,在青海省牧区具体执行起来困难很多。将“社会救济和卫生事业”下面可加“根据社会生产力的发展”,“逐步扩大”改为“逐步完成”。“社会救济和卫生事业”下面加“等”字。“逐步扩大这些设施”的“这些”下面加“事业”;“并且逐步扩大”下面加“并加强”;“扩大”的意思写在“救济”后面不合适,可作适当修改;本条末可加:国家特别关怀革命残废军人和革命军属的生活;国家对于革命先烈遗属和在革命斗争中流过血的残废军人应予特别照顾。

对第94条规定的教育权方面,建议第1款第一句下面可加“公民应受普通教育及专业教育”;第2款规定得还不够具体;第2款中应增加关于对青年德育方面培养的规定;第2款可改为:“国家关怀人民的健康,特别是青年体力和智力的发展;国家特别关怀少年和青年的体力和智力的发展;国家特别关怀青年和少年的体力和智力的发展;国家特别关怀青少年的体力和智力的发展;国家特别关怀青少年的体力、智力和德育的发展。”加“少年”可使范围更广些;德育是培养青年的共产主义道德,以免发生单纯追求科学知识的倾向。“国家特别关怀青年、儿童的体力与智力的发展。”“智力”下面可加“革命的修养”或把这一款去掉。也有代表认为,第二句可改为:由于国家机关工作人员侵犯公民权利而受到的损失,有取得赔偿的权利或“公民由于国家机关工作人员侵犯公民权利而受到的损失,有取得赔偿的权利”;由于国家机关工作人员侵犯公民的权利,受到损失的人有取得赔偿的权利。

对第 101 条的内容,代表们也提出了修改意见,如有代表提出,本条可作下列补充:增加保护“地上和地下的古物”的规定;增加保护“随时发现的地下和山谷中的文物和财产”的规定;第一句中的“公共财产”下面可加:“包括历史文物、国家历史性文物”;“包括各种名胜古迹和地下埋藏的古物在内”;“公共财产神圣不可侵犯”可改为:公共财产不可侵犯;公共财产绝对不可侵犯;“神圣”2 字可作适当修改;“公共财产神圣不可侵犯”下面的句号改为逗号。

对第 103 条的修改意见是:第 1 款中应有对叛变祖国的罪犯如何处理的规定;第 2 款可单列为一条;第 1 款中的“公民的神圣职责”可改为“公民应尽的职责”;第 2 款中的“公民的光荣义务”可改为“公民光荣的义务”。

对宪法草案第四章国旗、国徽、首都的补充和修改意见

有代表建议,本章可作下列补充:规定“十月一日为中华人民共和国国庆节”;增加关于国歌的规定;宪法公布时应附国徽图样。对第 105 条的内容,有代表认为,“中间是五星照耀下的天安门”可改为“中间是天安门照耀的发出的光辉”。“周围是谷穗和齿轮”可改为“周围有齿轮和谷穗”。

(五)对刘少奇所作的宪法草案报告的讨论

代表们以分组方式同时讨论了刘少奇所作的宪法草案的报告,在充分肯定的基础上,提出了一些建议,主要集中在:

(1)宪法草案报告中指出“巩固新民主主义秩序”说法是否指反映了维持现状的思想?(2)“非劳动人民”是指什么人?对把知识分子和民族资产阶级一样看作非劳动人民有些不愉快,这个提法需要

修改;对国民党反动统治的罪恶说得不够;在叙述反帝反封建的革命斗争史实中应把太平天国、义和团运动写进去,并且说明这些运动是因为没有工人阶级的领导而失败了;富农的政策说得不够具体;富农是否为统一战线的一部分?(3)应将“民族资产阶级在政治上也有一定的地位”改为“民族资产阶级在接受社会主义改造后,在政治上也有一定的地位”。(4)应将“关于民族自治问题”这个标题改为“关于民族区域自治问题”,并在“民族区域自治”中补充民族内部的团结问题;对少数民族的风俗习惯过于强调尊重,主张应有所区别,指出哪些该尊重,哪些应改革,以免影响生产建设;对地方民族主义谈得少了些,因为它与大汉族主义对民族团结的危害性是一样的;希望目前不要在彝族地区宣传社会主义改造,主张多办学校,教育下一代。(5)希望宪法起草委员会搜集和整理有关我国宪治运动的史料。(6)建议把宪法草案报告作为全国人民特别是学生学习我国近百年史的提纲,规定宪法草案报告为中学以上学生的必读书。[1]

9 月 20 日刘少奇批示胡绳:“这些意见,请你考虑一下,是否有什么可采的地方?如有可采者,请即刻改好一份送我,今天还来得及改。”[2]据有学者将发表在 1954 年 9 月 16 日《人民日报》上的改前本与后来编入《刘少奇选集》(下卷)的改后本进行对照,发现“应将‘关于民族自治问题’这个标题改为‘关于民族区域自治问题’”这条意见被采纳了。在论述过渡时期民族资产阶级对国家还可以作出一定的贡献时,把“接受社会主义改造”单列了出来。[3]

从上述修改建议看,代表们对草案的基本内容与总体框架是比较满意的,给予了积极的评价。从 1 月份的起草工作,到 9 月 20 日正式通过,在将近 9 个多月,特别是经过 8000 人对草案的讨论和 1.5

---

〔1〕 中共中央文献研究室、中央档案馆编:《建国以来刘少奇文稿》(第 6 册),中央文献出版社 2008 年版,407 页。

〔2〕 同上。

〔3〕 参见张金才:《少奇与新中国第一部宪法的制定和通过》,载《党的文献》2009 年第 6 期。

亿人的全民讨论,宪法草案的基本精神和内容已在社会中产生了广泛的影响,人们对宪法问题给予的关注远远超过任何一个社会问题。可以说,1954年是一个"宪法年",伴随着宪法诞生的步伐,人们以希望和期待的心情迎接着共和国第一部宪法的颁布。由于分组讨论是宪法草案通过以前的最后一次的讨论,代表们的意见主要集中在宪法规范性层面,提出了许多在当时的历史条件下有可能修改的内容。当然,在讨论过程中,部分代表也提出了有关涉及国家体制或宪法结构方面深层次的一些问题,但在本次会议上无法作出必要的调整,但作为宪法问题的一种理论思考仍具有重要的实践价值。

(六)中央人民政府委员会临时会议修改宪法草案

如前所述,中央人民政府委员会在9月9日举行的第三十四次会议上讨论通过了宪法草案,并决定提交第一届全国人民代表大会讨论通过。因此,本次会议通过的草案应该是提交第一届全国人民代表大会以前的最后的宪法文本,中央人民政府委员会作为代行最高国家权力的机关已完成了它的历史使命。

但9月14日下午,毛泽东在中南海勤政殿主持召开中央人民政府委员会临时会议,并讲话。毛泽东说,宪法草案有两个地方要修改,这是代表提出的意见,必须需要修改的,并对两项修改意见作了说明[1]:

宪法草案有两个地方要修改,这是全国人民代表大会代表们提出的意见,改了比较好。一个地方是序言第三段:在"第一届全国人民代表大会"后面加"第一次会议"5个字,下面的年月日也填起来,写成"1954年9月 日"。年月日前加"于"字,因为当初我们的两位语文顾问(语文专家)一致反对加"于"字,提出几次都通不过,我们多数只好服从他们少数。下面将"庄严地通过我们的第一部宪法"改

[1] 参见逄先知主编、中共中央文献研究室编:《毛泽东年谱》(第2卷),中央文献出版社2013年版,第280~283页。

为"庄严地通过中华人民共和国宪法"。这些修改都是属于文字上的,但不改不行。过去到现在,中国的宪法有 9 部(草案不在内):清朝的《钦定宪法大纲》,孙中山的《临时约法》,袁世凯的《中华民国约法》,曹锟的《中华民国宪法》,蒋介石的《中华民国训政时期约法》《中华民国宪法》,瑞金中央工农民主政府颁布的《中华苏维埃共和国宪法大纲》,《中国人民政治协商会议共同纲领》。说这个宪法是"中国第一个宪法",不妥。说它是"中华人民共和国宪法"则名副其实。这是属于文字性质的但是重要的修改,不改就不那么妥当。[1]

另一个地方是第 3 条第 3 款:"各民族都有保持或者改革自己的风俗习惯和宗教信仰的自由"。问题出在"和宗教信仰"这五个字上。代表中有人提出,说改革"宗教"可以,改革信仰则不妥,并且第三章第 88 条已经规定"中华人民共和国公民有宗教信仰的自由"。所谓"有宗教信仰的自由",就是说:你信仰宗教可以,不信仰宗教也可以;你可以信这种宗教,也可以信那种宗教;信了,又可以不信;本来不信,后来也可以信。既然有了第 88 条的规定,第三条再讲"改革宗教信仰的自由",就重复了。这是西藏代表提出的意见,说这样写法不好,似乎是不要宗教了。说"改革宗教"还可以。历史上的宗教改革很多,比如,天主教、基督教、佛教、喇嘛教的改革等。我看这一条意见是有理由的,把"和宗教信仰"5 个字删掉,改为"都有保持或

[1] 对于这个问题学术界的一些学者提出了不同解释。如张友渔在《中华人民共和国宪法草案主要条文的解释》中认为,"这部宪法是我国的第一部宪法。它不仅从内容上看是我国第一个真正的人民宪法,而且从法律观点上说也是我国第一个宪法"。在宪法草案的宣传中,有人问,我国前清时就有所谓立宪运动,后来也有过几个约法和所谓"宪法",特别是民国十二年(1923 年)的"曹锟宪法"曾经"国会"通过并正式颁布,1946 年"蒋介石宪法"也经伪国民大会通过并正式颁布。那么,为什么说我们的宪法是我国的第一个宪法?他认为,清朝立宪时颁布的"十九信条",并没有成为正式的宪法。约法从法律上讲并不是宪法,更不用从这些约法的内容上讲了。形式上经过立法机关通过并实施的"曹锟宪法"和"蒋介石宪法"内容上都是反人民的,而且在当时就是非法的。"蒋介石宪法"颁布时,也受到全国人民的反对,而且当时已有广大的解放区,这些地方的政权都不承认它,所以它在法律上并未能在全国范围内生效。因此,这两个"宪法"都不能算宪法。我们现在制定的宪法才是我国第一个宪法。这里涉及宪法的形式与法律内容的评价问题。参见张友渔:《宪政论丛》(下册),群众出版社 1986 年版,第 33 页。

者改革自己的风俗习惯的自由”。因为有第88条,删掉这一句没关系,免得误会,免得重复,也免得文字不通。语文学家反对这样写,说“改革信仰”不通。这一条完全是抄《共同纲领》的。可见,《共同纲领》还不是也有缺点。这一点刘少奇同志的宪法草案报告中应当提到。

毛泽东接着说:今天开会就是为着改这两处地方。这样改法行不行?有意见吗?他又提出:此处还有人提出第74条,法院院长任期是第1款,法院的组织放在了第2款,说要改。我们觉得不改也可以。还有人说第5条“生产资料所有制现在主要有下列各种”的“主要”两字不要,我们考虑恐怕还是保留好,不要改了。

毛泽东说:宪法不是天衣无缝的,总会是有缺点的。“天衣无缝”,书上是这样说过。天衣,我没有看见过,也没有从天上掉下来的看过,我看到的衣服都是有缝的,比如,我穿的这件衣服就是有缝的。宪法以及别的法律,都会是有缺点的。什么时候发现,都可以提出意见,反正全国人民代表大会会议一年一次,随时可以修改,能过得去的,那就不要改了。如果没有意见,就交付表决。[1]

经与会者表决结果,大家都同意修改意见,并全体一致通过宪法草案。

表决之后,毛泽东说:这是一个比较完整的宪法了。最先是中共中央起草,然后是北京500多高级干部讨论,全国8000多人讨论,然后是3个月的全国人民讨论,这一次全国人民代表大会代表1000多人又讨论。宪法的起草是慎重的,每一条、每一字都是认真搞了的,但也不必讲是毫无缺点,天衣无缝。这个宪法是适合我们目前的实际情况的。它坚持了原则性,但是又有灵活性。[2]

---

〔1〕 逄先知主编、中共中央文献研究室编:《毛泽东年谱》,中央文献出版社2013年版,第281页。

〔2〕 毛泽东:《关于宪法草案的修改问题》(1954年9月14日),载《党的文献》1997年第1期。

会议修正通过宪法草案之后，毛泽东又讲话，他说：

利用这个机会，讲一点对于辛亥革命的评价问题。有相当一部分朋友对于我们讲"辛亥革命是资产阶级民主革命"觉得不妥，在感情上有些过不去。但从社会发展历史上说，辛亥革命确实是一次资产阶级性质的民主革命。在人类历史上有过几次性质不同的大的革命。第一次，是奴隶主推翻原始共产主义社会，使人类的生产和社会大进一步。第二次，是封建地主革掉奴隶主的命。这次革命，在中国大概是在春秋战国时代。关于这个问题，历史学家还在争论不决，有人说西周就是封建社会了。我想，今天中央人民政府委员会对这个问题可以不去作结论。我个人是比较相信郭沫若副总理的春秋战国时代产生封建制的主张的。第三次，是资产阶级革封建地主阶级的命，也就是民主主义革封建主义的命。在中国，就是辛亥革命。孙中山及其一派人领导的辛亥革命，是人类历史上资产阶级民主革命中的一次。在辛亥革命前，中国还有过改良派。对改良派也应该估计有进步的一面。戊戌变法当时受压迫，为什么？就是因为它有进步性，它受到顽固派的仇恨。孙中山比改良派又更进一大步，他公开号召实行资产阶级民主革命，推翻了清朝的统治，结束了中国两千多年的封建帝制，建立了中华民国和临时国民政府，并制定了一个《临时约法》。辛亥革命以后，谁要再想做皇帝，就做不成了。所以我们说它有伟大的历史意义。辛亥革命没有成功，失败了。为什么失败？就是因为孙中山的领导集团犯了错误，有缺点。关于这一点，孙中山做过自我批评，国民党第一次全国代表大会通过的宣言上曾经说，当时向袁世凯妥协是不对的。人总是有缺点的，总是要犯错误的，只是不要错得太多就是了。凡是我有了错误，希望能及时得到朋友们的批评和纠正。要做到"言者无罪，闻者足戒"。我们是靠老实吃饭，不靠摆架子吃饭。如果共产党的领袖人物就说不得，各民主党派、人民团体的领导人物就说不得,那就不好了。我们不能这样,我们要实事求是。我们对一切事情都要加以分析:好,就肯定;不好,就批评。在第三十次中央人民政府委员会会议上,我曾经提到《联共党史》结束语第2条对马克思、恩格斯就批评过。恩格斯有个别原理是错误的,应该抛弃,拿新的原理来代替它。古语说"人非圣贤,孰能无过"。我看这句话要改一下。人,包括圣贤在内,总是有过的,有过必改就好了。不要造成偶像,就是不要说谁不能批评,而要说可以批评,但批评要正确,对于批评要分析。

这次中央人民政府委员会会议是临时召开的,虽然对草案的讨论内容只涉及个别文字或者表述的问题,但毛泽东非常重视宪法草案的科学性与准确性问题,特别强调宪法文本要符合历史,不能违背历史规律。如把"我国的第一个宪法"改为"中华人民共和国宪法",肯定了历史上存在过的"九个宪法"(不包括草案),体现共产党人实事求是的宪法观与历史观,同时使中华人民共和国宪法成为既延续宪法文化传统,又创造新历史的标志。因此,虽针对草案的文字性的调整,毛泽东认为"内容比较重大",非改不可的问题。特别是有关宗教和风俗习惯问题的修改,已远远超出文字本身的意义。另外,在会议上,毛泽东对如何评价辛亥革命作出精辟的论述,为宪法上确认孙中山先生领导的辛亥革命的历史地位与局限性提出理论指导。现行宪法序言中的"一九一九年孙中山先生领导的辛亥革命,废除封建帝制,创立了中华民国。但是,中华人民反对帝国主义和封建主义的历史任务还没有完成"的表述,源于毛泽东对辛亥革命的历史评价。总之,中央人民政府委员会临时会议对草案的修改,充分说明毛泽东等中国共产党的领导人对宪法的尊重和重视,体现了对宪法文本的科学态度。

五、1954 年宪法的表决与通过

1954 年 9 月 15 日，第一届全国人民代表大会第一次会议在北京中南海怀仁堂隆重开幕。9 月 20 日，这是第一届全国人民代表大会第一次会议进行的第五天。下午 3 时，代表们怀着无比兴奋的心情走进了会场。毛主席和代表们一起坐在代表的席位上，周恩来在大会的主席台上主持当天的会议。

大会首先通过了《中华人民共和国第一届全国人民代表大会第一次会议进行无记名方式投票办法》。办法规定：(1)全国人民代表大会通过中华人民共和国宪法采用无记名投票方式。(2)全国人民代表大会选举中华人民共和国主席、副主席，选举全国人民代表大会常务委员会委员长、副委员长、秘书长和委员，选举最高人民法院院长和最高人民检察院检察长，通过国务院总理人选，都采用无记名投票方式。(3)全国人民代表大会采用无记名投票方式进行选举和通过议案的时候，设监票人 35 人，在全国人民代表大会会议主席团领导下对发票、投票、计票执行监督。监票人的人选分别由各代表团提交全国人民代表大会会议通过。(4)在采用无记名投票方式选举或者通过议案的时候，先由执行主席宣布当日出席代表的总人数和各代表小组的出席代表人数，并由秘书处核对后，再由秘书处将选举票或者表决票交由各代表小组组长或副组长发给出席代表。(5)投票人同意选举票上所列的某一个候选人的时候，在这个候选人姓名上面的空格内画一个“0”；如果不同意，就画一个“ + ”；投票人如果要在选举票上所列的候选人之外，另选他人的时候，可在原候选人姓名下面的空格内，写上自己要选的人的姓名。投票人在选票上所选人数，不可以超过规定的名额，超过的时候，全票作废。(6)投票人同意表决票上某一个议案的时候，就在这个议案上面的空格内画一个“0”；如果不同意，就画一个“ + ”。(7)投票人写票一律用钢笔或墨笔,笔迹必须清楚。(8)不通晓汉文、蒙文、藏文或者维吾尔语的代表,可以请人翻译后,在汉文的一行内写票。(9)执行主席宣布开始发票后,执行主席和监票人先行投票,随后其他投票人按照投票的路线进行投票。(10)投票结束后,执行主席宣布当众开启票箱,由秘书长派定的计票人清点所投的票的张数,并将结果报告执行主席。如果张数多于投票人数,执行主席即宣布本次选举或表决无效;如果张数等于或少于投票的人数,则宣布本次选举或表决有效。(11)计票完毕后,由执行主席宣布选举或者表决的结果。

会议根据办法,宣布了以无记名方式通过《中华人民共和国宪法》时的总监票人、副总监票人和监票人名单。接着,大会执行主席宣布在会议上宣读中央人民政府委员会修正通过的宪法草案最后定本全文。宣读完毕后,执行主席问代表们"大家还有没有最后的修改意见?"代表们没有意见,全场热烈鼓掌,执行主席宣布将最后定本交付表决。报到的全国人大代表1212人,当天出席会议的代表共1197人,缺席15人。上述人数经秘书处和各代表小组组长核对无误后,执行主席宣布开始发票,在浅红色的《通过中华人民共和国宪法表决票》上面,印有汉、蒙、藏、维吾尔4种文字,不通晓这4种文字的代表,在写票时有翻译人员替他说明。下午4时45分,投票开始。为使投票顺利进行,代表席按照座位划定为8个投票区,每区设置票箱一个,代表们分区同时进行投票。

下午4时55分,投票结束,执行主席根据计票人和监票人的报告,向会议宣布点票结果,发票1197张,投票1197张,投票张数和发票张数相等,表决有效。执行主席宣布会议休息后由计票人和监票人计算票数。

下午5时55分复会,执行主席根据计票人和监票人的报告,向会议宣布《中华人民共和国宪法》表决的结果:投票数共1197张,同意票1197张。这时代表们全体起立,为新中国第一部宪法的诞生而热烈欢呼,鼓掌声和“中华人民共和国万岁”“毛主席万岁”等欢呼声持续了 5 分钟。接着,大会主席根据投票表决的结果庄重地宣布:《中华人民共和国宪法》已由中华人民共和国第一届全国人民代表大会第一次会议于 1954 年 9 月 20 日通过。至此本次大会顺利完成了它的第一项任务——制定《中华人民共和国宪法》。当日,大会主席团发布《中华人民共和国全国人民代表大会公告》:“中华人民共和国宪法已由中华人民共和国第一届全国人民代表大会第一次会议于 1954 年 9 月 20 日通过,特予公告。”反映全国人民共同意志的新中国第一部宪法在人们的期待和欢呼声中正式诞生,为中国社会发展进程树立了光辉的里程碑。

以无记名方式通过宪法,并获得全体一致的通过是 1954 年宪法民主性的具体体现,同时程序的规范性与民主性是 1954 年宪法制定程序的基本特点。宪法文本虽然没有直接规定何时发挥效力的内容,但从宪法规范与部门法律的关系看,《中华人民共和国全国人民代表大会公告》的发布即意味着宪法正式生效。第一届全国人民代表大会第一次会议的其他日程的进行就要按照已生效的宪法规定进行,以确保合宪性的基础。

9 月 20 日下午,根据已通过的 1954 年宪法,第一届全国人民代表大会第一次会议通过了《中华人民共和国全国人民代表大会组织法》。该组织法第 1 条规定:全国人民代表大会会议,依照《中华人民共和国宪法》第 25 条的规定召集。该组织法分为 4 章,具体规定了全国人民代表大会的召集、主席团的组成与秘书处的设立、全国人民代表大会常务委员会办公厅的设立与会议召集、全国人民代表大会各委员会的设立及其职权等。

9 月 21 日,大会根据宪法通过《中华人民共和国国务院组织法》《中华人民共和国人民法院组织法》《中华人民共和国人民检察院组织法》《中华人民共和国地方各级人民代表大会和地方各级人民委员会组织法》。在宪法与法律的关系上,《中华人民共和国全国人民代表大会组织法》和《中华人民共和国国务院组织法》明确规定了宪法的依据。《中华人民共和国全国人民代表大会组织法》第 1 条规定:全国人民代表大会会议,依照《中华人民共和国宪法》第 25 条的规定召集;《中华人民共和国国务院组织法》第 1 条规定:《中华人民共和国国务院组织法》,根据《中华人民共和国宪法》第 48 条第 2 款制定;《中华人民共和国地方各级人民代表大会和地方各级人民委员会组织法》第 2 条规定:自治区、自治州、自治县的自治机关的组织和工作,依照《中华人民共和国宪法》第 2 章第 5 节的规定。

9 月 26 日,第一届全国人民代表大会第一次会议通过了《关于中华人民共和国现行法律、法令继续有效的决议》,规定:《中华人民共和国宪法》已由第一届全国人民代表大会第一次会议通过,颁布全国。所有自从 1949 年 10 月 1 日中华人民共和国成立以来,由中央人民政府制定、批准的现行法律、法令,除开同宪法相抵触的以外,一律继续有效。这是宪法颁布后通过的有关法律体系统一性的第一个决议,赋予宪法以最高法的地位。

9 月 27 日,在第一届全国人民代表大会第一次会议全体会议上,毛泽东当选为中华人民共和国主席,朱德当选为中华人民共和国副主席,刘少奇当选为第一届全国人大常委会委员长,根据国家主席提名,决定周恩来为国务院总理。

9 月 28 日,毛泽东主持第一届全国人大一次会议最后一次会议,会议决定中华人民共和国国务院组成人员、中华人民共和国国防委员会副主席和委员等。至此,第一届全国人民代表大会第一次会议圆满完成会议日程。正如毛泽东在第一届全国人民代表大会第一次会议开幕词中所说:"这次大会是标志着我国人民从 1949 年新中国成立以来的新胜利和新发展的里程碑。这次会议所制定的宪法将大大地促进我国的社会主义事业。有了这部宪法,我国人民就有了一个有力的武器,将更加充满信心地为建设社会主义而奋斗,将要以更大的规模去推进社会主义事业。”

六、宪法的公布

1954 年 9 月 21 日,《人民日报》头版刊登了题为《第一届全国人民代表大会第一次会议一致通过中华人民共和国宪法,并通过中华人民共和国全国人民代表大会组织法》的消息,第 2 版公布了 20 日通过的宪法文本,并发表了题为《中华人民共和国宪法——中国人民建设社会主义社会的有力武器》的社论。社论指出,“这个宪法是中国人民一百多年来革命斗争胜利的产物,是中国人民从一九四九年建国以来的新胜利和新发展的产物”。宪法完全符合我国国家生活发展的需要,在宪法草案的全民讨论中已经充分证明,它是为全国广大人民所拥护的。宪法把实现国家在过渡时期总任务的具体步骤用法律形式固定下来,这就为我们国家铺好了走到社会主义社会的前进轨道。宪法规定了我们国家的基本政治制度,这既便于发扬人民群众的社会主义热情和积极性、创造性,又便利于国家实行高度统一和集中领导来克服社会主义道路上一切障碍的人民代表大会制度。我们国家的这种政治制度将有利地保证我们顺利地从新民主主义过渡到社会主义。社论指出,为了实现伟大的建设社会主义的目标,我国人民应该正确地掌握和充分地运用宪法这个有力的武器,努力遵守和拥护宪法,如同保护自己的生命财产和幸福前途一样。为了使这部宪法能够为全体人民所熟悉、遵守和掌握,应在全民宪法草案讨论的基础上,把系统的、经常的关于宪法的教育当作公民教育的一个重要内容,使宪法的各项规定深入人心,家喻户晓。

宪法公布的当天,北京、上海等城市的人民群众以不同的形式欢庆宪法的公布。在首都北京,大街小巷和高层建筑物上,都悬挂起五星红旗,工人、学生、机关干部、街道居民举行了庆祝会、座谈会,庆祝游行队伍在主要街道上川流不息。天安门成了人们庆祝活动的中心,这里聚集了工人、农民、干部、学生和市民等3万人。人们纷纷表示,一定要学好宪法,遵守宪法,以宪法为活动的基本准则。其他主要大城市也举办了各种形式的庆祝活动。

《中华人民共和国宪法》的通过和公布在国际上也产生了一定的影响,壮大了社会主义国家阵营。印尼和缅甸华侨表示拥护《中华人民共和国宪法》;阿尔巴尼亚《人民之声报》、蒙古《真理报》、越南《人民报》以及捷克斯洛伐克多家报纸刊文祝贺《中华人民共和国宪法》的诞生;苏联和波兰分别用俄语和波兰语出版中华人民共和国宪法单行本;苏联《共青团真理报》、朝鲜《民主朝鲜报》、蒙古《消息报》刊文评论我国宪法颁布的伟大意义。

第八章　1954 年宪法文本

1954 年宪法是中华人民共和国第一部社会主义类型的宪法，它以《共同纲领》为基础，又是《共同纲领》的继承和发展，体现了新生的社会主义国家政权与国家制度的合法性基础。1954 年宪法除序言外，共 4 章 106 条，14,000 字。本章将介绍 1954 年宪法文本的基本体系与内容。

一、宪法结构

（一）宪法典的特点

1954 年宪法共有宪法序言、4 章 5 个部分。在宪法结构问题上，当时宪法起草小组主要参考了人民民主国家宪法文本，并结合中国宪法的特点与宪法发展的规律确定了符合中国实际的宪法结构。当时参考的人民民主国家宪法典结构是多样化的，如阿尔巴尼亚 1950 年宪法的结构是第 1 篇基本原则、第 2 篇国家结构、第 3 篇国徽、国旗、首都，公民的权利与义务规定在第 1 篇的第 3 章中。蒙古人民共和国 1940 年宪法典的结构是社会结构、国家结构、人民大会、小型人民会议与小型人民会议主席团、蒙古人民共和国部长会议、国家权力之地方机关、法院与检察机关、蒙古人民共和国之预算、蒙古人民共和国之选举制度、公民之基本权利与义务、国徽、国旗、首都、蒙古人民共和国宪法之修改程序。朝鲜 1948 年宪法典的结构是根本原则、公民的基本权利与义务、最高权力机关、国家中央执行机关、地方权力机关、裁判所及检察所、国家预算、民族保卫、国徽、国旗及首都、修正宪法程序。越南 1946 年宪法典的结构是政体、公民的义务及权利、人民议院、政府、人民参议会及行政委员会、司法机关及修改宪法。

在综合分析不同国家宪法典结构的基础上,宪法起草小组根据制宪的指导思想和宪法功能,最后确定了除宪法序言外分总纲、国家机构、公民的基本权利与义务、国家标志 4 章的结构,形成了具有中国特色的宪法结构。[1]

宪法序言部分概括性地规定了我国宪法产生的历史背景,确定了过渡时期的总任务,指出了实现总任务的基本条件。宪法的第 1 章是总纲,规定了国家性质、政治制度、民族关系基本问题,具体规定了我国过渡到社会主义社会的步骤。第 2 章是"国家机构",它规定了国家机关的组织与活动原则。第 3 章是"公民的基本权利与义务",具体规定了我国公民享有的基本权利与义务。第 4 章是国家标志部分,具体规定了"国旗、国徽、首都"。宪法全文除序言外,共 106 条。各章的条文安排与比例是第 1 章总纲,计 20 个条文,占全部条文总量的 19.4%;第 2 章国家机构,共计 64 个条文,占全部条文总量的 60.3%;第 3 章公民的基本权利和义务,共 19 个条文,占全部条文总量的 18.9%;第 4 章国旗、国徽、首都,共 3 个条文,占全部条文总量的 2.8%。[2]

(二)1954 年宪法文本与《共同纲领》

在 1954 年宪法制定过程的说明中,我们曾分析 1954 年宪法与

---

〔1〕 详见本章第五部分:1954 年宪法规定的公民基本权利与义务部分。

〔2〕 许崇德:《中华人民共和国宪法史》,福建人民出版社 2003 年版,第 278 页。

共同纲领的关系问题。要了解 1954 年宪法的内容、体系与基本精神，需要分析两者的关系。一方面，从一般的关系上讲，1954 年宪法是以《共同纲领》为基础，同时又是《共同纲领》的发展。以《共同纲领》为基础，主要表现在：《共同纲领》规定的关于我国国家制度和社会制度方面的一些根本原则，以及国家各项基本政策的规定，符合我国人民的利益和要求，有关工人阶级领导的人民民主专政制度、人民代表大会制度、国营经济的领导地位、民族平等、和平的外交政策等方面的基本原则为 1954 年宪法所肯定，并成为 1954 年宪法的基本内容。

但从另一方面，《共同纲领》只是起临时宪法作用的一个宪法性文件或纲领，经过 5 年多的社会发展，《共同纲领》中规定的一些原则、内容与已经变化发展的社会生活之间出现了冲突。因此，1954 年宪法必须在《共同纲领》的基础上向前发展，以变迁的社会生活为调整对象。到了 1954 年，取消了《共同纲领》中一些过时的，或者可以取消的规定（如土改政策和军事制度等），使宪法规范的内容更加充实和完善，确定了建设社会主义的目标和实现目标的具体步骤。比如，在社会制度、国家机构和公民基本权利与义务等方面宪法规定了崭新的内容。张友渔认为，1954 年宪法与《共同纲领》有 5 个方面的区别：（1）《共同纲领》有些条文在当时还是一种要求，而今天已经实现，现在就不需要再来规定；（2）有些条文《共同纲领》中还不能提出，现在则必须而且可以提出；（3）《共同纲领》中需要这样规定，而现在已经过时了的，必须加以修改；（4）有些内容《共同纲领》中可以规定，而宪法中不必规定的；（5）有些内容《共同纲领》中规定得简单一些，宪法中则规定得详细些。[1]

因此，1954 年宪法并不是仅仅从形式上以《共同纲领》为基础，而是根据新的社会变迁，在理念与具体内容上有了创新与发展。

---

〔1〕 张友渔：《宪政论丛》（下册），群众出版社 1986 年版，第 26～27 页。

二、宪法序言

在制定《共同纲领》时,基于其具有纲领的性质,需要把有些不宜在正文中反映的内容规定在序言中。1954年宪法设置序言的主要理由是在结构上继承《共同纲领》;1954年宪法本身具有一定的纲领性,通过序言反映国家的目标和具体步骤;基于我国宪法浓厚的历史发展与经验总结的特点,需要在序言中阐述其精神;当时处于过渡时期,有些必须规定在宪法里的东西不便写成条文。

宪法序言的第一自然段确认了人民革命已取得伟大胜利的事实,指明人民民主制度是建成社会主义的保证。何香凝等委员曾认为这部宪法规定,"中华人民共和国的人民民主制度,也就是新民主主义制度,保证我国能够通过和平的道路消灭剥削和压迫,建成繁荣幸福的社会主义社会"。

宪法序言的第二个自然段规定了过渡时期的时间界限,以宪法的形式确认过渡时期总路线的客观基础与具体标准。这一规定实际上决定了1954年宪法作为过渡时期宪法的性质,并为分析1954年宪法的指导思想与体系提供了基本依据。通过宪法序言的这一规定,党的过渡时期总路线已从党的主张变为国家意志,界定了1954年宪法的功能与方位,其"过渡性质"获得了在全社会一体遵行的效力。

序言规定:从中华人民共和国成立到社会主义建成,这是一个过渡时期,并宣布:"国家在过渡时期的总任务是逐步实现国家的社会主义工业化,逐步完成对农业、手工业和资本主义工商业的社会主义改造。"

序言的第三个自然段记述1954年宪法的通过,实际上说明这部宪法诞生的制宪权主体与正当性基础。由第一届全国人民代表大会第一次会议通过宪法,表明全国人民代表大会受人民的委托具体行使制宪权,并有权以宪法为基础组织国家机构体系。在草案的讨论中,有的委员和代表曾提出宪法序言应明确制宪权主体问题,但起草委员会和法律小组认为,制宪权主体是明确的、客观的,无须在宪法中予以表述。同时,这一段明确了 1954 年宪法与《共同纲领》在宪法体制中的相互关系,提出“这个宪法以 1949 年的《共同纲领》为基础,又是《共同纲领》的发展”。

宪法序言的第四个自然段规定了实现过渡时期总任务的基本条件。我国的人民民主统一战线将继续发挥作用,明确了人民民主统一战线的宪法地位。它是以“中国共产党为领导的各民主阶级、各民主党派,各人民团体的广泛的人民民主统一战线”。尽管在序言中没有具体规定统一战线的功能,但这一宪法地位的表述,实际上肯定了以后社会发展中统一战线的作用。

宪法序言的第五个自然段讲民族团结。

宪法序言的第六个自然段提出我国外交政策的总路线。这 3 个自然段实际上说明了保证我国过渡时期“一化三改”总路线必将胜利实现的 3 个基本条件,即统一战线、国内各民族的团结、同全世界人民的联合。

总之,1954 年宪法序言的整体结构内容丰富,结构合理,提出了国家生活中的基本制度与国家发展方向。

三、宪法总纲

(一)总纲的性质与基本内容

1954 年宪法的第 1 章是总纲。总纲包括第 1 条至第 20 条。主要内容包括 3 个方面:(1)规定了关于国家制度的根本性原则(从第 1 条至第 3 条,第 17 条至第 20 条);(2)关于社会制度的根本原则(从第 5 条至第 10 条);(3)关于国家生活中的社会主义原则(从第 11 条至第 16 条)。

总纲的设定是苏联和其他社会主义国家宪法结构的重要特点，以规定国家制度与社会制度的根本原则与方向，反映国家与社会生活中的基本问题。但在具体规定的方式上，1954年宪法采用了不同于苏联宪法的方式。由于苏联实行联邦制，在国家结构方面的内容复杂，需要用专章协调各种利益关系。而我国是单一制国家，国家结构形式单一，没有必要对社会制度中的国家结构问题作出专章规定，只需在总纲中规定社会制度和国家制度的基本问题。

总纲作为宪法的基本方向和基本原则，实际上决定着宪法的其他章节和内容，如公民的基本权利与义务、国家机构的活动等都是宪法总纲精神的具体化。因此，宪法的第一章内容中规定的宪法总纲是“最主要和最根本的一章”。[1]

(二)人民民主国家性质

1954年宪法第1条规定：“中华人民共和国是工人阶级领导的、以工农联盟为基础的人民民主国家。”“人民民主国家”是人民民主专政，“人民民主国家”与“人民民主专政”在实质上并无区别。从1954年宪法规定的“人民民主专政”的实质内容看，“人民民主国家”实际上指社会主义国家。当时，除苏联1936年宪法中明确规定“社会主义国家”外，其他社会主义国家宪法在国家性质的表述上是不尽相同的，如波兰宪法规定“人民民主”的国家，保加利亚宪法规定国家性质为人民共和国，匈牙利宪法规定为“……工人和农民的国家”，朝鲜宪法规定为“朝鲜民主主义人民共和国”，罗马尼亚宪法规定为“城乡劳动人民的国家”等。按照学术界的一般性解释，所谓人民民主国家，也就是人民民主专政的国家。人民民主国家的实质在于：人民的国家是保护人民的，对于人民内部，则实行民主制度，给予言论、集会、结社等各项自由权和选举权；但对于人民的敌人则实行专政，

---

[1] 吴德峰等编著：《中华人民共和国宪法讲话》，湖北人民出版社1954年版，第38页。

实行独裁,压迫这些人,不许他们乱说乱动。[1]

至于"人民民主国家"的提法中没有包含"专政"的问题,学术界的一般解释是:按照马克思主义观点,任何国家都是阶级专政,国家本身就是统治阶级运用来镇压其阶级敌人反抗的机器,就是阶级专政的工具,不专政的国家世界上是不存在的。[2] 因此,"人民民主国家"中的国家本身就包含着专政,也就是"人民民主国家"就是人民民主专政的国家。

1954 年宪法在国家性质表述上的另一个特点是,在第 1 条中没有直接规定团结各民主阶级和各民族问题,其原因主要在于:宪法第 1 条主要是规定国家性质,而决定国家性质的乃是工人阶级的领导和它领导下的工农联盟。这种表述并不意味着人民民主国家排斥各民主阶级、小资产阶级和民族资本家本身属于人民的范畴,在国家中应有一定的地位,其合法权益得到维护。各民族团结问题虽然也没有规定在第 1 条,但其处理民族关系的基本原则和精神已体现在宪法的各项规定中。可见,1954 年宪法在表述国家性质时采取了科学、合理的方法,在《共同纲领》的基础上得到了发展。

根据宪法第 1 条的规定,我国的国家性质是,工人阶级领导的以工农联盟为基础的人民民主国家。工人阶级领导是人民民主国家的本质与根本标志。而工农联盟是人民民主国家的基础,没有巩固的工农联盟就不会有人民民主国家的发展。当时,工农联盟的范围除包括工人和农民以外,还有为数不少的城乡和个体手工业者和其他非农业的个体劳动者,他们依靠劳动生活,是建设社会主义的可靠的同盟军。按照当时的理论解释,属于工农联盟范畴之内的还有知识分子,他们同劳动人民结合,就会成为劳动人民的知识分子,如同资产阶级结合,就会成为反动的知识分子。宪法中知识分子的地位是

---

〔1〕 孟光编著:《人民宪法讲话》,华南人民出版社 1955 年版,第 15 页。

〔2〕 吴德峰等编著:《中华人民共和国宪法讲话》,湖北人民出版社 1954 年版,第 47 页。

明确的,但理论上对其宪法地位的确认是不够准确的。

关于民族资产阶级的宪法地位问题。根据我国的国家性质,实际上存在两个联盟:一个是劳动人民内部的联盟,即工农联盟,这是基础;另一个是工人阶级、农民阶级同可以合作的非劳动人民之间的联盟,民族资产阶级。主要指资产阶级在宪法体制中的地位与功能始终是1954年宪法的基本问题。

从《共同纲领》规定的"人民民主专政国家"性质到1954年宪法规定的"人民民主国家"性质的转变,在很大程度上是伴随着阶级结构的变化而出现的。在《共同纲领》的规定下,民族资产阶级借以存在的私人资本主义经济不但有合法地位,而且在特定的条件下,国家还扶助其发展,民族资产阶级属于人民的范畴,还不是专政的对象,是民主主体。[1] 而1954年宪法规定的政权任务是逐步消灭民族资产阶级赖以存在的资本主义工商业,逐步消灭民族资产阶级。因此,在我国的政权性质下,民族资产阶级处于特殊的地位,即使处在被消灭的过程中,但仍然是享受民主的主体,不是专政的对象,它在国家中的地位主要通过统一战线中的"各民主阶级"得到反映。这种特殊的历史发展状况决定了工人阶级与民族资产阶级之间既存在斗争也存在联盟的特点,通过利用、限制和改造的政策,最后用社会主义所有制代替资本家的所有制,实现社会主义改造的任务。1954年宪法在国家性质的宪法规范上,以马克思主义无产阶级专政理论为基础,从中国特定的社会状况与阶级结构出发,创立了"人民民主国家"这种具有中国特色的人民民主专政制度。

(三)人民代表大会制度

1954年宪法第2条第1款规定:"中华人民共和国的一切权力属于人民。人民行使权力的机关是全国人民代表大会和地方各级人民代表大会。"第2款规定:"全国人民代表大会、地方各级人民代表大

---

〔1〕 何华辉:《对我国政权性质宪法规范的历史考察》,载《江汉论坛》1982年第8期。

会和其他国家机关,一律实行民主集中制。”

这一条实际上规定了我国人民民主专政的政权组织形式,即政体。“中华人民共和国的一切权力属于人民”,标志着我国政权的人民性和民主性。

1949年中华人民共和国成立后,我国人民即获得国家政权,成为国家和社会的主人,实现了人民主权原则。《共同纲领》规定“国家政权属于人民”。人民作为国家权力的主体,选择与行使国家权力相适应的形式。但在当时特定的历史条件下,还不能立即在全国范围内实施普选,无法建立以普选为基础的人民代表大会制度,实行了具有过渡性质的人民代表会议制度。

1954年宪法的颁布实际上意味着人民代表大会制度在宪法体制上的正式确立,即人民代表大会制度成为国家的根本政治制度。全国人民代表大会和地方各级人民代表大会都已召开,人民代表大会制度已经成为现实的宪法制度。

1949年9月29日,《共同纲领》肯定了人民代表大会制度是我国的政权形式,并根据当时的实际情况,采取以人民代表会议代行人民代表大会职权的形式。1953年3月1日《全国人民代表大会及地方各级人民代表大会选举法》公布施行,并在全国范围内进行了我国历史上第一次真正的民主普选,建立了全国人民代表大会和地方各级人民代表大会。

根据1954年宪法,民主集中制是人民代表大会制的基本原则,其重要意义在于,既能表现广泛的民主,使人民代表大会行使高度统一的权力,同时又能集中处理国事,使各级政府集中处理各级人民代表大会委托的一切事务。

在1954年宪法体制下,民主集中制是一种民主与集中价值相统一的原则,反映了1954年宪法追求的价值取向。在20世纪50年代,根据宪法对民主集中制进行解释时,有学者认为,人民代表大会制度是根据民主集中制原则建立起来的新型的政治制度,由人民代表大会统一和集中地行使国家权力。在人民代表大会制度的运行中,民主集中制原则具体表现为3个方面:(1)国家权力机关由人民选举产生,并受选民或选举单位监督;(2)国家行政机关、审判机关、检察机关一律由国家权力机关产生,并受国家权力机关监督;(3)民主集中制同时包含少数服从多数,下级服从上级,地方服从中央的原则。[1]

(四)调整民族关系的基本政策

1954年宪法第3条规定了我国国家结构形式,即单一制国家结构形式。"中华人民共和国是统一的多民族的国家。""各民族一律平等,禁止破坏各民族团结的行为。""各民族都有使用和发展自己的语言文字的自由,都有保持或者改革自己的风俗习惯的自由。""各少数民族聚居的地方实行区域自治。各民族自治地方都是中华人民共和国不可分离的部分。"这表明,中华人民共和国是多民族国家,而且是统一的单一制国家。采取单一制的国家形式,是符合马克思主义国家理论的原则,同时符合中国的具体国情。

我国是统一的多民族国家,有56个民族,汉族占全国总人口的绝大多数。少数民族人口虽然只占7%左右,但分布的地区十分辽阔,占全国总面积的50%～60%,形成了大杂居和小聚居的格局。[2]我国各民族自古以来就共同生息在祖国土地上,共同缔造了祖国灿烂的历史文化。

1954年宪法关于民族问题的规定,反映了中国民族关系的实际状况,使宪法在民族关系发展中发挥了"统一的协调功能"。从制宪的过程看,如何通过宪法调整民族关系,制定适合中国实际的民族政策是制宪者始终给予关注的重要问题,也是1954年宪法将社会主义

---

[1] 刘培华编写:《中华人民共和国宪法讲课提纲》,辽宁人民出版社1957年版,第44页。
[2] 许崇德:《中华人民共和国宪法史》,福建人民出版社2003年版,第292页。

宪法的普遍经验与中国实际相结合的成功的范例。经过对苏联等社会主义国家宪法有关民族关系的宪法规范的比较与考察，制宪者们在 1954 年宪法中确立了具有中国特色的民族区域自治制度。这一制度的核心内容是：(1)实行民族平等，加强民族之间的团结，实现民族平等，使民族平等成为处理民族关系的基本出发点。(2)实行民族区域自治。它是指在中华人民共和国领土之内的，在中央人民政府统一领导下以少数民族聚居区为基础的区域自治。在这个统一原则下，一切聚居的少数民族都有权建立自治地方和自治机关，按照本民族人民的意愿处理本民族的内部事务。(3)1954 年宪法同时规定帮助少数民族发展政治、经济和文化的建设事业，为消灭少数民族的落后现象与实现各民族事实上的平等权利建立必要的条件。

1954 年宪法关于民族区域自治方面的规定体现了我国宪法体制的特色，对宪法体制的进一步完善产生了重要影响。

(五)1954 年宪法总纲与经济制度

宪法总纲从第 5 条开始，用 12 个条文具体规定了国家的经济制度与政策，表现出浓厚的经济色彩。

1. 规定 4 种生产资料所有制形式

1954 年宪法规定了 5 种经济成分的存在，而且明确列举了 4 种主要的生产资料所有制。宪法第 5 条规定："中华人民共和国的生产资料所有制现在主要有下列各种：国家所有制，即全民所有制；合作社所有制，即劳动群众集体所有制；个体劳动者所有制；资本家所有制。"

宪法第 5 条列举了主要生产资料所有制的 4 种形式，实际上条文中所说的"现在主要有下列各种"有特定的意义，即这种所有制形式的划分并不是唯一的，也不是固定的，随着客观情况的变化而发生相应的变化。除此之外，实际生活中还存在其他所有制形式或混合的形式，只是它不是"主要"形式。

国家所有制是社会主义的所有制,宪法规定,矿藏,水流,由法律规定为国有的森林、荒地和其他资源都属于全民所有。此外,它包含由国家经营的工厂、矿山、电力站、铁路、邮电企业等。当时,在农业方面的国家所有制,是国家建立的农业机器、农业技术推广等。以国家所有制为基础组织起来的经济,就是国营经济。国营经济中的一切生产资料以及生产出来的劳动产品,都属于国家和全民所有。根据宪法的规定,“国家保证优先发展国营经济”。而发展国营经济的首要途径是发展国营工业。在优先发展国营经济的战略下,国营经济在宪法保护下得到了迅速发展,成为国民经济的领导力量,成为实现社会主义改造的物质基础。

宪法对国营经济的重点保护为国营经济的发展提供了有力的基础。1949年全国工农业总产值中,现代工业占17%左右,1953年增加到31%。和1952年相比,1953年全国工业(不包括个体手工业和手工业生产合作社)总值增加了33%,其中国营工业增加了40%,在全国工业总产值中,国营工业约占53%。1953年全国对外贸易总额中,国营约占92%。实践表明,国家通过宪法确认的优先保证国营经济发展的政策,对于非社会主义经济的社会主义改造,逐步改变经济发展落后状态起了积极的推动作用。

合作社经济即劳动群众集体所有制经济,是在国家对农业、手工业的社会主义改造过程中建立起来的公有制经济。宪法在保证优先发展国营经济的同时,规定“合作社经济是劳动群众集体所有制的社会主义经济,或者是劳动群众部分集体所有制的半社会主义经济。劳动群众部分集体所有制是组织个体农民、个体手工业者和其他个体劳动者走向劳动群众集体所有制的过渡形式”。它在全民所有制的国营经济领导下,同属于社会主义生产关系的体系,所以宪法“鼓励、指导和帮助合作经济的发展”。合作社经济中包含一种劳动群众部分集体所有制的半社会主义合作社,它是一种过渡的形式。

1954 年宪法第 7 条同时规定:“国家保护合作社的财产,鼓励、指导和帮助合作社经济的发展,并且以发展生产合作为改造个体农业和个体手工业的主要道路。”合作社经济是社会主义经济的一种形式。它为工业提供大量的粮食、原料、资金等,并为城乡居民提供丰富的生活资料,对于整个国民经济的发展和工农联盟的巩固,发挥着极其重要的作用。

个体劳动者所有制经济,主要指个体农民、个体手工业者和其他非农业个体劳动者的经济。他们既是劳动者,又是生产资料的小私有者,经过土地改革,我国农业生产力已经基本上从封建土地所有制下解放出来,但其规模还是小农经济。在手工业中,大部分还是个体的、小私有的手工业者、独立劳动者。它们具有双重性:一方面,个体农民和个体手工业者是小私有者,有滋长自发资本主义的倾向;另一方面,他们又是劳动者,依靠自己的劳动为生,不剥削他人,可以在工人阶级领导下逐步地向社会主义转变。在整个社会主义过渡时期,对个体农业和个体手工业的社会主义改造,是国家在过渡时期总任务的一个必要的组成部分。

1954 年宪法第 8 条规定:“国家依照法律保护农民的土地所有权和其他生产资料所有权。”“国家指导和帮助个体农民增加生产,并且鼓励他们根据自愿的原则组织生产合作、供销合作和信用合作。”农民是劳动者,需要国家依法保护农民的所有权,同时,又因为他们是小私有者,所以要在自愿的基础上鼓励他们走合作化的道路。[1] 我国 20 世纪 50 年代初实行的合作化运动,就是带领个体农民由农业生产互助组到初级农业生产合作社,再到高级农业生产合作社的发展过程。到了 1954 年,农业生产合作社已发展为 10 万个,1955 年 2 月初,已经有近 60 万个农业生产合作社,参加农户已达 1500 万户。

---

〔1〕 许崇德:《中华人民共和国宪法史》,福建人民出版社 2003 年版,第 299 页。

对农村经济中的富农问题,宪法第8条规定:"国家对富农经济采取限制和逐步消灭的政策。"富农经济是农村中的资本主义经济,富农是农村中最后一个剥削阶级。在我国,富农经济本来就不发达。根据国家政治经济发展的实际需要,通过采用合作化和限制发展的办法来消灭富农,对于那些已经放弃剥削行为的原富农分子,可以在当地农业生产合作社巩固的前提下,按照一定的条件和要求,取得农民的同意后,允许他们参加合作社。

根据资本家所有制的特殊性质,1954年宪法第10条规定:"国家依照法律保护资本家的生产资料所有权和其他资本所有权。""国家对资本主义工商业采取利用、限制和改造的政策。国家通过国家行政机关的管理、国营经济的领导和工人群众的监督,利用资本主义工商业的有利于国计民生的积极作用,限制它们不利于国计民生的消极作用,鼓励和指导它们转变为各种不同形式的国家资本主义经济,逐步以全民所有制代替资本家所有制。""国家禁止资本家的危害公共利益、扰乱社会经济秩序、破坏国家经济计划的一切非法行为。"

以上4种所有制是1954年宪法规定的具有合法性的所有制形式。但从宪法规定4种所有制的基本精神看,4种所有制在宪法结构中所处的地位和发展前途是不同的,4种所有制也不会同一天进入社会主义。宪法所发展和巩固的所有制是国家所有制和合作社所有制,对个体劳动者所有制和资本家所有制,是要实行社会主义改造。但在社会主义过渡时期,生产资料的非社会主义所有制在尚未改变为生产资料所有制以前,国家通过宪法予以保护,并采取不同的政策,逐步实现社会主义所有制。

可见,从1954年宪法追求的基本目标看,生产资料的社会主义所有制将成为国家和社会主义唯一的经济基础。这种经济政策的确立在当时的历史条件下可能是一种较合理的选择。

2. 国家与实际生活中的社会主义原则

1954 年宪法虽然是过渡时期的宪法，但属于社会主义类型。1954 年宪法力求在社会发展阶段性与社会主义原则之间寻求合理的平衡，需要以社会主义原则指导过渡时期出现的各种社会关系。宪法总纲第 11 条至第 16 条的规定实际上体现了过渡时期的社会主义原则。

(1) 个人利益与公共利益的协调原则

1954 年宪法第 11 条和第 12 条规定了国家保护公民的合法收入和保护私有财产继承权的界限，对个人利益的保护给予了必要的关注与保障。

宪法第 11 条规定："国家保护公民的合法收入、储蓄、房屋和各种生活资料的所有权。"第 12 条规定："国家依照法律保护公民的私有财产的继承权。""生活资料的所有权"属于私有财产的范围，但如不作为剥削手段时，对它的保护是绝对的。第 12 条规定的"私有财产"既包括生活资料，又包括生产资料。个人拥有生产资料形式各异，需要分析具体情况。所以宪法规定为对它"依照法律保护"。宪法第 11 条中的"合法收入"包括劳动收入以外的其他合法收入，房屋中包括本人住宅以外的出租房屋。

保护私有财产，尊重公民个人利益是 1954 年宪法的重要价值取向。当时的宪法观念之一是"消灭资本主义并不意味着否认任何个人财产，即使剥削制度被消灭时具有新内容的个人财产所有权和继承权仍受到国家保护"。当然，国家要求个人的私有财产服从公共利益的需要，也不允许个人的私有财产破坏公共利益。学术界普遍认为，人民的共同利益是国家利益，国家的一切措施就是为了维持和创造全体公民的共同利益，同时认为"国家的利益，就是全体公民的长远利益"。[1] 在协调公共利益与个人利益的相互关系时，宪法同时

---

〔1〕 刘培华编写：《中华人民共和国宪法讲课提纲》，辽宁人民出版社 1957 年版，第 80 页。

强调个人利益服从公共利益的原则,根本上否定了"私有财产神圣不可侵犯的原则",为此宪法确立了公共财产神圣不可侵犯的基本价值目标,规定:"国家为了公共利益的需要,可以依照法律规定的条件,对城乡土地和其他生产资料实行征购、征用或者收归国有。"所谓征购是国家按法定价格购买。而征用是国家给予一定的补偿或折旧费而归国家使用。收归国有是指无代价地将所有权收归国家所有。为了合理地限制私有财产的范围,宪法规定"国家禁止任何人利用私有财产破坏公共利益",使公共财产不可侵犯成为基本原则。

(2)确立国民经济计划原则

宪法第 15 条规定了国民经济计划原则,规定:"国家用经济计划指导国民经济的发展和改造,使生产力不断提高,以改进人民的物质生活和文化生活,巩固国家的独立和安全。"这意味着,对国家的全部经济生活统一计划、统一指导,体现过渡时期经济发展基本规律的特点。从 1953 年开始的经济建设第一个五年计划的方针是"集中力量发展重工业,建立国家工业化和国防现代化的基础;相应地发展交通运输业、轻工业、农业和商业;相应地培养人才;有步骤地促进农业、手工业的合作化;继续推行对资本主义工商业的改造;保证国民经济中社会主义成分的比重稳步增长;保证在发展生产的基础上逐步提高人民物质文化生活水平"。因此,宪法规定的"计划"实质上是一种法律,指导国家经济生活。

(3)劳动光荣的原则

宪法第 16 条规定:"劳动是一切有劳动能力的公民的光荣的事情,国家鼓励公民在劳动中的积极性和创造性。"在社会主义国家,劳动是社会生活的基础,是一切财富的源泉。宪法根据过渡时期社会发展的特点,没有像 1936 年苏联宪法那样,将劳动看作"每一有劳动能力公民之应尽义务",也没有实行"各尽所能,按劳取酬"的原则,使劳动成为人们的光荣的事情,成为社会发展的基础与动力。

四、国家机构

(一)1954 年宪法第 2 章的结构

1954 年宪法第 2 章规定了国家机构体系、内容与具体的活动原则。在制宪过程中,围绕第 2 章的名称及其国家机构的体系等问题曾发生一些争论,但经过民主的讨论最后确立了 1954 年宪法的结构体系。中国共产党中央委员会提出的宪法草案(初稿)第 2 章曾用了“国家组织系统”作为章名,在讨论中也有委员提出用“国家权力的组织”或用“国家机关”。后来,经过对各种提法的仔细分析与比较,最后大家倾向于以“国家机构”来统称各种国家机关。

(二)国家机构系统

1954 年宪法第 2 章分为 6 节,第 1 节全国人民代表大会,第 2 节中华人民共和国主席,第 3 节国务院,第 4 节地方各级人民代表大会和地方各级人民委员会,第 5 节民族自治地方的自治机关,第 6 节人民法院和人民检察院。

上述国家机构体系是以人民代表大会为基础建立的,即人民代表大会是人民统一意志的直接表述者,故国家权力由人民代表大会统一行使。因此,全国一切国家权力机关就构成了以全国人民代表大会为最高权力机关的统一体系。

1954 年宪法规定的国家机构由国家权力机关、国家行政机关、国家审判机关和国家检察机关组成。在国家机关体系中国家权力机关在整个国家机构中居于首要地位,其他国家机关由国家权力机关产生,在它的监督下进行活动。我国所有国家机关组成了一个完整的整体——国家机构体系。

(三)国家机构活动原则

从宪法的基本精神看,1954 年宪法规定的国家机构活动的基本原则是民主原则,即民主价值贯穿在国家机构活动的始终。在民主价值的前提下,国家机构的总体活动又体现以下具体的原则:民主集中制原则;法制原则;国家机关的革命工作作风原则等。其中,民主集中制原则在国家机构活动中得到了具体反映,体现了1954年宪法民主与集中价值的统一。

为了实现国家机构活动的原则,使国家机构的组织与具体运作保持民主性与人民性,1954年宪法作了具体规定,如第17条规定,“一切国家机关必须依靠人民群众,经常保持同群众的密切联系,倾听群众的意见,接受群众的监督”,明确了国家机关群众路线原则;同时第18条规定:“一切国家机关工作人员必须效忠人民民主制度,服从宪法和法律,努力为人民服务。”这使国家机关工作人员的活动有了明确的规范要求。

(四)全国人民代表大会

1. 全国人民代表大会的性质

1954年宪法第21条规定:“中华人民共和国全国人民代表大会是最高国家权力机关。”第22条规定:“全国人民代表大会是行使国家立法权的唯一机关。”这两条明确规定全国人民代表大会是我国的最高国家权力机关,又是行使立法权的唯一机关。宪法草案(初稿)第22条曾规定,中华人民共和国最高权力机关是全国人民代表大会。在宪法草案座谈会各组召集人联席会议上讨论的时候,曾建议修改为“中华人民共和国全国人民代表大会是国家权力的最高机关”。从制定和修改的过程看,制宪者和参与讨论者十分关注全国人民代表大会在国家宪法体制中至高无上的地位,试图明确全国人民代表大会和常务委员会功能上的界限,从体制上预防常务委员会对全国人民代表大会职权的侵犯。

根据1954年宪法规定,“全国人民代表大会由省、自治区、直辖市、军队和华侨选出的代表组成”,代表的名额根据人口的数量,按照农村每一代表所代表的人口数8倍于城市每一代表所代表的人口数计算,由各选举单位选举产生。第一届全国人民代表大会代表是根据 1953 年 3 月公布施行的选举法产生的。

1954 年宪法规定,全国人民代表大会每届任期 4 年,在任期届满 2 个月以前,全国人民代表大会常务委员会必须完成下届全国人民代表大会代表的选举。如果遇到不能进行选举的非常情况,全国人民代表大会可以延长任期到下届全国人民代表大会举行第一次会议时为止。宪法的规定,实际上保证了全国人民代表大会上下届之间的合理衔接,保证我国的最高国家权力机关活动的正常运转。[1]

2. 全国人民代表大会的职权

全国人民代表大会的性质具体通过其职权得到体现。

根据 1954 年宪法第 27 条和第 28 条的规定,全国人民代表大会行使如下 4 个方面的主要职权:

(1)国家立法权。宪法在立法权限的分配上,明确规定:全国人民代表大会是行使国家立法权的唯一机关。这种立法权首先包括修宪权。修改宪法的权力必须由体现全国人民意志的全国人民代表大会行使。而且必须按照严格的程序,亦即符合宪法第 29 条关于"宪法的修改由全国人民代表大会以全体代表的三分之二多数通过"的规定。

全国人民代表大会集中体现了人民的最高利益和统一意志,在整个国家机关体系中居于核心地位。宪法规定全国人民代表大会是行使立法权的唯一机关,使全国有统一的行为准则,避免法出多门,维护法制的统一与协调。

全国人民代表大会有权监督一切国家机关和公民是否遵守宪法,是否严格按照宪法的规定进行工作和开展活动,以保证宪法的实施。在立法权中,值得我们注意的问题是,1954 年宪法对宪法监督

---

〔1〕 许崇德:《中华人民共和国宪法史》,福建人民出版社 2003 年版,第 311 页。

职权的规定。作为行使国家立法权的唯一机关——全国人民代表大会行使宪法监督权,在当时的历史条件下具有权威性与有效性。

(2)最高监督权。根据 1954 年宪法的规定,全国人民代表大会选举中华人民共和国主席、副主席;根据中华人民共和国主席的提名,决定国务院总理的人选,根据国务院总理的提名,决定国务院组成人员的人选;根据中华人民共和国主席的提名,决定国防委员会副主席和委员的人选;选举最高人民法院院长;选举最高人民检察院检察长。全国人大常委会、国务院、最高人民法院和最高人民检察院都向全国人民代表大会负责并报告工作。根据 1954 年宪法第 28 条的规定,全国人民代表大会有权罢免下列人员:中华人民共和国主席、副主席;国务院总理、副总理、各部部长、各委员会主任、秘书长;国防委员会副主席和委员;最高人民法院院长;最高人民检察院检察长。

(3)最高决定权。全国人民代表大会依据宪法,有权决定国家生活中的重大事务,包括:决定国民经济计划;审查和批准国家的预算和决算;批准省、自治区和直辖市的划分;决定大赦;决定战争与和平的问题。

(4)其他职权。全国人民代表大会还有权行使它认为应当由它行使的其他职权,包括行使宪法文本所未列举的其他职权。因此,全国人大不仅是立法机关,同时也是工作机关,体现国家权力的高度统一。

全国人民代表大会是通过会议的方式行使职权的。依照 1954 年宪法规定,全国人大的全体会议每年举行 1 次,由全国人民代表大会常务委员会召集。如果全国人民代表大会常务委员会认为必要,或者有 1/5 的代表提议,可以临时召集全国人民代表大会会议。每届全国人民代表大会第一次会议,在本届全国人大代表选举完成后的 2 个月内由上届全国人民代表大会常务委员会召集。

3. 全国人民代表大会常务委员会

根据 1954 年宪法的规定，全国人民代表大会常务委员会是全国人民代表大会的常设机关，由全国人民代表大会从全国人大代表中选出委员长 1 人，副委员长若干人和委员若干人组成。1954 年宪法设立常务委员会的主要原因是，全国人大代表人数众多，他们来自不同地区和不同工作岗位，而会议日期是一定的。为了保持行使国家权力活动的连续性与统一性，需要设立一个常设的机关，经常性地行使国家权力。

1954 年宪法第 31 条列举了全国人民代表大会常务委员会行使的 19 项职权。主要有：主持全国人民代表大会代表的选举；召集全国人民代表大会会议；解释法律；制定法令；监督国务院、最高人民法院和人民检察院的工作；撤销国务院的同宪法、法律和法令相抵触的决议和命令；改变或者撤销省、自治区、直辖市国家权力机关的不适当的决议；在全国人民代表大会闭会期间，决定国务院副总理、各部部长、各委员会主任、秘书长的个别任免；任免最高人民法院副院长、审判员和审判委员会委员；任免最高人民检察院副检察长、检察员和检察委员会委员；决定驻外全权代表的任免；决定同外国缔结的条约的批准和废除；规定军人和外交人员的衔级和其他专门衔级；规定和决定授予国家的勋章和荣誉称号；决定特赦；在全国人民代表大会闭会期间，如果遇到国家遭受武装侵犯或者必须履行国际间共同防止侵略的条约的情况，决定战争状态的宣布；决定全国总动员或者局部动员；决定全国或者部分地区的戒严；全国人民代表大会授予的其他职权。

全国人民代表大会常务委员会行使职权到下一届全国人民代表大会选出新的常务委员会为止。全国人民代表大会常务委员会受全国人民代表大会的监督，对全国人民代表大会负责并报告工作。全国人民代表大会有权罢免全国人民代表大会常务委员会的组成人员。按照1954年宪法,常委会行使“制定法令”的职权,但不能制定和修改法律。1955年7月30日,第一届全国人民代表大会第二次会议依照宪法的精神,通过了关于授权常务委员会制定单行法规的决议。决议指出:随着社会主义建设和社会主义改造事业的进展,国家急需制定各项法律,以适应国家建设和国家工作的要求。在全国人民代表大会闭会期间,有些部分性质的法律不可避免地急需常务委员会通过施行。按照1954年宪法第31条第19项的规定,授权全国人大常委会根据实际的需要,适时地制定部分性质的法律,即单行法规。1959年4月28日,第二届全国人民代表大会第一次会议根据宪法第31条第19项的规定,又通过决议,授权全国人大常委会,“在全国人民代表大会闭会期间,根据情况的发展和工作的需要,对现行法律中一些已经不适用的条文,适时地加以修改,作出新的规定。”

全国人民代表大会常务委员会的工作程序是举行会议。常委会会议由委员长召集,每月2次,在必要的时候可以增加或者减少。常委会通过的议案包括重要问题的议案和人事任免案。中华人民共和国主席、副主席,全国人民代表大会常务委员会委员长、副委员长和委员,民族委员会和法案委员会,国务院,都可以向全国人大常委会提出议案。关于人事任免方面,决定国务院副总理、各部部长、各委员会主任、秘书长的个别任免案,由国务院总理向人大常委会提出。最高人民法院副院长、庭长、副庭长、审判员和审判委员会委员的任免案,由全国人大常委会委员长向常委会提出。

向全国人大常委会提出的议案,由委员长提请常委会会议讨论,或者交付有关专门委员会单独审查或者联合审查后提请常委会会议讨论。全国人大常委会的决议,由常委会以全体委员的过半数通过。常委会向全国人民代表大会负责,在全国人民代表大会每次会议举行的时候,向全国人民代表大会提出工作报告。

4. 全国人民代表大会各专门委员会

根据 1954 年宪法第 34 条规定，全国人民代表大会设立民族委员会、法案委员会、预算委员会、代表资格审查委员会和其他需要设立的委员会。各委员会协助全国人民代表大会工作。在全国人民代表大会闭会期间，民族委员会和法案委员会协助全国人大常委会工作，并受其领导。各委员会都由主任委员 1 人、副主任委员若干人和委员若干人组成。

全国人大所设立的各种委员会的任务，主要是协助全国人民代表大会及其常务委员会办理一些业务性的工作，但不能代替全国人民代表大会和全国人民代表大会常务委员会的工作。1954 年宪法第 35 条规定："全国人民代表大会认为必要的时候，在全国人民代表大会闭会期间全国人民代表大会常务委员会认为必要的时候，可以组织对于特定问题的调查委员会。""调查委员会进行调查的时候，一切有关的国家机关、人民团体的公民都有义务向它提供必要的材料。"调查委员会是临时性委员会，根据特定问题的客观需要而组织起来。它的组织和工作，由全国人民代表大会或者全国人民代表大会常务委员会根据实际需要临时决定。

5. 全国人民代表大会代表

全国人民代表大会代表是全国人民代表大会的组成人员。其主要职权如下：

全国人大代表享有质问权。1954 年宪法第 36 条规定："全国人民代表大会代表有权向国务院或者国务院各部、各委员会提出质问，受质问的机关必须负责答复。"

全国人大代表享有特别的人身保护权。代表非经全国人民代表大会许可，在全国人民代表大会闭会期间非经全国人民代表大会常务委员会许可，不受逮捕或者审判。如果代表因为是现行犯被拘留，执行拘留的机关必须立即报请全国人民代表大会或者全国人民代表大会常务委员会批准。

全国人民代表大会代表可以列席原选举单位的人民代表大会会议,代表在出席全国人民代表大会会议和执行其他属于代表职务的时候,国家根据需要给以适当的津贴和物质上的便利。

全国人民代表大会在行使宪法赋予的广泛职权的同时,要履行相应的宪法义务。1954 年宪法第 32 条规定,全国人民代表大会代表必须效忠人民民主制度,遵守宪法和法律,努力为人民服务,并且在自己参加的生产、工作和社会活动中,主动地协助宪法、法律和国家政策的实施。同时 1954 年宪法第 38 条还规定:“全国人民代表大会代表受原选举单位的监督。原选举单位有权依照法律规定的程序随时撤换本单位选出的代表。”

(五)中华人民共和国主席

中华人民共和国主席是国家机构的一个重要组成部分,同全国人民代表大会常务委员会结合起来行使国家元首的职权。在 1954 年宪法文本中国家主席的性质并不明确。在宪法草案中曾规定“中华人民共和国主席是国家元首”,但讨论过程中有些人提出了宪法制度如何整体安排问题。根据当时的政治体制和学术观点,“我国是人民代表大会制度的国家,不是总统制的国家,全国人民代表大会是我国的最高权力机关,它高于一切,如果规定主席是国家元首,好像就有了两个最高的机关,这是有矛盾的”。中共中央和毛泽东在讨论宪法草案有关国家主席地位问题时,也倾向于不写国家元首。刘少奇在 1954 年宪法草案报告中对此作过说明:适应我国的实际情况,并根据中华人民共和国成立以来建设最高国家权力机关的经验,我们的国家元首职权由全国人民代表大会所选出的全国人民代表大会常务委员会和中华人民共和国主席结合起来行使。我们的国家元首是集体的国家元首。

按照 1954 年宪法的设计,国家主席只是人民代表大会制度下的一个国家机构，从属于行使最高国家权力的全国人民代表大会，没有超越最高国家权力机关的任何权力。因此，尽管在实际生活中国家主席行使过某些个人元首的职权或在国际社会中被视为国家元首，但在宪法体制中仍然不具有国家元首的地位。因为，按照上述的学理解释，居于最高地位的全国人民代表大会制度之下，不能存在任何与之平行的机关。由全国人民代表大会任免的国家主席无法获得独立国家机关的地位。

1954 年宪法第 39 条规定："中华人民共和国主席由全国人民代表大会选举，有选举权和被选举权的年满三十五岁的中华人民共和国公民可以被选为中华人民共和国主席。"被选为主席必须具备的最基本的资格是中华人民共和国公民；年满 35 岁；有选举权和被选举权。被宣告剥夺政治权利的以及被停止行使选举权的人没有资格当选为国家主席。

1954 年宪法第 40 条、第 42 条、第 43 条规定了中华人民共和国主席行使的职权。主要有：

国家主席根据全国人民代表大会的决定和全国人大常委会的决定，公布法律和法令；国家主席提名国务院总理，经全国人民代表大会决定，任免总理；国家主席根据全国人民代表大会决定或者全国人大常委会的决定，任免国务院副总理、各部部长、各委员会主任、秘书长；任免国防委员会副主席、委员；国家主席根据全国人民代表大会决定或者全国人大常委会的决定，授予国家的勋章和荣誉称号，发布大赦令和特赦令，宣布战争状态，发布动员令；国家主席对外代表中华人民共和国，接受外国使节。根据全国人大常委会的决定，派遣和召回驻外全权代表，批准同外国缔结的条约；主席统率全国武装力量，担任国防委员会主席；主席在必要的时候召开最高国务会议，并担任最高国务会议主席。

根据 1954 年宪法的规定，国家主席在必要的时候，决定召开国务会议,讨论国家重大事务。这种职权的安排具有高度的原则性与灵活性,表明中国宪法体制形成过程的特殊性与基本特点。

(六)国务院

1954年宪法第47条规定:“中华人民共和国国务院,即中央人民政府,是最高国家权力机关的执行机关,是最高国家行政机关。”这实际上明确了国务院的性质及其在国家机构体系中的地位。

国务院即中央人民政府有两重意义:一是在国际社会中,国务院是代表中华人民共和国的政府;二是我国的政府体系中,国务院是中央政府。

国务院是最高国家权力机关的执行机关。国务院的职能就是执行最高国家权力机关的决定。国务院处于这种地位的根据是国务院由最高权力机关产生,它的组成人员的人选以及组织机构的建立或改变,都由最高权力机关决定。

国务院作为最高国家权力机关的执行机关,必须接受最高国家权力机关的监督,对最高国家权力机关负责。1954年宪法第31条规定:全国人大常委会监督国务院的工作,有权“撤销国务院的同宪法、法律和法令相抵触的决议和命令”。第52条规定:“国务院对全国人民代表大会负责并报告工作,在全国人民代表大会闭会期间,对全国人民代表大会常务委员会负责并报告工作。”因此,从国务院与最高国家权力机关的关系来看,国务院处于从属的地位。

有关国务院的组成方面,1954年宪法第48条规定:“国务院由下列人员组成:总理,副总理若干人,各部部长,各委员会主任,秘书长。国务院的组织由法律规定。”国务院组成人员的人选产生程序是全国人民代表大会根据中华人民共和国主席的提名,决定国务院总理的人选,中华人民共和国主席根据全国人民代表大会的决定,任免国务院总理;全国人民代表大会根据国务院总理的提名,决定国务院其他组成人员的人选,中华人民共和国主席根据全国人民代表大会的决定,任免国务院副总理、各部部长、各委员会主任、秘书长。

关于国务院的职权,1954 年宪法第 49 条具体规定了 17 项,主要有:(1)根据宪法、法律和法令,规定行政措施,发布决议和命令,并且审查这些决议和命令的实施情况。(2)向全国人民代表大会或者全国人民代表大会常务委员会提出议案。(3)统一领导各部和各委员会的工作。(4)统一领导全国地方各级国家行政机关的工作。(5)改变或者撤销各部部长、各委员会主任的不适当的命令和指示。(6)改变或者撤销地方各级国家行政机关的不适当的决议和命令。(7)执行国民经济计划和国家预算。(8)管理对外贸易和国内贸易。(9)管理文化、教育和卫生工作。(10)管理民族事务。(11)管理华侨事务。(12)保护国家利益,维护公共秩序,保障公民权利。(13)管理对外事务。(14)领导武装力量的建设。(15)批准自治州、县、自治县、市的划分。(16)依照法律的规定任免行政人员。(17)全国人民代表大会和全国人民代表大会常务委员会授予的其他职权。

在国务院领导体制和运行机制上,1954 年宪法第 50 条规定:"总理领导国务院的工作,主持国务院会议。副总理协助总理工作。"

国务院会议分为国务院全体会议和国务院常务会议。国务院全体会议由总理、副总理、各部部长、各委员会主任、秘书长组成,每月举行 1 次,在必要的时候由总理临时召集。国务院常务会议由总理、副总理、秘书长组成。国务院发布的决议和命令,必须经国务院全体会议或者国务院常务会议通过。

(七)地方各级人民代表大会和地方各级人民委员会

1. 行政区划

1954 年宪法第 2 章第 4 节从第 53 条到第 66 条,共 14 个条文。地方各级人民代表大会和人民委员会是按照行政区域的划分设置的。第 53 条对我国的行政区划作出了明确的规定:"中华人民共和国的行政区域划分如下:(一)全国分为省、自治区、直辖市;(二)省、自治区分为自治州、县、自治县、市;(三)县、自治县分为乡、民族乡、镇。”又规定:“直辖市和较大的市分为区。自治州分为县、自治县、市。自治区、自治州、自治县都是民族自治地方。”

2. 地方各级人民代表大会

地方各级人民代表大会是地方国家权力机关,在本行政区域内,密切联系群众,广泛吸收人民群众意见,管理地方性的国家事务,是各该地方内人民行使国家权力的机关。在法律规定范围内是本级的全权机关。它不仅是议事机关,同时又是有权力的工作机关,可以根据本地方的实际情况,采取不同的方式和步骤,处理和解决当地的具体问题。在普选的地方各级人民代表大会召开以前,采用了由地方各界人民代表会议逐步地代行人民代表大会的制度。到了 1954 年 9 月,从地方各界人民代表会议到召开地方各级人民代表大会的过渡,已经在全国范围内胜利完成。

地方各级人民代表大会由一定数量的代表组成。不设区的市、市辖区、乡、民族乡、镇的人民代表大会代表,由选民按照《选举法》规定的原则和程序,直接选举产生。省、直辖市、县、设区的市的人民代表大会代表由下一级人民代表大会选举产生。各行政区内的少数民族在本区域的人民代表大会里,都应有适当的代表名额。地方各级人民代表大会代表的名额,根据两个原则确定:一是便于召开会议和讨论问题;二是合理协调代表的广泛性和代表性。

县和县级以上的地方各级人民代表大会在本行政区域内,行使下列职权:(1)保证法律、法令和上级人民代表大会决议的遵守和执行。(2)在职权范围内通过和发布决议。(3)规划经济建设、文化建设、公共事业、优抚工作和救济工作。(4)审查和批准预算和决算。(5)选举本级人民委员会的组成人员。(6)选举本级人民法院院长,省、直辖市的人民代表大会并有权选举中级人民法院院长。(7)选举上一级人民代表大会代表。(8)听取和审查本级人民法院的工作报告。(9)改变或者撤销本级人民委员会的不适当的决议和下一级人民委员会的不适当的决议和命令。(10)保护公共财产,维护公共秩序,保障公民权利。(11)保障少数民族的平等权利。

乡、民族乡、镇人民代表大会在本行政区域内,行使的职权主要有:(1)保证法律、法令和上级人民代表大会决议的遵守和执行。(2)在职权范围内通过和发布决议。(3)批准农业、手工业的生产计划,决定互助合作事业和其他经济工作的具体计划。(4)规划公共事业。(5)决定文化、教育、卫生、优抚和救济工作的实施计划。(6)审查财政收支。(7)选举本级人民委员会的组成人员。(8)选举上一级人民代表大会代表。(9)听取和审查本级人民委员会的工作报告。(10)改变或者撤销本级人民委员会的不适当的决议和命令。(11)保护公共财产,维护公共秩序,保障公民权利。(12)保障少数民族的平等权利。

民族乡的人民代表大会,在行使职权的时候,可以采取适合民族特点的具体措施。

地方各级人民代表大会有权罢免本级人民委员会的组成人员,县级以上的地方各级人民代表大会并有权罢免由它选举产生的人民法院院长。

地方各级人民代表大会会议由本级人民委员会召集。因地方各级人民代表大会不设常务委员会,由本级政府执行人民代表大会常设机关的职权,因此人大的每次会议均由本级人民委员会召集。

1954 年 9 月 21 日《地方各级人民代表大会和地方各级人民委员会组织法》第 10 条规定,省、直辖市、县、市、市辖区的人民代表大会会议每年举行 2 次,交通不便的省可以每年举行 1 次;乡、民族乡、镇的人民代表大会会议每 3 个月举行 1 次。地方各级人民委员会如果认为必要或者有1/5的代表提议,可以临时召集本级人民代表大会会议。

地方各级人民代表大会举行会议的时候,选举主席团主持会议。会议举行的时候,可以设立代表资格审查委员会、议案审查委员会和其他需要设立的委员会。在人大开会期间,代表、大会主席团、本级人民委员会,都可以提出议案。议案提出后,由主席团提请人民代表大会会议讨论,或者交付议案审查委员会审查后提请人民代表大会会议讨论。地方各级人民代表大会的决议,以全体代表的过半数通过。

根据1954年宪法,地方各级人民代表大会没有设立常务委员会。当时,起草机关和学术界普遍认为,地方各级人民代表大会没有立法方面的工作任务,它的任务不如全国人民代表大会那样繁重,而且越是下级的人民代表大会,因为地区小,就容易召集会议。当时,有些委员曾提出地方人大应该设立具有常委会性质的常设机关的建议,但最后没有被采纳。因此,根据宪法规定,在地方各级人民代表大会闭会期间,由地方各级人民委员会代为行使。对此,刘少奇在宪法草案报告中作了如下解释:"全国人民代表大会工作的繁重,当然不是地方各级人民代表大会所能够相比的。全国人民代表大会行使国家立法权,地方各级人民代表大会没有这方面的职权。而且越是下级的人民代表大会,因为地区越小,就越易于召集会议。所以地方各级人民代表大会不需要在人民委员会以外再设立常务机关。地方各级人民委员会是地方各级人民代表大会的执行机关,同时也行使人民代表大会的常务机关的职权。如果另外设立人民代表大会的常务机关,反而会使机构重叠,造成不便。"

3. 地方各级人民委员会

1954年宪法第62条规定:"地方各级人民委员会,即地方各级人民政府,是地方各级人民代表大会的执行机关,是地方各级国家行政机关。"

在国家机构体系中,地方各级人民委员会与地方各级人民代表大会的性质是不同的。地方各级人民委员会是地方各级国家行政机关。地方各级人民委员会都对本级人民代表大会和上一级国家行政机关负责并报告工作。全国地方各级人民委员会都是国务院统一领导下的国家行政机关,都服从国务院。

地方各级人民委员会分别由省长、市长、县长、区长、乡长、镇长各 1 人,副省长、副市长、副县长、副区长、副乡长、副镇长各若干人和委员各若干人组成。

从组成来看,人民委员会实行委员会制,是合议制的机构。县级以上的人民委员会议每月举行 1 次,乡、民族乡、镇人民委员会议每半个月举行 1 次。地方各级人民委员会的首长,处理日常工作,必要时可以召开行政会议。

县级以上的人民委员会在本行政区域内行使下列职权:

(1)根据法律、法令、本级人民代表大会的决议和上级国家行政机关的决议和命令,规定行政措施,发布决议和命令,并审查这些决议和命令的实施情况。(2)主持本级人民代表大会代表的选举。(3)召集本级人民代表大会会议,向本级人民代表大会提出议案。(4)领导所属各工作部门和下级人民委员会的工作。(5)停止下一级人民代表大会的不适当的决议的执行。(6)改变或者撤销所属各工作部门的不适当的命令、指示和下级人民委员会的不适当的决议和命令。(7)依照法律的规定任免国家机关工作人员。(8)执行经济计划,执行预算。(9)管理市场,管理地方国营工商业,领导资本主义工商业的社会主义改造。(10)领导农业、手工业生产和互助合作事业。(11)管理税收工作。(12)管理交通和公共事业。(13)管理文化、教育、卫生、优抚、救济和社会福利工作。(14)管理兵役工作。(15)保护公共财产,维护公共秩序,保障公民权利。(16)保障少数民族的平等权利,省人民委员会并且帮助本省各少数民族聚居的地方实行区域自治,帮助各少数民族发展政治、经济和文化的建设事业等其他事项。

乡、民族乡、镇人民委员会在本行政区域内行使下列职权:(1)根据法律、法令、本级人民代表大会的决议和上级国家行政机关的决议和命令,发布决议和命令。(2)主持本级人民代表大会的选举。(3)召集本级人民代表大会会议,向本级人民代表大会提出议案。(4)管理财政。(5)领导农业、手工业生产,领导互助合作事业和其他经济工作。(6)管理公共事业。(7)管理文化、教育、卫生、优抚和救济工作。(8)管理兵役工作。(9)保护公共财产,维护公共秩序,保障公民权利。(10)保障少数民族的平等权利。(11)办理上级人民委员会交办的其他事项。

(八)民族自治地方的自治机关

1954 年宪法第 2 章第 5 节专门规定了民族自治地方的自治机关,明确了民族自治机关的宪法地位。民族自治机关是建立在民族自治地方的一级政权机关。1954 年宪法第 3 条规定:"各少数民族聚居的地方实行区域自治。各民族自治地方都是中华人民共和国不可分离的部分。"根据宪法的这一规定,我国在少数民族聚居的地方普遍建立了民族自治地方和民族自治机关。自治机关是一级地方国家政权机关,是在中央统一领导下的一级地方国家机关。

1954 年宪法第 67 条规定:"自治区、自治州、自治县的自治机关的组织,应当根据宪法第二章第四节规定的关于地方国家机关组织的基本原则。自治机关的形式可以依照实行区域自治的民族大多数人民的意愿规定。"这一规定表明,自治机关是一级地方国家政权机关,是在上级国家机关领导下并一律在中央统一领导下的一级地方国家机关。

同时,民族自治机关与我国一般的地方国家机关有不同之处。除了在居民成分和国家机关行使的职权不同之外,1954 年宪法第 67

条又规定:自治机关的形式可以依照实行区域自治的民族大多数人民的意愿规定。这就说明,自治机关的形式的选择属于少数民族自治范围内的事,没有必要由国家以宪法、法律作出统一的规定。只是自治机关应以实行区域自治的民族人员为主要成分,其构成呈现多元化,需要考虑自治机关内部的各种利益关系。同时应包括自治区内的适当数量的其他少数民族和汉族的人员。

民族自治机关除行使宪法第 2 章第 4 节规定的地方国家机关的职权外,还依照宪法和法律规定的权限行使自治权。其内容包括,"自治机关的形式可以依照实行区域自治的民族大多数人民的意愿规定;""自治区、自治州、自治县的自治机关依照法律规定的权限管理本地方的财政。""自治区、自治州、自治县的自治机关依照国家的军事制度组织本地方的公安部队。""自治区、自治州、自治县的自治机关可以依照当地民族的政治、经济和文化的特点,制定自治条例和单行条例,报请全国人民代表大会常务委员会批准。""各民族都有使用和发展自己的语言文字的自由,都有保持或者改革自己的风俗习惯的自由。""自治区、自治州、自治县的自治机关在执行职务的时候,使用当地民族通用的一种或者几种语言文字等。"

为了行使民族自治机关的自治权,必须实行自治机关的民族化。当时主要从 3 个方面推动了自治机关的民族化:(1)自治机关的主要成员应为少数民族干部,以体现少数民族当家作主的原则;(2)自治机关执行职务时,使用当地民族通用的一种或者几种语言文字;(3)自治机关应该适当地运用民族形式来管理本地方的民族事务。

(九)人民法院和人民检察院

1954 年宪法第 2 章第 6 节规定了人民法院与人民检察院,确立了国家审判权与检察权的性质、功能与体系。

1. 人民法院

人民法院是国家审判机关,《人民法院组织法》规定:它通过审判活动来实现国家权力。人民法院的任务是审判刑事案件和民事案件,并且通过审判活动,惩办一切犯罪分子,解决民事纠纷,以保卫人民民主制度,维护公共秩序,保护公共财产,保护公民的权利和合法利益,保障国家的社会主义建设和社会主义改造事业的顺利进行。

1954年宪法第73条规定,"中华人民共和国最高人民法院、地方各级人民法院和专门人民法院行使审判权",这就明确了审判权行使主体与性质。根据宪法规定,人民法院的组织体系包括地方各级人民法院分为基层人民法院、中级人民法院、高级人民法院。专门人民法院包括军事法院、铁路运输法院、水上运输法院。

最高人民法院对全国人民代表大会负责并报告工作;在全国人民代表大会闭会期间,对全国人大常委会负责并报告工作。地方各级人民法院对本级人民代表大会负责并报告工作,下级人民法院的审判工作受上级人民法院监督。

宪法规定人民法院行使国家审判权的同时,确立了人民司法制度所依据的基本的民主原则。

(1)人民法院独立进行审判的原则。1954年宪法第78条规定:"人民法院独立进行审判,只服从法律。"这一条在宪法草案(初稿)中曾规定:"审判员独立,只服从法律。"对此,在草案的讨论中有不同的意见。彭真认为,这一条是不通的,过去4年如果我们强调审判独立,就会成为旧人员独立审判。宪法的这一条可以改为"法院独立行使审判权或者法院独立审判。"[1]在论述独立审判原则时,有些学者强调,它不同于资本主义国家实行的"司法独立原则"。我们制定的法律是以工人阶级为领导的全体劳动人民意志的反映,人民法院只服从这种法律来独立地进行审判。任何国家机关、社会团体、任何个人都不能非法干涉人民法院对具体案件的审判。"独立进行审判"绝不是对人民的独立,"只服从法律"指的是服从人民的意志,接受人

---

〔1〕《彭真传》编写组编:《彭真年谱》(第2卷),中央文献出版社2012年版,第447页。

民的监督。同时,强调独立审判不能认为脱离共产党的领导,否则会取消工人阶级在国家中的地位,是一种违反宪法的行为。

(2)人民法院审判案件,对于一切公民,不分民族、种族、性别、职业、社会出身、宗教信仰、教育程度、财产状况、居住期限,在适用法律上一律平等。同时严格实行民族平等原则。

(3)各民族公民都有用本民族语言文字进行诉讼的权利。人民法院对于不通晓当地通用的语言文字的当事人,应当为他们翻译。在少数民族聚居或者多民族杂居的地区,人民法院应当用当地通用的语言进行审讯,用当地通用的文字发布判决书、布告和其他文件。

(4)实行公开原则。人民法院审理案件,除法律规定的特别情况外,一律公开进行。

(5)被告人有权获得辩护原则。被告人除自己行使辩护权外,可以委托律师为他辩护,可以由人民团体介绍的经人民法院许可的公民为他辩护,可以由被告人的近亲属、监护人为他辩护。实行被告人辩护制度是司法制度民主性的具体体现。

(6)实行人民陪审员制度。1954 年宪法第 75 条规定:人民法院审判案件依照法律实行人民陪审员制度。根据宪法规定的基本精神,人民陪审员地位与审判员地位是相同的,体现了司法制度的民主性,有利于扩大人民群众参与司法的途径,强化人民群众监督司法的功能。

(7)人民法院审判案件,实行合议制。审判第一审案件,由审判员和人民陪审员组成合议庭进行,但是简单的民事案件、轻微刑事案件和法律另有规定的案件除外。

2. 人民检察院

根据宪法规定,自中华人民共和国成立后,人民检察机关作为国家的法律监督机关,为社会改革和司法改革运动以及保护公民民主权利方面发挥了积极的作用。根据1954年宪法的规定,中华人民共和国设立最高人民检察院、地方各级人民检察院和专门人民检察院。地方各级人民检察院分为:省、自治区、直辖市、自治州、县、市、自治县人民检察院。省、自治区、直辖市人民检察院按照需要可以设立分院。直辖市和设区的市的人民检察院按照需要可以设立市辖区人民检察院。

(1)检察机关性质的确立

1954年宪法第81条第1款规定:"中华人民共和国最高人民检察院对于国务院所属各部门、地方各级国家机关、国家机关工作人员和公民是否遵守法律,行使检察权。地方各级人民检察院和专门人民检察院,依照法律规定的范围行使检察权。"这一规定明确了检察机关的一般检察权。显然,1954年宪法并没有像现行宪法一样明确规定人民检察院是国家的法律监督机关。1954年宪法的这一规定源于1954年年初中国共产党中央委员会提出的1954年宪法草案初稿的第74条。该条规定:"中华人民共和国的检察机关对政府机关、国家机关工作人员和公民的犯法行为,行使检察权。"对于该规定的讨论意见体现在如下几个方面:

第一,关于"检察"与"监督"的关系。在宪法起草委员会举行的一次全体会议中,一些同志围绕宪法草案(初稿)的第74条中"检察"与"监督"的关系展开了讨论。在讨论中,钱端升提出,在召集人会议上,有人主张把"检察"改为"监督",但多数人还是主张用"检察"。接着钱端升的话,李烛尘提出,既然叫总检察长,也就可以叫行使最高"检察"职权。刘少奇同志说,既然叫作总检察长,又叫了个"监督",好像不要"检察"了。检察机关只有决定逮捕之权和控诉之权,没有审判之权。它的权力很大,但也有一定的限制。而黄炎培则认为,"还是用'检察'好。在检察的对象中,国务院是否包括在内?"但最终这次讨论没有达成共识,既没有将"检察"改为"监督",也未将检察机关行使职权的行为定性为“法律监督”。宪法起草委员会办公室印发的《宪法草案初稿讨论意见汇编》整理的全国政协组织的宪法草案座谈会对宪法草案的意见中,有意见指出,第74条应改为“……检察机关行使对政府机关、国家机关工作人员和公民严格遵守法律的监督权”。有意见认为“行使检察权”可改为“行使最高监督权”。这样,对违犯纪律的可提到监察委员会给予纪律处分,对犯法行为可给予刑事制裁。[1] 宪法起草座谈会各组召集人联席会议对于宪法草案(初稿)第74条的修改意见是:将本条移作第80条,修改为:“中华人民共和国最高人民检察署直接或者通过地方各级人民检察署对中央人民政府所属各部门、对地方各级人民政府、对国家机关工作人员和公民是否遵守法律实行最高检察。”针对这个修改意见,有人主张将“实行最高检察”改为“实行最高监督”。但最终也未能将检察机关法律监督的性质明确下来。

第二,关于“检察权”的范围问题。宪法起草委员会办公室印发的《宪法草案初稿讨论意见汇编》整理的全国政协组织的宪法草案座谈会对宪法草案的意见中,有意见指出,第74条“公民”的“犯法行为”受检察机关的弹劾,“非公民”更应加以规定。[2] 有意见指出,第74条内容应作下列的补充:规定什么样的案件行使检察权;规定对学校、医院、银行等机关的检察问题。[3] 有意见建议检察权增加下列对象:公私企业;私人机关和私人机关的工作人员;团体;非公民。如外侨犯法,也应依法检察。[4] 有意见提出,应增列如何检察和检察后如何处理的规定。此外,还有问题提出:国家机关工作人员当然是公民,为什么要和公民分开来写?[5] 政府机关的犯法行为,是否指该机

[1] 宪法起草委员会办公室印《宪法草案初稿讨论意见汇编》(十二)。
[2] 宪法起草委员会办公室印《宪法草案初稿讨论意见汇编》(一)。
[3] 宪法起草委员会办公室印《宪法草案初稿讨论意见汇编》(二十)。
[4] 宪法起草委员会办公室印《宪法草案初稿讨论意见汇编》(十二)。
[5] 宪法起草委员会办公室印《宪法草案初稿讨论意见汇编》(十八)。

关颁布不正确的决议、命令?[1] 检察机关对外侨犯法是否行使检察?[2] 检察机关是由国家机关(如人民代表大会)产生的,但又反过来对国家机关行使检察权,是否妥当?"犯法行为"是专指刑法上的犯罪行为,还是包括行政法上的违法行为和民法上的不法行为在内?民主党派和人民团体是否包括在政府机关、国家机关之内?其干部的犯法行为,属于哪一种?干部犯法之不属于个人问题的如何处理?各级检察机关是否接受上级检察机关的检察?[3] 是否只有检察机关可以行使检察权?上级机关是否也可检察?[4] 检察机关对政府机关、国家机关工作人员行使检察权,与监察委员会监察工作大致相同。宪法颁布后,监察委员会是否存在?

彭真曾对宪法草案第81条中的"国家行政机关"表述提出修改建议,认为"地方各级行政机关"中的"行政"2字可以删去,增加"人民团体",因为代表会议决议违法、人民团体决议违法、法院违法须监督,不能只用"国家行政机关"6字概括。[5]

第三,该规定与苏联等国宪法的关联。1954年宪法草案(初稿)的这一规定以及后续的修改受到苏联宪法确立的检察制度的影响较大。苏联1936年《宪法》第113条规定:"苏联总检察长对于所有的部门和这些部门所属的机关以及每一个公职人员和苏联公民是否严格遵守法律,行使最高检察权。"[6]1947年12月4日通过的《保加利亚人民共和国宪法》第62条规定:各种政府机关、一切公务人员及全体公民,遵守法律之最高监督责任,属于人民共和国总检察长。人民共和国总检察长应特别严格注意侦查及惩处一切破坏人民共和国之

[1] 宪法起草委员会办公室印《宪法草案初稿讨论意见汇编》(二十三)。
[2] 宪法起草委员会办公室印《宪法草案初稿讨论意见汇编》(二十)。
[3] 宪法起草委员会办公室印《宪法草案初稿讨论意见汇编》(二十二)。
[4] 宪法起草委员会办公室印《宪法草案初稿讨论意见汇编》(二十三)。
[5] 《彭真传》编写组编:《彭真年谱》(第2卷),中央文献出版社2012年版,第476页。
[6] 姜士林等主编:《世界宪法全书》,青岛出版社1997年版,第879页。

国家、民族、经济利益及危害民族独立、国家主权之罪行。[1] 宪法起草委员会办公室印发的《宪法草案初稿讨论意见汇编》整理的全国政协组织的宪法草案座谈会对宪法草案的意见中，有意见指出：本条规定行使检察权的对象好像只是个别人而不涉机关。苏联宪法规定的是对机关和个别人都行使检察权。建议修改为："中华人民共和国的检察机关对政府机关、国家机关及其所属机关个别公务员以及公民是否遵守法律的最高检察权，由中华人民共和国的检察机关行使之。"或修改为："中华人民共和国的检察机关对一切国家机关及其工作人员和公民或对各部及其所属机关公务人员和公民的犯法行为，行使检察权。""国家机关工作人员"可改为"一切公务人员"。[2] 有意见认为，"该规定比较消极。苏联宪法规定的是保证公民严守法律。"建议改为："检察机关严格监督国家机关、国家工作人员、公民，切实遵守法律"；有意见认为，"本条规定值得考虑。如果采用苏联的制度，一切违法行为都由检察机关处理，那么'犯法'2 字应当修改。'犯法'是指人而言，并要按刑法处理，不能包括'违法'。'政府机关'是指机关而言，如果作了违反宪法的决议，只是撤销或变更，决不会按刑法处理的。"有意见认为："本条不能明显表现出'检察集中制'和'个人负责制'。苏联及各人民民主国家关于本条所规定的职权都属于检察长，表现了检察集中制和个人负责制，因而保证了法律的稳定性和统一性。"[3] 有意见认为"犯法行为"可改为："严守法律"或"如果宪草原意对检察机关的职权只限于刑事案件的诉追，可改为'犯罪行为'；并把'政府机关'删去，因为机关不能犯罪。如果与苏联检察机关的职权一样，应改为'确切遵行法律'"或"可参照苏联和各人民民主国家宪法，改为对是否遵守法律行使最高监督权。"[4] 有

---

〔1〕 中国人民大学国家教研室：《人民民主国家宪法》，中国人民大学 1952 年版，第 92 页。

〔2〕 宪法起草委员会办公室印《宪法草案初稿讨论意见汇编》（十八）。

〔3〕 宪法起草委员会办公室印《宪法草案初稿讨论意见汇编》（十二）。

〔4〕 宪法起草委员会办公室印《宪法草案初稿讨论意见汇编》（十二）。

意见认为:本条应参照罗马尼亚人民共和国宪法,改为“对中央机关、行使国家政权和管理权的地方机关,以及公务人员和个别公民遵守法律的监督权和检察权,赋予最高检察长(署)。”[1]

(2)检察机关的独立地位

1954年宪法第83条规定:地方各级人民检察院独立行使职权,不受地方国家机关的干涉。这一规定源于1954年年初中国共产党中央委员会提出的1954年宪法草案(初稿)的第76条。该条规定:“检察机关独立行使职权,不受地方政权机关的干涉。地方各检察长受上级检察长的领导,并且一律服从总检察长的领导。”对于该条规定的讨论意见体现在如下几个方面:

第一,检察机关独立行使职权问题的讨论。全国政协组织的宪法草案座谈会对宪法草案的意见中,有意见指出,第76条“不受地方国家机关的干涉”可改为:“不受地方国家各级机关的干涉”或“不受地方任何机关的干涉”。[2] 有意见认为该条可改为“检察机关独立行使职权,不受任何其他国家机关的干涉”。或可改为“检察机关独立行使职权。地方各级检察长受上级检察长领导,不受地方政权机关的干涉,并且一律服从检察长的领导”。有意见认为,应当增列有关单位应帮助检察机关提供材料、答复询问等的规定。[3] 第一句“检察机关独立行使职权,不受地方政权机关的干涉”可改为“检察机关依照法律独立行使职权,不受地方政府机关和国家机关的干涉”;第一句可增写“只服从法律”。[4] 有意见指出,“本条规定检察机关独立行使职权。过去地方检察机关是双重领导,很多地方由公安部门代行检察机关的职权。是不是在宪法公布前各地要普遍建立检察机关?如果实际上有困难,是否规定得灵活些。”还有意见提出:

---

〔1〕 宪法起草委员会办公室印《宪法草案初稿讨论意见汇编》(二十二)。
〔2〕 宪法起草委员会办公室印《宪法草案初稿讨论意见汇编》(十八)。
〔3〕 宪法起草委员会办公室印《宪法草案初稿讨论意见汇编》(二十二)。
〔4〕 宪法起草委员会办公室印《宪法草案初稿讨论意见汇编》(二十三)。

“本条的‘检察机关独立行使职权’已规定得很明确，写上‘不受地方政权机关的干涉’就意味着可以受中央政权机关的干涉，这与上边的规定有出入。”“本条规定检察机关只对检察长负责。可否参照第七十三条，也写上对地方各级人民代表大会负责。”[1]有意见认为，第76 条可参照苏联、匈牙利等国的宪法加以修改，使更明确。建议对本条内容作下列的补充：增列“检察机关的职权和工作程序以法律规定之”，放在本条之末；“并且一律服从总检察长的领导”可以去掉。[2]

第二，检察机关工作人员独立行使职权问题的讨论。全国政协组织的宪法草案座谈会对宪法草案的意见中指出，应增列检察员可以独立行使职权的意思。[3] 有问题提出：地方各级检察长是否也和法院一样，只服从法律？[4]

第三，关于双重领导问题。有意见提出建议对本条内容作下列的补充：检察机关可改为双重领导，使检察工作更加健全。[5] 本条中应增列地方人民代表大会和检察长意见不一致时如何处理的规定。[6] 有意见认为，第 76 条中应当补充规定，对检察机关人员的渎职违法行为应加重处罚。[7]

此外，有意见提出：第 71 条规定“各级人民法院独立行使职权，只服从法律”，第 76 条规定“检察机关独立行使职权，不受地方政权机关的干涉”。两条的意思其实一样，为什么提法不同？[8] 检察机关是否也得服从法律？检察机关行使职权实际上不受任何人的干涉，为什么本条只规定“不受地方国家机关的干涉”？“不受地方政

〔1〕 宪法起草委员会办公室印《宪法草案初稿讨论意见汇编》(十二)。
〔2〕 宪法起草委员会办公室印《宪法草案初稿讨论意见汇编》(二十)。
〔3〕 宪法起草委员会办公室印《宪法草案初稿讨论意见汇编》(十八)。
〔4〕 宪法起草委员会办公室印《宪法草案初稿讨论意见汇编》(二十三)。
〔5〕 宪法起草委员会办公室印《宪法草案初稿讨论意见汇编》(二十二)。
〔6〕 宪法起草委员会办公室印《宪法草案初稿讨论意见汇编》(二十三)。
〔7〕 宪法起草委员会办公室印《宪法草案初稿讨论意见汇编》(二十)。
〔8〕 宪法起草委员会办公室印《宪法草案初稿讨论意见汇编》(十二)。

权机关的干涉”是否意味着中央政权机关可以干涉？“检察机关独立行使职权，不受地方政权机关的干涉”的规定，是否包括全国人民代表大会和国务院及其他中央机关？[1] 这些讨论说明，制宪过程中大家对检察机关的关注度是比较高的，特别是对检察机关性质与独立行使职权的讨论是充分的。

(3)检察机关职权与原则

人民检察院依法行使检察权。最高人民检察院对于国务院所属各部门、地方各级国家机关、国家机关工作人员和公民是否遵守法律，行使检察权。《人民检察院组织法》第4条规定，地方各级人民检察院行使如下职权：①对于地方国家机关的决议、命令和措施是否合法，国家机关工作人员和公民是否遵守法律，实行监督。②对于刑事案件进行侦查，提起公诉，支持公诉。③对于侦查机关的侦查活动是否合法，实行监督。④对于人民法院的审判活动是否合法，实行监督。⑤对于刑事案件判决的执行和劳动改造机关的活动是否合法，实行监督。⑥对于有关国家和人民利益的重要民事案件有权提起诉讼或者参加诉讼。概括起来，人民检察院的职权可分为4个方面：①一般监督，对国家机关和国家机关工作人员的违法行为的监督；②侦查和侦查监督，指本身进行侦查和对公安机关的侦查活动；③审判监督，对人民法院的审判活动监督；④监督执行，主要是对刑事判决的执行和劳动改造机关的活动。

宪法对人民检察院行使检察权的原则作了具体规定，明确了检察权的民主性。一是人民检察院实行平等原则，即各级人民检察院行使检察权，对于任何公民，不分民族、种族、性别、职业、社会出身、宗教信仰、教育程度、财产状况、居住期限，在适用法律上一律平等。二是独立行使检察权原则。1954年宪法第83条规定：“地方各级人民检察院独立行使职权，不受地方国家机关的干涉。”这一原则的理

---

[1] 宪法起草委员会办公室印《宪法草案初稿讨论意见汇编》(二十)。

论基础是我们制定法律的人民性,即法律反映了人民群众的意志与利益,而实现法律中体现的人民利益需要建立严格监督法律遵守的国家机关体系。而为了保证这些机关能够独立行使职权,不受地方国家机关的干涉,应赋予其独立行使职权的地位。当然,按照宪法精神和规定,这种独立是受限制的,检察机关本身也受监督。为了保证检察院独立行使职权,在检察系统的体制上实行了垂直领导的原则。法律明确规定:"地方各级人民检察院和专门人民检察院在上级人民检察院的领导下,并且一律在最高人民检察院的统一领导下,进行工作。"

(4)检察院工作人员任免

根据检察机关的宪法地位,人民检察院工作人员的任免程序是:最高人民检察院检察长由全国人民代表大会选举,任期 4 年。最高人民检察院副检察长由全国人民代表大会常务委员会任免。最高人民检察院检察员和检察委员会委员,由最高人民检察院检察长提请全国人民代表大会常务委员会任免。

省、自治区和直辖市的人民检察院的检察长、副检察长、检察员和检察委员会委员,由最高人民检察院检察长提请全国人民代表大会常务委员会批准任免。省、自治区、直辖市的人民检察院分院和县、市、自治州、自治县、市辖区的人民检察院的检察长、副检察长、检察员和检察委员会委员,由省、自治区、直辖市的人民检察院检察长提请最高人民检察院批准任免。

五、公民的基本权利与义务

(一)1954 年宪法规定公民基本权利的总体特征

1954 年宪法规定的公民的基本权利义务,是以《共同纲领》为基础,同时也是它的发展。在基本权利的基本类型上,1954 年宪法保留了《共同纲领》关于基本权利方面的规定,同时根据 5 年来社会发展实际,进一步发展了基本权利的内容与类型。

在基本权利主体方面,1954年宪法采用了公民的概念,使主体的特征与表述更为明确。在基本权利条文方面,1954年宪法扩大了基本权利的范围,共有条文19条,比《共同纲领》增加的幅度更大。在基本权利内容上,有些条文是新增加的,如宪法规定的劳动权、劳动者的物质帮助权、休息权等。有些条文虽在《共同纲领》中有规定,但1954年宪法在表述上更为规范。

在宪法结构的安排上,公民的基本权利和义务列为1954年宪法第3章,位于第2章国家机构之后。这种结构的安排是否合理,当时制宪过程中争论是比较大的。在全国政协宪法草案分组联席会上,第4组、第8组讨论中有些人提出,公民基本权利第3章与第2章应该对调,主要理由是先有人民的权利,然后产生国家机关。在说明宪法草案宪法结构时田家英说:“宪法各国有各国的形式。我个人看法,章节次序不是原则问题。原来起草时为了把各个概念概括起来,使人看得清楚,所以分了这些章节。每一章是一个概念,4章是4个概念。第1部分总纲,是国家的根本制度、国家的总任务和国家的根本政策。第2部分国家组织系统。国家是阶级专政的工具、机器。这部分就是说,国家机器有这么一些东西。至于标题,还可以考虑。第3部分公民的基本权利和义务。一方面,它是政治制度的一个部分;另一方面,它规定了国家机关的权力来源及公民在国家中的政治地位。第4部分国旗、国徽、首都。这是国家主权以及国家根本的政治思想的象征。关于第2章与第3章是否对调,各国宪法写法不一致。我曾说过,我们的宪法和阿尔巴尼亚的宪法很相似。但这一点上却不同,阿尔巴尼亚的宪法是把公民的权利和义务放在总纲里。我们之所以把公民的权利和义务放在后面,是因为公民的权利是在政治制度中产生的,并且前边已经讲过国家的一切权力属于人民,把公民的权利放在后边,并不会贬低公民的地位。”这个说明实际上反映了当时制宪者和学术界对公民权利与国家权力相互关系的基本理解。但没有充分认识到国家、社会与个人之间的合理关系，强调了国家权力对公民权利形成与实现过程中的作用。当然，结构上的前后顺序问题，在当时看来也许是一种“形式”问题，并不具有实质性意义。到了 1982 年宪法修改时公民基本权利这一章才列为宪法的第 2 章，从原理上理顺了国家与公民的关系。

（二）平等权

1. 公民在法律上一律平等

平等权是公民基本权利的根本内容之一，而承认平等权利，并在实际生活中促使平等权的实现，是人民民主宪法的重要特色。在 1954 年宪法这里，我们更多看到的是民主主义即人民民主的宪法特点。在这里，基本权利的中心价值是平等而非自由。[1] 1954 年宪法第 85 条规定：“中华人民共和国公民在法律上一律平等。”这条确认任何公民，都平等地享有宪法和法律规定的权利，都平等地履行宪法和法律规定的义务。平等既表现为一项重要的原则，贯穿在宪法关于公民基本权利和义务的整章之中，但更重要的是平等是一种权利。当某公民遭受非法的不平等对待或者被歧视的时候，权利主体有权向有关国家机关提出诉求，以保障其得到平等的权利。平等权的基本价值是，大家平等地受到法律保护，平等地遵守法律，不允许任何特权。

2. 民族平等

1954 年宪法第 3 条规定：“各民族一律平等，禁止对任何民族的歧视和压迫。”这里的“民族”虽然是一个整体，但民族并不是抽象的概念。

3. 男女平等

1954 年宪法第 96 条规定：“中华人民共和国妇女在政治的、经

---

〔1〕 郑贤君：《追求幸福生活：评 1954 年宪法的基本权利条款》，载张庆福、韩大元主编：《1954 年宪法研究》，中国人民公安大学出版社 2005 年版，第 233 页。

济的、文化的、社会的和家庭的生活各方面享有同男子平等的权利。”宪法对男女平等、妇女和儿童权利的保障体现了我国宪法的人民性与社会主义特色。

(三)政治权利和自由

1. 选举权与被选举权

1954 年宪法规定的公民政治权利和自由是公民在社会生活中最根本的权利之一,体现公民与国家政权的关系,反映公民在国家中的地位。

1954 年宪法第 86 条规定:“中华人民共和国年满十八岁的公民,不分民族、种族、性别、职业、社会出身、宗教信仰、教育程度、财产状况、居住期限,都有选举权和被选举权。但是有精神病的人和依照法律被剥夺选举权和被选举权的人除外。”同时规定:“妇女有同男子平等的选举权和被选举权。”公民的选举权和被选举权是人民当家作主的基本权利。我国公民的选举权是普遍的,凡年满 18 周岁的公民有选举权和被选举权。而依法被剥夺选举权和被选举权的人以及有精神病的人是极少数。从 1953 年到 1954 年我国第一次普选来看,全国选民占进行选举地区 18 周岁以上人口总数的 97.18%,全国依法被剥夺选举权的人只占选举地区总人口数的 1.52%,再加上有精神病的人,两者加起来也不到选举地区总人口数的 1.64%。为了实现普遍的选举,宪法对妇女的选举权和被选举权,对各族人民的选举权,对军队和华侨的选举等问题也作了具体的规定。在肯定选举权普遍性价值的基础上,《选举法》明确规定,每个选民只有一个投票权。全国和各地方的同一候选人,只能在一个选举单位或一个选区当选,选举权的民主价值不受任何限制。

2. 政治自由

在说明政治权利与自由概念时,20 世纪 50 年代的宪法学者们以列宁关于政治权利的理论为基础,从权利与自由概念的分析入手,界定了政治自由的内涵。有的学者们认为，政治的实质，就是阶级斗争，阶级相互间的关系。以这种理解为基础，学者们认为政治权利就是参加国家管理的权利。在自由概念的理解上，学者们强调自由的阶级性，认为“在阶级社会中，问题就在于是哪一个阶级的自由，是剥削阶级的自由，还是劳动人民的自由”。

1954 年宪法第 87 条规定：“中华人民共和国公民有言论、出版、集会、结社、游行、示威自由。国家供给必需的物质上的便利，以保证公民享受这些自由。”1954 年宪法第 87 条的规定是国家权力属于人民原则的具体体现。宪法规定的言论和出版自由指的是我国人民有权对国家和社会各种问题发表自己的意见，提出各种合理化建议，讨论各种问题，特别是在日常生活中有权对国家机关活动提出批评。国家为了保证人民真正获得集会的自由，没收了过去反动政权占有的公共场所与集会地点，兴建新的设施供人民使用。规定结社自由的目的是建立各种人民的组织，使国家机关能够和社会基层联系起来，保持国家政权的社会基础。根据 1954 年宪法的规定，公民行使着结社权利的自由，主要通过工会、合作社、共青团、民主党派和其他人民团体实现结社自由权。这一条文不仅宣布了一系列政治自由，而且还承诺“国家供给必需的物质上的便利，以保证公民享有这些自由”，这是民主的进一步体现。

在公民的政治权利与自由中还包括控告权。公民根据 1954 年宪法第 97 条的规定可以控告实施违法行为的公职人员，如公民权利受到侵犯，可获赔偿。

（四）宗教信仰自由

1954 年宪法第 88 条规定：“中华人民共和国公民有宗教信仰的自由。”这一规定明确了每个中国公民平等地享有宗教信仰自由。

关于宗教信仰自由的性质问题，学者们的一般解释是：宗教信仰自由是公民个人的一项自由权利，每个公民有依据自己的意愿选择信仰任何一个宗教的自由，也有不信仰任何宗教的自由，国家都不得干涉。从国家与公民的关系看，国家绝不能因为公民是宗教信仰者或是无神论者而在享受权利上有任何差别，同时也不允许信仰宗教者不履行公民应尽的义务。

《共同纲领》确立了保护宗教信仰自由的原则，毛泽东在接见西藏致敬团团长柳霞·士登塔巴(1913～1984年)时说：共产党对宗教采取保护政策，信教的和不信教的，信这种教的或信别种教的，一律加以保护，尊重其信仰，今天对宗教采取保护政策，将来也仍然采取保护政策。[1] 1953年5月，中国伊斯兰教协会的成立以及中国佛教协会的相继成立，都说明宗教信仰自由在我国从原则变为现实。为了监督与宗教有关的事务，保证公民行使宗教信仰自由，国务院还专门设立了宗教事务局。在保护和发展宗教信仰自由的同时，国家在政策和法律上对宗教信仰自由的界限也作了明确的规定。对此，刘少奇在宪法草案的报告中指出："根据宪法草案的规定，我们的国家将如同过去一样切实地保障公民有宗教信仰自由的权利，但是，保障宗教信仰自由和保障反革命活动自由，是绝不能混同的两件事，我们的宪法和一切法律同样是永远不会让那些披着宗教外衣进行反革命活动的分子得到一点方便的。"从宪法的基本精神和具体规定看，宗教信仰是公民个人的思想意识范畴的问题，由公民自由选择。宗教信仰自由作为公民的一项基本权利，国家有义务给予保障。

(五)人身自由

1954年宪法第89条规定："中华人民共和国公民的人身自由不受侵犯。任何公民，非经人民法院决定或者人民检察院批准，不受逮捕。"公民的人身自由包括人的身体自由、住宅不受侵犯、通讯自由和迁徙自由。1954年宪法规定，任何公民非经人民法院决定或者人民

[1] 载《新华日报》1952年12月。

检察院批准，不受逮捕。公安机关要求逮捕某公民时，除在特殊情况下可以采取紧急措施先行拘留以外，必须事先经过人民检察院批准。执行逮捕和拘留的机关应当在逮捕、拘留后的 24 小时内，对被逮捕、拘留的公民进行讯问。如发现不应当逮捕、拘留的，必须立即释放。逮捕公民后，除了有碍侦查或者无法通知的情况外，执行逮捕的机关应该把逮捕的原因和羁押的处所告知被逮捕人的家属。这是 1954 年 12 月 20 日颁布的《逮捕拘留条例》的具体规定。该条例在具体规定人身自由的保障程序后又作出“人民检察院对违法逮捕、拘留公民的负责人员，应当查究；如果这种违法行为是出于陷害、报复、贪赃或者其他个人目的，应当追究刑事责任”。公安机关拘留了人，应在拘留后的 24 小时内把拘留的事实和理由通知本级人民检察院，人民检察院应当在接到通知后的 48 小时以内，批准逮捕或者不批准逮捕。人民检察院不批准逮捕的，公安机关应当在接到通知后立即释放。

在保障公民的人身自由方面，1954 年宪法第 90 条规定：“中华人民共和国公民的住宅不受侵犯，通信秘密受法律的保护”，“中华人民共和国公民有居住和迁徙的自由”。住宅不受侵犯，就是非依照法律规定不得随意占用住宅和搜查住宅，确保公民居住安全不受任何非法的侵犯。为了公共的目的，搜查住宅时也要依照法律规定的程序，不得滥用搜查权。

通信秘密自由是指每个公民的通信不受限制，非经法律程序不受干涉和检查。对当时的反革命分子或其他嫌疑犯的信件，由国家机关依法进行审查。居住和迁徙的自由，就是公民根据自己的需要，在法律所禁止居住地区的范围之外，有权利长期定居在任何一个地点和随时迁居到其他任何一个地点。1954 年宪法对上述权利的规定，总结了人民民主制度和人民民主生活的实际经验，以根本法的形式确认公民行使的人身自由。

(六)社会经济权利

1. 劳动权

劳动权,是指凡有劳动能力的公民都有获得工作和获得相当报酬的权利。1954 年宪法第 91 条规定:“中华人民共和国公民有劳动的权利。国家通过国民经济有计划地发展,逐步扩大劳动就业,改善劳动条件和工资待遇,以保证公民享受这种权利。”

2. 休息权

在社会经济权利中,休息权和物质帮助权具有重要的地位。

1954 年宪法第 92 条规定:“中华人民共和国劳动者有休息的权利。国家规定工人和职员的工作时间和休假制度,逐步扩充劳动者休息和休养的物质条件,以保证劳动者享受这种权利。”休息权是享有正常休假、休养和正当休息并照常获取工资待遇的权利。休息权与劳动权密切相关。规定休息权的目的是使劳动者恢复精力,保证劳动者参加社会生活,国家生活和文化生活的各种条件,发挥劳动者的积极性与创造性。国家根据实际条件和可能,建立了许多疗养院、休养所等设施,保证职工休息,增进职工健康。

3. 物质帮助权

1954 年宪法第 93 条规定:“中华人民共和国劳动者在年老、疾病或者丧失劳动能力的时候,有获得物质帮助的权利。国家举办社会保险、社会救济和群众卫生事业,并且逐步扩大这些设施,以保证劳动者享受这种权利。”劳动者的物质帮助权是劳动者在失去劳动能力或者暂时失掉劳动能力的时候,有权得到国家或者社会的救助,以维持本人及其家庭的生活。中华人民共和国成立后,为了解决一般职工遇到生、老、病、死、伤、残而发生的实际生活困难问题,党和政府曾规定:从 1950 年起,在有职工 100 人以上的企业中实行劳动保险制度。1951 年 2 月 26 日,中央人民政府政务院公布了《劳动保险条例》,规定在 100 人以下的企业中,实行参照《劳动保险条例》,通过签订集体协议,使职工享受到劳动保险待遇的办法。同时,为了实现物质帮助权,国家除举办社会保险之外,还促进了社会救济事业,并对生活困难的特定主体给予了经常性的物质帮助。

(七)教育文化权利

1954 年宪法第 94 条规定:"中华人民共和国公民有受教育的权利。国家设立并且逐步扩大各种学校和其他文化教育机关,以保证公民享受这种权利。"该条又规定:"国家特别关怀青年的体力和智力的发展。"受教育权是指任何公民均有平等地得到教育以利于成长的权利。中华人民共和国成立初期,国家为公民受教育权所能提供的条件是非常有限的,但党和政府依照宪法规定不断地创造条件,为受教育权的实现制定了相应政策和法规。在实现公民受教育权的过程中,1954 年宪法非常重视青年在社会发展中的作用,以专门的条款规定国家特别关怀青年的体力和智力的发展。

在公民行使的文化教育权利中,科学、教育、文学、艺术等文化事业的权利是十分重要的。为此,1954 年宪法第 95 条规定:"中华人民共和国保障公民进行科学研究、文学艺术创作和其他文化活动的自由。国家对于从事科学、教育、文学、艺术和其他文化事业的公民的创造性工作,给予鼓励和帮助。"为了切实保障公民进行科学研究的自由,1954 年宪法颁布后,政府实行的主要制度是:(1)制订我国科学发展的远景计划;(2)发挥科学家的力量,积极培养新生力量;(3)建立学位制度和院士制度,鼓励从事科学研究工作者的积极性等。

(八)保护华侨的正当权益

华侨是居住在国外的中华人民共和国公民。在 20 世纪 50 年代,中国在国外的侨民总数达 1200 万人,分布在世界各地。新中国的成立,改变了广大华侨被遗弃的地位,保护华侨的正当权益已提到日程。1949 年《共同纲领》第 58 条规定:"中华人民共和国中央人民政府应尽力保护国外华侨的正当权益。"1954 年宪法第 98 条明确规定:"中华人民共和国保护国外华侨的正当的权利和利益。"

(九)外国人的居留权

居留权是一个国家对于因拥护正义事业,参加和平运动,进行科学工作而遭受政治迫害的外国人,给予入境居留,享受安全保障,不被引渡的权利。为了体现宪法的民主性与国际和平的精神,1954 年宪法第 99 条规定:"中华人民共和国对于任何由于拥护正义事业、参加和平运动、进行科学工作而受到迫害的外国人,给以居留的权利。"

(十)公民的基本义务

1954 年宪法第 100 条至第 103 条规定了我国公民的基本义务。"宪法规定的义务是指国家要求公民所必须履行的一种责任。这种责任是根据祖国的需要而规定的,并由国家以法律上的强制力来保证实现。"[1]在这种义务理念下,1954 年宪法规定了公民的基本义务,其内容如下:

1. 遵守宪法和法律义务

1954 年宪法第 100 条规定:"中华人民共和国公民必须遵守宪法和法律,遵守劳动纪律,遵守公共秩序,尊重社会公德。"遵守宪法和法律是我国公民的首要义务。当时,理论界十分重视遵守宪法和法律的问题,主要从宪法和法律的性质与人民的相互关系上强调遵守宪法的意义。由于宪法和法律体现了工人阶级和广大人民的意志,因此遵守宪法和法律,就是服从人民的利益,服从国家的利益,人民对待自己制定的宪法和法律应出于自觉和自愿。

2. 遵守劳动纪律

劳动纪律是组织社会劳动的基础。1954 年宪法第 100 条规定:遵守劳动纪律是公民必须履行的义务。劳动纪律是人们进行共同工

[1] 吴德峰等编著:《中华人民共和国宪法讲话》,湖北人民出版社 1956 年版,第 119 页。

作所必须遵守的规则和秩序,在共同体的生活中遵守劳动纪律是基本的条件。

3. 遵守公共秩序,尊重社会公德

宪法把遵守公共秩序和尊重社会公德规定为公民基本义务。公共秩序是统治阶级按照自己的意志建立起来的一种秩序,是国家管理的秩序,是社会的秩序。

社会公德是一种道德,是一种社会意识形态,是人们判断是非的行为规则。

4. 爱护和保卫公共财产的义务

1954 年宪法第 101 条规定:"中华人民共和国的公共财产神圣不可侵犯。"宪法规定的公共财产是指全民共有的国家财产和劳动者集体所有的财产。由于公共财产是建设社会主义的基础,是整个社会制度的基础,从这种意义上公共财产是神圣不可侵犯的。

保卫公共财产是公民的法律义务,同时也是公民的道德义务,是爱国、爱集体的表现。每个公民要在日常生活中培养爱护公共财产的习惯,把公共财产神圣不可侵犯变为日常生活的准则,遵守社会主义经济发展原则,同一切危害公共财产的行为进行斗争。

5. 纳税义务

税收在不同的社会发展阶段发挥不同的功能。在实现过渡时期总任务的过程中,税收是促进所有制改变的一个重要手段。它不仅作为国家聚集和动员资金的重要手段,对国民收入的分配和再分配也起到积极的作用。1954 年宪法第 102 条规定:"中华人民共和国公民有依照法律纳税的义务。"依照法律纳税,就是公民按照国家所规定的税种和纳税法来进行缴纳。从某种意义上说,纳税是公民行使权利的基础,纳税意识同时构成权利意识的重要内容。在 20 世纪 50 年代,纳税更是一种爱国主义表现,是作为共和国公民应履行的法律责任。

6. 依法服兵役的义务

1954年宪法第103条规定:“保卫祖国是中华人民共和国每一个公民的神圣职责。”“依照法律服兵役是中华人民共和国公民的光荣义务。”

1949年中华人民共和国成立的时候,国家开始准备实行义务兵役制。《共同纲领》规定:准备在适当时候实行义务兵役制。义务兵役制是把兵役当作公民普遍义务的一种制度,其原则是凡是法定年龄18周岁男性公民都有服兵役的义务,兵役分现役和预备役;服兵役有一定的年限等。

1954年,我国试行从志愿兵改变为义务兵役的制度。1955年7月30日,第一届全国人民代表大会第二次会议通过《兵役法》,在全国正式实行义务兵役制。

六、国号与国家标志

(一)国号

1954年宪法确立的国名是中华人民共和国,而这一国名的确立经过了一个复杂的过程。对新中国的国名问题,毛泽东在《新民主主义论》中曾使用“中华民主共和国”。1948年年初,在党内的文件上也使用过“中华人民共和国”。1948年8月,复香港民主人士电至筹备会召开,毛泽东在新政协有关文件中又改为“中华人民民主共和国”。[1] 在新政协筹备会第一次会议上毛泽东在讲话的最后说:“建设起一个崭新的强盛的名副其实的人民民主共和国。”在这次会议上通过的《新政治协商会议筹备会组织条例》第5条规定:提出建立中华人民民主共和国政府的方案。可见,当时人们在国名定为“中华人民民主共和国”的问题上,形成了一定的共识。[2]

---

〔1〕 方龙欣:《回忆新政协的成立》,载《新华文摘》2004年第23期。

〔2〕 高建中编著:《中国人民政治协商会议成立纪实》,当代中国出版社2002年版,第313页。

但新政协筹备会第一次会议结束当天，即 1949 年 6 月 19 日，清华大学教授张奚若对国名提出了疑议，认为中华人民民主共和国的名字太长，应该去掉两字，叫中华人民共和国好，有人民就可以不要"民主"2 字。"民主"一词"Democracy"来自希腊文，原意与人民相同，去掉民主 2 字从字面的解释也已很明白，是共和而非专制，是民主而非君主，是人民而非布尔乔亚的国家。[1] 1949 年 9 月 22 日，董必武在中国人民政治协商会议第一届全体会议上所作的《关于中华人民共和国中央人民政府组织法的经过及其基本内容的报告》中专门对国家名称问题进行了说明，说"我们现在采用了最后一个名称，因为共和国说明了我们的国体，'人民'两字在今天新民主主义的中国，是指工、农、小资产阶级和民族资产阶级四个阶级的人，它有确定的解释，这已经把人民民主专政的意思表达出来，不必再把'民主'2 字重复一次了"。[2] 对此，大家没有提出不同意见，但出现了新的问题，即《共同纲领》和组织法等文件中，使用了"中华民国"作为中华人民共和国的简称。马叙伦、郭沫若等提出议案：提议统一中华人民共和国国名，取消《共同纲领》和组织法中简称中华民国，由政府法令规定。

理由是这次新政协筹备会所通过的国名——中华人民共和国，确能代表中国人民革命伟大胜利后实行新民主主义的国家及人民，这是一个中国历史上划时代的大变革，必须把旧民主主义时代留下来的、本质上不同的、并且为汉奸卖国贼用过的在中国人民中间已经没有一点好感的"中华民国"4 个字，毫无留恋地予以撤消。否则，在我们将要庆祝中华人民共和国，也就是中央人民政府成立的时候，喊起口号来，难道还要有两种？把已经走上死亡道路的旧的中华民国再喊万岁吗？难道新纪元已改为公元 1949 年，而仍可以简写中华民国 38 年吗？基于这种思考，他们主张统一国名为中华人民共和国，

[1] 高建中编著：《中国人民政治协商会议成立纪实》，当代中国出版社 2002 年版，第 313 页。
[2] 同上书，第 314 页。

把简称“中华民国”几个字在中国人民政治协商会议所有文件中一律予以取消。

为了充分听取社会各界各方面的意见,1949年9月26日在周恩来的主持下,在东交民巷六国饭店专门召开了国号问题讨论会,邀请了70岁以上的二十几位长者。周恩来说:今天请大家来赴宴,除3个人外,都是辛亥革命时期的长辈。我国有句古话,叫作求教长者,今天的会就是专门听取长者的发言。他说:《共同纲领》中的国号中华人民共和国之下,有一个简称中华民国的括弧。关于这个简称,有两种不同意见,有的说好,有的说不必要了,特委托我来请教老前辈。

黄炎培说,由于中国老百姓落后,感情上习惯于用中华民国,一旦改掉,会引起不必要的反感,留个简称,是非常必要的。何香凝说,中华民国是孙中山先生革命的一个成果,那是许多烈士的鲜血换来的。关于改国号的问题,我认为,如果能照旧,用它是好的。如果大家不赞成,我就不坚持自己的意见了。周致祥主张用中华人民共和国,表示两次革命的性质各有不同。司徒美堂明确表示,革命胜利了,连国号也不改,我坚决反对什么简称,我坚决主张光明正大地用中华人民共和国。沈钧儒从法律角度提出了意见,认为:有些群众还在写中华民国,那是他们一时之便,我们不必明令禁止,至于堂堂的政协会议三大文件里加上简称中华民国的括弧,这的确是法律上的一大漏洞,万万不可如此。

9月27日,第6天的政协第一届全体会议,统一了意见,提出:简称中华民国去掉,不等于把中华民国过去革命的历史意义一概抹杀。如辛亥革命、国共大合作等都是有它的历史意义的——中华民国这个名称,因为在民间很习惯,所以目前,也不会禁止使用——慢慢地引导人民在公文上用统一的国名,统一的公元纪年,最好在正式文件上不要有这样的法律性规定。之后,政协陆续通过的大会文件,全部去掉了“中华民国”这4个字,中华人民共和国作为国名得到确认。

（二）国家标志

1954 年宪法第 4 章规定了国旗、国徽、首都。国旗是国家的象征。国徽是国家的标志，首都是国家最高权力机关所在地。

1954 年宪法第 104 条规定：中华人民共和国国旗是五星红旗。国旗上的五颗五角星是象征共产党领导下的革命人民的大团结。旗色是红色黄星，红色象征革命，黄色象征和平，它标志着我们进行革命的目的是和平。关于国徽设计问题，经过了较长的讨论。自征集启事登报后到 1949 年 8 月 20 日，共收到 112 件，图案 900 幅。因当时投稿者把国徽误认为国标，经第六小组成员的专家审阅后，认为绝大部分不能用，于是决定国徽在这次大会暂不决定。

中华人民共和国成立以后，根据新政协大会主席团的决定，由原政协国旗、国徽、国都、国歌、纪年审查委员会继续担任制定国徽任务，由周恩来总理直接领导，当时被邀请参加这项工作的专家有梁思成、林徽因等 15 人。他们广泛听取社会各阶层的意见，参考国外的资料，拟出了几幅基本的草图。如张仃等人设计的以天安门为主要内容的图案等。周令创设计以天安门为主体加国旗的五角星图案等。经政协全国委员会审定 3 种方案后，认为“均未恰当”，要求以第二种图案为基础继续修正，另制图案。梁思成、张仃、周令创等根据政协常委会的意见，综合设计图案的特点，采用建筑上的正立面图来表现天安门，并移动华表的位置使图面显得更开阔，更庄重，颜色基本用红、金二色，符合中国传统。这一方案提交国徽图案审查委员会讨论，大家比较赞成这一方案。周恩来根据大家的意见，决定以这一草案为基础加以修改，并建议将麦稻穗设计成挺拔向上的形象。此后，梁思成等人共同讨论，绘制出既有中国特色，又庄严富丽的图案。

1950 年 6 月 23 日，政协一届二次会议同意国徽审查委员会的报告，通过国徽图案，并提请中央人民政府委员会公布。6 月 28 日，中央人民政府委员会第八次会议，讨论并通过了政协一届二次会议提出的《中华人民共和国国徽图案及对设计图案的说明》。正式通过的国徽特征是:形式和色彩庄严而富丽;以国旗和天安门为主要内容,国旗即可表示革命和工人阶级领导政权的意义,天安门则象征自五四运动以来人民的政治斗争和在此宣告诞生的新中国,以齿轮和麦稻象征工农,麦稻并用,亦寓地广物博的意义。以绥带紧结齿轮和麦稻象征工农联盟。

1954年宪法第106条规定,北京是首都。1949年9月21日,政协第一届全体会议表决通过决议,中华人民共和国国都定于北平,自即日起北平改为北京,明确了北京作为首都的法律地位。

国歌是代表国家的歌曲。世界上最早的国歌是16世纪荷兰的《威廉·凡·拿骚》。1949年6月,中国人民政治协商会议筹备会下设的第6小组负责设计国旗、国徽、首都和国歌。由于开国大典即将进行,当时没有最后确定国歌。毛泽东召集20多位知名人士参加座谈会,讨论国歌事宜。在会议上,著名画家徐悲鸿提出以《义勇军进行曲》作为代国歌的建议。9月27日,中国人民政治协商会议第一次全体会议通过的《关于中华人民共和国国都、纪念、国歌、国旗的决议》第3项规定"在中华人民共和国国歌未正式制定以前,以《义勇军进行曲》为国歌"。实际上,在国歌的征集中应征稿达632件,歌词、歌谱694首,但在小组讨论时大家感到不理想,认为在短时间作出理想的国歌词谱是困难的,故倾向于采用代国歌的形式。对《义勇军进行曲》作为国歌,有些人提出是否修改某些不符合现实情况的内容的意见。对此,1949年11月15日,《人民日报》以新华社答读者问的形式,作了说明,其内容是:采用《义勇军进行曲》为国歌而不加修改,是为了唤起人民回想祖国建设过程中的艰难忧患,鼓舞人民发扬反抗帝国主义侵略的爱国热情,把革命进行到底。这与苏联人民曾长期以《国际歌》为国歌,法国人民今天仍以《马赛曲》为国歌的作用是一样的。

第九章　1954 年宪法的实施与影响

从 1954 年 9 月 20 日第一届全国人民代表大会第一次会议颁布 1954 年宪法，到 1975 年 1 月 17 日第四届全国人民代表大会第一次会议通过 1975 年宪法，1954 年宪法在中国社会发展中运行了 21 年的时间。但 1954 年宪法在实施中经历了艰难曲折的历程，为我们反思宪法在社会发展中的功能，特别是完善宪法保障体制留下了许多宝贵经验与历史教训。

一、1954 年宪法的实施保障

（一）1954 年宪法的保障体制

按照宪法保障制度的基本理论，宪法实施首先需要建立严格而有效的宪法保障体制，在各种制度的良性互动中实现宪法原则与精神。在制定 1954 年宪法的过程中，主要关注的焦点是国家目标、国家政策的制定与国家权力体系的建构问题，对宪法实施本身的问题并没有给予制度层面上的高度关注。从宪法文本看，只在全国人大职权中规定"监督宪法的实施"。但具体如何监督，通过什么程序监督等基本问题并没有作出具体规定。由于受当时历史条件的限制，制宪者和一般民众对宪法实施问题的重要性与价值缺乏必要的认识,更没有从体制的角度思考可能出现的违宪问题。当时 1954 年宪法所采用的宪法监督体制主要借鉴了苏联 1936 年宪法体制,缺少制度体系上的深入思考。在宪法草案的讨论中,制宪者和公众对宪法监督体制没有提出具体修改或调整的建议,但学术界则对宪法实施的理论问题进行了有益的探讨。

1954 年中国政治法律学会编写的《宪法分解参考资料》以宪法类型为基础,对苏联、蒙古、朝鲜、美国、法国、日本、印度、罗马尼亚、德国等 16 个国家宪法进行了类型化的比较。其中两个问题与宪法保障有关。(1)第 3 部分中比较了“监督宪法实施的规定”,把保障体制分为 4 种形式:由最高国家权力机关及国家管理机关监督制,如苏联等;由最高国家权力机关的常设机关监督制,如蒙古和朝鲜;由最高国家权力机关监督制,如罗马尼亚等;由最高国家管理机关监督制,如匈牙利等。[1] (2)在本书中还专门讨论了“法律、命令、决议与宪法相抵触”时的处理与原则等问题。当时,把法律与宪法相抵触的处理方法分为 4 种体制:一是由最高国家权力机关处理;二是由最高权力机关常设机关处理;三是由国会处理;四是由司法机关处理等。作为专业研究团体提出比较宪法方面的参考书为人们了解国外宪法的基本知识和发展动态提供了必要的背景和线索。特别是,在当时社会结构还处于封闭的状态下,对国外宪法制度,尤其是宪法保障体制的介绍客观上产生了一定的学术影响。但是,由于受当时宪法观的影响,学术研究的成果并没有直接影响或者体现在制宪过程中,制宪者们对宪法实施问题没有给予必要的关注。

当时一些学者撰写的著作中谈到了宪法实施问题,如吴德峰等所著的《中华人民共和国宪法讲话》一书第 8 讲专门说明了“为实施宪法而斗争的问题”。在说明遵守宪法的重要性以后,认为“破坏宪法与违反宪法是犯罪的可耻行为,因此,必须养成严格守法的精神和

---

〔1〕 中国政治法律学会编:《宪法分解参考资料》,人民出版社 1954 年版,第 14 页。

习惯,把遵守宪法看作是人民所应有的道德和责任”。在讨论宪法草案的过程中,一些民主党派也在不同程度上表达过宪法实施是否顺利等问题的担心。但总的来讲,1954 年宪法保障体制没有得到社会的普遍关注,更没有从制度上建立解决违宪的机制与程序。

(二)1954 年宪法的实施过程

1954 年宪法正式发挥效力的时间长达 21 年,具体实施过程可分为 3 个阶段:从 1954 年到 1957 年为第一阶段,是对 1954 年宪法宣传、学习、研究和以宪法为基础建立新中国宪法体制的时期。1957 年下半年反右斗争扩大化到 1966 年“文化大革命”爆发前夕为第二个阶段,在这个时期政治现实逐渐冲击宪法规范,宪法的权威受到严重削弱。1966 年“文化大革命”爆发到 1975 年宪法颁布为第三个阶段,宪法原则与内容遭到全面破坏,宪法被不宣而废,宪法在社会发展进程中完全丧失了对社会现实的规范性调整作用,社会在一种无序化状态中运作,出现了“无法无天”的社会现实。

1. 第一阶段:1954 ~ 1956 年

1953 年到 1956 年是在新民主主义基础上完成社会主义改造,逐步向社会主义社会转变的过渡阶段。整个前 7 年(1949 ~ 1956 年)就是一个革除旧制度,确立新制度的过程,是一个处在不断变化中的社会变革阶段。这个时期,社会发展有两方面的迫切需求:一是巩固人民民主专政政权,保卫人民民主革命胜利的成果;二是变革旧制度,建立新制度。得益于这两方面迫切需求的推动,在党的政策的指导下,新中国成立初期的法制建设呈现出繁荣的景象。这一时期的 1954 年宪法实施状况表现为以下几个方面:

(1)以宪法为基础建立国家政权体系

1954 年宪法颁布后,根据宪法规定首先建立了系统的国家政权体系。如前所述,9 月 20 日正式通过宪法,9 月 27 日,第一届全国人民代表大会第一次会议选举毛泽东为中华人民共和国主席,朱德为副主席。同一天会议选举第一届全国人民代表大会常务委员会组成人员。选举前,会议一致通过了主席团的提议:根据《中华人民共和国宪法》第 30 条的规定,全国人民代表大会常务委员会是由全国人民代表大会选出的委员长 1 人、副委员长若干人、秘书长 1 人和委员组成的。现经协商拟定副委员长的名额和委员的名额为:副委员长 13 人,委员 65 人。大会选举刘少奇为委员长,选举宋庆龄等 13 人为副委员长,彭真为秘书长。9 月 28 日,第一届全国人民代表大会第一次会议还选举产生了民族委员会、法案委员会、预算委员会、代表资格审查委员会。通过上述的选举活动,基本建立了以宪法为基础的最高权力机关体系,使宪法规定的最高权力机关获得了宪法地位。同一天,根据中华人民共和国国家主席的提名,第一届全国人民代表大会第一次会议通过了中华人民共和国国防委员会组成人员的名单,并选举或决定了新一届国务院总理、最高人民法院院长、最高人民检察院检察长。

由于 1954 年宪法采用了民主与多元的政治哲学,在国家政权体系中并没有出现制宪前有些非共产党人士担心的所谓只靠"一党执政"体制。如全国人大常委会共有 79 名委员,其中中共党员 40 人,比党外人士多 1 人。副委员长 13 人,其中党外人士 8 人,除原中央人民政府副主席宋庆龄、李济深、张澜外,新增沈钧儒、黄炎培、郭沫若、陈叔通和少数民族的代表人物。共产党员 5 人,他们是林伯渠、罗荣桓、彭真、李维汉、赛福鼎。国务院副总理 10 人,都是共产党员。国务院 35 个部长(主任)中,中共党员 22 人,党外人士 13 人,占1/3。国防委员会 79 人,其中党外人士 29 人。[1]

第一届全国人民代表大会常务委员会自成立以来,依照宪法的规定,履行职责,为实施宪法做了积极的工作。据统计,第一届全国人民代表大会常务委员会共举行会议 110 次;第二届全国人民代表

---

〔1〕 李维汉:《回忆与研究》(下册),中共党史出版社 2013 年版,第 792 页。

大会常务委员会共举行会议 137 次，第三届全国人民代表大会常务委员会自 1965 年 1 月 19 日至 1966 年 7 月 7 日，一共举行了 33 次会议。

（2）以宪法为基础建立统一的法律体系

这一时期法制建设的一个突出特点是，以宪法为基础建立了统一的法律体系。为了使宪法与现行有效的法律、法令之间保持协调，第一届全国人民代表大会于 1954 年 9 月 26 日通过了《中华人民共和国全国人民代表大会第一次会议关于中华人民共和国现行法律、法令继续有效的决议》，决议指出：所有自 1949 年 10 月 1 日中华人民共和国建立以来，由中央人民政府制定、批准的现行法律、法令，除开同宪法相抵触以外，一律继续有效。该决议是新中国第一个涉及宪法与法律、法令之间效力问题的具有法律效力的规范性文件。立法基础的统一性与标准的确定，对于稳定当时的社会关系，维护法律体系的统一性，特别是判断与宪法相抵触的法律或法令提供了重要依据。

在立法工作方面，我们看到，第一届全国人民代表大会第一次会议通过了几部重要的法律，如《全国人民代表大会组织法》《国务院组织法》《地方各级人民代表大会和地方各级人民委员会组织法》《人民法院组织法》《人民检察院组织法》等重要法律。这些法律的制定与公布，对于新建立的国家政权体系的稳定和发展产生了积极的作用。在重视立法工作的同时，第一届全国人民代表大会注重提高法律的运行机制效果，开始解决法律与社会生活之间可能存在的冲突与矛盾。如 1955 年全国人民代表大会常务委员会第十七次会议通过了《关于解释法律问题的决议》，决议规定：凡关于法律、法令条文本身需要进一步明确界限或作补充规定的，由全国人民代表大会常务委员会分别进行解释或用法令加以规定；凡关于审判过程中如何具体应用法律、法令的问题，由最高人民法院审判委员会进行解释。决议实际上是把宪法规定的常务委员会对法律的解释权具体化,确定了解释的条件与范围。同时,根据法院的宪法地位,赋予法院一定程度和范围内的解释权,为最高人民法院行使司法解释权提供了法律基础。

另外,全国人民代表大会在立法方面的重要进展是以授权的形式规定了常务委员会制定单行法规的职权。这是宪法颁布后进行的第一次立法上的授权,决议指出:随着社会主义建设和社会民主改造事业的进展,国家急需制定各项法律,以适应国家建设和国家工作的要求。在全国人民代表大会闭会期间,一些部分性质的法律,不可避免地急需由常务委员会通过施行。为此,根据1954年宪法第31条第19项的规定,授权常务委员会依照宪法精神,根据实际需要,适时地制定部分性质的法律,即单行法规。[1] 新中国成立初期法律体系的建立,为人民民主专政政权的巩固,为肃清反革命残余势力和稳定社会秩序,为国民经济的恢复和发展,为各项新民主主义改革,发挥了重要的调整作用。正如董必武在党的八大报告上指出的:"我国能够彻底胜利地完成各项民主改革和迅速有效地通过和平道路取得社会主义革命的决定性胜利,人民民主法制发挥的力量是重要因素之一。"[2]

(3)宪法实施与宪法理论研究

1954年宪法是在全社会普遍尊重和信任宪法的氛围中制定和实施的。1954~1956年是宪法的宣传、学习和初步研究时期。《共同纲领》和1954年宪法的制定和颁行,为新中国宪法学理论的建立奠定了基础。中国宪法学者以宪法颁布为契机,运用马克思主义的法学理论和方法,参照革命根据地时期和国外(主要是苏联)的制宪和

---

〔1〕 这个决议的重要意义在于,授权常务委员会根据现实需要制定单行法规,使国家的立法工作与客观现实之间保持了协调。同时,从宪法学的角度看,自1954年宪法颁布后,全国人民代表大会第一次行使宪法第31条第19项,即全国人民代表大会授予其他职权的条款。

〔2〕 董必武:《董必武政治法律文集》,法律出版社1986年版,第479页。

行宪经验,对《共同纲领》和 1954 年宪法进行了广泛的宣传和研究,在批判旧法观点的基础上,为建立新的社会主义宪制提供了理论基础。同时,编辑出版了大量关于宪法方面的著作、资料和论文。据不完全统计,1949 年到 1956 年共出版宪法书籍 344 种,其中著述 206 种,资料 138 种,还发表了大量的论文。其研究成果涉及宪法总论、中外宪法文献和宪法史、中外选举制度、国家机构、民族区域自治、公民的基本权利和义务等。[1] 当时宪法学著述主要围绕介绍、宣传《共同纲领》和 1954 年宪法,如吴德峰等编著的《中华人民共和国宪法讲话》(1954 年)、李达著《谈宪法》(1954 年)、李光灿著《我国公民的基本权利与义务》(1954 年)、张何著《什么是人民代表大会制度》(1955 年)等。这一时期,我们初步建立了宪法学课程体系,如 1954 年中国人民大学国家法教研室提出了《中华人民共和国宪法学大纲》。1954 年宪法草案讨论时期,全国人民所表现的热情与积极参与意识的培养与当时宪法学工作者普及宪法知识是分不开的。[2] 20 世纪 50 年代宪法学理论研究方面取得了积极的成果,提出了具有学术价值的观点。

在宪法基本概念的理解上,20 世纪 50 年代学术界对宪法概念的认识主要集中在宪法是国家的根本法的解释上,将宪法与普通法律区别开来,对宪法本质的认识主要集中在对宪法阶级本质的讨论,并且引进了不少苏联关于宪法概念和本质的理论。在 20 世纪 50 年代,我们从阶级本质上将社会主义宪法与资本主义宪法区别开来,并从理论上阐述了社会主义宪法较之于资本主义宪法的优越性。认为,资产阶级革命胜利以后,资本主义国家通过宪法将新的资产阶级的生产关系和政治关系确定下来,构成了资产阶级国家的社会制度和政治制度。而苏联十月社会主义革命成功以后,又改变了资产阶

---

〔1〕 文正邦等:《共和国宪政历程》,河南人民出版社 1994 年版,第 54 页。

〔2〕 韩大元主编:《新中国宪法发展 70 年》,三联书店(香港)2019 年版,第 109 页。

级的生产关系和政治关系,建立了保护劳动人民利益的社会主义的生产关系和工人阶级对资产阶级进行统治的政治关系。因此得出宪法每一类型,都有其相应的一定的阶级本质。同时将世界各国的宪法大体分为两种类型:①资产阶级类型的宪法,是代表资产阶级的利益和反映资产阶级的意志的,就其本质来说是剥削阶级的意志,是反人民的宪法;②社会主义类型的宪法,是代表劳动人民的利益和反映劳动人民意志的。按其本质来说,是反剥削者的宪法,是人民的宪法。进而当时的宪法学者得出对宪法的两点基本认识:①从宪法所反映的阶级关系来看,宪法是表现统治阶级意志的,它反映了统治阶级对被统治阶级的经济统治和政治统治;②从宪法所反映的阶级演变来看,它又是阶级力量对比和阶级斗争的总结,资产阶级类型的宪法反映了资产阶级力量的强大及其斗争胜利的总结,而社会主义类型的宪法则反映了工人阶级力量的强大及其斗争胜利的总结。并将这两点认识归结为宪法的本质。同时在宪法本质问题的理解上,又指出认识宪法的这种阶级本质,不能从宪法的形式上去了解,而必须从宪法的实质上去了解,因为资产阶级宪法在形式上并不承认这种阶级本质的,相反还鼓吹平等和自由,想方设法隐蔽这种阶级本质,具有欺骗性,但是宪法的阶级本质是无法隐蔽的。[1] 资产阶级的宪法必然贯穿资本主义原则,而资本主义原则就是生产工具和生产资料的私有化,人对人的剥削,同时国家的统治权必须属于资产阶级,并把有利于资产阶级的社会秩序固定起来,违反这种社会秩序就要受到法律的制裁。而只有社会主义宪法才公开承认宪法的阶级本质,其目的就是消灭阶级,解决阶级矛盾。同时认为社会主义类型的宪法也有两种不同的形式:一种是苏联胜利了的社会主义的宪法,它贯穿彻底的社会主义原则,其表现就是土地、森林、工厂、矿山以及其他生产工具和生产资料都归社会主义所有,以及剥削制度和剥削阶

〔1〕 孟光编著:《人民宪法讲话》,华南人民出版社 1955 年版,第 1 ~ 5 页。

级的消灭，社会中已经没有彼此对抗的阶级，而社会由相互友爱的工人阶级和农民组成并在工人阶级的领导下共同执掌政权等；另一种是人民民主宪法，亦即人民的宪法，也就是以工人阶级为领导而进行的资产阶级民主革命在取得胜利以后而制定的代表人民利益的宪法，这种宪法的阶级本质，体现着工人阶级领导的以工农联盟为基础的阶级意志，而把主要生产资料的公共所有制和人民代表大会制度固定下来。而中华人民共和国宪法就是人民民主的宪法，也是属于社会主义类型的宪法。

经过对宪法概念与性质的研究，基本上形成了如下学术观点：宪法是国家的根本法，宪法与普通法律的区别主要体现为：宪法确立了国家的社会制度和国家制度，规定了国家政治、经济的一些根本方面的内容，而普通法律规定的都是社会关系的某些具体的方面；宪法是普通法律的基础，国家制定法律要根据宪法规定的原则来制定；宪法制定和修改的程序是按照一种特别程序，而这种程序比一般普通的法律更为严格；如果普通法律与宪法有抵触时，则有效的是宪法而不是普通法律，在事实上，一切普通法律都是根据宪法并为了贯彻宪法而制定的。

在国家制度和社会制度的基本原则方面，当时学者们重点研究了总纲规定的国家性质与社会基本制度。当时认为1954年宪法第1章“总纲”，主要规定了社会制度和国家制度的根本原则。而所谓国家制度的根本原则，就是讲的我国的阶级关系、国家性质、国家权力属于谁的问题。所谓社会制度的根本原则，就是讲的我国的社会经济基础、各种生产资料所有制的发展和改造的问题。我国的国家性质是人民民主专政国家，是人民当家作主的国家。1954年宪法第17条和第18条规定：一切国家机关必须依靠人民群众，经常保持同群众的密切联系，倾听群众的意见，接受群众的监督；一切国家机关工作人员必须效忠人民民主制度，服从宪法和法律，努力为人民服务。

这表明,我们的国家机关是真正的人民自己的机关,我们的国家机关工作人员是人民的服务员。中华人民共和国是统一的多民族国家。我们的国家既然是属于全体人民的,我国各族人民就要用一切力量来保卫我们的国家。宪法的这些规定,就构成了我们国家制度的根本原则。当时对宪法规定的人民民主国家国体,学者们认为它就是人民民主专政国家。这就是说,人民的国家是保护人民的,对于人民内部,则实行民主制度,但对于人民的敌人则实行专政,这就是人民民主国家的实质。

在私有财产保护方面,1954 年宪法有如下规定,第 8 条规定:"国家依照法律保护农民的土地所有权和其他生产资料所有权。"第 9 条规定:"国家依照法律保护手工业者和其他非农业的个体劳动者的生产资料所有权。"第 10 条规定:"国家依照法律保护资本家的生产资料所有权和其他资本所有权。"第 11 条规定:"国家保护公民的合法收入、储蓄、房屋和各种生活资料的所有权。"第 12 条规定:"国家依照法律保护公民的私有财产的继承权。"在这些规定中,基本上包含了 3 个性质不同的问题。第一个问题是关于公民的合法收入、储蓄、房屋和各种生活资料的所有权问题。这些财产所有权是适合社会主义的原则的。在社会主义社会中,公民的合法收入以及不以剥夺他们为目的的个人财产,是受到法律保护的。第二个问题是关于劳动人民的生产资料所有权问题。社会主义建设对于劳动人民的生产资料所有权,是采取说服教育并通过所有制来改变的,因而在所有制未改变之前,就必须适当保护他们的生产资料所有权。这些原则是马克思列宁主义容许的,也是苏联和人民民主国家的经验所证明了的。第三个问题是关于资本家的生产资料的所有权和其他资本所有权的问题。国家保护他们的原因是和我们国家对资本家采取和平的道路来逐步改变资本家的所有制为全民所有制的政策分不开的。国家对于私有财产的保护,还有一定的限度,这在宪法上有明确规定。

在人民代表大会制度的理论宣传与研究方面，学者们认为国体必须有一个与之相适应的政体表现出来，这就是国家制度或政治制度的问题。1954 年宪法第 2 条规定："中华人民共和国的一切权力属于人民。人民行使权力的机关是全国人民代表大会和地方各级人民代表大会。"对我国人民代表大会制度的特点可以归结为 3 点：①人民行使权力的机关是全国人民代表大会和地方各级人民代表大会，这些权力机关是由人民选举出来的，并且受选民或者选举单位的监督，选民或选举单位，依照法律有权撤换自己选出的代表。②我们国家的行政机关，如国务院、地方各级人民委员会和法院、总检察长，都是由国家权力机关，也就是由人民代表大会产生的，这就是说：人民代表大会不仅有权决定国家大事，还有权决定由什么人负责去办理国家大事，办事违背了人民的利益，还可以撤换他。③为了使整个国家成为一个坚强统一的整体，国家机关办事一定要地方服从中央，下级服从上级，保证中央国家机关能够统一领导全国。人民代表大会制，贯穿了民主集中制原则，民主集中制的具体表现，也就是人民代表大会制。我们的国家制度就是人民代表大会制，这 3 个特点也就是我们的国家制度的特点。这样的国家制度有很大的优越性，主要表现在以下几个方面：①人民代表大会的代表是由人民选举产生并受人民群众的监督，所以人民代表大会是真正代表人民，实现人民意志的机关。我国选举实行普选制，这种选举是在没有任何力量和没有任何政治集团可以压迫或威胁选民的完全自由环境下进行的。在这种环境下选出来的代表，是真正代表人民意志的。同时，我国的《选举法》还在规定各级人民代表大会的代表名额时，采取了一项原则，使社会各阶层的人民都有与其地位相当的代表名额。所以这些代表组成的各级人民代表大会就具有最广泛的人民代表性，充分地代表人民的意志。因此，实行人民代表大会制度就能够保证我们国家的一切权力属于人民。同时,为了防止人民代表大会的代表在当选以后违背自己的诺言,不依照人民的意志行事,1954 年宪法第 38 条和第 61 条规定全国人民代表大会和地方各级人民代表大会的代表都受原选举单位和选民的监督,原选举单位和选民有权按照法律规定的程序随时撤换自己选出的代表,而不必等到任期届满。这就充分表现了人民代表大会制度是能充分代表人民意志的。②人民代表大会具有真实的权力。全国人民代表大会是真正的国家权力机关,它不仅是立法机关,还是工作机关,而且任何国家机关的权限都不能超过它。我国民主集中制的具体表现就是经过人民代表大会统一和集中行使国家的权力。③人民代表大会的另一优越性表现在它能够把我国各族人民紧密地团结起来,成为一个统一的多民族国家。我们的人民代表大会制度没有民族狭隘性的弊病,所以就能把国内各民族毫无例外团结在自己周围,吸引他们参加国家管理,从而使我们国家成为一个民族平等友爱团结的大家庭。

在国家机构方面,学者们的研究主要集中在国家机构体系、原则与具体程序等问题。1954 年宪法草案和宪法规定的我国的国家机关包括:权力机关、行政机关、法院和检察机关以及为了适应我们国家具体的情况和民族的特点设立的中华人民共和国主席和地方民族自治机关。这些国家机关一律实行民主集中制,通过这一制度,就能使人民行使当家作主的权利,就能使我们国家机关从中央到地方形成统一的、完整的组织系统。关于国家权力机关的性质方面,全国人民代表大会是最高国家权力机关,主要是因为:①它享有至高无上的权力。宪法中规定的全国人民代表大会的职权主要有:修改宪法;监督宪法实施;选举中华人民共和国主席;决定国务院的组成人员,选举最高人民法院院长,任命总检察长,并有权罢免他们;决定国民经济计划;审查和批准国家的预算和决算;决定大赦;决定战争与和平的问题；一切它所认为应当由它行使的其他职权，它都可以行使。②全国人民代表大会又是国家的唯一立法机关。宪法中还有关于全国人民代表大会常务委员会的规定，这个常务委员会是全国人大的常设机关，根据宪法所规定的权限和全国人大的决议进行工作，并对全国人大负责并报告工作。全国人大有权罢免人大常委会的组成人员。此外，全国人民代表大会的代表，有权向国务院或国务院各部、各委员会提出质问，受质问的机关必须负责答复。全国人民代表大会还设立有民族委员会、法案委员会、预算委员会和代表资格审查委员会，这些委员会不是权力机关的组成部分，是权力机关辅助性的常设机关，不是国家的决策机关。地方各级人民代表大会，是地方人民直接行使国家权力的机关。各地方人民就通过本地方的人民代表大会参加管理国家的事情。地方国家权力机关受最高国家权力机关的领导，也是国家权力机关组织系统里的一部分。它的职权：一方面要执行上级权力机关的法律或法令；另一方面领导本地方的政治、经济和文化的建设以及维护地方的社会秩序等。

另外，学者们还围绕国家主席、国务院等机构的性质与功能等问题也进行了研究和探讨，取得了一定的研究成果。尽管 20 世纪 50 年代的宪法学研究的整体水平受到一定限制，没有发挥学术引领的功能，但在宪法的制定与实施过程中，特别是宪法颁布初期提高社会民众的宪法意识，扩大宪法的社会影响方面发挥了不可忽视的作用。通过对这一阶段的考察，我们可以发现，一个国家宪法的实施状况与宪法理论研究之间存在密切的联系，如没有宪法理论的指导功能，宪法实施就会失去理论的支持与社会基础。

(4)国家生活中的宪法地位

从宪法运行过程来看，这一时期宪法实施具有良好的社会基础。在社会生活中，1954 年宪法基本上受到尊重，国家生活的发展遵循已确定的宪法秩序。从总体上来看，“从 50 年代到 60 年代初对这部宪法的执行是比较好的”。[1] 在宪法的指导下,我国的社会主义工业化和国民经济的社会主义改造胜利完成,第一个五年计划提前完成,人民的物质和文化生活得到提高,人民民主专政政权更加巩固,各族人民的大团结更加坚强。建设社会主义的目标,经宪法确认后便成为国家的法定目标,具有一体遵行的法律效力。在国际上,由于执行和平外交政策,新中国的国际地位日益得到提高。在这一时期,国家生活的基本方面按照宪法运作,保证了国家政权体系的稳定和协调。在国家领导人和国家机关的具体活动中宪法实施得到了重视,人们开始习惯于以宪法为基础进行活动。

如董必武在 1956 年中国共产党第八次全国代表大会上所作的《进一步加强人民民主法制,保障社会主义建设事业》的发言中指出,宪法是我们国家的根本法,它体现了我党在过渡时期的总路线的要求,明确地规定了实现社会主义改造和社会主义建设的方法和步骤。我国法制建设也从此进入了一个新的阶段。他在分析法制建设中存在的问题时,指出我们党领导人民建立了中华人民共和国,党是国家的领导核心。但是,我们党从来是把党组织和国家机关严格地划分清楚的,党是通过自己的党员和党组织领导国家机关,而不是包办代替国家机关的工作,这是我们一贯坚持的原则。党的八大关于政治报告的决议,正确地分析了中国社会的主要矛盾,提出“国内的主要矛盾已经是人民对于经济文化迅速发展的需要同当前经济文化不能满足人民需要的状况之间的矛盾”,并明确提出党和国家的主要任务是“保护和发展社会生产力”,使党的基本理论的判断符合宪法的基本精神。

1955 年 7 月 5 日在第一届全国人民代表大会常务委员会第十九次会议彭真所作的工作报告中,强调以宪法为基础行使职权的重要

---

〔1〕 逄先知、金冲及主编,中共中央文献研究室编:《毛泽东传》,中央文献出版社 2003 年版,第 342 页。

性。他在报告中谈到,常务委员会进行工作的情况时都以宪法规定为依据,根据宪法规定的外交政策的原则,通过了条约;根据宪法规定通过关于解释法律或法令的决议;依照宪法规定处理了全国人民代表大会代表的来信等。宪法颁布后,近 9 个月的常务委员会的工作中宪法规定得到了基本落实。最高国家权力机关、各级审判机关、检察机关等都严格依照宪法赋予的职权进行工作,发挥了重要功能。

(5)宪法实施与经济发展

在宪法的实施过程中,这一时期的经济发展趋势是比较好的。特别是 1956 年社会主义改造取得决定性的胜利后,社会发展呈现出均衡发展的良好势头。从 1952 年到 1956 年,全国工农业总产值递增 19.6%,农业总产值每年递增 4.8%。在工农业总产值中,工业及手工业总产值所占比重由 1952 年的 41% 提高到 51.3%,国家工业化基础得到了巩固和发展。在新生的国家制定宪法后,经济发展与宪法实施之间的关系是值得研究的重要课题。由于制宪理念与经济成长之间的复杂关系,经济发展中宪法的调整作用显得更为重要。1954 年宪法的设计和理念中如何实现经济正义是重要的价值选择,总纲以大量的条文规定了经济政策与经济生活方面的内容。把经济政策宪法化,通过宪法推动经济发展是我们国家发展的主要目标之一。作为过渡时期的宪法,1954 年宪法力求在经济发展过程中获得更广泛的社会基础,使社会成员在实际发生变化的经济生活中理解和信任宪法。可以说,通过宪法调整,这一时期经济发展的目标基本得到了实现。

2. 第二阶段:1957 ~ 1965 年

1954 年宪法确立了中华人民共和国宪法体制的基本框架,推动了新中国成立初期民主和法制建设。但从 20 世纪 50 年代后期开始,由于党在指导思想上的“左倾”错误发展得越来越严重,连续开展了“反右”斗争、“大跃进”、人民公社化运动,在经济工作中不尊重客观规律,急于求成,搞“穷过渡”;在政治和思想文化方面,把社会主义在一定范围内存在的阶级斗争扩大化、绝对化,党内民主和人民民主都受到严重破坏,社会主义法制统一性也遭到了严重毁损,宪法的地位和作用也迅速减弱乃至仅存一纸具文。

1956 年我国生产资料私有制的社会主义改造基本完成,社会主义的基本经济制度已经确立,人民民主专政的建立以及人民代表大会制度的确立,意味着我国基本政治制度体系已开始正常运作。1956 年,党的八大宣布我国已经进入社会主义社会,正确而深刻地指出了国内主要矛盾已不再是工人阶级和资产阶级的矛盾,而是人民对于经济文化的需求与当前经济文化不能满足人民需要之间的矛盾,并规定经济建设是各项工作的中心任务。这表明,1954 年宪法规定的“一化三改造”任务已经完成,应该及时进行适当的补充、修改。

但是,主要以苏联模式建立起来的高度集权的政治、经济体制,尤其是计划经济体制,使在经济领域依靠自上而下的命令管理经济的方式扩展到政治、文化和其他社会领域。民主、法制不仅没有向纵深推进,反而走向了它的反面。新中国成立初期刚刚建立的法制型治理模式开始滑向了以个人权威为依托的超凡魅力型治理模式。“人治”思想甚嚣尘上,违宪事件愈演愈烈,人民代表大会制度遭到严重破坏。特别是,1957 年“反右”斗争一度被有些学者认为是“政治上、思想上的社会主义革命,也是保卫社会主义制度和保卫宪法的斗争”。“反右”斗争扩大化以后,工人阶级与资产阶级、社会主义道路与资本主义道路之间的矛盾被认为是我国社会的主要矛盾,阶级斗争是解决这一矛盾的最好方法,使社会主义建设事业偏离了正确轨道。在这种社会背景下,1954 年宪法开始了曲折而艰难的发展历程。特别是“反右”扩大化导致的宪法与社会现实的背离直接冲击了宪法的正常运转，社会生活中出现了大量的脱离宪法原则与程序的现象。

1954 年宪法的重要意义和宝贵价值，既表现于它所坚持的社会主义原则，又表现于它所体现的民主原则。然而，由于当时特殊的社会环境，宪法的运行逐渐背离了宪法设计的轨道，宪法所确立的原则遭到全局性的破坏。从 1957 年"反右"斗争扩大化以后，对宪法的民主原则和法制原则的破坏主要表现在以下几个方面：

（1）公民的基本权利与自由遭到严重破坏

1954 年宪法第 83 条规定："中华人民共和国公民有言论、出版、集会、结社、游行、示威的自由。国家供给必需的物质上的便利，以保证公民享受这些自由。"言论自由是公民最基本的政治自由之一。言论自由是公民参政、议政的一个基本条件，是公民对国家的政治事务与政策等既可以发表褒扬、赞同的意见，也可以发表批评的意见。对百家争鸣原则问题，毛泽东 1956 年多次讲话一再强调其重要性。1956 年 3 月，在杭州召开的四省一市党委书记思想工作座谈会上回答"党外人士问，从最低干部到最高领袖、最高决策，能不能批评？"的问题时，毛泽东回答说："宪法有规定吗，让他批评嘛。六亿人口中所有有缺点的人，不管官有多大，都可以批评。讲对了就接受。讲得不对，如果没有害处就算了。"[1]但 1957 年的反右扩大化从根本上排斥言论自由，任意上纲上线，给提出不同意见者"戴高帽子"，在党内、国内营造一种新的意识形态氛围。可以说，1955 年"胡风事件"、1957 年"反右"斗争扩大化严重侵犯了 1954 年宪法所规定的言论自由、学术自由，使社会政治生活趋向于沉闷，学术领域长期停滞不前。客观地说，就当时的形势而言，"对右派分子反击是必要的，但由于对形势的错误估计，夸大了反党反社会主义势力的能量范围，在维护宪

〔1〕 逄先知、金冲及主编，中共中央文献研究室编：《毛泽东传》（上册），中央文献出版社 2003 年版，第 660 页。

法的基本原则之一的社会主义原则时,忽略了另外的基本原则——民主原则和法制原则",[1]这导致了"反右"斗争的扩大化,把广大知识分子、爱国人士为改进党和国家的工作以及为使社会主义制度不断完善而提出的善意、中肯的批评和建议都当作反党反社会主义的言论,这就极大地挫伤了人们参政议政的积极性,使1954年宪法规定的言论自由成为空而不实的一纸具文。

1954年宪法第95条规定:"中华人民共和国保障公民进行科学研究、文化艺术创作和其他文化活动的自由。国家对于从事科学教育、文学艺术和其他文化事业的公民的创造性工作,给予鼓励和帮助。"应当说,宪法的这一规定体现了学术发展的客观规律与全国人民的共同心声。但是,1954年宪法颁行的第二年便发生了由文艺思想的是非分歧,演变上升为敌我性质政治问题的"胡风反革命集团案",并牵涉了许多人。这无疑是对1954年宪法原则的极大嘲弄,也暴露了宪法规定和它所赖以建立的社会基础的不协调,并预示着宪法未来实施历程的坎坷。依据1954年宪法的规定,学术讨论是思想领域的问题,不能通过专政的手段加以解决。国家应采取切实措施,保障公民的学术自由是宪法发展和社会进步的基本条件之一。正如后来中共中央办公厅《关于为胡风同志进一步平反的补充通知》中所指出的:"对于胡风同志的文艺思想和主张,应当按照宪法关于学术自由、批评自由的规定和党的百花齐放、百家争鸣的方针,由文艺界和广大读者通过科学的、正常的文艺批评和讨论,求得正确解决。"在1957年"反右"斗争扩大化中,一些学术观点和不同意见被上升为政治立场问题,甚至把一些具有科学性的东西也当作错误进行批判,其中也涉及法学及宪法学方面。如关于"加快立法、加强法制、不能以政策代替法律","人民法院的任务,不仅应强调它是专政工具,还应强调它在正确处理人民内部矛盾方面的作用","法律不仅有阶级性,

---

〔1〕 1988年中共中央办公厅《关于为胡风同志进一步平反的补充通知》。

还有继承性，对法律、法律科学、法律思想应予以批判的，有选择的吸收”等观点，都被作为右派言论而加以批判。甚至于对宪法规定的公民在法律上一律平等、人民法院依法独立审判、人民检察院依法独立行使检察权等项原则也统统当作资产阶级的宪法原则而加以批判。

从宪法的角度看，这一时期宪法领域的斗争实际上是围绕如何坚持宪法原则的根本性问题。但到底什么是宪法的正确原则，如何评价宪法实施 3 年以来的成就，当时人们的认识是不同的。当时有一种倾向是，把宪法实施过程中提出的一些建设性的意见定性为“否定宪法肯定的政治方向”，以宪法的政治方向批判右派的言论。如有学者在《宪法肯定的政治方向绝不容许篡改》一文中首先肯定了 3 年来宪法实施的成绩，并把所谓右派的言论视为“和宪法指出的政治方向、基本原则相违背”。这篇文章把宪法政治方向归纳为六项原则，即全民大团结的原则、建设社会主义原则、巩固人民民主专政原则、巩固民主集中制原则、巩固共产党领导的原则、巩固国际团结的原则。[1] 对学术界和一些民主党派对法制与宪法发展过程中存在问题的善意的批评说成是“篡改宪法原则”，不利于维护宪法权威。

在当时“左倾”思想的影响下，公民的人身权利也遭到严重侵害。如 1954 年宪法第 89 条规定：“中华人民共和国公民的人身自由不受侵犯。任何公民，非经人民法院决定或者人民检察院批准，不受逮捕。”第 90 条规定：“中华人民共和国公民的住宅不受侵犯，通信秘密受法律的保护。”这些规定对于公民人身权利的保护，具有重大的意义。然而在“反右”斗争中，对右派分子并不是按照法律规定和法定程序来处理，而是随意限制、剥夺他们的人身自由，甚至一些非法定机关也被赋予了逮捕、拘押之权，使公民的人身权利得不到有效保障，这对于万众希冀的宪法来说，无疑是一种极大的嘲弄。

---

〔1〕 载《政法研究》1957 年第 5 期。

此外,1954 年宪法还规定了公民广泛的政治权利和自由,如选举权、被选举权等各项政治自由,这无疑反映了 1954 年宪法高度的民主性,然而在现实生活中,公民的政治权利不经任何程序被剥夺,政治自由受到限制甚至被当作复辟逆流而横加批判的现象屡屡发生。

(2)人民代表大会制度的运行脱离宪法程序

1981 年 6 月 27 日中国共产党十一届六中全会通过的《关于建国以来党的若干历史问题的决议》指出,逐步建设高度民主的社会主义政治制度,是社会主义革命的根本任务之一。中华人民共和国成立以来没有重视这一任务,成了“文化大革命”得以发生的重要条件。这里所指的“高度民主的社会主义政治制度”,在中国,最根本的就是人民代表大会制度。人民代表大会制度是我国人民在中国共产党领导下,从革命根据地政权建设经验中创造的具有中国特色的政治制度。毛泽东同志在总结了我国革命根据地长期政权建设的经验后,指出:“中国现在可以采取全国人民代表大会、省人民代表大会、县人民代表大会、区人民代表大会直到乡人民代表大会的系统,并由各级代表大会选举政府。”同时指出:“只有民主集中制的政府,才能充分地发挥一切革命人民的意志,也才能最有力量地去反对革命的敌人。”[1]

中华人民共和国成立初期起临时宪法作用的《共同纲领》确立了人民代表大会制度是我国的根本政治制度。1954 年宪法总结了我国革命根据地和新中国成立以来的政权建设经验,对我国人民代表大会制度作了具体的规定,它标志着我国人民代表大会制度进入了新的发展阶段,对保证我国社会主义改造和社会主义建设事业的胜利进行,起了重要的作用。但在实践中,人民代表大会制度这一根本政治制度没有得到足够的重视,人民代表大会制度的优越性没有充分发挥出来。从 1957 年下半年“反右”斗争扩大化开始后,这一根本

〔1〕 毛泽东:《毛泽东选集》(第 2 卷),人民出版社 1991 年版,第 638 页。

的政治制度逐渐脱离了宪法程序。

如关于人民代表大会的任期，1954 年宪法第 24 条规定，全国人民代表大会每届任期 4 年。全国人民代表大会任期届满的 2 个月以前，全国人民代表大会常务委员会必须完成下届人民代表大会代表的选举。如果遇到不能进行选举的非常情况，全国人民代表大会可以延长任期到下届全国人民代表大会举行第一次会议为止。然而，由于当时复杂的社会形势以及“左倾”思想的严重干扰，此后的全国人大并没有严格按照 1954 年宪法关于会期的规定，如第二届人大任期从 1959 年 4 月到 1964 年 12 月，共长达 5 年零 7 个月，第三届人大任期从 1964 年 12 月到 1975 年 1 月，长达 10 年。

关于全国人大会期，1954 年宪法第 25 条规定：全国人民代表大会会议每年举行一次，由全国人民代表大会常务委员会召集。如果全国人民代表大会常务委员会认为必要，或者有 1/5 的代表提议，可以临时召集全国人民代表大会会议。但二届人大三次会议被三次推迟，在第二次会议召开 2 年后的 1962 年才举行；二届全国人大四次会议再次推迟，在第三次会议召开 1 年零 7 个多月后才举行；三届全国人大在召开了第一次会议之后的 10 年中再没有举行过任何会议，直到 1975 年 1 月 13 日四届全国人大一次会议召开。

1961 年和 1962 年的国民经济和社会发展计划及国家财政预、决算都没有经全国人大或其常务委员会审议。直到 1963 年 7 月，由第二届全国人大常委会连续召开 3 次会议，听取并审议相关的报告，但这只不过是一种事后认可而已。关于全国人大的地位及其与其他国家机构的关系问题上，毛泽东曾作过生动的说明：“我们的主席、总理都是由全国人民代表大会产生出来的，一定要服从全国人民代表大会，不能跳出如来佛的手掌。”[1]但在 1957 年到 1965 年这段时间里，

---

〔1〕《毛泽东 1954 年 3 月 23 日在宪法起草委员会第一次会议上的插话（节录）》，载《党的文献》1997 年第 1 期。

"如来佛"的地位和作用日渐受到削弱,逐渐被架空。

根据1954年宪法的规定,全国人民代表大会是行使国家立法权的唯一机关。制定法律是全国人大的一项重要职权,同时也是它的一项重要职责。根据宪法的规定和一届全国人大二次会议通过的授权全国人大常委会部分性质法律制定权的决议,全国人大常委会也是享有立法权的机关。但在这段时间里,这项重要的职权基本上没有被行使过,一些基本的、现实生活急需的法律都没有被制定出来。而与全国人大及其常委会的立法工作有密切联系的国务院法制工作部门——司法部、监察部、法制局分别于1959年4月和6月被撤销,这也在一定程度上影响了人大立法权的行使。

反右斗争扩大化以后,由于缺乏人身权利的保障,人大代表在人民代表大会的各种会议上发言和议政时谨小慎微,不敢大胆发表意见,更不敢轻言政治法律方面的议题。据统计,1957年6月召开的一届全国人大四次会议,代表提案243件,其中政治法律方面的23件;1958年2月召开的一届全国人大五次会议,代表提案81件,其中政治法律方面的只有11件;1959年召开的二届全国人大一次会议,代表提案80件,其中政治法律方面的只有关于民政工作的1件;1960年3月召开的二届全国人大二次会议,代表提案46件,其中政治法律方面的一件也没有。政治法律议案的逐年减少,是人大立法活动削弱的一个重要标志。[1] 反右斗争扩大化也直接波及全国人民代表大会内部。代表们在大会上的一些发言被当作反党反社会主义的言论而加以批判,有的因此失去了代表资格。第一届全国人大四次会议甚至把反右斗争作为会议的一项重要内容,将批判代表中的右派分子作为会议的一项议程。在1958年2月召开的一届全国人大五次会议上,因为是右派分子被取消代表资格的38人,被罢免的人大常委会委员3人,人大民族委员会委员3人,人大法案委员会委员6

〔1〕 徐付群:《共和国五十年代法制建设研究》,中国人民大学1997年博士学位论文,第138页。

人,国防委员会委员1人,国防委员会副主席1人。经一届全国人大常委会第93次会议通过决议撤销的所谓右派分子部长3人。在1958年至1959年,因是右派分子,经人大常委会撤销职务的17起,批准撤销职务的30起。[1] 由于全国人大及其常委会会议上缺少畅所欲言的民主气氛,人大代表提议案的积极性明显减弱。第一届人大一至四次会议,代表们所提的议案数量分别为39件、214件、176件、243件,呈上升趋势。一届人大四次会议至二届人大二次会议,同样也是4次会议,代表们所提议案的数量却分别为243件、81件、80件、46件,呈大幅度下降趋势。[2]

由于人民代表大会制度的作用受到影响,20世纪50年代末以后,国家政治生活出现了沉闷的状态,经济发展活力也受到各种因素的阻碍。针对这些问题,党和政府开始在一定的范围内调整国家政策,试图恢复以宪法为基础的国家政治体制,协调以人民代表大会制度为中心的各种政治经济关系。1962年1月,刘少奇在七千人大会上指出:我们党是国家的领导党,但是,不论何时何地,都不应该用党的组织代替人民代表大会和群众组织,使它们徒有其名,而无其实。[3] 1962年3月,在第二届全国人大第三次会议上,周恩来在政府工作报告中,特别强调指出:我们的民主集中制,表现在国家政治生活方面,首先就是全国各族人民,经过人民代表大会制度,统一和集中地行使国家的权力。全国人民代表大会和它的常设机关以及各级人民代表大会,充分发挥它们在国家生活中的作用,对于发扬人民民主和推进社会主义建设事业,具有重大的意义。[4] 在中央有关精

---

〔1〕 参见彭真向全国人大一届五次会议和二届一次会议所作的《关于全国人民代表大会常务委员会工作报告》。

〔2〕 袁瑞良:《人民代表大会制度形成发展史》,人民出版社1994年版,第501~504页。

〔3〕 中共中央文献编辑委员会编:《刘少奇选集》(下卷),人民出版社2004年版,第403~404页。

〔4〕 中共中央文献研究室编:《建国以来重要文献选编》(第14册),中央文献出版社1997年版,第305页。

神的指导下,党的领导与人大的关系得到了一定程度的调整,使各级人大的功能得到了恢复与发展。为了保证权力机关的代表性与广泛性,中共中央在有关文件中特别规定省、市、自治区的人民代表大会代表中,共产党员最多不能超过50%,县、市区的人民代表大会代表中,共产党员最多不能超过60%。[1] 停滞不前的地方人大监督权等工作开始有了新的进展,全国人大的刑法、民法等法律的制定工作提到日程上,有的法律草案已有了33稿。但这种局面没有维持多长时间,其存在与发展的社会基础是十分脆弱的。

总之,在宪法实施过程中出现的与宪法规定不一致的现象,当时国家领导人或有关部门没有通过一定形式作出任何权威性的说明,未能给社会带来合理的预期。1954年宪法中有关会期等基本规定并没有在社会现实中得到切实遵守。众所周知,任期制是和选举制度紧密结合在一起的,只有按期开会,定期选举,才能保障人民民主权利与政权基础的权威性与合法性。全国人民代表大会作为国家的最高国家权力机关,它主要是以会议的形式行使最高权力的,它是我国民主的基础和保障,如果全国人民代表大会长期不开会,那么很难保障国家权力的合法性与权威性。根据宪法规定,人民行使权力的机关是全国人民代表大会和地方各级人民代表大会,其他国家机构都要由它产生,对它负责,受它监督,如果全国人大不定期开会,人民代表大会的任期被任意地延长,那么相应地,其他国家机关及其组成人员的任期也将被延长,政权体系的正当性与权威性受到直接影响,整个国家机构组织体系的运行将会发生紊乱,从而根本上损害人民民主制度的基础。

(3)国家重大决策与合宪性基础

宪法实施过程中决策的科学化、民主化是国家建设中的重要问题,特别是能否确立宪法思维,严格依照宪法进行决策对于维护宪法

---

[1] 何蓬:《毛泽东时代的中国》,中共党史出版社2003年版,第357页。

权威有着十分重要的作用。但在 1957 年以后国家的一系列决策和政策调整中宪法的作用越来越受到削弱,甚至完全失去了作为根本法的调整功能。

1956 年 6 月 15 日第一届全国人大第四次会议通过了 1956 年国家预算的报告,使国家预算计划具有合法性。但在编制"二五"国家发展计划时宪法的程序没有得到严格的遵循。从 1958 年开始,我国开始进入国家建设的第二个五年计划。按照 1954 年宪法第 27 条关于全国人民代表大会职权的规定,全国人大有权决定国民经济计划、审查和批准国家的预算和决算等。但是,1956 年 11 月党的八届二中全会通过的第二个五年计划指标,没有严格依照法定程序提请全国人大审批,便在全国推行。1958 年开始的"大跃进"和人民公社化运动,实际上涉及调整国民经济计划和财政预算、改变宪法关于农村基层政权规定的重大问题,但都没有提请全国人大及其常务委员会讨论,便由党内决定实施了。"大跃进"运动始于党的八届二中全会。会议根据毛泽东的创议,正式确定了"鼓足干劲,力争上游,多快好省地建设社会主义的总路线"。这条总路线的提出尽管反映了当时人民群众建设社会主义的热情和改变中国经济文化落后的愿望,但忽视了经济发展的客观规律,否定了国民经济计划的综合发展,过分夸大人的主观能动性。根据新的形势发展的需要,国家计委重新编制了计划,并向中共中央提出新的《第二个五年计划要点》。1958 年 4 月中共中央发出关于把小型农业生产合作社适当变为大社的意见;1958 年 8 月中共中央政治局北戴河扩大会议作出《关于在农村建立人民公社问题的决议》,此后,全国农村一哄而起,大办人民公社,到 1958 年年底,全国农户的 99% 以上参加了人民公社。[1] 全国原有的 74 万多个农业生产合作社改组成 2.6 万多个人民公社,参加公社的

---

〔1〕 胡绳主编、中共中央党史研究室:《中国共产党的七十年》,中共党史出版社 1991 年版,第 360～366 页。

农户 1.2 亿多户。宪法规定的农村基层政权体制在现实生活中实际上被彻底抛弃。

(4)司法的宪法原则遭到破坏

按照 1954 年宪法的规定,全国人大常委会、国务院、最高人民法院和最高人民检察院都要向全国人民代表大会负责并报告工作,听取和审议有关的工作报告,通过相应的决议,给予评价并提出要求,这是人大行使监督权的基本方式。但全国人大一届五次、二届二次、二届四次会议都没有审议国务院的政府工作报告。全国人大一届五次、二届二次、三次、四次会议都没有听取和审议最高人民法院和最高人民检察院的工作报告。对国民经济和社会发展计划以及国家财政预算和决算的审议也很不规范。宪法确定的国家权力体系开始发生变化,宪法调整逐步被党的一元化领导所取代。1957 年 7 月,中共中央在青岛开会,毛泽东在《1957 年夏季的形势》一文中提出:"在不违背中央政策法令的条件下,地方政法文教部门受命于省市委、自治区党委和省、市、自治区人民委员会,不得违反。"根据宪法规定,司法机关只能向国家权力机关负责,包括最高司法机关和地方各级司法机关。11 月 30 日,最高人民法院、司法部党组向中共中央的报告中谈今后的工作时,第 1 条就是"在不违背中央政策法令的条件下,地方政法文教部门受命于省、市委、自治区党委和省、市、自治区人民委员会,不得违反。并说,各级人民法院必须绝对置于党委的领导之下,不仅在方针政策,而且全部审判活动,都必须坚决服从党委的领导和监督,人民法院党组必须经常主动地向党委请示、报告工作"。[1]

1958 年 3 月至 8 月,司法系统召开了一系列会议,如全国省市自治区检察长会议、第四届全国司法工作会议、第四届全国检察工作会议等。在这些会议上,为了贯彻中央的指示精神,对宪法规定的一些

---

〔1〕 郑谦等:《当代中国政治体制发展概要》,中共党史资料出版社 1988 年版,第 89 页。

原则和规定进行了批判,实际上严重地削弱了司法工作的宪法基础。如批判了"片面强调保护人民民主权利"的错误;批判忽视"法制的阶级性和群众性"的错误;批判所谓"资产阶级观点"和"照搬苏联经验","否定"独立行使职权","只服从法律"和一般监督等宪法规定的司法原则;批判了所谓"忽视党的领导"的错误。实际上 1954 年宪法规定的"人民法院独立进行审判,只服从法律"等原则的规定反映了司法活动的基本原则,是经过反复研究后规定的。强调法律的权威、依照宪法行使职权是尊重人民意志的具体表现。但当时,这些宪法原则与规定被说成是"向党闹独立性"。经过司法系统的"反右倾",在司法工作中司法机关不仅服从中共中央的领导,而且服从地方党委的领导,服从党对具体审判案件的领导。在这种错误观念的影响下,宪法规定的检察机关领导体系发生了变化,由原来实行的"垂直领导"变为"双重领导",既受上级检察机关的领导,又受同级人民委员会的领导。特别是 1958 年以后,下放死刑案件的审批权时,规定由地方各级党委审查核准,判处或审核的死刑立即执行案件,须先经省、市、自治区党委审查核准,再报最高人民法院党组复核。

随着司法系统宪法基础的削弱,一些重要的司法制度开始被削弱。自第一届全国人大第一次会议建立的人民律师制度、公证制度、人民陪审员制度等开始遭到破坏,1959 年 4 月第二届全国人大第一次会议作出决议,撤销司法部。在地方,按照宪法规定,本来就建立了公、检、法相互制约的体系,但这种体系逐步发展为完全融合的体系。农村实行人民公社体制后,公社成立了政法公安部,将原来的基层人民法院派出的人民法庭合并。许多地方县一级的公安机关、检察院和法院实行了组织上的合并,成立没有合法性的政法公安部,没有合并的地方 3 个机关采取了合署办公的工作方式,由党的政法工作领导小组统一领导。

到了 20 世纪 60 年代初,政法机关进行了大规模的精简,中央层面的司法机关体系在“调整”的名义下进行所谓合署办公,实际上改变了1954年宪法确定的司法机关体系。1960年11月,中共中央对中央政法小组关于中央政法机关精简机构和改变管理体制的报告作出批复。根据这个批复,最高人民法院、最高人民检察院和公安部实行合署办公,由公安部党组统一领导。合署办公以后,最高人民法院和最高人民检察院虽然名义上没有变化,但实质上的体系与功能发生了变化。如最高人民法院只留下约50人,最高人民检察院只留下20~30人,完整的审判体系与检察体系大大削弱,只是各自设立办公室处理日常的业务工作。根据1954年宪法,法、检、公三机关是具有不同性质与功能的机关,并存在相互的制约与监督关系,如公安机关是国家的维护治安的机关,在刑事诉讼中行使侦查、拘留和预审等职权,法院是国家的审判机关,检察院是国家法律监督机关。但合并以后,三个国家机关之间的宪法关系失去了相互调整的基础,特别是公安部党组领导最高人民法院和最高人民检察院工作的做法直接与1954年宪法的规定相抵触。到了60年代中期,司法机关系统基本上处于瘫痪状态,从逮捕到审判,均由党委或政法党组决定,从宪法上的司法机关变为党执行机关。

3. 第三阶段:1966~1975年

1966年中国爆发了史无前例的“文化大革命”,中华人民共和国这列高速行驶的列车严重脱离宪法轨道。全国人民代表大会基本上停止活动,1954年宪法实际上被废弃,宪法秩序被所谓的“革命秩序”所取代,国家和社会生活中发生了令人难以置信的现象。经过几年“无法无天”的“群众革命”以后,宪法的各项原则被破坏殆尽,宪法完全成了一纸空文。[1]

(1)公民基本权利失去宪法保障

1954年宪法规定了公民广泛的权利和自由,然而在“文化大革

---

〔1〕 韩大元主编:《新中国宪法发展史》,河北人民出版社2000年版,第83页。

命”中,公民的权利和自由被彻底抛在一边,不仅政治权利得不到保障,甚至连人身权利以至于起码的人格尊严都得不到保护。1967年中共中央、国务院联合颁布了《关于在无产阶级“文化大革命”中加强公安工作的若干规定》,其中规定:各级公安机关保障大鸣、大放、大辩论和大串联;保护革命群众和革命群众组织。并规定凡是对“文化大革命”表示不满、提出批评或抵抗的都以“反革命”论处。这一“公安六条”本身是缺乏宪法基础的违宪的规定,但以中央的名义公布后产生了“合法性”的效果。在这种环境下,宪法规定的公民基本权利保障失去了应有的基础。这一点,可以从国家主席刘少奇的命运中得到体现。刘少奇自1966年年初开始被揪斗至1969年11月12日被迫害致死,其间,1967年7月18日被造反派非法抄家,1967年7月开始被单独关押,1968年10月,经中共第八届扩大的第十二次中央委员会全体会议决议,被撤销党内外一切职务,永远开除出党。[1] 宪法所规定的人身自由、人格尊严、住宅自由以及关于人民代表大会代表人身权利的特别保护,都受到了损害。

(2)国家机构体系遭到破坏

根据1954年宪法的规定,中央国家机构系由全国人大常委会、中华人民共和国主席、国务院、最高人民法院、最高人民检察院等组成。然而,“文化大革命”开始后,中央国家机关体系的职权和分工彻底被打乱,没有任何宪法依据的中央“文化大革命”小组被赋予极大的权力,凌驾于其他中央国家机关之上,任意发号施令。从1967年到1975年,8年中,除了1966年7月全国人大常委会召开过一次会议,再没有举行过任何会议,全部停止活动。1966年7月7日,第三届全国人大常委会举行第33次会议,会议上康生对延期召开第二届全国人大第二次会议作了说明。他说,“一个轰轰烈烈的史无前例的无产阶级‘文化大革命’运动,席卷着全国各个方面。这个斗争的意

[1] 文正邦等:《共和国宪政历程》,河南人民出版社1994年版,第80~85页。

义很重大,它不仅是巩固我们无产阶级专政,防止资本主义复辟的问题,而且还关系到每个人的思想改造,触及每个人的灵魂。不可避免地有个别人大代表、政协委员被批斗,被斗争。如果把他请来开会,人家称你是保皇派——在革命运动中,少开一次会议或迟开一次会议,是可以的,允许的。延期召开,对我们的社会主义民主是否有所损害呢? 没有。因为'文化大革命'是全国性的大鸣、大放、大辩论、大字报这样的全面的大民主运动,对社会主义民主是有重要意义的。"会议没有经过讨论就通过了延期召开会议的决定。

在以后的国家机构调整中,宪法已经失去了实际功能。中央国家机关体系中,只保留国务院和最高人民法院,作为法律监督保障机关的检察院被撤销,甚至宪法规定的国务院职权也被大大压缩,相当一部分权力转移到中央"文化大革命"小组手里。在地方国家政权体系中,权力机关、行政机关、审判机关、检察机关全部被革命委员会取代。1967 年实行"全面专政"时,革命委员会只是一种临时性的权力机构,但后来革命委员会实际上成为"建国以来最具有革命代表性的无产阶级专政的权力机构",[1]具有常设性的政权组织体系。1967 年中共中央、国务院、中央军委、中央"文化大革命"小组作出《关于成立革命委员会几个问题的批复》,对批准成立革命委员会的程序与权限等问题作了具体的规定。

总而言之,在 1966 ~ 1975 年,宪法在现实生活中失去了应有的规范力,无法发挥其调整作用,可以说没有得到正常实施。考察 1954 年宪法从制定到实施的全过程,我们发现,1954 年宪法总体而言是一部制定得很好的宪法。但在宪法实施方面并没有取得良好的社会效果,正常实施时间只有 3 年左右。因为"一部宪法的生命力不仅体现在它的制定上,更重要的是要体现在实施过程中。只有全面地、正确地实施宪法,才能把纸上的宪法变成现实的宪法。只停留在条文

---

〔1〕 载《红旗》1968 年第 4 期。

上,不重视宪法的实际运用,那么这种宪法就会失去存在的价值,是脱离现实的宪法"。[1] 1954 年宪法经过轰轰烈烈的宣传、学习阶段,刚刚开始在现实中实际运行便日渐受到忽视与削弱,最后处于停止状态,几乎沦为一张废纸,遭到不宣而废的厄运。[2]

二、1954 年宪法的历史地位

1954 年宪法是中国历史上第一部社会主义类型的宪法,也是新中国的第一部宪法。从前述 1954 年宪法产生与运行的过程中可以看出,它是中国共产党领导全国人民制定的,是在中国宪法发展史上人民第一次自主地通过行使制宪权而制定的,实现了党的正确主张和人民共同意志的统一。这部宪法实事求是地总结了无产阶级领导的反对帝国主义、反对封建主义、反对官僚资本主义的人民革命的经验,总结了新中国成立初期社会改革、经济建设、文化建设和政府工作的基本经验,明确地规定了我国人民进行社会主义建设和社会主义改造的目标和道路,是全国人民的共同愿望和根本利益的集中表现。

1. 从宪法与国家的关系看,1954 年宪法起到了国家建构的作用。宪法是共同体的基本法秩序。它确立了政治统一体应如何构建以及国家任务应如何得以完成的指导原则。[3]

1954 年宪法在《共同纲领》的基础上,确立了国家建构的规范基础。在"序言"中写道:"这个宪法以 1949 年的中国人民政治协商会议共同纲领为基础,又是共同纲领的发展。"这一表述意味着,1954 年宪法是建立在《共同纲领》基础之上的正式宪法,延续了《共同纲领》的使命从而完成国家建构的任务。

---

〔1〕 徐秀义、韩大元:《宪法学原理》(上),中国人民公安大学出版社 1993 年版,第 77 页。
〔2〕 韩大元主编:《新中国宪法发展史》,河北人民出版社 2000 年版,第 85 页。
〔3〕 参见韩大元:《五四宪法的历史地位和时代精神》,载《中国法学》2014 年 4 期。

作为新中国成立的政治基础,《共同纲领》的使命是充任新中国成立的“临时宪法”。[1]《共同纲领》在“序言”最后一句写道:“中国人民政治协商会议一致同意以新民主主义即人民民主主义为中华人民共和国建国的政治基础,并制定以下的共同纲领,凡参加人民政治协商会议的各单位、各级人民政府和全国人民均应共同遵守。”这一表述一方面界定了《共同纲领》的性质,即“建国的政治基础”,但还不能认为它已经是完整的法律基础;另一方面,《共同纲领》要求全体人民负有遵守的义务,但在宪法意义上的国家尚未完全建立、人民范围无法确定的情况下,作为“政治协商”而非全体人民民主讨论的产物,其适用主体主要是参加政协会议的单位和人民政府。因此,《共同纲领》起到了“建国纲领”“临时宪法”的作用,但它本身不是宪法,不能代替宪法长期存在。制定《共同纲领》的目的在于凝聚各方面力量、取得广大人民群众和各界人士支持,发挥着引导新中国进行新民主主义建设的纲领性作用。但建国大纲毕竟不能完成国家建构的全部任务,而且随着新民主主义建设的深入发展,《共同纲领》所规定的政治制度、经济制度主要满足了建立政权的需求,无法满足国家经济和社会建设进一步发展的需要。

在《共同纲领》的基础上,1954 年宪法总结中华人民共和国成立 5 年来的实践经验,经过民主程序最终完成了国家建构的使命。《共同纲领》奠定的制度基础包括各项新民主主义的国家制度和社会制度,它们在实际生活中得到了很好的尊重和有效的运行。而国家建构的完成在 1954 年宪法的制定过程中得到集中体现,是人民第一次行使制宪权。

2. 从宪法的性质看,1954 年宪法是属于社会主义类型的宪法。

---

〔1〕《共同纲领》是否是建国宪法,学界有不同主张。笔者主张《共同纲领》是临时宪法,正式宪法是 1954 年宪法。参见韩大元:《论 1949 年〈共同纲领〉的制定权》,载《中国法学》2010 年第 5 期。

在我国近代史上,至少从五四运动以来,围绕中国的前途和命运,一直争论的焦点问题就是:由谁领导,走什么道路。最后,历史作了结论,人民作了选择,那就是:没有共产党就没有新中国,只有社会主义才能救中国。这场争论反映在立宪问题上,就是:是追随资本主义国家,制定一部资本主义类型的宪法,还是效法苏联,制定一部社会主义类型的宪法?在 1954 年宪法的起草过程中,制宪者们总结了从清朝末年以来关于立宪问题的基本经验。如制宪时参考了北洋军阀政府的几个宪法和宪法草案,国民党反动政府的《中华民国训政时期约法》以及蒋介石的"伪宪法"等。正像资本主义道路在中国行不通一样,新中国的宪法不可能、也不应该属于资本主义类型,而只能属于社会主义类型。1954 年宪法明确规定了过渡时期宪法的社会主义性质,体现了人民民主原则和社会主义原则,指明了社会主义的发展道路,明确了奋斗目标和前进的方向。但在性质上,1954 年宪法并不是"社会主义的宪法",它只是建设社会主义的宪法,不同于胜利了的社会主义的宪法,否则会脱离我国过渡时期的社会发展阶段。

3. 从宪法的特点来看,1954 年宪法的基本特点主要体现在 4 个方面的统一:原则性与灵活性的统一;本国经验和国际经验的统一;领导和群众智慧的统一;科学性与通俗性的统一。宪法是人民权利的保证书,体现的是广大人民的意志,首先应该让人民看懂,这样才能形成人民群众遵守和实施宪法的意志力,形成宪法发挥生命力的良好的环境。[1]

4. 从宪法发展的目标看,1954 年宪法同时也是过渡时期动员全国人民为建设社会主义社会而奋斗的伟大纲领。当时,我国还处在从新民主主义社会到社会主义社会的过渡时期,1953 年我们党确定

---

〔1〕 韩大元:《关于新中国 1954 年宪法制定过程若干问题探讨》,载《河南省政法管理干部学院学报》2004 年第 4 期。

了过渡时期的总路线和总任务,“是要在一个相当长的历史时期内,逐步实现国家的社会主义工业化,并逐步实现对农业、手工业和资本主义工商业的社会主义改造”。这是一条社会主义建设和社会主义改造同时并举的总路线。1954 年宪法以国家根本法的形式,把中国共产党在过渡时期的总路线作为国家在过渡时期的总任务确定下来,使之具有了法律效力,成为在过渡时期动员全国人民为建设社会主义而奋斗的伟大纲领。

5. 从宪法的基本功能看,1954 年宪法把人民民主原则和社会主义原则制度化、法律化,巩固了新生的社会主义政权及其赖以建立的基础。贯穿在整个 1954 年宪法中的人民民主原则和社会主义原则是它的指导思想,又主要体现在它所确定的国家制度和社会制度上,并由此延伸至公民的基本权利和义务。

对于 1954 年宪法的历史地位,毛泽东同志在第一届全国人民代表大会第一次会议开幕词中说:“这次大会是标志着我国人民从 1949 年建国以来的新胜利和新发展的里程碑。这次会议所制定的宪法将大大地促进我国的社会主义事业。有了这部宪法,我国人民就有了一个有力的武器,将更加充满信心地为建设社会主义而奋斗,将要以更大的规模去推进社会主义事业。”1954 年宪法为中华人民共和国宪法体系的建立提供了统一的基础。宪法的实施,对于全面确立人民代表大会制度,加强人民民主专政政权的建设,促进我国社会主义逐步实现由新民主主义到社会主义的过渡,完成生产资料私有制的社会主义改造,消灭剥削制度,建立社会主义制度,从而大大解放和发展社会生产力,以比较快的速度基本形成比较完整的社会主义国民经济体系,发挥了巨大的历史性的推动作用。

6. 从宪法的国际影响看,1954 年宪法表现了开放性与国际视野。刘少奇在宪法草案的报告中指出,中华人民共和国宪法的公布,不但会使全国人民欢欣鼓舞,而且也会使我们在全世界一切国家中的朋友感到高兴——我们的宪法已经把我国在国际事务中的根本方针规定下来了。学者们在评价 1954 年宪法国际意义时强调了宪法的社会主义性质对国际社会产生的积极的影响。有学者认为，我国宪法则为殖民地半殖民地国家的人民，指出了推翻帝国主义的统治、争取民族解放与民主自由的斗争道路，都将是这些被压迫国家的人民可能和必须走的道路。所以，我国宪法对于中国人民是斗争胜利的总结和前进的指标，而对于殖民地半殖民地国家的人民则是革命斗争的纲领以及独立自由和幸福繁荣的远景。这一切都鼓励着全世界被压迫民族为自由解放而斗争的信心和勇气，给予了他们精神的和物质的动力。[1] 实际上，1954 年宪法的民主主义、国际主义与社会主义是具有内在联系的价值体系，体现了 1954 年宪法的开放性。

中华人民共和国的成立，对于社会主义阵营与国际关系产生了重要影响。在 20 世纪 50 年代国际关系的格局中，中国宪法模式，特别是国家制度的安排对于国际社会评价社会主义体制产生了重要影响。1954 年宪法体现巩固国际团结的原则，为 1954 年宪法树立良好的国际形象提供基础。刘少奇在宪法草案报告中专门谈到宪法国际影响，指出"我们的宪法已经把我国在国际事务中的根本方针规定下来，这个方针就是要为世界和平和人类进步的崇高目的而努力"。毛泽东则认为，"这个宪法草案公布以后，在国际上会不会发生影响？在民主阵营中，在资本主义国家中，都会发生影响"。

1954 年宪法也得到世界各国友好人士与团体的认同和赞扬。比如，澳大利亚的"卫报"赞扬了 1954 年宪法草案；[2] 苏联《各报》、[3] 朝鲜的劳动新闻和《民主新闻报》、波兰的《人民论坛报》、保加利亚的《工人事业报》、捷克斯洛伐克的《红色权利报》、蒙古的《真理报》、

---

〔1〕 吴德峰等编著：《中华人民共和国宪法讲话》，湖北人民出版社 1954 年版，第 126 页。

〔2〕《澳大利亚"卫报"赞扬我国的宪法草案》，载《新华社新闻稿》1954 年第 1502 期。

〔3〕《苏联各报发表社论祝贺我国宪法，越南"人民报"著论祝贺我国人民代表大会会议》，载《人民日报》1954 年 9 月 22 日。

阿尔巴尼亚《人民之声报》均发文赞扬 1954 年宪法。比如,朝鲜劳动新闻以“中国人民的宪法”为题发表评论说:“中华人民共和国宪法的通过和公布,不仅是中国人民历史性的胜利,而且也是具有国际意义的重大事件。它给一切殖民地和附属国人民清楚地指明了反对封建和帝国主义压迫剥削、永远摆脱奴隶和贫困处境而进行斗争的前进方向。”波兰《人民论坛报》评论指出,中华人民共和国宪法“不仅对于中国具有重大的意义,而且对于世界也具有重大的意义。”捷克斯洛伐克《红色权利报》发表社论说,“中华人民共和国宪法体现了中国广大人民群众长期的愿望,因为它记录了中国人民长期的斗争的成果,体现了由于中国人民革命的胜利而产生的一切根本变化。同时,这个宪法也是一个具有国际意义的历史性文件”。蒙古的《真理报》发表社论指出:“具有历史意义的中华人民共和国宪法的通过,保障了中国人民革命胜利的伟大成果。同时,中华人民共和国宪法的通过也是具有世界意义的一件大事。千百万中国人民所获得成就是伟大的,中国人民通过了自己的宪法也是全体进步人类的一件大喜事。”〔1〕

三、1954 年宪法与其之后 3 部宪法

(一)1954 年宪法与 1975 年宪法

1. 1954 年宪法修改问题的提出

如前所述,1954 年宪法是为适应过渡时期的发展需要而制定的,按照当时的时间推算,宪法大概要管 15 年。但是,由于社会主义改造的提前完成,宪法规范与社会生活之间开始出现了矛盾与冲突。宪法规范所调整的社会关系出现了新的特点,需要以调整宪法运行机制。因此,对 1954 年宪法的修改问题开始成为中共和社会各界关注的问题。

〔1〕《各人民民主国家报纸赞扬我国宪法》,载《人民日报》1954 年 9 月 26 日。

第一次提出宪法修改问题是 1956 年八届二中全会上,毛泽东提出“以后修改宪法,我主张加一个罢工,要允许工人罢工”。毛泽东正式提出修改 1954 年宪法是在 1957 年春季。1954 年毛泽东被选为国家主席后曾在不同场合多次讲到不再担任下一届国家主席职务。听到这个消息后,陈叔通和黄炎培给时任全国人大常委会委员长刘少奇和总理周恩来写了一封信,信中希望毛泽东继续担任国家主席,并提出:似应再连一任,于 1954 年宪法第 39 条第 2 项“任期四年”下加一句“连任不得超过两任”,则以后依法办事。信中还特别要求在宪法上规定代行职权的问题,设立 2 人或 3 人的国家副主席。毛泽东接到转来的信后,一方面继续坚持不再担任下一届国家主席的主张;而另一方面正式提出了宪法修改问题。他在给刘少奇等人的批语中写道:此事应展开讨论,才能打通思想,取得同意。修改宪法问题,值得考虑。他同时指出,可以考虑修改宪法,主席、副主席连选时可以再任一期,即在今年人代大会修改宪法,请邓小平同志准备。第一任主席有两个理由说清楚可以不连选:(1)中央人民政府主席加上人民共和国主席任期已满 8 年,可不连选;(2)按宪法制定时算起,可连选一次,但不连任,留下 4 年,待将来如有卫国战争一类重大事件需要我出任时,再选一次。根据毛泽东的要求,中共中央在 1958 年 12 月 10 日召开的八届六中全会上,作出了《同意毛泽东同志提出的关于他不作为下届国家主席候选人的建议的决定》,决定写道:“几年来,毛泽东同志曾经多次向中央提出,希望不再继续担任中华人民共和国主席的职务。中央全会经过了充分的、多方面的考虑以后,决定同意毛泽东同志这个建议,在第二届全国人民代表大会第一次会议上,不再提他作为中华人民共和国主席的候选人。”上述的批语是毛泽东第一次对 1954 年宪法修改问题发表的意见,原计划是 1959 年第二届全国人大第二次会议上修改宪法的有关条款,主要涉及国家主席任期的限制。

第二次提出1954年宪法修改是1970年2月,中共中央政治局在筹备第四届人大时提出了修改宪法的问题。根据会议的决定,周恩来拟定了宪法修改草案提要,并于3月初送到正在武汉视察的毛泽东手中。在提要中,周恩来提出新宪法中是否设国家主席一章,并说明政治局讨论的结果是应设国家主席,并由毛泽东担任。3月7日,毛泽东明确表示:宪法中不要设国家主席这章,我也不当国家主席。3月8日,中央召开政治局会议,与会者均表示同意毛泽东意见。会议同时决定成立由康生、张春桥、吴法宪、李作鹏、纪登奎等组成的宪法修改小组。3月12日开始,宪法起草小组召开了会议,对宪法修改问题进行讨论。会议后形成了《关于修改宪法问题的请示报告》,报告中明确提出不设国家主席和检察机关。但由于出现"九·一三事件",有关修改1954年宪法的工作不得不停下来,一直到1974年才正式启动修改程序,进行修改工作。1975年宪法的颁布标志着运行了21年的1954年宪法完成其历史使命,其效力被1975年宪法所取代。

2. 1954年宪法与1975年宪法

在宪法建设方面,1954年宪法奠定了我国宪法体制的基本框架与发展模式,它所确立的人民民主原则和社会主义原则、中央国家机关组织体系、中央和地方的关系以及公民的基本权利和义务等多方面的规定都为后来的宪法所继承。

在讨论1975年宪法修改时,宪法起草小组和宪法起草委员会对1954年宪法的体制和有关修改程序是比较关注的。从实定法的意义上讲,1954年宪法是1975年宪法的法律基础。1975年宪法和1954年宪法在法律程序上的联系主要表现在:

(1)根据1975年宪法草案报告内容,"1975年宪法是1954年宪法的继承与发展"。1975年1月13日,在第四届全国人民代表大会第一次会议上,张春桥所作的宪法草案报告中对1975年宪法和1954

年宪法的关系作了表述。报告说,1954 年宪法是中国第一个社会主义类型的宪法,它用根本法的形式,总结了历史经验,巩固了我国人民的胜利成果,为全国人民规定了一条清楚的明确的前进道路。20 年来的实践证明,这个宪法是正确的。它的基本原则今天仍然适用。报告指出,现在提出的宪法草案是 1954 年宪法的继承和发展,它是经过全国各族人民反复讨论产生的,是领导机关的意见和广大群众的意见相结合的产物。

(2)关于修改 1954 年宪法的必要性问题。如前所述,从 1956 年开始,毛泽东在不同场合,针对不同问题提出过 1954 年宪法的修改问题。到了 1970 年以后修宪问题实际上成为国家政治生活中的焦点问题。1970 年 3 月 17 日,中共中央在北京召开了工作会议。在会议上,宪法工作小组的负责人,向会议作了工作情况的《通报》。《通报》对修改宪法的必要性问题作了如下表述:要明确毛泽东为什么提出要修改宪法,不是因为宪法有错误,而是主席说,这个宪法"是过渡时期的宪法,大概可以管 15 年左右"。毛主席提出了无产阶级专政下继续革命的伟大理论,我们的宪法,要适应这种情况,要修改。我们要把宪法修改成为社会主义宪法。

(3)关于 1975 年宪法修改的指导思想与原则。修改宪法的指导思想为毛泽东无产阶级专政下的继续革命,具体原则以毛泽东在 1954 年宪法制定时的原则为基础,即要总结历史经验,以我们自己的革命和建设的经验为主,同时参考别国宪法中好的东西;要把原则性与灵活性结合起来;坚持民主原则和社会主义原则;采用领导机关的意见和广大人民群众意见相结合的方法。可以看出,1975 年宪法的修改原则力图基本延续了 1954 年宪法制定过程确立的原则,保持了原则的延续性。

(4)修改过程的民主基础。在中共中央宪法修改工作的计划和宪法工作小组的工作计划中,对草案的群众讨论问题给予了特别关注,要求布置动员群众讨论修改过程。“动员全国革命群众”参加修改宪法过程是发扬民主的重要形式。尽管在当时特殊的社会背景下,人们对宪法的认识已经发生动摇,宪法在人们心目中没有产生预期的效果,但作为规模比较大的修宪工作对民意还是给予了一定程度的关注。在群众中讨论宪法草案的时候,中共中央以“通知”的形式提出了“在这次组织群众反复讨论修改宪法的工作中需要掌握”的几条原则:毛泽东对于马列主义国家学说的发展和无产阶级专政下的继续革命的理论与实践;我国性质是工人阶级领导的以工农联盟为基础的无产阶级专政的社会主义国家;各族人民伟大领袖毛主席是中华人民共和国的缔造者;原则性和灵活性结合起来;要总结历史经验,以我们自己的革命和建设,特别是无产阶级“文化大革命”中群众创造的并为毛主席肯定的好经验,如人民公社、四大、三结合的革命委员会等,同时参考别国宪法经验;修改后的新宪法要力求简明扼要,通俗易懂,人人能记,便于运用。

以上是 1975 年宪法与 1954 年宪法在原则、内容上的相互继承与发展关系。但 1975 年宪法在指导思想上背离了 1954 年宪法的基本精神。首先,在指导思想方面,以无产阶级专政下继续革命的理论为基础。该错误的指导思想决定并影响了 1975 年宪法的条文内容及基本精神。其次,在宪法规范方面,对 1954 年宪法确定的科学的内容作了不合实际的调整,规定了许多违反客观发展规律的内容。因此,1975 年宪法的社会主义性质和具体内容之间是有矛盾的,宪法的有效性受到广泛的限制。另外,从具体程序上看,1975 年宪法修改存在程序上的严重缺陷。表现在:(1)通过宪法修改的四届人大一次会议的代表并不是选举产生的,而是经过协商产生的,造成民意代表机关基础的薄弱;(2)在修改 1954 年宪法的过程中,1954 年宪法规定的修改程序没有得到严格遵守,主要由中共中央直接负责整个修宪工作,连修改宪法起草委员会也是由中共中央决定成立,没有经过宪法程序。[1] 因此，1975 年宪法虽然在宪法结构、内容与原则上，部分地继承了 1954 年宪法，但基本的宪法观念和内容体系上恰恰背离了 1954 年宪法精神，成为反映"左"的错误的、存在严重问题的一部宪法。在中华人民共和国宪法发展史上，1975 年宪法没有起到实质性的推动作用，只作为政治象征意义而存在。

(二)1954 年宪法与 1978 年宪法

1975 年宪法只实施了 3 年，被 1978 年宪法所取代。1978 年宪法比 1975 年宪法在宪法发展目标、内容与规范性等方面有了一定的进步，在一定程度上恢复了 1954 年宪法的原则与内容。比如，在国家建设目标上，规定了四个现代化的发展目标、在国家机构体系上恢复了人民检察院，并以 1954 年宪法为基础规定了公民的基本权利与自由。

1. 修改程序。1977 年 10 月 15 日，中共中央向全国发出通知，指出：中共中央决定于 1978 年春召开第五届全国人民代表大会。中央要求各省、市、自治区和人民解放军采取适当的形式，征求党内外群众对修改宪法的意见，于 11 月报中央。11 月 2 日，中共中央又发出补充通知，进一步明确了征求意见的有关程序：征求意见的对象包括工人、农民、解放军战士、各方面的知识分子、各级党政军干部以及民兵等；中央准备在 11 月下旬召开一个修改宪法的座谈会，请上海、黑龙江等省派代表参加；修改意见须于 11 月 20 日前报中央。

1978 年宪法是由中共中央提出具体的修改意见，拟订具体草案后直接提交全国人大审议通过的。1978 年宪法的修改委员会由中共中央政治局决定，由中共中央主席、副主席、政治局委员与候补委员组成。成立宪法修改委员会后，中共中央政治局内部指定了一个修改班子，体现了修宪工作高度的一元化领导。由于 1975 年宪法对

[1] 由毛泽东为主任，林彪为副主任，委员由全体政治局委员(19 人)，政治局候补委员(4 人)，各省、自治区、直辖市党的核心小组负责同志(24 人)，以及其他 8 人组成。

修宪程序没有作出任何规定,1978 年宪法修改实际上是以 1954 年宪法规定的修宪程序为基础的,由此获得一定形式的正当性。基于这种理由,1978 年宪法的修改具有浓厚的政治色彩,宪法修改没有成立由全国人民代表大会决定的专门机关,完全由中共中央政治局直接行使草案的制定权。1978 年 3 月 1 日,第五届全国人民代表大会第一次会议上,叶剑英在《关于修改宪法的报告》中说:中华人民共和国宪法修改草案是以华国锋主席为首的、中国共产党中央政治局全体同志组成的修改宪法委员会起草的。在起草过程中,经过各省、市、自治区,各大军区,中央各部门,反复征求了党内外广大群众的意见,充分吸收了群众的意见。中国共产党第十一届中央委员会第十二次全体会议讨论通过了这个宪法修改草案,决定提请第五届全国人民代表大会第一次会议审议。

2. 1978 年宪法的理念。1978 年宪法坚持无产阶级专政下的继续革命,没有在国家、社会与公民之间建立互动的关系,国家优位仍然是当时主导的治理国家理念。宪法应体现的保障人权与限制国家权力的基本思想没有得到很好的体现,最终导致了宪法规范与社会现实之间的冲突。同时,这种宪法观念实际上决定了 1978 年宪法过渡时期的基本性质。叶剑英的宪法草案的报告第三部分中,专门谈到了“宪法实施”问题,提出:宪法通过以后,从宪法的原则精神到具体条文规定,都要保证全部实施。不论什么人,违反宪法都是不能容许的。同时要求各级国家机关一定要组织好宪法学习。国家机关的每一个工作人员,不论职位高低,都是人民的勤务员,都要成为带头实行宪法、遵守宪法的模范。但是由于宪法指导思想的错误,1978 年宪法一开始就失去了真正得到实施的社会基础。

3. 1978 年宪法内容。1978 年宪法总体上是以 1954 年宪法为基础,试图克服 1975 年宪法的一些错误,但它在理念与现实的矛盾中没有选择更好地发挥宪法功能的途径,同样脱离了 1954 年宪法的基本精神。

1978 年宪法的历史局限性主要在于：(1)在指导思想上，把无产阶级专政下的继续革命的理论作为新时期总任务之一，肯定了两个阶级、两条路线的斗争，并在宪法内容中过多地规定了专政的内容等。(2)在国家机构方面，尽管在一定程度上克服了 1975 年宪法的错误，恢复了一些必要的国家机构，但基本观念上仍存在不可避免的局限性。比如，在宪法条文中过多地规定了个人的作用和党的一元化领导问题，规定国务院总理由中共中央向全国人大提名，规定人民解放军是中国共产党领导下的工农兵子弟兵，武装力量由中共中央主席统率等。在肯定党的一元化领导的同时，没有恢复 1954 年宪法规定的国家主席建制，没有规定人大代表的身份保障等。(3)在宪法与经济制度问题上，1978 年宪法基本上沿用了 1975 年宪法的规定，没有体现现实经济生活的需求。在法制发展与公民基本权利方面，1978 年宪法的局限性表现得尤为突出，如仍规定了违背民主与法制原则的"四大自由"，使基本权利体系的完整性受到破坏。总之，1954 年宪法确立的基本原则与精神在曲折的社会发展过程中并没有得到充分的体现，表现其过渡宪法的特点。

(三)1954 年宪法与 1982 年宪法

现行宪法即 1982 年宪法是以 1954 年宪法为基础，总结了我国社会主义发展的丰富经验，并吸取了国际的合理经验，是 1954 年宪法的继承和发展。尽管 1954 年宪法真正得到实施的时间并不长，但 1954 年宪法在中国社会发展进程中所起的作用是不能否认的。1954 年宪法不仅是一部历史文献，而且以其独特的宪法价值观影响了我国宪法制度的发展进程。

1. 现行宪法以 1954 年宪法为基础的理论依据

从一般的宪法理论上讲，现行宪法的修改是以前一部宪法为基础的，即根据前一部宪法规定的修改程序进行修改。1982 年宪法的前一部宪法是1978年宪法,故1982年宪法修改的基础与程序应该是1978年宪法。但1982年宪法实际上是以1954年宪法为基础修改,并进一步发展了1954年宪法。这种修宪程序主要是基于以下原因:

(1)在修改宪法的指导思想与基本理论观点上,1982年宪法以1954年宪法的基本经验为基础。宪法修改委员会主任叶剑英在宪法修改委员会第一次全体会议上指出:这次修改宪法,一定要坚持领导与群众相结合的正确方法,采取多种形式发动人民群众积极参加这项工作,在明年上半年公布修改宪法草案,交付全民讨论。我们这次修改宪法要认真总结新中国成立以来制定和修改宪法的历史经验。一定要从我国的实际情况出发,以我们自己的经验为基础,同时也要参考当代外国宪法,尤其是一些社会主义国家的宪法,吸收其中好的先进的东西。一个是“领导与群众相结合”,另一个是“本国经验与国际经验相结合”,这是毛泽东同志领导制定1954年我国第一部宪法时总结的两条立宪经验。我们应该仍然充分重视这两条经验。彭真在宪法草案的报告中也指出,这个宪法修改草案继承和发展了1954年宪法的基本原则,充分注意总结我国社会主义发展的丰富经验,也注意吸取国际的经验;既考虑到当前的现实,又考虑到发展的前景。上述有关修宪的基本主张,实际上反映了1982年宪法修改与1954年宪法之间的原则或理念上的相互联系。

(2)1978年宪法是在“文化大革命”结束后不久通过的,由于受当时历史条件的限制和指导思想的不科学,这部宪法与实际生活发生了严重的冲突。尽管1979年、1980年两次对1978年宪法进行了局部的修改,试图在宪法规范与社会生活之间寻求合理的平衡,但局部的修改仍解决不了因错误指导思想而导致的规范与现实之间的冲突。由于“文化大革命”刚刚结束,我们来不及全面地总结新中国成立30年来的社会主义革命和建设的经验和教训,也来不及彻底清理和消除10年“文化大革命”中形成的某些“左”的思想对宪法的影响。中国共产党第十一届六中全会通过的《关于建国以来党的若干历史问题的决议》和1982年召开的党的第十二次全国代表大会,为宪法修改奠定了基本的理论基础。1975年宪法是在“文化大革命”进行中通过的,从指导思想到具体规范都存在比较严重的问题,无法作为现行宪法起草的基础。

(3)从宪法修改程序看,现行宪法修改是按照1954年宪法修改程序进行的。当时,修改1978年宪法时面临的问题之一就是如何选择宪法修改程序的问题。作为1982年宪法的前一部宪法的1978年宪法只规定由全国人大修改宪法,而没有规定宪法的具体修改程序。1975年宪法也没有具体规定宪法修改程序问题,如修宪提案权主体、修宪具体表决方式等。而1954年宪法第29条规定,宪法的修改由全国人大以全体代表的2/3的多数通过。因此,现行宪法的全面修改只能依照1954年宪法所规定的具体修宪程序。

(4)宪法修改具有广泛的民主基础。现行宪法的全民讨论从1982年5月至8月共进行了3个多月,比1954年宪法的全民讨论时间长1个月,参加的人数达几亿人次。

2. 1954年宪法与1982年宪法的比较

(1)宪法结构

1954年宪法的结构是序言、总纲、国家机构、公民的基本权利和义务、国旗、国徽、首都。1982年宪法在起草过程中,秘书处部分成员曾提出调整这一结构的设想,但经过讨论最后还是大体保留了1954年宪法结构。但将公民基本权利部分提到国家机构之前,理顺公民与国家的关系,其他结构方面没有实质性的变化。

(2)宪法规范

1954年宪法规范的表述和内容的安排是比较规范的,体现了宪法规范的内在要求。1975年宪法和1978年宪法在具体规范方面则存在着比较严重的缺陷。如直接引用领袖的语录,将领袖的语录视为国家根本法的内容,破坏了宪法规范应具有的基本性质与特征。1982 年宪法以 1954 年宪法为基础,系统地纠正了这两部宪法的缺陷。

(3)国家机构

1954 年宪法对国家机构体系的设计是比较科学的。但从 1975 年宪法以后国家机构的合理体系受到破坏,无法进行统一、有效的运作。如取消了国家主席的设置和检察机关的设置,使国家机构的设置和国家权力的分配缺乏科学性。1978 年宪法修改时没有恢复国家主席的设置。这两部宪法关于政府的设置、性质和地位的规定也是比较含糊的。1982 年宪法恢复了国家主席的设置,新设中央军事委员会,理顺了国家机关相互之间的关系。

(4)公民基本权利

1975 年宪法和 1978 年宪法关于公民基本权利的规定是非常简单的,1975 年宪法规定的公民基本权利条文数为 4 条,1978 年宪法的规定为 18 条,而 1982 年宪法规定的条文数为 24 条。1982 年宪法对公民权利的规定数量增加,而且内容上也有很大的变化,如基本恢复了 1954 年宪法关于公民基本权利和义务的规定,并在 1954 年宪法规定的基础上根据新的变化增加了新的权利内容或者调整了某些提法。

(5)1954 年宪法文本与 1982 年宪法文本的比较

如果忽略地方各级人民委员会与地方各级人民政府之间的差别,可以得出下列比较结果:1954 年宪法与 1982 年宪法相同的部分有 51 条,约占 1954 年宪法的 45.6%;以上结果的计算中,将宪法序言部分的每一自然段以单位 1 计算。

如果忽略地方各级人民委员会与地方各级人民政府之间的差别,可以得出下列比较结果:1954 年宪法与 1982 年宪法相似的部分有 47 条,约占 1954 年宪法的 42%。以上结果的计算中,将宪法序言部分的每一自然段以单位 1 计算。

从以上宪法规范的比较看,1954 年宪法与 1982 年宪法的继承与发展关系是比较明显的,在宪法基本原则、基本内容和具体宪法规范的安排上,1982 年宪法修改的基本出发点是借鉴 1954 年宪法。1982 年宪法 138 条中借鉴 1954 年宪法的相同和相似的部分加在一起共 98 条,占 87.6%。因此,从规范的角度看,1982 年宪法以 1954 年宪法为基础,使社会发展的基本价值观回归到 1954 年宪法确定的价值体系,从客观上完善了宪法体制。

四、1954 年宪法对新中国宪法的影响

1954 年宪法是新中国宪法体制的起点,为新中国宪法的发展奠定了基础,在中华人民共和国宪法史上具有不可替代的历史地位,对新中国宪法产生诸多积极的影响,同时也带来了一定的历史教训。

(一)积极影响

1954 年宪法的民主精神、本土性与国际性的统一、开放性,以及其结构、体系和调整方式等诸方面对中华人民共和国的宪法产生了积极的影响。

1. 宪法民主精神的影响

1954 年宪法的民主精神主要表现为制宪过程的民主性与宪法内容的民主性。

(1)制宪过程的民主性

在中华人民共和国宪法发展历史上,1954 年宪法制定过程的开放性与民众参与的广泛性充分体现了民主精神。

制定 1954 年宪法过程中实行地把领导机关意见与人民群众讨论相结合的方法对我国的宪法发展产生了重要影响。1978 年宪法尽管在指导思想等方面存在严重的问题,但在性质上仍然是一部社会主义宪法,在修改过程中"经过全国各族人民反复讨论产生的,是

领导机关的意见和广大群众的意见相结合的产物”。提出宪法草案后,中共中央向全党发出通知,要求各省、自治区、直辖市和人民解放军采取适当的形式,征求党内外群众对修改宪法的意见。如重新建立人民检察院是在征求群众意见的基础上规定的。1982年宪法的修改过程进一步发展了1954年宪法的民主精神,以多样化的形式吸纳民众对宪法修改的意见,扩大了民众参与的范围,使现行宪法具有广泛的群众基础。正如彭真在1982年宪法草案的报告中所说的,“这次全民讨论的规模之大、参加人数之多、影响之广,足以表明全国工人、农民、知识分子和其他各界人士管理国家事务的政治热情的高涨”,通过全民讨论,发扬民主,使宪法的修改更好地集中了群众的智慧。可见,1954年宪法制定过程所体现的民主精神确立了中华人民共和国宪法的民主基础。

(2)宪法内容的民主性

宪法体现的民主精神主要涉及两个基本问题:一是由谁来掌握国家权力;二是他们怎样来行使国家权力。1954年宪法的民主主义原则也正是从这两方面体现出来的。该宪法不仅宣布国家的一切权力属于人民,而且规定了实现其权力的各种形式和具体保障制度。人民代表大会制度是结合中国的具体历史条件,由人民群众自己创立的,是适合中国国情的政权组织形式,是我国人民民主制度的基础。宪法规定人民行使国家权力的机关是全国和地方各级人民代表大会,所有的国家机关一律实行民主集中制,全国人民代表大会是最高国家权力机关和行使国家立法权的唯一机关。其他国家机关由人民代表大会产生并受其监督,向人民代表大会负责并报告工作。[1]这就保证了国家权力存在形态与人民意志的统一,体现了“高度的人民民主和集中”。宪法还规定,原选举单位有权依照法律规定的程序随时撤换本单位选出的代表。这就使所有的国家机关及其工作人员

---

〔1〕《我国宪法草案的民主精神》,载《光明日报》1954年6月24日。

都必须向人民负责，受人民监督，从而保证了民主的真实性。宪法规定了各民族一律平等、团结、共同发展的民主主义的民族政策。另外，在公民的基本权利和义务方面，1954 年宪法体现了民主主义精神，不仅规定了公民广泛的权利和自由，还规定国家供给必要的物质上的便利，以保证这些自由、权利的实现。

1954 年宪法确定的民主内容在以后的宪法发展过程中得到了继承与进一步发展。1975 年宪法、1978 年宪法，特别是 1982 年宪法坚持和完善了人民代表大会制度，使民主制度成为宪法制度的基础与核心内容，为民主价值的实现提供了制度性基础。1982 年宪法在人民代表大会制度建设方面，以 1954 年宪法为基础，并根据新时期的历史发展的特点进一步完善了人民代表大会制度，如扩大了全国人大常委会职权，完善全国人大会议制度，强化了全国人大及其常委会的监督权，完善选举制度等。

2. 本土性与国际性的统一

1954 年宪法的基本经验之一是本国经验与国际经验的统一，在当时的国际国内环境下追求宪法的开放性，使刚刚建立的中国宪法制度在开放中实现其理念。

1954 年宪法是中国历史上的第一部社会主义类型的宪法，也是中华人民共和国第一部宪法。在制宪过程中如何在本土性与普遍性价值之间寻求平衡，合理地选择宪法模式是当时面临的重要问题之一。宪法起草者们以开放的视野思考了不同的宪法模式，确立了把本国经验与国外合理经验相结合的制宪原则。重视国外经验是制定 1954 年宪法的重要特点。如前所述，1954 年 1 月初，毛泽东在确定制宪工作计划时，曾列出了中共中央政治局委员和中央委员阅读的有关宪法方面的参考资料，其中包括 1936 年《苏联宪法》、1953 年《罗马尼亚宪法》、1952 年《波兰宪法》、1949 年《德意志民主共和国宪法》、1946 年《法国宪法》、1948 年《捷克斯洛伐克社会主义共和国宪法》、1913 年“天坛宪草”、1923 年“曹锟宪法”、1946 年“蒋介石宪法”等。在列举参考资料时毛泽东对不同宪法体制的参考价值进行了分析。从 1954 年宪法的文献资料中可以看出,整个制宪过程是在开放的氛围中进行的,一些重大的宪法体制的安排都是在反复考虑国外经验的基础上,根据本国的经验慎重地作出选择。比如,国家主席的当选年龄是在比较了实行总统制国家宪法规定的基础上确定的。从宪法内容看,1954 年宪法在借鉴国外经验方面,主要关注以苏联为首的社会主义国家的经验,但在当时历史条件下为借鉴更多国家的制宪经验也作了必要的努力,展现了 1954 年宪法的国际视野。

在借鉴国外合理的经验同时,1954 年宪法认真总结了中国人民 100 多年来英勇斗争的历史经验,以新中国成立以来的历史经验与当时的实际情况作为制宪的基本依据。[1] 毛泽东认为,对历史经验的正确总结是宪法草案受到拥护的又一个重要原因。他说:“我们这个宪法草案,主要是总结了我国的革命经验和建设经验,同时它也是本国经验和历史经验的结合。”“我们是以自己的经验为主,也参考了苏联和各人民民主国家宪法中好的东西。”[2] 在宪法问题上,毛泽东在借鉴本国经验的同时,把基本立足点放在本国经验的总结上。在阅读有关宪法的大量资料和法学理论著作后,他强调了制宪过程中的中国国情,对不合国情的内容大胆给予否定,比如,在宪法结构、国家主席的设立、少数民族区域自治制度、国家机构的设置等方面规定了不同于苏联宪法的内容。[3] 在 1954 年宪法的定位上,根据当时社会发展的特点,明确其性质为过渡时期的宪法,是属于社会主义类型的宪法但不是社会主义宪法。

---

〔1〕 李达编:《中华人民共和国宪法讲话》,人民出版社 1956 年版,第 48 页。

〔2〕 毛泽东:《关于中华人民共和国宪法草案》,载毛泽东:《毛泽东选集》第 5 卷,人民出版社 1977 年版,127 页。

〔3〕 韩大元:《亚洲立宪主义研究》(第 2 版),中国人民公安大学出版社 2008 年版,第 90 页。

我国的人民民主革命,由于中国社会的半殖民地、半封建性质而呈现出明显的阶段性。1954 年宪法明确规定了建设社会主义社会的目标,这反映在阶级结构与阶级关系方面便是逐步消灭民族资产阶级赖以存在的资本主义工商业,逐步消灭民族资产阶级。但是,在我国过渡时期,既有社会主义,又有资本主义,这两种所有制的矛盾就是客观存在的矛盾。同时,资本主义工商业在现阶段一方面有它有利于国计民生的作用;另一方面又有它不利于国计民生的作用,这又是资本主义工商业本身客观存在的矛盾。我们解决社会主义同资本主义的矛盾的政策,就是一方面允许资本家所有制存在,利用资本主义工商业有利于国计民生的作用,采用过渡办法,准备条件,以便逐步以全民所有制代替资本家所有制。宪法草案所规定的关于过渡到社会主义社会的一些具体步骤,就是为了要正确地解决这种矛盾。[1] 正是由于这个特点,使民族资产阶级即使处在被消灭的过程中仍然成为享受民主的主体,不是专政的对象。

因此,1954 年宪法在规定政权性质的宪法规范中没有明确反映民族资产阶级在国家中的地位,而是规定在统一战线中的"各民主阶级"里,使统一战线成为我国政权的重要基础。"我们读一般国家的宪法,没有发现这样的规定,可见这些规定都是特别结合着我们中国的实际情况的。"[2] 基于这种制宪思路,在借鉴国外经验,尤其是苏联经验时,制宪者们也没有简单照搬,坚持国情和过渡时期的社会发展特点。在 1954 年宪法的起草过程中制宪者们强调从实际出发,实事求是地对待宪法体制的设计,使 1954 年宪法在国际性与本土性之间寻求合理的平衡。

在 1975 年宪法、1978 年宪法,尤其是 1982 年宪法的修改与具体

---

〔1〕 刘少奇:《关于中华人民共和国宪法草案的报告》,载《中华人民共和国第一届全国人民代表大会第一次会议文件》,人民出版社 1955 年版,第 25~26 页。

〔2〕 黄炎培:《在中央人民政府委员会第三十次会议通过中华人民共和国宪法草案前的发言》,载《新华日报》1954 年第 7 期。

运作过程中重视国情,在开放性与历史性中追求宪法的目标一直成为新中国宪法发展的基本特点。特别是在 1982 年宪法的修改过程中,1954 年宪法所建立的本土性与国际性相结合的原则发挥了总体指导与调整作用。彭真在 1982 年宪法草案的报告中指出:这个宪法草案继承和发展了 1954 年宪法的基本原则,充分注意总结我国社会主义发展的丰富经验,也注意吸取国际的经验;既考虑到当前的现实,又考虑到发展的前景。1982 年宪法以 1954 年宪法为基础,并根据社会发展的实际情况发展了 1954 年宪法基本精神。

融本土性与国际性于一体的 1954 年宪法在国际范围内产生了广泛影响。在社会主义宪法和资本主义宪法两种类型处于“冷战”的背景下,中国 1954 年宪法的制定与颁布,对当时殖民地半殖民地国家和人民争取民主与和平的斗争产生了国际影响。毛泽东在宪法草案的报告中指出:我们的宪法有我们的民族特色,但也带有国际性,是民族现象,也是国际现象的一种。

3. 宪法的开放性

1954 年宪法还具有一个比较鲜明的特征,那就是开放性。1954 年宪法的开放性主要表现在宪法制定过程的公开性、征求意见的普遍性、借鉴对象的广泛性,还体现在宪法宣传上的开放性。这一特色对之后的 1982 年宪法等的修改和宣传等均有较大的影响。下面主要以 1954 年宪法的对外宣传为例,来说明宪法的开放性。[1]

举国对制定反映革命胜利、建立新政权的 1954 年宪法的政治热情不仅体现在制定过程中,也同样反映在利用各种形式的传播渠道对 1954 年宪法宣传与介绍上。早在这部宪法被第一届全国人民代表大会于 1954 年 9 月 20 日正式通过之前,由政府主管的出版机构就已组织人力筹措对其的翻译工作。1954 年,当时的外文出版社就出版了 1954 年宪法的英、法、俄、德、日等版本,而在此之前,1954 年

---

〔1〕 感谢首都师范大学郑贤君教授提供的资料。

宪法的英文翻译工作就已经未雨绸缪。《中国外文局五十年大事记》记载:1954 年 6 月 15 日,《中华人民共和国宪法草案》英译本已完成,并于当晚由新华社播出。参加翻译的是外文局专家和一些在华工作的外国专家。这些专家有外文局的刘尊棋、[1] 方矩成、于保渠,外国专家有爱泼斯坦(1915～2005 年),新华社的外文专家有陈龙及外国专家阿兰·魏宁顿、夏庇若等。[2] 而这个日子距离宪法草案公布的 1954 年 6 月 16 这一日还早一天,说明当时准备草案翻译工作的及时、迅速和高效,也说明了国家对 1954 年宪法的对外传播是何等重视。

国家对 1954 年宪法对外传播的认真态度不仅体现在效率上,还体现在数量和质量上,这可以从前后不同时期外文出版社出版的不同版本的 1954 年宪法的装帧和设计上看出。根据作者目前已掌握的版本,当时由外文出版社公开发行的英文版的 1954 年宪法共有 4 个版本。第一个是 1954 年宪法草案的英文本,这是一本普通封面的开本;第二个是 1954 年外文出版社在 1954 年宪法由第一届全国人民代表大会正式通过之后的英文本,这是一个红色的丝质封面上印有国徽和"Constitution of the People's republic of China"字样的英文本;第三个是四开本的红色丝质封面的英文本;第四个是在封面上同样印有国徽和"Constitution of the People's republic of China"字样,但却是浅白色丝质封面的英文本。根据相关的资料和不同版本的宪法上的出版年代的记载,可以推测,这 4 个版本的宪法出版的年代分别是 1954 年、1954 年、1954 年、1955 年。

其中有 3 个版本值得一提。从将第一个普通英文版的 1954 年宪法的内容与最后一个版本对照来看,这一版本可能是 1954 年宪法草案,而不是正式通过的文本,共有 27 页。就第 3 章"公民的基本权

---

[1] 刘尊棋系外文出版社第一任总编辑。

[2] 《中国外文局五十年大事记》,新星出版社 1999 年版,第 46 页。

利和义务”(Fundamental Rights and Duties of Citizens)与第4个豪华版的英文1954年宪法版相比,这本英文1954年宪法这一章有10处与前者不同。例如,1954年宪法第88条规定的“中华人民共和国有宗教信仰自由”,这本是“Citizens of the People's Republic of China have freedom of religion belief”,而豪华版则是“enjoy”而不是“have”。第103条规定公民依法服兵役的义务,这本的表述是“It is the honorable duty of citizens of the People's Republic of China to perform military service according to law”,而豪华版则是“an”而不是“the”。另在第4章也就是最后一章的“国旗、国徽、首都”中,国徽用英文“State Emblem”,而豪华版则用“National Emblem”。其他几章与豪华版的表述方式相比也多有不同。总的来说,其后的修改不仅体现在宪法草案中文的修改上,也在英文的表述有修改和更正,如“an”和“the”就是更正而不是修改,因为用“an”更符合语法。

第4个版本并没有在国内看到,而是在美国一家拍卖网站上看到的。这家网站在介绍这本1954年宪法显示出这一版本的宪法是1954年中国外文出版社出版的,并且使用了这样的文字:中国第一部宪法的稀有珍本,非常漂亮,非常罕见(The rare luxury-edition of the first Chinese Constitution. Very beautiful, very rare)。从画面上看,这本英文版的1954年宪法是双层手工纸,封面是丝质,印有烫金的红印国徽,烫金的“Constitution of the People's Republic of China”,边缘部分是金粉。

最值得一提的是第三个版本,这是一个四开本英文宪法版本,有我们现在普通教科书的两倍大。如果说在美国拍卖网站上看到的那个版本是“非常漂亮和非常罕见”,这一英文版的1954年宪法则说得上是“超漂亮”。它是1954年出版的。严格而言,说出版并不正确,因为上面并没有出现出版社的字样,而是写着“中华人民共和国印刷”(Printed in the People's Republic of China)。红色丝质封面,封面上印有烫金和红印的国徽,及英文烫金的"Constitution of the People's Republic of China",边缘部分涂金,封二的纸页上撒有金粉,共有 63 页。有专家认为,这个英文版的 1954 年宪法是作为礼品赠送给外宾的,属于非卖品,所以上面没有出版社,只有"中华人民共和国印刷"的字样。通常,这样的版本印数非常少,并不公开发行,也不进入流通领域。

这个英文版本的 1954 年宪法不仅在装帧上极为雍容、豪华、精致、优良,而且英文翻译也极为准确。将这个版本与 1982 年宪法英文本、1948 年的《世界人权宣言》(Universal Declaration of Human Rights)的英语文本对照来看,其用语更加符合国际通行的法律用语,也更为规范。例如,1954 年宪法将"公民基本权利和义务"一章第 34 条中的"民族"翻译为"nationality",而 1982 年宪法则翻译为"ethnic status";1954 年宪法英文的"人民检察院的批准"中的"批准"一词用的是"sanction",而 1982 年宪法用的是"approval";1954 年宪法中的"居民的住宅"中的"住宅"一词用的是"home",而 1982 年宪法用的是"residences";1954 年宪法"公民有休息的权利"是"have the right to rest and leisure",而 1982 年宪法则是"have the right to rest"。其他还有很多。将两部宪法的英文本与 1948 年联合国大会公布的《世界人权宣言》相对照就可以发现,1954 年宪法使用的英语语汇与后者是一致的。

从 1954 年宪法的外文出版发行,特别是英文的多版本来看,当时的国家领导人既为这部经过全体人民充分讨论的,凝聚着制宪者和全国人民心血与汗水的 1954 年宪法而自豪,同时非常重视 1954 年宪法的对外宣传工作。特别是这部宪法在 1954 年 6 月 16 日公布草案的前一天就将其英文翻译出来,由新华社对外播发,说明对外宣传工作做的是何等及时。同时,从这个英文版本的 1954 年宪法的装帧设计,以及将之作为礼品赠送给外宾来看,也可以看出,在对 1954

年宪法文本的出版上,务求其外在形式与内容的完美统一,做到秀外慧中。这部宪法典不仅在内容上全民讨论、字斟句酌,其版式也端庄大方、典雅精美。

4. 宪法结构与体系方面的影响

在宪法结构和宪法规范性方面,1954年宪法也产生了广泛的影响。它以宪法的法律性为基础,全面地总结了我国人民的革命经验和政权建设的经验,反映了社会主义宪法的本质特征。在考虑宪法结构和具体字数的安排上,宪法起草小组首先确定了制宪的工作目标,即宪法必须记录我们国家现在的实际情况,反映我们人民革命和共和国成立以来出现的社会关系,同时根据国家性质和经济关系,充分反映过渡时期的社会发展特点。基于这种思考,在宪法结构方面选择了力求简明的模式。中共中央提出的宪法草案共4章,条文数98条,字数连序言在内不足1万字。宪法起草委员会法律小组在说明宪法结构时讲了以下理由:(1)考虑到宪法是国家根本法,有些内容可通过普通法律来规定;(2)当时处于过渡时期,宪法的许多规定需要具有一定的灵活性;(3)考虑到人民群众对宪法实施还缺乏必要的经验,政治生活中的许多细节问题需要在实践中逐步得到积累等。

在具体设计宪法结构时,当时提出的一种方案确立了如下结构:宪法序言、第1章基本原则、第2章国家最高权力机关、第3章中华人民共和国主席、第4章政府、第5章国家权力的地方机关、第6章民族自治机关、第7章法院和检察机关、第8章公民的基本权利和义务、第9章国旗、国徽、首都。经过几次讨论和反复论证,最后1954年宪法确定了除序言外共四章的宪法结构,分别为总纲、国家机构、公民的基本权利与义务和国旗、国徽、首都。《序言》部分主要以叙述的方式,总结了我国争取立宪民主政治的经验,确定了建设社会主义的方向、道路和方法,阐明了宪法的指导思想和国家的内外政策的基本原则。宪法总纲对国家性质、人民行使国家权力的基本方式、国家基本的政治制度、经济制度和文化制度等作了具体规定。第2章国家机构部分，宪法对全国人民代表大会的组织与运行程序、中华人民共和国国家主席、国务院、地方各级人民代表大会和地方各级人民委员会、民族自治地方的自治机关、人民法院和人民检察院等作了具体规定。1954年宪法对中央国家机构和地方国家机构的规定，为国家机构体系的协调发展提供了统一的法律基础与标准。在公民的基本权利与义务方面，制宪者们从中国社会发展的实际情况出发，较详细地规定了公民的基本权利，并规定具体实现基本权利的物质或法律保障。第4章规定了国旗、国徽、首都。

1954年宪法确立的宪法结构在我国后来的几部宪法中得到了遵循和发展，即使是在特殊历史时期产生的1975年宪法也采取了与1954年宪法相同的结构形式。只是具体内容上有一些变化，如1975年宪法、1978年宪法，取消了"中华人民共和国主席"一节。1982年宪法在宪法结构上，将"公民的基本权利和义务"一章位置提前[1]，放在"总纲"之后，作为第2章，在"国家机构"一章中恢复国家主席建制，增设"中央军事委员会"，除这两点外，在宪法结构和章节划分方面基本保持了1954年宪法的结构。这说明1954年宪法的结构是符合我国实际情况的，是科学的。此外，1954年宪法所体现的通俗性的特点在后来的几部宪法中也得到了继承与发展。因为宪法是人民权利的保障书，体现广大人民的意志，首先应该让人民看懂，这样才能形成人民群众遵守和实施宪法的意志力，形成宪法发挥生命力的良好的环境。1954年宪法的制定过程中始终关注到了这

〔1〕 在公民的基本权利与义务问题上，宪法起草过程中有些人提出，应把基本权利与义务规定在国家机构前面，以理顺人民与国家机构的关系，但这个意见没有被采纳。1982年宪法的调整实际上是回归到1954年宪法价值体系，实现了1954年宪法中包含的权利保障思想。它不仅意味着国家与公民关系的合理调整，同时表明权利保障在国家生活中开始成为一种普遍认可的价值体系。

一点。如宪法条文中尽量不用"为、时、应、得、其、凡"等字,而改为"是、的、时候,应当可以,他们或它的,任何或一切"。宪法规范表述上的显明性与科学性对新中国宪法的发展产生了积极的影响。

5. 宪法调整方式的影响

1954 年宪法是中华人民共和国历史上人民第一次行使制宪权而制定的根本法,是"我国有史以来第一个人民自己制定的宪法",为新中国宪法体制的建立提供了基本框架与基础。概括来讲,1954 年宪法的基本特色在于:1954 年宪法确立了宪法体系、内容与程序上的"中国特色",力求在宪法的民族特色与国际经验之间寻求平衡。在宪法观念的确立、宪法体制的安排、宪法技术等方面借鉴了国外宪法的经验;在宪法结构和规范方面,1954 年宪法也提供了具有中国风格的体系,确立了调整宪法关系的基本范畴与调整领域,即国家与公民之间的关系、国家与国家机关之间的关系、国家机关之间的关系、国家机关与各个企事业单位等社会关系。调整宪法关系的五大板块理论与体制也是从 1954 年宪法开始的。

(二)历史教训

当然,1954 年宪法的历史命运与局限性是由多方面原因造成的,这种局限性不应影响 1954 年宪法在中华人民共和国宪法历史上应有的地位与客观的评价。宪法生存于历史环境之中,历史对宪法的评价是客观而公正的。1954 年宪法已经成为历史的文献,但它的价值不应因时间的流逝而消失。在进入 21 世纪的今天,我们研究 1954 年宪法的目的是从历史中探讨宪法发展的规律,揭示 1954 年宪法在新中国宪法发展进程中的价值与功能,使 1954 年宪法的精神在新的历史条件下继续得到保持和发展。

如何评价 1954 年宪法的历史命运?对此可能有不同的评价方式。笔者认为,历史是不能选择的,宪法作为一个国家诞生的身份证,也无法超越历史,也无法完全以后人的期待来设计。历史进程中存在过的制度，始终包含着历史的痕迹与局限性。

1. 过渡宪法的定位与现实之间的脱节

1954 年宪法属于社会主义类型的宪法，但不是完全的社会主义性质。这是一部过渡时期的宪法，毛泽东在宪法起草委员会第一次会议上说明了宪法的过渡性质："这个宪法，是以共同纲领为基础加上总路线，是过渡时期的宪法，大概可以管 15 年左右。"[1]把 1954 年宪法定位为过渡宪法的性质，符合当时的社会发展实际情况，但在客观上也隐含着把宪法理解为手段或工具的思想。有学者认为，宪法制定的时候就确定为过渡宪法，被作为推进建设社会主义的手段，一旦社会主义建成，宪法的使命就完成了，就要被完全的社会主义宪法所取代。[2] 由于受过渡时期历史发展环境的影响，制宪者们没有很好地处理宪法理念与社会发展之间的相互关系，没有突出宪法的法律属性，过分强调政治需求的意义与功能。

当时执政党之所以预计 1954 年宪法可以管 15 年左右，是因为当时预计向社会主义过渡大约需要这么长的时间。这成为立宪的心理预期，实际上也为宪法划定了可能的有效期。但是这个有效期并非一成不变的，而是取决于向社会主义过渡时间的长短。如果提前完成过渡，宪法自然就应当提前失去调整能力。当然，作为"现阶段的宪法，将来还会提高"。[3] 完成社会主义过渡后，应当对宪法进行及时的修改完善，以保持宪法对现实的调整能力，使政治生活不至于脱离宪法的约束。但是，这一原则并没有得到认真遵守。

1954 年宪法制定之时，中国的社会性质是新民主主义社会。在这种性质的社会形态里，为何要通过并实行一部社会主义类型的宪

---

〔1〕 毛泽东：《在宪法起草委员会第一次会议上的插话（节录）》（1954 年 3 月 23 日），载《党的文献》1997 年第 1 期。

〔2〕 蔡定剑：《历史与变革：新中国法制建设的里程》，中国政法大学出版社 1999 年版，第 48 页。

〔3〕 周恩来：《全国人民代表大会应该有自己的法律——宪法》（1953 年 1 月 13 日），载《党的文献》1997 年第 1 期。

法呢？周恩来在中央人民政府委员会第20次会议上讲道："我们国家的经济发展，是要增加社会主义成分的，这是共同纲领里规定的，但我们现在还是新民主主义阶段，我们还是根据共同纲领的精神办事，只是把共同纲领里的东西吸收到宪法里面去。"[1]这段话表明，1954年宪法是《共同纲领》的继承和发展，并不脱离《共同纲领》的质的规定性和新民主主义阶段。然而，将1954年宪法直接定位于"过渡时期的宪法"，则超出了《共同纲领》的调整范围，实现这一根本转变的是在宪法总纲中增加了"过渡时期总路线"。1954年宪法实际上是过渡时期总路线的宪法化，是在新民主主义的社会性质下试图实现向社会主义过渡的"临时宪法"。

这种立宪理念影响了1954年宪法的内容设计。人民群众在讨论宪法草案的时候说："宪法草案把全国人民在中国共产党和毛主席领导下作过的许多事情都写上了；把现在已经开始做、以后应当做又能够做的事情也写上了。"[2]但是能做什么、应当做什么，宪法的规定存在一些模糊不清的内容，而这些内容对宪法的实效性产生了一定的影响。如1954年宪法对生产关系看似明确却又模棱两可、看似模棱两可却又指向明确的规定方式，导致其在实践中难以把握，"过渡"的完成状况也对其效力的持续性带来了一定的消极影响。实际上，1954年宪法的主要目标就是保证过渡时期总路线的实施。虽然这部宪法建立了社会主义法制的基础，是人民权利保障和人民民主政权的合法权源，但是当1956年社会主义改造任务宣告提前完成之后，1954年宪法实际上失去了应有的效力，同时失去了继续调整国家和社会的正当性与能力。此后直到1975年，虽然真正的社会主义社会并没有如宣告的一样健康运行，但从领导人到普通民众，许多人

---

〔1〕 周恩来：《全国人民代表大会应该有自己的法律——宪法》(1953年1月13日)，载《党的文献》1997年第1期。

〔2〕 刘少奇：《关于中华人民共和国宪法草案的报告》，1954年9月15日在中华人民共和国第一届全国人民代表大会第一次会议上的报告，载《人民日报》1954年9月16日。

都认为 1954 年宪法已经过时了，认为再实施这部宪法已经没有必要了。也就是说，试图通过宪法完成过渡，却因为内容上的暧昧不明而无法有效调整过渡行为；当过渡被宣告提前实现，宪法又因其核心目标的实现而被视为一纸具文。

2. 没有理顺党的领导与宪法治理之间的关系

1954 年宪法是在党的领导下制定的，但执政党与宪法的关系并没有理顺，"在实际生活中党和党组织往往处于宪法之上，不按照宪法的规定办事，结果只能使宪法虚置"。[1] 在 1954 年宪法的运行过程中，执政党与宪法关系是不能绕开的话题。

中华人民共和国成立后，中国共产党对依法治理国家还缺乏深刻认识，党的执政依据主要是各种政策。加之法律体系尚未建立，政策调整的重要性就尤为突出。虽然 1954 年宪法的颁布实施，为党执政方式的转变提供了法律基础，但是客观上出现了实际上的"二元化"治理规则，即依靠政策和法律同时治理国家生活，而政策治理则发挥着主导作用。自 1957 年"反右"斗争之后，法律虚无主义、法律无用论、法律工具论更是大行其道，随之而来的是"文化大革命"，使仅存的一点法律形式也荡然无存，党的执政完全依靠政策而为之。可以说，前 30 年的社会治理中，除短暂的几年外，法律治理，特别是宪法治理没有成为社会治理的基本形式，宪法缺位的社会结构与文化形态阻碍着中国社会治理，无法有效解决国家、社会与公民之间出现的紧张关系，使 1954 年宪法失去了应有的调整功能，执政党游离于宪法之外。

在 1954 年宪法实施的 20 多年中，由于缺乏法治传统，执政党在宪法问题上，并没有自觉地树立宪法意识，有时只强调"领导人民制定宪法"的一面，而缺乏"遵守宪法和法律"的意识，到了"文化大革命"甚至抛弃了宪法原则。在整个党的执政基础得到巩固，限制政治

---

〔1〕 刘政：《1954 年宪法施行三年后为什么被逐渐弃废》，载《中国人大》2002 年第 14 期。

权力的宪法似乎成为一种“约束”,给执政活动带来不方便。如1957年在一封加强学校政治学习的信中毛泽东“建议取消宪治(法)课,要编写新的思想、政治课本”。[1]

另外,1954年宪法不宣而废的重要原因在于缺乏保障和监督宪法实施的具体制度。当然,一味苛责宪法本身存在的不足是缺乏理性务实的。1954年宪法试图以宪法为基础建立法律制度规范体系,然而这种努力没有从宪法层面上处理好与党的领导关系,包括没有协调好与党内规范体系的关系,使“法体系”与“党体系”处于内在的矛盾之中,形成了二元化的治理机制,最终导致两种规范体系都处于不确定状态。

1954年宪法颁布前后党和国家领导人也强调过维护宪法权威的问题。如在中央人民政府委员会审议1954年宪法草案时,毛泽东讲道:“这个宪法草案是完全可以实行的,是必须实行的……通过以后,全国人民每一个人都要实行,特别是国家机关工作人员要带头实行,首先在座的各位要实行。不实行就是违反宪法。”[2]刘少奇在一届全国人大一次会议上作宪法草案报告时也明确讲道:“中国共产党是我们国家的领导核心。党的这种地位,绝不应当使党员在国家生活中享有任何特殊的权利,只是使他们必须担负更大的责任。中国共产党的党员必须在遵守宪法和一切其他法律中起模范作用。一切共产党员都要密切联系群众,同各民主党派、同党外的广大群众团结在一起,为宪法的实施而积极努力。”[3]这些郑重的宣示,都蕴含着执政党和领导人、党员干部守宪、护宪、行宪的责任。

然而,形式上的宣示不足以完成行宪的使命。在一届全国人大

〔1〕 毛泽东:《建国以来毛泽东文稿》(第6册),中央文献出版社1987年版,第398页。

〔2〕 毛泽东:《关于中华人民共和国宪法草案》,载毛泽东:《毛泽东选集》(第5卷),人民出版社1977年版,第127页。

〔3〕 刘少奇:《关于中华人民共和国宪法草案的报告》,1954年9月15日在中华人民共和国第一届全国人民代表大会第一次会议上的报告,载《人民日报》1954年9月16日。

一次会议讨论宪法草案时,已有代表提出疑虑,如黄炎培代表在发言中就直截了当地提出:宪法通过后,能否照着它做,“我有一种顾虑”。他说:“我万分恳切要求各方各面对予宪法予以高度的重视来正确执行,所有领导、管理、监督、检察各方面对于宪法执行工作,特别予以严重注视。”宪法的实施依然要靠“各方面”的高度重视来推动,实际上要靠党的意志来推动。对于党要遵守宪法的要求也仅仅停留在口号式的要求层面,没有上升到依照宪法执政的层面,缺乏对党与宪法关系的理论论述。即便提出了“不实行就是违反宪法”“起模范作用”这样的断语,却没有提出违宪行为的防范和惩罚机制。如果领导人有意哪怕无意地绕开宪法,即便违反宪法,无论是党的制度规范体系还是法的制度规范体系,都不能给出明确的判断,遑论承担违宪责任。

3. 国家与社会、国家与公民、社会与公民关系的一元化

在社会主义国家,国家是人民利益的代表,二者本质上是统一的。但人民利益的实现方式不是僵化单一的,国家也不能替代人民而独立存在。国家利益只有落实到个体生活,也就是每个人身上,才能在根本上维护好、实现好人民利益。在国家、社会、公民个人三者关系上,应当形成相互平衡、协调、相互衔接的结构关系,而不是附庸于某个主体之上,否则共同体是缺乏宽容的,也是缺乏稳固性的。

1954 年宪法制定前后,国家与人民利益并没有得到很好地认识和处理,特别是在国家、社会、公民个人三者之间关系上,呈现一元化倾向,民众只知有国而不论个体,个人除非服从、附属于国家,否则会失去发展的可能与空间。社会生活也极度僵化,国家强大的吸纳能力,使得公民和社会都只能依附国家存在。

1954 年宪法颁布之后不久,1958 年夏季开始了人民公社化运动。根据 1954 年宪法的规定,乡镇设立人民代表大会和人民委员会作为地方政权机关,地方各级人民代表大会都是地方国家权力机关。

但农村人民公社已经成为高度政社合一的组织,完全取代了乡镇政权,宪法法律之外的组织反倒取得了"合法"地位。这种情形不能不说与当时的国家观有直接关系。

中国有长期的封建家长制文化传统,普通民众拥有浓重的家庭意识和集体意识,但缺乏个体观念。而历经抗日战争和解放战争的常年乱局,全国人民迫切渴望结束战争状态,民众在情感上对"国家"有着强烈的向往,迫切希望成立一个稳固、强大的共同体,这个共同体能够保护自己安全。在新政权建立之后,民众普遍沉浸在"翻身做主人"的胜利喜悦之中,却没有从制度层面思考如何做主人。民众对"新型的人民民主政权寄予无限信任,将对权利的保障寄托在绝对可靠的政权及政权的建设上,疏于对超越谁是当政者之上的权力本身的质疑和警惕"。[1] 将政权视作人民本身,认为国家权力完全为己所有、为己所用,对权力与生俱来的膨胀本质缺少理解,更缺乏有效的制度约束。在这种盲目乐观的心理基础上建立起来的共同体,所分享的情感是不稳固不持续的,不是建立在宪法之上的,这种情感只是一种宪法缺位的情感。人民公社化运动的教训已经证明了这一点,"文化大革命"更甚。

当社会的存在空间被挤压,国家过分介入个人生活,导致的结果是国家、社会与公民个人的非理性的对立,个人无法防御国家的侵害,国家也不能抵抗非理性的社会的冲击,失去活力和动力。这对宪法本身也造成了本质上的伤害。比如,"时刻不要忘记阶级斗争"的最高指示,给建立合理的国家、社会与公民关系造成了难以逾越的思想障碍,因为以阶级斗争为纲的思想与宪法的精神是严重对立的。"阶级斗争为纲思想强调的是人的不平等,宪法强调的是人的平等;阶级斗争为纲思想强调的是人的对立,宪法强调的是人在宪法下的

---

〔1〕 郑贤君:《追求幸福生活:评五四宪法的基本权利条款》,载《新乡师范高等专科学校学报》2005年第6期。

团结;阶级斗争为纲思想强调的是法律外的暴力,而宪法强调的是人的行为的规范性。"[1]同样,迁就于政治需要的概念话语对宪法的规范效力也造成了釜底抽薪式的伤害,比如,公民概念"被简单地'切换'为一个具有高度对抗性、排他性和不确定性的政治用语,一个内涵和范围均难以通过法律规范技术,而只能通过在无法可预见结果的下一轮政治斗争、政治博弈或'继续革命'中不断重新厘定的政治用语——人民"。[2] 也因为此,当时任国家主席刘少奇手持宪法抗议"批斗"时说:"我是中华人民共和国的主席,你们怎样对待我个人,这无关紧要,但我要捍卫国家主席的尊严!谁罢免了我国家主席?罢免我是要通过全国人民代表大会的。你们这样做,是在侮辱我们的国家!我个人也是一个公民,为什么不让我讲话?宪法规定了每一个公民的民主权利和人身权利都要受到保障,侵犯破坏宪法的人,是要受到法律的严厉制裁的!"[3]这样的护宪声音迅速湮没在"革命"的洪流中就是理所当然的了。这不仅是刘少奇个人的悲剧,也是宪法的悲剧,更是国家和民族的悲剧。

4. 缺乏尊重文本的宪法文化

宪法文本就是用文字记载的宪法价值与规则的体系。公民认识宪法的最基本的途径是通过宪法文本。与媒体或宪法课堂等宪法知识的宣传媒介不同,宪法文本具有权威性和相对明确性,这使得民众更容易接受宪法文本,通过宪法文本获取宪法知识。可以说,宪法文本是民众宪法意识的重要来源,民众的宪法知识,无论其获取的途径如何,都直接或间接源于宪法文本。通过阅读宪法文本、领悟文本之上的普遍性价值,民众的立宪主义理念得以形成和巩固。

但遗憾的是,1954 年宪法文本并没有得到充分地理解与尊重。

---

[1] 周永坤:《五四宪法的得失与启示》,载《唯实》2004 年第 5 期。

[2] 林来梵:《五四宪法的"天衣"之"缝"》,载《法学研究》2004 年第 6 期。

[3] 刘爱琴:《刘少奇:我要捍卫国家主席的尊严》,载《周末》2009 年 4 月 23 日。

表现在两个方面:

(1)民众并没有领悟宪法的本质意义。基于历史与文化方面的原因,民众并不能完全理解宪法的本质与功能。在宪法的学习、宣传、讨论过程中,民众对于宪法草案与宪法文本的认识还仅仅停留在初步了解的阶段,对于宪法的内容与基本价值缺乏深入的认识。因此,1954 年宪法的全民大讨论虽然形成了很好的学习、宣传宪法的氛围,但其作用比较有限,没有从根本上提升公民的宪法意识。民众缺乏对宪法文本的本质认识是宪法未能获得动力的重要原因。

(2)国家公权力的运行完全背离了宪法文本。尊重宪法文本的最重要的体现便在于根据宪法文本行使和监督国家权力。而 1954 年宪法的文本并没有在实际的国家生活中得到有效实施,相反,却在"反右"斗争与"文化大革命"被虚置与废弃。民众在实际生活的宪法感受与 1954 年宪法文本之间存在的巨大落差,进一步弱化了民众本来脆弱的尊重宪法文本的意识。虽然 1954 年宪法的宣传过程中民众感受到宪法的存在,但一直没有成为民众生活的一部分。

5. 缺乏宪法实施的监督机制

1954 年宪法未得到良好实施的另外一个重要原因便是宪法规定的监督机制未得到有效实施。学者在反思 1954 年宪法时往往指出,1954 年宪法未得到有效实施的主要原因在于宪法文本对于保障和监督宪法实施的机制缺少有效规定,比如,没有规定专门监督宪法实施的机构和程序。其实,1954 年宪法文本明确规定由全国人民代表大会监督宪法的实施,但由于各种原因,全国人大没有能够履行监督宪法实施的职责。从这一角度来看,宪法文本没有规定专门监督宪法实施的机构和程序只是 1954 年宪法没有得到良好实施的原因之一,更为重要的原因在于宪法文本之外。

一方面,由于过分强调 1954 年宪法的阶级性和过渡性,导致以 1954 年宪法为核心的法律体系在整个社会价值体系中的定位不准确。1954 年宪法的全民大讨论及公布前后的宣传、学习过程中，主要强调的是宪法的阶级性和工具性，把宪法看成是阶级斗争的工具，作为完成政治任务的手段。由于片面强调宪法的阶级性、工具性，并且片面地把宪法当作阶级统治的工具，忽视了宪法在发展社会主义民主、促进社会主义现代化建设中的作用，宪法所确立和保护的价值没有被当作社会的核心价值。在政权日益巩固的时候，法律工具主义、虚无主义的思想便逐渐占了上风。

另一方面，1954 年宪法的实施并没有得到执政党的高度重视。如前所述，执政党对宪法实施的态度和认识，实际上决定了宪法在中国真正得到实施的程度。中华人民共和国宪法发展史告诉我们，执政党尊重宪法，确立正确的政治路线，是宪法实施的重要保障。若执政党脱离了正确的政治路线，不重视宪法权威，其结果必然导致宪法理想与现实的冲突。1954 年宪法作为国家的根本法，并没有得到应有的尊重，其文本确立的宪法监督机制在法律与政策二元化的社会规范格局中，往往被执政党完全忽视，仅仅停留在宪法文本之中。

回顾 1954 年宪法实施的历程，欢欣与痛苦、经验与教训并存。伟大的民族往往能够总结有益的经验并从错误中吸取教训。1954 年宪法创造的制宪与行宪经验对于今后中国宪法发展而言是宝贵的财富，成功的经验与失败的教训将对 21 世纪中国宪法发展的进程产生重要影响。

五、1954 年宪法的历史经验与启示

1954 年宪法的制定和实施对中国宪法的发展产生了一定的积极影响，但同时给我们留下了许多经验与教训。主要的经验与启示是：

（一）更加重视宪法在国家治理体系中的作用

2013 年 11 月 12 日中国共产党第十八届中央委员会第三次全体会议通过的《中共中央关于全面深化改革若干重大问题的决定》指

出:“全面深化改革的总目标是完善和发展中国特色社会主义制度,推进国家治理体系和治理能力现代化。”该决定不仅第一次在执政党的纲领性文件中明确提出了“国家治理体系和治理能力现代化”的概念,并从全面深化改革的总目标的高度提出“国家治理体系和治理能力现代化”的重要性,为下一步全面深化改革指明了发展方向。

“国家治理体系和治理能力”的现代化的主要标志就是要全面贯彻落实依法治国基本方略,充分发挥宪法在国家治理体系现代化中的作用,实现从法律治理转向宪法治理。

宪法是国家治理体系现代化实现的规范基础。国家治理具有综合性,国家治理体系现代化离不开多元治理主体的互动与协同,而治理主体行为之间的有效协同是以法律秩序的存在为基础的。这时,国家治理对于法律秩序的统一性提出了要求,即国家治理所依据的法律规范本身必须在不同结构之间达致内部的和谐与统一。而宪法作为法律秩序中的最高规范,能够促成多元规范的统一与协调,为国家治理提供秩序保障与规范基础。

宪法为国家治理体系现代化提供目标与方向。现代国家是通过以宪法为统领的法律秩序建构起来的共同体。作为规范结构的共同体,国家的发展目标与任务根源于宪法,并受宪法基本原则的拘束。国家治理体系的现代化,作为执政党提出的国家深化改革的目标,应当以宪法确立的国家任务与基本原则为依凭与方向。据此,国家治理体系的现代化应当以宪法确立的基本制度为依托,通过实施宪法,落实尊重和保障人权的基本原则,建构国家治理的正当性与合法性。

宪法是国家治理体系现代化的根本保障。从宪法与国家治理关系来看,宪法是国家治理的基本形式,是社会整合的基本力量,是凝聚社会力量的载体,是利益平衡与解决冲突的有效规则,也是国际社会评价法治发展程度的基本指标。凡是现代国家都需要以宪法作为其存在的身份与标志,通过宪法治理维护社会基本价值与制度,并为公民基本权利的保护提供统一的法律基础与道德基础。

总之,国家治理体系的现代化首先是国家治理体系的法治化、宪法化,通过充分发挥宪法在国家治理体系中的规范、引领与保障作用,赋予国家治理一种理性与人性,防止其任性,以保护人的尊严与自由,进而为国家治理现代化提供合宪性基础。

(二)通过宪法凝聚社会共识

历史的经验表明,宪法实施是维护社会共同体价值的基础与过程,宪法实施状况的好坏决定了转型时期能否在根本价值层面上维护国家的稳定和社会的良好发展。凡是尊重宪法权威,保障宪法实施的情况下,社会秩序稳定,公民基本权利就能得到较好保障;反之,宪法没有权威,宪法无法实施或者不能实施的情况下,社会秩序将无法维持,公民基本权利就会遭受肆意侵夺,民主法制价值就会受到随意践踏。社会稳定的前提是寻求社会共同体的基本共识,而宪法是社会共同体基本价值的体现,维护宪法就是维护基本的社会共识,建立不同利益主体都能接受的最低限度的政治道德,以凝聚人心、维护国家的核心利益。

(三)弥补"天衣之缝",真正实施宪法

1954 年宪法通过之前,毛泽东在评价这部宪法时曾就其不足讲过一段著名的话,他说:"宪法不是天衣无缝,总是会有缺点的"。[1] 这段论述提出了如何看待宪法自身的不完美的问题。

对于一部不完美甚至有缺陷的宪法,我们可以通过修改或者解释的方式予以弥补,更重要的是要遵循立宪主义精神,使文本上的宪法成为行动中的宪法。实际上,国外宪法治理良好的国家,在立宪之初也曾面临这样的不足。如美国,《独立宣言》的起草人托马斯·杰斐逊在看到美国联邦宪法的草案后致信亚当斯、麦迪逊等人,"其中

〔1〕 毛泽东:《关于宪法草案的修改问题》(1954 年 9 月 14 日),载《党的文献》1997 年第 1 期。

有很好的条款,也有很坏的条款”,他为宪法没有包含人权法案以及没有规定总统任期限制而感到愤怒。很多人觉得这部宪法的命运不会比之前的《邦联条例》好多少,杰斐逊甚至主张:宪法应该 20 年重新制定一部。再如德国,德国人对 1949 年的《联邦德国基本法》评价不高,认为这部基本法不过是在过渡时期凑合用用。联邦议会曾成立一个调查委员会,对“基本法的全面修订”进行研究,然而 1976 年委员会提出最终报告时,却发现要求根本性修订的倾向已经消失了。人们不仅不再像早年那样激烈批评基本法,反而开始赞美说“基本法是德国拥有过的宪法中最好的一部”。〔1〕 我们应当充分尊重自己的宪法,通过宪法的全面实施,迈向宪法治理的新阶段。

1954 年宪法制定时,制宪者虽然关注宪法保障实施问题,但因缺乏对宪法实施功能的认识,没有充分考虑如何从制度层面上建立有效地预防与解决违宪的制度。虽规定全国人大监督宪法实施的职权,〔2〕但没有专门的机构和程序,在各种违宪现象面前,全国人大没有采取有效的措施。由谁来判断违宪,依据什么标准判断违宪,违宪的责任是什么,这些问题都缺乏制度性的保障,以致这种权力形同虚设。“面对当时不断出现的违宪行为,全国人大竟没有表达任何不同的意见,更没有采取任何措施,这不能不说是全国人大的严重失职。到后来,全国人大连它自身的存在也维持不下去了,还谈什么宪法监督。”〔3〕

落实宪法实施的监督机制,应当加强人民代表大会制度建设。现行宪法规定,监督宪法实施是全国人大及其常委会的重要职权,但这一职权 40 多年来行使得并不到位。对于现实中出现的一些违宪

---

〔1〕 张翔:《宪法文本下的价值冲突与技术调和》,载《读书》2012 年第 12 期。

〔2〕 在中共中央提出的宪法草案(初稿)中全国人大常委会是全国最高权力机关的日常工作机关,享有监督宪法和法律的实施职权。但对草案的讨论过程中把宪法的监督权规定为全国人大职权,并把全国人大常委会规定为全国人大的常设机关。对宪法解释权和具体实施程序等问题没有作出具体规定。

〔3〕 刘政:《1954 年宪法施行三年后为什么被逐渐弃废》,载《中国人大》2002 年第 14 期。

现象,全国人大及其常委会并没有作出制度上的有效回应,更没有依照宪法予以处理。全国人大常委会建立了行之有效的监督法律实施的制度,比如,执法检查,专题报告等制度,但没有建立具有实效性的宪法实施制度,宪法实施问题仍然缺乏有效的制度支撑。

党的十八大以来,党中央从全面依法治国的战略高度,提出完善宪法监督体制机制的目标与理念。特别是党的十九大提出"推进合宪性审查工作,维护宪法权威",有关宪法监督机构的专门化问题再次成为学界关注的重大课题。

2018 年 3 月 11 日第十三届全国人民代表大会第一次会议通过了《中华人民共和国宪法修正案》,正式将"全国人大法律委员会"更名为"全国人大宪法和法律委员会"。宪法和法律委员会是全国人大的专门委员会,是合宪性审查与法律草案的审议功能有机结合的混合型与综合性的机构,主要承担宪法监督与实施的职能。宪法和法律委员会在继续承担统一审议法律草案功能外,应建立综合的功能体系,为有效开展合宪性审查提供制度与规范基础。

宪法和法律委员会的设立有助于加强宪法实施与监督,有助于建立立法与宪法监督职能综合协调、整体推进的新机制,提高合宪性审查的实效性,有效解决宪法争议和违宪问题。同时,通过合宪性审查机制,发挥公民以及其他社会组织提起违宪违法审查建议的积极性,强化法律规范体系的内在统一性,建立合法性与合宪性审查的互动机制,为完善中国特色宪法监督制度积累经验。

(四)积极提炼宪法发展的中国经验

通过 1954 年宪法的制定与运行,我们认识到,宪法发展需要处理好政治性与法律性、稳定性与适应性、本土性与国际性的关系,应把宪法的法律属性作为认识与解释宪法现象的逻辑基础与出发点。宪法发展要维护宪法至上性与实效性,使宪法成为一切国家机关、社会团体与政党活动的最高准则与根本准则。落实依法治国、保障人权的国家价值观,要认真实施宪法。

未来中国宪法发展的总体趋势是,继续凝聚社会共识,重建社会信任,重视宪法运行机制,回应社会发展。中国宪法的发展必然要立足中国、具有国际视野,以中国问题的解决为使命,以"中国化的宪法学"阐释中国的宪法现实。同时,中国宪法发展要将传统文化的价值与宪法的普遍性原理相结合,使中国宪法成为关心人类发展命运、解决人类面临重大问题的制度与理念体系。

六、不能忘却的历史记忆——"五四宪法"历史资料陈列馆

(一)"五四宪法"历史资料陈列馆开馆

2016年12月4日在第3个国家宪法日到来之际,"五四宪法"历史资料陈列馆正式在浙江省杭州市开馆。习近平总书记作出重要指示,强调:宪法是国家的根本法,是治国安邦的总章程,是党和人民意志的集中体现。坚持依法治国首先要坚持依宪治国,坚持依法执政首先要坚持依宪执政。中国共产党领导人民制定了"五四宪法"。设立"五四宪法"历史资料陈列馆,对开展宪法宣传教育、增强社会主义民主法治意识、推动尊法、学法、守法、用法具有重要意义。开展宪法宣传教育是全面依法治国的重要任务。"五四宪法"历史资料陈列馆要坚持党的领导、人民当家作主、依法治国有机统一,努力为普及宪法知识、增强宪法意识、弘扬宪法精神、推动宪法实施作出贡献。

杭州是中华人民共和国第一部宪法——"五四宪法"的起草地。陈列馆设在毛泽东主席起草宪法地旧址——北山街84号大院30号楼。历史资料陈列馆收藏了大量与1954年宪法制定过程有关的珍贵文物、文献资料和历史档案。

"五四宪法"史料馆四周环境优美,绿树成荫,庄严又肃穆。进入场馆内部,从左手边进入参观,首先看到会议室的陈列摆设,然后是毛主席的工作室,整体布置还原了当时的场景,使参观者深切地感受

到"五四宪法"的历史痕迹。进入场馆的中心部分——宪法的历程。第一展厅展现中华人民共和国成立之后的宪法故事,呈现出立体化的效果,展厅的听筒内是毛主席在几个会议上的讲话,使人回到当时的历史情景。展厅房间的参观顺序是按宪法发展时间设计的,不同展厅的不同故事,就是生动的宪法历史画面。从清末《钦定宪法大纲》到1954年宪法,从《共同纲领》到1982年宪法的5次修改,宪法展览馆穿越历史时空,以图片、实录并配有现代信息技术的支撑,整个展览厅洋溢着历史、现实与对未来美好生活的期待,是生动的宪法教育课堂。

自开馆以来,到2020年9月,陈列馆共接待观众63.4万人次,开馆以来累计接待观众102.9万人次。

(二)"五四宪法"历史资料陈列馆的意义

设立"五四宪法"历史资料陈列馆,有助于继承和发扬中华民族的宪法文化与传统,有助于肯定中华人民共和国宪法制度的历史基础与正当性,弘扬宪法精神,开展爱国主义,对于实现依宪治国具有重要意义。

1. 有助于整理保存1954年宪法相关重要资料文献

通过陈列馆,一方面,将散见于各博物馆和民间的珍贵文献、资料予以收集整理的渠道;另一方面,利用陈列馆专门的技术措施和研究人员有效地防止珍贵文献、资料的毁损和消逝。1954年宪法制定于67年前,很多资料仍散落在世界各地。有了陈列馆,使后人了解中华人民共和国第一部宪法诞生的历史过程,让散落的资料回到陈列馆。

2. 为学术研究提供史料依据的重要依托

在学术研究中,特别是宪法学研究中,宪法史料是重要的研究文献。学术研究以论证阐述观点,而论证是需要以史料为依据的,没有史料支撑的宪法历史研究是难以自圆其说的。陈列馆的建设和学术研究的关系是十分紧密的,没有专门的陈列馆会导致历史资料的缺失,难以为学术研究提供第一手的档案资料,学术研究经常陷入“瓶颈”而难以自拔;而缺乏以专门的纪念馆作为展示学术研究最新成果的平台,学术研究也仅仅是学者们的自说自话,社会公众难以及时、准确地了解其中概况。

3. 设立陈列馆,有助于真实而全面地反映新中国制宪、行宪史

新时代提出了“依法治国,建设社会主义法治国家”的战略目标,“依法治国”首先是依宪治国。依宪治国的根本要求则是国家每个公民都具有较强的宪法意识,将宪法作为基本规范深入到日常生活之中。宪法意识更多的是通过社会氛围的营造、社会榜样的示范以及社会舆论的宣传等多方面的途径。只有了解中华人民共和国宪法走过的艰辛历程,才能树立起对宪法的尊崇感。陈列馆通过历史资料、文献乃至场馆的保存,辅之以现代化高科技手段的运用,真实地再现新中国制宪、行宪的历史,使公民切实地感受到共和国宪法的自豪与责任。

4. 设立陈列馆,有助于构建宪法文化,弘扬爱国主义情怀

在发展宪法制度、普及宪法价值的过程中,各国普遍采取公众喜闻乐见的方式进行宪法文化的教育。如美国成立了行宪纪念日国家宪法中心(The National Constitution Center)建于2003年7月4日,坐落在费城市中心。国家宪法中心在1988年由里根总统签字初建,1999年由以设计教育性博物馆见长的Ralph Appelbaum联合会完成设计,耗资近1.8亿美元,占地160,000平方英尺。这是唯一以美国宪法作为展览主题的博物馆,目的在于吸引游客参观、了解美国宪法。其实,在这之前还有建立于1732年的美国费城独立纪念馆(Independence Hall),这是美国发表独立宣言(1776年7月4日)、起草合众国宪法的地方。至今游人仍可参观当年通过美国独立宣言的会场和被称为“自由钟”的巨大铜钟。日本于1958年建立了明治宪

法纪念馆等。其他国家根据本国的文化和传统也设立了纪念宪法的纪念馆或宪法节日。

一个国家自由和民主的程度,不仅是该国的国际地位的重要体现,也是其他国家审视和衡量该国历史底蕴和积淀的基本标准。而要真实地再现该国人民追求自由和民主的历史,莫过于不同形式的宪法纪念馆的设立和建设。而对宪法纪念馆的参观或对该国宪法发展历史的了解,也是国际交流的重要形式。

主要参考书目

1. 许崇德:《中华人民共和国宪法史》,福建人民出版社 2003 年版。

2. 毛泽东:《建国以来毛泽东文稿》(第 4 册),中央文献出版社 1990 年版。

3. 董边等著:《毛泽东和他的秘书田家英》,中央文献出版社 1996 年版。

4. 郑谦等:《毛泽东时代的中国》(一、二、三),中共中央出版社 2003 年版。

5. 张学仁、陈宁生主编:《二十世纪中国宪政》,武汉大学出版社 2002 年版。

6. 韩大元主编:《新中国宪法发展史》,河北人民出版社 2000 年版。

7. 尹中卿主编、全国人大常委会办公厅研究室编:《中华人民共和国全国人民代表大会及其常委会大事记》,法律出版社 1994 年版。

8. 逄先知、金冲及主编,中共中央文献研究室编:《毛泽东传》,中央文献出版社 2003 年版。

9. 孟光编:《人民宪法讲话》,华南人民出版社 1955 年版。

10. 楼邦彦:《中华人民共和国宪法基本知识》,新知识出版社 1955 年版。

11. 中央政法干部学校国家法教研室编:《中华人民共和国宪法学习参考资料》,法律出版社 1957 年版。

12. 中国人民大学国家法教研室编:《中华人民共和国国家法参考资料》,中国人民大学出版社 1955 年版。

13. 高建中编著:《中国人民政治协商会议成立纪实》,当代中国出版社 2002 年版。

14. 胡其安:《我国公民的基本权利和义务》,华东人民出版社 1954 年版。

15. 李光灿:《我国公民的基本权利和义务》,人民出版社 1956 年版。

16. 辛光编著:《中华人民共和国公民的基本权利和义务》,湖北人民出版社 1955 年版。

17. 杨化南:《中华人民共和国公民的基本权利和义务》,中国青年出版社 1955 年版。

18. 刘培华编写:《中华人民共和国宪法讲课提纲》,辽宁人民出版社 1957 年版。

19. 薄一波:《若干重大决策与事件的回顾》,中共中央党校出版社 1993 年版。

20. 赵宝煦等编:《钱端升先生纪念文集》,中国政法大学出版社 2000 年版。

21. 中国政治法律学会编:《宪法分解参考资料》,人民出版社 1954 年版。

22. 殷啸虎:《新中国宪政之路(1949 ~ 1999)》,上海交通大学出版社 2000 年版。

23. 董必武:《董必武政治法律文集》,法律出版社 1986 年版。

24. 郭道晖等主编:《中国当代法学争鸣实录》,湖南人民出版社1998年版。

25. 黄峥:《刘少奇一生》,中共中央文献出版社1995年版。

26. 蔡定剑:《历史与变革:新中国法制建设的历程》,中国政法大学出版社1999年版。

27. 中华人民共和国宪法起草委员会办公室印:《宪法研究资料》(合订本)。

28. 第一届全国人民代表大会工作委员会办公室编印:《分组讨论宪法草案意见汇编》。

29. 全国人大常委会办公厅研究室政治组编著:《中国宪法精释》,中国民主法制出版社1996年版。

30. 叶永烈:《毛泽东的秘书们》,上海人民出版社1994年版。

31. 萧心力主编:《毛泽东与共和国重大历史事件》,人民出版社2001年版。

32. 全国人大常委会办公厅联络局编:《中华人民共和国宪法及有关资料汇编》,中国民主法制出版社1990年版。

33. 北京市宪法草案讨论委员会宣武分会编著:《中华人民共和国宪法六讲》,中国青年出版社1954年版。

34. [英]罗德里克·麦克法奈尔:《文化大革命的起源》,魏海平等译,河北人民出版社1989年版。

35. 周方:《我国国家机构》,中国青年出版社1957年版。

36. 人民日报图书资料室:《宪法问题参考文件》,人民出版社1955年版。

37. 胡乔木:《胡乔木文集》(第1卷),人民出版社1992年版。

38. 王永祥:《中国现代宪政运动史》,人民出版社1996年版。

39. 叶永烈:《陈伯达传》,人民日报出版社1999年版。

40.《读我国宪法草案基本内容》,通俗读物出版社1954年版。

41. 李达:《谈宪法》,中南人民出版社 1954 年版。

42. 冯友兰:《中国现代哲学史》,广东人民出版社 1999 年版。

43.《中共党史参考资料》(第 8 册),人民出版社 1980 年版。

44. 浙江省毛泽东思想研究中心、中共浙江省委党史研究室编:《毛泽东与浙江》,中共党史出版社 1993 年版。

45. 庞松:《共和国年轮(1949)》,河北人民出版社 2001 年版。

46. 韦庆远等:《清末宪政史》,中国人民大学出版社 1993 年版。

47. 吴家麟编著:《宪法基本知识讲话》,中国青年出版社 1954 年版。

48.《当代中国史研究》(1997 ~ 2003 年)。

49.《政法研究》1954 年(1 ~ 6)。

50. 金冲及主编、中共中央文献研究室编:《刘少奇传》,中央文献出版社 1998 年版。

51. 吴景平、徐思彦主编:《1950 年代的中国》,复旦大学出版社 2006 年版。

52. 邢和明:《中共眼里的苏联模式》,福建人民出版社 2006 年版。

53. 张晋藩:《中国宪法史》,吉林人民出版社 2004 年版。

54. 尚定:《胡乔木在毛泽东身边工作的 20 年》,人民出版社 2005 年版。

55. 李维汉:《回忆与研究》(下),中共党史资料出版社 1986 年版。

56. 穆兆勇编著:《第一届全国人民代表大会实录:1954 年》,广东人民出版社 2006 年版。

57. 秦立海:《从〈共同纲领〉到“五四宪法”——1949 – 1954 年的中国政治》,人民出版社 2018 年版。

58. 陈杨勇:《建设新中国的蓝图:〈中国人民政治协商会议共同

纲领〉研究》,社会科学文献出版社 2013 年版。

59. 杨胜群、闫建琪主编,中共中央文献研究室编:《邓小平年谱》,中央文献出版社 2009 年版。

附　　录

一、1954 年宪法大事记

1949 年

3 月，党的七届二中全会，提出新中国的纲领和方针，规划新中国的蓝图。

7 月，刘少奇访问苏联，斯大林建议准备制定宪法。

9 月 28 日，中国人民政治协商会议第一届全体会议讨论通过《共同纲领》。

1952 年

10 月 28 日，刘少奇访问苏联，斯大林再次建议中国应于 1954 年制定宪法，并进行选举。

11 月间，中共中央作出决定，立即着手准备召开全国人民代表大会制定宪法。

12 月 1 日，中共中央在《关于召开党的全国代表会议的通知》中说，现在召集全国人民代表大会的条件已经具备，拟于 1953 年 9 月间召开。

12 月 24 日，中共中央向全国政协提议，由全国政协向中央人民政府委员会建议，于 1953 年召开全国和地方各级人民代表大会，并制定宪法。

12月24日,全国政协决定向中央人民政府委员会建议召开全国人民代表大会和地方各级人民代表大会,并开始起草选举法与宪法草案等准备工作。

1953年

1月13日,中央人民政府委员会决定成立以毛泽东为主席的中华人民共和国宪法起草委员会,负责宪法的起草工作,由33名委员组成。

5月3日,中共中央办公厅发布宪法草案(初稿)(第一部分)。

6月6日,为了讨论宪法问题,毛泽东召集刘少奇、周恩来等开会,讨论宪法起草问题。

9月17日中央人民政府委员会举行第28次会议,听取了关于全国人民代表大会及地方各级人民代表大会的选举问题的说明,并通过《关于推迟召开全国人民代表大会及地方各级人民代表大会的决议》。

11月至12月,陈伯达受毛泽东委托起草了宪法草案第一稿。

12月15日,毛泽东主持召开中共中央书记处会议扩大会议,讨论宪法的起草问题。

12月28日凌晨,毛泽东率宪法起草小组到杭州。

1954年

1月9日,毛泽东主持宪法起草小组会议,制订了宪法起草工作计划。

1月15日,致电刘少奇并中共中央各同志,通报宪法起草小组的宪法起草工作计划。

2月17日,宪法起草小组提出了宪法草案(初稿)。

2月24日,宪法起草小组修改宪法草案(初稿),形成"二读稿"。

2 月 25 日，宪法起草小组改出宪法草案（初稿）“三读稿”。

2 月 26 日，宪法起草小组继续修改宪法草案（初稿），形成“三读稿”。

2 月 28 日至 3 月 1 日，刘少奇在北京主持召开中共中央政治局扩大会议，讨论并原则通过了“三读稿”。

3 月 9 日，宪法起草小组提交了宪法草案（初稿）“四读稿”并结束宪法草案（初稿）起草工作。

3 月 12 日、13 日和 15 日，刘少奇主持召开中共中央政治局扩大会议，讨论通过了宪法草案（初稿）“四读稿”。会议决定由陈伯达、胡乔木、董必武、彭真、邓小平、李维汉、张际春、田家英组成宪法起草小组。负责宪法草案（初稿）的最后修改。决定组成宪法起草委员会办公室，李维汉为秘书长。

3 月 15 日，周恩来和董必武邀请宪法起草委员会中非共产党员的委员，共同研究宪法草案（初稿）。

3 月 17 日，宪法起草小组回到北京，着手召集宪法起草委员会会议，讨论宪法草案。

3 月 23 日，中共中央委员会向宪法起草委员会正式提出了宪法草案（初稿）。

3 月 23 日，宪法起草委员会举行第一次会议，决定组织宪法起草委员会办公室。

3 月 23 日，政协全国委员会常务委员会第 53 次会议，通过了《分组座谈宪法问题的名单》，决定邀请各民主党派、人民团体的负责人和各界人士组成 17 个座谈小组。宪法草案座谈会开始讨论与研究宪法草案（初稿）。

5 月 6 日至 22 日，举行宪法起草座谈会各组召集人联席会议。

5 月 27 日，宪法起草委员会举行第二次会议，集中审议宪法草案（初稿）。

5月28日,宪法起草委员会在中南海勤政殿举行第三次全体会议,讨论了宪法草案(初稿)第2章的第1节至第4节。

5月29日,宪法起草委员会在中南海勤政殿举行第四次全体会议,重点讨论了宪法草案(初稿)的第2章第5节、第6节、第3章公民的基本权利和义务。

5月31日,宪法起草委员会在中南海勤政殿举行第五次全体会议,讨论宪法草案(初稿)第2章第4节、公民基本权利和义务等部分的内容。

6月8日,宪法起草委员会在中南海勤政殿举行第六次全体会议,对5月31日宪法草案(初稿)的修正稿全文又讨论了一遍。

6月11日,宪法起草委员会在中南海勤政殿举行第七次会议,讨论、通过宪法草案及准备提交给中央人民政府委员会审议的《中华人民共和国宪法起草委员会关于宪法起草工作经过的报告》。

6月14日,中央人民政府委员会举行第30次会议,审议宪法草案;通过宪法草案;通过关于公布宪法草案的决议。

6月16日,中央人民政府委员会公布宪法草案,开始全民讨论宪法草案。

7月1日,毛泽东阅《政法研究》编辑部编译的《苏联宪法草案的全民讨论》一文,并批送刘少奇、朱德等"此件值得看一下"。

全民宪法草案的讨论从1954年6月16日开始,到9月11日结束,历时3个月。

9月8日,宪法起草委员会在中南海紫光阁举行第八次全体会议,修改草案文本,并决定提交中央人民政府委员会正式通过。

9月9日,中央人民政府委员会举行第34次会议,讨论并通过宪法草案,并决定提交第一届全国人大第一次会议审核。

9月12日,宪法起草委员会举行第九次会议,讨论并通过了由刘少奇委员代表宪法起草委员会准备向第一届全国人民代表大会第一次会议所作的关于宪法草案的报告。

9 月 14 日,毛泽东主持召开中央人民政府委员会临时会议,对第二天即将提交全国人民代表大会讨论的宪法草案,作最后的审议。

9 月 15 日,第一届全国人民代表大会第一次会议举行全体会议。宪法起草委员会委员刘少奇作关于宪法草案的报告。

9 月 16 日至 20 日,会议分组讨论宪法草案。

9 月 20 日,第一届全国人大一次会议通过《中华人民共和国宪法》。大会主席团发布公告。

二、中国共产党中央委员会 1954 年宪法草案(初稿)

——1954 年 3 月 23 日中国共产党中央委员会提出

目 录

序　言

中国人民经过了长时期的英勇奋斗,终于在中国共产党领导之下,在一九四九年取得了反对帝国主义、封建主义和官僚资本主义的人民革命的伟大胜利,因而结束了被压迫被奴役的历史,建立了人民民主专政的中华人民共和国。中华人民共和国的人民民主制度,也就是新民主主义制度,保证我国能够通过和平的道路建立消灭剥削、消灭贫困的社会主义社会,达到富强、幸福和文明的境地。

从中华人民共和国成立到社会主义社会建成,这是一个过渡时期。国家在过渡时期的总任务,是逐步实现国家的社会主义工业化,并逐步完成对农业、手工业和资本主义工商业的社会主义改造。我国人民在过去几年内已经很有成效地进行了土地制度的改革、抗美援朝、镇压反革命分子、完成经济恢复等项大规模的斗争,这就为有计划地发展经济建设和逐步过渡到社会主义社会准备了必要的条件。

中华人民共和国第一届全国人民代表大会的代表们聚集在首都北京,庄严地通过我国的第一个宪法,作为全体人民和一切国家机关所必须遵守的根本法。这个宪法以一九四九年中国人民政治协商会议《共同纲领》为基础,同时是它的发展。这个宪法巩固了我国人民革命的成果和我国建国以来政治上经济上的新胜利,并且反映着国家在过渡时期的根本要求和广大人民对于进一步建设新生活的共同愿望。我国人民在建立中华人民共和国的伟大斗争中已经结成了以中国共产党为领袖的各民主阶级、各民主党派、各人民团体的广泛的人民民主统一战线。我国的人民民主统一战线在今后将作为动员全国人民完成我国在过渡时期的总任务的武器而继续发挥它的作用。

我国各民族已经团结成为一个自由平等的民族大家庭。这个团结在发扬各民族间的友爱互助、反对帝国主义和各民族的内部公敌、反对大民族主义和地方民族主义的基础上将继续加强。国家在发展经济建设的过程中将照顾到各民族的需要,而在实现社会主义改造的问题上将充分注意各民族发展的特点。

我国同苏联和各人民民主国家已经建立了伟大的牢不可破的友谊,我国人民同各国爱好和平的人民的友谊也日见增进。

我国将继续不断地发展和巩固这种友谊,并且将按照平等互利的原则,同一切主张维持和平的、对我国采取友好态度的国家建立和发展外交关系,以服务于世界和平和人类进步的崇高目的。

第一章 总 纲

第一条 中华人民共和国是工人阶级领导的、以工农联盟为基础的人民民主国家。

第二条 中华人民共和国的一切权力属于人民。人民行使权力的机关是全国人民代表大会和地方各级人民代表大会。

中华人民共和国国家权力的中央机关和地方机关一律实行民主集中制。

第三条 中华人民共和国是统一的多民族的国家。各民族有平等的权利和义务。各聚居的少数民族实行区域自治。禁止民族间的歧视和压迫,禁止分裂各民族团结的行为。

第四条 中华人民共和国依靠国家机关,组织社会力量,经过国家的社会主义工业化和国民经济的社会主义改造,保证逐步消灭人剥削人的制度,建立社会主义社会。

第五条 中华人民共和国的生产资料所有制现在有下列各种:国家所有制即全民所有制;合作社所有制;个体劳动者所有制;资本家所有制。

第六条 国营经济是全民所有制的社会主义经济。国营经济是整个国民经济中的领导力量和国家实现社会主义改造的物质基础。国家保证优先发展国营经济。

中华人民共和国的矿藏、水流、大森林、大荒地和其他由法律规定为国有的资源都属于全民所有,由国家经营,或者委托合作社经营,或者租给他人经营。

第七条 合作社经济是劳动群众集体所有制的社会主义经济,或者是劳动群众部分集体所有制的半社会主义经济。国家保护合作社的财产,鼓励、帮助和指导合作社经济的发展,并且把发展生产合作当作改造农业的手工业的小生产经济的主要道路。

劳动群众集体所有制和全民所有制是社会主义所有制的两种形式。劳动群众部分集体所有制是组成个体农民、个体手工业者和其他个体劳动者走向完全集体所有制的过渡形式。

第八条 国家依照法律保护农民的土地所有权和其他财产所有权。

国家帮助和指导个体农民增加生产,并且鼓励他们在自愿的基础上组成生产互助合作、供销合作和信用合作。

国家对富农的剥削制度采取从限制到逐步消灭的政策。

第九条 国家依照法律保护手工业者和其他非农业的个体劳动者的生产资料所有权和其他财产所有权。

国家帮助和指导个体手工业者和其他非农业的个体劳动者改善经营,并且鼓励他们在自愿的基础上组成生产合作和供销合作。

第十条 国家依照法律保护民族资本家的生产资料所有权和其他所有权。

国家对资本主义工商业采取如下的政策:利用资本主义工商业的有利于国计民生的积极部分和积极作用,限制它们的不利于国计民生的消极部分和消极作用,鼓励和指导它们转变为各种不同形式的国家资本主义经济，逐步用社会主义的全民所有制代替资本主义所有制。

国家禁止资本家从事投机、垄断、盗窃国家财产等危害公共利益、扰乱社会经济秩序、破坏国家经济计划的行为。

国家经过政府机关的管理、国营经济的领导和资本主义工商业内工人群众的监督，改造资本主义工商业和防止资本家的非法活动。

第十一条 国家保护公民的劳动收入、储蓄、住宅和其他生活资料的所有权和继承权。

第十二条 国家在公共利益需要的时候，可以根据法律所规定的条件，对城乡土地和其他生产资料实行征购、征用或收归国有。

第十三条 国家禁止任何人利用私有财产破坏公共利益。

第十四条 国家用经济计划指导整个国民经济的发展和改造，使生产力不断提高，以求改进人民的物质生活和文化生活，巩固国家的独立和安全。

第十五条 国家实行对外贸易的统制和国内贸易的管理。

第十六条 劳动是中华人民共和国一切有劳动能力的公民的光荣事业。国家鼓励公民在劳动中的积极性和创造性，并且保证他们的劳动得到正当的报酬。

第十七条 一切国家机关必须经常保持同人民群众的密切联系，在工作中依靠人民群众的参加、创议和监督。

第十八条 一切国家机关工作人员必须为人民服务，效忠人民民主制度，服从宪法和法律。

第十九条 中华人民共和国维护人民民主制度，保护全体公民的安全和合法的权益，镇压一切叛国的和反革命的活动，惩办一切卖国贼和反革命分子。

中华人民共和国依照法律在一定时期内剥夺封建地主和官僚资

本家的政治权利,但是同时给他们生活出路,使他们在劳动中改造成为自食其力的公民。

第二十条 中华人民共和国的武装力量属于人民,它的任务是保护人民革命的成果,保护国家的安全和领土主权的完整。

第二章 国家组织系统

第一节 全国人民代表大会

第二十一条 全国人民代表大会是中华人民共和国最高权力机关。

第二十二条 全国人民代表大会是行使中华人民共和国立法权的唯一机关。

第二十三条 全国人民代表大会由省和市的代表、少数民族的代表、军人的代表和华侨的代表组成。代表名额和代表候选人产生办法由选举法规定。

第二十四条 全国人民代表大会每四年选举一次。

全国人民代表大会任期满了的时候,必须在三个月内举行下届全国人民代表大会的选举;如果遇到不能进行选举的非常情况,可以延长它的任期到下届大会选出的时候为止。

第二十五条 全国人民代表大会每年开会一次,由全国人民代表大会常务委员会召集。如果全国人民代表大会常务委员会认为必要,或者有三分之一以上的代表提议,可以临时召集。

第二十六条 全国人民代表大会行使下列职权:

(一)制定法律。

(二)修改宪法。

(三)选举全国人民代表大会的议长、副议长、秘书长和常务委员会委员。

(四)选举中华人民共和国主席、副主席。

（五）决定国务院总理的人选，组织国务院。

（六）选举最高人民法院；任命总检察长、副总检察长。

（七）决定领土的变动。

（八）审查和批准国民经济计划和国家的预算、决算。

（九）决定宣战和媾和。

（十）决定大赦。

（十一）全国人民代表大会认为应当由它行使的其他职权。

第二十七条 法律由全国人民代表大会过半数的代表通过。

第二十八条 宪法的修改由全国人民代表大会三分之二以上的代表通过。

第二十九条 全国人民代表大会有权罢免下列人员：

（一）中华人民共和国主席、副主席。

（二）国务院总理、副总理，国务院其他组成人员。

（三）最高人民法院的组成人员。

（四）总检察长、副总检察长。

（五）全国人民代表大会的议长、副议长、秘书长和常务委员会委员。

第三十条 全国人民代表大会设立民族委员会、法案委员会、预算委员会、代表资格审查委员会和其他需要设立的委员会。

第三十一条 全国人民代表大会所设立的各种委员会进行调查和审查工作的时候，一切国家机关、人民团体和公民都有义务向这些委员会提供必要的材料。

第三十二条 全国人民代表大会代表有权向国务院或者国务院所属各机关提出质问和询问，受质问和询问的机关必须答复。

第三十三条 全国人民代表大会的代表，除现行犯外，非经全国人民代表大会或者全国人民代表大会常务委员会许可，不得逮捕或者审判。如果代表因为是现行犯被捕的时候，必须立即把逮捕理由报告全国人民代表大会或者全国人民代表大会常务委员会和请求批准。

第三十四条 全国人民代表大会经过它的代表向它的选举单位报告工作,并且受它们的监督。

第三十五条 全国人民代表大会选出全国人民代表大会常务委员会作为全国最高权力机关的日常工作机关。

全国人民代表大会常务委员会对全国人民代表大会负责并报告工作。

全国人民代表大会常务委员会由全国人民代表大会的议长一人、副议长若干人、秘书长一人和常务委员若干人组成。

第三十六条 全国人民代表大会常务委员会在全国人民代表大会休会期间行使下列职权:

(一)召开全国人民代表大会。

(二)举行全国人民代表大会的选举。

(三)监督宪法和法律的实施。

(四)解释法律。

(五)通过具有法律效力的条例和其他法令。

(六)在特殊情况下,临时执行本宪法第二十六条五、六、八各款职权。

(七)监督国务院、最高人民法院和最高人民检察署的工作。

(八)变更或者撤销国务院和下级人民代表大会同国家法律相抵触的决议、条例和命令。

(九)决定国务院副总理,国务院所属各部的个别部长、副部长和各委员会的个别主任、副主任的任免。

(十)组织国防委员会。

(十一)决定驻外全权代表的任免。

(十二)决定批准和废除同外国缔结的条约。

（十三）规定军人和外交人员的衔级和其他专门名衔。

（十四）规定国家的勋章、奖章和荣誉称号。

（十五）决定特赦。

（十六）决定个别地区或者全国的戒严。

（十七）全国人民代表大会认为应当由全国人民代表大会常务委员行使的其他职权。

全国人民代表大会常务委员会必须把行使本条五、六、九各款职权所作的措施提请下一次的全国人民代表大会批准。

第三十七条 全国人民代表大会常务委员会行使职权到下届全国人民代表大会选出新的常务委员会的时候为止。

第二节 中华人民共和国主席

第三十八条 中华人民共和国主席由全国人民代表大会选举。任何年满三十五岁的享有选举权和被选举权的公民，都可以被选为中华人民共和国主席。

第三十九条 中华人民共和国主席任期五年。

第四十条 中华人民共和副主席的选举和任期适用本宪法第三十八条和第三十九条的规定。

第四十一条 中华人民共和国主席的职权如下：

（一）根据全国人民代表大会和全国人民代表大会常务委员会的决定，行使下列职权：

1. 公布法律和具有法律效力的条例和其他法令。

2. 任免国务院总理、副总理，国务院所属各部部长、副部长，各委员会主任、副主任和国防委员会组成人员。

3. 授予国家的勋章、奖章和荣誉称号。

4. 发布大赦令和特赦令。

5. 发布戒严令，宣布战争状态，发布动员令。

(二)向全国人民代表大会和全国人民代表大会常务委员会提出建议。

(三)依照法律任免省、中央直辖市、自治区、自治省的人民政府的主席、副主席。

(四)对外代表中华人民共和国。任免驻外全权代表。接受外国外交使节。批准同外国缔结的条约。

(五)统率全国武装力量,担任国防委员会主席。

(六)在必要的时候召集中华人民共和国副主席、国务院总理和其他有关人员举行最高国务会议。

第四十二条 中华人民共和国主席行使职权到下届全国人民代表大会选出新的主席的时候为止。

第四十三条 中华人民共和国主席可以委托副主席代行主席的部分职权。

第四十四条 中华人民共和国主席被罢免或者去世或者长期不能工作的时候,全国人民代表大会常务委员会必须在三个月内召集全国人民代表大会选举新的主席。在新的主席选出以前,由中华人民共和国副主席代行主席的全部职权。

第三节 国 务 院

第四十五条 中华人民共和国国务院是中华人民共和国的中央人民政府,是国家最高管理机关。

第四十六条 中华人民共和国国务院由总理和副总理、国务院所属各部部长和某些委员会的主任组成。

总理领导国务院的工作,主持国务会议。

组成国务院的各个部和委员会的建立和变更由全国人民代表大会决定,在全国人民代表大会休会期间由全国人民代表大会常务委员会决定。

国务院的组织法由全国人民代表大会制定。

第四十七条 国务院对全国人民代表大会负责并报告工作;在全国人民代表大会休会期间,对全国人民代表大会常务委员会负责并报告工作。

第四十八条 国务院行使下列职权:

(一)根据宪法、法律和全国人民代表大会常务委员会所通过的具有法律效力的条例和其他法令,规定行政的具体措施、发布决议、条例和命令,并且审查它们的实施情况。

(二)向全国人民代表大会或者全国人民代表大会常务委员会提出议案。

(三)统一管理所属各部,各委员会和其他机关的工作。

(四)统一领导全国地方人民政府的工作。

(五)变更或者撤销国务院所属各机关和下级人民政府的不适当的决议、条例和命令。

(六)实现国民经济计划和国家预算。

(七)管理文化、教育和卫生工作。

(八)管理民族事务。

(九)管理华侨事务。

(十)保护国家利益,维护公共秩序,保障公民权利。

(十一)管理外交工作。

(十二)领导武装力量的建设,规定每年征召入伍的公民的数目。

(十三)依照法律的所规定的范围和程序,任免国家行政人员。

(十四)全国人民代表大会或者全国人民代表大会常务委员会认为应当由国务院行使的其他职权。

(十五)各部部长和各委员会主任负责管理本部门的工作。各部和各委员会在本部门的权限内,根据法律和国务院的决议、条例和命令,可以发布决议和命令。

第四十九条　各部部长和各委员会主任负责管理本部门的工作。各部和各委员会在本部门的权限内,根据法律和国务院的决议、条例和命令,可以发布决议和命令。

第四节　国家权力的地方机关

第五十条　中华人民共和国的行政区域划分如下:

(一)全国分为省、自治区或者自治省、中央直辖市;

(二)省、自治区或者自治省分为自治州、县、自治县、市;

(三)自治州分为县、自治县;

(四)县、自治县分为乡、民族乡、镇;

(五)较大的市分为区。

省、市、县、市辖区、乡或者镇应当设立国家权力的地方机关。在这些国家权力的地方机关之外,可以按照需要,设立不同等级的行政代行机关。

民族自治地方的权力机关,依照本宪法第二章第五节的规定。

第五十一条　国家权力的地方机关是地方各级人民代表大会和地方各级人民政府。

地方各级人民政府是国家的地方各级管理机关。地方各级人民政府由本级人民代表大会选举。

第五十二条　乡、镇、市辖区和不设区的市人民代表大会的代表,由选民直接选举。地方其他各级人民代表大会的代表,由它的下一级人民代表大会选举。

市、市辖区、县、乡或者镇的人民代表大会每两年选举一次,省人民代表大会每四年选举一次。

地方各级人民代表大会代表的名额和代表候选人产生办法,由选举法规定。

第五十三条　地方各级人民代表大会经过它的代表向它的选举

单位报告工作,并且受它们的监督。

选出地方各级人民代表大会的选举单位有权随时撤换自己的代表。

第五十四条 地方各级人民政府都由主席一人、副主席若干人和委员若干人组成。

第五十五条 地方各级人民政府服从本级人民代表大会,同时服从上级人民政府。全国地方各级人民政府都服从国务院。

第五十六条 地方各级人民政府定期向本级人民代表大会报告工作。

地方各级人民代表大会有权罢免由它们选出的地方人民政府的人员。

第五十七条 地方各级人民代表大会和地方各级人民政府行使下列职权:

(一)执行法律。

(二)执行中央国家机关和上级国家机关的决议、条例和命令。

(三)在法律和上级国家机关所规定的权限内发布决议和命令。

(四)变更或者撤销下级国家机关的不适当的决议和命令。

(五)根据国民经济计划和国家预算,规定和实施地方经济计划和地方预算。

(六)管理当地的文化、教育和卫生工作。

(七)保护公共财产。

(八)维护公共秩序,保障公民权利。

第五十八条 地方各级人民代表大会和地方各级人民政府,都不能违背中央国家机关和上级国家机关的决议、条例和命令。

第五十九条 地方各级人民法院由本级人民代表大会选举和罢免。

第五节　民族自治机关

第六十条　中华人民共和国境内各聚居的少数民族所建立的自治区、自治省、自治州、自治县、民族乡,都是中华人民共和国领土不可分离的一部分。

第六十一条　各民族自治地方的自治机关都是中央国家机关统一领导下的一级地方国家机关,并且都受上级国家机关的领导。

自治机关的组织和工作,应当按照本宪法第二章第四节关于地方各级人民代表大会和地方各级人民政府所规定的基本原则。

各民族自治地方的自治机关的具体形式,按照实行区域自治的民族大多数人民的意愿规定。

第六十二条　在多民族杂居的民族自治地方的自治机关中,各有关民族应当有适当名额的代表。

第六十三条　各民族自治地方的自治机关在行使职权的时候,用当地民族通用的一种或者几种语言文字。

第六十四条　各民族自治地方的自治机关都在宪法和法律规定的权限内行使自治权。各上级国家机关应当充分保障它们行使自治权,并且帮助各少数民族发展政治、经济和文化的建设事业。

各民族都有发展自己的语言文字、保持或者改革自己的风俗习惯和宗教信仰的自由。

各自治区或者自治省、自治州、自治县的自治机关按照法律规定的权限管理本地方的财政,依照国家的军事制度组织本地方的公安部队。

第六十五条　各自治区或者自治省、自治州、自治县的自治机关除行使本宪法第五十七条各项职权外,可以按照当地民族的政治、经济和文化的特点,制定自治条例和单行条例,呈报全国人民代表大会常务委员会批准。

第六节 法院和检察机关

第六十六条 中华人民共和国的司法权由最高人民法院、地方各级人民法院和依法设立的专门法院行使。

最高人民法院和地方各级人民法院的组织由法律规定。

第六十七条 最高人民法院和地方各级人民法院任期一律五年。

第六十八条 各级人民法院审判案件依照法律实行人民陪审制。

第六十九条 各级人民法院审理案件,除法律规定的特别情况外,一律公开进行。被告人有辩护权。

第七十条 各民族公民都有使用本民族语言文字进行诉讼的权利;在必要的时候,人民法院应当为他们翻译。在少数民族聚居或者多民族杂居的地区,人民法院应当用当地通用的语言进行审讯。人民法院的判决书、布告和其他文件,应当用各有关民族通用的文字。

第七十一条 各级人民法院独立行使职权,只服从法律。

第七十二条 最高人民法院是最高审判机关。

最高人民法院监督地方各级人民法院的审判工作。

第七十三条 最高人民法院对全国人民代表大会和全国人民代表大会常务委员负责并报告工作。地方各级人民法院对本级地方人民代表大会负责并报告工作。

第七十四条 中华人民共和国的检察机关对政府机关、国家机关工作人员和公民的犯法行为,行使检察权。

第七十五条 中华人民共和国总检察长任免省、中央直辖市、自治区和自治省检察长和副检察长。县、市、自治州、自治县的检察长由省、自治区、自治省的检察长呈请总检察长批准任免。

总检察长、副总检察长和地方各级检察长的任期一律五年。

第七十六条 检察机关独立行使职权,不受地方政权机关的干涉。地方各检察长受上级检察长的领导,并且一律服从总检察长的领导。

第七十七条 总检察长对全国人民代表大会和全国人民代表大会常务委员会负责并报告工作。

第三章 公民的基本权利和义务

第七十八条 中华人民共和国全体公民在法律上一律平等。

第七十九条 凡是年满十八周岁的中华人民共和国公民,不分民族、种族、职业、社会出身、宗教信仰、教育程度、财产状况和居住期限,都有选举权和被选举权。但是依照法律被剥夺政治权利的人和有精神病的人除外。

妇女有同男子平等的选举权和被选举权。

第八十条 中华人民共和国公民有言论、出版、集会、结社、游行、示威和信仰宗教的自由。

第八十一条 中华人民共和国公民的人身自由不受侵犯。任何公民非经法院或者检察长依照法律所作的决定或者许可,不受逮捕。在紧急情况下的临时拘留,至迟要在三日内得到法院或者检察长的许可,否则拘留的人应当得到释放。

第八十二条 中华人民共和国公民的住宅不受侵犯。

中华人民共和国公民的通讯秘密受法律的保护。

第八十三条 中华人民共和国公民有劳动的权利。国家依据发展国民经济的计划,逐步实现社会主义工业化和社会主义改造,扩大劳动就业,改善劳动条件和工资待遇,以便保证公民享受这种权利。

第八十四条 中华人民共和国劳动者有休息的权利。国家规定工人和职员的工作时间和休假制度,逐步扩充劳动者休息和休养的物质条件,以便保证劳动者享受这种权利。

第八十五条 中华人民共和国劳动者有在年老、疾病或者丧失劳动能力的时候获得物质帮助的权利。国家举办社会保险、社会救济和卫生事业，并且逐步扩大这些设施，以便保证劳动者享受这种权利。

第八十六条 中华人民共和国公民有受教育的权利。国家设立并逐步扩大各种学校和其他文化教育机关，以便保证公民享受这种权利。

第八十七条 中华人民共和国妇女在政治的、经济的、文化的、社会的和家庭的生活各方面享有同男子平等的权利。

婚姻、家庭、母亲和儿童受国家的保证。

第八十八条 中华人民共和国公民有用书面的或者口头的方式，向各级国家机关控诉任何违法失职的国家机关工作人员的权利。由于国家机关工作人员侵害公民权利而受到损失的人，有取得赔偿的权利。

第八十九条 国家保护国外华侨的正当权益。

第九十条 任何由于拥护正义事业、参加和平运动、进行科学工作而受到迫害的外国人民，中华人民共和国给以居留权。

第九十一条 中华人民共和国公民必须遵守宪法和法律，遵守劳动纪律和公共秩序，担负社会义务。

第九十二条 中华人民共和国的公共财产神圣不可侵犯。保护和巩固公共财产是每一个公民的义务。

第九十三条 中华人民共和国公民有依照法律纳税的义务。

各级人民政府非依照法律不得征税。

第九十四条 保卫祖国是中华人民共和国每一个公民的神圣职责，依照法律服兵役是中华人民共和国公民的光荣义务。

第四章 国旗、国徽、首都

第九十五条 中华人民共和国的国旗是五星红旗。

第九十六条　中华人民共和国的国徽,中间画着五星照耀下的北京天安门,周围画着麦穗和齿轮。

第九十七条　中华人民共和国的首都是北京。

三、中华人民共和国 1954 年宪法草案

——1954 年 6 月 14 日中央人民政府委员会第三十次会议通过

目　　录

序　　言

中国人民经过一百多年的英勇奋斗,终于在中国共产党领导下,在一九四九年取得了反对帝国主义、封建主义和官僚资本主义的人民革命的伟大胜利,因而结束了长时期被压迫、被奴役的历史,建立了人民民主专政的中华人民共和国。中华人民共和国的人民民主制度,也就是新民主主义制度,保证我国能够通过和平的道路消灭剥削

和贫困,建成繁荣幸福的社会主义社会。

从中华人民共和国成立到社会主义建成,这是一个过渡时期。国家在过渡时期的总任务,是逐步实现国家的社会主义工业化,逐步完成对农业、手工业和资本主义工商业的社会主义改造。我国人民在过去几年内已经胜利地进行了改革土地制度、抗美援朝、镇压反革命分子、恢复国民经济等大规模的斗争,这就为有计划地进行经济建设、逐步过渡到社会主义社会准备了必要的条件。

中华人民共和国第一届全国人民代表大会, 年 月 日在首都北京,庄严地通过我国的第一个宪法。这个宪法以一九四九年的中国人民协商会议《共同纲领》为基础,又是《共同纲领》的发展。这个宪法巩固了我国人民革命的成果和中华人民共和国建立以来政治上、经济上的新胜利,并且反映了国家在过渡时期的根本要求和广大人民建设社会主义社会的共同愿望。

我国人民在建立中华人民共和国的伟大斗争中已经结成以中国共产党为领导的各民主阶级、各民主党派、各人民团体的广泛的人民民主统一战线。今后在动员和团结全国人民完成国家过渡时期总任务和反对内外敌人的斗争中,我国的人民民主统一战线将继续发挥它的作用。

我国各民族已经团结成为一个自由平等的民族大家庭。在发扬各民族间的友爱互助、反对帝国主义、反对各民族内部的人民公敌、反对大民族主义和地方民族主义的基础上,我国的民族团结将继续加强。国家在经济建设和文化建设的过程中将照顾各民族的需要,而在社会主义改造的问题上将充分注意各民族发展的特点。

我国同伟大的苏维埃社会主义共和国联盟、同各人民民主国家已经建立了牢不可破的友谊,我国人民同全世界爱好和平的人民的友谊也日见增进,这种友谊将继续发展和巩固。我国根据平等、互利、互相尊重领土主权的原则同任何国家建立和发展外交关系的政策,已经获得成就,今后将继续贯彻。在国际事务中,我国坚定不移的方针是为世界和平和人类进步的崇高目的而努力。

第一章　总　　纲

第一条　中华人民共和国是工人阶级领导的、以工农联盟为基础的人民民主国家。

第二条　中华人民共和国的一切权力属于人民。人民行使权力的机关是全国人民代表大会和地方各级人民代表大会。

全国人民代表大会、地方各级人民代表大会和其他国家机关,一律实行民主集中制。

第三条　中华人民共和国是统一的多民族的国家。

各民族一律平等。禁止对任何民族的歧视和压迫,禁止破坏各民族团结的行为。

各民族都有发展自己的语言文字的自由,都有保持或者改革自己的风俗习惯和宗教信仰的自由。

各少数民族聚居的地方实行区域自治。各民族自治地方都是中华人民共和国不可分离的部分。

第四条　中华人民共和国依靠国家机关和社会力量,通过社会主义工业化和社会主义改造,保证逐步消灭剥削制度,建立社会主义社会。

第五条　中华人民共和国的生产资料所有制现在有下列各种:国家所有制,即全民所有制;合作社所有制;个体劳动者所有制;资本家所有制。

第六条　国营经济是全民所有制的社会主义经济,是国民经济中的领导力量和国家实现社会主义改造的物质基础。国家保证优先发展国营经济。

矿藏、水流,由法律规定为国有的森林、荒地和其他资源,都属于全民所有。

第七条 合作社经济是劳动群众集体所有制的社会主义经济，或者是劳动群众部分集体所有制的半社会主义经济。劳动群众部分集体所有制是组织个体农民、个体手工业者和其他个体劳动者走向劳动群众集体所有制的过渡形式。

国家保护合作社的财产，鼓励、指导和帮助社会经济的发展，并且以发展生产合作为改造个体农业和个体手工业的主要道路。

第八条 国家依照法律保护农民的土地所有权和其他财产所有权。

国家指导和帮助个体农民增加生产，并且鼓励他们根据自愿的原则组织生产合作、供销合作和信用合作。

国家对富农经济采取限制和逐步消灭的政策。

第九条 国家依照法律保护手工业者和其他非农业的个体劳动者的生产资料所有权和其他财产所有权。

国家指导和帮助个体手工业者和其他非农业的个体劳动者改善经营，并且鼓励他们根据自愿的原则组织生产合作和供销合作。

第十条 国家依照法律保护资本家的生产资料所有权和其他财产所有权。

国家对资本主义工商业采取利用、限制和改造的政策。国家通过国家行政机关的管理、国营经济的领导和工人群众的监督，利用资本主义工商业的有利于国计民生的积极作用，限制它们的不利国计民生的消极作用，鼓励和指导它们转变为各种不同形式的国家资本主义经济，逐步以全民所有制代替资本家所有制。

国家禁止资本家的危害公共利益、扰乱社会经济秩序、破坏国家经济计划的一切非法行为。

第十一条 国家保护人民的合法收入、储蓄、房屋和各种生活资料的所有权。

第十二条 国家依照法律保护公民的私有财产的继承权。

第十三条 国家为了公共利益的需要,可以按照法律规定的条件,对城乡土地和其他生产资料实行征购、征用或者收归国有。

第十四条 国家禁止任何人利用私有财产破坏公共利益。

第十五条 国家用经济计划指导国民经济的发展和改造,使生产力不断提高,以改进人民的物质生活和文化生活,巩固国家的独立和安全。

第十六条 劳动是中华人民共和国一切有劳动能力的公民的光荣事情。国家鼓励公民在劳动中的积极性和创造性。

第十七条 一切国家机关必须依靠人民群众,经常保持同群众的密切联系,倾听群众的意见,接受群众的监督。

第十八条 一切国家机关工作人员必须效忠人民民主制度,服从宪法和法律,努力为人民服务。

第十九条 中华人民共和国保卫人民民主制度,保护公民的安全和权利,镇压一切叛国的和反革命的活动,惩办一切卖国贼和反革命分子。

国家依照法律在一定时期内剥夺封建地主和官僚资本家的政治权利,同时给以生活出路,使他们在劳动中改造成为自食其力的公民。

第二十条 中华人民共和国的武装力量属于人民,它的任务是保卫人民革命和国家建设的成果,保卫国家的安全和领土主权的完整。

第二章 国家机构

第一节 全国人民代表大会

第二十一条 中华人民共和国全国人民代表大会是最高国家权力机关。

第二十二条 全国人民代表大会是行使国家立法权的唯一机关。

第二十三条 全国人民代表大会由省、直辖市、少数民族、军队和华侨选出的代表组成。

全国人民代表大会代表名额和代表产生办法由选举法规定。

第二十四条 全国人民代表大会每届任期四年。

全国人民代表大会任期届满的一个月以前,全国人民代表大会常务委员会必须完成下届全国人民代表大会代表的选举。如果遇到不能进行选举的非常情况,全国人民代表大会可以延长任期到下届全国人民代表大会选出为止。

第二十五条 全国人民代表大会会议每年举行一次,由全国人民代表大会常务委员会召集,如果全国人民代表大会常务委员会认为必要,或者有五分之一的代表提议,可以临时召集全国人民代表大会会议。

第二十六条 全国人民代表大会举行会议的时候;选举主席团主持会议。

第二十七条 全国人民代表大会行使下列职权:

(一)修改宪法;

(二)制定法律;

(三)监督宪法的实施;

(四)选举中华人民共和国主席、副主席;

(五)根据中华人民共和国主席的提名,决定国务院总理的人选,根据国务院总理的提名,决定国务院组成人员的人选;

(六)根据中华人民共和国主席的提名,决定国防委员会副主席和委员的人选;

(七)选举最高人民法院院长;

(八)任命总检察长;

(九)决定国民经济计划;

(十)审查和批准国家的预算和决算;

(十一)批准省、自治区和直辖市的划分;

(十二)决定大赦;

(十三)决定战争和和平的问题;

(十四)全国人民代表大会认为应当由它行使的其他职权。

第二十八条 全国人民代表大会有权罢免下列人员:

(一)中华人民共和国主席、副主席;

(二)国务院总理、副总理、各部部长、各委员会主任、秘书长;

(三)国防委员会副主席和委员;

(四)最高人民法院院长;

(五)总检察长。

第二十九条 宪法的修改由全国人民代表大会代表以三分之二的多数通过。

法律和其他决议由全国人民代表大会代表以过半数通过。

第三十条 全国人民代表大会常务委员会是全国人民代表大会的常设机关。

全国人民代表大会常务委员会由全国人民代表大会选出下列人员组成:

委员长,

副委员长若干人,

秘书长,

委员若干人。

第三十一条 全国人民代表大会常务委员会行使下列职权:

(一)主持全国人民代表大会的选举;

(二)召集全国人民代表大会会议;

(三)解释法律;

（四）制定法令；

（五）监督国务院、最高人民法院和总检察长的工作；

（六）撤销国务院和下级人民代表大会同宪法、法律和法令相抵触的决议和命令；

（七）在全国人民代表大会闭会期间，决定国务院副总理、各部部长、各委员会主任、秘书长的个别任免；

（八）任免最高人民法院副院长；

（九）任免副总检察长；

（十）决定驻外全权代表的任免；

（十一）决定同外国缔结的条约的批准和废除；

（十二）规定军人和外交人员的衔级和其他专门衔级；

（十三）规定和决定授予国家的勋章和荣誉称号；

（十四）决定特赦；

（十五）在全国人民代表大会闭会期间，如果遇到国家遭受武装侵犯或者必须履行国际间共同防止侵略的条约的情况，决定战争状态的宣布；

（十六）决定全国总动员或者局部动员；

（十七）决定全国或者部分地区的戒严；

（十八）全国人民代表大会授予的其他职权。

第三十二条 全国人民代表大会常务委员会行使职权到下届全国人民代表大会选出新的常务委员会为止。

第三十三条 全国人民代表大会常务委员会对全国人民代表大会负责并报告工作。

全国人民代表大会有权任免全国人民代表大会常务委员会的组成人员。

第三十四条 全国人民代表大会设立民族委员会、法案委员会、预算委员会、代表资格审查委员会和其他需要设立的委员会。

全国人民代表大会设立的各种委员会,在全国人民代表大会闭会期间,受全国人民代表大会常务委员会的领导。

第三十五条 全国人民代表大会设立的各种委员会进行调查和审查工作的时候,一切有关的国家机关、人民团体和公民都有义务向这些委员会提供必要的材料。

第三十六条 全国人民代表大会有权向国务院或者国务院各部、各委员会提出质问,受质问的机关必须负责答复。

第三十七条 全国人民代表大会代表,非经全国人民代表大会许可,在全国人民代表大会期间非经全国人民代表大会常务委员会许可,不受逮捕或者审判。

第三十八条 全国人民代表大会受原选举单位的监督。原选举单位有权按照法律规定的程序随时撤换本单位选出的代表。

第二节 中华人民共和国主席

第三十九条 中华人民共和国主席由全国人民代表大会选举。有选举权和被选举权的年满三十五岁的中华人民共和国公民可以被选为中华人民共和国主席。

中华人民共和国主席任期四年。

第四十条 中华人民共和国主席根据全国人民代表大会的决定和全国人民代表大会常务委员会的决定,公布法律和法令,任免国务院总理、副总理、各部部长、各委员会主任、秘书长,任免国防委员会副主席、委员,授予国家的勋章和荣誉称号,公布大赦令和特赦令,发布戒严令,宣布战争状态,发布动员令。

第四十一条 中华人民共和国主席对外代表中华人民共和国,接受外国使节;根据全国人民代表大会常务委员会的决定,派遣和召回驻外全权代表,批准同外国缔结的条约。

第四十二条 中华人民共和国主席统率全国武装力量,担任国防委员会主席。

第四十三条 中华人民共和国主席在必要的时候召开最高国务会议,并担任最高国务会议主席。

最高国务会议由中华人民共和国副主席、全国人民代表大会常务委员会委员长、国务院总理和其他有关人员参加。

最高国务会议对于国家重大事务的意见,由中华人民共和国主席提交全国人民代表大会、全国人民代表大会常务委员会、国务院或者其他有关部门讨论并作出决定。

第四十四条 中华人民共和国副主席协助主席工作。副主席受主席的委托,可以代行主席的部分职权。

中华人民共和国副主席的选举和任期,适用宪法第三十九条关于中华人民共和国主席的选举和任期的规定。

第四十五条 中华人民共和国主席、副主席行使职权到下届全国人民代表大会选出的下一任主席、副主席就职为止。

第四十六条 中华人民共和国主席因为健康情况长期不能工作的时候,由副主席代行主席的职权。

中华人民共和国主席缺位的时候,由副主席继任主席的职位。

第三节 国 务 院

第四十七条 中华人民共和国国务院,即中华人民共和国政府,是最高国家权力机关的执行机关,是最高国家行政机关。

第四十八条 国务院由下列人员组成:

总理,

副总理若干人,

各部部长,

各委员会主任,

秘书长。

国务院的组织由法律规定。

第四十九条 国务院行使下列职权:

(一)根据宪法、法律和法令,规定行政措施,发布决议和命令,并且审查这些决议和命令的实施情况;

(二)向全国人民代表大会或者全国人民代表大会常务委员会提出议案;

(三)统一领导各部和各委员会的工作;

(四)统一领导全国地方各级人民委员会的工作;

(五)改变或者撤销各部部长、各委员会主任的不适当的命令和指示;

(六)改变或者撤销地方各级人民委员会的不适当的决议和命令;

(七)执行国民经济计划和国家预算;

(八)管理对外贸易和国内贸易;

(九)管理文化、教育和卫生工作;

(十)管理民族事务;

(十一)管理华侨事务;

(十二)保护国家利益,维护公共秩序,保障公民权利;

(十三)管理对外事务;

(十四)领导武装力量的建设;

(十五)按照法律规定的范围和程序任免行政人员;

(十六)全国人民代表大会和全国人民代表大会常务委员会授予的其他职权。

第五十条 总理领导国务院的工作,主持国务院会议。

副总理协助总理工作。

第五十一条 各部部长和各委员会主任负责管理本部门工作。各部部长和各委员会主任在本部门的权限内,根据法律、法令和国务院的决议、命令,可以发布命令和指示。

第五十二条 国务院对全国人民代表大会负责并报告工作;在全国人民代表大会闭会期间,对全国人民大会常务委员会负责并报告工作。

第四节 地方各级人民代表大会和地方各级人民委员会

第五十三条 中华人民共和国的行政区域划分如下:

(一)全国分为省、自治区、直辖市;

(二)省、自治区分为自治州、县、自治县、市;

(三)县、自治县分为乡、民族乡、镇。

直辖市和较大的市分为区。自治州分为县、自治县、市。

自治区、自治州、自治县都是民族自治地方。

第五十四条 省、直辖市、县、市、市辖区、乡、民族乡、镇设立人民代表大会和人民委员会。

自治区、自治州、自治县都是民族自治地方。

第五十五条 地方各级人民代表大会都是地方国家权力机关。

第五十六条 省、直辖市、县、设区的市的人民代表大会代表由下一级的人民代表大会选举;不设区的市、市辖区、乡、民族乡、镇的人民代表大会代表由选民直接选举。

地方各级人民代表大会名额和代表产生办法由选举法规定。

第五十七条 省人民代表大会每届任期四年。直辖市、县、市、市辖区、乡、民族乡、镇的人民代表大会每届任期两年。

第五十八条 地方各级人民代表大会在本行政区域内,保证法律、法令的遵守和执行,规划地方的经济建设、文化建设和公共事业,审查和批准地方的预算和决算,保护公共财产,维护公共秩序,保障公民权利,保障少数民族的平等权利。

第五十九条 地方各级人民大会选举并且有权罢免本级人民委

员会的组成人员。

县级以上的人民代表大会选举并且有权罢免本级人民法院院长。

第六十条 地方各级人民代表大会按照法律规定的权限和上级人民代表大会的决议通过和发布决议。

民族乡的人民代表大会按照法律规定的权限,可以采取适合民族特点的具体措施。

地方各级人民代表大会有权改变或者撤销本级人民委员会的不适当的决议和命令。

县级以上的人民代表大会有权改变或者撤销下级人民代表大会、人民委员会的不适当的决议和命令。

第六十一条 省、直辖市、县、设区的市的人民代表大会代表受原选举单位的监督;不设区的市、市辖区、乡、民族乡、镇的人民代表大会代表受选民的监督。地方各级人民代表大会代表的选举单位和选民有权按照法律规定的程序随时撤换自己选出的代表。

第六十二条 地方各级人民委员会是地方各级人民代表大会的执行机关,都是地方国家行政机关。

第六十三条 地方各级人民委员会分别由省长、市长、县长、区长、乡长、镇长各一人,副省长、副市长、副县长、副区长、副乡长、副镇长各若干人和委员各若干人组成。

地方各级人民委员会每届任期同本级人民代表大会每届任期相同。

地方各级人民委员会的组织由法律规定。

第六十四条 地方各级人民委员会按照法律规定的权限管理本行政区域的行政工作。

地方各级人民委员会执行本级人民代表大会的决议和上级国家行政机关的决议和命令。

地方各级人民委员会按照法律规定的权限发布决议和命令。

第六十五条　县级以上的人民委员会领导所属各工作部门和下级人民委员会的工作，按照法律规定的范围和程序任免行政人员。

县级以上的人民委员会有权停止下级人民代表大会的不适当的决议的执行，有权改变或者撤销所属各工作部门和下级人民委员会的不适当的决议和命令。

第六十六条　地方各级人民委员会都对本级人民代表大会和上级国家行政机关负责并报告工作。

全国地方各级人民委员会都是国务院统一领导下的国家行政机关，都服从国务院。

第五节　民族自治地方的自治机关

第六十七条　自治区、自治州、自治县的自治机关的组织，应当根据宪法第二章第四节规定的关于地方国家机关的组织的基本原则。自治机关的形式可以按照实行区域自治的民族大多数人民的意愿规定。

第六十八条　在多民族聚居的自治区、自治州、自治县的自治机关中，各有关民族都应当有适当名额的代表。

第六十九条　自治区、自治州、自治县的自治机关行使宪法第二章第四节规定的地方国家机关的职权。

第七十条　自治区、自治州、自治县的自治机关按照宪法和法律规定的权限行使自治权。

自治区、自治州、自治县的自治机关按照法律规定和权限管理本地方的财政。

自治区、自治州、自治县的自治机关按照国家的军事制度组织本地方的公安部队。

自治区、自治州、自治县的自治机关可以按照当地民族的政治、经济和文化的特点,制定自治条例和单行条例,报请全国人民代表大会常务委员会批准。

第七十一条 自治区、自治州、自治县的自治机关在执行职务的时候,使用当地民族通用的一种或者几种语言文字。

第七十二条 各上级国家机关应当充分保障各自治区、自治州、自治县的自治机关行使自治权,并且帮助各少数民族发展政治、经济和文化的建设事业。

第六节 法院和检察机关

第七十三条 中华人民共和国最高人民法院、地方各级人民法院和依照法律设立的专门法院行使审判职权。

第七十四条 最高人民法院和地方各级人民法院院长任期四年。

最高人民法院和地方各级人民法院的组织由法律规定。

第七十五条 各级人民法院审判案件依照法律实行人民陪审员制度。

第七十六条 各级人民法院审理案件,除法律规定的特别情况外,一律公开进行。被告人有权获得辩护。

第七十七条 各民族公民都有用本民族语言文字进行诉讼的权利。人民法院对于不通晓当地通用的语言文字的当事人,应当为他们翻译。

在少数民族聚居或者多民族聚居的地区,人民法院应当用当地通用的语言进行审讯,用当地通用的文字发布判决书、布告和其他文件。

第七十八条 各级人民法院独立进行审判,只服从法律。

第七十九条 最高人民法院是最高审判机关。

最高人民法院监督地方各级人民法院的审判工作。

第八十条 最高人民法院对全国人民代表大会负责并报告工作;在全国人民代表大会闭会期间,对全国人民代表大会常务委员会负责并报告工作。地方各级人民法院对本级人民代表大会负责并报告工作。

第八十一条 中华人民共和国总检察长对于国务院所属各部门、地方各级国家行政机关、国家机关工作人员和公民是否遵守法律,行使最高检察职权。

第八十二条 总检察长任免省、自治区和直辖市的检察长。县、市、自治州、自治县的检察长由省、自治区的检察长提请总检察长批准任免。

总检察长和地方各级检察长任期四年。

检察机关的组织由法律规定。

第八十三条 地方各级检察机关独立行使职权,不受地方国家机关的干涉。

地方各级检察长服从上级检察长的领导,并且一律服从总检察长的领导。

第八十四条 总检察长对全国人民代表大会负责并报告工作;在全国人民代表大会闭会期间,对全国人民代表大会常务委员会负责并报告工作。

第三章 公民的基本权利和义务

第八十五条 中华人民共和国公民在法律上一律平等。

第八十六条 中华人民共和国年满十八岁的公民,不分民族、种族、性别、职业、社会出身、宗教信仰、教育程度、财产状况、居住期限,都有选举权和被选举权。但是有精神病的人和依照法律被剥夺选举权和被选举权的人除外。

妇女有同男子平等的选举权和被选举权。

第八十七条 中华人民共和国公民有言论、出版、集会、结社、游行、示威的自由。国家供给必需的物质上的便利,以保证公民享受这些自由。

第八十八条 中华人民共和国公民有宗教信仰的自由。

第八十九条 中华人民共和国公民的人身自由不受侵犯。任何公民,非经法院决定或者检察长批准,不受逮捕。

第九十条 中华人民共和国公民的住宅不受侵犯,通信秘密受法律的保护。

中华人民共和国公民有居住和迁徙的自由。

第九十一条 中华人民共和国公民有劳动的权利。国家通过国民经济有计划的发展,逐步扩大劳动就业,改善劳动条件和工资待遇,以保证公民享受这种权利。

第九十二条 中华人民共和国劳动者有休息的权利。国家规定工人和职员的工作时间和休假制度,逐步扩充劳动者休息和休养的物质条件,以保证劳动者享受这种权利。

第九十三条 中华人民共和国劳动者在年老、疾病或者丧失劳动能力的时候,有获得物质帮助的权利。国家举办社会保险、社会救济和群众卫生事业,并且逐步扩大这些设施,以保证劳动者享受这种权利。

第九十四条 中华人民共和国公民有受教育的权利。国家设立并且逐步扩大各种学校和其他文化教育机关,以保证公民享受这种权利。

国家特别关怀青年的体力和智力的发展。

第九十五条 中华人民共和国保障公民进行科学研究、文学艺术创作和其他文化活动的自由。国家对于从事科学、教育、文学、艺术和其他文化事业的公民的创造性工作,给以鼓励和帮助。

第九十六条 中华人民共和国妇女在政治的、经济的、文化的、社会的和家族的生活各方面享有同男子平等的权利。

婚姻、家庭、母亲和儿童受国家的保护。

第九十七条 中华人民共和国公民对于任何违法失职的国家机关工作人员,有向各级国家机关提出书面控诉或者口头控诉的权利。由于国家机关工作人员侵犯公民权利而受到损失的人,有取得赔偿的权利。

第九十八条 中华人民共和国保护国外华侨的正当的权利和利益。

第九十九条 中华人民共和国对于任何由于拥护正义事业、参加和平运动、进行科学工作而受到迫害的外国人,给以居留的权利。

第一百条 中华人民共和国公民必须遵守宪法和法律,遵守劳动纪律,遵守公共秩序,尊重社会公德。

第一百零一条 中华人民共和国的公共财产神圣不可侵犯。爱护和保卫公共财产是每一个公民的义务。

第一百零二条 中华人民共和国公民有依照法律纳税的义务。

第一百零三条 保卫祖国是中华人民共和国每一个公民的神圣职责。

依照法律服兵役是中华人民共和国公民的光荣义务。

第四章 国旗、国徽、首都

第一百零四条 中华人民共和国国旗是五星红旗。

第一百零五条 中华人民共和国国徽,中间是五星照耀下的天安门,周围是麦穗和齿轮。

第一百零六条 中华人民共和国首都是北京。

四、中华人民共和国1954年宪法

——1954年9月20日第一届全国人民代表大会第一次会议通过

目　　录

序　　言

中国人民经过一百多年的英勇奋斗,终于在中国共产党领导下,在一九四九年取得了反对帝国主义、封建主义和官僚资本主义的人民革命的伟大胜利,因而结束了长时期被压迫、被奴役的历史,建立了人民民主专政的中华人民共和国。中华人民共和国的人民民主制度,也就是新民主主义制度,保证我国能够通过和平的道路消灭剥削和贫困,建成繁荣幸福的社会主义社会。

从中华人民共和国成立到社会主义社会建成,这是一个过渡时期。国家在过渡时期的总任务是逐步实现国家的社会主义工业化,逐步完成对农业、手工业和资本主义工商业的社会主义改造。我国人民在过去几年内已经胜利地进行了改革土地制度、抗美援朝、镇压反革命分子、恢复国民经济等大规模的斗争，这就为有计划地进行经济建设、逐步过渡到社会主义社会准备了必要的条件。

中华人民共和国第一届全国人民代表大会第一次会议，一九五四年九月二十日在首都北京，庄严地通过中华人民共和国宪法。这个宪法以一九四九年的中国人民政治协商会议共同纲领为基础，又是共同纲领的发展。这个宪法巩固了我国人民革命的成果和中华人民共和国建立以来政治上、经济上的新胜利，并且反映了国家在过渡时期的根本要求和广大人民建设社会主义社会的共同愿望。

我国人民在建立中华人民共和国的伟大斗争中已经结成以中国共产党为领导的各民主阶级、各民主党派、各人民团体的广泛的人民民主统一战线。今后在动员和团结全国人民完成国家过渡时期总任务和反对内外敌人的斗争中，我国的人民民主统一战线将继续发挥它的作用。

我国各民族已经团结成为一个自由平等的民族大家庭。在发扬各民族间的友爱互助、反对帝国主义、反对各民族内部的人民公敌、反对大民族主义和地方民族主义的基础上，我国的民族团结将继续加强。国家在经济建设和文化建设的过程中将照顾各民族的需要，而在社会主义改造的问题上将充分注意各民族发展的特点。

我国同伟大的苏维埃社会主义共和国联盟、同各人民民主国家已经建立了牢不可破的友谊，我国人民同全世界爱好和平的人民的友谊也日见增进，这种友谊将继续发展和巩固。我国根据平等、互利、互相尊重主权和领土完整的原则同任何国家建立和发展外交关系的政策，已经获得成就，今后将继续贯彻。在国际事务中，我国坚定不移的方针是为世界和平和人类进步的崇高目的而努力。

第一章 总 纲

第一条 中华人民共和国是工人阶级领导的、以工农联盟为基础的人民民主国家。

第二条 中华人民共和国的一切权力属于人民。人民行使权力的机关是全国人民代表大会和地方各级人民代表大会。

全国人民代表大会、地方各级人民代表大会和其他国家机关,一律实行民主集中制。

第三条 中华人民共和国是统一的多民族的国家。

各民族一律平等。禁止对任何民族的歧视和压迫,禁止破坏各民族团结的行为。

各民族都有使用和发展自己的语言文字的自由,都有保持或者改革自己的风俗习惯的自由。

各少数民族聚居的地方实行区域自治。各民族自治地方都是中华人民共和国不可分离的部分。

第四条 中华人民共和国依靠国家机关和社会力量,通过社会主义工业化和社会主义改造,保证逐步消灭剥削制度,建立社会主义社会。

第五条 中华人民共和国的生产资料所有制现在主要有下列各种:国家所有制,即全民所有制;合作社所有制,即劳动群众集体所有制;个体劳动者所有制;资本家所有制。

第六条 国营经济是全民所有制的社会主义经济,是国民经济中的领导力量和国家实现社会主义改造的物质基础。国家保证优先发展国营经济。

矿藏、水流,由法律规定为国有的森林、荒地和其他资源,都属于全民所有。

第七条 合作社经济是劳动群众集体所有制的社会主义经济,

或者是劳动群众部分集体所有制的半社会主义经济。劳动群众部分集体所有制是组织个体农民、个体手工业者和其他个体劳动者走向劳动群众集体所有制的过渡形式。

国家保护合作社的财产，鼓励、指导和帮助合作社经济的发展，并且以发展生产合作为改造个体农业和个体手工业的主要道路。

第八条　国家依照法律保护农民的土地所有权和其他生产资料所有权。

国家指导和帮助个体农民增加生产，并且鼓励他们根据自愿的原则组织生产合作、供销合作和信用合作。

国家对富农经济采取限制和逐步消灭的政策。

第九条　国家依照法律保护手工业者和其他非农业的个体劳动者的生产资料所有权。

国家指导和帮助个体手工业者和其他非农业的个体劳动者改善经营，并且鼓励他们根据自愿的原则组织生产合作和供销合作。

第十条　国家依照法律保护资本家的生产资料所有权和其他资本所有权。

国家对资本主义工商业采取利用、限制和改造的政策。国家通过国家行政机关的管理、国营经济的领导和工人群众的监督，利用资本主义工商业的有利于国计民生的积极作用，限制它们的不利于国计民生的消极作用，鼓励和指导它们转变为各种不同形式的国家资本主义经济，逐步以全民所有制代替资本家所有制。

国家禁止资本家的危害公共利益、扰乱社会经济秩序、破坏国家经济计划的一切非法行为。

第十一条　国家保护公民的合法收入、储蓄、房屋和各种生活资料的所有权。

第十二条　国家依照法律保护公民的私有财产的继承权。

第十三条　国家为了公共利益的需要，可以依照法律规定的条件,对城乡土地和其他生产资料实行征购、征用或者收归国有。

第十四条 国家禁止任何人利用私有财产破坏公共利益。

第十五条 国家用经济计划指导国民经济的发展和改造,使生产力不断提高,以改进人民的物质生活和文化生活,巩固国家的独立和安全。

第十六条 劳动是中华人民共和国一切有劳动能力的公民的光荣的事情。国家鼓励公民在劳动中的积极性和创造性。

第十七条 一切国家机关必须依靠人民群众,经常保持同群众的密切联系,倾听群众的意见,接受群众的监督。

第十八条 一切国家机关工作人员必须效忠人民民主制度,服从宪法和法律,努力为人民服务。

第十九条 中华人民共和国保卫人民民主制度,镇压一切叛国的和反革命的活动,惩办一切卖国贼和反革命分子。

国家依照法律在一定时期内剥夺封建地主和官僚资本家的政治权利,同时给以生活出路,使他们在劳动中改造成为自食其力的公民。

第二十条 中华人民共和国的武装力量属于人民,它的任务是保卫人民革命和国家建设的成果,保卫国家的主权、领土完整和安全。

第二章 国家机构

第一节 全国人民代表大会

第二十一条 中华人民共和国全国人民代表大会是最高国家权力机关。

第二十二条 全国人民代表大会是行使国家立法权的唯一机关。

第二十三条 全国人民代表大会由省、自治区、直辖市、军队和华侨选出的代表组成。全国人民代表大会代表名额和代表产生办法,包括少数民族代表的名额和产生办法,由选举法规定。

第二十四条 全国人民代表大会每届任期四年。

全国人民代表大会任期届满的两个月以前,全国人民代表大会常务委员会必须完成下届全国人民代表大会代表的选举。如果遇到不能进行选举的非常情况,全国人民代表大会可以延长任期到下届全国人民代表大会举行第一次会议为止。

第二十五条 全国人民代表大会会议每年举行一次,由全国人民代表大会常务委员会召集。如果全国人民代表大会常务委员会认为必要,或者有五分之一的代表提议,可以临时召集全国人民代表大会会议。

第二十六条 全国人民代表大会举行会议的时候,选举主席团主持会议。

第二十七条 全国人民代表大会行使下列职权:

(一)修改宪法;

(二)制定法律;

(三)监督宪法的实施;

(四)选举中华人民共和国主席、副主席;

(五)根据中华人民共和国主席的提名,决定国务院总理的人选,根据国务院总理的提名,决定国务院组成人员的人选;

(六)根据中华人民共和国主席的提名,决定国防委员会副主席和委员的人选;

(七)选举最高人民法院院长;

(八)选举最高人民检察院检察长;

(九)决定国民经济计划;

(十)审查和批准国家的预算和决算;

(十一)批准省、自治区和直辖市的划分;

(十二)决定大赦;

(十三)决定战争和和平的问题;

(十四)全国人民代表大会认为应当由它行使的其他职权。

第二十八条 全国人民代表大会有权罢免下列人员:

(一)中华人民共和国主席、副主席;

(二)国务院总理、副总理、各部部长、各委员会主任、秘书长;

(三)国防委员会副主席和委员;

(四)最高人民法院院长;

(五)最高人民检察院检察长。

第二十九条 宪法的修改由全国人民代表大会以全体代表的三分之二的多数通过。法律和其他议案由全国人民代表大会以全体代表的过半数通过。

第三十条 全国人民代表大会常务委员会是全国人民代表大会的常设机关。

全国人民代表大会常务委员会由全国人民代表大会选出下列人员组成:

委员长,

副委员长若干人,

秘书长,

委员若干人。

第三十一条 全国人民代表大会常务委员会行使下列职权:

(一)主持全国人民代表大会代表的选举;

(二)召集全国人民代表大会会议;

(三)解释法律;

(四)制定法令;

(五)监督国务院、最高人民法院和最高人民检察院的工作;

(六)撤销国务院的同宪法、法律和法令相抵触的决议和命令;

（七）改变或者撤销省、自治区、直辖市国家权力机关的不适当的决议；

（八）在全国人民代表大会闭会期间，决定国务院副总理、各部部长、各委员会主任、秘书长的个别任免；

（九）任免最高人民法院副院长、审判员和审判委员会委员；

（十）任免最高人民检察院副检察长、检察员和检察委员会委员；

（十一）决定驻外全权代表的任免；

（十二）决定同外国缔结的条约的批准和废除；

（十三）规定军人和外交人员的衔级和其他专门衔级；

（十四）规定和决定授予国家的勋章和荣誉称号；

（十五）决定特赦；

（十六）在全国人民代表大会闭会期间，如果遇到国家遭受武装侵犯或者必须履行国际间共同防止侵略的条约的情况，决定战争状态的宣布；

（十七）决定全国总动员或者局部动员；

（十八）决定全国或者部分地区的戒严；

（十九）全国人民代表大会授予的其他职权。

第三十二条 全国人民代表大会常务委员会行使职权到下届全国人民代表大会选出新的常务委员会为止。

第三十三条 全国人民代表大会常务委员会对全国人民代表大会负责并报告工作。

全国人民代表大会有权罢免全国人民代表大会常务委员会的组成人员。

第三十四条 全国人民代表大会设立民族委员会、法案委员会、预算委员会、代表资格审查委员会和其他需要设立的委员会。

民族委员会和法案委员会，在全国人民代表大会闭会期间，受全国人民代表大会常务委员会的领导。

第三十五条 全国人民代表大会认为必要的时候,在全国人民代表大会闭会期间全国人民代表大会常务委员会认为必要的时候,可以组织对于特定问题的调查委员会。

调查委员会进行调查的时候,一切有关的国家机关、人民团体和公民都有义务向它提供必要的材料。

第三十六条 全国人民代表大会代表有权向国务院或者国务院各部、各委员会提出质问,受质问的机关必须负责答复。

第三十七条 全国人民代表大会代表,非经全国人民代表大会许可,在全国人民代表大会闭会期间非经全国人民代表大会常务委员会许可,不受逮捕或者审判。

第三十八条 全国人民代表大会代表受原选举单位的监督。原选举单位有权依照法律规定的程序随时撤换本单位选出的代表。

第二节 中华人民共和国主席

第三十九条 中华人民共和国主席由全国人民代表大会选举。有选举权和被选举权的年满三十五岁的中华人民共和国公民可以被选为中华人民共和国主席。

中华人民共和国主席任期四年。

第四十条 中华人民共和国主席根据全国人民代表大会的决定和全国人民代表大会常务委员会的决定,公布法律和法令,任免国务院总理、副总理、各部部长、各委员会主任、秘书长,任免国防委员会副主席、委员,授予国家的勋章和荣誉称号,发布大赦令和特赦令,发布戒严令,宣布战争状态,发布动员令。

第四十一条 中华人民共和国主席对外代表中华人民共和国,接受外国使节;根据全国人民代表大会常务委员会的决定,派遣和召回驻外全权代表,批准同外国缔结的条约。

第四十二条 中华人民共和国主席统率全国武装力量，担任国防委员会主席。

第四十三条 中华人民共和国主席在必要的时候召开最高国务会议，并担任最高国务会议主席。最高国务会议由中华人民共和国副主席、全国人民代表大会常务委员会委员长、国务院总理和其他有关人员参加。

最高国务会议对于国家重大事务的意见，由中华人民共和国主席提交全国人民代表大会、全国人民代表大会常务委员会、国务院或者其他有关部门讨论并作出决定。

第四十四条 中华人民共和国副主席协助主席工作。副主席受主席的委托，可以代行主席的部分职权。

中华人民共和国副主席的选举和任期，适用宪法第三十九条关于中华人民共和国主席的选举和任期的规定。

第四十五条 中华人民共和国主席、副主席行使职权到下届全国人民代表大会选出的下一任主席、副主席就职为止。

第四十六条 中华人民共和国主席因为健康情况长期不能工作的时候，由副主席代行主席的职权。中华人民共和国主席缺位的时候，由副主席继任主席的职位。

第三节 国 务 院

第四十七条 中华人民共和国国务院，即中央人民政府，是最高国家权力机关的执行机关，是最高国家行政机关。

第四十八条 国务院由下列人员组成：

总理，

副总理若干人，

各部部长，

各委员会主任，

秘书长。

国务院的组织由法律规定。

第四十九条 国务院行使下列职权:

(一)根据宪法、法律和法令,规定行政措施,发布决议和命令,并且审查这些决议和命令的实施情况;

(二)向全国人民代表大会或者全国人民代表大会常务委员会提出议案;

(三)统一领导各部和各委员会的工作;

(四)统一领导全国地方各级国家行政机关的工作;

(五)改变或者撤销各部部长、各委员会主任的不适当的命令和指示;

(六)改变或者撤销地方各级国家行政机关的不适当的决议和命令;

(七)执行国民经济计划和国家预算;

(八)管理对外贸易和国内贸易;

(九)管理文化、教育和卫生工作;

(十)管理民族事务;

(十一)管理华侨事务;

(十二)保护国家利益,维护公共秩序,保障公民权利;

(十三)管理对外事务;

(十四)领导武装力量的建设;

(十五)批准自治州、县、自治县、市的划分;

(十六)依照法律的规定任免行政人员;

(十七)全国人民代表大会和全国人民代表大会常务委员会授予的其他职权。

第五十条 总理领导国务院的工作,主持国务院会议。

副总理协助总理工作。

第五十一条 各部部长和各委员会主任负责管理本部门的工作。各部部长和各委员会主任在本部门的权限内，根据法律、法令和国务院的决议、命令，可以发布命令和指示。

第五十二条 国务院对全国人民代表大会负责并报告工作；在全国人民代表大会闭会期间，对全国人民代表大会常务委员会负责并报告工作。

第四节 地方各级人民代表大会和地方各级人民委员会

第五十三条 中华人民共和国的行政区域划分如下：

(一)全国分为省、自治区、直辖市；

(二)省、自治区分为自治州、县、自治县、市；

(三)县、自治县分为乡、民族乡、镇。

直辖市和较大的市分为区。自治州分为县、自治县、市。

自治区、自治州、自治县都是民族自治地方。

第五十四条 省、直辖市、县、市、市辖区、乡、民族乡、镇设立人民代表大会和人民委员会。自治区、自治州、自治县设立自治机关。自治机关的组织和工作由宪法第二章第五节规定。

第五十五条 地方各级人民代表大会都是地方国家权力机关。

第五十六条 省、直辖市、县、设区的市的人民代表大会代表由下一级的人民代表大会选举；不设区的市、市辖区、乡、民族乡、镇的人民代表大会代表由选民直接选举。

地方各级人民代表大会代表名额和代表产生办法由选举法规定。

第五十七条 省人民代表大会每届任期四年。直辖市、县、市、市辖区、乡、民族乡、镇的人民代表大会每届任期两年。

第五十八条 地方各级人民代表大会在本行政区域内，保证法律、法令的遵守和执行，规划地方的经济建设、文化建设和公共事业，审查和批准地方的预算和决算,保护公共财产,维护公共秩序,保障公民权利,保障少数民族的平等权利。

第五十九条 地方各级人民代表大会选举并且有权罢免本级人民委员会的组成人员。

县级以上的人民代表大会选举并且有权罢免本级人民法院院长。

第六十条 地方各级人民代表大会依照法律规定的权限通过和发布决议。民族乡的人民代表大会可以依照法律规定的权限采取适合民族特点的具体措施。

地方各级人民代表大会有权改变或者撤销本级人民委员会的不适当的决议和命令。

县级以上的人民代表大会有权改变或者撤销下一级人民代表大会的不适当的决议和下一级人民委员会的不适当的决议和命令。

第六十一条 省、直辖市、县、设区的市的人民代表大会代表受原选举单位的监督;不设区的市、市辖区、乡、民族乡、镇的人民代表大会代表受选民的监督。地方各级人民代表大会代表的选举单位和选民有权依照法律规定的程序随时撤换自己选出的代表。

第六十二条 地方各级人民委员会,即地方各级人民政府,是地方各级人民代表大会的执行机关,是地方各级国家行政机关。

第六十三条 地方各级人民委员会分别由省长、市长、县长、区长、乡长、镇长各一人,副省长、副市长、副县长、副区长、副乡长、副镇长各若干人和委员各若干人组成。

地方各级人民委员会每届任期同本级人民代表大会每届任期相同。

地方各级人民委员会的组织由法律规定。

第六十四条 地方各级人民委员会依照法律规定的权限管理本行政区域的行政工作。

地方各级人民委员会执行本级人民代表大会的决议和上级国家行政机关的决议和命令。

地方各级人民委员会依照法律规定的权限发布决议和命令。

第六十五条 县级以上的人民委员会领导所属各工作部门和下级人民委员会的工作，依照法律的规定任免国家机关工作人员。

县级以上的人民委员会有权停止下一级人民代表大会的不适当的决议的执行，有权改变或者撤销所属各工作部门的不适当的命令和指示和下级人民委员会的不适当的决议和命令。

第六十六条 地方各级人民委员会都对本级人民代表大会和上一级国家行政机关负责并报告工作。全国地方各级人民委员会都是国务院统一领导下的国家行政机关，都服从国务院。

第五节 民族自治地方的自治机关

第六十七条 自治区、自治州、自治县的自治机关的组织，应当根据宪法第二章第四节规定的关于地方国家机关的组织的基本原则。自治机关的形式可以依照实行区域自治的民族大多数人民的意愿规定。

第六十八条 在多民族杂居的自治区、自治州、自治县的自治机关中，各有关民族都应当有适当名额的代表。

第六十九条 自治区、自治州、自治县的自治机关行使宪法第二章第四节规定的地方国家机关的职权。

第七十条 自治区、自治州、自治县的自治机关依照宪法和法律规定的权限行使自治权。自治区、自治州、自治县的自治机关依照法律规定的权限管理本地方的财政。

自治区、自治州、自治县的自治机关依照国家的军事制度组织本地方的公安部队。

自治区、自治州、自治县的自治机关可以依照当地民族的政治、经济和文化的特点,制定自治条例和单行条例,报请全国人民代表大会常务委员会批准。

第七十一条 自治区、自治州、自治县的自治机关在执行职务的时候,使用当地民族通用的一种或者几种语言文字。

第七十二条 各上级国家机关应当充分保障各自治区、自治州、自治县的自治机关行使自治权,并且帮助各少数民族发展政治、经济和文化的建设事业。

第六节 人民法院和人民检察院

第七十三条 中华人民共和国最高人民法院、地方各级人民法院和专门人民法院行使审判权。

第七十四条 最高人民法院院长和地方各级人民法院院长任期四年。

人民法院的组织由法律规定。

第七十五条 人民法院审判案件依照法律实行人民陪审员制度。

第七十六条 人民法院审理案件,除法律规定的特别情况外,一律公开进行。被告人有权获得辩护。

第七十七条 各民族公民都有用本民族语言文字进行诉讼的权利。人民法院对于不通晓当地通用的语言文字的当事人,应当为他们翻译。

在少数民族聚居或者多民族杂居的地区,人民法院应当用当地通用的语言进行审讯,用当地通用的文字发布判决书、布告和其他文件。

第七十八条 人民法院独立进行审判,只服从法律。

第七十九条 最高人民法院是最高审判机关。

最高人民法院监督地方各级人民法院和专门人民法院的审判工

作，上级人民法院监督下级人民法院的审判工作。

第八十条　最高人民法院对全国人民代表大会负责并报告工作；在全国人民代表大会闭会期间，对全国人民代表大会常务委员会负责并报告工作。地方各级人民法院对本级人民代表大会负责并报告工作。

第八十一条　中华人民共和国最高人民检察院对于国务院所属各部门、地方各级国家机关、国家机关工作人员和公民是否遵守法律，行使检察权。地方各级人民检察院和专门人民检察院，依照法律规定的范围行使检察权。

地方各级人民检察院和专门人民检察院在上级人民检察院的领导下，并且一律在最高人民检察院的统一领导下，进行工作。

第八十二条　最高人民检察院检察长任期四年。

人民检察院的组织由法律规定。

第八十三条　地方各级人民检察院独立行使职权，不受地方国家机关的干涉。

第八十四条　最高人民检察院对全国人民代表大会负责并报告工作；在全国人民代表大会闭会期间，对全国人民代表大会常务委员会负责并报告工作。

第三章　公民的基本权利和义务

第八十五条　中华人民共和国公民在法律上一律平等。

第八十六条　中华人民共和国年满十八岁的公民，不分民族、种族、性别、职业、社会出身、宗教信仰、教育程度、财产状况、居住期限，都有选举权和被选举权。但是有精神病的人和依照法律被剥夺选举权和被选举权的人除外。妇女有同男子平等的选举权和被选举权。

第八十七条　中华人民共和国公民有言论、出版、集会、结社、游行、示威的自由。国家供给必需的物质上的便利,以保证公民享受这些自由。

第八十八条 中华人民共和国公民有宗教信仰的自由。

第八十九条 中华人民共和国公民的人身自由不受侵犯。任何公民,非经人民法院决定或者人民检察院批准,不受逮捕。

第九十条 中华人民共和国公民的住宅不受侵犯,通信秘密受法律的保护。中华人民共和国公民有居住和迁徙的自由。

第九十一条 中华人民共和国公民有劳动的权利。国家通过国民经济有计划的发展,逐步扩大劳动就业,改善劳动条件和工资待遇,以保证公民享受这种权利。

第九十二条 中华人民共和国劳动者有休息的权利。国家规定工人和职员的工作时间和休假制度,逐步扩充劳动者休息和休养的物质条件,以保证劳动者享受这种权利。

第九十三条 中华人民共和国劳动者在年老、疾病或者丧失劳动能力的时候,有获得物质帮助的权利。国家举办社会保险、社会救济和群众卫生事业,并且逐步扩大这些设施,以保证劳动者享受这种权利。

第九十四条 中华人民共和国公民有受教育的权利。国家设立并且逐步扩大各种学校和其他文化教育机关,以保证公民享受这种权利。国家特别关怀青年的体力和智力的发展。

第九十五条 中华人民共和国保障公民进行科学研究、文学艺术创作和其他文化活动的自由。国家对于从事科学、教育、文学、艺术和其他文化事业的公民的创造性工作,给以鼓励和帮助。

第九十六条 中华人民共和国妇女在政治的、经济的、文化的、社会的和家庭的生活各方面享有同男子平等的权利。

婚姻、家庭、母亲和儿童受国家的保护。

第九十七条 中华人民共和国公民对于任何违法失职的国家机

关工作人员，有向各级国家机关提出书面控告或者口头控告的权利。由于国家机关工作人员侵犯公民权利而受到损失的人，有取得赔偿的权利。

第九十八条 中华人民共和国保护国外华侨的正当的权利和利益。

第九十九条 中华人民共和国对于任何由于拥护正义事业、参加和平运动、进行科学工作而受到迫害的外国人，给以居留的权利。

第一百条 中华人民共和国公民必须遵守宪法和法律，遵守劳动纪律，遵守公共秩序，尊重社会公德。

第一百零一条 中华人民共和国的公共财产神圣不可侵犯。爱护和保卫公共财产是每一个公民的义务。

第一百零二条 中华人民共和国公民有依照法律纳税的义务。

第一百零三条 保卫祖国是中华人民共和国每一个公民的神圣职责。

依照法律服兵役是中华人民共和国公民的光荣义务。

第四章 国旗、国徽、首都

第一百零四条 中华人民共和国国旗是五星红旗。

第一百零五条 中华人民共和国国徽，中间是五星照耀下的天安门，周围是谷穗和齿轮。

第一百零六条 中华人民共和国首都是北京。

五、1954 年宪法英文翻译文本与若干宪法翻译文本的比较

1. 1954 年宪法英文翻译文本“对外版”与“国内版”差异对照表(1)

条文	中文原文	对外版本	对内版本
第 2 条	“一律”	(未表述)	without exception
第 3 条	“统一的”	single	unified
第 3 条	“各少数民族聚居的”	where people of national minorities live in compact communities	entirely or largely inhabited by national minorities
第 6 条	“国营经济是……社会主义经济”	the state sector of the economy is a socialist sector	State-owned economy is socialist economy
第 7 条	“合作社经济”	the co-operative sector of the economy	co-operative economy
第 8 条	“农民的……所有权”	the right of peasants to own…	peasant ownership of…
第 9 条	“手工业者和其他非农业的个体劳动者的生产资料所有权”	right of handicraftsmen and other non-agricultural individual working people to own means of production	the ownership of the means of production by handicraftsmen and other non-agricultural individual working people
第 10 条	“积极作用” “消极作用”	positive sides negative sides	positive qualities negative qualities
第 11 条	“各种生活资料”	other means of life	the means of life

续表

条文	中文原文	对外版本	对内版本
第 16 条	“公民(在劳动中)的积极性和创造性”	citizens to take an active and creative part(in their work)	initiative and creative activity of the citizens (in their work)
第 18 条	“一切国家机关工作人员”	all servants of the state	all persons working in organs of state
第 19 条	“(同时给以)生活出路”	(at the same time it provides them with) a way to earn a living	(at the same time it provides them with) a way to live
第 21 条	“最高国家权力机关”	the highest organ of state authority	the highest organ of state power
第 22 条	“行使国家立法权的唯一机关”	the only legislative authority in the country	the only organ exercising the legislative power of the state
第 24 条	“下届”(后文多次出现)	succeeding	next
第 26 条	“主持会议”	conduct its sittings	conduct its session
第 27 条	“国防委员会副主席和委员”(后文多次出现)	the Vice-Chairman and other members of the Council of National Defence	the Vice-Chairman and members of the Council of National Defence
第 29 条	“全体代表的过半数”	a simple majority vote of all the deputies	a majority vote of all the deputies

续表

条文	中文原文	对外版本	对内版本
第 30 条	“常设机关”	a permanently acting body	the permanent body
第 31 条	“驻外全权代表”	plenipotentiary representatives of foreign states	plenipotentiary envoys of foreign states

2. 1954 年宪法英文翻译文本“对外版”与“国内版”差异对照表(2)

条文	中文原文	对外版本	对内版本
第 31 条	“(省、自治区、直辖市)国家权力机关不适当的决议”	inappropriate decisions issued by the government authorities (of provinces, autonomous regions, and municipalities directly under the central authority)	inappropriate decisions of organs of state power (of provinces, autonomous regions, and municipalities directly under the central authority)
第 35 条	“对于特定问题的调查委员会”	commission of inquiry for the investigation of specific questions	investigation committee (may be constituted to) enquiry into specific questions...
第 37 条	“非经全国人民代表大会许可”	without the consent of the National People's Congress	without the permission of the National People's Congress
第 40 条	“根据……”	in pursuance of...	in accordance with...
第 46 条	“因为健康情况长期不能工作”	be incapacitated for a prolonged period by reason of health	for reasons of health be unable to perform his duties
第 46 条	“主席的职权”	the functions of Chairman	the functions and powers of Chairman

续表

条文	中文原文	对外版本	对内版本
第 47 条	“最高国家权力机关的执行机关”	the executive organ of the highest state authority	the executive of the highest organ of state power
第 55 条	“地方国家权力机关”	the organs of government authority in their respective localities	the local organs of state power
第 62 条	“地方国家行政机关”	the administrative organs of state in their respective localities	the local administrative organs of state
第 65 条	“(不适当的决议)的执行”	the carrying out(of inappropriate decisions)	the execution(of inappropriate decisions)
第 66 条	“统一领导下的”	under the co-ordinating direction of	under the unified leadership of
第 70 条	“自治条例”和“单行条例”	statutes governing the exercise of autonomy or separate regulations	regulations governing the exercise of autonomy and other special regulations
第 70 条	“报请……批准”	…are subject to endorsement by…	submit…to…for approval
第 71 条	“当地”	In the locality	by the nationality or nationalities in a given area
第 77 条	“少数民族聚居(的地区)”	(in an area) where people of national minorities live in compact communities	(in an area) entirely or largely inhabited by a national minority

续表

条文	中文原文	对外版本	对内版本
第 87 第、第 88 条、第 90 条	“有……自由”(其后条款中“有……的权利”均表述为 have the right to)	enjoy freedom of…	have freedom of…
第 93 条	“在……时”	and in case of	(未表述)
第 95 条	“文化活动”	cultural pursuits	cultural activities

3. 1954 年宪法与 1982 年宪法英文翻译文本差异对照表(1)

1954 年宪法			1982 年宪法		
条文	中文原文	译文	条文	中文原文	译文
第 2 条第 1 款第 2 项	“人民行使权力的机关” “地方各级人民代表大会”	the organs through which the people exercise power the local people's congresses	第 2 条第 2 款	“人民行使国家权力的机关” “地方各级人民代表大会”	the organs through which the people exercise state power the local people's congresses at various levels
第 3 条第 3 款	“发展自己的语言文字” “风俗习惯”	foster the growth of their spoken and written languages customs or ways	第 4 条第 4 款	“发展自己的语言文字” “风俗习惯”	develop their own spoken and written languages folkways and customs

续表

1954 年宪法			1982 年宪法		
条文	中文原文	译文	条文	中文原文	译文
第 3 条第 4 款	“各少数民族聚居的地方实行(区域自治)”“不可分离”	(regional autonomy) applies in areas where people of national minorities live in compact communities; inalienable	第 4 条第 3 款	“各少数民族聚居的地方实行(区域自治)”“不可分离”	(regional autonomy) is practiced in areas where people of minority nationalities live in concentrated communities; integral
第 5 条	“劳动群众集体所有制”	collective ownership by the working masses	第 6 条第 1 款	“劳动群众集体所有制”	collective ownership by the working people
第 6 条第 1 款	“国营经济”	the state sector of the economy	第 7 条、《修正案》第 5 条	“国营经济”“国有经济”	the state economy the state-owned economy
第 21 条	“最高国家权力机关”	the highest organ of state authority	第 57 条	“最高国家权力机关”	the highest organ of state power
第 22 条	“国家立法权”	the legislative authority in the country	第 58 条	“国家立法权”	the legislative power of the state
第 23 条	“直辖市”	municipalities directly under the central authority	第 59 条	“直辖市”	municipalities directly under the Central Government

续表

1954年宪法			1982年宪法		
条文	中文原文	译文	条文	中文原文	译文
第24条第2款	“本届”	the sitting National People's Congress	第60条	“本届”	the current National People's Congress

4. 1954年宪法与1982年宪法英文翻译文本差异对照表(2)

1954年宪法			1982年宪法		
条文	中文原文	译文	条文	中文原文	译文
第26条	“主持会议”	(conductits) sittings	第61条第2款	“主持会议”	(conductits) session
第27条第4项	“主席” “副主席”	the Chairman the Vice-Chairman	第62条第4项	“主席” “副主席”	the President the Vice-President
第27条第8项	“检察长”	the Chief Procurator	第62条第8项	“检察长”	the Procurator-General
第28条第2项	“各部部长、各委员会主任”	Minister, Heads of Commissions	第63条第2项	“各部部长、各委员会主任”	Ministers in charge of ministries and commissions
第31条第11项	“驻外全权代表”	plenipotentiary representatives to foreign states	第67条第13项	“驻外全权代表”	plenipotentiary representatives to abroad
第35条	“对于特定问题的调查委员会”	commissions of inquiry for the investigation of specific questions	第71条	“对于特定问题的调查委员会”	committees of inquiry into specific questions

续表

1954 年宪法			1982 年宪法		
条文	中文原文	译文	条文	中文原文	译文
第 40 条	“公布法律和法令”	promulgates laws and decrees	第 80 条	“公布法律和法令”	promulgates statutes
第 47 条	“最高国家权力机关的执行机关”	the executive organ of the highest state authority	第 85 条	“最高国家权力机关的执行机关”	the executive body of the highest organ of state power
第 49 条第 2 项	“提出议案”	to submit bills	第 89 条第 2 项	“提出议案”	to submit proposals
第 49 条第 3 项、第 4 项	“统一领导……的工作”	to co-ordinate and lead the work of	第 89 条第 3 项、第 4 项	“统一领导”	to exercise unified leadership over the work of
第 50 条第 1 款	“主持国务院会议”	presides over its (the State Council's) mee-tings	第 88 条第 3 款	“召集和主持国务院常务会议和国务院全体会议”	convenes and presides over the executive meetings and plenary meetings of the State Council
第 53 条第 1 款	“自治州” “市” “乡”	autonomous chou; municipalities hsiang	第 95 条第 3 款、第 1 款	“自治州” “市” “乡”	autonomous prefecture, cities, townships

5. 1954 年宪法与 1982 年宪法英文翻译文本差异对照表(3)

1954 年宪法			1982 年宪法		
条文	中文原文	译文	条文	中文原文	译文
第 55 条	“地方国家权力机关”	organs of government authority in their respective localities	第 96 条第 1 款	“地方国家权力机关”	local organs of state power
第 56 条第 1 款	“设区的市” “由选民直接选举”	municipalities divided into districts, directly elected by the voters	第 97 条第 1 款	“设区的市” “由选民直接选举”	cities divided into districts, elected directly by their constituencies
第 72 条	“行使自治权”	the right of organs of self-government	第 115 条	“行使自治权”	exercise the power of autonomy
第 79 条第 2 款	“监督……的审判工作” “地方各级人民法院”	supervises the judicial work of…; local people's courts	第 127 条第 2 款	“监督……的审判工作” “地方各级人民法院”	supervises the administration of justice by…; the people's court at various local levels
第 85 条	“中华人民共和国公民在法律上一律平等”	citizens of the People's Republic of China are equal before the law	第 33 条第 2 款	“中华人民共和国公民在法律面前一律平等”	all citizens of the People's Republic of China are equal before the law
第 86 条	“民族”	nationality	第 34 条	“民族”	ethnic status
第 87 条	“有……的自由”	enjoy the freedom of…, freedom of…, and freedom of…	第 35 条	“有……的自由”	enjoy the freedom of…, of…,and of…

续表

1954 年宪法			1982 年宪法		
条文	中文原文	译文	条文	中文原文	译文
第 89 条	"非经人民检察院批准"	no…with the sanction of	第 37 条第 2 款	"非经人民检察院批准"	no…with the approval of
第 90 条第 1 款	"公民的住宅不受侵犯"	the homes of citizens…are inviolable	第 39 条	"公民的住宅不受侵犯"	the residences of citizens … are inviolable
第 92 条	"有休息的权利""休假制度"	have the right to rest and leisure holidays	第 43 条第 1 款、第 2 款	"有休息的权利""休假制度"	have the right to rest vacations
第 93 条	"社会救济"	social assistance	第 45 条第 1 款	"社会救济"	social relief
第 94 条	"有受教育的权利"	have the right to education	第 46 条第 1 款	"有受教育的权利"	have the right to receive education

6. 1954 年宪法与 1982 年宪法英文翻译文本差异对照表(4)

1954 年宪法			1982 年宪法		
条文	中文原文	译文	条文	中文原文	译文
第 98 条	"……保护国外华侨的正当的权利和利益"	…protects the proper rights and interests of Chinese resident abroad	第 50 条	"……保护华侨的正当的权利和利益"	…protects the legitimate rights and interests of Chinese nationals residing abroad

续表

1954年宪法			1982年宪法		
条文	中文原文	译文	条文	中文原文	译文
第100条	“遵守劳动纪律”	uphold discipline at work	第53条	“遵守劳动纪律”	observe labour discipline
第101条	“中华人民共和国的公共财产神圣不可侵犯”	the public property of the People's Republic of China is sacred and inviolable	第12条第1款	“社会主义的公共财产神圣不可侵犯”	socialist public property is inviolable
第103条第5款	“保卫祖国”	to defend the homeland	第55条第1款	“保卫祖国”	to defend the motherland
第105条	“国徽”“中间是五星照耀下的天安门,周围是谷穗和齿轮”	the state emblem …is: in the centre, Tian An Men under the light of five starts, framed with ears of grain, and with a cogwheel at the base	第137条	“国徽”“中间是五星照耀下的天安门,周围是谷穗和齿轮”	the national emblem …consists of an image of Tian'anmen in its centre illuminated by five stars and encircled by ears of grain and a cogwheel
第106条	“北京”	Peking	第138条	“北京”	Beijing

7.1954 年宪法英文翻译文本与美国宪法差异对照表(1)

1954 年宪法			美国宪法		
条文	中文原文	译文	条文	中文译文	原文
序言	“中国人民”	the Chinese People	序言	“我们合众国人民”	We the people of the United State
第 32 条	“全国人民代表大会是行使国家立法权的唯一机关”	The NPC is the only legislative authority in the country	第 1 条第 1 款	“本宪法授予的全部立法权，属于……国会”	All legislative Power herein granted shall be vested in a Congress of…
第 28 条	“有权罢免”	Power to remove from office	第 1 条第 2 款	“弹劾权”	Power of Impeachment
第 58 条	“主持”	preside over	第 1 条第 3 款	“主持”	preside
第 31 条第 16 项	“闭会”	Is not in session	第 1 条第 5 款	“休会”	adjourn
第 19 条	“叛国的活动”	treasonable activities	第 1 条第 6 款	“叛国罪”	treason
第 37 条	“不受逮捕”	no (deputy) may be arrested	第 1 条第 6 款	“不受逮捕的特权”	be privileged from Arrest
第 29 条	“三分之二的多数”	A two-third majority vote of	第 1 条第 7 款	“三分之二”	two thirds of…
第 40 条	“宣布战争状态”	proclaims a state of war	第 1 条第 8 款	“宣战”	to declare war

续表

1954年宪法			美国宪法		
条文	中文原文	译文	条文	中文译文	原文
第40条	“发布大赦令和特赦令”	proclaims general amnesties and grants pardons	第2条第2款	“发布缓刑令和赦免令”	grant Reprieves and pardons for Offenses
第41条	“派遣和召回驻外全权代表”	appoints or recalls plenipotentiary envoys to foreign states	第2条第2款	“任命大使、其他使节和领事”	Shall appoint Ambassadors other public Ministers and Consuls
第41条	“接受外国使节”	receives diplomatic representatives	第2条第3款	“接见大使和其他使节”	shall receive Ambassadors and other public Ministers
第73条	“审判权”	judicial authority	第3条第1款	“司法权”	The judicial Power
第88条	“宗教信仰的自由”	freedom of religious belief	第1条修正案	“信教自由”	the free exercise thereof (religion)

8. 1954年宪法英文翻译文本与美国宪法差异对照表(2)

1954年宪法			美国宪法		
条文	中文原文	译文	条文	中文译文	原文
第87条	"言论、出版、集会、结社、游行、示威自由"	freedom of speech, freedom of assembly, freedom of association, freedom of procession and freedom of demonstration	第1条修正案	"言论自由""出版自由""和平集会和向政府申冤的权利"	the freedom of speech, of the press, the right… peaceably to assemble and to petition the government for a redress of grievances
第89条、第90条	"公民的人身自由不受侵犯,""公民的住宅不受侵犯"	freedom of the person of citizens …is inviolable the homes of citizens…is inviolable	第4条修正案	"人民的人身、住宅、文件和财产不受无理搜查和扣押的权利,不得侵犯"	the right of the people to be secure in their persons, houses, papers, and effects, against unreasonable searches and seizures, shall not be violated
第76条	"(人民法院审理案件)一律公开进行""被告人有权获得辩护"	(cases in the people's court are heard) in public the accused has the right to defence	第6条修正案	"(被告有权获得)公开的审判""取得律师帮助为其辩护"	(the accused shall enjoy the right to) a public trial to have the assistance of council for his defence

续表

1954 年宪法			美国宪法		
条文	中文原文	译文	条文	中文译文	原文
第 85 条	“(公民有)选举权”	(citizens of… have) the right to vote	第 15 条修正案	“公民的选举权”	the right of citizens of… to vote
第 86 条第 2 款	“妇女与男子有平等的选举权和被选举权”	women have equal rights with men to vote and stand for election	第 19 条修正案	“公民的选举权,不得因性别而被…拒绝或限制”	The right of citizens of … to vote shall not be denied or abridged by…on account of sex

9. 1954 年宪法英文翻译文本与美国宪法差异对照表(3)

1954 年宪法			美国宪法		
条文	中文原文	译文	条文	中文译文	原文
第 46 条第 2 款	“主席缺位的时候,由副主席继任主席的职位”	Should the office of Chairman of… fall vacant, the Vice-Chairman succeeds to the office of Chairman	第 25 条修正案	“如遇总统免职、死亡或辞职,副总统应成为总统”	In case of removal of the President from office or his death or resignation, the Vice President shall become President

10. 1954 宪法英文翻译文本与美国《独立宣言》差异对照表

1954 年宪法			《独立宣言》		
条文	中文原文	译文	条文	中文译文	原文
第 85 条	“公民在法律上一律平等”	citizens of … are equal before the law	第 2 段	“人人生而平等”	all men are create equal
第 87 条	“……的自由”	freedom of…	第 2 段	“自由权”	liberty
第 47 条	“(中央人民)政府”	(the Central People’s) Government	第 2 段	“政府”	government
第 98 条	“正当的权利”	the proper rights	第 2 段	“正当权力”	(their) just power
第 27 条第 11 项	“批准(……的划分)”	ratify (the status and boundaries of…)	第 3 段	“批准(法律)”	assent (to law)
第 13 条	“公共利益”	the public interest	第 3 段	“公众利益”	the public good
第 21 条	“公民的(基本)权利”	(fundamental) right of citizens	第 7 段	“人民的权利”	the right of the people
第 22 条	“(国家)立法权”	the legislative authority (in the country)	第 8 段	“立法权”	the legislative power
第 73 条	“审判权”	Judiciary authority	第 10 段	“司法权力”	Judiciary powers
第 39 条	“任期”	the term of office	第 11 段	“任期”	The tenure of (their) office

续表

1954 年宪法			《独立宣言》		
条文	中文原文	译文	条文	中文译文	原文
第 20 条	"武装力量"	the armed forces	第 15 段	"武装部队"	armed troops
第 75 条	"人民陪审员制度"	the system of people's assessors	第 15 段	"陪审制"	Trial by Jury
第 40 条	"宣布战争状态"	proclaim a state of war	第 27 段	"宣战"	to levy War

六、关于 1954 年宪法制定过程的采访与回忆

爱泼斯坦与 1954 年宪法的英文版

——爱泼斯坦访谈录

韩大元

2005 年 5 月 26 日,中国人民熟悉的杰出的国际主义战士、国际著名记者、作家爱泼斯坦在北京去世,享年 90 岁。爱泼斯坦在中国生活 82 年,见证了中国的世纪巨变。他经常讲的一句话是:在历史为我设定的时空中,我觉得没有任何事情比我亲身经历并跻身于中国人民的革命事业更好和更有意义。作为中国人民熟悉的老朋友,爱老在文学、外交、出版等领域的贡献是有目共睹的。我们这一代的人,在成长过程中都听说过爱老的传奇故事,但了解比较多的是作为国际著名记者的爱老,很少有人把爱老的名字与 1954 年宪法联系在一起。今年春节前夕,为了了解爱老参与组织 1954 年宪法英文版的情况,我有幸采访了爱老,并整理了访谈录,本想进一步查阅有关资料后公布访谈录。但听到爱老去世的消息

后，我觉得有必要把访谈录发表出来，让更多的人了解爱老在中华人民共和国第一部宪法的英文版翻译过程中作出的贡献，以示我对爱老的哀思。

近几年来，在研究中华人民共和国1954年宪法的过程中，我一直关注与1954年宪法有关的文献资料的收集，并进行相关理论问题的研究。去年，出版了《1954年宪法与中国宪政》一书。写这本书时，我并不了解1954年宪法有英文版的事实，更不清楚翻译的具体作者。后来通过首都师范大学著名历史学家闻教授了解了早在新宪法正式颁布以前已经有英文版草案的事实。闻教授不仅提供信息，还给我提供了他珍藏的英文版。实际上，当时1954年宪法有4个封面和译文不同的英文版本，如对外版本和对内版本的区别是比较大的。看到对外英文版本后，我对译者和翻译过程产生了浓厚的兴趣，开始同国家外文局、新华社等部门联系，了解当时译者的情况。在《中国外文局五十年大事记》中我看到有一个记载：1954年6月15日，《宪法草案》英译本已完成，参加翻译的是外文局专家和一些在华工作的外国专家。外方专家有爱泼斯坦、阿兰·魏宁顿和夏庇若等。当时，这些专家中只有爱泼斯坦健在，其他专家都已过世。要了解英文版的情况，最好的方式是采访爱老，当面请教翻译过程中的问题。1月的时候，爱老已89岁高龄，身体又不太好，能否同意接受我的采访？2005年1月13日我先跟外文局外事部门取得了联系，希望他们帮我联系爱老，并告诉其采访的基本内容和目的。没有想到，第二天我接到了外文局外事处的电话，告诉我爱老同意接受采访，并请我到他家。1月17日下午，我和两名学生按照约好的时间去了美林公寓。到爱老家时，他还没有起床，他的夫人黄老师热情地接待了我。等了20分钟后，爱老来到了书房。坐在轮椅上的爱老看上去个子不高，下巴尖尖的，嘴角露着笑容。因爱老身体不好，我跟黄老师说好的采访时间是一个小时。简单问候后，我按照事先拟定的提纲向爱老提出了与 1954 年宪法英文版有关的情况,爱老耐心地回答问题。由于爱老年事已高,要回忆半个世纪以前的事情是很困难的,有些记忆是模糊的。在采访过程中,爱老努力回想与 1954 年宪法有关的人和事,尽可能给我提供更多的信息。由于约定的一个小时很快过去,我不得不结束采访。离开爱老家时,我祝愿爱老健康长寿,并一起合影。但没有想到,不到半年爱老就离开了我们,这些照片成了珍贵的纪念。尽管爱老没有给我们留下他参与 1954 年宪法英文版过程的详细资料,但人们不会忘却他为新中国第一部宪法的对外宣传所作的贡献。在 1954 年宪法的研究过程中,也许我们会发现更多的爱老参与 1954 年宪法英文翻译的过程的文献资料。

以下是当时采访爱老的部分内容。

韩大元(以下简称韩):爱老,您好!这本是外文局出版的 50 年的大事记,您还记得吗?

爱泼斯坦(以下简称爱老):记得。

韩:这里面有一个记载,就是 1954 年 6 月 15 日,新华社报道,宪法草案的英译本完成。参加翻译的有 3 位中国的学者,其中有刘尊棋、方钜成和于保渠,以及外国专家爱泼斯坦。我想了解一下,您还记得当时翻译宪法草案的过程吗?因为您翻译的宪法草案的英文版就是这本草案,这本我复印的就是当时翻译的英文版,您记得您参与的具体过程吗?

爱老:记忆很模糊了。因为是很久以前的事情了。

韩:翻译出版的时间大体上是 1954 年 6 月,您记得您跟这些中国的学者一起翻译宪法草案的情景吗?

爱老:那个时候帮助翻译比较多的文件,所以具体翻译宪法草案的过程没有很清楚的印象了。

韩:这是您写的回忆录,我翻阅了一下,其中有关 1954 年活动的情况涉及得较少,您能回忆一下吗?

爱老:1954 年的第一届人民代表大会开幕,我记得。但是,做具体宪法草案翻译工作的事情,我记得不太清楚。

韩:您还能记得,当时您见过 1954 年宪法草案吗?在 1954 年 6 月的时候。

爱老:大概见过,当时看见了。

韩:如果您见过、参与过翻译的话,你觉得当时为什么我们要把它翻译成英文呢?

爱老:那个时候很多国家颁布的法律文件都翻译成英文,这是第一届人大通过的文件?

韩:对。你们翻译的英文版于 1954 年 6 月已经翻译出来了?

爱老:是的,全国人大开会以前。

韩:那就说,全国人大正式通过宪法以前你们已经翻译出来了?您认为当时翻成英文有什么样的意义呢?

爱老:没有特别清楚的印象。

韩:那中国专家刘尊棋、方钜成和于保渠您还有印象吗?

爱老:记得。他们都不在了。

韩:还有阿兰·魏宁顿、夏庇若。

爱老:他们也不在了。他们是英国人,在新华社工作。

韩:您还记得当时跟他们一起翻译的情况吗?

爱老:当时一些的翻译工作我记得,就是全国人大的一些文件。但是,对于当时翻译宪法,我没有特别的印象了。

韩:哦,我问一下当时您把中央的很多文件翻成英文的时候,是从中文直接翻成英文呢,还是别人翻成英文后您再修改的?

爱老:别人翻好了我们再文字修改的。我们只是做语言修饰和文字方面的工作,翻成英文以后,在语法、语言上进行修订。

韩:如果您当时修改过已翻译的宪法草案,您当时用的一些词汇主要参考了哪些国家的宪法?比如说宪法里面的"rights""power"这样的词汇。因为新中国刚刚成立,您是 1951 年从波兰回国的吧?那你修饰文字的时候,是参考了美国宪法的一些词汇,还是其他国家的宪法?比如,您去过的荷兰的宪法的一些词汇。

爱老:主要参考了美国宪法。英国是没有宪法的。

韩:当时您对美国宪法是很熟悉吧?

爱老:不是特别熟悉,因为我不是搞法律的,没有专门的知识。

韩:就是说,您在修改宪法草案英文稿时,主要考虑美国宪法里面的一些词汇,参考过美国宪法里面的一些内容?

爱老:大概是。

韩:您跟阿兰·魏宁顿、夏庇若他们讨论过宪法草案的一些事情吗?

爱老:对,我们都在一块。他们也不是专门搞法律的,对宪法也没有专门的知识,他们是做新闻的。

韩:爱老,那能这样理解吗?把中文宪法草案翻译成英文初稿的是刘尊棋、方钜成和于保渠,还有新华社的陈龙。你们 3 位外国专家是把他们翻译的英文在语言上进一步的修改,修改的时候您主要参考了美国宪法上的一些词汇,可以这样理解吗?

爱老:对。

韩:20 世纪 50 年代您比较熟悉的宪法,除了美国宪法还有其他外国宪法吗?

爱老:没有。我不是搞法律的。

韩:我知道宪法的翻译是非常难的,语言等方面的技术要求是很高的。您翻译成这样的“standard English”是非常不容易的,所以我很想了解您当时对宪法的认识、想法。这是中华人民共和国的第一部宪法。

爱老:当然我们知道当时旧法统已经不存在了。我们中间没有一个人是专门搞法律的,也没有律师。

韩:那4位中国专家翻译的时候,也参考了其他国家的宪法吗?

爱老:他们都是“中国通”,他们的英文也都很好。

韩:您记得他们4位是从国外回来的吗?他们的英文知识有什么特殊的背景?

爱老:刘尊棋不是从国外回来的,他是在中国学的,他的英文特别好。

韩:方钜成呢?

爱老:他是华侨,他的英文是在英国学的。

韩:还有于保渠?

爱老:他我不知道,大概是在中国学的。

韩:那陈龙呢?

爱老:他是印尼学的,他是印尼来的华侨。

韩:那么阿兰·魏宁顿和夏庇若都是英国人,是吧?

爱老:对,都是英国人,都是英国共产党派来的。

韩:那您觉得他们两个对英国宪法方面的知识丰富吗?

爱老:我觉得他们对于宪法的翻译,主要是文字上的,他们没有专门的宪法知识,都是做新闻工作的。

韩:那您还记得他们翻译出来的英文,当时您改的时候需要改的地方多吗?

爱老:修改主要是两个方面:一个是词汇方面的修改,另一个是语法方面的修改。语言方面的修改主要是文法的问题。词汇方面的修改,需要参考别的一些国家的宪法。我看的主要是美国宪法。

韩:另外提一个问题是现在我们找到了两个英文版,这个英文版是专门赠送给外宾的。

爱老:这个我看过。

韩:你看过是吧?20世纪50年代看过?

爱老:对。

韩:另一个英文版是在国内出版的,单行本的。

爱老:对,外文局出版的。

韩:对,当时是 4000 块钱啊。

爱老:当时 1 万块合现在 1 块钱。

韩:而那个版本不是出售的,是专门赠送给外宾看的,是红皮的,很漂亮。

爱老:对,我见过,但我自己没有保留。

韩:那您记得当时中国的领导人把它赠送外宾时,主要送给哪个国家的领导人呢?

爱老:不清楚了。那个时候建立外交关系的国家不多,那个时候不像现在。当时,外交关系主要是苏联,还有亚洲的一些国家,有一些是北欧的国家,那时候与英国、美国都没有外交关系。

韩:但是中国领导人把它翻成英文,而不是翻成俄文,您觉得可能是什么原因呢?

爱老:对,这是为了对外宣传的需要。没有翻成俄文的原因我不知道,我没有看到俄文版。

韩:那可能是送给美国人?英国人?

爱老:没有送给美国的领导人,那个时候和美国没有什么关系。但是美国有很多友好的组织,英国、美国都有友好的人民组织。但是没有(官方的)。

韩:还有一个英文版本,是在美国的网上正在拍卖的一个版本,起价是 250 美元。对这个版本您有印象吗,这是在美国网上的一个版本。

爱老:我没有印象。

韩:那么您认为美国这个版本是这两个之外的一个版本,还是这两个中的一个版本?

爱老:这个我记不得了。

韩:那您认为这个美国的版本可能是通过什么途径到了美国呢?

爱老:通过友好组织、人民组织等。那个时候还没有建立外交关系,但是从中国建国以前,就有友好的组织,如人民友好委员会,我也参加过他们的活动。

韩:还有一个问题是,您在中国生活了80多年,所有的中国人都很熟悉您,您在中国的一生中经历了很多社会变迁,您认为中国的宪法跟您的生活有什么样的关系,您印象比较深的是哪一部宪法?1954年宪法是我们中华人民共和国第一部宪法,后来我们有了1975年、1978年、1982年宪法。

爱老:对,宪法和我有间接关系。我1957年加入中国国籍,这就是依据宪法获得了国籍。后来有了“文化大革命”,“文化大革命”中宪法被摧残了,你们都知道,我还进了监狱。有宪法和没有宪法是不同的。这个我都知道,有这个体验。

韩:最后一个问题,我想问您,您在美国生活过,1951年以前大概有6年时间在美国生活,然后从波兰回到中国,经过波兰。您觉得您了解的美国宪法和1954年以后的中国宪法,有什么不同?

爱老:那是一个历史的文献,对不同的人带来不同的感受,标志民族的独立和发展。美国宪法反映着一个独立的精神,是历史的产物。

韩:您如何预测中国宪法的未来?

爱老:中华人民共和国有过几部宪法?4部还是3部?

韩:颁布了4部宪法。

爱老:我没有清楚的记忆,我不是法律专业人士,不清楚具体有几部宪法。

韩:谢谢您提供的重要信息。

爱老:因时间很长,很多东西我记不得了。

韩:这些信息对我帮助很大,我会继续我的研究。

爱老:我们这些参与翻译 1954 年宪法英文版翻译的人,都不是经过严格训练的法律专业人士。根据我的记忆,中国专家也不是法律工作者,但我影响比较深的是他们的英语水平是很高的。

韩:我特别感兴趣的问题是,我国的领导人为什么这么快要求翻译成英文?

爱老:因为英语是非常重要的语言,除英语外没有其他语言起到沟通不同国家之间关系的作用。当时,我们同北欧国家有了各种关系,如丹麦、瑞典等国家。所以,我们必须用英语。

韩:在英文的宪法草案中权利、权力等词汇的用法是比较准确的。

爱老:我觉得,参与翻译的一些中国专家中有些人可能在国外接触过法律或有这方面背景。

韩:我知道不能占用您的太多时间。去年,我写了一本 1954 年宪法的书,是为了纪念 1954 年宪法颁布 50 周年而写的,但是我写这本书的时候还不知道 1954 年宪法有 3 个英文版,所以我今年准备修订了。谢谢您,您提供的线索对我非常重要,我会进一步找一找其他的资料。

韩:哦,还有最后一个问题,您知道 1954 年周恩来总理参加了日内瓦会议,您记得您当时翻译 1954 年宪法的英文版和周总理去日内瓦会议有关系吗?

爱老:我也帮助他翻译了一些文件,但不清楚是否包括宪法草案。万隆会议那一年。

韩:这里有一个资料,没有写时间,大概是 6 月。这时,英文版已经出来了。所以,现在不知道是不是特意在会议之前翻译出来,周总理去日内瓦会议是否把英文版带过去,您记得当时的情况吗?

爱老:我不知道。我想应该带过,因为别的国家都用英文打交道,你看那时候印度、埃及,都是用英文的。

韩:他们当时宪法典是否都有英文的法典,您见过吗?

爱老:印度是,埃及是翻译成英文的。

韩:好的。我查了资料,您原来计划是要参加 1955 年万隆会议的,后来因为有其他一个重要任务没有去,这个任务和翻译宪法有关系吧?

爱老:我记不清楚了。

韩:好,非常谢谢您!

爱老:对不起,有些情况我记不清楚了。

韩:您提供的线索对我们研究 1954 年宪法是非常重要的,因为 1954 年宪法有英文版的事情,我们学术界知道的人并不多,现在我们知道了有英文版,您也参与翻译了。国家领导人为什么要求翻译成英文,其具体背景是什么等问题我们会进一步研究。您做了很多贡献啊,中华人民共和国第一部宪法有英文版,国外通过英文版了解了中华人民共和国的宪法,您的贡献是很大的。您提供的许多信息都有重要价值。春节快到了,祝您春节快乐,身体健康!

关于制定 1954 年宪法若干历史情况的回忆

——董成美教授访谈录

采访者:周颂、周威[1](以下简称问)

被采访者:董成美教授(以下简称答)

时间:2003 年 12 月 26 日

地点:董成美教授寓所

问:董老师您好!再过几天就是 2004 年了,在这里我们提前祝您新年好,祝您在新的一年里身体康健。时光荏苒,到 2004 年,我们国家 1954 年宪法颁布实施已整整 50 年了。您 50 年前曾亲历这部

〔1〕 均系 2003 年中国人民大学法学院宪法与行政法专业硕士研究生。

中国历史上第一部社会主义宪法的起草工作,作为学生,我们为老师的贡献由衷地感到自豪,同时我们想在 1954 年宪法颁布 50 周年到来之际请老师再对制定 1954 年宪法时的一些历史情况作些回忆,回答我们的一些问题。

您当年是由中国人民大学法律系借调到宪法起草委员会的吧,请您部分介绍一下借调前后的情况。

答:我 1951 年从北京大学政治系毕业后被分配到了中国人民大学法律系国家法教研室。1953 年到 1954 年,我从中国人民大学法律系借调到国务院政法委办公室,随后又被借调到由邓小平同志领导的选举法起草委员会,中华人民共和国宪法起草委员会成立后我就被借调到起草委员会了。1954 年宪法起草工作结束后,我又被借调到中华人民共和国第一届全国人民代表大会办公室工作。

问:请您简要介绍一下当时宪法起草委员会成立的背景。

答:宪法的起草最初是由中共中央向中国人民政治协商会议全国委员会提出,建议开始筹备宪法起草,再由中国人民政治协商会议全国委员会向中央人民政府提出建议。1953 年 1 月 13 日,中央人民政府委员会第 20 次会议作出决定,成立以毛泽东为首的中华人民共和国宪法起草委员会,负责宪法起草工作。

问:宪法起草委员会的人员组成情况,您还记得吗?

答:宪法起草委员会大概有委员 33 人,包括中国共产党、各民主党派、各人民团体的负责人、社会公众领袖和专家们。我记得,在杭州起草宪法期间,除了我们直接参与起草的人员,还有董必武、彭真、张际春等组成的研究小组,聘请当时著名的法学家周鲠生、钱端升为法律顾问,叶圣陶、吕叔湘为语文顾问。

问:宪法起草委员会成立后宪法起草工作是怎样开展的?

答:1953 年年底毛泽东带着当时的中央政治研究室主任陈伯达,副主任田家英和胡乔木等到杭州,在毛泽东的领导和参加下进行工作。起草工作从1954年1月7日到3月9日共进行了两个多月,其间草拟了100条条文,这是宪法草案的最初稿。当时还编辑了3辑资料,叫《宪法参考资料》。第一辑是《1918年苏俄宪法》和《1924年苏联宪法》;第二辑是美、英、法、德意志和瑞士联邦宪法;第三辑是从清朝、北洋军阀到国民党蒋介石的宪法和宪法性文件。这三辑资料于1953年3月以中央人民政府委员会办公厅的名称印刷后发放,发给所有宪法起草委员会的委员以及参与宪法起草工作的有关人员。

问:《宪法参考资料》中第二辑主要是资本主义国家的宪法资料,请问当时我们制定1954年宪法时是否参考、借鉴或学习了资本主义国家宪法的有关内容呢?

答:当时好像只是把这些资本主义国家的宪法资料整理起来而没有参照或学习他们的,主要参考的还是苏联及东欧人民民主主义国家的宪法资料。

问:您提到在杭州两个多月起草的宪法条文是最初稿,这个最初稿是否后来又作了修改、补充?

答:是的。对杭州起草的宪法草稿,中共中央前后又讨论了3次,每次都作了很多修改,由于许多情况包括不进去,因此从100条增加到110条,也就是又增加了10条,当时总想弄到整数。这样形成了一个宪法草案(初稿)。

问:对这个宪法草案(初稿)后来又进行了讨论吗?

答:1954年3月将这个宪法草案初稿提交中华人民共和国宪法起草委员会第一次讨论,由陈伯达作了说明。后来,宪法草案还经过了3次规模很大的群众性讨论。

问:您能介绍一下这几次讨论的情况吗?

答:好的。第一次大讨论是由中国人民政治协商会议全国委员会在北京组织了17个讨论单位,朝鲜的中国人民志愿军、中国人民解放军共成立了 18 个讨论单位,共 8000 多人讨论了两个多月,提出了很多意见。这些意见经过宪法起草委员会的修改补充后,由中央人民政府委员会通过成为正式的宪法草案。这次讨论实际上把中共中央关于宪法草案的建议变为各民主党派、各人民团体、各界人士领导人的共同建议。第二次大讨论就是中央人民政府委员会公布宪法草案后,交付全民讨论。全民讨论进行了近 3 个月,参加讨论的人有一亿五千多万人,提出的意见有一百多万条,这在当时是非常不容易的,也在一定程度上反映了我们 1954 年宪法的民主性和科学性。第三次大讨论是根据全面讨论的意见,宪法起草委员会对原来的草案作了修改后,提交给中央人民政府委员会举行的两次临时会议讨论通过,然后送全国人民代表大会讨论审议了。1954 年 9 月第一届全国人民代表大会第一次会议在北京召开,刘少奇同志代表宪法起草委员会向大会作了关于宪法草案的报告。在这次大会上,代表们又对宪法草案和宪法草案报告进行了讨论。9 月 20 日,第一届全国人大一致通过了这部宪法,并由第一届全国人大会议主席团发布公告,向全国人民公布,我国第一部社会主义宪法就这样诞生了。

问:刚才您介绍了 1954 年宪法从起草、讨论到诞生的情况,下面我们想问一下宪法起草和讨论中的一些具体问题。

当时是如何看待《共同纲领》的?

答:《共同纲领》是新中国成立初期的“宪法”。我记得我写过一篇文章,是在《人民日报》还是《光明日报》发表的,我记不清了。我在文章里讲,我们起草 1954 年宪法是以《共同纲领》为基础的,同时又是对《共同纲领》的发展,我记得在六个方面对《共同纲领》作出了发展。

问:宪法草案讨论中对社会主义是怎么定位的?

答:什么是社会主义,主要看所有制。我们要建立社会主义社会。当时生产资料所有制有 4 种:国家所有制、合作社所有制、个体劳动者所有制和资本家所有制。国家所有制，也就是全民所有制，是国民经济中的领导力量。

问：我们知道宪法是由不同章节组成的，其中包括国家机构、公民的基本权利和义务等章，在当时的宪法草案讨论中是否讨论了国家机构与公民基本权利和义务哪一章该放前面哪一章该放在后面的问题？

答：讨论了。资本主义国家把基本权利和义务放在前面，把国家机构放在后面了。当时我们认为国家机构这部分的内容更重要，所以把这一章放在前面了。

问：在制定宪法过程中对于议会制度是否有讨论？

答：有。当时的讨论中，有人提出一院制，有人提出两院制，还有人提出三院制。我记得两院制是由时任民盟副主席张伯钧提出的。我当时写过一篇文章批评张伯钧的两院制，那是资本主义国家搞的东西，我认为应该实行一院制，实行人民代表大会制度。

问：我们知道现行宪法规定全国人大等国家机关的任期每届为5年，而1954年宪法规定全国人大等国家机关每届任期为4年，为什么要这么规定？

答：这主要是参照苏联宪法当时的做法。

问：1954年宪法第22条规定，“全国人民代表大会是行使国家立法权的唯一机关”，也就是说把立法权全部赋予全国人大，也不包括全国人大常委会？

答：是的。宪法条文是这么规定的，但在实践中全国人大常委会也在行使立法权，这在一定意义上可以说是1954年宪法规定的不足。

问：1951年中央人民政府委员会第十二次会议通过的《各级人民检察署组织通则》规定了检察机关的双重领导体制，但1954年宪法把人民检察院领导体制又改为垂直领导，关于这一点，当时有争论吗?

答:1954年宪法规定了人民检察院的领导体制为垂直领导体制。但是在讨论中我们提出人民检察院的领导体制应为双重领导,关于这一点是有争论的。

问:1954年宪法第85条规定,“中华人民共和国公民在法律上一律平等”,这一条在制定过程中是否有争论?

答:当时对此还是有争论的。有人认为这么规定和西方资本主义国家宪法规定得一样,不能这样规定。也有人认为既然资本主义国家都能规定我们为什么不能规定?还有人认为这样规定就是让我们的广大人民群众和资本家或阶级敌人平等了,这是不行的。

当时我们认为平等仅是意味着法律适用上的平等,不是立法上的平等。后来1982年宪法又将“在法律上一律平等”改为“在法律面前人人平等”,人们大都认为后者的表述更为准确。

问:1954年宪法在“公民的基本权利和义务”一章中规定了公民有迁徙自由,但现行宪法却没有规定这一内容,请问当时是怎么看待这个问题的,为什么把迁徙自由规定到宪法里了呢?

答:毛主席在宪法起草中是不同意规定迁徙自由的,他认为人不能想到哪儿就到哪儿,得有制度;城里人就是城里人,乡下人就是乡下人,不能随便来回移动。但是后来宪法仍作了规定,没有听毛主席的,我们大都认为规定迁徙自由是有必要的。

问:1954年宪法第99条规定了居留权,后来的宪法中对此都没有规定,当时对此有争议吗?

答:是有争议的。当时我们也提出居留权适合苏联不一定适合中国。

问:据说在1954年宪法草案交付全民讨论时,毛泽东曾决定要对草案的条文写一个解释性的材料,但后来又没有搞条文解释,请您介绍一下这是怎么回事?

答：是的，毛泽东决定要搞一个对宪法条文的解释材料，当时由田家英带领我和其他几位同志及陈伯达的两个秘书，一个叫姚洛，另一个叫史敬棠，再加上田家英的秘书逄先知和田家英的警卫员共10人到北戴河中共中央疗养院进行工作。宪法条文的解释完成一半多，我们就送去给毛泽东看，毛泽东让中央机要局印发给当时在京的中央委员和中央候补委员。这时我们感到这种对条文的解释不妥，如果发生问题是以条文为主还是以这个解释为主？正式的解释权只有全国人民代表大会常委会才有，因此我向田家英同志建议向毛泽东请示。毛泽东决定立即停发这个材料，并收回，不再搞条文解释。

问：毛主席个人对1954年宪法起草应该是有一定影响的，请您回忆一下毛主席当时对宪法起草的一些观点、建议或贡献。

答：毛主席对宪法起草工作要求非常严格，也提出了很多比较好的观点或建议，甚至对某些字词都进行仔细推敲。例如，全国人大职权中有“决定战争与和平”一项，毛泽东主张把其中的“与”字改成“和”字。毛泽东说“与”字是文言文，鲁迅就很少用这个字，还是改为“和”字好，后来就改为“战争和和平”。毛泽东的一些思想和论述对于宪法起草也起到了一定的指导作用。在1954年6月宪法草案公布时，毛泽东曾对1954年宪法讲了几点看法，他提到宪法制定的原则性和灵活性相结合原则，团结一切可以团结的力量，不能迷信等，这些论述是有重大参考价值的。

问：您在参与宪法起草工作中有无与毛主席直接地交流过？

答：有过一次。就是关于国家主席需要多大年龄才能担任的问题。当时我们在北戴河工作，毛主席让彭真从北京打电话给我，问我国家主席年龄该定多少岁，我说，我去查一下。我查阅了一些资本主义国家宪法后向毛主席汇报，说大多规定35岁到40岁以上，他说，写35岁好不好。后来就按毛主席的意见定了35岁。

问：同期的其他领导同志，比如，邓小平、周恩来、刘少奇等，有没有参与到宪法起草中来?

答:他们好像都是宪法起草委员会的委员,他们做的具体工作我就记不清了。

问:田家英在宪法起草中起到什么样的作用或做了些什么工作?

答:田家英在宪法起草中发挥了非常大的作用,很多条文都是由田家英起草的。他这个人非常聪明,他没有专门学过法学,但有扎实的马克思主义理论基础和相当高的智慧,在起草工作中作了大量工作,提出许多很好的意见。

问:据说您和田家英的私人关系也非常好,您能给我们介绍一下田家英这个人以及他和您的交往吗?

答:田家英知识面很广,常爱吟诗猜谜,他能背很多诗,当时连他的子女也都很能背诗。他很爱喝酒,喝非常烈的酒。毛泽东都知道他喝酒很厉害,有一次去毛泽东那里,毛泽东就给他最厉害的酒喝。但他喝醉酒后不会说胡话,他说他为毛主席工作,不能出一点差错。

当时我和田家英的关系非常好,他还给我介绍对象,介绍了一个食堂里的服务员,长得很漂亮,他跟我说,放你半天假,去谈恋爱。我和那个女的就到了海边,北戴河的海边,她是渔民的女儿,说不出什么来,只谈了她父亲是干什么的,母亲是干什么的,多大岁数等。回来后,田家英问我谈得怎么样,我说没有谈成。

1959 年我结婚的时候,田家英还送了我几件结婚礼物,有景泰蓝的花瓶,还有 4 卷精装本的《毛泽东选集》。他非常平易近人,后来还请我吃饭,吃烤鸭。

问:您对 1954 年宪法的评价如何?回首这 50 年您有何感想?

答:1954 年宪法确实是比较好的一部宪法。作为中国历史上第一部社会主义宪法,1954 年宪法为后来我国的 1975 年宪法、1978 年宪法和 1982 年宪法树立了一个光辉的典范。后来的 1975 年宪法和 1978 年宪法实际是对 1954 年宪法的一个倒退,钱端升认为这两部宪法(1975 年宪法和 1978 年宪法)是“屁宪法”。

1954 年宪法的制定没有照抄苏联或东欧人民民主主义国家的宪法,也没有照抄资本主义国家的宪法,是根据中国国情制定的,完全中国化的宪法。

从总体上看,回首 50 年前的这部宪法,我觉得有几个方面还需要改进或加强:第一,公民基本权利方面应该进一步增加和完善,规定更多的、更真实的公民基本权利;第二,地方国家机关的权力应该再增加一些,进一步理顺中央和地方的关系;第三,法院的独立性应加强。

吴家麟教授回忆 1954 年宪法

采访者:柳建龙[1](以下简称柳)

采访时间:2006 年 7 月 25 日

2006 年 7 月 25 日,受导师韩大元教授之托,我带着他事先拟好的几个问题采访了我国著名宪法学家吴家麟教授(以下简称吴老)。因此前未到过吴教授家,故联系了福建师范大学的杜力夫教授。杜教授特意拨冗驱车带我前往。吴老伉俪与子女住在福州的远郊,其别墅坐落在乌龙江畔,虽远离市区,然而却别有一番隐士逸趣。

柳:吴老师,您好!非常感谢您在百忙之中抽空接受我的采访。事情是这样的,我的导师,韩大元教授最近准备修订《1954 年宪法与新中国宪政》一书,然而,目前由于各种原因,资料搜集方面存在诸多困难,您和许老(许崇德教授)都是新中国宪法发展的历史见证人,目睹或者参与了新中国宪法的起草、制定与修改,其中包括 1954 年宪法、1975 年宪法、1978 年宪法和 1982 年宪法,且您是宪法学界的老前辈,所以,韩老师想从您这了解 1954 年制宪当时的一些资料或者

---

〔1〕 中国人民大学法学院宪法学博士研究生。

一些历史背景情况，另外，也希望知道您对中华人民共和国的宪法发展的评价。

吴老：好的。

柳：吴老师，我就开始问第一个问题——在"五四宪法"制定时，您主要参加了哪些活动？

吴老："五四宪法"制定当时，因学校有课，我一直在学校给学生上课。因此，"五四宪法"制定的过程中我直接参与的活动不太多。不过，当时我们有一两位同志去了宪法起草委员会。

柳：那当时学校有没有什么活动，如果有，您参加了没，参加了哪些？

吴老：当时学校也没有什么其他的活动。我在给两部分学生上课，其中一部分是外交系的，另一部分是法律系的——当时主持"五四宪法"制定工作的主要是田家英，我们学校了去了两个老师，一个是许崇德教授，另一个是董成美教授。但当时，他们是要每天来回的，并非住在那里。

"五四宪法"通过之后，当时人民大学的校长吴玉章是全国人大代表，要发言，就要我们帮他准备一个发言稿，于是，我们帮着做一点工作，给他准备了发言稿。另外的……

柳：吴老师，我还想问您一下，因为当时毛泽东同志在主持"五四宪法"的起草过程中发动了全民大讨论，当时，学校方面是否也组织了一些活动对宪法草案进行讨论或者提出一些意见？

吴老：没有，当时学校没有提什么意见。至于大讨论，到底有多少人参加，各种说法不一。其中一个是董成美教授，他做了意见的整理工作，他说有一百多万条。我就不信有一百多万条，这不知道是怎么算出来的。但他就是这么说的。

柳：那么，吴老师，您能否告诉我们一些有关当时宪法起草办公室的情况？

吴老:宪法起草办公室?——宪法起草办公室,我没有参加那个办公室,因为当时我在学校有课。

柳:那么,您是否就有关宪法起草办公室与其他老师交流过,尤其是与那些参加宪法起草办公室的老师交流过?

吴老:谈肯定是谈了,但只是一般性的交谈,也没有太在意。

柳:吴老师,您当时写了《宪法基本知识讲话》这一本书,韩老师也想让我问您一下,您当时主要参考了哪些资料,尤其是是否参考过制宪当时的那些原始资料,包括当时有关宪法草案的意见,等等。

吴老:我主要参考的是一些有关宪法的一些资料,因为当时我在上课,主要讲的是(宪法)前面的部分,比较熟悉。除了这个以外,没有什么材料。我们没有获得有关制宪过程的那些材料,因为当时那些材料多数是保密的,不对外公开的。

柳:那这书从编写到出版总共花了多少时间?

吴老:从编写到出版大概花了一年多。

柳:吴老师,您这书是新中国较早的一本有关新中国宪法的宪法学著作。不知道,当时社会上对于该书的评价如何?

吴老:社会反映比较好。由于当时没有其他的材料,所以,研习宪法多参考这本书。但是对于这本书,有一两个人还是提出了不同的意见。当时,肖华提出了意见说,这本书里有一个地方不确切。当时,我说全国已经解放了,他说这不确切,中国大陆虽然已经解放了,但是,台湾地区还没有解放。除此之外,关于一些宪法的基本知识,我们也进行了讨论。这一本书我现在还有。

(吴老夫人去取书回)

杜教授:是人民出版社出的吧?

吴老:不是,中国青年出版社出的。

柳:1953 年 12 月 7 日到 1954 年 3 月 27 日,毛泽东同志率领一些人在杭州起草宪法,您对起草宪法的过程是否了解,或者当时的媒体是如何报道的?

吴老:这个我知道的不多。

柳:据说 1954 年 6 月左右,毛泽东曾让田家英同志带领一些专家到北戴河编撰中华人民共和国宪法解释文。不知您对此了解吗?

吴老:没有(这回事)。

杜教授:这个事情可能是这样,宪法制定之前,当时田家英同志带着一些人到北戴河整理全国各地来的意见,张光博先生参加了。他跟我讲,当时田家英同志带领他们一帮学生对这些意见进行了整理。他们天天干活干到很晚。

柳:那这个有没有形成什么成果?

杜教授:这是宪法制定之前啊。他们主要是把意见整理出来,反馈出去。这事发生在制定之前,而非制定之后。这书印了 90 万册。

柳:吴老师,您现在对于"五四宪法"总体评价如何?

吴老:我觉得"五四宪法"搞得还是比较好的,比较认真的。这里面出力比较大的是田家英同志。田家英其实基本上就豁出来搞这个了。为了这个,他买了好多这方面的书。

柳:那知不知道他当时买了什么书,有没有书单?

吴老:没有,只知道他买了很多宪法方面的书。另外,当时能买到的书也不多。反正,就是他带了一帮人在干这个工作。到了"五四宪法"出来以后,他也就收摊了、不搞了,继续当他的秘书去了。

柳:有一种观点认为,"五四宪法"主要参考了当时的苏联宪法,您怎么看?

吴老:那当然。

柳:因为,直到今天并没有确凿的证据表明"五四宪法"在多大程度上继受了当时的苏联宪法。

吴老:事实上就是这样子的。我们的"五四宪法"基本上是将苏联宪法搬过来的。

柳:不过,还有一种说法,说当时毛泽东同志在起草宪法过程中参考了许多国家的宪法文本,很有可能,他最后并没有选择苏联宪法作为他的主要模版。

吴老:那是不可能的,他主要参考的就是苏联宪法。因为对于别的宪法根本就没有把握。

柳:另外,也有一种说法,认为当时毛泽东并没有马上起草和制定宪法的意思,是因为当时的苏联政府(斯大林)给毛泽东提出了建议,认为应当起草并制定一部宪法以确认新政权的合法性和正当性。

吴老:有没有这个建议,我不是很清楚,也没有查过。不过,苏联催促中国制定一部宪法是确有其事。当时,苏联也是我们主要学习的榜样。哈哈——

柳:新中国到现在有 4 部宪法,1954 年、1975 年、1978 年、1982 年宪法。就“五四宪法”而言,您认为其相较于其他 3 部宪法有什么优点与不足?比如,在“五四宪法”中规定了迁徙自由、罢工自由等,这些权利在 1954 年以后的宪法文本中都未予以明确规定,您对此有何看法?

吴老:就这几部宪法而言,“五四宪法”是制定得比较好的。

柳:那么,您认为,“五四宪法”跟“八二宪法”比,那部比较好?

吴老:这就不好说了,因为“八二宪法”是现行宪法。

柳:从立法技术上来说,“八二宪法”在体例上将“公民的基本权利和义务”一章挪到了国家机构之前,您认为这是否比较恰当?以美国宪法为例,实际上宪法的主体部分就是有关国家机构的规定,权利宣言是作为宪法修正案附在正文之后的。这个您怎么看?中国共产党制定 1954 年宪法时,新中国成立才不过几年,因此,更重要的应是确定政权的合法性和正当性,而非公民权利保障。您对此如何评价?

吴老:当时我们国家(领导人)也没有完全搞清楚宪法到底是怎样一回事,因此,主要参考了苏联宪法。虽然当时也参考了资本主义国家的宪法,但是基本上只是看看,没有在多大程度上予以借鉴;至于其他社会国家的宪法也有几部,但我们主要注意的是苏联宪法。

柳:进入1976年以后,我们国家进入了一个新的转型时期,在这一段时间里,宪法也逐渐发生了一些变迁和改革。比如,较之于之前的几部宪法而言,现行宪法逐渐承认私有财产的宪法地位,而这在之前的几部宪法中,是不可以想象的。您认为,从1954年至今,宪法上的意识形态是否发生了变化,发生了何种变化?

吴老:"五四宪法"的制定者当时还未意料到财产制度会发生这么大的变化,当时考虑的问题是不同的。比如,毛泽东也考虑规定罢工权是否合适。当然现在也有学者认为,由于社会主义制度建成之后,无论是作为封建制的或者是资本主义制度的残余的私有制已经被消灭了,人民当家作主,故其不存在人民与资本家之间的矛盾,因此,罢工的前提条件已经不存在了,故不予以规定。我认为当时的宪法制定者没有考虑这么多,当时主要考虑的是对于当时的社会秩序是否有利。如果规定罢工权,当时距新中国成立也不过5年,百废待兴,这会添乱子的。所以,未予规定。

柳:但当时宪法中规定了另一项自由:迁徙自由。但在稍后的宪法修正中,便删除了此项规定。对此,您是怎么看的?

吴老:当时之所以在宪法中规定了迁徙自由,主要是因为其他国家都有,也没有想太多。但是后来考虑到规定了迁徙自由的后果,为了管制人口和抑制人口在城乡之间的流动,避免此对我国经济和社会秩序造成混乱,所以了删除了这一项规定。"文化大革命"之后,之所以也未重新作出规定,有人认为这可能是对于"文化大革命"中的大串联等作出的回应。这一点我是不赞同的,实际上主要还是怕一旦规定了迁徙自由,会对既有的经济和社会秩序造成太大的冲击。

柳:我还想了解一下,有关"国家主席"的一些问题。学界有人主张国家主席是虚位,他必须和全国人大常委会结合起来,才能行使其权力;但也有人认为他是实位,是一个独立的机关。对此,您怎么看?

吴老:制宪当时的意见认为,国家主席的权力应当由国家主席和全国人大常委会结合起来方能实现,但实际上运行中,根本谈不上。此外,这一点从学理上也说不通,当时西方国家也没有哪个国家元首的权力必须是跟议会结合在一起方能行使的。但是,当时对于国家主席这一职位过度重视,认为这一职位非常重要,必须通过此一机制予以制约,以避免其权力过度膨胀,但实际上并未能真正实现全国人大常委会对国家主席的制约功能。后来又出现了林彪企图夺权的情形,就废除了这一制度。后来,因为需要又重新作了设计。

柳:谈到此,我又想起了毛泽东同志后来说过的一句话,他说,宪法条文是他参与制定的,条文太多他也记不住。就此而言,是否可以说当时宪法实际上已经被虚置了,形同具文?

吴老:当时宪法被虚置是客观事实。承认也罢,不承认也罢,那都是事实。现在,我对于新中国成立初期那些年,实在不怎么感兴趣。

柳:但是,对于新中国成立那些年的历史背景,尤其是对于宪法的看法,对于我们现在或者将来的宪法解释具有很重要的意义。国外有一种宪法解释学理论,即原旨主义理论,主张宪法解释应当遵循制宪者的意图,或者至少参考制宪者的意图。但是现在,像韩老师他们想要得到一些这方面的资料都是非常困难的。为此,像您这样的一批资深的宪法老前辈的宪法学说,尤其是当时写的一些文章和现在的一些回顾性的文章,对于现在以及将来的学者研究发现制宪者的最初意图具有弥足珍贵的参考价值。我发现您在“八二宪法”之后的几年内曾经写过一些纪念文章,但是,不知道在“五四宪法”颁布之后,您是否也写过类似的文章?

吴老:“五四宪法”,现在看来当时是比较重视的。但是,实际上有许多规定根本没人去理会,如什么改造啊——从宪法上来看,已经消灭资本主义了,但实际上还是存在的。对于法治,当时并没有什么概念。毛泽东同志就曾经说过:法治好,还是人治,我看还是人治好。所以当时也没有认真去理会宪法,制定之后就把其撂在一边了。特别是到了庐山会议之后,连国家主席都自身难保,哪里还谈得上什么法治。虽然在公开场合下,也没有完全将宪法撂在一旁,但实际上当时的国家领导人对于宪法是什么,应当如何规定并没有一个清晰的蓝图,也没有认真去想,更谈不上如何去实现了。现在,我看到许多有关制宪研究的文章和书,作者大概都是想当然了。所谓的宪法或者法治,在"八二宪法"以前根本谈不上。宪法的有些条文也不过是在私人书斋里面作出的删减决定,想删掉这一条就删掉这一条,想增加那一条就增加那一条。没有认真地去考虑宪法作为治国之道的那些问题。而现在的一些书则太认真了,比如,这个(是指韩老师的《1954 年宪法与新中国宪政》一书),虽然我没看,但是 1954 年宪法到底起了什么作用,依我看,很难说。

柳:实际上韩老师之所以非常重视 1954 年宪法的研究,一方面,是因为它是新中国的第一部宪法,在新中国的宪法史上具有举足轻重的地位,虽然未必有多少实效;另一方面,现行宪法在很大程度上沿袭了 1954 年宪法的一些规定,研究 1954 年宪法对于我们了解现行宪法无疑是一把非常重要的钥匙。尤其从 1954 年宪法到 1982 年宪法,中华人民共和国的宪法发展经历一个巨大的变迁,这其中宪法文本的一些词句的含义也可能随着时代的变化而发生变化,就此而言,研究 1954 年宪法对于我们现在以及将来对 1982 年宪法的解释也具有重要的参考价值。

吴老:是的——

柳:另外,1982 年宪法颁布之后,政府或者社会每年都举行了不少活动,如 2002 年便举行了纪念现行宪法颁布 20 周年的许多重大活动,不知道,1954 年宪法颁布之后,尤其是在最初几年里是否有过什么样大型的庆祝活动或者回顾纪念活动?

吴老:我也不太清楚,不过好像没有看到有什么活动。

柳:记得韩老师曾经提过,说是陈伯达曾经自己草拟了一个宪法草案,但是后来被毛泽东给否了,也未曾公开。几年前,韩老师曾经去拜访过与陈伯达接触过的一些人士,想了解一下,当时他所草拟的草案的内容,但没有得到有价值的信息。后来,由于陈伯达不久去世了,至今,中央的一些档案亦尚未公开,也不知道是否保存——不知道会不会成为一段悬案。对此,不知道当时是否有所耳闻?

吴老:没有,没有听说陈伯达还有个宪法草案。

柳:那当时除了中央的草案之外,是否还有其他的社会上所提供的草案?

吴老:实际上也就是中央宪法起草小组在弄。包括宪法起草委员会的委员当时也不过是列席会议,偶尔提一些意见。这些现象,对于外国人来讲或许有些难以理解。

柳:实际上,就美国宪法而言,也是一样的。当时,也是制宪会议的那几个人在密室中起草的,外界人对于制宪会议的具体情况也并没有太多的了解。宪法起草过程中的辩论当时还是作为机密,不对外公开的。除了麦迪逊的日记之外大概也没有多少翔实的资料,而且麦迪逊的日记也是在很久之后才得以公开的。而我们国家的宪法起草比人家要晚 150 多年,在这方面,应该要做得更好一些才对。

吴老:在宪法草案正式出台之前,并没有太多公开的资料,但是后来在征集草案的修改意见的过程中,开了一些会,报纸上也有讨论。关于宪法草案的修改理由是有一些相关资料的。

柳:1954 年宪法制定之后,是否有过什么修改意见? 不包括后面已经明确的几次修改。

吴老:没有。当时制定完之后,就把它搁在一边了。如果将 1954 年宪法的条文与当时的社会现实进行对比,那简直是笑话。就算是当时宪法起草委员会的委员,你要是问他一些关于宪法起草当时的情况,多数也并不清楚的。在他们看来,这是党中央的事。

柳:1982 年宪法之后又历经了四次修改,您如何看待 1982 年宪法与 1954 年宪法之间的关系?

吴老:我认为从长计议,应重新制定一部宪法。修修改改那些东西根本起不了什么作用。有些条文已经修正好几次了,每次都是应急的。直到社会上出现了一些问题,才来忙着修改,这是不行的。

柳:我国宪法的序言都比较长,世界上仅有几个国家能够“相与媲美”。不知道这是否受到了其他国家的影响,作如此翔实的陈述是否有特殊的目的?

吴老:宪法序言是有点长——但当时并没有做很多的考虑,认为这样写很好。现在来看,写得太长了,也太具体,没有必要。

柳:除了前面提到的一些问题之外,您认为 1954 年宪法还有什么样的优点或缺点?

吴老:1954 年宪法的优点很清楚,但缺点也在那,其中最为重要的一点就是,在制定不过几年只好就完全形同具文了。

柳:毛泽东在早些年还是有法治观念的。韩老师已经派学生去了好几趟中央档案馆去搜集资料,但是,一方面,中央档案馆的大部分资料尚未解密,看不到;另一方面,即使是现有的资料,有些是不许复印,只能在那边抄写,而且有些东西还是抄不得的,所以,整个进度非常慢。

吴老:嗯。

柳:因为我个人的学养还不够,所以,对于韩老师交代的许多问题,我无法做进一步的追问,只能这样了。非常感谢吴老师在这大热天里接受我的采访。

(吴老夫人透露说,吴老师可能准备出一本传记,我想这对于我们研究宪法会有助益。)

蒋碧昆教授回忆1954年宪法

采访者:胡弘弘[1](以下简称胡)

被采访者:蒋碧昆教授(以下简称蒋)

采访时间:2006年8月4日

胡:蒋老师,今年欣逢您80华诞暨从教52周年,我们高兴地看到您的文集:宪法文丛和诗词选出版了。我们作为后生晚辈对您参与我国"五四宪法"的制定工作很感兴趣,作为历史的见证人,您可以谈谈当时的情况吗?

蒋:好哇。那的确是我人生中非常美好的经历。可是年龄大了,又经过"文革",许多东西并不一定记得精确。

胡:您大概什么时候去参加宪法起草委员会的工作的?

蒋:1954年7月下旬去的,宪法9月20日通过后,我们就回学校了。大概是10月之前。

胡:在什么情形下,您有机会参加这项工作的?

蒋:那年我27岁,人民大学刚好举办国家法教师进修班,实际上是培训各个学校的国家法教师,那时候人大法律系主任是杨化南,兼国家法教研室主任,后来到最高人民法院担任民庭庭长,早期是何思敬,最有名的老教授。我去时,发现国家法教研室老师大部分都去参加宪法起草委员会的有关工作,带队的是董淇,教研室支部书记,一个女同志。通过联系和介绍,我被分配到办公室的秘书组担任临时编辑。参加的人里面有董成美教授。

胡:您们所接触的草案是哪一部草案?

蒋:还是6月14日提交全民大讨论的那份草案。

胡:当时主要的任务是什么?

---

〔1〕 中南财经政法大学法学院副教授,中国人民大学法学院博士后。

蒋:我们主要是整理各地人民群众对草案的意见建议,大至大政方针,小至标点符号。我们都会一字不漏地记下来。我和一个姓周的小伙子一个组,他后来在全国人大常委会工作,具体名字记不得,也很少再联系。一个实际部门,一个来自高校,都是这样搭配。我当时整理了14大本笔记,后来"文化大革命"期间都不见了。

胡:可以说说具体情形吗?

蒋:主要是将意见汇总客观地记录下来。如来自哪个地方哪个人提的意见,或哪个单位的意见,是关于什么的意见,有相同的意见也会记上一笔,这样也可以清楚地发现哪些内容的意见比较集中。

胡:您们和起草委员会的委员住在一起吗?

蒋:不是的,我们工作组住在全国人大常委会招待所,办公就在紫光阁。当时有严格的纪律,我们办具体事务的住在西区,只可以去怀仁堂和紫光阁。

胡:您们在哪一个组?

蒋:我们主要是在宪法起草委员会办公室秘书组,办公室还分有许多组,办公室主任是田家英。这是一位年轻的老同志,很有魄力,也很随和,有时候来了就坐在桌子上和我们讲话。他基本上每个星期来我们这儿一次。

胡:您们之间有过争论吗?

蒋:不,一般是我们问问题,他解答。有时他也传达一下精神,并对我们提出要求。很严密也很严谨。

胡:有没有热点问题或焦点问题?

蒋:主要还是集中在国家主席等国家机构内容方面。

胡:有没有见到其他领导人?

蒋:没有见到。只是听说。如董老(董必武)的讲话,吃饭时可以远远看到朱德、周恩来等。

胡:关于董老讲话的内容,印象比较深的是什么?

蒋:主要是国家主席制度不同于我们共同纲领时期,不同于其他社会主义国家。田家英转述,董老认为设置国家主席制度有 3 个原因:一曰实际,二曰需要,三曰经验。经验主要是指,中国有设置国家主席的习惯,可是用“习惯”一词不妥。所以说是经验。而且国家主席与全国人大常委会结合起来行使国家元首的职权,其特点主要是“集体(决定)的内容单一(行使)的形式”,人大常委会决定,国家主席发布决定。主席的作用是在全国人大与国务院之间起一个缓冲作用。如最高国务会议,不是个机构而是国家主席重要职权的所在。当时关于这一问题,单一元首还是集体元首,实际上还是有不同意见。

胡:还有哪些意见和建议?

蒋:还有些内容,刘少奇的报告里都提到了,值得注意的是,那份报告是陈伯达等人起草的,是集体的结果。不是个人的。

胡:关于宪法解释或宪法监督的讨论有吗?

蒋:没有。

胡:据说 1954 年宪法草案在交付全民讨论时,毛泽东曾决定要对宪法草案的条文写一个解释性的材料,但后来又没有搞条文解释,这是怎么回事?

蒋:没有,没有听说过这个问题。

胡:对《共同纲领》的评价,如一些基本制度问题?

蒋:比较少。

胡:关于“五四宪法”使用“公民”一词,与共同纲领不同。是否有过这方面的意见?

蒋:有过这种意见。但是没有太多解释。

胡:关于人民代表大会的任期为 4 年?

蒋:似乎也没有什么印象。

胡:关于“五四宪法”的文风?

蒋:田家英说,毛泽东要求"能听的人听得懂,能看的人看得懂",让老百姓都能了解宪法。

胡:刘少奇同志在修宪草案报告中指出,有些资本主义国家的报纸攻击认为全国人大的职权过于强大,这方面人民群众的意见有吗?

蒋:没有。

胡:还有一些其他问题吗?

蒋:还有关于国务院与政务院,中央人民政府与中央人民政府委员会的提法问题。当时的地方人民政府被称为地方人民委员会,后来是彭真把它纠正过来。我们在这些提法上是模仿苏联的。

胡:还有哪些当时突出的问题?

蒋:"五四宪法"的原则有社会主义原则和人民民主原则。我在我的文集中已经提到(指武汉出版社2006年出版的《毕奋宪法文丛》第576~580页一文《难忘的经历,美好的回忆——亲历"五四宪法"制宪工作点滴》)。

胡:您们整理的意见起到了什么作用?

蒋:作用很大。我们整理的意见他们代表都人手一册,根据那些意见对宪法草案作了适当的修改。

胡:在对待不同性质宪法的态度上有什么不同?

蒋:原则上,我们当然坚持社会主义制度和方向,但是在具体制度内容上,对资本主义国家的宪法也还是有所参照。对待旧中国的各类"宪法",也有提法上的区别,这里还是有价值判断的。

胡:您们在整理资料时是否会参考国外资料?

蒋:我们整理工作并不参照国外资料。但是我们去的时候,外国宪法的资料已经整理好了。不管是苏联的,还是其他资本主义国家,它们的宪法都进行了分解的资料归纳,关于某项制度是如何规定的,全部都有详细资料。

胡:对待苏联宪法以及资本主义宪法的态度当时是怎样的?

蒋:我们本土的国情为主,主要学习苏联的,也要参考西方国家的宪法。

胡:您编写了一本名词简说,请问参照了哪些书籍?当时您们是参照苏联的宪法著作和宪法理论呢还是自己作出的解释?

蒋:就是参照当时的分解资料,有外国的,加上对我国实际情况的理解的基础上编写的。

胡:召开人民代表大会时您们在哪里?

蒋:工作办还没有撤销。我们还在紫光阁。但是我们整理报告交上去以后,就没有什么事了。当全国人大全体会议召开时,我们已没有什么任务,做一些扫尾工作。宪法通过后,我们就开始返校听课了,老师也回去讲课了。我当时印象比较深的是,开会那天很多汽车开往会场,开了一个多小时。我第一次看到那种盛况空前的场面。

胡:您们吃饭时有没有看到或听到外国人参与?

蒋:没有。一是不可能听到看到,二是没有任何人跟我们提过。

胡:蒋老师,您可以谈谈田家英在“五四宪法”中的作用吗?

蒋:他主要是协调我们和宪法起草委员会的作用,重要的桥梁。对于我们工作组而言,他具体指挥我们怎么做整理工作,像是个操盘手。

胡:除了田家英,还见过其他领导吗?

蒋:没有。没有和其他领导交流过。一是我们不可能有那个机会,二是纪律也不允许。

胡:冒昧问一句,在这段工作时间,您见过刘少奇同志吗?

蒋:没有。在1959年,我和刘少奇见过最后一面。他前面主要是谈家事,很关心家里。接着谈到我讲授国家法问题,关于国家主席,他说了句“有点虚君共和的味道”,实际上在设计该项制度时,没有充分考虑其他国家的元首制度和我国实际情况的。他嘱咐我“多学点政治经济学”。没想到那一面竟是诀别。

胡:您对“五四宪法”的评价?

蒋:制定“五四宪法”是当时历史的需要,十分必要。人民对于制宪热情很高。《共同纲领》毕竟是临时宪法。据我了解,斯大林对于我国成立、制宪态度是积极的。刘少奇1949年7月秘密访苏,斯大林指示要尽快尽早地成立新中国,1950年再次访苏时,斯大林也指示要尽早尽快地制宪。

胡:当时对“五四宪法”的评价和现在的评价如何?

蒋:当然我们现在是先进了,可“五四宪法”在特定时代所起的作用是不可取代的。当时对于“五四宪法”的认识,没有什么局限性方面的认识。关于没有宪法监督制度的设置,只是后来的认识。新宪法的出台使我们备受鼓舞,特别是“公民在法律上一律平等”原则,是非常重要的、突出的。资本主义宪法也有,我们当时采用也是富有勇气的。

胡:蒋老师,谢谢您讲了那么多。有时间有机会的时候,希望您还是给我们年轻人多讲讲宪法历史。最后祝您身体健康,生活愉快!

蒋:好的,我争取每个月和你们见见面,聊一聊。我也要了解学习新的知识啊。

心里永远装着人民:新中国第一部宪法产生过程的见证人

——全国人大代表申纪兰访谈记录

访谈者:王晓滨[1]

采访时间:2005年1月25日

一月的太原,寒气袭人,恰逢山西省十届人大三次会议召开,张灯结彩的省人大会议中心洋溢着一派节日的气息,给这清冷的冬日增添了许多暖意。2005年1月25日下午5时许,在省人大会议中心

---

〔1〕 山西省高级人民法院法官,中国人民大学法学院博士研究生。

701 房间，笔者有幸采访了著名全国劳动模范、全国人大代表、山西省平顺县西沟村村委会主任申纪兰，老人今年 76 岁，是目前全国唯一的从第一届人大到第十届全国人大代表。笔者采访的重点是结合 1954 年宪法颁布 50 周年，她对当年参加首届全国人大一次会议时讨论和通过《中华人民共和国宪法》历史的回顾。以下即为笔者的访谈记录：

问：您好，申阿姨，我是省法院的法官王晓滨，现为中国人民大学在职博士研究生，我的导师是我国宪法学家韩大元教授，韩老师最近专门研究 1954 年宪法的制定历史，他多次提起您是唯一连续参加过 10 届全国人大的德高望重的代表，这次特意委托我来拜访您，请您简要回忆一下当年讨论和通过“五四宪法”时的情景。

答：好，我那时候参加一届全国人大时才 20 来岁，心情特别激动，宪法就是在这次大会上通过的，宪法发挥了根本法的作用，管了好多年，把国家整个方面都管住、管好了。现在的宪法就是在当年制定的宪法的基础上产生出来的，大家目前都能认真宣传宪法，执行宪法，宪法在中国发挥了巨大作用。“五四宪法”的意义巨大，发挥的作用巨大，的的确确是一部好的宪法。

问：那么您在到会之前是否听到或看过“五四宪法”？

答：来之前听说过有宪法，但我当时不认字，具体不大清楚。只记得来之前村里的人都告诉我，是共产党让咱穷人翻了身，过上了好日子，你可是要拥护共产党的决定，要投毛主席的票。他们一再叮嘱我，要我把乡亲们的感激之情带到北京去。

问：当您知道这次大会要把通过宪法作为重要议程时，是什么心情？

答：我当时心情特别激动。以前国家的大事情没有法作依据，现在终于有法了。来开会之前我只知道有个婚姻法，现在我们也有了自己的宪法。宪法保护了社会主义的财产，保护了人民的利益，国家的各个机关、企业和个人,都要在宪法、法制的规矩里办事。

问:当时您是如何参加讨论的?个人有没有提出过修改意见?

答:当时宪法的通过也是采取了先由小组讨论,然后大会集中通过的形式,非常民主。当时我们山西代表团一共才有24个代表,其中有4个女的,我记得有胡文秀(刘胡兰烈士的母亲——笔者注)、郭兰英和一个叫李辉的女专员。我们当时住在东四的一家小旅馆里,讨论的时候大家都在一起,那时候我还年轻,是农民代表,当时又不识字,也不敢说话。记得组织上还派人一条一条给我们念,念的人就是我们山西代表团的工作人员。大家讨论的时候好些人挺积极,都说共产党好,社会主义好,尤其是在通过我们自己的国旗、国徽的时候,一听说要用宪法确定下来,大家都十分激动;还有宪法保障咱老百姓那么多权利的规定,让人心里真是高兴。有了共产党,才有了我们自己的宪法,有了人民代表大会,才有了我们国家的权力和人民自己的权利,我们可是要尊重这样好的宪法,要守好法,用好法。

问:大会通过"五四宪法"时的情景如何?

答:"五四宪法"是在中南海里民主通过的,当时开的是大会,也有大会主席团,毛主席主持会议,宪法是举手表决通过的。那时候物质条件简单,不像现在画圈圈或按表决器,但当时会场的气氛还是很民主。我印象里所有的人都举手通过了宪法,当时会场的气氛很热烈,很隆重,掌声响了好长好长时间,我跟好些人一样,把手都拍痛了。

问:能谈谈您当时的心情和感受吗?

答:我当时的心情实在是非常激动,非常高兴。在那么庄重的地方,我一个农民能来参加这样的会议,代表人民行使自己的权利,通过了国家的宪法,这是过去想都不敢想的事情啊!共产党是民主的党,是实实在在代表人民,为人民办事的党,有党中央、毛主席的英明领导,有一部好的宪法管好国家的方方面面,我们的国家一定能建设成民主的、繁荣富强的国家。开完会,我激动得好几天睡觉都睡觉不着。我记得宪法上说“国家一切权力属于人民”,当时就想,在共产党的领导下,人民真正当家作主了,共产党是真正保护人民,为人民办事的,我们可是要宣传好宪法,办事一定得靠宪法。

问:会后您参加了哪些宣传活动?您认为效果如何?

答:当时在北京有规模很大的宣传活动,我记得通过的第二天,北京的街上就有敲锣打鼓的宣传队伍。20 世纪 50 年代我们也制定了很多法律,但后来宣传得不够。而宪法的宣传确确实实是非常认真,非常有效果的。我当时觉得宪法是保护人民的生命财产,保护人民的合法权利的东西,必须得好好宣传。宪法是人民通过的,人民就要尊重宪法,应该让宪法做到家喻户晓,宪法才能真正在我们这样一个大国的社会主义建设中发挥作用。我是人民选出的代表,当时觉得自己代表了人民的利益,很光荣,也很激动,觉得自己有义务宣传好宪法。

从北京回来以后,当时主要的宣传方式就是开会,大会小会,有省里的、地区的、县里的、村里的,我在各种会议上宣传宪法,宣传共产党领导的英明。当时物质条件还很艰苦,很多地方没有电,我就在各个地方说,反复地说,我记得说的最多的话就是共产党为咱人民办了很多大事情,宪法就是其中的一件大事情。共产党最伟大,毛主席最伟大。是共产党带领我们推翻三座大山,不然我们就是奴隶。现在党领导人民制定了宪法,宪法管住了国家的方方面面,我们一定要拥护宪法,遵守宪法,永远跟着党走。

问:您如何评价宪法在国家发展中发挥的作用?

答:当然有了宪法了人民就高兴了,一切权力都由宪法管着,宪法体现出对人民的尊重,宪法代表了人民的利益。宪法制定得好,执行得好,我们国家的各项事情才能做得好。宪法是管很长时间、很多事情的法,有了宪法,我们的各项工作才能逐步立法,逐步规范化,像诉讼法、刑法、民法都是有了宪法以后根据宪法才逐步制定起来的，所以宪法的影响很大。宪法在中国确确实实产生了根本性的作用。到今天为止，我们在法治的问题上都不能马虎，到底是权大还是法大，我看还应该是法大，宪法最大。

问：对我们年轻一代，您有什么要说的吗？

答：年轻人要多为国家和人民作贡献，尤其你们是人民的法官，心里一定要装着人民，要勤勤恳恳、扎扎实实地为人民办事情，审案子要公公道道，要廉洁奉公，千万不能像社会上的一些人搞腐败，要严格依法办案，按宪法和法律做事情，一定要对得起人民，对得起党，对得起自己的良心。

答谢语：谢谢您，申阿姨，我一定牢记您的话，祝您健康长寿！

（后记：我的采访结束了，但我的心绪却久久难以平静。一方面，我为从老人对历史清晰的回忆中得到了弥足珍贵的资料而感到欣喜；另一方面，我为老人最后那段语重心长的话而深深地感动着，抑或被深深地震动着。"心里一定要装着人民，一定要对得起人民。"这话从一个见证着沧桑历史的老人口中说出，比任何空洞的说教更能拨动内心深处那根激荡澎湃着一个人民法官责任感、使命感的心弦。的确，在这个物欲横流，一张张巨大的人际关系网下"关系也成为生产力"的现实社会环境中，法官要严守自身的职业品格，独善其身确是对自己的巨大的挑战。但听听老人当年对党、对宪法质朴的心声和情感再到今天对年轻人倍加诚挚的告诫，我们实在应该感悟点什么。共产党打江山为什么？建设社会主义现代化为什么？我们手中裁判的权柄来自什么又为了什么？"人民"这个词重千钧啊！老人的话值得每一个法官去认真反思。）

后　记

《1954 年宪法制定过程》是在 2008 年出版的《1954 年宪法与中国宪政》基础上修订而成的。2004 年为纪念 1954 年宪法制定 50 周年，笔者编著了《1954 年宪法与新中国宪政》。2008 年进行了部分修订。本书出版以来，承蒙读者厚爱，成为学习与研究中国宪法史的重要参考文献之一，在中国宪法的教学与研究中产生了一定的学术影响。

2014 年是 1954 年宪法制定 60 周年。为客观展现共和国第一部宪法的制定过程，笔者根据新的制宪资料与学界新的研究成果，以制宪权逻辑与制宪过程为主题，对全书内容进行了较全面的修订，并把书名改为《1954 年宪法制定过程》，删除了与制宪过程没有直接关系的内容，以突出制宪过程。

这次新增加的主要内容有：(1) 对导论部分作了调整，重点介绍作者对中国宪法历史脉络与逻辑的基本认识；(2) 在第二章制宪权的理论背景中，梳理了制宪权概念发展演变的历史，集中探讨制宪权概念在中国话语与新中国制宪权的历史基础；(3) 制宪过程是以具体制宪事实为基础的，在修订中，对第五章“1954 年宪法草案的审议(上)”和第六章“1954 年宪法草案的审议(下)”部分作了大幅调整，补充了作者整理的新资料，有助于读者全面了解制宪过程的具体背景与事实;(4)删去了宪法保障一般理论的介绍,根据国家治理现代化的新概念,对如何继承1954年宪法的历史遗产,推进依法治国建设提出了笔者的一些理论思考;(5)对附录的内容进行了大幅调整,只保留了1954年宪法大事记与宪法草案,并根据新的资料细化了大事记的一些内容。同时,在修订过程中,订正了一些原书中文字和资料方面的错讹。

制宪史研究离不开历史资料,需要以历史事实来论证命题。但目前1954年宪法的档案资料有些仍处于保密状态,对解释制宪过程背后的价值与事实以及理论判断带来一定的难度。比如,当时刘少奇主持召开政治局会议讨论宪法草案的一些资料对于理解执政党的宪法观念是非常重要的,但60多年过去,这些档案仍然没有公开。另外,笔者做了很多努力,查询陈伯达起草的宪法第一稿,迄今仍然没有线索等。因此,完整地获取与1954年宪法相关的资料,需要继续做文献的梳理与补充工作。笔者在撰写本书时整理了约100万字的制宪资料,原计划同时出版《1954年宪法制定资料汇编》,但因文字校对工作量很大,没有完成全部书稿的整理工作。笔者会继续关注1954年宪法制定的相关资料与研究成果,进一步完善本书的内容,尽快出版《1954年宪法制定资料汇编》。

感谢出版《1954年宪法与新中国宪政》、《1954年宪法与中国宪政》(第二版)的湖南人民出版社、武汉大学出版社。在本书的修订过程中,中国人民大学法学院博士研究生周威、孟凡壮、陈国飞协助笔者进行了资料收集、文字校对以及个别部分的修订工作。法律出版社沈小英分社长、胡艺芳编辑对本书的出版付出辛劳。在此,一并表示感谢。

韩大元

2014年9月

第二版后记

现代国家的诞生基于宪法的构建,现代国家体制的多样性也基于制宪过程的不同理念与设计。如把制宪比喻为建筑设计图,那么设计者的作用是非常重要的,除设计的精巧技术外,设计理念是构筑建筑风格的核心要求。历史上曾经诞生了无数部宪法,但真正流芳百世的并不多。一部设计精巧的宪法典所产生的价值穿透力和文明多样性的影响力不亚于自然科学的伟大发明。因为我们相信,宪法文明是世界文明史上最伟大的发明。那么,如何探源一部宪法的设计理念与创造性?作为制宪权主体的人民是如何影响制宪过程的?如何追溯制宪的源流与哲学?制宪史研究将回答这些问题。

自2000年以来,笔者有一个学术愿望,就是以第一手档案资料为基础,写一部系统研究中华人民共和国第一部宪法制定过程的著作。富有挑战性与时代使命的宪法学教学与研究,让笔者深深感受到一个国家、一个民族制宪史的重要性与它无穷的学术魅力。制宪史是宪法学研究的基础与出发点,对于研究和学习宪法学的人来说,了解自己国家宪法发展史是十分重要的。从某种意义上来说,今天的宪法生活是昨天宪法发展历史的延续,也是我们预测未来宪法发展趋势的基础与依据。因此,我们需要以理性与客观的态度分析历史发展进程中的宪法命运,并以宽容的精神评价制宪过程中制宪者展现的智慧、担当与勇气。宪法学的历史告诉我们,成熟的宪法学首先以成熟的宪法史、宪法学说史、宪法思想史与宪法制度史的经验与知识作为依托。

1954 年宪法是中华人民共和国第一部宪法,同时也是中国人民运用制宪权自主制定的第一部伟大的社会主义类型的宪法。67 年前共和国的制宪者们基于什么样的理念、思想与理论制定了宪法,宪法在当时的中国社会中扮演了什么样的角色,民众到底是怎样认知共和国宪法,1954 年宪法的基本精神是什么,如何评价 1954 年宪法的历史地位等一系列疑问与问题是我研究制宪史的学术动机与动力。

基于上述理论思考,笔者于 2000 年开始收集有关 1954 年宪法制定过程的资料,并对一些问题进行了专题性研究,发表了 10 多篇学术论文。当然,其间由于出国、课题研究以及其他原因,未能持续地对 1954 年宪法进行研究,研究进度和写作比较缓慢。2000 年以来,笔者主编出版《新中国宪法发展史》、《新中国宪法发展 60 年》、《新中国宪法发展 70 年》、《中国宪法学说史研究》(上、下册)等著作,力求在新中国宪法发展的历史时空中把握宪法的中国性与中国逻辑。正在进行的"20 世纪中国宪法学文献整理与研究"(国家社科重大项目)也是基于这种学术脉络,探求中国人的宪法世界与宪法生活。

2021 年是 1954 年宪法颁布 67 周年。人们可以从不同角度评价 1954 年宪法的历史地位与贡献。笔者认为,67 年的宪法史对一个民族来说是短暂的,但对于缺乏宪法传统的中国人来说,67 年宪法发展的欢喜、痛苦与艰辛是值得我们回味的,值得认真总结经验。宪法史体现了一个民族探索正义与理性的精神与过程,是每一个社会成员都有责任了解的历史事实。我们应当对 67 年前的制宪者们为制宪所付出的智慧与努力表示敬意。当然,对宪法的价值与事实的评价、历史与现实的评价标准并非始终一致,我们可以指出1954年宪法的历史局限性或者设计上的问题,也可以对制宪者的理念与制宪思想提出质疑,但任何一种评价必须以历史事实为基础,不能以现代的眼光对制宪者提出苛刻的要求。

本书于2014年出版以来,为学界同仁、广大读者提供了还原制宪历史的线索,成为学习中国宪法的参考书目,学界也给予了积极评价。法律出版社编辑曾多次提出修订本书的建议,但因收集资料与修订时间安排等方面的原因,一直没有修订。这些年来,学界对1954年宪法也有了新的研究成果,提供了一些新资料。我想有必要根据新的资料与研究成果对本书第一版进行修订,尽可能弥补第一版留下来的遗憾。

本书的修订基本上是在原有框架下进行的,主要修订内容是:(1)增加了部分资料,如宪法起草小组的活动、法律小组的活动等。(2)针对斯大林制宪建议与中共自主的政治决断的关系,补充了中国共产党制宪观的形成与革命根据地的制宪活动。(3)对一些制宪过程中有争议的问题,通过一些新资料作了回应。(4)对第一版中的有些史料和文字表述进行了修订。(5)附录部分,增加了1954年宪法制定过程的回忆、英文翻译文本的比较等。当然,这次修订收集的资料仍然有局限性,除陈伯达起草的宪法草案第一稿外,当时中共中央政治局讨论宪法草案的部分档案仍然没有公开,给评价中国共产党的宪法观带来史料上的障碍。希望有关部门按照我国《档案法》的规定,及时公开有关档案,让后人了解67年前的制宪历史,解开历史的真相,让沉睡60多年的档案回归人们的生活,为培育宪法爱国主义精神作贡献。

在本书第二版出版之际,感谢学界朋友们对本书的厚爱,他们提出的一些建议使本书得以不断完善。我会继续关注、研究1954年宪法,希望2024年庆祝1954年宪法颁布70周年时出版第三版,完整地呈现1954年宪法制定过程的全部细节,同时出版150多万字的《1954年宪法制定过程文献汇编》。特别感谢法律出版社法治与经济分社沈小英分社长和毛镜澄编辑,他们为本书的出版付出了辛劳,感谢博士研究生钱坤协助笔者做了文字校对等工作。在此,一并致谢。

韩大元

2021年2月10日